6년간 아무도 깨지 못한 기록

합격자 수 1위
에듀윌

KRI 한국기록원 2016, 2017, 2019년 공인중개사 최다 합격자 배출 공식 인증 (2022년 현재까지 업계 최고 기록)

합격자 수가 많은 이유는 분명합니다

6년간 합격자 수
1위

에듀윌 합격생 10명 중 9명
1년 내 합격

베스트셀러 1위
12년간

합격률
4.5배

에듀윌 공인중개사를 선택하면
합격은 현실이 됩니다.

• KRI 한국기록원 2016, 2017, 2019년 공인중개사 최다 합격자 배출 공식 인증 (2022년 현재까지 업계 최고 기록)
• 2020년 에듀윌 공인중개사 연간반 수강생 중 최종합격자 기준
• YES24 수험서 자격증 공인중개사 베스트셀러 1위 (2011년 12월, 2012년 1월, 12월, 2013년 1월~5월, 8월~12월, 2014년 1월~5월, 7월~8월, 12월, 2015년 2월~4월,
  2016년 2월, 4월, 6월, 12월, 2017년 1월~12월, 2018년 1월~12월, 2019년 1월~12월, 2020년 1월~12월, 2021년 1월~12월, 2022년 1월~5월 월별 베스트, 매월 1위 교재는 다름)
• YES24 국내도서 해당분야 월별, 주별 베스트 기준
• 2020년 공인중개사 접수인원 대비 합격률 한국산업인력공단 12.8%, 에듀윌 57.8% (에듀윌 직영학원 2차 합격생 기준)

6년간 아무도 깨지 못한 기록
합격자 수 1위 에듀윌

업계최초, 업계유일!
KRI 한국기록원 공식 인증

합격자 수 최고 기록
KRI 한국기록원 공식 인증

* 2022 대한민국 브랜드만족도 공인중개사 교육 1위 (한경비즈니스)
* KRI 한국기록원 2016, 2017, 2019년 공인중개사 최다 합격자 배출 공식 인증 (2022년 현재까지 업계 최고 기록)

12년간[*]
베스트셀러 1위

| 기초서 | 기본서 | 기출문제집 | 핵심요약집 | 문제집 | 실전모의고사 |

베스트셀러 1위 교재로
따라만 하면 합격하는 커리큘럼

STEP 1	STEP 2	STEP 3	STEP 4
기초 이론	기본 이론 심화 이론	기출 & 핵심정리 문제 풀이	동형 모의고사 마무리 특강
시작에 필요한 기초 개념 확립	합격에 필요한 필수 이론 공략	이론과 기출유형을 한 번에 정리	다양한 실전 연습으로 쉬운 합격 완성

합격 후 성공까지!
최대 규모의 동문회

그 해 합격자로 가득 찬 인맥북을
매년 발행합니다!

전담 부서가 1만 8천* 명 규모의
동문회를 운영합니다!

* 2022 대한민국 브랜드만족도 공인중개사 교육 1위 (한경비즈니스)
* 에듀윌 인맥북 2011년(22회) ~ 2021년(32회) 누적 등재 인원 수

합격자 수 1위 에듀윌
4만* 건이 넘는 후기

부알못, 육아맘도 딱 1년 만에 합격했어요.

고○희 합격생

저는 부동산에 관심이 전혀 없는 '부알못'이었는데, 부동산에 관심이 많은 남편의 권유로 공부를 시작했습니다. 남편 지인들이 에듀윌을 통해 많이 합격했고, '합격자 수 1위'라는 광고가 좋아 에듀윌을 선택하게 되었습니다. 교수님들이 커리큘럼대로만 하면 된다고 해서 믿고 따라갔는데 정말 반복 학습이 되더라고요. 아이 둘을 키우다 보니 낮에는 시간을 낼 수 없어서 밤에만 공부하는 게 쉽지 않아 포기하고 싶을 때도 있었지만 '에듀윌 지식인'을 통해 합격하신 선배님들과 함께 공부하는 동기들의 위로가 큰 힘이 되었습니다.

유튜브 보듯 강의 보고 직장 생활하며 합격했어요.

박○훈 합격생

공부를 시작하려고 서점에 가서 공인중개사 섹션을 둘러보니 온통 에듀윌의 노란색 책이었습니다. 이렇게 에듀윌 책이 많이 놓여 있는 이유는 베스트셀러가 많기 때문일 거고, 그렇다면 믿을 수 있겠다 싶어 에듀윌을 선택하게 되었습니다. 저는 직장 생활로 바빠서 틈나는 대로 공부하였습니다. 교수님들이 워낙 재미있게 수업 하셔서 설거지할 때, 청소할 때, 점심시간에 유튜브를 보듯이 공부해서 지루하지 않았습니다.

5개월 만에 동차 합격, 낸 돈 그대로 돌려받았죠!

안○원 합격생

저는 야쿠르트 프레시매니저를 하다 60세에 도전하여 합격했습니다. 심화 과정부터 시작하다 보니 기본이 부족했는데, 교수님들이 하라는 대로 기본 과정과 책을 더 보면서 정리하며 따라갔던 게 주효했던 것 같습니다. 합격 후 100만 원 가까이 되는 큰 돈을 환급받아 남편이 주택관리사 공부를 한다고 해서 뒷받침해 줄 생각입니다. 저는 소공(소속 공인중개사)으로 활동을 하고 싶은 포부가 있어 최대 규모의 에듀윌 동문회 활동도 기대가 됩니다.

다음 합격의 주인공은 당신입니다!

더 많은
합격 비법

회원 가입하고
100% 무료 혜택 받기

가입 즉시, 공인중개사 공부에 필요한 모든 걸 드립니다!

무료 혜택 1	무료 혜택 2	무료 혜택 3	무료 혜택 4	무료 혜택 5
공인중개사 초보 수험가이드	공인중개사 초보 필독서	전과목 기본강의 0원	테마별 핵심특강	파이널 학습자료

시험개요, 과목별 학습 포인트 등 합격생들의 진짜 공부 노하우	지금 나에게 꼭 필요한 필수교재 선착순 100% 무료	2022년 시험대비 전과목 기본강의 무료 수강(7일)	출제위원급 교수진의 합격에 꼭 필요한 필수 테마 무료 특강	시험 직전, 점수를 올려줄 핵심요약 자료와 파이널 모의고사 무료

* 조기 소진 시 다른 자료로 대체 제공될 수 있습니다. * 서비스 개선을 위해 제공되는 자료의 세부 내용은 변경될 수 있습니다.

신규 회원 가입하면
5,000원 쿠폰 바로 지급

* 해당 이벤트는 예고 없이 변경되거나 종료될 수 있습니다.

무료 회원
가입

2022
에듀윌 공인중개사

출제예상문제집 + 필수기출

2차 공인중개사법령 및 중개실무

공인중개사법령 및 중개실무 40문항 완벽 정리!

제32회 기출분석집

2차 A형

2022

에듀윌 공인중개사

출제예상문제집 + 필수기출

2차 공인중개사법령 및 중개실무

2022

에듀윌 공인중개사

출제예상문제집 + 필수기출

2차 공인중개사법령 및 중개실무

공인중개사법령 및 중개실무 40문항 완벽 정리!

제32회 기출분석집

2차 A형

1번   중개대상물

[영역] 공인중개사법령 > 총 칙

☑ 기출분석   난이도 ⓣ

공인중개사법령상 중개대상물에 해당하는 것은? (다툼이 있으면 판례에 따름)

① 토지에서 채굴되지 않은 광물 (X)

    → 토지소유자의 소유권의 효력이 이에 미치지 못하기 때문에 중개대상물이 되지 못한다.

② 영업상 노하우 등 무형의 재산적 가치 (X)

    → 무형의 재산적 가치는 중개대상물이 아니다.

③ 토지로부터 분리된 수목 (X)

    → 토지로부터 분리된 수목은 중개대상물이 아니다.

④ 지목(地目)이 양어장인 토지 (O)

⑤ 주택이 철거될 경우 일정한 요건하에 택지개발지구 내 이주자택지를 공급받을 수 있는 지위 (X)

    → 지위는 중개대상물이 아니다.

정답 ④

☑ 핵심개념   중개대상물이 되기 위한 요건

① 법정중개대상물일 것(토지, 건축물, 그 밖의 토지의 정착물, 입목, 공장재단 및 광업재단)
② 사적 소유물로서 거래가 가능한 물건일 것
③ 중개행위의 개입이 필요하거나 개입이 가능한 물건일 것

☑ **기출분석**　난이도 ⊕

공인중개사법령상 공인중개사 정책심의위원회(이하 '위원회'라 함)에 관한 설명으로 옳은 것을 모두 고른 것은?

> ㄱ. 위원회는 중개보수 변경에 관한 사항을 심의할 수 있다. (O)
> ㄴ. 위원회는 위원장 1명을 포함하여 7명 이상 11명 이내의 위원으로 구성한다. (O)
> ㄷ. 위원장은 국토교통부장관이 된다. (X)
>   → 국토교통부 제1차관이 된다.
> ㄹ. 위원장이 부득이한 사유로 직무를 수행할 수 없을 때에는 위원 중에서 호선된 자가 그 직무를 대행한다. (X)
>   → 위원장이 미리 지명한 위원이 그 직무를 대행한다.

① ㄱ, ㄴ　　　　　　② ㄱ, ㄷ
③ ㄷ, ㄹ　　　　　　④ ㄱ, ㄴ, ㄷ
⑤ ㄱ, ㄴ, ㄹ

정답 ①

☑ **핵심개념**　**공인중개사 정책심의위원회의 심의사항**

① 공인중개사의 시험 등 공인중개사의 자격취득에 관한 사항
② 부동산중개업의 육성에 관한 사항
③ 중개보수 변경에 관한 사항
④ 손해배상책임의 보장 등에 관한 사항

☑ **기출분석**   난이도 **上**

2020.10.1. 甲과 乙은 甲 소유의 X토지에 관해 매매계약을 체결하였다. 乙과 丙은 「농지법」상 농지소유제한을 회피할 목적으로 명의신탁약정을 하였다. 그 후 甲은 乙의 요구에 따라 丙 명의로 소유권이전등기를 마쳐주었다. 그 사정을 아는 개업공인중개사가 X토지의 매수의뢰인에게 설명한 내용으로 옳은 것을 모두 고른 것은? (다툼이 있으면 판례에 따름)

ㄱ. 甲이 丙 명의로 마쳐준 소유권이전등기는 ~~유효하다.~~ (X)
   → 3자 간의 등기명의신탁(중간생략형 명의신탁)이므로, 甲이 丙 명의로 마쳐준 소유권이전등기는 무효이다.
ㄴ. 乙은 丙을 상대로 매매대금 상당의 부당이득반환청구권을 행사할 수 있다. (X)
   → 丙이 제3자에게 X토지를 처분한 것은 아니므로, 乙은 丙을 상대로 매매대금 상당의 부당이득반환청구권을 행사할 수 없다.
ㄷ. 乙은 甲을 대위하여 丙 명의의 소유권이전등기의 말소를 청구할 수 있다. (O)

① ㄱ
② ㄴ
③ ㄷ
④ ㄱ, ㄴ
⑤ ㄴ, ㄷ

정답 ③

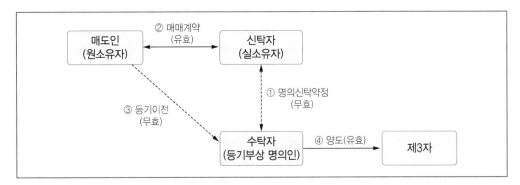

① 명의신탁약정 및 수탁자로의 소유권이전등기는 무효이므로, 소유권은 원소유자인 매도인에게 귀속된다.

② 명의신탁자는 명의수탁자를 상대로 이전등기를 청구할 수 없으며, 또한 신탁자는 원소유자에 대하여 매매대금의 반환을 청구할 수 없다. 다만, 원소유자와 명의신탁자 간의 매매계약은 유효하므로 신탁자는 원소유자를 대위하여 수탁자 명의의 이전등기의 말소를 청구한 후 원소유자를 상대로 매매계약에 기한 소유권이전등기를 청구할 수 있다. 물론, 이 과정에서 명의신탁사실이 밝혀지게 되어 신탁자와 수탁자 모두 형사처벌의 대상이 된다.

☑ **기출분석**　난이도 ⊕

분묘가 있는 토지에 관하여 개업공인중개사가 중개의뢰인에게 설명한 내용으로 틀린 것은? (다툼이 있으면 판례에 따름)

① 분묘기지권은 등기사항증명서를 통해 확인할 수 없다. (O)

② 분묘기지권은 분묘의 설치 목적인 분묘의 수호와 제사에 필요한 범위 내에서 분묘 기지 주위의 공지를 포함한 지역에까지 미친다. (O)

③ 분묘기지권이 인정되는 경우 분묘가 멸실되었더라도 유골이 존재하여 분묘의 원상회복이 가능하고 일시적인 멸실에 불과하다면 분묘기지권은 소멸하지 않는다. (O)

④ 분묘기지권에는 그 효력이 미치는 범위 안에서 새로운 분묘를 설치할 권능은 포함되지 않는다. (O)

⑤ 甲이 자기 소유 토지에 분묘를 설치한 후 그 토지를 乙에게 양도하면서 분묘를 이장하겠다는 특약을 하지 않음으로써 甲이 분묘기지권을 취득한 경우, 특별한 사정이 없는 한 甲은 분묘의 기지에 대한 토지사용의 대가로서 지료를 지급할 의무가 없다. (X)
→ 특별한 사정이 없는 한 甲은 분묘의 기지에 대한 토지사용의 대가로서 지료를 지급하여야 한다.

정답 ⑤

☑ **핵심개념**　**양도형 분묘기지권 관련 판례**

대법원은 "자기 소유 토지에 분묘를 설치한 사람이 토지를 양도하면서 분묘를 이장하겠다는 특약을 하지 않음으로써 분묘기지권을 취득한 경우, 분묘기지권자는 분묘기지권이 성립한 때부터 토지소유자에게 그 분묘의 기지에 대한 토지사용의 대가로서 지료를 지급할 의무가 있다"고 판시하였다(대판 2021.5.27, 2020다295892).

☑ **기출분석**　난이도 ⊕

공인중개사법령상 중개대상물의 표시·광고 및 모니터링에 관한 설명으로 틀린 것은?

① 개업공인중개사는 의뢰받은 중개대상물에 대하여 표시·광고를 하려면 개업공인중개사, 소속공인중개사 및 중개보조원에 관한 사항을 명시해야 한다. (X)

　→ 소속공인중개사에 관한 사항을 명시해야 한다는 규정은 「공인중개사법」상 없는 내용이며, 중개보조원에 관한 사항은 명시해서는 아니 된다.

② 개업공인중개사는 중개대상물이 존재하지 않아서 실제로 거래를 할 수 없는 중개대상물에 대한 광고와 같은 부당한 표시·광고를 해서는 안 된다. (O)

③ 개업공인중개사는 중개대상물의 가격 등 내용을 과장되게 하는 부당한 표시·광고를 해서는 안 된다. (O)

④ 국토교통부장관은 인터넷을 이용한 중개대상물에 대한 표시·광고의 규정준수 여부에 관하여 기본 모니터링과 수시 모니터링을 할 수 있다. (O)

⑤ 국토교통부장관은 인터넷 표시·광고 모니터링 업무 수행에 필요한 전문인력과 전담조직을 갖췄다고 국토교통부장관이 인정하는 단체에게 인터넷 표시·광고 모니터링 업무를 위탁할 수 있다. (O)

정답 ①

☑ **핵심개념**　**중개대상물에 대하여 표시·광고를 할 때 명시해야 할 중개사무소, 개업공인중개사에 관한 사항**

---

① 중개사무소의 명칭, 소재지, 연락처 및 등록번호
② 개업공인중개사의 성명(법인인 경우에는 대표자의 성명)

✅ **기출분석**　난이도 ⊕

개업공인중개사가 집합건물의 매매를 중개하면서 설명한 내용으로 틀린 것은? (다툼이 있으면 판례에 따름)

① 아파트 지하실은 특별한 사정이 없는 한 구분소유자 전원의 공용부분으로, 따로 구분소유의 목적이 될 수 없다. (O)

② 전유부분이 주거 용도로 분양된 경우, 구분소유자는 정당한 사유 없이 그 부분을 주거 외의 용도로 사용해서는 안 된다. (O)

③ 구분소유자는 구조상 구분소유자 전원의 공용에 제공된 건물 부분에 대한 공유지분을 그가 가지는 전유부분과 분리하여 처분할 수 없다. (O)

④ 규약으로써 달리 정한 경우에도 구분소유자는 그가 가지는 전유부분과 분리하여 대지사용권을 처분할 수 없다. (X)

　┈→ 규약으로 달리 정한 경우에는 대지사용권은 전유부분과 분리하여 처분할 수 있다.

⑤ 일부의 구분소유자만이 공용하도록 제공되는 것임이 명백한 공용부분은 그들 구분소유자의 공유에 속한다. (O)

정답 ④

✅ **핵심개념**　「집합건물의 소유 및 관리에 관한 법률」 제20조

제20조 【전유부분과 대지사용권의 일체성】 ① 구분소유자의 대지사용권은 그가 가지는 전유부분의 처분에 따른다.

② 구분소유자는 그가 가지는 전유부분과 분리하여 대지사용권을 처분할 수 없다. 다만, 규약으로써 달리 정한 경우에는 그러하지 아니하다.

③ 제2항 본문의 분리처분금지는 그 취지를 등기하지 아니하면 선의(善意)로 물권을 취득한 제3자에게 대항하지 못한다.

④ 제2항 단서의 경우에는 제3조 제3항을 준용한다.

[영역] 공인중개사법령 > 중개업무

✓ **기출분석** 난이도 ⊕

공인중개사법령상 개업공인중개사의 고용인에 관한 설명으로 틀린 것은?

① 개업공인중개사는 중개보조원과 고용관계가 종료된 경우 그 종료일부터 10일 이내에 등록관청에 신고해야 한다. (O)

② 소속공인중개사의 고용신고를 받은 등록관청은 공인중개사자격증을 발급한 시·도지사에게 그 소속공인중개사의 공인중개사자격 확인을 요청해야 한다. (O)

③ 중개보조원뿐만 아니라 소속공인중개사의 업무상 행위는 그를 고용한 개업공인중개사의 행위로 본다. (O)

④ 개업공인중개사는 중개보조원을 고용한 경우, 등록관청에 신고한 후 업무개시 전까지 등록관청이 실시하는 직무교육을 받도록 해야 한다. (X)

→ 시·도지사 또는 등록관청이 실시하는 직무교육을 받도록 한 후 업무개시 전까지 등록관청에 신고하여야 한다(규칙 제8조 제1항).

⑤ 중개보조원의 고용신고를 받은 등록관청은 그 사실을 공인중개사협회에 통보해야 한다. (O)

정답 ④

✓ **핵심개념** **고용 및 고용관계종료 신고의무**

개업공인중개사는 소속공인중개사 또는 중개보조원을 고용하거나 고용관계가 종료된 때에는 국토교통부령으로 정하는 바에 따라 등록관청에 신고하여야 한다(법 제15조 제1항). 따라서 개업공인중개사는 소속공인중개사 또는 중개보조원을 고용한 경우에는 교육을 받도록 한 후 업무개시 전까지 등록관청에 신고(전자문서에 의한 신고를 포함한다)하여야 하며(규칙 제8조 제1항), 고용관계가 종료된 때에는 고용관계가 종료된 날부터 10일 이내에 등록관청에 신고하여야 한다(규칙 제8조 제4항). 이를 위반한 경우에는 업무정지처분을 할 수 있다.

[영역] 공인중개사법령 > 중개업무

☑ 기출분석　난이도 ⊕

> **공인중개사법령상 중개사무소의 명칭 및 등록증 등의 게시에 관한 설명으로 틀린 것은?**
> (다툼이 있으면 판례에 따름)
>
> ① 법인인 개업공인중개사의 분사무소에는 분사무소설치신고확인서 원본을 게시해야 한다. (O)
> ② 소속공인중개사가 있는 경우 그 소속공인중개사의 공인중개사자격증 원본도 게시해야 한다. (O)
> ③ 개업공인중개사가 아닌 자가 '부동산중개'라는 명칭을 사용한 경우, 3년 이하의 징역 또는 3천만원 이하의 벌금에 처한다. (X)
> 　→ 1년 이하의 징역 또는 1천만원 이하의 벌금에 처한다.
> ④ 무자격자가 자신의 명함에 '부동산뉴스 대표'라는 명칭을 기재하여 사용하였다면 공인중개사와 유사한 명칭을 사용한 것에 해당한다. (O)
> ⑤ 공인중개사인 개업공인중개사가 「옥외광고물 등의 관리와 옥외광고산업 진흥에 관한 법률」에 따른 옥외광고물을 설치하는 경우, 중개사무소등록증에 표기된 개업공인중개사의 성명을 표기해야 한다. (O)
>
> 정답 ③

☑ 핵심개념　중개사무소의 명칭

① 개업공인중개사는 그 사무소의 명칭에 '공인중개사사무소' 또는 '부동산중개'라는 문자를 사용하여야 한다.
② 개업공인중개사가 아닌 자는 '공인중개사사무소', '부동산중개' 또는 이와 유사한 명칭을 사용하여서는 아니 된다.
③ 개업공인중개사가 「옥외광고물 등의 관리와 옥외광고산업 진흥에 관한 법률」 제2조 제1호에 따른 옥외광고물을 설치하는 경우 중개사무소등록증에 표기된 개업공인중개사(법인의 경우에는 대표자, 법인 분사무소의 경우에는 신고확인서에 기재된 책임자를 말한다)의 성명을 표기하여야 한다.
④ 개업공인중개사 성명의 표기방법 등에 관하여 필요한 사항은 국토교통부령으로 정한다.

☑ **기출분석**   난이도 ⊕

> **공인중개사법령상 중개사무소 개설등록에 관한 설명으로 옳은 것을 모두 고른 것은?**
>
> ㄱ. 피특정후견인은 중개사무소의 등록을 할 수 없다. (X)
>   → 피특정후견인은 결격사유에 해당하지 아니하므로 중개사무소의 등록을 할 수 있다.
> ㄴ. 금고 이상의 형의 집행유예를 받고 그 유예기간 중에 있는 자는 중개사무소의 등록을 할 수 없다. (O)
> ㄷ. 자본금이 5천만원 이상인 「협동조합 기본법」상 사회적 협동조합은 중개사무소의 등록을 할 수 있다. (X)
>   → 사회적 협동조합은 제외한다.
>
> ① ㄱ   ② ㄴ
> ③ ㄱ, ㄴ   ④ ㄱ, ㄷ
> ⑤ ㄴ, ㄷ
>
> 정답 ②

☑ **핵심개념**   **법인의 중개사무소 등록기준**

① 「상법」상 회사 또는 「협동조합 기본법」에 따른 협동조합(사회적 협동조합은 제외한다)으로서 자본금이 5천만원 이상일 것
② 법 제14조에 규정된 업무만을 영위할 목적으로 설립된 법인일 것
③ 대표자는 공인중개사이어야 하며, 대표자를 제외한 임원 또는 사원(합명회사 또는 합자회사의 무한책임사원을 말한다)의 3분의 1 이상은 공인중개사일 것
④ 대표자, 임원 또는 사원 전원 및 분사무소의 책임자(분사무소를 설치하려는 경우에만 해당한다)가 실무교육을 받았을 것
⑤ 건축물대장에 기재된 건물에 중개사무소를 확보할 것

✓ **기출분석** 난이도 下

공인중개사법령상 법인인 개업공인중개사의 업무범위에 해당하지 <u>않는</u> 것은? (단, 다른 법령의 규정은 고려하지 않음)

① 주택의 임대관리 (O)
② 부동산 개발에 관한 상담 및 주택의 분양대행 (O)
③ 개업공인중개사를 대상으로 한 공제업무의 대행 (X)
④ 「국세징수법」상 공매대상 부동산에 대한 취득의 알선 (O)
⑤ 중개의뢰인의 의뢰에 따른 이사업체의 소개 (O)

정답 ③

✓ **핵심개념** **법인인 개업공인중개사의 겸업 가능한 업무(법 제14조)**

① 상업용 건축물 및 주택의 임대관리 등 부동산의 관리대행
② 부동산의 이용·개발 및 거래에 관한 상담
③ 개업공인중개사를 대상으로 한 중개업의 경영기법 및 경영정보의 제공
④ 상업용 건축물 및 주택의 분양대행
⑤ 중개업에 부수되는 업무로서 중개의뢰인의 의뢰에 따른 도배·이사업체의 소개 등 주거이전에 부수되는 용역의 알선
⑥ 「민사집행법」에 의한 경매 및 「국세징수법」 그 밖의 법령에 의한 공매대상 부동산에 대한 권리분석 및 취득의 알선과 매수신청 또는 입찰신청의 대리

[영역] 공인중개사법령 > 개업공인중개사의 의무 및 책임

☑ **기출분석** 난이도 ➕

공인중개사법령상 '중개대상물의 확인·설명사항'과 '전속중개계약에 따라 부동산거래정보망에 공개해야 할 중개대상물에 관한 정보'에 공통으로 규정된 것을 모두 고른 것은?

> ㄱ. 공법상의 거래규제에 관한 사항 (O)
> ㄴ. 벽면 및 도배의 상태 (O)
> ㄷ. 일조·소음의 환경조건 (O)
> ㄹ. 취득 시 부담해야 할 조세의 종류와 세율 (X)
> → '중개대상물의 확인·설명사항'에 해당하며, '전속중개계약에 따라 부동산거래정보망에 공개해야 할 중개대상물에 관한 정보'에는 해당하지 않는다.

① ㄱ, ㄴ
② ㄷ, ㄹ
③ ㄱ, ㄴ, ㄷ
④ ㄴ, ㄷ, ㄹ
⑤ ㄱ, ㄴ, ㄷ, ㄹ

정답 ③

☑ **핵심개념** **전속중개계약에 따라 부동산거래정보망에 공개해야 할 중개대상물에 관한 정보**

① 중개대상물의 종류, 소재지, 지목 및 면적, 건축물의 용도·구조 및 건축연도 등 중개대상물을 특정하기 위하여 필요한 사항
② 벽면 및 도배의 상태
③ 수도·전기·가스·소방·열공급·승강기 설비, 오수·폐수·쓰레기처리시설 등의 상태
④ 도로 및 대중교통수단과의 연계성, 시장·학교 등과의 근접성, 지형 등 입지조건, 일조(日照)·소음·진동 등 환경조건
⑤ 소유권·전세권·저당권·지상권 및 임차권 등 중개대상물의 권리관계에 관한 사항. 다만, 각 권리자의 주소·성명 등 인적사항에 관한 정보는 공개하여서는 아니 된다.
⑥ 공법상의 이용제한 및 거래규제에 관한 사항
⑦ 중개대상물의 거래예정금액 및 공시지가. 다만, 임대차의 경우에는 공시지가를 공개하지 아니할 수 있다.

☑ **기출분석**   난이도 ⊕

매수신청대리인으로 등록한 개업공인중개사 甲이 매수신청대리 위임인 乙에게 「공인중개사의 매수신청대리인 등록 등에 관한 규칙」에 관하여 설명한 내용으로 **틀린** 것은? (단, 위임에 관하여 특별한 정함이 없음)

① 甲의 매수신고액이 차순위이고 최고가매수신고액에서 그 보증액을 뺀 금액을 넘는 때에만 甲은 차순위매수신고를 할 수 있다. (O)

② 甲은 乙을 대리하여 입찰표를 작성·제출할 수 있다. (O)

③ 甲의 입찰로 乙이 최고가매수신고인이나 차순위매수신고인이 되지 않은 경우, 甲은 「민사집행법」에 따라 매수신청의 보증을 돌려 줄 것을 신청할 수 있다. (O)

④ 乙의 甲에 대한 보수의 지급시기는 당사자 간 약정이 없으면 ~~매각허가결정일~~로 한다. (X)

    → 매수신청인과 매수신청대리인의 약정에 따르며, 약정이 없을 때에는 매각대금의 지급기한일로 한다.

⑤ 甲은 기일입찰의 방법에 의한 매각기일에 매수신청대리행위를 할 때 집행법원이 정한 매각장소 또는 집행법원에 직접 출석해야 한다. (O)

정답 ④

☑ **핵심개념**   **매수신청대리인의 업무범위**

① 매수신청보증의 제공
② 입찰표의 작성 및 제출
③ 차순위매수신고
④ 매수신청의 보증을 돌려줄 것을 신청하는 행위
⑤ 공유자의 우선매수신고
⑥ 구(舊) 임대주택법상 임차인의 임대주택 우선매수신고
⑦ 공유자 또는 임대주택 임차인의 우선매수신고에 따라 차순위매수신고인으로 보게 되는 경우 그 차순위매수신고인의 지위를 포기하는 행위

13번 전자계약

✓ 기출분석   난이도 ⊕

「전자문서 및 전자거래 기본법」에 따른 공인전자문서센터에 보관된 경우, 공인중개사법 령상 개업공인중개사가 원본, 사본 또는 전자문서를 보존기간 동안 보존해야 할 의무가 면제된다고 명시적으로 규정된 것을 모두 고른 것은?

> ㄱ. 중개대상물 확인·설명서 (O)
> ㄴ. 손해배상책임보장에 관한 증서 (X)
> ㄷ. 소속공인중개사 고용신고서 (X)
> ㄹ. 거래계약서 (O)

① ㄱ

② ㄱ, ㄹ

③ ㄴ, ㄷ

④ ㄴ, ㄷ, ㄹ

⑤ ㄱ, ㄴ, ㄷ, ㄹ

정답 ②

✓ 핵심개념   중개대상물 확인·설명서와 거래계약서 보존기간 비교

중개대상물 확인·설명서	거래계약서
3년(공인전자문서센터에 보관된 경우, 원본, 사본 또는 전자문서를 보존기간 동안 보존해야 할 의무 면제됨)	5년(공인전자문서센터에 보관된 경우, 원본, 사본 또는 전자문서를 보존기간 동안 보존해야 할 의무 면제됨)

[영역] 공인중개사법령 > 중개계약 및 부동산거래정보망

☑ **기출분석**　난이도 ⬆

공인중개사법령상 거래정보사업자지정대장 서식에 기재되는 사항이 <u>아닌</u> 것은?

① 지정 번호 및 지정 연월일 (O)
② 상호 또는 명칭 및 대표자의 성명 (O)
③ 주된 컴퓨터설비의 내역 (O)
④ 전문자격자의 보유에 관한 사항 (O)
⑤ 「전기통신사업법」에 따른 부가통신사업자번호 (X)

정답 ⑤

☑ **핵심개념**　**거래정보사업자지정대장 서식에 기재할 사항**(규칙 제15조 제3항)

① 지정 번호 및 지정 연월일
② 상호 또는 명칭 및 대표자의 성명
③ 사무소의 소재지
④ 주된 컴퓨터 설비의 내역
⑤ 전문자격자의 보유에 관한 사항

[영역] 공인중개사법령 > 손해배상책임과 반환채무이행보장

✓ **기출분석** 난이도 ➕

> **공인중개사법령상 손해배상책임의 보장에 관한 설명으로 틀린 것은?**
>
> ① 개업공인중개사는 중개가 완성된 때에는 거래당사자에게 손해배상책임의 보장기간을 설명해야 한다. (O)
> ② 개업공인중개사는 고의로 거래당사자에게 손해를 입힌 경우에는 재산상의 손해뿐만 아니라 비재산적 손해에 대해서도 공인중개사법령상 손해배상책임보장규정에 의해 배상할 책임이 있다. (X)
> → 비재산적 손해에 관하여는 「공인중개사법」상 손해배상책임보장규정이 없다.
> ③ 개업공인중개사가 자기의 중개사무소를 다른 사람의 중개행위의 장소로 제공하여 거래당사자에게 재산상의 손해를 발생하게 한 때에는 그 손해를 배상할 책임이 있다. (O)
> ④ 법인인 개업공인중개사가 분사무소를 두는 경우 분사무소마다 추가로 1억원 이상의 손해배상책임의 보증설정을 해야 하나 보장금액의 상한은 없다. (O)
> ⑤ 지역농업협동조합이 「농업협동조합법」에 의해 부동산중개업을 하는 경우 보증기관에 설정하는 손해배상책임보증의 최저보장금액은 개업공인중개사의 최저보장금액과 다르다. (O)
>
> 정답 ②

✓ **핵심개념** **손해배상책임의 내용**

① 개업공인중개사는 중개행위를 하는 경우 고의 또는 과실로 인하여 거래당사자에게 재산상의 손해를 발생하게 한 때에는 그 손해를 배상할 책임이 있다.
② 개업공인중개사는 자기의 중개사무소를 다른 사람의 중개행위의 장소로 제공함으로써 거래당사자에게 재산상의 손해를 발생하게 한 때에는 그 손해를 배상할 책임이 있다.
③ 개업공인중개사는 업무를 개시하기 전에 위 ①, ②에 따른 손해배상책임을 보장하기 위하여 대통령령으로 정하는 바에 따라 보증보험 또는 공제사업에 따른 공제에 가입하거나 공탁을 하여야 한다.
④ 위 ③에 따라 공탁한 공탁금은 개업공인중개사가 폐업 또는 사망한 날부터 3년 이내에는 이를 회수할 수 없다.
⑤ 개업공인중개사는 중개가 완성된 때에는 거래당사자에게 손해배상책임의 보장에 관한 다음의 사항을 설명하고 관계 증서의 사본을 교부하거나 관계 증서에 관한 전자문서를 제공하여야 한다.
 ㉠ 보장금액
 ㉡ 보증보험회사, 공제사업을 행하는 자, 공탁기관 및 그 소재지
 ㉢ 보장기간

[영역] 공인중개사법령 > 중개업무

✓ **기출분석** 난이도 ➕

공인중개사법령상 공인중개사인 개업공인중개사가 중개사무소를 등록관청의 관할 지역 내로 이전한 경우에 관한 설명으로 **틀린** 것을 모두 고른 것은?

> ㄱ. 중개사무소를 이전한 날부터 10일 이내에 신고해야 한다. (O)
>
> ㄴ. 등록관청이 이전신고를 받은 경우, 중개사무소등록증에 변경사항만을 적어 교부할 수 없고 재교부해야 한다. (X)
> → 중개사무소를 등록관청의 관할 지역 내로 이전한 경우로서, 등록관청이 이전신고를 받은 경우 중개사무소등록증에 변경사항만을 기재한 후 7일 이내에 등록증을 교부할 수 있다.
>
> ㄷ. 이전신고를 할 때 중개사무소등록증을 제출하지 않아도 된다. (X)
> → 개업공인중개사가 이전신고를 할 때 중개사무소이전신고서(별지 제12호 서식)에 중개사무소등록증을 첨부하여 신고하여야 한다.
>
> ㄹ. 건축물대장에 기재되지 않은 건물로 이전신고를 하는 경우, 건축물대장 기재가 지연되는 사유를 적은 서류도 제출해야 한다. (O)

① ㄱ, ㄴ
② ㄱ, ㄹ
③ ㄴ, ㄷ
④ ㄷ, ㄹ
⑤ ㄴ, ㄷ, ㄹ

정답 ③

✓ **핵심개념** **중개사무소이전신고서에 첨부하여야 하는 서류**

① 중개사무소등록증(분사무소의 경우에는 분사무소설치신고확인서)
② 건축물대장에 기재된 건물에 중개사무소를 확보(소유·전세·임대차 또는 사용대차 등의 방법에 의하여 사용권을 확보하여야 한다)하였음을 증명하는 서류

[영역] 공인중개사법령 > 중개업무

☑ **기출분석**   난이도 ⊕

공인중개사법령상 중개업의 휴업 및 재개신고 등에 관한 설명으로 옳은 것은?

① 개업공인중개사가 3개월의 휴업을 하려는 경우 등록관청에 신고해야 한다. (X)
→ 개업공인중개사는 3개월을 초과하는 휴업을 하려는 경우 등록관청에 그 사실을 신고하여야 한다. 따라서 3개월의 휴업을 하는 경우 등록관청에 신고하지 않아도 된다.

② 개업공인중개사가 6개월을 초과하여 휴업을 할 수 있는 사유는 취학, 질병으로 인한 요양, 징집으로 인한 입영에 한한다. (X)
→ 개업공인중개사가 6개월을 초과하여 휴업을 할 수 있는 사유는 취학, 질병으로 인한 요양, 징집으로 인한 입영에 한하는 것이 아니라 임신 또는 출산 그 밖에 이에 준하는 부득이한 사유로서 국토교통부장관이 정하여 고시하는 사유에도 가능하다.

③ 개업공인중개사가 휴업기간 변경신고를 하려면 중개사무소등록증을 휴업기간변경신고서에 첨부하여 제출해야 한다. (X)
→ 개업공인중개사가 휴업신고를 하려면 휴업신고서에 등록증을 첨부하여 등록관청에 제출하여야 한다. 하지만 휴업기간변경신고서에 등록증을 첨부하지는 않는다.

④ 재개신고는 휴업기간 변경신고와 달리 전자문서에 의한 신고를 할 수 없다. (X)
→ 휴업기간 변경신고, 재개신고는 전자문서에 의한 신고를 할 수 있다.

⑤ 재개신고를 받은 등록관청은 반납을 받은 중개사무소등록증을 즉시 반환해야 한다. (O)

정답 ⑤

---

1. 신고사유

개업공인중개사는 휴업한 중개업을 재개하고자 하는 때에는 미리 등록관청에 신고하여야 한다. 휴업한 중개업의 재개는 휴업기간이 만료되기 전이라도 할 수 있으나, 중개업을 재개하기 전에 등록관청에 미리 재개신고를 하여야 한다. 또한 휴업기간이 만료되었다 하여 즉시 중개업을 재개할 수 없고 재개하기 전에 등록관청에 재개신고를 하여야 한다.

2. 신고방법

재개신고는 신고서를 등록관청에 제출하여야 한다. 재개신고는 전자문서로 할 수 있다.

3. 등록증 반환

재개신고를 받은 등록관청은 반납받은 중개사무소등록증(법인의 분사무소인 경우에는 분사무소설치신고확인서)을 즉시 반환하여야 한다(영 제18조 제5항).

☑ **기출분석**   난이도 ⓗ

공인중개사법령상 개업공인중개사가 지체 없이 사무소의 간판을 철거해야 하는 사유를 모두 고른 것은?

> ㄱ. 등록관청에 중개사무소의 이전사실을 신고한 경우 (O)
> ㄴ. 등록관청에 폐업사실을 신고한 경우 (O)
> ㄷ. 중개사무소의 개설등록 취소처분을 받은 경우 (O)
> ㄹ. 등록관청에 6개월을 초과하는 휴업신고를 한 경우 (X)

① ㄹ
② ㄱ, ㄷ
③ ㄴ, ㄷ
④ ㄱ, ㄴ, ㄷ
⑤ ㄱ, ㄴ, ㄷ, ㄹ

정답 ④

☑ **핵심개념**   **개업공인중개사가 지체 없이 사무소의 간판을 철거하여야 하는 경우(법 제21조의2 제1항)**

① 등록관청에 중개사무소의 이전사실을 신고한 경우
② 등록관청에 폐업사실을 신고한 경우
③ 중개사무소의 개설등록 취소처분을 받은 경우

☑ **기출분석**　난이도 ⊕

> **공인중개사법령상 중개행위 등에 관한 설명으로 옳은 것은?** (다툼이 있으면 판례에 따름)
>
> ① 중개행위에 해당하는지 여부는 개업공인중개사의 행위를 객관적으로 보아 판단할 것이 아니라 개업공인중개사의 주관적 의사를 기준으로 판단해야 한다. (X)
>> → 사회통념상 거래의 알선·중개를 위한 행위라고 인정되는지 여부에 의하여 판단해야 한다.
>
> ② 임대차계약을 알선한 개업공인중개사가 계약 체결 후에도 목적물의 인도 등 거래당사자의 계약상 의무의 실현에 관여함으로써 계약상 의무가 원만하게 이행되도록 주선할 것이 예정되어 있는 경우, 그러한 개업공인중개사의 행위는 사회통념상 중개행위의 범주에 포함된다. (O)
>
> ③ 소속공인중개사는 자신의 중개사무소 개설등록을 신청할 수 있다. (X)
>> → 중개사무소 개설등록은 공인중개사인 개업공인중개사 및 법인인 개업공인중개사만 신청할 수 있다.
>
> ④ 개업공인중개사는 거래계약서를 작성하는 경우 거래계약서에 서명하거나 날인하면 된다. (X)
>> → 거래계약서에 서명 및 날인하면 된다.
>
> ⑤ 개업공인중개사가 국토교통부장관이 정한 거래계약서 표준서식을 사용하지 않는 경우 과태료부과처분을 받게 된다. (X)
>> → 표준서식 사용 여부는 임의사항이므로, 이를 사용하지 않은 경우의 제재는 「공인중개사법」상 규정이 없다.
>
> 정답 ②

☑ **핵심개념**　**중개행위의 해당 여부 판단 기준**

임대차계약을 알선한 개업공인중개사가 계약 체결 후에도 보증금의 지급, 목적물의 인도, 확정일자의 취득 등과 같은 거래당사자의 계약상 의무의 실현에 관여함으로써 계약상 의무가 원만하게 이행되도록 주선할 것이 예정되어 있는 때에는 그러한 개업공인중개사의 행위는 객관적·외형적으로 보아 사회통념상 거래의 알선·중개를 위한 행위로서 중개행위의 범주에 포함된다(대판 2007.2.8, 2005다55008).

[영역] 공인중개사법령 > 부동산 거래신고 등에 관한 법률

☑ **기출분석**   난이도 ●

부동산 거래신고 등에 관한 법령상 벌금 또는 과태료의 부과기준이 '계약 체결 당시의 개별공시지가에 따른 해당 토지가격' 또는 '해당 부동산등의 취득가액'의 비율 형식으로 규정된 경우가 <u>아닌</u> 것은?

① 토지거래허가구역 안에서 허가 없이 토지거래계약을 체결한 경우 (O)
   → 2년 이하의 징역 또는 토지가격의 100분의 30에 해당하는 금액 이하의 벌금사유에 해당한다.

② 외국인이 부정한 방법으로 허가를 받아 토지취득계약을 체결한 경우 (X)
   → 2년 이하의 징역 또는 2천만원 이하의 벌금사유에 해당한다.

③ 토지거래허가구역 안에서 속임수나 그 밖의 부정한 방법으로 토지거래계약 허가를 받은 경우 (O)
   → 2년 이하의 징역 또는 토지가격의 100분의 30에 해당하는 금액 이하의 벌금사유에 해당한다.

④ 부동산매매계약을 체결한 거래당사자가 그 실제 거래가격을 거짓으로 신고한 경우 (O)
   → 취득가액의 100분의 5 이하에 상당하는 금액의 과태료사유에 해당한다.

⑤ 부동산매매계약을 체결한 후 신고의무자가 아닌 자가 거짓으로 부동산 거래신고를 한 경우 (O)
   → 취득가액의 100분의 5 이하에 상당하는 금액의 과태료사유에 해당한다.

정답 ②

1. 행정형벌

① 2년 이하의 징역 또는 2천만원 이하의 벌금 : 외국인등이 허가를 받지 아니하고 토지취득계약을 체결하거나 부정한 방법으로 허가를 받아 토지취득계약을 체결한 경우

② 2년 이하의 징역 또는 토지가격의 100분의 30에 해당하는 금액 이하의 벌금 : 토지거래허가구역 내에서 허가 또는 변경허가를 받지 아니하고 토지거래계약을 체결하거나, 속임수나 그 밖의 부정한 방법으로 토지거래계약 허가를 받은 경우

③ 1년 이하의 징역 또는 1천만원 이하의 벌금 : 토지거래허가구역 내에서 허가취소, 처분 또는 조치명령을 위반한 경우

2. 행정질서벌

① 3천만원 이하의 과태료

    ㉠ 부동산 거래신고대상에 해당하는 계약을 체결하지 아니하였음에도 불구하고 거짓으로 부동산 거래신고를 하는 경우

    ㉡ 부동산 거래신고 후 해당 계약이 해제등이 되지 아니하였음에도 불구하고 거짓으로 부동산 거래의 해제등 신고를 하는 경우

    ㉢ 거래대금 지급을 증명할 수 있는 자료를 제출하지 아니하거나 거짓으로 제출한 자 또는 그 밖의 필요한 조치를 이행하지 아니한 자

② 500만원 이하의 과태료

    ㉠ 부동산 거래신고를 하지 아니한 자(공동신고를 거부한 자를 포함한다)

    ㉡ 부동산 거래의 해제등에 관한 신고를 하지 아니한 자(공동신고를 거부한 자를 포함한다)

    ㉢ 개업공인중개사에게 부동산 거래신고를 하지 아니하게 하거나 거짓으로 신고하도록 요구한 자

    ㉣ 거짓으로 부동산 거래신고를 하는 행위를 조장하거나 방조한 자

    ㉤ 거래대금 지급을 증명할 수 있는 자료 외의 자료를 제출하지 아니하거나 거짓으로 제출한 자

③ 취득가액의 100분의 5 이하에 상당하는 금액의 과태료 : 계약을 체결한 후 부동산 거래신고를 거짓으로 한 자 또는 신고의무자가 아닌 자가 거짓으로 부동산 거래신고를 하는 행위를 한 경우

④ 300만원 이하의 과태료 : 외국인등이 대한민국 안의 부동산등을 취득하는 계약을 체결하였을 때 계약체결일로부터 60일 이내에 신고관청에 신고를 하지 아니하거나 거짓으로 신고를 한 경우

⑤ 100만원 이하의 과태료

    ㉠ 외국인등이 상속·경매 그 밖의 계약 외의 원인으로 대한민국 안의 부동산등을 취득한 때에 6개월 이내에 신고를 하지 아니하거나 거짓으로 신고한 경우

    ㉡ 외국인등이 해당 부동산등을 계속 보유하려는 경우 6개월 이내에 계속보유신고를 하지 아니하거나 거짓으로 신고한 경우

    ㉢ 임대차계약의 당사자가 주택임대차계약의 신고, 변경 및 해제신고를 하지 아니하거나(공동신고를 거부한 자를 포함한다) 그 신고를 거짓으로 한 경우

☑ **기출분석**　난이도 ●

개업공인중개사 甲, 乙, 丙에 대한 「공인중개사법」 제40조(행정제재처분효과의 승계 등)의 적용에 관한 설명으로 옳은 것을 모두 고른 것은?

ㄱ. 甲이 2020.11.16. 「공인중개사법」에 따른 과태료부과처분을 받았으나 2020.12.16. 폐업신고를 하였다가 2021.10.15. 다시 중개사무소의 개설등록을 하였다면, 위 과태료부과처분의 효과는 승계된다. (O)

ㄴ. 乙이 2020.8.1. 국토교통부령으로 정하는 전속중개계약서에 의하지 않고 전속중개계약을 체결한 후, 2020.9.1. 폐업신고를 하였다가 2021.10.1. 다시 중개사무소의 개설등록을 하였다면, 등록관청은 업무정지처분을 할 수 있다. (X)

→ 전속중개계약서에 의하지 않고 전속중개계약을 체결한 경우 업무정지사유에 해당한다. 이 경우 폐업신고 전의 위반행위에 대한 행정처분이 업무정지에 해당하는 경우로서 폐업기간이 1년을 초과하는 경우 업무정지처분을 할 수 없다. 따라서 2020.9.1. 폐업신고를 하였다가 2021.10.1. 다시 중개사무소의 개설등록을 하였다면 폐업기간이 1년을 초과한 경우이므로 업무정지처분을 할 수 없다.

ㄷ. 丙이 2018.8.5. 다른 사람에게 자기의 상호를 사용하여 중개업무를 하게 한 후, 2018.9.5. 폐업신고를 하였다가 2021.10.5. 다시 중개사무소의 개설등록을 하였다면, 등록관청은 개설등록을 취소해야 한다. (X)

→ 다른 사람에게 자기의 상호를 사용하여 중개업무를 하게 한 경우 등록취소사유에 해당한다. 이 경우 폐업신고를 한 날부터 다시 중개사무소의 개설등록을 한 날까지의 기간(폐업기간)이 3년을 초과한 경우 등록취소처분을 할 수 없다. 따라서 2018.9.5. 폐업신고를 하였다가 2021.10.5. 다시 중개사무소의 개설등록을 하였다면, 폐업기간이 3년을 초과한 경우이므로 등록관청은 개설등록취소처분을 할 수 없다.

① ㄱ　　　　　　　　　　　② ㄱ, ㄴ
③ ㄱ, ㄷ　　　　　　　　　　④ ㄴ, ㄷ
⑤ ㄱ, ㄴ, ㄷ

정답 ①

☑ **핵심개념**　**위반행위의 승계**

재등록개업공인중개사에 대하여 폐업신고 전의 개설등록취소 및 업무정지에 해당하는 위반행위에 대한 행정처분을 함에 있어서는 폐업기간과 폐업의 사유 등을 고려해야 한다. 다만, 다음의 어느 하나에 해당하는 경우는 제외한다(법 제40조 제3항·제4항).

① 폐업신고를 한 날부터 다시 중개사무소의 개설등록을 한 날까지의 기간(폐업기간)이 3년을 초과한 경우
② 폐업신고 전의 위반행위에 대한 행정처분이 업무정지에 해당하는 경우로서 폐업기간이 1년을 초과한 경우

[영역] 중개실무 > 개별적 중개실무

☑ **기출분석**　난이도 下

> 개업공인중개사 甲의 중개로 乙과 丙은 丙 소유의 주택에 관하여 임대차계약(이하 '계약'이라 함)을 체결하려 한다. 「주택임대차보호법」의 적용에 관한 甲의 설명으로 **틀린** 것은?
> (임차인 乙은 자연인임)
>
> ① 乙과 丙이 임대차기간을 2년 미만으로 정한다면 乙은 그 임대차기간이 유효함을 주장할 수 없다. (X)
>　　→ 주택임대차는 그 기간의 정함이 없거나 기간을 2년 미만으로 정한 임대차는 그 기간을 2년으로 본다. 다만, 임차인은 2년 미만으로 정한 기간의 유효함을 주장할 수 있다. 따라서 임차인 乙과 임대인 丙이 임대차기간을 2년 미만으로 정한다면 임차인 乙은 그 임대차기간이 유효함을 주장할 수 있다.
> ② 계약이 묵시적으로 갱신되면 임대차의 존속기간은 2년으로 본다. (O)
> ③ 계약이 묵시적으로 갱신되면 乙은 언제든지 丙에게 계약해지를 통지할 수 있고, 丙이 그 통지를 받은 날부터 3개월이 지나면 해지의 효력이 발생한다. (O)
> ④ 乙이 丙에게 계약갱신요구권을 행사하여 계약이 갱신되면, 갱신되는 임대차의 존속기간은 2년으로 본다. (O)
> ⑤ 乙이 丙에게 계약갱신요구권을 행사하여 계약이 갱신된 경우 乙은 언제든지 丙에게 계약해지를 통지할 수 있다. (O)
>
> 정답 ①

① 임차인이 2기의 차임액에 해당하는 금액에 이르도록 차임을 연체한 사실이 있는 경우
② 임차인이 거짓이나 그 밖의 부정한 방법으로 임차한 경우
③ 서로 합의하여 임대인이 임차인에게 상당한 보상을 제공한 경우
④ 임차인이 임대인의 동의 없이 목적 주택의 전부 또는 일부를 전대(轉貸)한 경우
⑤ 임차인이 임차한 주택의 전부 또는 일부를 고의나 중대한 과실로 파손한 경우
⑥ 임차한 주택의 전부 또는 일부가 멸실되어 임대차의 목적을 달성하지 못할 경우
⑦ 임대인이 다음의 어느 하나에 해당하는 사유로 목적 주택의 전부 또는 대부분을 철거하거나 재건축하기 위하여 목적 주택의 점유를 회복할 필요가 있는 경우
　　㉠ 임대차계약 체결 당시 공사시기 및 소요기간 등을 포함한 철거 또는 재건축계획을 임차인에게 구체적으로 고지하고 그 계획에 따르는 경우
　　㉡ 건물이 노후·훼손 또는 일부 멸실되는 등 안전사고의 우려가 있는 경우
　　㉢ 다른 법령에 따라 철거 또는 재건축이 이루어지는 경우
⑧ 임대인(임대인의 직계존속·직계비속을 포함한다)이 목적 주택에 실제 거주하려는 경우
⑨ 그 밖에 임차인이 임차인으로서의 의무를 현저히 위반하거나 임대차를 계속하기 어려운 중대한 사유가 있는 경우

☑ **기출분석**   난이도 ⓣ

공인중개사법령상 공인중개사자격의 취소사유에 해당하는 것을 모두 고른 것은?

> ㄱ. 부정한 방법으로 공인중개사의 자격을 취득한 경우 (O)
> ㄴ. 다른 사람에게 자기의 공인중개사자격증을 대여한 경우 (O)
> ㄷ. 「공인중개사법」에 따라 공인중개사 자격정지처분을 받고 그 자격정지기간 중에 중개
>   업무를 행한 경우 (O)

① ㄱ   ② ㄷ

③ ㄱ, ㄴ   ④ ㄴ, ㄷ

⑤ ㄱ, ㄴ, ㄷ

정답 ⑤

☑ **핵심개념**   **시·도지사가 공인중개사자격을 취소해야 하는 사유**

① 부정한 방법으로 공인중개사의 자격을 취득한 경우
② 공인중개사가 다른 사람에게 자기의 성명을 사용하여 중개업무를 하게 하거나 다른 사람에게 공인중개
   사자격증을 양도 또는 대여한 경우
③ 자격정지처분을 받고 그 자격정지기간 중에 중개업무를 행하거나 다른 개업공인중개사의 소속공인중
   개사, 중개보조원 또는 법인인 개업공인중개사의 사원·임원이 되는 경우
④ 이 법을 위반하여 징역형의 선고를 받은 경우(집행유예를 포함)

✅ **기출분석**   난이도 ➕

「공인중개사법」의 내용으로 (   )에 들어갈 숫자를 바르게 나열한 것은?

> • 등록관청은 개업공인중개사가 최근 (ㄱ : 1)년 이내에 이 법에 의하여 (ㄴ : 2)회 이상 업무정지처분을 받고 다시 업무정지처분에 해당하는 행위를 한 경우에는 중개사무소의 개설등록을 취소하여야 한다.
> • 금고 이상의 실형의 선고를 받고 그 집행이 종료(집행이 종료된 것으로 보는 경우를 포함한다)되거나 집행이 면제된 날부터 (ㄷ : 3)년이 지나지 아니한 자는 중개사무소의 개설등록을 할 수 없다.
> • 중개행위와 관련된 손해배상책임을 보장하기 위하여 이 법에 따라 공탁한 공탁금은 개업공인중개사가 폐업한 날부터 (ㄹ : 3)년 이내에는 회수할 수 없다.

① ㄱ : 1,   ㄴ : 2,   ㄷ : 1,   ㄹ : 3   ② ㄱ : 1,   ㄴ : 2,   ㄷ : 3,   ㄹ : 3
③ ㄱ : 1,   ㄴ : 3,   ㄷ : 3,   ㄹ : 1   ④ ㄱ : 2,   ㄴ : 3,   ㄷ : 1,   ㄹ : 1
⑤ ㄱ : 2,   ㄴ : 3,   ㄷ : 3,   ㄹ : 3

정답 ②

✅ **핵심개념**   **등록의 결격사유 등(법 제10조 제1항)**

① 미성년자
② 피성년후견인 또는 피한정후견인
③ 파산선고를 받고 복권되지 아니한 자
④ 금고 이상의 실형의 선고를 받고 그 집행이 종료(집행이 종료된 것으로 보는 경우를 포함한다)되거나 집행이 면제된 날부터 3년이 지나지 아니한 자
⑤ 금고 이상의 형의 집행유예를 받고 그 유예기간 중에 있는 자
⑥ 이 법을 위반하여 공인중개사의 자격이 취소된 후 3년이 지나지 아니한 자
⑦ 이 법을 위반하여 공인중개사의 자격이 정지된 자로서 자격정지기간 중에 있는 자
⑧ 법 제38조 제1항 제2호·제4호부터 제8호까지, 같은 조 제2항 제2호부터 제11호까지에 해당하는 사유로 중개사무소의 개설등록이 취소된 후 3년(제40조 제3항에 따라 등록이 취소된 경우에는 3년에서 동항 제1호의 규정에 의한 폐업기간을 공제한 기간을 말한다)이 지나지 아니한 자
⑨ 이 법을 위반하여 업무정지처분을 받고 폐업신고를 한 자로서 업무정지기간이 지나지 아니한 자
⑩ 이 법을 위반하여 업무정지처분을 받은 개업공인중개사인 법인의 업무정지의 사유가 발생한 당시의 사원 또는 임원이었던 자로서 해당 개업공인중개사에 대한 업무정지기간이 지나지 아니한 자
⑪ 이 법을 위반하여 300만원 이상의 벌금형의 선고를 받고 3년이 지나지 아니한 자
⑫ 사원 또는 임원 중 위 ①~⑪의 어느 하나에 해당하는 자가 있는 법인

☑ **기출분석**   난이도 ⊕

공인중개사법령상 중개사무소 개설등록을 취소하여야 하는 사유에 해당하는 것을 모두 고른 것은?

> ㄱ. 개업공인중개사인 법인이 해산한 경우 (O)
> ㄴ. 개업공인중개사가 거짓으로 중개사무소 개설등록을 한 경우 (O)
> ㄷ. 개업공인중개사가 이중으로 중개사무소 개설등록을 한 경우 (O)
> ㄹ. 개업공인중개사가 개설등록 후 금고 이상의 형의 집행유예를 받고 그 유예기간 중에 있게 된 경우 (O)

① ㄱ, ㄴ, ㄷ
② ㄱ, ㄴ, ㄹ
③ ㄱ, ㄷ, ㄹ
④ ㄴ, ㄷ, ㄹ
⑤ ㄱ, ㄴ, ㄷ, ㄹ

정답 ⑤

☑ **핵심개념**   **중개사무소의 개설등록을 취소해야 하는 경우(법 제38조 제1항)**

① 개인인 개업공인중개사가 사망하거나 개업공인중개사인 법인이 해산한 경우
② 거짓이나 그 밖의 부정한 방법으로 중개사무소의 개설등록을 한 경우
③ 등록 등의 결격사유에 해당하게 된 경우. 다만, 법인의 사원 또는 임원이 결격사유에 해당하는 경우로 서 그 사유가 발생한 날부터 2개월 이내에 그 사유를 해소한 경우에는 그러하지 아니하다.
④ 이중으로 중개사무소의 개설등록을 한 경우
⑤ 개업공인중개사가 다른 개업공인중개사의 소속공인중개사·중개보조원 또는 개업공인중개사인 법인 의 사원·임원이 된 경우
⑥ 다른 사람에게 자기의 성명 또는 상호를 사용하여 중개업무를 하게 하거나 중개사무소등록증을 양도 또는 대여한 경우
⑦ 업무정지기간 중에 중개업무를 하거나 자격정지처분을 받은 소속공인중개사로 하여금 자격정지기간 중에 중개업무를 하게 한 경우
⑧ 최근 1년 이내에 이 법에 의하여 2회 이상 업무정지처분을 받고 다시 업무정지처분에 해당하는 행위를 한 경우

[영역] 공인중개사법령 > 손해배상책임과 반환채무이행보장

☑ 기출분석   난이도 ⓛ

공인중개사법령상 개업공인중개사의 보증설정 등에 관한 설명으로 옳은 것은?

① 개업공인중개사가 보증설정신고를 할 때 등록관청에 제출해야 할 증명서류는 전자문서로 제출할 수 없다. (X)

→ 증명서류에 전자문서도 포함된다.

② 보증기관이 보증사실을 등록관청에 직접 통보한 경우라도 개업공인중개사는 등록관청에 보증설정신고를 해야 한다. (X)

→ 보증설정신고를 생략할 수 있다.

③ 보증을 다른 보증으로 변경하려면 이미 설정된 보증의 효력이 있는 기간이 지난 후에 다른 보증을 설정해야 한다. (X)

→ 효력이 있는 기간 중에 다른 보증을 설정하고 그 증명서류를 갖추어 등록관청에 신고하여야 한다.

④ 보증변경신고를 할 때 손해배상책임보증 변경신고서 서식의 '보증'란에 '변경 후 보증내용'을 기재한다. (O)

⑤ 개업공인중개사가 보증보험금으로 손해배상을 한 때에는 그 보증보험의 금액을 보전해야 하며 다른 공제에 가입할 수 없다. (X)

→ 다시 새로운 보증보험에 가입하거나 공제 또는 공탁으로 재보증 설정을 하여야 한다.

정답 ④

☑ 핵심개념   **보증설정 방법 및 금액 정리**

개업공인중개사 종별	방 법	금 액
법인인 개업공인중개사	• 보증보험	2억원 이상(분사무소는 1억원 이상 추가 설정)
개인인 개업공인중개사	• 공제	1억원 이상
지역농업협동조합	• 공탁	1천만원 이상

[영역] 공인중개사법령 > 공인중개사협회 및 교육·보칙·신고센터 등

☑ **기출분석**   난이도 ⓗ

공인중개사법령상 공인중개사협회(이하 '협회'라 함)**에 관한 설명으로 틀린 것은?**

① 협회는 시·도지사로부터 위탁을 받아 실무교육에 관한 업무를 할 수 있다. (O)
② 협회는 공제사업을 하는 경우 책임준비금을 다른 용도로 사용하려면 국토교통부장관의 승인을 얻어야 한다. (O)
③ 협회는 「공인중개사법」에 따른 협회의 설립목적을 달성하기 위한 경우에도 부동산 정보제공에 관한 업무를 수행할 수 없다. (X)
  → 부동산 정보제공에 관한 업무는 협회의 설립목적을 달성하기 위한 협회의 업무에 해당한다.
④ 협회에 관하여 「공인중개사법」에 규정된 것 외에는 「민법」 중 사단법인에 관한 규정을 적용한다. (O)
⑤ 협회는 공제사업을 다른 회계와 구분하여 별도의 회계로 관리해야 한다. (O)

정답 ③

☑ **핵심개념**   **협회 설립목적을 달성하기 위한 협회의 업무**(영 제31조)

① 회원의 품위유지를 위한 업무
② 부동산중개제도의 연구·개선에 관한 업무
③ 회원의 자질향상을 위한 지도 및 교육·연수에 관한 업무
④ 회원의 윤리헌장 제정 및 그 실천에 관한 업무
⑤ 부동산 정보제공에 관한 업무
⑥ 법 제42조의 규정에 따른 공제사업. 이 경우 공제사업은 비영리사업으로서 회원 간의 상호부조를 목적으로 한다.
⑦ 그 밖에 협회의 설립목적 달성을 위하여 필요한 업무

[영역] 공인중개사법령 > 공인중개사협회 및 교육·보칙·신고센터 등

☑ 기출분석　　난이도 下

공인중개사법령상 포상금을 지급받을 수 있는 신고 또는 고발의 대상이 <u>아닌</u> 것은?

① 중개사무소의 개설등록을 하지 않고 중개업을 한 자 (O)
② 부정한 방법으로 중개사무소의 개설등록을 한 자 (O)
③ 공인중개사자격증을 다른 사람으로부터 양수받은 자 (O)
④ 개업공인중개사로서 부당한 이익을 얻을 목적으로 거짓으로 거래가 완료된 것처럼 꾸미는 등 중개대상물의 시세에 부당한 영향을 줄 우려가 있는 행위를 한 자 (O)
⑤ 개업공인중개사로서 중개의뢰인과 직접 거래를 한 자 (X)

정답 ⑤

☑ 핵심개념　　포상금을 지급받을 수 있는 신고 또는 고발의 대상

등록관청은 다음의 어느 하나에 해당하는 자가 행정기관에 의하여 발각되기 전에 등록관청, 수사기관이나 부동산거래질서교란행위 신고센터에 신고 또는 고발한 자에게 대통령령으로 정하는 바에 따라 포상금을 지급할 수 있다(법 제46조 제1항).

① 중개사무소의 개설등록을 하지 아니하고 중개업을 한 자
② 거짓이나 그 밖의 부정한 방법으로 중개사무소의 개설등록을 한 자
③ 중개사무소등록증을 다른 사람에게 양도·대여하거나 다른 사람으로부터 양수·대여받은 자
④ 공인중개사자격증을 다른 사람에게 양도·대여하거나 다른 사람으로부터 양수·대여받은 자
⑤ 개업공인중개사가 아닌 자는 중개대상물에 대한 표시·광고를 하여서는 아니 된다는 규정을 위반한 자
⑥ 부동산거래질서교란행위를 한 자

☑ **기출분석** 난이도 ⊕

공인중개사법령상 개업공인중개사에 대한 업무정지처분을 할 수 있는 사유에 해당하는 것을 모두 고른 것은?

> ㄱ. 부동산거래정보망에 중개대상물에 관한 정보를 거짓으로 공개한 경우 (O)
> ㄴ. 거래당사자에게 교부해야 하는 중개대상물 확인·설명서를 교부하지 않은 경우 (O)
> ㄷ. 거래당사자에게 교부해야 하는 거래계약서를 적정하게 작성·교부하지 않은 경우 (O)
> ㄹ. 해당 중개대상물의 거래상의 중요사항에 관하여 거짓된 언행으로 중개의뢰인의 판단을 그르치게 하는 행위를 한 경우 (O)

① ㄱ, ㄷ
② ㄴ, ㄹ
③ ㄱ, ㄴ, ㄷ
④ ㄴ, ㄷ, ㄹ
⑤ ㄱ, ㄴ, ㄷ, ㄹ

정답 ⑤

① 결격사유에 해당하는 자를 소속공인중개사 또는 중개보조원으로 둔 경우(다만, 그 사유가 발생한 날부터 2개월 이내에 그 사유를 해소한 경우에는 그러하지 않는다)
② 인장등록, 변경등록을 하지 아니하거나 등록하지 아니한 인장을 사용한 경우
③ 전속중개계약을 체결한 개업공인중개사가 전속중개계약서에 의하지 아니하고 전속중개계약을 체결하거나 계약서를 3년간 보존하지 아니한 경우
④ 개업공인중개사가 부동산거래정보망에 중개대상물에 관한 정보를 거짓으로 공개하거나 거래정보사업자에게 공개를 의뢰한 중개대상물의 거래가 완성된 사실을 해당 거래정보사업자에게 통보하지 아니한 경우
⑤ 중개대상물 확인·설명서를 교부하지 아니하거나 3년간 보존하지 아니한 경우
⑥ 중개대상물 확인·설명서에 서명 및 날인을 하지 아니한 경우
⑦ 거래계약서의 필요적 기재사항 등에 대하여 적정하게 거래계약서를 작성·교부하지 아니하거나 5년간 보존하지 아니한 경우
⑧ 거래계약서에 서명 및 날인을 하지 아니한 경우
⑨ 행정관청의 감독상 명령과 관련하여 보고, 자료의 제출, 조사 또는 검사를 거부·방해 또는 기피하거나 그 밖의 명령을 이행하지 아니하거나 거짓으로 보고 또는 자료제출을 한 경우
⑩ 상대(임의)적 등록취소처분 사유(법 제38조 제2항)에 해당하는 경우
⑪ 최근 1년 이내에 이 법에 의하여 2회 이상 업무정지 또는 과태료의 처분을 받고 다시 과태료의 처분에 해당하는 행위를 한 경우
⑫ 개업공인중개사가 조직한 사업자단체 또는 그 구성원인 개업공인중개사가 「독점규제 및 공정거래에 관한 법률」 제51조를 위반하여 같은 법 제52조(시정조치) 또는 제53조(과징금)에 따른 처분을 받은 경우
⑬ 그 밖에 이 법 또는 이 법에 의한 명령이나 처분에 위반한 경우
⑭ 부칙 제6조 제2항에 규정된 개업공인중개사가 업무지역을 위반한 경우

[영역] 공인중개사법령 > 지도·감독 및 행정처분

✓ **기출분석**   난이도 ⓣ

공인중개사법령상 소속공인중개사로서 업무를 수행하는 기간 동안 발생한 사유 중 자격 정지사유로 규정되어 있지 않은 것은?

① 둘 이상의 중개사무소에 소속된 경우 (O)

② 성실·정확하게 중개대상물의 확인·설명을 하지 않은 경우 (O)

③ 등록관청에 등록하지 않은 인장을 사용하여 중개행위를 한 경우 (O)

④ 「공인중개사법」을 위반하여 징역형의 선고를 받은 경우 (X)

 → 자격취소사유에 해당한다.

⑤ 중개대상물의 매매를 업으로 하는 행위를 한 경우 (O)

정답 ④

✓ **핵심개념**   **자격정지사유**

시·도지사는 공인중개사가 소속공인중개사로서 업무를 수행하는 기간 중에 다음의 어느 하나에 해당하는 경우에는 6개월의 범위 안에서 기간을 정하여 그 자격을 정지할 수 있다(법 제36조 제1항).

① 둘 이상의 중개사무소에 소속된 경우

② 인장등록을 하지 아니하거나 등록하지 아니한 인장을 사용한 경우

③ 성실·정확하게 중개대상물의 확인·설명을 하지 아니하거나 설명의 근거자료를 제시하지 아니한 경우

④ 해당 중개업무를 수행한 경우 중개대상물 확인·설명서에 서명 및 날인을 하지 아니한 경우

⑤ 해당 중개업무를 수행한 경우 거래계약서에 서명 및 날인을 하지 아니한 경우

⑥ 거래계약서에 거래금액 등 거래내용을 거짓으로 기재하거나 서로 다른 둘 이상의 거래계약서를 작성한 경우

⑦ 「공인중개사법」 제33조 제1항 각 호 소정의 금지행위를 한 경우(중개의뢰인과의 직접 거래 등)

☑ **기출분석**　　난이도 ⊕

공인중개사법령상 개업공인중개사의 행위 중 과태료 부과대상이 <u>아닌</u> 것은?

① 중개대상물의 거래상의 중요사항에 관해 거짓된 언행으로 중개의뢰인의 판단을 그르치게 한 경우 (X)

　　→ 법 제38조 제2항 제9호에 해당하므로 상대적 등록취소사유에 해당한다.

② 휴업신고에 따라 휴업한 중개업을 재개하면서 등록관청에 그 사실을 신고하지 않은 경우 (O)

　　→ 100만원 이하의 과태료

③ 중개대상물에 관한 권리를 취득하려는 중개의뢰인에게 해당 중개대상물의 권리관계를 성실·정확하게 확인·설명하지 않은 경우 (O)

　　→ 500만원 이하의 과태료

④ 인터넷을 이용하여 중개대상물에 대한 표시·광고를 하면서 중개대상물의 종류별로 가격 및 거래형태를 명시하지 않은 경우 (O)

　　→ 100만원 이하의 과태료

⑤ 연수교육을 정당한 사유 없이 받지 않은 경우 (O)

　　→ 500만원 이하의 과태료

정답 ①

---

1. 500만원 이하의 과태료가 부과되는 경우(법 제51조 제2항)

① 국토교통부장관이 거래정보사업자를 대상으로 부과하는 경우 : 운영규정 위반, 조사·명령 위반
② 시·도지사가 실무교육을 받은 개업공인중개사 및 소속공인중개사를 대상으로 부과하는 경우 : 연수교육 미이수
③ 국토교통부장관이 협회를 대상으로 부과하는 경우 : 운영실적 미공시, 개선명령 미이행, 시정명령 미이행, 조사·명령 위반
④ 등록관청이 개업공인중개사 및 소속공인중개사를 대상으로 부과하는 경우 : 성실·정확하게 중개대상물의 확인·설명을 하지 않거나 설명의 근거자료를 제시하지 아니한 자

2. 100만원 이하의 과태료가 부과되는 경우(법 제51조 제3항)

① 중개사무소등록증 등을 게시하지 아니한 자
② 사무소의 명칭에 '공인중개사사무소', '부동산중개'라는 문자를 사용하지 아니한 자 또는 옥외광고물에 성명을 표기하지 아니하거나 거짓으로 표기한 자
③ 중개대상물의 중개에 관한 표시·광고를 할 때, 중개보조원에 관한 사항은 명시해서는 아니 된다는 규정을 위반하여 표시·광고한 경우
④ 인터넷에 중개대상물에 대한 표시·광고를 할 때, 중개대상물의 종류별로 소재지, 면적, 가격 등의 사항을 명시하여야 한다는 규정을 위반하여 표시·광고한 경우
⑤ 중개사무소의 이전신고를 하지 아니한 자
⑥ 휴업, 폐업, 휴업한 중개업의 재개 또는 휴업기간의 변경 신고를 하지 아니한 자
⑦ 손해배상책임에 관한 사항을 설명하지 아니하거나 관계 증서의 사본 또는 관계 증서에 관한 전자문서를 교부하지 아니한 자
⑧ 공인중개사자격증을 반납하지 아니하거나 공인중개사자격증을 반납할 수 없는 사유서를 제출하지 아니한 자 또는 거짓으로 공인중개사자격증을 반납할 수 없는 사유를 제출한 자
⑨ 중개사무소등록증을 반납하지 아니한 자
⑩ 법 제7638호 부칙 제6조 제2항에 규정된 개업공인중개사가 사무소의 명칭에 '공인중개사사무소'의 문자를 사용한 경우

☑ **기출분석**　　난이도 ⓛ

> 부동산 거래신고 등에 관한 법령상 신고포상금 지급대상에 해당하는 위반행위를 모두 고른 것은?

> ㄱ. 부동산 매매계약의 거래당사자가 부동산의 실제 거래가격을 거짓으로 신고하는 행위 (O)
> ㄴ. 부동산 매매계약에 관하여 개업공인중개사에게 신고를 하지 않도록 요구하는 행위 (X)
> 　　→ 500만원 이하의 과태료사유
> ㄷ. 토지거래계약허가를 받아 취득한 토지를 허가받은 목적대로 이용하지 않는 행위 (O)
> ㄹ. 부동산 매매계약에 관하여 부동산의 실제 거래가격을 거짓으로 신고하도록 조장하는 행위 (X)
> 　　→ 500만원 이하의 과태료사유

① ㄱ, ㄷ　　　　　　　　　　② ㄱ, ㄹ
③ ㄴ, ㄹ　　　　　　　　　　④ ㄱ, ㄴ, ㄷ
⑤ ㄴ, ㄷ, ㄹ

정답 ①

☑ **핵심개념**　　**포상금 지급대상**

시장·군수 또는 구청장은 다음의 어느 하나에 해당하는 자를 관계 행정기관이나 수사기관에 신고하거나 고발한 자에게 예산의 범위에서 포상금을 지급할 수 있다(부동산 거래신고 등에 관한 법률 제25조의2 제1항).

> ① 부동산등의 실제 거래가격을 거짓으로 신고한 자(신고의무자가 아닌 자가 거짓으로 신고를 한 경우를 포함한다)
> ② 신고대상에 해당하는 계약을 체결하지 아니하였음에도 불구하고 거짓으로 부동산 거래신고를 한 자
> ③ 신고 후 해당 계약이 해제등이 되지 아니하였음에도 불구하고 거짓으로 부동산거래의 해제등 신고를 한 자
> ④ 주택임대차계약의 신고, 변경 및 해제신고 규정을 위반하여 주택임대차계약의 보증금·차임 등 계약금액을 거짓으로 신고한 자
> ⑤ 토지거래허가 또는 변경허가를 받지 아니하고 토지거래계약을 체결한 자 또는 거짓이나 그 밖의 부정한 방법으로 토지거래계약허가를 받은 자
> ⑥ 토지거래계약허가를 받아 취득한 토지에 대하여 허가받은 목적대로 이용하지 아니한 자

☑ **기출분석** 난이도 **下**

공인중개사법령상 중개사무소의 설치에 관한 설명으로 틀린 것은?

① 법인이 아닌 개업공인중개사는 그 등록관청의 관할 구역 안에 1개의 중개사무소만 둘 수 있다. (O)

② 다른 법률의 규정에 따라 중개업을 할 수 있는 법인의 분사무소에는 공인중개사를 책임자로 두지 않아도 된다. (O)

③ 개업공인중개사가 중개사무소를 공동으로 사용하려면 중개사무소의 개설등록 또는 이전신고를 할 때 그 중개사무소를 사용할 권리가 있는 다른 개업공인중개사의 승낙서를 첨부해야 한다. (O)

④ 법인인 개업공인중개사가 분사무소를 두려는 경우 소유·전세·임대차 또는 사용대차 등의 방법으로 사용권을 확보해야 한다. (O)

⑤ 법인인 개업공인중개사가 그 등록관청의 관할 구역 외의 지역에 둘 수 있는 분사무소는 시·도별로 1개소를 초과할 수 없다. (X)

→ 분사무소는 주된 사무소의 소재지가 속한 시·군·구를 제외한 시·군·구별로 설치하되, 시·군·구별로 1개소를 초과할 수 없다(영 제15조 제1항).

정답 ⑤

1. 설치지역 및 수

분사무소는 주된 사무소의 소재지가 속한 시·군·구를 제외한 시·군·구별로 설치하되, 시·군·구별로 1개소를 초과할 수 없다(영 제15조 제1항).

2. 분사무소의 책임자 자격

① 분사무소에는 공인중개사를 책임자로 두어야 한다. 다만, 다른 법률의 규정에 의하여 중개업을 할수 있는 법인은 그러하지 아니하다(영 제15조 제2항). 이 경우 등록관청은 공인중개사자격증을 발급한 시·도지사에게 분사무소 책임자의 공인중개사자격 확인을 요청하여야 한다.

② 분사무소의 책임자가 되고자 하는 자는 분사무소 설치신고일 전 1년 이내에 시·도지사가 실시하는 실무교육을 받아야 한다.

③ 분사무소는 책임자 1명으로도 구성될 수 있으므로 책임자 이외에 별도의 소속공인중개사 또는 중개보조원을 두어야 할 의무는 없다.

④ 다른 법률의 규정에 의하여 중개업을 할 수 있는 법인도 분사무소를 둘 수 있으나, 주된 사무소의 소재지가 속한 시·군·구를 제외한 시·군·구별로 1개소를 초과할 수 없는 점은 중개법인과 동일하다. 단지 책임자 요건만 적용되지 않을 뿐이다.

3. 분사무소 건물확보

건축물대장(가설건축물대장은 제외한다)에 기재된 건물(준공검사, 준공인가, 사용승인, 사용검사 등을 받은 건물로서 건축물대장에 기재되기 전의 건물을 포함한다)에 분사무소를 확보(소유·전세·임대차 또는 사용대차 등의 방법에 의하여 사용권을 확보하여야 한다)하여야 한다.

4. 업무보증설정

손해배상책임을 보장하기 위하여 1개의 분사무소당 최소 1억원의 보증을 추가로 설정하여야 한다.

☑ **기출분석** 난이도 ⬆

甲이 「건축법 시행령」에 따른 단독주택을 매수하는 계약을 체결하였을 때, 부동산 거래신고 등에 관한 법령에 따라 甲 본인이 그 주택에 입주할지 여부를 신고해야 하는 경우를 모두 고른 것은? (甲, 乙, 丙은 자연인이고, 丁은 지방공기업법상 지방공단임)

ㄱ. 甲이 「주택법」상 투기과열지구에 소재하는 乙 소유의 주택을 실제 거래가격 3억원으로 매수하는 경우 (O)
→ 자연인이 투기과열지구 또는 조정대상지역에 소재하는 주택을 매수하는 경우 주택의 실제 거래가격에 상관없이 그 주택에 입주할지 여부를 신고해야 한다.

ㄴ. 甲이 「주택법」상 '투기과열지구 또는 조정대상지역' 외의 장소에 소재하는 丙 소유의 주택을 실제 거래가격 5억원으로 매수하는 경우 (X)
→ 자연인이 비규제지역에 소재하는 주택을 매수하는 경우 실제 거래가격이 6억원 이상인 주택을 매수하는 경우에 그 주택에 입주할지 여부를 신고해야 한다. 따라서 실제 거래가격이 5억원인 경우 입주할지 여부는 신고내용이 아니다.

ㄷ. 甲이 「주택법」상 투기과열지구에 소재하는 丁 소유의 주택을 실제 거래가격 10억원으로 매수하는 경우 (O)
→ 거래당사자 중 국가등(국가, 지방자치단체, 공공기관의 운영에 관한 법률에 따른 공공기관, 지방공기업법에 따른 지방직영기업·지방공사 또는 지방공단)이 포함되어 있는 경우 그 주택에 입주할지 여부는 신고사항이 아니다. 이는 조문상의 내용이다. 실무적으로 거래당사자 중 매수인이 자연인인 경우는 매도인이 국가등이라고 하더라도 신고하여야 하므로 옳은 지문이 된다.

① ㄱ   ② ㄴ   ③ ㄱ, ㄴ
④ ㄱ, ㄷ   ⑤ ㄴ, ㄷ

정답 ④

☑ **핵심개념** **추가 신고사항**

법인 외의 자가 투기과열지구에 소재하는 주택으로서 실제 거래가격이 6억원 이상인 주택의 거래계약을 체결한 경우, 추가로 신고해야 하는 사항(단, 거래당사자 중 매수인이 국가등인 경우는 제외한다)은 다음과 같다.
① 거래대상 주택의 취득에 필요한 자금의 조달계획
② 거래대상 주택에 매수자 본인이 입주할지 여부와 입주 예정 시기

[영역] 공인중개사법령 > 부동산 거래신고 등에 관한 법률

☑ **기출분석**   난이도 ⊕

개업공인중개사 甲이 A도 B시 소재의 X주택에 관한 乙과 丙 간의 임대차계약 체결을 중개하면서 「부동산 거래신고 등에 관한 법률」에 따른 주택임대차계약의 신고에 관하여 설명한 내용의 일부이다. (   )에 들어갈 숫자를 바르게 나열한 것은? (X주택은 주택임대차보호법의 적용대상이며, 乙과 丙은 자연인임)

> 보증금이 (ㄱ : 6)천만원을 초과하거나 월차임이 (ㄴ : 30)만원을 초과하는 주택임대차계약을 신규로 체결한 계약당사자는 그 보증금 또는 차임 등을 임대차계약의 체결일부터 (ㄷ : 30)일 이내에 주택 소재지를 관할하는 신고관청에 공동으로 신고해야 한다.

① ㄱ : 3,   ㄴ : 30,   ㄷ : 60
② ㄱ : 3,   ㄴ : 50,   ㄷ : 30
③ ㄱ : 6,   ㄴ : 30,   ㄷ : 30
④ ㄱ : 6,   ㄴ : 30,   ㄷ : 60
⑤ ㄱ : 6,   ㄴ : 50,   ㄷ : 60

정답 ③

☑ **핵심개념**   주택임대차 신고사항

① 임대차계약당사자의 인적사항
    ㉠ 자연인인 경우 : 성명, 주소, 주민등록번호(외국인인 경우에는 외국인등록번호를 말한다) 및 연락처
    ㉡ 법인인 경우 : 법인명, 사무소 소재지, 법인등록번호 및 연락처
    ㉢ 법인 아닌 단체인 경우 : 단체명, 소재지, 고유번호 및 연락처
② 임대차 목적물(주택을 취득할 수 있는 권리에 관한 계약인 경우에는 그 권리의 대상인 주택을 말한다)의 소재지, 종류, 임대 면적 등 임대차 목적물 현황
③ 보증금 또는 월차임
④ 계약체결일 및 계약기간
⑤ 계약갱신요구권의 행사 여부(계약을 갱신한 경우만 해당한다)

✓ **기출분석**   난이도 **下**

공인중개사법령상 벌칙 부과대상 행위 중 피해자의 명시한 의사에 반하여 벌하지 않는 경우는?

① 거래정보사업자가 개업공인중개사로부터 의뢰받은 내용과 다르게 중개대상물의 정보를 부동산거래정보망에 공개한 경우 (O)
   → 1년 이하의 징역 또는 1천만원 이하의 벌금에 처한다.

② 개업공인중개사가 그 업무상 알게 된 비밀을 누설한 경우 (X)
   → 개업공인중개사등이 업무상 알게 된 비밀을 누설한 경우에는 피해자의 고소가 없다 하더라도 1년 이하의 징역 또는 1천만원 이하의 벌금형에 처해진다. 다만, 피해자의 명시적인 불처벌 의사표시가 있는 경우에는 처벌할 수 없다.

③ 개업공인중개사가 중개의뢰인으로부터 법령으로 정한 보수를 초과하여 금품을 받은 경우 (O)
   → 1년 이하의 징역 또는 1천만원 이하의 벌금에 처한다.

④ 시세에 부당한 영향을 줄 목적으로 개업공인중개사에게 중개대상물을 시세보다 현저하게 높게 표시·광고하도록 강요하는 방법으로 개업공인중개사의 업무를 방해한 경우 (O)
   → 3년 이하의 징역 또는 3천만원 이하의 벌금에 처한다.

⑤ 개업공인중개사가 단체를 구성하여 단체 구성원 이외의 자와 공동중개를 제한한 경우 (O)
   → 3년 이하의 징역 또는 3천만원 이하의 벌금에 처한다.

정답 ②

✓ **핵심개념**   **반의사불벌죄**

개업공인중개사등이 업무상 알게 된 비밀을 누설한 경우에는 피해자의 고소가 없다 하더라도 1년 이하의 징역 또는 1천만원 이하의 벌금형에 처해진다. 다만, 피해자의 명시적인 불처벌의사표시가 있는 경우에는 처벌할 수 없다. 이를 '반의사불벌죄'라고 한다.

☑ 기출분석   난이도 ⊕

부동산 거래신고 등에 관한 법령상 외국인등의 부동산 취득에 관한 설명으로 옳은 것을 모두 고른 것은? (단, 법 제7조에 따른 상호주의는 고려하지 않음)

> ㄱ. 대한민국의 국적을 보유하고 있지 않은 개인이 이사 등 임원의 2분의 1 이상인 법인 은 외국인등에 해당한다. (O)
>
> ㄴ. 외국인등이 건축물의 개축을 원인으로 대한민국 안의 부동산을 취득한 때에도 부동 산 취득신고를 해야 한다. (O)
>
> ㄷ. 「군사기지 및 군사시설 보호법」에 따른 군사기지 및 군사시설 보호구역 안의 토지는 외국인등이 취득할 수 없다. (X)
>
>   → 신고관청으로부터 토지취득허가를 받아 취득 가능하다.
>
> ㄹ. 외국인등이 허가 없이 「자연환경보전법」에 따른 생태·경관보전지역 안의 토지를 취 득하는 계약을 체결한 경우 그 계약은 효력이 발생하지 않는다. (O)

① ㄱ, ㄷ   ② ㄱ, ㄹ

③ ㄱ, ㄴ, ㄹ   ④ ㄴ, ㄷ, ㄹ

⑤ ㄱ, ㄴ, ㄷ, ㄹ

정답 ③

☑ 핵심개념   외국인등이 토지취득허가를 받아야 하는 내용

구 분	내 용	위반 시 제재	방 법

사전허가제	1. 허가대상 토지
	  ① 군사기지 및 군사시설 보호구역
	  ② 문화재보호구역(지정문화재나 이를 위한 보호물 또는 보호구역)
	  ③ 생태·경관보전지역
	  ④ 야생생물 특별보호구역
	2. 시·군·구청장은 허가신청을 받은 날부터 15일 이 내에 허가·불허가처분을 하여야 함
	3. 토지거래허가 규정을 위반하여 체결한 토지취득계 약은 그 효력이 발생하지 않음
		2년 이하의 징역 또는 2천만원 이하의 벌금	방문 / 전자문서 중 선택

[영역] 공인중개사법령 > 부동산 거래신고 등에 관한 법률

☑ **기출분석**　난이도 ●

> 부동산 거래신고 등에 관한 법령상 토지거래계약허가를 받아 취득한 토지를 허가받은 목적대로 이용하고 있지 않은 경우 시장·군수·구청장이 취할 수 있는 조치가 <u>아닌</u> 것은?

① 과태료를 부과할 수 있다. (X)

→ 시장·군수 또는 구청장은 토지의 이용의무를 이행하지 아니한 자에 대하여는 상당한 기간을 정하여 토지의 이용의무를 이행하도록 명할 수 있다. 이 경우 이행명령은 문서로 하여야 하며, 이행기간은 3개월 이내로 정하여야 한다. 시장·군수 또는 구청장은 이행명령이 정하여진 기간에 이행되지 아니한 경우에는 토지 취득가액의 100분의 10의 범위에서 정하는 금액의 이행강제금을 부과한다. 따라서 과태료 부과사유는 아니다.

② 토지거래계약허가를 취소할 수 있다. (O)

③ 3개월 이내의 기간을 정하여 토지의 이용 의무를 이행하도록 문서로 명할 수 있다. (O)

④ 해당 토지에 관한 토지거래계약 허가신청이 있을 때 국가, 지방자치단체, 한국토지주택공사가 그 토지의 매수를 원하면 이들 중에서 매수할 자를 지정하여 협의 매수하게 할 수 있다. (O)

⑤ 해당 토지를 직접 이용하지 않고 임대하고 있다는 이유로 이행명령을 했음에도 정해진 기간에 이행되지 않은 경우, 토지 취득가액의 100분의 7에 상당하는 금액의 이행강제금을 부과한다. (O)

정답 ①

☑ **핵심개념**　**토지 취득가액의 100분의 10의 범위에서 정하는 이행강제금**

① 토지거래계약허가를 받아 토지를 취득한 자가 당초의 목적대로 이용하지 아니하고 방치한 경우 : 토지 취득가액의 100분의 10에 상당하는 금액

② 토지거래계약허가를 받아 토지를 취득한 자가 직접 이용하지 아니하고 임대한 경우 : 토지 취득가액의 100분의 7에 상당하는 금액

③ 토지거래계약허가를 받아 토지를 취득한 자가 허가관청의 승인 없이 당초의 이용 목적을 변경하여 이용하는 경우 : 토지 취득가액의 100분의 5에 상당하는 금액

④ 위 ①부터 ③까지에 해당하지 아니하는 경우 : 토지 취득가액의 100분의 7에 상당하는 금액

[영역] 공인중개사법령 > 부동산 거래신고 등에 관한 법률

✓ **기출분석**   난이도 ⬆

부동산 거래신고 등에 관한 법령상 토지거래허가에 관한 내용으로 옳은 것은?   • 수정

① 토지거래허가구역의 지정은 지정을 공고한 날부터 3일 후에 효력이 발생한다. (X)
  → 토지거래허가구역의 지정은 지정을 공고한 날부터 5일 후에 효력이 발생한다.

② 토지거래허가구역의 지정 당시 국토교통부장관 또는 시·도지사가 따로 정하여 공고하지 않은 경우, 「국토의 계획 및 이용에 관한 법률」에 따른 도시지역 중 녹지지역 안의 300제곱미터 면적의 토지거래계약에 관하여는 허가가 필요 없다. (X)
  → 「국토의 계획 및 이용에 관한 법률」에 따른 도시지역 중 녹지지역 안의 200제곱미터 이하 면적의 토지거래계약에 관하여는 허가가 필요 없다.

③ 토지거래계약을 허가받은 자는 대통령령으로 정하는 사유가 있는 경우 외에는 토지 취득일부터 10년간 그 토지를 허가받은 목적대로 이용해야 한다. (X)
  → 토지거래계약을 허가받은 자는 대통령령으로 정하는 사유가 있는 경우 외에는 토지 취득일부터 5년의 범위에서 그 토지를 허가받은 목적대로 이용해야 한다.

④ 허가받은 목적대로 토지를 이용하지 않았음을 이유로 이행강제금 부과처분을 받은 자가 시장·군수·구청장에게 이의를 제기하려면 그 처분을 고지받은 날부터 60일 이내에 해야 한다. (X)
  → 허가받은 목적대로 토지를 이용하지 않았음을 이유로 이행강제금 부과처분을 받은 자가 시장·군수·구청장에게 이의를 제기하려면 그 처분을 고지받은 날부터 30일 이내에 해야 한다.

⑤ 토지거래허가신청에 대해 불허가처분을 받은 자는 그 통지를 받은 날부터 1개월 이내에 시장·군수·구청장에게 해당 토지에 관한 권리의 매수를 청구할 수 있다. (O)

정답 ⑤

① 국토교통부장관 또는 시·도지사는 국토의 이용 및 관리에 관한 계획의 원활한 수립과 집행, 합리적인 토지이용 등을 위하여 토지의 투기적인 거래가 성행하거나 지가(地價)가 급격히 상승하는 지역과 그러한 우려가 있는 지역으로서 대통령령으로 정하는 지역에 대해서는 5년 이내의 기간을 정하여 토지거래계약에 관한 허가구역으로 지정할 수 있다.

② 국토교통부장관 또는 시·도지사는 허가구역을 지정하려면 「국토의 계획 및 이용에 관한 법률」에 따른 중앙도시계획위원회 또는 시·도도시계획위원회의 심의를 거쳐야 한다.

③ 국토교통부장관 또는 시·도지사가 허가구역으로 지정한 때에는 지체 없이 대통령령으로 정하는 사항을 공고하고, 그 공고내용을 국토교통부장관은 시·도지사를 거쳐 시장·군수 또는 구청장에게, 시·도지사는 국토교통부장관, 시장·군수 또는 구청장에게 통지하여야 한다.

④ 통지를 받은 시장·군수 또는 구청장은 지체 없이 그 공고내용을 그 허가구역을 관할하는 등기소의 장에게 통지하여야 하며, 지체 없이 그 사실을 7일 이상 공고하고, 그 공고내용을 15일간 일반이 열람할 수 있도록 하여야 한다.

⑤ 허가구역의 지정은 허가구역의 지정을 공고한 날부터 5일 후에 그 효력이 발생한다.

[영역] 공인중개사법령 > 부동산 거래신고 등에 관한 법률

☑ **기출분석**　난이도 ❸

부동산 거래신고 등에 관한 법령상 토지거래허가구역(이하 '허가구역'이라 함)**에 관한 설명으로 옳은 것은?**

① 시·도지사는 법령의 개정으로 인해 토지이용에 대한 행위제한이 강화되는 지역을 허가구역으로 지정할 수 있다. (X)

→ 시·도지사는 법령의 제정·개정 또는 폐지나 그에 따른 고시·공고로 인하여 토지이용에 대한 행위제한이 완화되거나 해제되는 지역을 허가구역으로 지정할 수 있다.

② 토지의 투기적인 거래 성행으로 지가가 급격히 상승하는 등의 특별한 사유가 있으면 5년을 넘는 기간으로 허가구역을 지정할 수 있다. (X)

→ 토지의 투기적인 거래 성행으로 지가가 급격히 상승하는 등의 특별한 사유가 있으면 5년 이내의 기간을 정하여 허가구역을 지정할 수 있다.

③ 허가구역 지정의 공고에는 허가구역에 대한 축척 5만분의 1 또는 2만5천분의 1의 지형도가 포함되어야 한다. (O)

→ 가답안은 ③이 답이었다. 하지만 이의신청 결과 ③번의 '축적 - 축척'의 수정사항 전달이 모든 시험장에 완전히 되지 않아 형평성 문제가 있다는 점 등에 비추어 모두 정답이 되었다.

④ 허가구역을 지정한 시·도지사는 지체 없이 허가구역 지정에 관한 공고내용을 관할 등기소의 장에게 통지해야 한다. (X)

→ 국토교통부장관 또는 시·도지사는 허가구역을 지정한 때에는 공고내용을 국토교통부장관은 시·도지사를 거쳐 시장·군수 또는 구청장에게 통지하고, 시·도지사는 국토교통부장관, 시장·군수 또는 구청장에게 통지하여야 한다. 통지를 받은 시장·군수 또는 구청장은 지체 없이 그 공고내용을 그 허가구역을 관할하는 등기소의 장에게 통지하여야 하며, 지체 없이 그 사실을 7일 이상 공고하고, 그 공고내용을 15일간 일반이 열람할 수 있도록 하여야 한다.

⑤ 허가구역 지정에 이의가 있는 자는 그 지정이 공고된 날부터 1개월 내에 시장·군수·구청장에게 이의를 신청할 수 있다. (X)

→ 토지거래허가처분에 이의가 있는 자는 그 처분을 받은 날부터 1개월 이내에 시장·군수 또는 구성장에게 이의를 신성할 수 있나. 하시만 허가구역 시정에 이의가 있는 경우 동법에서는 이의신청제도를 두고 있지 않다.

정답 **모두 정답**

　　허가구역으로 지정한 때에 공고되는 내용

① 토지거래계약에 관한 허가구역의 지정기간
② 허가구역 내 토지의 소재지·지번·지목·면적 및 용도지역(국토의 계획 및 이용에 관한 법률에 따른 용도지역을 말한다)
③ 허가구역에 대한 축척 5만분의 1 또는 2만5천분의 1의 지형도
④ 허가 면제 대상 토지면적

memo

memo

memo

2022 공인중개사 2차 출제예상문제집 + 필수기출 공인중개사법령 및 중개실무

발 행 일	2022년 5월 16일 초판
편 저 자	임선정
펴 낸 이	권대호
펴 낸 곳	(주)에듀윌
등록번호	제25100-2002-000052호
주 소	08378 서울특별시 구로구 디지털로34길 55
	코오롱싸이언스밸리 2차 3층

ISBN 979-11-360-1748-2
979-11-360-1737-6 (2차 세트)

www.eduwill.net

대표전화 1600-6700

여러분의 작은 소리
에듀윌은 크게 듣겠습니다.

본 교재에 대한 여러분의 목소리를 들려주세요.
공부하시면서 어려웠던 점, 궁금한 점,
칭찬하고 싶은 점, 개선할 점, 어떤 것이라도 좋습니다.

에듀윌은 여러분께서 나누어 주신 의견을
통해 끊임없이 발전하고 있습니다.

에듀윌 도서몰 book.eduwill.net
- 부가학습자료 및 정오표: 에듀윌 도서몰 → 도서자료실
- 교재 문의: 에듀윌 도서몰 → 문의하기 → 교재(내용, 출간) / 주문 및 배송

제32회 기출분석집

고객의 꿈, 직원의 꿈, 지역사회의 꿈을 실현한다

펴낸곳 (주)에듀윌　**펴낸이** 권대호　**출판총괄** 김형석

개발책임 윤대권, 양은숙　**개발** 오세미, 박하영, 김슬기, 정명화

주소 서울시 구로구 디지털로34길 55 코오롱싸이언스밸리 2차 3층

대표번호 1600-6700　**등록번호** 제25100-2002-000052호

협의 없는 무단 복제는 법으로 금지되어 있습니다.

에듀윌 직영학원에서 합격을 수강하세요

서울 강남	02)6338-0600	강남역 1번 출구	경기 성남	031)602-0300	모란역 2번 출구
서울 노량진	02)815-0600	대방역 2번 출구	경기 평촌	031)346-0600	범계역 3번 출구
서울 노원	02)3391-5600	노원역 9번 출구	경기 일산	031)817-0600	마두역 1번 출구
서울 종로	02)6367-0600	동묘앞역 7번 출구	경기 안산	031)505-0200	한대앞역 2번 출구
서울 천호	02)6314-0600	천호역 6번 출구	경기 김포LIVE	031)991-0600	사우역(골드라인) 3번 출구
서울 신림	02)6269-0600	신림역 7번 출구	대 전	042)331-0700	서대전네거리역 4번 출구
서울 홍대	02)6749-0600	홍대입구역 4번 출구	광 주	062)453-0600	상무역 5번 출구
서울 발산	02)6091-0600	발산역 4번 출구	대 구	053)216-0600	반월당역 12번 출구
인천 부평	032)523-0500	부평역 지하상가 31번 출구	부산 서면	051)923-0600	전포역 7번 출구
경기 부천	032)326-0100	상동역 3번 출구	부산 해운대	051)925-0600	장산역 4번 출구
경기 수원	031)813-0600	수원역 지하상가 13번 출구			

에듀윌의 상징 노란색의 환한 학원 입구

언제나 전문 학습 매니저와 상담이 가능한 안내데스크

고품질 영상 및 음향 장비를 갖춘 최고의 강의실

재충전을 위한 카페 분위기의 아늑한 휴게실

넉넉한 수납 공간의 개인사물함

회독용 정답표

PART 1 공인중개사법령

CHAPTER 01 총 칙

번 호	오지선다	보기지문	체 크	번 호	오지선다	보기지문	체 크
예 시	① ② ③ ● ⑤	㉠ ㉡ ● ● ㉢	◯	15	① ② ③ ④ ⑤		
01	① ② ③ ④ ⑤			16	① ② ③ ④ ⑤		
02	① ② ③ ④ ⑤			17	① ② ③ ④ ⑤		
03	① ② ③ ④ ⑤			18	① ② ③ ④ ⑤		
04	① ② ③ ④ ⑤	㉠ ㉡ ㉢ ㉣ ㉤ ㉥ ㉦ ㉧		19	① ② ③ ④ ⑤	㉠ ㉡ ㉢ ㉣ ㉤ ㉥ ㉦ ㉧	
05	① ② ③ ④ ⑤			20	① ② ③ ④ ⑤	㉠ ㉡ ㉢ ㉣ ㉤ ㉥ ㉦ ㉧	
06	① ② ③ ④ ⑤			21	① ② ③ ④ ⑤		
07	① ② ③ ④ ⑤	㉠ ㉡ ㉢ ㉣ ㉤ ㉥ ㉦		22	① ② ③ ④ ⑤		
08	① ② ③ ④ ⑤	㉠ ㉡ ㉢ ㉣ ㉤		23	① ② ③ ④ ⑤	㉠ ㉡ ㉢ ㉣	
09	① ② ③ ④ ⑤			24	① ② ③ ④ ⑤	㉠ ㉡ ㉢ ㉣	
10	① ② ③ ④ ⑤			25	① ② ③ ④ ⑤	㉠ ㉡ ㉢ ㉣	
11	① ② ③ ④ ⑤			26	① ② ③ ④ ⑤	㉠ ㉡ ㉢ ㉣	
12	① ② ③ ④ ⑤			27	① ② ③ ④ ⑤		
13	① ② ③ ④ ⑤			28	① ② ③ ④ ⑤		
14	① ② ③ ④ ⑤	㉠ ㉡ ㉢ ㉣		29	① ② ③ ④ ⑤	㉠ ㉡ ㉢ ㉣	

CHAPTER 02 공인중개사제도

번 호	오지선다	보기지문	체 크	번 호	오지선다	보기지문	체 크
01	① ② ③ ④ ⑤			05	① ② ③ ④ ⑤		
02	① ② ③ ④ ⑤			06	① ② ③ ④ ⑤		
03	① ② ③ ④ ⑤			07	① ② ③ ④ ⑤		
04	① ② ③ ④ ⑤			08	① ② ③ ④ ⑤		

번호	오지선다	보기지문	체크	번호	오지선다	보기지문	체크
09	① ② ③ ④ ⑤			12	① ② ③ ④ ⑤		
10	① ② ③ ④ ⑤			13	① ② ③ ④ ⑤		
11	① ② ③ ④ ⑤			14	① ② ③ ④ ⑤		

CHAPTER 03   중개사무소 개설등록 및 결격사유

번호	오지선다	보기지문	체크	번호	오지선다	보기지문	체크
01	① ② ③ ④ ⑤			20	① ② ③ ④ ⑤		
02	① ② ③ ④ ⑤			21	① ② ③ ④ ⑤	㉠ ㉡ ㉢ ㉣	
03	① ② ③ ④ ⑤			22	① ② ③ ④ ⑤		
04	① ② ③ ④ ⑤			23	① ② ③ ④ ⑤		
05	① ② ③ ④ ⑤			24	① ② ③ ④ ⑤		
06	① ② ③ ④ ⑤			25	① ② ③ ④ ⑤		
07	① ② ③ ④ ⑤			26	① ② ③ ④ ⑤		
08	① ② ③ ④ ⑤			27	① ② ③ ④ ⑤		
09	① ② ③ ④ ⑤			28	① ② ③ ④ ⑤		
10	① ② ③ ④ ⑤			29	① ② ③ ④ ⑤		
11	① ② ③ ④ ⑤			30	① ② ③ ④ ⑤	㉠ ㉡ ㉢ ㉣	
12	① ② ③ ④ ⑤			31	① ② ③ ④ ⑤	㉠ ㉡ ㉢ ㉣ ㉤ ㉥	
13	① ② ③ ④ ⑤			32	① ② ③ ④ ⑤	㉠ ㉡ ㉢	
14	① ② ③ ④ ⑤			33	① ② ③ ④ ⑤		
15	① ② ③ ④ ⑤			34	① ② ③ ④ ⑤	㉠ ㉡ ㉢	
16	① ② ③ ④ ⑤			35	① ② ③ ④ ⑤		
17	① ② ③ ④ ⑤			36	① ② ③ ④ ⑤		
18	① ② ③ ④ ⑤			37	① ② ③ ④ ⑤		
19	① ② ③ ④ ⑤	㉠ ㉡ ㉢ ㉣		38	① ② ③ ④ ⑤		

CHAPTER 04   중개업무

번호	오지선다	보기지문	체크	번호	오지선다	보기지문	체크
01	① ② ③ ④ ⑤			13	① ② ③ ④ ⑤		
02	① ② ③ ④ ⑤			14	① ② ③ ④ ⑤		
03	① ② ③ ④ ⑤			15	① ② ③ ④ ⑤	㉠ ㉡ ㉢ ㉣ ㉤	
04	① ② ③ ④ ⑤			16	① ② ③ ④ ⑤	㉠ ㉡ ㉢	
05	① ② ③ ④ ⑤			17	① ② ③ ④ ⑤		
06	① ② ③ ④ ⑤	㉠ ㉡ ㉢ ㉣ ㉤ ㉥ ㉦		18	① ② ③ ④ ⑤		
07	① ② ③ ④ ⑤	㉠ ㉡ ㉢		19	① ② ③ ④ ⑤		
08	① ② ③ ④ ⑤	㉠ ㉡ ㉢ ㉣ ㉤		20	① ② ③ ④ ⑤		
09	① ② ③ ④ ⑤			21	① ② ③ ④ ⑤	㉠ ㉡ ㉢ ㉣ ㉤	
10	① ② ③ ④ ⑤	㉠ ㉡ ㉢ ㉣		22	① ② ③ ④ ⑤		
11	① ② ③ ④ ⑤			23	① ② ③ ④ ⑤		
12	① ② ③ ④ ⑤			24	① ② ③ ④ ⑤		

번호	오지선다	보기지문	체크	번호	오지선다	보기지문	체크
25	① ② ③ ④ ⑤			57	① ② ③ ④ ⑤		
26	① ② ③ ④ ⑤			58	① ② ③ ④ ⑤		
27	① ② ③ ④ ⑤			59	① ② ③ ④ ⑤		
28	① ② ③ ④ ⑤			60	① ② ③ ④ ⑤		
29	① ② ③ ④ ⑤			61	① ② ③ ④ ⑤		
30	① ② ③ ④ ⑤			62	① ② ③ ④ ⑤		
31	① ② ③ ④ ⑤			63	① ② ③ ④ ⑤		
32	① ② ③ ④ ⑤			64	① ② ③ ④ ⑤		
33	① ② ③ ④ ⑤			65	① ② ③ ④ ⑤	㉠ ㉡ ㉢ ㉣	
34	① ② ③ ④ ⑤			66	① ② ③ ④ ⑤		
35	① ② ③ ④ ⑤			67	① ② ③ ④ ⑤	㉠ ㉡ ㉢ ㉣	
36	① ② ③ ④ ⑤			68	① ② ③ ④ ⑤	㉠ ㉡ ㉢ ㉣	
37	① ② ③ ④ ⑤			69	① ② ③ ④ ⑤		
38	① ② ③ ④ ⑤			70	① ② ③ ④ ⑤		
39	① ② ③ ④ ⑤			71	① ② ③ ④ ⑤		
40	① ② ③ ④ ⑤			72	① ② ③ ④ ⑤		
41	① ② ③ ④ ⑤			73	① ② ③ ④ ⑤		
42	① ② ③ ④ ⑤			74	① ② ③ ④ ⑤		
43	① ② ③ ④ ⑤			75	① ② ③ ④ ⑤		
44	① ② ③ ④ ⑤			76	① ② ③ ④ ⑤		
45	① ② ③ ④ ⑤	㉠ ㉡ ㉢ ㉣		77	① ② ③ ④ ⑤	㉠ ㉡ ㉢ ㉣	
46	① ② ③ ④ ⑤			78	① ② ③ ④ ⑤		
47	① ② ③ ④ ⑤	㉠ ㉡ ㉢ ㉣		79	① ② ③ ④ ⑤		
48	① ② ③ ④ ⑤			80	① ② ③ ④ ⑤		
49	① ② ③ ④ ⑤			81	① ② ③ ④ ⑤		
50	① ② ③ ④ ⑤	㉠ ㉡ ㉢ ㉣ ㉤		82	① ② ③ ④ ⑤		
51	① ② ③ ④ ⑤			83	① ② ③ ④ ⑤		
52	① ② ③ ④ ⑤			84	① ② ③ ④ ⑤	㉠ ㉡ ㉢ ㉣ ㉤	
53	① ② ③ ④ ⑤			85	① ② ③ ④ ⑤	㉠ ㉡ ㉢ ㉣	
54	① ② ③ ④ ⑤			86	① ② ③ ④ ⑤		
55	① ② ③ ④ ⑤			87	① ② ③ ④ ⑤	㉠ ㉡ ㉢	
56	① ② ③ ④ ⑤			88	① ② ③ ④ ⑤		

CHAPTER 05   중개계약 및 부동산거래정보망

번 호	오지선다	보기지문	체 크	번 호	오지선다	보기지문	체 크
01	① ② ③ ④ ⑤			06	① ② ③ ④ ⑤		
02	① ② ③ ④ ⑤			07	① ② ③ ④ ⑤		
03	① ② ③ ④ ⑤	㉠ ㉡ ㉢ ㉣		08	① ② ③ ④ ⑤		
04	① ② ③ ④ ⑤			09	① ② ③ ④ ⑤		
05	① ② ③ ④ ⑤			10	① ② ③ ④ ⑤		

번호	오지선다	보기지문	체크	번호	오지선다	보기지문	체크
11	① ② ③ ④ ⑤	㉠ ㉡ ㉢ ㉣ ㉤ ㉥ ㉦		22	① ② ③ ④ ⑤		
12	① ② ③ ④ ⑤			23	① ② ③ ④ ⑤		
13	① ② ③ ④ ⑤			24	① ② ③ ④ ⑤		
14	① ② ③ ④ ⑤			25	① ② ③ ④ ⑤		
15	① ② ③ ④ ⑤			26	① ② ③ ④ ⑤		
16	① ② ③ ④ ⑤	㉠ ㉡ ㉢ ㉣		27	① ② ③ ④ ⑤	㉠ ㉡ ㉢ ㉣ ㉤	
17	① ② ③ ④ ⑤			28	① ② ③ ④ ⑤		
18	① ② ③ ④ ⑤	㉠ ㉡ ㉢ ㉣		29	① ② ③ ④ ⑤		
19	① ② ③ ④ ⑤			30	① ② ③ ④ ⑤		
20	① ② ③ ④ ⑤			31	① ② ③ ④ ⑤		
21	① ② ③ ④ ⑤			32	① ② ③ ④ ⑤		

CHAPTER 06　개업공인중개사의 의무 및 책임

번호	오지선다	보기지문	체크	번호	오지선다	보기지문	체크
01	① ② ③ ④ ⑤	㉠ ㉡ ㉢ ㉣ ㉤		25	① ② ③ ④ ⑤		
02	① ② ③ ④ ⑤			26	① ② ③ ④ ⑤		
03	① ② ③ ④ ⑤			27	① ② ③ ④ ⑤		
04	① ② ③ ④ ⑤	㉠ ㉡ ㉢ ㉣ ㉤		28	① ② ③ ④ ⑤		
05	① ② ③ ④ ⑤			29	① ② ③ ④ ⑤		
06	① ② ③ ④ ⑤			30	① ② ③ ④ ⑤		
07	① ② ③ ④ ⑤			31	① ② ③ ④ ⑤	㉠ ㉡ ㉢ ㉣	
08	① ② ③ ④ ⑤	㉠ ㉡ ㉢ ㉣ ㉤		32	① ② ③ ④ ⑤		
09	① ② ③ ④ ⑤			33	① ② ③ ④ ⑤		
10	① ② ③ ④ ⑤	㉠ ㉡ ㉢ ㉣ ㉤		34	① ② ③ ④ ⑤		
11	① ② ③ ④ ⑤			35	① ② ③ ④ ⑤	㉠ ㉡ ㉢ ㉣ ㉤ ㉥ ㉦ ㉧ ㉨ ㉩ ㉪ ㉫ ㉬	
12	① ② ③ ④ ⑤			36	① ② ③ ④ ⑤		
13	① ② ③ ④ ⑤			37	① ② ③ ④ ⑤		
14	① ② ③ ④ ⑤			38	① ② ③ ④ ⑤		
15	① ② ③ ④ ⑤	㉠ ㉡ ㉢ ㉣		39	① ② ③ ④ ⑤		
16	① ② ③ ④ ⑤			40	① ② ③ ④ ⑤		
17	① ② ③ ④ ⑤			41	① ② ③ ④ ⑤		
18	① ② ③ ④ ⑤			42	① ② ③ ④ ⑤		
19	① ② ③ ④ ⑤			43	① ② ③ ④ ⑤		
20	① ② ③ ④ ⑤	㉠ ㉡ ㉢ ㉣ ㉤ ㉥ ㉦ ㉧ ㉨		44	① ② ③ ④ ⑤		
21	① ② ③ ④ ⑤			45	① ② ③ ④ ⑤		
22	① ② ③ ④ ⑤			46	① ② ③ ④ ⑤	㉠ ㉡ ㉢ ㉣	
23	① ② ③ ④ ⑤	㉠ ㉡ ㉢ ㉣ ㉤ ㉥ ㉦		47	① ② ③ ④ ⑤		
24	① ② ③ ④ ⑤						

CHAPTER 07　손해배상책임과 반환채무이행보장

번호	오지선다	보기지문	체크	번호	오지선다	보기지문	체크
01	① ② ③ ④ ⑤			11	① ② ③ ④ ⑤	㉠ ㉡ ㉢	
02	① ② ③ ④ ⑤			12	① ② ③ ④ ⑤		
03	① ② ③ ④ ⑤			13	① ② ③ ④ ⑤		
04	① ② ③ ④ ⑤			14	① ② ③ ④ ⑤		
05	① ② ③ ④ ⑤			15	① ② ③ ④ ⑤		
06	① ② ③ ④ ⑤			16	① ② ③ ④ ⑤		
07	① ② ③ ④ ⑤			17	① ② ③ ④ ⑤		
08	① ② ③ ④ ⑤			18	① ② ③ ④ ⑤		
09	① ② ③ ④ ⑤			19	① ② ③ ④ ⑤		
10	① ② ③ ④ ⑤						

CHAPTER 08　중개보수

번호	오지선다	보기지문	체크	번호	오지선다	보기지문	체크
01	① ② ③ ④ ⑤			14	① ② ③ ④ ⑤		
02	① ② ③ ④ ⑤			15	① ② ③ ④ ⑤		
03	① ② ③ ④ ⑤			16	① ② ③ ④ ⑤		
04	① ② ③ ④ ⑤			17	① ② ③ ④ ⑤		
05	① ② ③ ④ ⑤			18	① ② ③ ④ ⑤		
06	① ② ③ ④ ⑤			19	① ② ③ ④ ⑤		
07	① ② ③ ④ ⑤			20	① ② ③ ④ ⑤		
08	① ② ③ ④ ⑤			21	① ② ③ ④ ⑤		
09	① ② ③ ④ ⑤			22	① ② ③ ④ ⑤		
10	① ② ③ ④ ⑤			23	① ② ③ ④ ⑤		
11	① ② ③ ④ ⑤			24	① ② ③ ④ ⑤		
12	① ② ③ ④ ⑤			25	① ② ③ ④ ⑤		
13	① ② ③ ④ ⑤						

CHAPTER 09　공인중개사협회 및 교육 · 보칙 · 신고센터 등

번호	오지선다	보기지문	체크	번호	오지선다	보기지문	체크
01	① ② ③ ④ ⑤			09	① ② ③ ④ ⑤		
02	① ② ③ ④ ⑤			10	① ② ③ ④ ⑤		
03	① ② ③ ④ ⑤			11	① ② ③ ④ ⑤		
04	① ② ③ ④ ⑤			12	① ② ③ ④ ⑤		
05	① ② ③ ④ ⑤			13	① ② ③ ④ ⑤		
06	① ② ③ ④ ⑤			14	① ② ③ ④ ⑤	㉠ ㉡ ㉢ ㉣	
07	① ② ③ ④ ⑤			15	① ② ③ ④ ⑤	㉠ ㉡ ㉢ ㉣	
08	① ② ③ ④ ⑤			16	① ② ③ ④ ⑤		

번호	오지선다	보기지문	번호	오지선다	보기지문
17	① ② ③ ④ ⑤	㉠ ㉡ ㉢ ㉣	31	① ② ③ ④ ⑤	
18	① ② ③ ④ ⑤		32	① ② ③ ④ ⑤	
19	① ② ③ ④ ⑤		33	① ② ③ ④ ⑤	
20	① ② ③ ④ ⑤		34	① ② ③ ④ ⑤	
21	① ② ③ ④ ⑤		35	① ② ③ ④ ⑤	
22	① ② ③ ④ ⑤	㉠ ㉡ ㉢ ㉣	36	① ② ③ ④ ⑤	
23	① ② ③ ④ ⑤		37	① ② ③ ④ ⑤	
24	① ② ③ ④ ⑤		38	① ② ③ ④ ⑤	
25	① ② ③ ④ ⑤		39	① ② ③ ④ ⑤	㉠ ㉡ ㉢ ㉣ ㉤ ㉥
26	① ② ③ ④ ⑤		40	① ② ③ ④ ⑤	㉠ ㉡ ㉢ ㉣
27	① ② ③ ④ ⑤		41	① ② ③ ④ ⑤	
28	① ② ③ ④ ⑤		42	① ② ③ ④ ⑤	㉠ ㉡ ㉢ ㉣
29	① ② ③ ④ ⑤		43	① ② ③ ④ ⑤	㉠ ㉡ ㉢ ㉣ ㉤
30	① ② ③ ④ ⑤		44	① ② ③ ④ ⑤	

CHAPTER 10 　 지도 · 감독 및 행정처분

번호	오지선다	보기지문	체크	번호	오지선다	보기지문	체크
01	① ② ③ ④ ⑤			24	① ② ③ ④ ⑤		
02	① ② ③ ④ ⑤			25	① ② ③ ④ ⑤		
03	① ② ③ ④ ⑤			26	① ② ③ ④ ⑤		
04	① ② ③ ④ ⑤			27	① ② ③ ④ ⑤		
05	① ② ③ ④ ⑤			28	① ② ③ ④ ⑤		
06	① ② ③ ④ ⑤			29	① ② ③ ④ ⑤		
07	① ② ③ ④ ⑤			30	① ② ③ ④ ⑤		
08	① ② ③ ④ ⑤			31	① ② ③ ④ ⑤		
09	① ② ③ ④ ⑤			32	① ② ③ ④ ⑤		
10	① ② ③ ④ ⑤	㉠ ㉡ ㉢ ㉣ ㉤ ㉥ ㉦		33	① ② ③ ④ ⑤		
11	① ② ③ ④ ⑤			34	① ② ③ ④ ⑤		
12	① ② ③ ④ ⑤	㉠ ㉡ ㉢ ㉣ ㉤ ㉥ ㉦ ㉧ ㉨		35	① ② ③ ④ ⑤	㉠ ㉡ ㉢ ㉣	
13	① ② ③ ④ ⑤			36	① ② ③ ④ ⑤		
14	① ② ③ ④ ⑤			37	① ② ③ ④ ⑤	㉠ ㉡ ㉢	
15	① ② ③ ④ ⑤			38	① ② ③ ④ ⑤		
16	① ② ③ ④ ⑤			39	① ② ③ ④ ⑤		
17	① ② ③ ④ ⑤			40	① ② ③ ④ ⑤		
18	① ② ③ ④ ⑤	㉠ ㉡ ㉢ ㉣ ㉤		41	① ② ③ ④ ⑤	㉠ ㉡ ㉢ ㉣	
19	① ② ③ ④ ⑤			42	① ② ③ ④ ⑤		
20	① ② ③ ④ ⑤			43	① ② ③ ④ ⑤		
21	① ② ③ ④ ⑤			44	① ② ③ ④ ⑤		
22	① ② ③ ④ ⑤			45	① ② ③ ④ ⑤		
23	① ② ③ ④ ⑤			46	① ② ③ ④ ⑤		

번호	오지선다	보기지문	체크	번호	오지선다	보기지문	체크
47	① ② ③ ④ ⑤			56	① ② ③ ④ ⑤		
48	① ② ③ ④ ⑤			57	① ② ③ ④ ⑤		
49	① ② ③ ④ ⑤	㉠ ㉡ ㉢ ㉣		58	① ② ③ ④ ⑤		
50	① ② ③ ④ ⑤	㉠ ㉡ ㉢ ㉣		59	① ② ③ ④ ⑤	㉠ ㉡ ㉢	
51	① ② ③ ④ ⑤	㉠ ㉡ ㉢ ㉣		60	① ② ③ ④ ⑤		
52	① ② ③ ④ ⑤	㉠ ㉡ ㉢ ㉣		61	① ② ③ ④ ⑤		
53	① ② ③ ④ ⑤			62	① ② ③ ④ ⑤		
54	① ② ③ ④ ⑤			63	① ② ③ ④ ⑤		
55	① ② ③ ④ ⑤						

CHAPTER 11 벌칙(행정벌)

번호	오지선다	보기지문	체크	번호	오지선다	보기지문	체크
01	① ② ③ ④ ⑤			16	① ② ③ ④ ⑤		
02	① ② ③ ④ ⑤	㉠ ㉡ ㉢ ㉣ ㉤		17	① ② ③ ④ ⑤		
03	① ② ③ ④ ⑤			18	① ② ③ ④ ⑤		
04	① ② ③ ④ ⑤	㉠ ㉡ ㉢ ㉣ ㉤		19	① ② ③ ④ ⑤	㉠ ㉡ ㉢ ㉣ ㉤	
05	① ② ③ ④ ⑤	㉠ ㉡ ㉢ ㉣ ㉤		20	① ② ③ ④ ⑤		
06	① ② ③ ④ ⑤			21	① ② ③ ④ ⑤	㉠ ㉡ ㉢ ㉣	
07	① ② ③ ④ ⑤			22	① ② ③ ④ ⑤		
08	① ② ③ ④ ⑤			23	① ② ③ ④ ⑤		
09	① ② ③ ④ ⑤			24	① ② ③ ④ ⑤		
10	① ② ③ ④ ⑤			25	① ② ③ ④ ⑤		
11	① ② ③ ④ ⑤	㉠ ㉡ ㉢ ㉣ ㉤		26	① ② ③ ④ ⑤	㉠ ㉡ ㉢ ㉣	
12	① ② ③ ④ ⑤			27	① ② ③ ④ ⑤	㉠ ㉡ ㉢ ㉣ ㉤	
13	① ② ③ ④ ⑤			28	① ② ③ ④ ⑤		
14	① ② ③ ④ ⑤			29	① ② ③ ④ ⑤		
15	① ② ③ ④ ⑤						

CHAPTER 12 부동산 거래신고 등에 관한 법률

번호	오지선다	보기지문	체크	번호	오지선다	보기지문	체크
01	① ② ③ ④ ⑤			11	① ② ③ ④ ⑤		
02	① ② ③ ④ ⑤			12	① ② ③ ④ ⑤		
03	① ② ③ ④ ⑤			13	① ② ③ ④ ⑤		
04	① ② ③ ④ ⑤			14	① ② ③ ④ ⑤		
05	① ② ③ ④ ⑤			15	① ② ③ ④ ⑤		
06	① ② ③ ④ ⑤			16	① ② ③ ④ ⑤		
07	① ② ③ ④ ⑤			17	① ② ③ ④ ⑤		
08	① ② ③ ④ ⑤			18	① ② ③ ④ ⑤		
09	① ② ③ ④ ⑤			19	① ② ③ ④ ⑤	㉠ ㉡ ㉢ ㉣	
10	① ② ③ ④ ⑤			20	① ② ③ ④ ⑤		

21	① ② ③ ④ ⑤			39	① ② ③ ④ ⑤	
22	① ② ③ ④ ⑤			40	① ② ③ ④ ⑤	
23	① ② ③ ④ ⑤			41	① ② ③ ④ ⑤	
24	① ② ③ ④ ⑤			42	① ② ③ ④ ⑤	
25	① ② ③ ④ ⑤			43	① ② ③ ④ ⑤	
26	① ② ③ ④ ⑤			44	① ② ③ ④ ⑤	
27	① ② ③ ④ ⑤			45	① ② ③ ④ ⑤	
28	① ② ③ ④ ⑤			46	① ② ③ ④ ⑤	
29	① ② ③ ④ ⑤			47	① ② ③ ④ ⑤	
30	① ② ③ ④ ⑤			48	① ② ③ ④ ⑤	㉠ ㉡ ㉢ ㉣
31	① ② ③ ④ ⑤	㉠ ㉡ ㉢ ㉣		49	① ② ③ ④ ⑤	
32	① ② ③ ④ ⑤			50	① ② ③ ④ ⑤	
33	① ② ③ ④ ⑤			51	① ② ③ ④ ⑤	
34	① ② ③ ④ ⑤			52	① ② ③ ④ ⑤	㉠ ㉡ ㉢ ㉣ ㉤ ㉥
35	① ② ③ ④ ⑤			53	① ② ③ ④ ⑤	
36	① ② ③ ④ ⑤			54	① ② ③ ④ ⑤	
37	① ② ③ ④ ⑤			55	① ② ③ ④ ⑤	
38	① ② ③ ④ ⑤	㉠ ㉡ ㉢ ㉣ ㉤ ㉥		56	① ② ③ ④ ⑤	㉠ ㉡ ㉢ ㉣

PART 1. 실력점검표

CHAPTER	○ 문항 수	△ 문항 수	× 문항 수	총 문항 수
01 총 칙				/29
02 공인중개사제도				/14
03 중개사무소 개설등록 및 결격사유				/38
04 중개업무				/88
05 중개계약 및 부동산거래정보망				/32
06 개업공인중개사의 의무 및 책임				/47
07 손해배상책임과 반환채무이행보장				/19
08 중개보수				/25
09 공인중개사협회 및 교육 · 보칙 · 신고센터 등				/44
10 지도 · 감독 및 행정처분				/63
11 벌칙(행정벌)				/29
12 부동산 거래신고 등에 관한 법률				/56

나의 취약 단원 ▶

PART 2 중개실무

CHAPTER 01 중개실무 총설 및 중개의뢰접수

번 호	오지선다	보기지문	체 크	번 호	오지선다	보기지문	체 크
01	① ② ③ ④ ⑤			04	① ② ③ ④ ⑤		
02	① ② ③ ④ ⑤	㉠ ㉡ ㉢ ㉣ ㉤ ㉥ ㉦ ㉧		05	① ② ③ ④ ⑤		
03	① ② ③ ④ ⑤						

CHAPTER 02 중개대상물 조사 및 확인

번 호	오지선다	보기지문	체 크	번 호	오지선다	보기지문	체 크
01	① ② ③ ④ ⑤	㉠ ㉡ ㉢ ㉣ ㉤		28	① ② ③ ④ ⑤		
02	① ② ③ ④ ⑤			29	① ② ③ ④ ⑤		
03	① ② ③ ④ ⑤			30	① ② ③ ④ ⑤	㉠ ㉡ ㉢ ㉣	
04	① ② ③ ④ ⑤			31	① ② ③ ④ ⑤		
05	① ② ③ ④ ⑤			32	① ② ③ ④ ⑤		
06	① ② ③ ④ ⑤	㉠ ㉡ ㉢ ㉣		33	① ② ③ ④ ⑤		
07	① ② ③ ④ ⑤			34	① ② ③ ④ ⑤		
08	① ② ③ ④ ⑤			35	① ② ③ ④ ⑤		
09	① ② ③ ④ ⑤			36	① ② ③ ④ ⑤		
10	① ② ③ ④ ⑤			37	① ② ③ ④ ⑤		
11	① ② ③ ④ ⑤			38	① ② ③ ④ ⑤		
12	① ② ③ ④ ⑤			39	① ② ③ ④ ⑤		
13	① ② ③ ④ ⑤			40	① ② ③ ④ ⑤		
14	① ② ③ ④ ⑤	㉠ ㉡ ㉢ ㉣		41	① ② ③ ④ ⑤		
15	① ② ③ ④ ⑤			42	① ② ③ ④ ⑤		
16	① ② ③ ④ ⑤			43	① ② ③ ④ ⑤		
17	① ② ③ ④ ⑤			44	① ② ③ ④ ⑤		
18	① ② ③ ④ ⑤			45	① ② ③ ④ ⑤		
19	① ② ③ ④ ⑤			46	① ② ③ ④ ⑤		
20	① ② ③ ④ ⑤			47	① ② ③ ④ ⑤	㉠ ㉡ ㉢ ㉣	
21	① ② ③ ④ ⑤			48	① ② ③ ④ ⑤		
22	① ② ③ ④ ⑤			49	① ② ③ ④ ⑤		
23	① ② ③ ④ ⑤			50	① ② ③ ④ ⑤		
24	① ② ③ ④ ⑤			51	① ② ③ ④ ⑤		
25	① ② ③ ④ ⑤	㉠ ㉡ ㉢ ㉣ ㉤		52	① ② ③ ④ ⑤		
26	① ② ③ ④ ⑤			53	① ② ③ ④ ⑤		
27	① ② ③ ④ ⑤			54	① ② ③ ④ ⑤		

CHAPTER 03 중개활동

번호	오지선다	보기지문	체크	번호	오지선다	보기지문	체크
01	① ② ③ ④ ⑤			06	① ② ③ ④ ⑤		
02	① ② ③ ④ ⑤			07	① ② ③ ④ ⑤		
03	① ② ③ ④ ⑤			08	① ② ③ ④ ⑤		
04	① ② ③ ④ ⑤			09	① ② ③ ④ ⑤		
05	① ② ③ ④ ⑤			10	① ② ③ ④ ⑤		

CHAPTER 04 거래계약의 체결

번호	오지선다	보기지문	체크	번호	오지선다	보기지문	체크
01	① ② ③ ④ ⑤			06	① ② ③ ④ ⑤		
02	① ② ③ ④ ⑤			07	① ② ③ ④ ⑤		
03	① ② ③ ④ ⑤	㉠ ㉡ ㉢ ㉣		08	① ② ③ ④ ⑤		
04	① ② ③ ④ ⑤			09	① ② ③ ④ ⑤		
05	① ② ③ ④ ⑤						

CHAPTER 05 개별적 중개실무

번호	오지선다	보기지문	체크	번호	오지선다	보기지문	체크
01	① ② ③ ④ ⑤			22	① ② ③ ④ ⑤		
02	① ② ③ ④ ⑤			23	① ② ③ ④ ⑤		
03	① ② ③ ④ ⑤	㉠ ㉡ ㉢ ㉣ ㉤ ㉥ ㉦ ㉧		24	① ② ③ ④ ⑤		
04	① ② ③ ④ ⑤			25	① ② ③ ④ ⑤		
05	① ② ③ ④ ⑤			26	① ② ③ ④ ⑤		
06	① ② ③ ④ ⑤			27	① ② ③ ④ ⑤		
07	① ② ③ ④ ⑤			28	① ② ③ ④ ⑤		
08	① ② ③ ④ ⑤			29	① ② ③ ④ ⑤		
09	① ② ③ ④ ⑤			30	① ② ③ ④ ⑤		
10	① ② ③ ④ ⑤			31	① ② ③ ④ ⑤		
11	① ② ③ ④ ⑤			32	① ② ③ ④ ⑤		
12	① ② ③ ④ ⑤	㉠ ㉡ ㉢		33	① ② ③ ④ ⑤		
13	① ② ③ ④ ⑤			34	① ② ③ ④ ⑤		
14	① ② ③ ④ ⑤	㉠ ㉡ ㉢ ㉣		35	① ② ③ ④ ⑤		
15	① ② ③ ④ ⑤	㉠ ㉡ ㉢ ㉣		36	① ② ③ ④ ⑤		
16	① ② ③ ④ ⑤			37	① ② ③ ④ ⑤	㉠ ㉡ ㉢ ㉣	
17	① ② ③ ④ ⑤			38	① ② ③ ④ ⑤		
18	① ② ③ ④ ⑤			39	① ② ③ ④ ⑤		
19	① ② ③ ④ ⑤			40	① ② ③ ④ ⑤		
20	① ② ③ ④ ⑤			41	① ② ③ ④ ⑤		
21	① ② ③ ④ ⑤			42	① ② ③ ④ ⑤		

43	① ② ③ ④ ⑤		70	① ② ③ ④ ⑤
44	① ② ③ ④ ⑤		71	① ② ③ ④ ⑤
45	① ② ③ ④ ⑤		72	① ② ③ ④ ⑤
46	① ② ③ ④ ⑤		73	① ② ③ ④ ⑤
47	① ② ③ ④ ⑤	㉠ ㉡ ㉢ ㉣	74	① ② ③ ④ ⑤
48	① ② ③ ④ ⑤		75	① ② ③ ④ ⑤
49	① ② ③ ④ ⑤		76	① ② ③ ④ ⑤
50	① ② ③ ④ ⑤		77	① ② ③ ④ ⑤
51	① ② ③ ④ ⑤		78	① ② ③ ④ ⑤
52	① ② ③ ④ ⑤		79	① ② ③ ④ ⑤
53	① ② ③ ④ ⑤		80	① ② ③ ④ ⑤
54	① ② ③ ④ ⑤		81	① ② ③ ④ ⑤
55	① ② ③ ④ ⑤		82	① ② ③ ④ ⑤
56	① ② ③ ④ ⑤		83	① ② ③ ④ ⑤
57	① ② ③ ④ ⑤		84	① ② ③ ④ ⑤
58	① ② ③ ④ ⑤		85	① ② ③ ④ ⑤
59	① ② ③ ④ ⑤		86	① ② ③ ④ ⑤
60	① ② ③ ④ ⑤		87	① ② ③ ④ ⑤
61	① ② ③ ④ ⑤		88	① ② ③ ④ ⑤
62	① ② ③ ④ ⑤		89	① ② ③ ④ ⑤
63	① ② ③ ④ ⑤		90	① ② ③ ④ ⑤
64	① ② ③ ④ ⑤		91	① ② ③ ④ ⑤
65	① ② ③ ④ ⑤		92	① ② ③ ④ ⑤
66	① ② ③ ④ ⑤		93	① ② ③ ④ ⑤
67	① ② ③ ④ ⑤		94	① ② ③ ④ ⑤
68	① ② ③ ④ ⑤		95	① ② ③ ④ ⑤
69	① ② ③ ④ ⑤		96	① ② ③ ④ ⑤

CHAPTER	○ 문항 수	△ 문항 수	× 문항 수	총 문항 수
01 중개실무 총설 및 중개의뢰접수				/ 5
02 중개대상물 조사 및 확인				/54
03 중개활동				/10
04 거래계약의 체결				/ 9
05 개별적 중개실무				/96

나의 취약 단원 ▶

시작하라.

그 자체가 천재성이고,
힘이며, 마력이다.

– 요한 볼프강 폰 괴테(Johann Wolfgang von Goethe)

2022

에듀윌 공인중개사

출제예상문제집 + 필수기출

2차 공인중개사법령 및 중개실무

왜 에듀윌 출제예상문제집일까요?

제32회 공인중개사법령 및 중개실무 기출문제 A형

5 공인중개사법령상 중개대상물의 표시·광고 및 모니터링에 관한 설명으로 <u>틀린</u> 것은?

① 개업공인중개사는 의뢰받은 중개대상물에 대하여 표시·광고를 하려면 개업공인중개사, 소속공인중개사 및 중개보조원에 관한 사항을 명시해야 한다.

② 개업공인중개사는 중개대상물이 존재하지 않아서 실제로 거래를 할 수 없는 중개대상물에 대한 광고와 같은 부당한 표시·광고를 해서는 안 된다.

③ 개업공인중개사는 중개대상물의 가격 등 내용을 과장되게 하는 부당한 표시·광고를 해서는 안 된다.

④ 국토교통부장관은 인터넷을 이용한 중개대상물에 대한 표시·광고의 규정준수 여부에 관하여 기본 모니터링과 수시 모니터링을 할 수 있다.

⑤ 국토교통부장관은 인터넷 표시·광고 모니터링 업무 수행에 필요한 전문인력과 전담조직을 갖췄다고 국토교통부장관이 인정하는 단체에게 인터넷 표시·광고 모니터링 업무를 위탁할 수 있다.

2021 에듀윌 출제예상문제집+필수기출 공인중개사법령 및 중개실무 p.343

42 공인중개사법령상 중개대상물의 표시·광고 의무에 관한 설명이다. <u>틀린</u> 것은?

① 개업공인중개사가 의뢰받은 중개대상물에 대하여 표시·광고를 하려면 중개사무소, 개업공인중개사에 관한 사항을 명시하여야 하며, 중개보조원에 관한 사항의 명시도 가능하다.

② 개업공인중개사가 인터넷을 이용하여 중개대상물에 대한 표시·광고를 하는 때에는 중개대상물의 종류별로 소재지, 면적, 가격 등의 사항을 명시하여야 한다.

③ 개업공인중개사가 아닌 자는 중개대상물에 대한 표시·광고를 하여서는 아니 된다.

④ 개업공인중개사는 중개대상물이 존재하지 않아서 실제로 거래를 할 수 없는 중개대상물에 대한 표시·광고행위를 하여서는 아니 된다.

⑤ 개업공인중개사는 중개대상물이 가격 등 내용이 사실과 다르게 거짓으로 표시·광고하거나 사실을 과장되게 하는 표시·광고행위를 하여서는 아니 된다.

지문일치

2 예상문제부터 필수기출까지 한 권으로 끝!

예상문제로
약점 체크, 변형문제 대비!

필수기출로
출제경향 완벽 파악!

합격생A

문제집으로 내 약점을 찾아라!

예상문제를 풀고 나면 단원마다 정답을 맞힌 개수를 적었습니다. 이렇게 하면 내가 취약한 부분이 어느 부분인지 파악이 됩니다.

합격생C

과목별, 단원별 중요도 확인!

기출문제를 반복적으로 풀다보니 과목별, 단원별 중요도가 눈에 들어왔습니다.

합격생B

변형문제로 개념 완벽 정리!

기출지문에만 익숙해지면 안 됩니다. 개념을 정확하게 이해했는지 예상문제를 풀어보면서 점검해야 완전히 내 것이 됩니다.

합격생D

기출문제로 출제패턴 파악!

기출문제 분석을 통해 출제패턴을 확인했습니다. 긍정형과 부정형 문제의 패턴을 확인하고, 보기와 지문을 확실히 정리하였습니다.

출제될 문제만을 엄선한 합격 최적화 문제집
합격이 눈앞에 있습니다!

이 책의 활용법

워밍업! → 대표기출로 문제 유형 파악!

CHAPTER별 5개년 출제빈도와
빈출 키워드, 제33회 합격전략 확인!

단원별 기출문제집 연계학습 페이지 수록

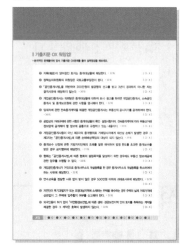

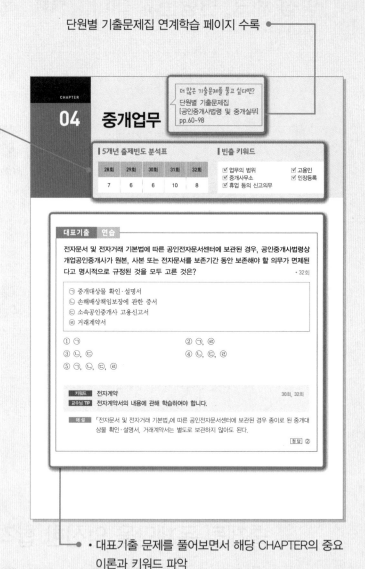

본격적인 문제풀이 전 기출지문
OX문제로 실력점검!

➕ 더 많은 기출지문 OX문제를 풀고
싶다면 기출지문 OX 암기노트 PDF
(모바일용)를 활용하세요!

• 대표기출 문제를 풀어보면서 해당 CHAPTER의 중요
　이론과 키워드 파악
• 대표기출의 키워드를 통해 최근 5개년 출제빈도를
　확인, 교수님 TIP을 통해 학습 세부전략 수립

난이도를 ⬆/⊕/⬇로 나누어
학습 수준에 맞는 문제풀이 가능

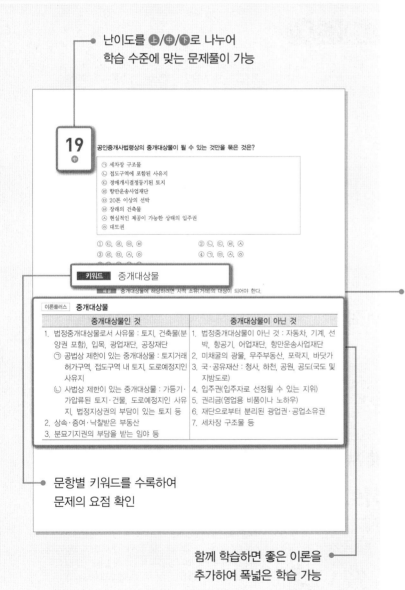

19 ⊕ 공인중개사법령상의 중개대상물이 될 수 있는 것만을 묶은 것은?

ㄱ 세차장 구조물
ㄴ 접도구역에 포함된 사유지
ㄷ 경매개시결정등기된 토지
ㄹ 항만운송사업재단
ㅁ 20톤 이상의 선박
ㅂ 장래의 건축물
ㅅ 현실적인 제공이 가능한 상태의 입주권
ㅇ 대토권

① ㄱ, ㄹ, ㅁ, ㅂ ② ㄴ, ㄷ, ㅁ, ㅅ
③ ㄹ, ㅂ, ㅅ, ㅇ ④ ㄱ, ㄴ, ㅅ, ㅇ

키워드 중개대상물
해설 중개대상물에 해당하려면 사적 소유(거래)의 대상이 되어야 한다.

이론플러스 **중개대상물**

중개대상물인 것	중개대상물이 아닌 것
1. 법정중개대상물로서 사유물 : 토지, 건축물(분양권 포함), 입목, 광업재단, 공장재단 ㄱ 공법상 제한이 있는 중개대상물 : 토지거래허가구역, 접도구역 내 토지, 도로예정지인 사유지 ㄴ 사법상 제한이 있는 중개대상물 : 가등기·가압류된 토지·건물, 도로예정지인 사유지, 법정지상권의 부담이 있는 토지 등 2. 상속·증여·낙찰받은 부동산 3. 분묘기지권의 부담을 받는 임야 등	1. 법정중개대상물이 아닌 것 : 자동차, 기계, 선박, 항공기, 어업재단, 항만운송사업재단 2. 미채굴의 광물, 무주부동산, 포락지, 바닷가 3. 국·공유재산 : 청사, 하천, 공원, 공도(국도 및 지방도로) 4. 입주권(입주자로 선정될 수 있는 지위) 5. 권리금(영업용 비품이나 노하우) 6. 재단으로부터 분리된 광업권·공업소유권 7. 세차장 구조물 등

문항별 키워드를 수록하여
문제의 요점 확인

함께 학습하면 좋은 이론을
추가하여 폭넓은 학습 가능

1회독

교재 맨 앞의 정답표에 답 체크!

회독용 정답표

2회독

교재에 바로 답 체크!

3회독

어려운 문제는 교재 뒤 오답노트에 정리!

교재 뒤 오답노트 양식 추가 다운 경로
에듀윌 도서몰(book.eduwill.net) > 부가학습자료

⊕ 특별제공

제32회 기출분석집

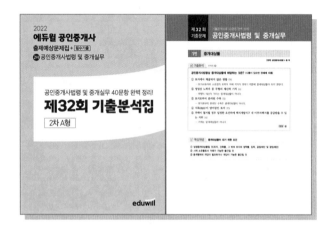

가장 최신 기출인 제32회 기출문제를 지문 하나하나 분석하였습니다. 각 지문별로 옳은 내용과 틀린 내용의 근거가 되는 첨삭 해설을 통해 최신 시험 출제 경향과 이론까지 확인할 수 있습니다.

기출지문 OX 암기노트 PDF(모바일용)

기출지문 OX문제를 더 풀어보고 싶은 수험생들을 위해 모바일에 최적화된 기출지문 OX 암기노트 PDF를 제공합니다. 스마트폰으로 다운로드 받은 후 언제 어디서나 편리하게 학습하세요(출력하여 수첩 형태로 들고 다니면서 학습하셔도 좋습니다).

(2022년 6월 중 오픈 예정)

PDF 다운로드 받기

스마트폰 카메라 어플 또는 QR코드 스캔 어플을 사용하여 QR코드 스캔(에듀윌 도서몰 부가학습자료 접속) > 카테고리 '공인중개사' 선택 후 교재명 입력하여 검색 > 해당 과목의 다운로드 아이콘 클릭하여 PDF 파일 다운로드 받기

머리말

제33회 시험의 합격자는 바로 당신입니다.

제32회 시험은 제31회 시험에 비하여 문제가 다소 어려웠습니다. 하지만 합격자 수는 적지 않았습니다. 아무래도 시험의 응시 연령층이 많이 낮아진 것도 그 원인 중 하나라고 할 수 있을 것입니다. 올해는 외부변수에 의해 시험을 준비하는 수험생분들이 더욱 힘든 한해가 될 것으로 예상됩니다. 하지만 시험은 점점 단순 암기가 아닌 복합적인 사고를 요하는 방향으로 가고 있고, 앞으로도 이러한 추세가 지속될 것입니다. 이론을 문제를 통해 접목시키는 작업은 중요한 작업입니다. 이에 도움을 드릴 수 있도록 문제집을 만들면서 반영하였습니다.

이 책은 수험생분들에게 도움이 될 수 있도록 다음의 내용에 유념하여 집필하였습니다.

첫째, 최근에 출제된 기출문제를 근거로 최대한 근접하는 문제와 응용하는 문제들로 구성하였습니다.
둘째, 빈출된 문제 중에서 많이 틀린 문제는 이를 근거로 출제가 가능한 지문을 최대한 많이 실었습니다.
셋째, 실무부분에서는 타법과 연계되는 부분을 해결하기 위하여 연계문제에 중점을 두고 집필하였습니다.
넷째, 경매부분은 대법원규칙과 예규까지 기출문제 출제경향에 맞게 자세히 수록하여 빠짐 없이 학습할 수 있도록 하였습니다.
다섯째, 문제집의 생명인 답이 틀리지 않도록 최대한 여러 번 반복 검수하여 정확도를 높이는 데 최선을 다하였습니다.

매년 강단에 서서 많은 분들에게 도움을 줄 수 있는 삶을 살게 해주신 수험생분들에게 다시 한 번 감사드립니다. 부족하지만 이 책을 만들 수 있게 도움을 주신 에듀윌 대표님, 출판사업본부 여러분과 지인들께도 감사드립니다.

저자 임선정

약력
- 現 에듀윌 공인중개사법령 및 중개실무 전임 교수
- 前 EBS 공인중개사법령 및 중개실무 강사
- 前 방송대학TV, 중소기업청 초빙 강사
- 前 주요 공인중개사법령 및 중개실무 강사

저서
에듀윌 공인중개사 공인중개사법령 및 중개실무 기초서, 기본서, 단원별/회차별 기출문제집, 핵심요약집, 출제예상문제집 + 필수기출, 실전모의고사, 그림 암기법, 한손끝장 집필

시험 안내

✓ **시험일정** 연 1회, 1·2차 동시 시행

구 분	인터넷 원서 접수기간		시험시행일
2022년도 제33회 제1, 2차 시험 (동시접수·시행)	정기(5일간)	매년 8월 2번째 월요일부터 금요일까지 (2022.8.8.~8.12. 예정)	매년 10월 마지막 주 토요일 (2022.10.29. 예정)
	빈자리(2일간)	매년 10월 2번째 목요일부터 금요일까지 (2022.10.13.~10.14. 예정)	

※ 정확한 시험 일정은 큐넷 홈페이지(www.Q-Net.or.kr)에서 확인이 가능합니다.

✓ **응시자격** 제한 없음

※ 단, ① 공인중개사법 제4조의3에 따라 공인중개사 시험 부정행위로 처분받은 날로 부터 시험시행일 전일까지 5년이 경과되지 않은 자, ② 법 제6조에 따라 공인중개사 자격이 취소된 후 3년이 경과되지 않은 자, ③ 시행규칙 제2조에 따른 기자격취 득자는 응시할 수 없음

✓ **시험과목 및 방법**

구 분	시험과목	문항 수	시험시간	시험방법
제1차 시험 1교시 (2과목)	1. 부동산학개론(부동산감정평가론 포함) 2. 민법 및 민사특별법 중 부동산 중개에 관련되는 규정	과목당 40문항 (1번~80번)	100분 (09:30~11:10)	객관식 5지선택형
제2차 시험 1교시 (2과목)	1. 공인중개사이 업무 및 부동산 거래신고 등에 관한 법령 및 중개실무 2. 부동산공법 중 부동산 중개에 관련되는 규정	과목당 40문항 (1번~80번)	100분 (13:00~14:40)	
제2차 시험 2교시 (1과목)	1. 부동산공시에 관한 법령(부동산등기법, 공간정보의 구축 및 관리 등에 관한 법률) 및 부동산 관련 세법	40문항 (1번~40번)	50분 (15:30~16:20)	

※ 답안은 시험시행일에 시행되고 있는 법령을 기준으로 작성

✔ 합격기준

구 분	합격결정기준
제1차 시험	매 과목 100점을 만점으로 하여 매 과목 40점 이상, 전 과목 평균 60점 이상 득점한 자
제2차 시험	매 과목 100점을 만점으로 하여 매 과목 40점 이상, 전 과목 평균 60점 이상 득점한 자

✔ 공인중개사 시험과목 및 출제비율

구 분	시험과목	시험범위	출제비율
제1차 시험 1교시 (2과목)	① 부동산학개론	1. 부동산학개론	85% 내외
		2. 부동산감정평가론	15% 내외
	② 민법 및 민사특별법 중 부동산 중개에 관련되는 규정	1. 민법	85% 내외
		2. 민사특별법	15% 내외
제2차 시험 1교시 (2과목)	① 공인중개사의 업무 및 부동산 거래신고 등에 관한 법령 및 중개실무	1. 공인중개사법 2. 부동산 거래신고 등에 관한 법률	70% 내외
		3. 중개실무	30% 내외
	② 부동산공법 중 부동산 중개에 관련되는 규정	1. 국토의 계획 및 이용에 관한 법률	30% 내외
		2. 도시개발법 3. 도시 및 주거환경정비법	30% 내외
		4. 주택법 5. 건축법 6. 농지법	40% 내외
제2차 시험 2교시 (1과목)	① 부동산공시에 관한 법령(부동산등기법, 공간정보의 구축 및 관리 등에 관한 법률) 및 부동산 관련 세법	1. 부동산등기법	30% 내외
		2. 공간정보의 구축 및 관리 등에 관한 법률 제2장 제4절 및 제3장	30% 내외
		3. 부동산 관련 세법 (상속세, 증여세, 법인세, 부가가치세 제외)	40% 내외

차 례

PART 1

공인중개사법령

최근 5개년 PART 1 출제비중

83.5%

5개년 CHAPTER별 출제빈도 분석표 & 빈출 키워드

* 복합문제이거나, 법률이 개정 및 제정된 경우 분류 기준에 따라 아래 수치와 달라질 수 있습니다.

CHAPTER	문항 수					비 중	빈출 키워드
	28회	29회	30회	31회	32회		
01 총 칙	2	2	2	1	1	4.8%	용어의 정의, 중개대상물
02 공인중개사제도	2		2		1	3%	공인중개사 정책심의위원회, 공인중개사자격시험
03 중개사무소 개설등록 및 결격사유	3	3	1	3	1	6.6%	중개사무소 개설등록, 등록 등의 결격사유
04 중개업무	7	6	6	10	8	22%	업무의 범위, 고용인, 중개사무소, 인장등록, 휴업 등의 신고의무
05 중개계약 및 부동산거래 정보망	2	2	3	3	1	6.6%	중개계약, 부동산거래정보망
06 개업공인중개사의 의무 및 책임	3	4	2	3	2	8.4%	개업공인중개사등의 금지행위, 중개대상물의 확인·설명, 거래계약서의 작성 등
07 손해배상책임과 반환 채무이행보장	1	1	1	1	2	3.6%	손해배상책임과 업무보증설정
08 중개보수	2	2		2		3.6%	중개보수, 겸용주택, 점유개정
09 공인중개사협회 및 교육· 보칙·신고센터 등	2	2	5	1	2	7.2%	공인중개사협회, 포상금, 행정수수료, 신고센터
10 지도·감독 및 행정처분	3	5	3	3	8	13.2%	등록취소사유, 자격취소·자격정지 절차, 효과승계·위반행위승계
11 벌칙(행정벌)	2	2	1	2	1	4.8%	행정형벌, 행정질서벌
12 부동산 거래신고 등에 관한 법률	5	4	7	5	6	16.2%	부동산 거래신고, 주택임대차계약 신고, 외국인등의 국내 부동산 취득, 토지거래허가

세줄요약 제33회 합격전략

☑ PART 1은 평균 약 33문제 출제!

☑ CHAPTER 04 중개업무, CHAPTER 12 부동산 거래신고 등에 관한 법률 위주로 학습!

☑ 공인중개사법령의 내용을 정확하게 암기하는 것이 중요!

기출지문 OX 워밍업!

*본격적인 문제풀이에 앞서 기출지문 OX문제를 풀어 실력점검을 해보세요.

❶ 지목(地目)이 양어장인 토지는 중개대상물에 해당한다. •32회 (O | X)

❷ 정책심의위원회의 위원장은 국토교통부장관이 된다. •32회 (O | X)

❸ 「공인중개사법」을 위반하여 200만원의 벌금형의 선고를 받고 3년이 경과하지 아니한 자는 결격사유에 해당하지 않는다. •30회 (O | X)

❹ 개업공인중개사는 의뢰받은 중개대상물에 대하여 표시·광고를 하려면 개업공인중개사, 소속공인 중개사 및 중개보조원에 관한 사항을 명시해야 한다. •32회 (O | X)

❺ 임대차에 관한 전속중개계약을 체결한 개업공인중개사는 부동산의 공시지가를 공개하여야 한다.
•30회 (O | X)

❻ 공법상의 거래규제에 관한 사항은 중개대상물의 확인·설명사항이며, 전속중개계약에 따라 부동산거래 정보망에 공개해야 할 정보에 공통으로 규정하고 있는 내용이다. •32회 (O | X)

❼ 개업공인중개사등이 아닌 제3자의 중개행위로 거래당사자에게 재산상 손해가 발생한 경우 그 제3자는 「공인중개사법」에 따른 손해배상책임의 대상이 되지 않는다. •29회 (O | X)

❽ 중개보수 산정에 관한 지방자치단체의 조례를 잘못 해석하여 법정 한도를 초과한 중개보수를 받은 경우 금지행위에 해당한다. •31회 (O | X)

❾ 협회는 「공인중개사법」에 따른 협회의 설립목적을 달성하기 위한 경우에도 부동산 정보제공에 관한 업무를 수행할 수 없다. •32회 (O | X)

❿ 개업공인중개사가 거짓으로 중개사무소의 개설등록을 한 경우 중개사무소의 개설등록을 취소하여야 하는 사유에 해당한다. •32회 (O | X)

⓫ 연수교육을 정당한 사유 없이 받지 않은 경우 500만원 이하의 과태료사유에 해당한다. •32회
(O | X)

⓬ 자연인이 투기과열지구 또는 조정대상지역에 소재하는 주택을 매수하는 경우 주택의 실제 거래가격에 상관없이 그 주택에 입주할지 여부를 신고해야 한다. •32회 (O | X)

⓭ 외국인등이 허가 없이 「자연환경보전법」에 따른 생태·경관보전지역 안의 토지를 취득하는 계약을 체결한 경우 그 계약은 효력이 발생하지 않는다. •32회 (O | X)

정답 ❶ O ❷ X ❸ O ❹ X ❺ X ❻ O ❼ O ❽ O ❾ X ❿ O ⓫ O ⓬ O ⓭ O

01

총칙

더 많은 기출문제를 풀고 싶다면?
단원별 기출문제집
[공인중개사법령 및 중개실무]
pp.22~36

┃ 5개년 출제빈도 분석표

28회	29회	30회	31회	32회
2	2	2	1	1

┃ 빈출 키워드

☑ 용어의 정의
☑ 중개대상물

┃ 3회독으로 문풀 완성!

1회독 교재 맨 앞의 정답표에 답 체크 **2회독** 교재에 바로 답 체크 **3회독** 어려운 문제는 오답노트에 정리

대표기출 **연습**

01 공인중개사법령에 관한 내용으로 틀린 것은? (다툼이 있으면 판례에 따름) • 30회

① 개업공인중개사에 소속된 공인중개사로서 중개업무를 수행하거나 개업공인중개사의 중개업무를 보조하는 자는 소속공인중개사이다.

② 개업공인중개사인 법인의 사원으로서 중개업무를 수행하는 공인중개사는 소속공인중개사이다.

③ 무등록 중개업자에게 중개를 의뢰한 거래당사자는 무등록 중개업자의 중개행위에 대하여 무등록 중개업자와 공동정범으로 처벌된다.

④ 개업공인중개사는 다른 개업공인중개사의 중개보조원 또는 개업공인중개사인 법인의 사원·임원이 될 수 없다.

⑤ 거래당사자 간 지역권의 설정과 취득을 알선하는 행위는 중개에 해당한다.

키워드 용어의 정의 ▶ 5개년 기출 회차 | 28회, 29회, 30회
교수님 TIP 「공인중개사법」 제2조의 용어의 정의에 관한 내용을 철저히 암기하여야 합니다.

> **해설** 「공인중개사법」에서 '중개'는 중개행위자가 아닌 거래당사자 사이의 거래를 알선하는 것이고 '중개업'은 거래당사자로부터 의뢰를 받아 중개를 업으로 행하는 것이므로, 중개를 의뢰하는 거래당사자, 즉 중개의뢰인과 중개를 의뢰받아 거래를 알선하는 중개업자는 서로 구별되어 동일인일 수 없고, 결국 중개는 그 개념상 중개의뢰에 대응하여 이루어지는 별개의 행위로서 서로 병존하며 중개의뢰행위가 중개행위에 포함되어 흡수될 수 없다. 따라서 비록 거래당사자가 무등록 중개업자에게 중개를 의뢰하거나 미등기부동산의 전매에 대하여 중개를 의뢰하였다고 하더라도, 「공인중개사법」 제48조 제1호, 제9조와 제48조 제3호, 제33조 제1항 제7호의 처벌규정들이 중개행위를 처벌 대상으로 삼고 있을 뿐이므로 그 중개의뢰행위 자체는 위 처벌규정들의 처벌 대상이 될 수 없으며, 또한 위와 같이 중개행위가 중개의뢰행위에 대응하여 서로 구분되어 존재하여야 하는 이상, 중개의뢰인의 중개의뢰행위를 중개업자의 중개행위와 동일시하여 중개행위에 관한 공동정범 행위로 처벌할 수도 없다(대판 2013.6.27, 2013도3246).

정답 ③

02 공인중개사법령상 중개대상물에 해당하는 것은? (다툼이 있으면 판례에 따름) • 32회

① 토지에서 채굴되지 않은 광물
② 영업상 노하우 등 무형의 재산적 가치
③ 토지로부터 분리된 수목
④ 지목(地目)이 양어장인 토지
⑤ 주택이 철거될 경우 일정한 요건하에 택지개발지구 내 이주자택지를 공급받을 수 있는 지위

> **키워드** 중개대상물   28회, 29회, 30회, 31회, 32회
> **교수님 TIP** 중개대상물의 범위와 내용에 대해 학습하여야 합니다.

> **해설** 중개대상물이 되기 위한 요건은 다음과 같다.

> 1. 법정중개대상물일 것 – 토지, 건축물 그 밖의 토지의 정착물, 입목, 공장재단 및 광업재단
> 2. 사적 소유물로서 거래가 가능한 물건일 것
> 3. 중개행위의 개입이 필요하거나 개입이 가능한 물건일 것

> 따라서 위 조건을 모두 충족한 중개대상물은 지목(地目)이 양어장인 토지가 된다.

정답 ④

01 공인중개사법의 연혁과 관련된 설명으로 옳지 <u>않은</u> 것은?

난이도
下

① 중개업의 출발은 객주이지만 최초의 독자적인 전문업으로서의 개업공인중개사는 가쾌라 할 수 있다.

② 1961년도에 제정된 「소개영업법」은 무자격제로서 중개업의 신고제를 채택하였는데, 초기에는 부동산소개영업 외에 동산중개 및 혼인중개도 규율하였다.

③ 공인중개사자격이 없는 자가 「소개영업법」에 의하여 소개영업의 신고를 하였거나 「부동산중개업법」에 의하여 중개업의 허가를 받아 등록을 한 것으로 보는 경우 종전의 소개영업 및 중개업을 계속 영위하기 위해서는 공인중개사자격을 취득하도록 하였다.

④ 1983년에 제정된 「부동산중개업법」은 중개업의 허가제를 채택하였으나, 공인중개사에 한하여 신규허가를 한 것은 1990년부터이다.

⑤ 중개업의 등록제는 「부동산중개업법」의 제7차 개정으로 인하여 1999년 7월 1일부터 시행되어 현재까지 유지되고 있다.

> **키워드** 부동산중개업의 변천과정
>
> **해설** 공인중개사자격이 없는 자가 「소개영업법」에 의하여 소개영업의 신고를 하였거나 「부동산중개업법」에 의하여 중개업의 허가를 받은 경우에는 중개사무소의 개설등록을 한 것으로 보게 되므로, 이러한 자는 공인중개사자격을 취득하지 아니하더라도 종전의 소개영업 및 중개업을 계속 영위할 수 있도록 하였다.

02 공인중개사법과 관련된 설명으로 틀린 것은?

下

① 「공인중개사법」은 부동산중개에 관한 일반법적 성격을 갖는다.

② 「공인중개사법」은 부동산중개에 관한 기본법적 성격을 갖는다.

③ 「공인중개사법」은 국내법이다.

④ 「공인중개사법」은 「상법」 및 「민법」의 일반법이다.

⑤ 「공인중개사법」은 사회법적 성격을 지닌다.

> **키워드** 공인중개사법의 성격
>
> **해설** 「공인중개사법」은 「상법」 및 「민법」의 특별법이다.

03 다음 ( )에 들어갈 말을 순서대로 올바르게 나열한 것은?

「공인중개사법」은 공인중개사의 업무 등에 관한 사항을 정하여 그 ( )하고 ( )을 (를) 건전하게 육성하여 ( )을(를) 목적으로 한다.

① 전문인을 육성 – 부동산중개업 – 부동산중개질서의 확립
② 전문성을 제고 – 부동산중개업무 – 국민의 재산권보호
③ 전문성을 제고 – 부동산중개업 – 국민경제에 이바지함
④ 부동산투기를 방지 – 부동산중개업 – 국민경제에 이바지함
⑤ 부동산투기를 억제 – 부동산중개업무 – 국민의 재산권보호

키워드 공인중개사법의 제정목적

해설 「공인중개사법」은 공인중개사의 업무 등에 관한 사항을 정하여 그 '전문성을 제고'하고 '부동산중개업'을 건전하게 육성하여 '국민경제에 이바지함'을 목적으로 한다(법 제1조).

04 공인중개사법령상의 제정목적으로만 되어 있는 것을 고르면?

㉠ 국민의 재산권 보호
㉡ 개업공인중개사의 공신력 제고
㉢ 부동산중개업의 건전한 육성
㉣ 투명한 부동산거래질서의 확립
㉤ 국민경제에 이바지함
㉥ 부동산투기 예방
㉦ 중개업무의 건전한 지도·육성
㉧ 부동산탈세 방지

① ㉠, ㉢, ㉥, ㉧
② ㉠, ㉡, ㉣, ㉥
③ ㉡, ㉣, ㉦
④ ㉢, ㉤
⑤ ㉢, ㉦, ㉧

키워드 공인중개사법의 제정목적

해설 「공인중개사법」은 공인중개사의 업무 등에 관한 사항을 정하여 그 전문성을 제고하고 부동산중개업을 건전하게 육성하여 국민경제에 이바지함을 목적으로 한다(법 제1조).

정답 01 ③ 02 ④ 03 ③ 04 ④

05 공인중개사법령상 용어의 정의로 옳은 것은?

① '중개업'이라 함은 다른 사람의 의뢰에 의하여 일정한 보수를 받고 중개를 행하는 것을 말한다.

② '공인중개사'라 함은 이 법에 의한 공인중개사자격을 취득한 개업공인중개사를 말한다.

③ '중개'라 함은 법 제3조에 따른 중개대상물에 대하여 거래당사자 간의 매매·교환·임대차에 관한 행위를 알선하는 것을 말한다.

④ '중개보조원'이라 함은 공인중개사가 아닌 자로서 개업공인중개사에 소속되어 중개대상물에 대한 현장안내 및 일반서무 등 개업공인중개사의 중개업무와 관련된 단순한 업무를 보조하는 자를 말한다.

⑤ '소속공인중개사'라 함은 개업공인중개사에 소속된 공인중개사(개업공인중개사인 법인의 사원 또는 임원으로서 공인중개사인 자는 제외한다)로서 중개업무를 수행하거나 개업공인중개사의 중개업무를 보조하는 자를 말한다.

키워드 용어의 정의

해설 ① 중개를 행하는 것 ⇨ 중개를 업으로 행하는 것
② 취득한 개업공인중개사 ⇨ 취득한 자
③ 매매·교환·임대차에 관한 행위를 알선하는 것 ⇨ 매매·교환·임대차 그 밖의 권리의 득실변경에 관한 행위를 알선하는 것
⑤ 공인중개사인 자는 제외 ⇨ 공인중개사인 자를 포함

06 공인중개사법 제2조 용어의 정의로 옳은 것은?

① '중개업'이라 함은 다른 사람의 의뢰에 의하여 일정한 보수를 받고 중개를 업으로 행하는 것을 말한다.

② '소속공인중개사'라 함은 개업공인중개사에 소속된 공인중개사로서 중개대상물에 대한 현장안내 등 개업공인중개사의 중개업무와 관련된 단순한 업무를 보조하는 자를 말한다.

③ '중개보조원'이라 함은 공인중개사가 아닌 자로서 개업공인중개사에 소속되어 중개업무를 수행하는 자를 말한다.

④ '개업공인중개사'라 함은 공인중개사자격을 취득하여 중개업을 영위하는 자를 말한다.

⑤ '공인중개사'라 함은 이 법에 의하여 중개사무소 개설등록을 한 자를 말한다.

키워드 용어의 정의

해설 ② '소속공인중개사'라 함은 개업공인중개사에 소속된 공인중개사(개업공인중개사인 법인의 사원 또는 임원으로서 공인중개사인 자를 포함한다)로서 중개업무를 수행하거나 개업공인중개사의 중개업무를 보조하는 자를 말한다.

③ '중개보조원'이라 함은 공인중개사가 아닌 자로서 개업공인중개사에 소속되어 중개대상물에 대한 현장안내 및 일반서무 등 개업공인중개사의 중개업무와 관련된 단순한 업무를 보조하는 자를 말한다.

④ '개업공인중개사'라 함은 이 법에 의하여 중개사무소 개설등록을 한 자를 말한다.

⑤ '공인중개사'라 함은 이 법에 의한 공인중개사자격을 취득한 자를 말한다.

---

07 공인중개사법령상 중개대상인 권리에 해당하는 것은 모두 몇 개인가?

⊙

> ㉠ 동산질권
> ㉡ 광업권의 독립적인 이전
> ㉢ 금전소비대차에 부수하는 저당권설정
> ㉣ 1필지 일부의 지상권설정
> ㉤ 분묘기지권 이전
> ㉥ 환매권 이전
> ㉦ 목적물과 피담보채권을 수반하는 유치권 이전

① 2개   ② 3개
③ 4개   ④ 5개
⑤ 6개

키워드 중개의 성립요건

해설 ㉠ 「공인중개사법」상의 중개가 성립되기 위해서는 공인중개사법령에 규정된 물건을 전제로 알선하여야 한다. 동산은 「공인중개사법」상 중개대상물이 아니므로 동산질권은 중개대상인 권리에 해당하지 아니한다.

㉡ 광업권의 독립적인 이전은 중개대상물이 될 수 없으므로 「공인중개사법」상 중개대상인 권리에 해당하지 아니한다.

㉢㉣㉥㉦ 「공인중개사법」상 중개대상인 권리에 해당한다.

㉤ 분묘기지권은 중개대상인 권리에 해당하지 아니한다.

정답   05 ④   06 ①   07 ③

08 공인중개사법령상 중개 및 중개업에 관한 판례의 태도로 틀린 것은?

⊕

> ㉠ 중개행위에 해당하는지 여부는 개업공인중개사가 진정으로 거래당사자를 위하여 거래를 알선·중개하려는 의사를 갖고 있었느냐고 하는 개업공인중개사의 주관적 의사에 의하여 결정한다.
> ㉡ 중개의뢰인에는 중개대상물의 소유자뿐만 아니라 그 소유자로부터 거래에 관한 대리권을 수여받은 대리인이나 거래에 관한 사무의 처리를 위탁받은 수임인 등도 포함된다고 보아야 하므로 본인의 대리인도 중개의뢰인의 범주에 포함된다.
> ㉢ 개업공인중개사가 아닌 자가 이 법에 의한 개업공인중개사임을 표시하는 사무소명칭을 표시하고 중개를 1회 하였더라도 간판은 영업의 표시로 보아야 하므로 이는 무등록중개업에 해당한다.
> ㉣ 개업공인중개사의 중개업무는 기본적으로 상행위에 해당한다.
> ㉤ 중개행위에는 개업공인중개사가 거래의 쌍방당사자로부터 중개의뢰를 받은 경우뿐만 아니라 거래의 일방당사자의 의뢰에 의하여 중개대상물의 매매·교환·임대차 그 밖의 권리의 득실변경에 관한 행위를 알선·중개하는 경우도 포함한다.

① ㉠
② ㉠, ㉡
③ ㉠, ㉡, ㉢
④ ㉠, ㉡, ㉢, ㉣
⑤ ㉠, ㉡, ㉢, ㉣, ㉤

키워드 중개의 성립요건

해설 ㉠ 중개행위에 해당하는지 여부는 개업공인중개사가 진정으로 거래당사자를 위하여 거래를 알선·중개하려는 의사를 갖고 있었느냐고 하는 개업공인중개사의 주관적 의사에 의하여 결정할 것이 아니라, 개업공인중개사의 행위를 객관적으로 보아 사회통념상 거래의 알선·중개를 위한 행위라고 인정되는지 여부에 의하여 결정하여야 한다(대판 2005.10.7, 2005다32197).

09 중개계약과 다른 개념과의 구별에 관한 설명으로 옳은 것은?

上

① 중개와 도급은 일의 완성의무를 부담한다는 점에서 유사하지만, 중개는 하자담보의 책임을 지지 아니하는 점에서 도급과 구분된다.

② 중개와 위임은 선량한 관리자의 주의의무를 부담하는 점에서 유사하지만, 중개는 신뢰를 요소로 하며 무상이 원칙이지만, 위임은 신뢰를 요소로 하지 아니하며 유상이 원칙이다.

③ 중개와 현상광고는 낙성계약인 점에서 유사하나, 중개는 청약의 방법이 광고일 것을 요구하는 점에서 현상광고와 구분된다.

④ 중개와 대리는 타인 간의 법률행위의 성립에 기여한다는 점에서는 유사하나, 중개는 사실행위이고 대리는 법률행위이다.

⑤ 중개와 고용은 일의 완성을 보수지급의 요건으로 하는 점과 지시에 따라 노무를 제공하는 점에서 유사하다.

키워드 중개행위의 성격

해설 ① 중개는 일의 완성의무를 부담하지 아니하는 점과 하자담보의 책임을 지지 아니하는 점에서 도급과 구분된다.

② 중개와 위임은 선량한 관리자의 주의의무를 부담하는 점에서 유사하지만, 중개는 신뢰를 요소로 하지 아니하며 유상이 원칙이고, 위임은 신뢰를 요소로 하며 무상이 원칙이다.

③ 중개는 낙성계약인 점과 청약의 방법이 광고일 것을 요구하지 아니하는 점에서 현상광고와 구분된다. 현상광고는 요물계약이며, 청약의 방법이 광고일 것을 요한다.

⑤ 중개는 일의 완성을 보수지급의 요건으로 하며, 지시에 따라 노무를 제공하는 것이 아닌 독자적인 판단에 따라 중개행위를 한다는 점에서 고용과 구별된다. 고용은 일의 완성과 관계없이 사용자의 지시에 따라 노무를 제공하면 보수를 받을 수 있다.

10 공인중개사법령에 관한 내용으로 옳은 것은? (다툼이 있으면 판례에 따름)

① 중개보조원이란 개업공인중개사에 소속되어 중개대상물에 대한 현장안내 및 거래계약서 작성 등 중개업무와 관련된 단순한 업무를 보조하는 자를 말한다.

② 중개업이란 중개대상물에 대한 권리의 득실변경에 관한 행위를 알선하는 것을 말한다.

③ 우연한 기회에 단 1회 건물전세계약의 중개를 하고 중개보수를 받은 행위도 중개업에 해당한다.

④ 중개사무소 개설등록을 하지 아니한 자가 중개영업의 표시를 나타내는 간판을 설치하고 1회성의 알선행위를 하였더라도 보수를 받았다면 이는 중개를 업으로 한 것으로 볼 수 있다.

⑤ 중개사무소 개설등록을 하지 아니한 자가 다른 사람의 의뢰에 의하여 일정한 보수를 받고 알선을 업으로 하는 것은 중개업이라고 볼 수 없다.

> **키워드** 중개의 성립요건
>
> **해설** ① 중개보조원이란 공인중개사가 아닌 자로서 개업공인중개사에 소속되어 중개대상물에 대한 현장안내 및 일반서무 등 개업공인중개사의 중개업무와 관련된 단순한 업무를 보조하는 자를 말한다. 따라서 중개업무 수행에 해당하는 거래계약서 작성 업무는 할 수 없다.
> ② 중개업이란 다른 사람의 의뢰에 의하여 일정한 보수를 받고 중개를 업으로 행하는 것을 말한다. 따라서 중개업은 중개대상물에 대한 권리의 득실변경에 관한 행위의 알선을 업으로 하는 것이다.
> ③ 계속성·반복성이 없으므로 중개를 업으로 한 것으로 볼 수 없다.
> ⑤ 다른 사람의 의뢰에 의하여 일정한 보수를 받고 알선을 업으로 하는 것은 중개업이라 볼 수 있다. 즉, 무등록중개업도 중개업에 해당한다.

11 ⊕ **공인중개사법령상 중개업에 관한 설명으로 틀린 것은?** (다툼이 있으면 판례에 따름)

① 부동산중개행위가 부동산컨설팅 행위에 부수해서 이루어진 경우에도 중개업에 해당될 수 있다.

② 우연한 기회에 단 1회의 건물전세계약을 중개한 경우 보수를 받았다 하더라도 중개업에 해당되지 않는다.

③ 금전소비대차에 부수하여 저당권설정에 관한 행위의 알선을 업으로 하는 경우에도 부동산중개업에 해당된다.

④ 중개사무소 개설등록을 한 경우 상담, 조언 및 중개대상물에 대한 자료전시를 위하여 별도의 전시업 등록은 불필요하다.

⑤ 중개사무소 개설등록을 하지 아니한 자가 다른 사람의 의뢰에 의하여 건물의 매매를 알선하면서 중개보수를 받기로 약정하였거나 단순히 보수를 요구한 경우에도 중개업에 해당된다.

키워드 중개의 성립요건

해설 중개사무소 개설등록을 하지 아니하고 부동산거래를 중개하면서 중개대상물의 거래당사자들로부터 중개보수를 현실적으로 받지 아니하고 단지 중개보수를 받을 것을 약속하거나 거래당사자들에게 중개보수를 요구하는 데 그친 경우에는 「공인중개사법」 제2조 제3호 소정의 '중개업'에 해당한다고 할 수 없다(대판 2006.9.22, 2006도4842).

12 공인중개사법령상 용어의 정의로 <u>틀린</u> 것은?
·29회

中

① 개업공인중개사라 함은 공인중개사자격을 가지고 중개를 업으로 하는 자를 말한다.
② 중개업이라 함은 다른 사람의 의뢰에 의하여 일정한 보수를 받고 중개를 업으로 행하는 것을 말한다.
③ 소속공인중개사라 함은 개업공인중개사에 소속된 공인중개사(개업공인중개사인 법인의 사원 또는 임원으로서 공인중개사인 자를 포함한다)로서 중개업무를 수행하거나 개업공인중개사의 중개업무를 보조하는 자를 말한다.
④ 공인중개사라 함은 공인중개사자격을 취득한 자를 말한다.
⑤ 중개라 함은 중개대상물에 대하여 거래당사자 간의 매매·교환·임대차 그 밖의 권리의 득실변경에 관한 행위를 알선하는 것을 말한다.

키워드 용어의 정의
해설 개업공인중개사라 함은 이 법에 의하여 중개사무소의 개설등록을 한 자를 말한다.

13 공인중개사법령상 용어와 관련된 설명으로 옳은 것은? (다툼이 있으면 판례에 따름)
·28회

中

① '공인중개사'에는 외국법에 따라 공인중개사자격을 취득한 자도 포함된다.
② '중개업'은 다른 사람의 의뢰에 의하여 보수의 유무와 관계없이 중개를 업으로 행하는 것을 말한다.
③ 개업공인중개사인 법인의 사원으로서 중개업무를 수행하는 공인중개사는 '소속공인중개사'가 아니다.
④ '중개보조원'은 개업공인중개사에 소속된 공인중개사로서 개업공인중개사의 중개업무를 보조하는 자를 말한다.
⑤ 개업공인중개사의 행위가 손해배상책임을 발생시킬 수 있는 '중개행위'에 해당하는지는 객관적으로 보아 사회통념상 거래의 알선·중개를 위한 행위라고 인정되는지에 따라 판단해야 한다.

키워드 용어의 정의

해설 ① '공인중개사'는 「공인중개사법」상 공인중개사자격을 취득한 자를 말한다.

② '중개업'이란 다른 사람의 의뢰에 의하여 일정한 보수를 받고 중개를 업으로 행하는 것을 말한다.

③ 개업공인중개사인 법인의 사원으로서 중개업무를 수행하는 공인중개사도 '소속공인 중개사'에 해당한다.

④ '중개보조원'은 공인중개사가 아닌 자로서 개업공인중개사에 소속되어 중개대상물에 대한 현장안내 및 일반서무 등 개업공인중개사의 중개업무와 관련된 단순한 업무를 보조하는 자를 말한다.

14 공인중개사법령상 용어와 관련된 설명으로 옳은 것을 모두 고른 것은? (다툼이 있으면 판례에 따름)

• 27회

㉠ 개업공인중개사란 「공인중개사법」에 의하여 중개사무소의 개설등록을 한 자이다.

㉡ 소속공인중개사에는 개업공인중개사인 법인의 사원 또는 임원으로서 중개업무를 수행하는 공인중개사인 자가 포함된다.

㉢ 공인중개사로서 개업공인중개사에 고용되어 그의 중개업무를 보조하는 자도 소속공인중개사이다.

㉣ 우연한 기회에 단 1회 임대차계약의 중개를 하고 보수를 받은 사실만으로는 중개를 업으로 한 것이라고 볼 수 없다.

---

① ㉠, ㉡

② ㉠, ㉢

③ ㉠, ㉡, ㉣

④ ㉡, ㉢, ㉣

⑤ ㉠, ㉡, ㉢, ㉣

키워드 용어의 성의

해설 ㉠㉡㉢㉣ 모두 옳은 지문이다.

15 공인중개사법령상 용어에 관한 설명으로 **틀린** 것은? • 25회 수정

中

① 거래당사자 사이에 중개대상물에 관한 교환계약이 성립하도록 알선하는 행위도 중개에 해당한다.
② 개업공인중개사란 「공인중개사법」에 의하여 중개사무소의 개설등록을 한 자를 말한다.
③ 중개보조원이란 공인중개사가 아닌 자로서 중개업을 하는 자를 말한다.
④ 소속공인중개사에는 개업공인중개사인 법인의 사원 또는 임원으로서 공인중개사인 자가 포함된다.
⑤ 공인중개사란 「공인중개사법」에 의한 공인중개사자격을 취득한 자를 말한다.

> **키워드** 용어의 정의
> **해설** 중개보조원이란 '공인중개사가 아닌 자로서 개업공인중개사에 소속되어 중개대상물에 대한 현장안내 및 일반서무 등 개업공인중개사의 중개업무와 관련된 단순한 업무를 보조하는 자'를 말하므로 '중개업을 하는 자'라는 표현은 옳지 못하다.

16 공인중개사법령상 용어에 관한 설명으로 **옳은** 것은? (다툼이 있으면 판례에 따름)

中
  • 26회

① 법정지상권을 양도하는 행위를 알선하는 것은 중개에 해당한다.
② 반복, 계속성이나 영업성 없이 단 1회 건물매매계약의 중개를 하고 보수를 받은 경우 중개를 업으로 한 것으로 본다.
③ 외국의 법에 따라 공인중개사자격을 취득한 자도 「공인중개사법」에서 정의하는 공인중개사로 본다.
④ 소속공인중개사란 법인인 개업공인중개사에 소속된 공인중개사만을 말한다.
⑤ 중개보조원이란 공인중개사가 아닌 자로서 개업공인중개사에 소속되어 중개대상물에 대한 현장안내와 중개대상물의 확인·설명의무를 부담하는 자를 말한다.

키워드 용어의 정의

해설 ② 반복, 계속성이나 영업성 없이 단 1회 건물매매계약의 중개를 하고 보수를 받은 경우 중개를 업으로 한 것으로 볼 수 없다.

③ 외국의 법에 따라 공인중개사자격을 취득한 자는 「공인중개사법」에서 정의하는 공인중개사에 해당하지 않는다.

④ 소속공인중개사란 법인인 개업공인중개사에 소속된 공인중개사뿐만 아니라 개인인 개업공인중개사에 소속된 공인중개사도 포함된다.

⑤ 중개보조원이란 공인중개사가 아닌 자로서 개업공인중개사에 소속되어 중개대상물에 대한 현장안내 및 일반서무 등 개업공인중개사의 중개업무와 관련된 단순한 업무를 보조하는 자를 말한다.

17 公인중개사법령상 중개업에 관한 설명으로 옳은 것은? (다툼이 있으면 판례에 따름)

中

• 25회

① 반복, 계속성이나 영업성이 없이 우연한 기회에 타인 간의 임야매매중개행위를 하고 보수를 받은 경우, 중개업에 해당한다.

② 중개사무소의 개설등록을 하지 않은 자가 일정한 보수를 받고 중개를 업으로 행한 경우 중개업에 해당하지 않는다.

③ 일정한 보수를 받고 부동산중개행위를 부동산컨설팅행위에 부수하여 업으로 하는 경우, 중개업에 해당하지 않는다.

④ 보수를 받고 오로지 토지만의 중개를 업으로 하는 경우, 중개업에 해당한다.

⑤ 타인의 의뢰에 의하여 일정한 보수를 받고 부동산에 대한 저당권설정행위의 알선을 업으로 하는 경우, 그 행위의 알선이 금전소비대차의 알선에 부수하여 이루어졌다면 중개업에 해당하지 않는다.

키워드 중개업의 성립요건

해설 ① 반복, 계속성이나 영업성이 없이 우연한 기회에 타인 간의 임야매매중개행위를 하고 보수를 받은 경우, 중개업에 해당하지 않는다. 중개업에 해당하려면 계속적이고 반복적인 중개행위가 있어야 한다.

② 중개업의 요소에는 등록 여부와 자격증 유무는 기준이 되지 않는다. 그러므로 중개사무소의 개설등록을 하지 않은 자가 일정한 보수를 받고 중개를 업으로 행한 경우도 중개업에 해당한다.

③ 일정한 보수를 받고 부동산중개행위를 부동산컨설팅행위에 부수하여 업으로 하는 경우도 중개업에 해당한다.

⑤ 타인의 의뢰에 의하여 일정한 보수를 받고 부동산에 대한 저당권설정행위의 알선을 업으로 하는 경우, 그 행위의 알선이 금전소비대차의 알선에 부수하여 이루어졌다고 하더라도 중개업에 해당한다.

정답 15 ③ 16 ① 17 ④

18 공인중개사법 제3조의 중개대상물에 관한 설명으로 **틀린** 것은?

中

① 접도구역에 포함된 토지, 개발제한구역 내의 토지, 도로예정지인 사유지 등은 중개대상물에 해당되지 않는다.

② 중개대상물인 건축물에는 기존의 건축물뿐만 아니라 장래에 건축될 건축물도 포함된다.

③ 판례에 의하면, 아파트의 분양예정자로 선정될 수 있는 지위를 의미하는 데 불과한 입주권은 중개대상물이 될 수 없다.

④ 특허권, 저작권 등의 무체재산권은 중개대상물에 해당되지 않는다.

⑤ 분묘기지권이 설정되어 있는 임야는 중개대상물에 해당된다.

키워드 중개대상물

해설 접도구역에 포함된 토지, 개발제한구역 내의 토지, 도로예정지인 사유지 등은 사법상 거래의 대상이 되므로 중개대상물에 해당된다.

이론플러스 **중개대상물이 되기 위한 요건**

1. 법정중개대상물일 것 – 토지, 건축물 그 밖의 토지의 정착물, 입목, 공장재단 및 광업재단
2. 사적 소유물로서 거래가 가능한 물건일 것
3. 중개행위의 개입이 필요하거나 개입이 가능한 물건일 것

19 공인중개사법령상의 중개대상물이 될 수 있는 것만을 묶은 것은?

中

ㄱ 세차장 구조물

ㄴ 접도구역에 포함된 사유지

ㄷ 경매개시결정등기된 토지

ㄹ 항만운송사업재단

ㅁ 20톤 이상의 선박

ㅂ 장래의 건축물

ㅅ 현실적인 제공이 가능한 상태의 입주권

ㅇ 대토권

① ㄷ, ㄹ, ㅁ, ㅂ

② ㄴ, ㄷ, ㅂ, ㅅ

③ ㄹ, ㅁ, ㅅ, ㅇ

④ ㄱ, ㅁ, ㅅ, ㅇ

⑤ ㄱ, ㄴ, ㄹ, ㅁ

키워드 중개대상물

해설 중개대상물에 해당하려면 사적 소유(거래)의 대상이 되어야 한다.

이론플러스 중개대상물

중개대상물인 것	중개대상물이 아닌 것
1. 법정중개대상물로서 사유물 : 토지, 건축물(분양권 포함), 입목, 광업재단, 공장재단 ㄱ 공법상 제한이 있는 중개대상물 : 토지거래허가구역, 접도구역 내 토지, 도로예정지인 사유지 ㄴ 사법상 제한이 있는 중개대상물 : 가등기·가압류된 토지·건물, 도로예정지인 사유지, 법정지상권의 부담이 있는 토지 등 2. 상속·증여·낙찰받은 부동산 3. 분묘기지권의 부담을 받는 임야 등	1. 법정중개대상물이 아닌 것 : 자동차, 기계, 선박, 항공기, 어업재단, 항만운송사업재단 2. 미채굴의 광물, 무주부동산, 포락지, 바닷가 3. 국·공유재산 : 청사, 하천, 공원, 공도(국도 및 지방도로) 4. 입주권(입주자로 선정될 수 있는 지위) 5. 권리금(영업용 비품이나 노하우) 6. 재단으로부터 분리된 광업권·공업소유권 7. 세차장 구조물 등

정답 18 ① 19 ②

20 공인중개사법령상 중개대상물에 관한 설명으로 옳은 것은 모두 몇 개인가?

上

> ㉠ 영업용 건물의 비품 등 유형물의 대가, 영업상의 노하우 등 무형물의 대가는 중개대상물에 해당한다.
> ㉡ 삼면이 유리나 천막으로 부착되어 있어서 주벽이라고 볼 만한 것이 없는 볼트로 조립된 세차장 구조물은 토지의 정착물에 해당한다.
> ㉢ 공장 및 광업재단은 소유권보존등기 후 6개월 내에 저당권설정등기를 하지 않으면 재단등기의 효력은 소멸된다.
> ㉣ 특정 동·호수가 지정되어 입주자로 선정된 지위를 가리키는 분양권은 장래의 건물로서 중개대상물이 되고, 아파트 추첨기일에 당첨이 되면 아파트의 분양예정자로 선정될 수 있는 지위를 가리키는 입주권도 중개대상물로 볼 수 있다.
> ㉤ 입목등기 사실의 확인은 토지등기사항증명서 갑구를 통해 확인할 수 있다.
> ㉥ 명인방법을 갖춘 수목의 집단은 저당권의 목적이 될 수 있다.
> ㉦ 판례에 의하면, 아파트 전체의 건축이 완료됨으로써 분양대상이 될 세대들이 객관적으로 존재하여 분양목적물로의 현실적인 제공 또는 가능한 상태의 입주권은 중개대상물이 될 수 없다고 한다.
> ㉧ 입목에 대하여 저당권이 설정된 경우 입목을 목적으로 하는 저당권의 효력은 입목을 베어낸 경우 그 토지로부터 분리된 수목에는 미치지 않는다.

① 4개   ② 3개   ③ 2개
④ 1개   ⑤ 없음

키워드 중개대상물

해설 ㉠ 영업용 건물의 비품 등 유형물의 대가, 영업상의 노하우 등 무형물의 대가는 중개대상물에 해당하지 아니한다.
㉡ 볼트로 조립된 세차장 구조물은 단순한 영업시설일 뿐 쉽게 분리·철거가 가능하므로 토지의 정착물에 해당하지 아니하며 중개대상물에도 해당하지 아니한다.
㉢ 공장 및 광업재단은 소유권보존등기 후 10개월 내에 저당권설정등기를 하지 않으면 재단등기의 효력은 소멸된다(공장 및 광업재단 저당법 제11조 제2항).
㉣ 특정 동·호수가 지정되어 입주자로 선정된 지위를 가리키는 분양권은 장래의 건물로서 중개대상물이 되지만, 아파트 추첨기일에 당첨이 되면 아파트의 분양예정자로 선정될 수 있는 지위를 가리키는 입주권은 건물로 볼 수 없으며 중개대상물로 볼 수 없다.
㉤ 입목등기 사실의 확인은 토지등기사항증명서 표제부를 통해 확인할 수 있다(입목에 관한 법률 제19조 제1항).
㉥ 입목은 등기의 방법이고, 명인방법을 갖춘 수목의 집단은 명인방법으로 각각 공시수단에 있어서 차이가 있다. 따라서 입목은 소유권과 저당권의 목적이 될 수 있는 중개대상물이지만, 명인방법을 갖춘 수목의 집단은 소유권의 목적만 되는 중개대상물이다.
㉦ 판례에 의하면, 아파트 전체의 건축이 완료됨으로써 분양대상이 될 세대들이 객관적으로 존재하여 분양목적물로의 현실적인 제공 또는 가능한 상태의 입주권은 중개대상물이 될 수 있다고 한다.

◎ 입목에 대하여 저당권이 설정된 경우 입목을 목적으로 하는 저당권의 효력은 입목을 베어낸 경우 그 토지로부터 분리된 수목에 대하여도 미친다(입목에 관한 법률 제4조 제1항).

21 개업공인중개사가 입목에 관한 법률에 따른 입목에 관하여 중개하면서 설명한 내용으로 틀린 것은?

① 입목은 토지와는 별개의 부동산으로 간주되며, 소유권과 저당권의 목적이 된다.

② 입목의 경매 기타 사유로 토지와 그 입목이 각각 다른 소유자에게 속하게 된 경우에는 토지소유자는 입목소유자에 대하여 지상권을 설정한 것으로 본다.

③ 입목의 소유자는 토지와 분리하여 입목을 양도할 수 있다.

④ 소유권보존의 등기를 받을 수 있는 수목의 집단은 입목등록원부에 등록된 것에 한정된다.

⑤ 입목을 목적으로 하는 저당권의 효력은 입목을 베어낸 경우 그 토지로부터 분리된 수목에 대하여 미치지 않는다.

■ **키워드** 중개대상물
■ **해설** 입목을 목적으로 하는 저당권의 효력은 입목을 베어낸 경우 그 토지로부터 분리된 수목에 대하여도 미친다(동법 제4조 제1항).

정답 **20** ⑤ **21** ⑤

22 개업공인중개사가 중개의뢰인에게 입목에 관한 법률상의 입목에 대해 설명한 내용으로
ᵗ **틀린** 것은?

① 입목을 담보로 저당권을 설정하고자 하는 경우 사전에 그 입목을 보험에 붙여야
한다.

② 지상권자 또는 토지의 임차인에 속하는 입목이 저당권의 목적이 되는 경우 지상
권자 또는 임차인은 저당권자의 승낙 없이 그 권리를 포기하거나 계약을 해지할
수 있다.

③ 입목의 경매 기타 사유로 인하여 토지와 그 입목이 각각 다른 소유자에게 속하게
되는 경우에는 토지소유자는 입목소유자에 대하여 지상권을 설정한 것으로 본다.

④ 입목등기를 위하여 소유권보존등기신청서에 입목등록원부를 첨부하여 등기소에
제출하여야 한다.

⑤ 입목을 목적으로 하는 저당권의 효력은 입목을 베어낸 경우에 그 토지로부터 분
리된 수목에 대하여 미친다.

▎**키워드**▎ 중개대상물
▎**해 설**▎ 지상권자 또는 토지의 임차인에 속하는 입목이 저당권의 목적이 되는 경우 지상권자
또는 임차인은 저당권자의 승낙 없이 그 권리를 포기하거나 계약을 해지할 수 없다
(동법 제7조).

23 공인중개사법령상 중개대상에 해당하는 것을 모두 고른 것은? (다툼이 있으면 판례에
ᵗ 따름)
• 31회

> ㉠ 「공장 및 광업재단 저당법」에 따른 공장재단
> ㉡ 영업용 건물의 영업시설·비품 등 유형물이나 거래처, 신용 등 무형의 재산적 가치
> ㉢ 가압류된 토지
> ㉣ 토지의 정착물인 미등기건축물

① ㉠

② ㉠, ㉡

③ ㉠, ㉢, ㉣

④ ㉡, ㉢, ㉣

⑤ ㉠, ㉡, ㉢, ㉣

▎**키워드**▎ 중개대상물
▎**해 설**▎ ㉡ 판례에 의하면, 영업용 건물의 영업시설·비품 등 유형물이나 거래처, 신용, 영업상
의 노하우 또는 점포위치에 따른 영업상의 이점 등의 무형의 재산적 가치는 중개대
상물이라고 할 수 없다(대판 2009.1.15, 2008도9427).

24 공인중개사법령상 중개대상물에 해당하지 <u>않는</u> 것을 모두 고른 것은?

• 30회

⊙ 미채굴광물 ⓒ 온천수
ⓒ 금전채권 ⓔ 점유

① ⊙, ⓒ ② ⓒ, ⓔ
③ ⊙, ⓒ, ⓔ ④ ⓒ, ⓒ, ⓔ
⑤ ⊙, ⓒ, ⓒ, ⓔ

키워드 중개대상물

해설 ⊙ 채굴되지 아니한 광물의 채굴할 권리는 국가가 부여한다. 따라서 미채굴광물은 토지소유자라 하더라도 소유권의 효력이 미치지 못한다.

ⓒ 온천권이 토지소유권과 독립되는 물권이나 준물권으로 볼만한 관습이 있음을 인정할 만한 증거는 없는 데다가 온천수도 지하수의 일종이고 온천수의 용출 및 인수에 관한 시설이 그 토지 위의 건물에 상용되는 것인 이상 그 토지 및 건물과 함께 운명을 같이하는 종물로서 그 토지와 건물의 소유권을 취득한 자는 온천수와 그 용출 및 인수시설에 관한 지배권도 아울러 취득하는 것이다.

ⓒ 금전채권은 (구)「공인중개사법」제3조, 같은 법 시행령 제2조에서 정한 중개대상물이 아니다. 금전채권 매매계약을 중개한 것은 (구)「공인중개사법」이 규율하고 있는 중개행위에 해당하지 않으므로, (구)「공인중개사법」이 규정하고 있는 중개수수료의 한도액은 금전채권 매매계약의 중개행위에는 적용되지 않는다(대판 2019. 7.11, 2017도13559).

ⓔ 점유에 관하여 학설상 이견의 여지는 있지만, 일반적으로 중개의 대상이 되지 않는 것으로 본다. 점유 내지 점유권은 '점유하는 사실'로 취득하는 것이므로 중개의 대상이 아니라고 본다.

정답 22 ② 23 ③ 24 ⑤

25

공인중개사법령상 중개대상물에 해당하는 것을 모두 고른 것은? (다툼이 있으면 판례에 따름)

• 29회

> ㉠ 특정 동·호수에 대하여 수분양자가 선정된 장차 건축될 아파트
> ㉡ 「입목에 관한 법률」의 적용을 받지 않으나 명인방법을 갖춘 수목의 집단
> ㉢ 콘크리트 지반 위에 볼트조립방식으로 철제 파이프 기둥을 세우고 3면에 천막을 설치하여 주벽이라고 할 만한 것이 없는 세차장 구조물
> ㉣ 토지거래허가구역 내의 토지

① ㉠

② ㉠, ㉣

③ ㉡, ㉢

④ ㉠, ㉡, ㉣

⑤ ㉡, ㉢, ㉣

키워드 중개대상물

해설 ㉢ 판례에 의하면, 세차장 구조물은 주벽이라 할 만한 것이 없고, 볼트만 해체하면 쉽게 토지로부터 분리철거가 가능하므로 이를 토지의 정착물이라 볼 수는 없고 중개대상물이 되지 못한다(대판 2009.1.15, 2008도9427).

26 공인중개사법령상 중개대상물에 포함되지 <u>않는</u> 것을 모두 고른 것은? (다툼이 있으면 판례에 따름)

• 28회

> ㉠ 피분양자가 선정된 장차 건축될 특정의 건물
> ㉡ 영업용 건물의 비품
> ㉢ 거래처, 신용 또는 점포 위치에 따른 영업상의 이점 등 무형물
> ㉣ 주택이 철거될 경우 일정한 요건하에 이주자택지를 공급받을 대토권

① ㉠

② ㉠, ㉡

③ ㉡, ㉢

④ ㉠, ㉡, ㉣

⑤ ㉡, ㉢, ㉣

키워드 중개대상물

해설 ㉠ 피분양자가 선정된 장차 건축될 특정의 건물은 분양권을 의미하므로 중개대상물이 된다.
㉡ 영업용 건물의 비품은 권리금의 형태로 거래되며, 권리금은 중개대상물에 해당하지 않는다.
㉢ 거래처, 신용 또는 점포 위치에 따른 영업상의 이점 등 무형물은 권리금의 형태로 거래되므로 중개대상물에 해당하지 않는다.
㉣ 판례에 의하면, 주택이 철거될 경우 일정한 요건하에 이주자택지를 공급받을 대토권은 중개대상물이 되지 않는다고 한다.

정답 **25** ④ **26** ⑤

27 공인중개사법령에 관한 내용으로 옳은 것은?

• 27회

① 폐업기간이 1년 미만인 경우, 폐업신고 전의 위반행위를 사유로 재등록개업공인 중개사에 대하여 등록취소처분을 함에 있어서 폐업기간과 폐업의 사유는 고려의 대상이 아니다.

② 「공인중개사법」을 위반하여 200만원의 벌금형을 선고받고 5년이 경과되지 아니한 자는 중개사무소의 개설등록을 할 수 없다.

③ 휴업기간 중에 있는 개업공인중개사는 다른 개업공인중개사인 법인의 임원이 될 수 있다.

④ 무자격자에게 토지매매의 중개를 의뢰한 거래당사자는 처벌의 대상이 된다.

⑤ 유치권이 행사되고 있는 건물도 중개대상물이 될 수 있다.

키워드 중개대상물

해설 ① 재등록개업공인중개사가 폐업신고 전의 위반행위를 사유로 등록취소처분을 함에 있어서 폐업기간이 3년을 초과한 경우에는 등록취소처분을 할 수 없으나, 폐업기간이 3년 이하라도 폐업기간과 폐업사유 등을 고려하여야 한다.

② 「공인중개사법」을 위반하여 300만원의 벌금형을 선고받고 3년이 경과되지 아니한 자는 결격사유에 해당하므로 중개사무소의 개설등록을 할 수 없다. 따라서 이 법을 위반한 경우라도 200만원의 벌금형은 결격사유에 해당하지 않는다.

③ 휴업기간 중에 있는 개업공인중개사는 다른 개업공인중개사인 법인의 임원이 될 수 없다. 이는 이중소속에 해당하기 때문이다.

④ 무자격자에게 토지매매의 중개를 의뢰한 거래당사자는 처벌의 대상이 되지 않는다.

28 공인중개사법령상 중개대상에 관한 설명으로 <u>틀린</u> 것은? (다툼이 있으면 판례에 따름)

• 26회

① 중개대상물인 '건축물'에는 기존의 건축물뿐만 아니라 장차 건축될 특정의 건물도 포함될 수 있다.

② 공용폐지가 되지 아니한 행정재산인 토지는 중개대상물에 해당하지 않는다.

③ 「입목에 관한 법률」에 따라 등기된 입목은 중개대상물에 해당한다.

④ 주택이 철거될 경우 일정한 요건하에 택지개발지구 내에 이주자택지를 공급받을 지위인 대토권은 중개대상물에 해당하지 않는다.

⑤ '중개'의 정의에서 말하는 '그 밖의 권리'에 저당권은 포함되지 않는다.

키워드 중개대상물
해설 '중개'의 정의에서 말하는 '그 밖의 권리'에는 저당권이 포함된다. 판례에 의하면, 저당권 등 담보물권의 설정에 관한 행위의 알선이 금전소비대차의 알선에 부수하여 이루어졌다고 하여 달리 볼 것은 아니다.

29 공인중개사법령상 중개대상물이 될 수 없는 것을 모두 고른 것은? (다툼이 있으면 판례에 따름)

• 25회

> ㉠ 20톤 이상의 선박
> ㉡ 콘크리트 지반 위에 쉽게 분리·철거가 가능한 볼트조립방식으로 철제 파이프 기둥을 세우고 지붕을 덮은 다음 3면에 천막을 설치한 세차장 구조물
> ㉢ 거래처, 신용, 영업상의 노하우 또는 점포 위치에 따른 영업상의 이점 등 무형의 재산적 가치
> ㉣ 주택이 철거될 경우 일정한 요건하에 택지개발지구 내에 이주자택지를 공급받을 지위인 대토권

① ㉠, ㉡
② ㉢, ㉣
③ ㉠, ㉡, ㉣
④ ㉡, ㉢, ㉣
⑤ ㉠, ㉡, ㉢, ㉣

키워드 중개대상물
해설 ㉠ 선박의 경우는 톤수와 상관 없이 중개대상물이 되지 못한다.
㉡ 판례에 의하면, 세차장 구조물은 주벽이라고 할 만한 것이 없고 볼트만 해체하면 쉽게 토지로부터 분리·철거가 가능하므로 토지의 정착물로 볼 수 없다. 따라서 중개대상물이 되지 못하는 것으로 보고 있다.
㉢ 판례에 의하면, 거래처, 신용, 엉업상의 노하우 또는 섬포 위치에 따른 영업상의 이점 등 무형의 재산적 가치는 중개대상물이라고 할 수 없다고 보고 있다.
㉣ 판례에 의하면, 주택이 철거될 경우 일정한 요건하에 택지개발지구 내에 이주자택지를 공급받을 지위인 대토권은 이주자택지를 공급받을 수 있는 지위에 불과하므로 중개대상물이 되지 않는다고 한다.

02 공인중개사제도

더 많은 기출문제를 풀고 싶다면?
단원별 기출문제집
[공인중개사법령 및 중개실무]
pp.37~43

▌5개년 출제빈도 분석표

28회	29회	30회	31회	32회
2		2		1

▌빈출 키워드

☑ 공인중개사 정책심의위원회
☑ 공인중개사자격시험

대표기출 연습

01 공인중개사법령상 공인중개사 정책심의위원회(이하 '위원회'라 함)에 관한 설명으로 옳은 것을 모두 고른 것은? • 32회

> ㉠ 위원회는 중개보수 변경에 관한 사항을 심의할 수 있다.
> ㉡ 위원회는 위원장 1명을 포함하여 7명 이상 11명 이내의 위원으로 구성한다.
> ㉢ 위원장은 국토교통부장관이 된다.
> ㉣ 위원장이 부득이한 사유로 직무를 수행할 수 없을 때에는 위원 중에서 호선된 자가 그 직무를 대행한다.

① ㉠, ㉡

② ㉠, ㉢

③ ㉢, ㉣

④ ㉠, ㉡, ㉢

⑤ ㉠, ㉡, ㉣

키워드 공인중개사 정책심의위원회 28회, 30회, 32회

교수님 TIP 공인중개사 정책심의위원회의 구성, 업무내용에 관해 학습하여야 합니다.

해설 ㉢ 위원장은 국토교통부 제1차관이 된다(영 제1조의2 제2항).
㉣ 위원장이 부득이한 사유로 직무를 수행할 수 없을 때에는 위원장이 미리 지명한 위원이 그 직무를 대행한다(영 제1조의4 제2항).

정답 ①

02 공인중개사법령상 공인중개사자격시험 등에 관한 설명으로 옳은 것은? • 30회 수정

① 국토교통부장관이 직접 시험을 시행하려는 경우에는 미리 공인중개사 정책심의위원회의 의결을 거치지 않아도 된다.

② 공인중개사자격증의 재교부를 신청하는 자는 재교부신청서를 국토교통부장관에게 제출해야 한다.

③ 국토교통부장관은 공인중개사시험의 합격자에게 공인중개사자격증을 교부해야 한다.

④ 시험시행기관장은 시험에서 부정한 행위를 한 응시자에 대하여는 그 시험을 무효로 하고, 그 처분이 있은 날부터 5년간 시험응시자격을 정지한다.

⑤ 시험시행기관장은 시험을 시행하고자 하는 때에는 시험시행에 관한 개략적인 사항을 전년도 12월 31일까지 일간신문, 관보, 방송 중 하나 이상에 공고하고, 인터넷 홈페이지 등에도 이를 공고해야 한다.

키워드 부정행위자   28회, 29회, 30회

교수님 TIP 공인중개사자격시험제도의 전반적인 내용에 관해 학습하여야 합니다.

해설 ① 국토교통부장관이 직접 공인중개사자격시험의 시험문제를 출제하거나 시험을 시행하려는 경우에는 심의위원회의 의결을 미리 거쳐야 한다(영 제3조).

② 공인중개사자격증의 재교부를 신청하는 자는 재교부신청서를 시·도지사에게 제출하여야 한다(규칙 제3조 제2항).

③ 시·도지사는 공인중개사시험의 합격자에게 공인중개사자격증을 교부해야 한다(규칙 제3조 제1항).

⑤ 시험시행기관장은 시험을 시행하고자 하는 때에는 예정 시험일시·시행방법 등 시험시행에 관한 개략적인 사항을 매년 2월 말일까지 일간신문, 관보, 방송 중 하나 이상에 공고하고, 인터넷 홈페이지 등에도 이를 공고해야 한다(영 제7조 제2항).

정답 ④

01 공인중개사법령상 공인중개사시험에 관한 설명으로 옳은 것은?

① 국토교통부장관이 시행하는 시험에 응시하고자 하는 자는 지방자치단체의 조례가 정하는 바에 따라 수수료를 납부하여야 한다.

② 공인중개사자격이 취소된 자는 3년간 공인중개사가 될 수 없으나 중개보조원은 될 수 있다.

③ 시험에 응시하고자 하는 자는 지방자치단체의 조례가 정하는 바에 따라 수수료를 납부하여야 한다.

④ 공인중개사시험에서 부정행위자는 해당 시험을 무효로 하고, 그 처분이 있은 날부터 5년간 공인중개사가 될 수 없으며 중개보조원도 될 수 없다.

⑤ 국토교통부장관이 공인중개사시험을 시행하는 경우 합격자의 결정·공고 및 자격증교부는 국토교통부장관이 행한다.

키워드 공인중개사시험

해설 ① 국토교통부장관이 결정·공고하는 수수료를 납부하여야 한다.

② 공인중개사자격이 취소된 자는 3년간 공인중개사가 될 수 없으며, 3년간 중개보조원도 될 수 없다.

④ 공인중개사시험에서 부정행위자는 해당 시험을 무효로 하고, 그 처분이 있은 날로부터 5년간 공인중개사가 될 수 없으나 중개보조원, 개업공인중개사인 법인의 임원·사원은 될 수 있다.

⑤ 국토교통부장관이 공인중개사시험을 시행하는 경우 합격자의 결정·공고는 국토교통부장관이 행한다. 그러나 자격증교부는 합격자의 결정·공고일로부터 1개월 이내에 시·도지사가 행한다.

02 공인중개사시험에 관한 설명으로 틀린 것은?

① 공인중개사가 되고자 하는 자는 특별시장·광역시장·도지사·특별자치도지사 ('시·도지사'라 한다)가 시행하는 공인중개사시험에 합격하여야 한다.

② 금고 이상의 형의 집행유예를 받고 그 집행유예기간 중에 있는 자는 결격사유에 해당하므로 공인중개사가 될 수 없다.

③ 국토교통부장관이 직접 공인중개사자격시험의 시험문제를 출제하거나 시험을 시행하고자 하는 때에는 심의위원회의 의결을 미리 거쳐야 한다.

④ 공기업 또는 준정부기관 외에 공인중개사협회도 시험시행기관장으로부터 시험을 위탁받아 시행할 수 있다.

⑤ 공인중개사자격이 취소된 후 3년이 경과되지 아니한 자는 공인중개사가 될 수 없다.

> **키워드** 공인중개사시험
> **해설** 등록 등의 결격사유자도 원칙적으로 공인중개사시험에 응시하여 공인중개사가 될 수 있다. 그러므로 집행유예기간 중인 자도 시험에 응시하여 자격을 취득할 수 있다. 하지만 중개사무소 개설등록 및 중개업의 종사는 불가능하다.

03 공인중개사법령상 공인중개사 정책심의위원회의 소관사항이 아닌 것은? • 28회

① 중개보수 변경에 관한 사항의 심의

② 공인중개사협회의 설립인가에 관한 의결

③ 심의위원에 대한 기피신청을 받아들일 것인지 여부에 관한 의결

④ 국토교통부장관이 직접 공인중개사자격시험 문제를 출제할 것인지 여부에 관한 의결

⑤ 부득이한 사정으로 해당 연도의 공인중개사자격시험을 시행하지 않을 것인지 여부에 관한 의결

> **키워드** 공인중개사 정책심의위원회
> **해설** 공인중개사협회의 설립인가에 관한 의결사항은 공인중개사 정책심의위원회의 소관사항에 포함되지 않는다.

> **정답** 01 ③ 02 ② 03 ②

04 공인중개사시험에 관한 설명으로 옳은 것은?

① 시험시행기관장은 부정행위를 한 자에 대하여 무효처분을 하고 7일 이내에 이를 다른 시험시행기관장에게 통보하여야 한다.

② 시험시행기관장은 합격자가 결정된 경우 이를 공고하여야 하며, 시·도지사는 합격자가 결정·공고된 날부터 3개월 이내에 합격자에게 자격증을 교부하여야 한다.

③ 국토교통부장관은 부동산중개업무 및 관련 분야에 학식과 경험이 풍부한 자 중에서 출제위원을 임명 또는 위촉한다.

④ 시험시행기관장은 부동산학과가 개설된 학교에 위탁하여 시험을 실시하게 할 수 있다.

⑤ 시·도지사가 자격증을 교부하는 때에는 자격증교부사항을 공인중개사자격증 교부대장에 기재하여야 하고, 자격증교부대장은 전자적 처리가 불가능한 특별한 사유가 없는 한 전자적 처리가 가능한 방법으로 작성·관리하여야 한다.

> **키워드** 공인중개사시험
> **해설** ① 시험시행기관장은 부정행위를 한 자에 대하여 무효처분을 하고 지체 없이 이를 다른 시험시행기관장에게 통보하여야 한다.
> ② 3개월 이내 ⇨ 1개월 이내
> ③ 국토교통부장관 ⇨ 시험시행기관장
> ④ 시험시행기관장은 부동산학과가 개설된 학교에 위탁하여 시험을 실시하게 할 수 없다.

05 공인중개사법령상 공인중개사 정책심의위원회에 관한 설명으로 **틀린** 것은? • 27회

① 위원장은 국토교통부 제1차관이 된다.

② 심의위원회는 위원장 1명을 포함하여 7명 이상 11명 이내의 위원으로 구성한다.

③ 심의위원회에서 중개보수 변경에 관한 사항을 심의한 경우 시·도지사는 이에 따라야 한다.

④ 심의위원회 위원이 해당 안건에 대하여 연구, 용역 또는 감정을 한 경우 심의위원회의 심의·의결에서 제척된다.

⑤ 위원장이 부득이한 사유로 직무를 수행할 수 없을 때에는 위원장이 미리 지명한 위원이 그 직무를 대행한다.

> **키워드** 공인중개사 정책심의위원회
> **해설** 공인중개사 정책심의위원회에서 심의한 사항 중 공인중개사시험 등 공인중개사의 자격취득에 관한 사항의 경우에는 시·도지사는 이에 따라야 한다.

06 공인중개사 정책심의위원회에 관한 설명으로 옳은 것은?

① 대통령령에서 규정한 사항 외에 심의위원회의 운영에 관하여 필요한 사항은 심의위원회의 의결을 거쳐 위원장이 정한다.

② 심의위원회의 회의는 재적위원 반수의 출석으로 개의하고, 출석위원 반수의 찬성으로 의결한다.

③ 위원의 임기는 3년으로 하되, 위원의 사임 등으로 새로 위촉된 위원의 임기는 전임위원 임기의 남은 기간으로 한다.

④ 위원장은 심의위원회의 회의를 소집하려면 회의 개최 10일 전까지 회의의 일시, 장소 및 안건을 각 위원에게 통보하여야 한다.

⑤ 간사는 심의위원회의 위원장이 위원 중에서 지명한다.

키워드 공인중개사 정책심의위원회

해설 ② 심의위원회의 회의는 재적위원 과반수의 출석으로 개의하고, 출석위원 과반수의 찬성으로 의결한다.

③ 위원의 임기는 2년으로 하되, 위원의 사임 등으로 새로 위촉된 위원의 임기는 전임위원 임기의 남은 기간으로 한다.

④ 위원장은 심의위원회의 회의를 소집하려면 회의 개최 7일 전까지 회의의 일시, 장소 및 안건을 각 위원에게 통보하여야 한다.

⑤ 간사는 심의위원회의 위원장이 국토교통부 소속 공무원 중에서 지명한다.

07 공인중개사 정책심의위원회에 관한 설명으로 옳은 것은?

① 심의위원회에 심의위원회의 사무를 처리할 간사를 2명 둔다.

② 공인중개사자격 취득에 관한 사항을 심의하기 위하여 국토교통부에 공인중개사 정책심의위원회를 두어야 한다.

③ 공인중개사 정책심의위원회는 위원장 1명을 제외하고 7명 이상 11명 이하의 위원으로 구성하며, 국토교통부장관이 위원장이 된다.

④ 공인중개사 정책심의위원회는 재적위원 과반수의 출석으로 개의하고, 출석위원 과반수의 찬성으로 의결한다.

⑤ 공인중개사 정책심의위원회의 위원은 국토교통부 3급 이상 또는 이에 상당하는 공무원이나 고위공무원단에 속하는 일반직 공무원 중에서 국토교통부장관이 임명하거나 위촉한다.

> **키워드** 공인중개사 정책심의위원회
> **해설** ① 2명 ⇨ 1명
> ② 두어야 한다. ⇨ 둘 수 있다.
> ③ 공인중개사 정책심의위원회는 위원장 1명을 포함하여 7명 이상 11명 이하의 위원으로 구성하며, 위원장은 국토교통부 제1차관이 된다.
> ⑤ 국토교통부 3급 이상 ⇨ 국토교통부 4급 이상

08 공인중개사자격시험의 출제 및 채점에 관한 설명으로 <u>틀린</u> 것은?

① 출제위원으로 임명 또는 위촉된 자는 시험시행기관장이 요구하는 시험문제의 출제·선정·검토 또는 채점상의 유의사항 및 준수사항을 성실히 이행하여야 한다.

② 위 ①을 위반하는 경우에 시험시행기관장이 명단을 통보한 출제위원은 통보한 날로부터 3년간 출제위원으로 위촉될 수 없다.

③ 시험시행기관장은 준수사항을 위반함으로써 시험의 신뢰도를 크게 떨어뜨리는 행위를 한 출제위원이 있는 때에는 그 명단을 다른 시험기관장 및 그 출제위원이 소속하고 있는 기관의 장에게 통보하여야 한다.

④ 시험시행기관장은 부동산중개 및 관련 분야에 학식과 경험이 풍부한 사 중에서 시험의 출제위원을 임명·위촉한다.

⑤ 출제위원 및 시험시행업무에 종사하는 자에 대하여는 예산의 범위 안에서 수당과 여비를 지급할 수 있다.

09 인천광역시장으로부터 자격증을 교부받은 공인중개사가 서울특별시 서초구에 중개사
  무소 개설등록을 하고 중개업을 영위하던 중 공인중개사법을 위반하여 징역 1년에 대한
  집행유예 2년을 선고받았다. 이에 관한 설명으로 옳은 것은?

① 이는 자격취소사유 및 자격정지사유에 해당한다.
② 인천광역시장이나 서울특별시장이 자격취소처분을 한다.
③ 인천광역시장이 자격취소처분을 하며, 자격증은 인천광역시장에게 반납하여야
  한다.
④ 인천광역시장이나 서울특별시장이 자격취소처분에 필요한 절차를 이행한다.
⑤ 서울특별시장이 자격취소처분을 하며, 자격증은 서초구청장에게 반납하여야 한다.

키워드 자격취소처분
해 설 「공인중개사법」을 위반하여 징역형의 집행유예를 받은 경우 자격취소사유에 해당한
다. 자격취소처분은 자격증을 교부한 시·도지사가 행한다. 위의 경우 자격증을 교부
한 시·도지사와 공인중개사 사무소의 소재지를 관할하는 시·도지사가 서로 다르므
로, 공인중개사 사무소의 소재지를 관할하는 시·도지사(서울특별시장)가 자격취소처
분에 필요한 절차를 모두 이행한 후 자격증을 교부한 시·도지사(인천광역시장)에게
통보하여야 한다. 결국 최종적인 자격취소처분은 자격증을 교부한 시·도지사(인천광
역시장)가 행한다. 이 경우 자격증의 반납은 자격증을 교부한 인천광역시장에게 자격
취소처분을 받은 날로부터 7일 이내에 반납하여야 한다.

10 공인중개사의 자격취소처분 사유가 <u>아닌</u> 것은?

中

① 공인중개사자격증을 양도 또는 대여한 경우

② 공인중개사가 다른 사람에게 자신의 성명을 사용하여 중개업무를 하게 한 경우

③ 부정한 방법으로 자격을 취득한 경우

④ 자격정지기간 중인 소속공인중개사가 그 기간 중에 중개업무를 하거나 다른 개업 공인중개사의 소속공인중개사 또는 개업공인중개사인 법인의 사원·임원이 되는 경우

⑤ 「공인중개사법」을 위반하여 300만원의 벌금형을 선고받은 경우

키워드 자격취소처분

해설 「공인중개사법」을 위반하여 징역형을 선고받으면 자격취소처분을 받는다. 그러나 개업공인중개사가 「공인중개사법」을 위반하여 300만원 이상의 벌금형을 선고받은 경우는 중개사무소 개설등록이 취소된다.

11 공인중개사의 자격취소 및 자격정지처분에 관한 설명으로 옳은 것은?

中

① 공인중개사가 이 법 또는 다른 법률을 위반하여 징역형의 선고를 받은 경우에는 그 자격이 취소된다.

② 자격취소된 자가 분실 등의 사유로 자격증을 반납할 수 없는 경우 그 이유를 기재한 사유서를 시·도지사에게 제출하지 아니한 때에는 100만원 이하의 과태료에 처한다.

③ 자격이 취소된 자는 10일 이내에 해당 취소처분을 행한 시·도지사에게 자격증을 반납하여야 한다.

④ 공인중개사자격증을 교부한 시·도지사와 공인중개사의 사무소 소재지를 관할하는 시·도지사가 다른 경우에는 사무소 소재지를 관할하는 시·도지사가 자격취소처분을 행한 후 지체 없이 그 사실을 자격증을 교부한 시·도지사에게 통보하여야 한다.

⑤ 공인중개사의 자격취소 및 자격정지처분을 하고자 하는 경우에는 청문을 실시하여야 한다.

키워드 자격취소처분, 자격정지처분
해설 ① 공인중개사가 다른 법률을 위반하여 징역형의 선고를 받은 경우에는 자격취소처분을 할 수 없다.
③ 10일 이내 ⇨ 7일 이내
④ 공인중개사자격증을 교부한 시·도지사와 공인중개사의 사무소 소재지를 관할하는 시·도지사가 다른 경우에는 사무소 소재지를 관할하는 시·도지사가 자격취소처분에 필요한 절차를 이행한 후 그 결과를 자격증을 교부한 시·도지사에게 통보하여야 한다.
⑤ 자격취소처분을 하고자 하는 경우에는 청문을 실시하여야 하지만, 자격정지처분을 하고자 하는 경우에는 청문을 실시하지 않는다.

12 공인중개사자격에 관련된 설명으로 틀린 것은?
（中）

① 판례에 의하면, 개업공인중개사가 중개업무를 수행하는 형식만 갖추었을 뿐, 실질적으로는 무자격자로 하여금 자기 명의로 공인중개사 업무를 수행하도록 한 것은 공인중개사자격증 대여행위에 해당한다.

② 판례에 의하면, 무자격자가 중개업 경영에 관여하였으나 중개업무를 수행하지는 않은 경우 자격증의 대여라고 할 수 없다.

③ 시·도지사는 자격취소를 한 경우 5일 이내에 국토교통부장관에게 보고하고, 다른 시·도지사에게 통지하여야 하지만, 자격정지처분을 한 경우에는 보고나 통지를 하지 아니한다.

④ 판례에 의하면, 무자격자가 자신의 명함에 '부동산뉴스 대표'라는 명칭을 기재하여 사용한 것은 공인중개사와 유사한 명칭을 사용한 것에 해당한다.

⑤ 자격취소 및 자격정지처분을 행한 시·도지사는 이를 공인중개사협회에 통보하여야 한다.

키워드 자격취소처분, 자격정지처분
해설 등록관청이 다음 달 10일까지 협회에 통보하는 행정처분은 등록취소, 업무정지에 한하며, 자격취소 및 자격정지처분은 협회에 대한 통보사항에 해당하지 않는다.

13 공인중개사법령상 '공인중개사 정책심의위원회'(이하 '심의위원회'라 함)에 관한 설명으로 틀린 것은?

• 30회

① 국토교통부에 심의위원회를 둘 수 있다.
② 심의위원회는 위원장 1명을 포함하여 7명 이상 11명 이내의 위원으로 구성한다.
③ 심의위원회의 위원이 해당 안건에 대하여 자문을 한 경우 심의위원회의 심의·의결에서 제척된다.
④ 심의위원회의 위원장이 부득이한 사유로 직무를 수행할 수 없을 때에는 부위원장이 그 직무를 대행한다.
⑤ 심의위원회의 회의는 재적위원 과반수의 출석으로 개의(開議)하고, 출석위원 과반수의 찬성으로 의결한다.

키워드 공인중개사 정책심의위원회
해설 심의위원회의 위원장이 부득이한 사유로 직무를 수행할 수 없을 때에는 위원장이 미리 지명한 위원이 그 직무를 대행한다(영 제1조의4 제2항).

14 공인중개사법령상 공인중개사의 자격 및 자격증 등에 관한 설명으로 <u>틀린</u> 것은? (다툼
이 있으면 판례에 따름) • 27회

① 시·도지사는 공인중개사자격시험 합격자의 결정·공고일로부터 2개월 이내에 시
   험합격자에 관한 사항을 공인중개사자격증교부대장에 기재한 후 자격증을 교부
   해야 한다.

② 공인중개사의 자격이 취소된 후 3년이 지나지 아니한 자는 공인중개사가 될 수
   없다.

③ 공인중개사자격증의 재교부를 신청하는 자는 재교부신청서를 자격증을 교부한
   시·도지사에게 제출해야 한다.

④ 공인중개사자격증의 대여란 다른 사람이 그 자격증을 이용하여 공인중개사로 행
   세하면서 공인중개사의 업무를 행하려는 것을 알면서도 그에게 자격증 자체를 빌
   려주는 것을 말한다.

⑤ 공인중개사가 다른 사람에게 자기의 성명을 사용하여 중개업무를 하게 한 경우,
   시·도지사는 그 자격을 취소해야 한다.

키워드 자격증의 교부
해설 시·도지사는 공인중개사자격시험 합격자의 결정·공고일로부터 1개월 이내에 시험합
격자에 관한 사항을 공인중개사자격증교부대장에 기재한 후 자격증을 교부해야 한다.

정답 13 ④ 14 ①

03

중개사무소 개설등록 및 결격사유

더 많은 기출문제를 풀고 싶다면?
단원별 기출문제집
[공인중개사법령 및 중개실무]
pp.44~59

▌5개년 출제빈도 분석표

28회	29회	30회	31회	32회
3	3	1	3	1

▌빈출 키워드

☑ 중개사무소 개설등록
☑ 등록 등의 결격사유

대표기출 연습

01 공인중개사법령상 중개사무소의 개설등록에 관한 설명으로 옳은 것은? (단, 다른 법률의 규정은 고려하지 않음)
• 31회

① 합명회사가 개설등록을 하려면 사원 전원이 실무교육을 받아야 한다.

② 자본금이 1,000만원 이상인 「협동조합 기본법」상 협동조합은 개설등록을 할 수 있다.

③ 합명회사가 개설등록을 하려면 대표자는 공인중개사이어야 하며, 대표자를 포함하여 임원 또는 사원의 3분의 1 이상이 공인중개사이어야 한다.

④ 법인 아닌 사단은 개설등록을 할 수 있다.

⑤ 개설등록을 하려면 소유권에 의하여 사무소의 사용권을 확보하여야 한다.

> **키워드** 중개사무소 개설등록기준   28회, 29회, 31회
> **교수님 TIP** 중개사무소 개설등록기준에 대한 학습을 하여야 합니다.

> **해설** ② 중개법인의 등록기준으로 「상법」상 회사 또는 「협동조합 기본법」에 따른 협동조합(사회적 협동조합은 제외한다)으로서 자본금이 5,000만원 이상이어야 한다. 따라서 자본금이 1,000만원 이상인 「협동조합 기본법」상 협동조합은 개설등록을 할 수 없다.
> ③ 합명회사가 개설등록을 하려면 대표자는 공인중개사이어야 하며, 대표자를 제외한 임원 또는 사원의 3분의 1 이상이 공인중개사이어야 한다.
> ④ 중개법인은 법 제14조에 규정된 업무만을 영위할 목적으로 설립된 법인이어야 한다. 따라서 법인 아닌 사단은 개설등록을 할 수 없다.

⑤ 중개사무소를 확보하는 것은 소유·전세·임대차 또는 사용대차 등의 방법에 의하여 사용권을 확보하여야 한다. 따라서 개설등록을 하려면 소유권에 의하여 사무소의 사용권을 확보하여야 하는 것은 아니다.

정답 ①

02 공인중개사법령상 중개사무소 개설등록에 관한 설명으로 옳은 것을 모두 고른 것은?　　　　　　　　　　　　　　　　　　　　　　　　　　　　　　　　• 32회

> ㉠ 피특정후견인은 중개사무소의 등록을 할 수 없다.
> ㉡ 금고 이상의 형의 집행유예를 받고 그 유예기간 중에 있는 자는 중개사무소의 등록을 할 수 없다.
> ㉢ 자본금이 5천만원 이상인 「협동조합 기본법」상 사회적 협동조합은 중개사무소의 등록을 할 수 있다.

① ㉠　　　　　　　　　　　　　　　② ㉡
③ ㉠, ㉡　　　　　　　　　　　　　④ ㉠, ㉢
⑤ ㉡, ㉢

키워드 개설등록　　　　　　　　　　　　　　　　　　　　　　　29회, 32회
교수님 TIP 중개사무소 등록기준, 결격사유 내용을 학습하여야 합니다.

해설 ㉠ 피성년후견인 또는 피한정후견인은 법 제10조 결격사유에 해당하므로 중개사무소의 개설등록을 할 수 없다. 하지만 피특정후견인은 결격사유에 해당하지 아니하므로 중개사무소의 등록을 할 수 있다.
　　㉢ 자본금이 5천만원 이상인 「협동조합 기본법」상 사회적 협동조합은 중개사무소의 등록을 할 수 없다.

정답 ②

01 공인중개사법령상 중개사무소의 개설등록에 관한 설명으로 옳은 것은?

① 개업공인중개사가 폐업 후 1년 이내에 다시 중개사무소의 개설등록을 신청하는 경우에는 실무교육을 받을 필요가 없다.

② 등록신청을 받은 등록관청은 10일 이내에 개업공인중개사의 종별에 따라 구분하여 등록을 행하고, 등록신청인에게 중개사무소등록증을 교부하여야 한다.

③ 등록관청은 등록증을 교부하는 때에는 손해배상책임을 보장하기 위한 보증의 설정 여부와 인장등록 여부를 확인하여야 한다.

④ 휴업기간 또는 업무정지기간 중인 개업공인중개사는 그 기간 중에 해당 중개업을 폐업하고 다시 중개사무소의 개설등록을 신청할 수 없다.

⑤ 인장등록신고 및 손해배상책임을 보장하기 위한 업무보증의 설정신고는 중개사무소의 개설등록을 신청하는 때에 같이 할 수 있다.

키워드 중개사무소의 개설등록

해설 ② 등록신청을 받은 등록관청은 개업공인중개사의 종별에 따라 구분하여 등록을 행하고, 개설등록 신청을 받은 날부터 7일 이내에 등록신청인에게 통지하여야 한다.

③ 등록관청은 등록증을 교부하는 때에는 손해배상책임을 보장하기 위한 보증의 설정 여부를 확인하여야 한다. 인장등록 여부는 등록증 교부 전에 확인하는 사항에 포함되지 않는다.

④ 휴업기간 중인 개업공인중개사는 그 기간 중에 해당 중개업을 폐업하고 다시 중개사무소의 개설등록을 신청할 수 있으나, 업무정지기간 중인 개업공인중개사는 그 기간 중에 해당 중개업을 폐업하고 다시 중개사무소의 개설등록을 신청할 수 없다.

⑤ 중개사무소의 개설등록을 신청하는 때에 인장등록신고를 같이 할 수 있으나, 손해배상책임을 보장하기 위한 업무보증의 설정은 등록증을 교부하기 전에 확인하여야 하는 사항으로서 중개사무소의 개설등록을 신청하는 때에 같이 할 수 없다.

02 중개사무소의 개설등록에 관한 설명으로 옳은 것은?

㊥

① 다른 법률의 규정에 의하여 중개업을 할 수 있는 법인의 경우에도 공인중개사법령상의 등록기준을 갖추어 중개사무소의 개설등록을 하여야 한다.

② 건축물대장에 기재된 중개사무소를 확보하여야 하며, 이 경우 가설건축물대장도 포함한다.

③ 중개사무소 개설등록을 하고자 하는 자는 국토교통부령으로 정하는 바에 따라 수수료를 납부하여야 한다.

④ 중개사무소 개설등록을 신청하는 자는 등록신청일 전 1년 이내에 등록관청이 실시하는 실무교육을 받아야 한다.

⑤ 업무정지처분을 받은 중개법인의 업무정지의 사유가 발생한 당시의 사원 또는 임원이었던 자로서 업무정지기간이 경과되지 아니한 자의 경우 결격사유에 해당하므로 중개사무소 개설등록은 불가능하다.

키워드 중개사무소의 개설등록

해설 ① 특수법인의 경우에는 공인중개사법령상의 등록기준을 적용하지 아니한다.

② 건축물대장에 기재된 중개사무소를 확보하여야 하며, 이 경우 가설건축물대장은 제외한다.

③ 중개사무소 개설등록을 하고자 하는 자는 해당 지방자치단체의 조례가 정하는 바에 따라 수수료를 납부하여야 한다.

④ 실무교육의 실시권자는 등록관청이 아니라 시·도지사가 된다.

정답 01 ① 02 ⑤

03 공인중개사법령상 중개사무소 개설등록에 대한 법적 성질과 효과에 관한 설명으로 옳지 <u>않은</u> 것은?

① 무등록 중개업자의 중개행위로 체결된 거래계약의 효력은 유효하므로 등록 여부는 거래계약의 효력에 영향을 미치지 않는다.

② 중개사무소 개설등록의 효력은 중개사무소의 개설등록을 한 자에게만 귀속되는 이른바 일신전속적 성격으로 이를 양도 또는 대여할 수 없다.

③ 등록은 능력이나 권리를 부여하는 특허와는 달리 법규상의 금지를 풀어주는 명령적 행정행위이다.

④ 중개사무소 개설등록은 중개업의 적법요건이므로 개설등록을 받지 아니하고 중개업을 영위하는 자는 위법하여 처벌의 대상이 되는 것은 물론이고, 그 자의 중개행위를 통하여 성립한 거래당사자 간의 법률행위의 효력도 부정된다.

⑤ 등록의 효력은 사망 또는 폐업이나 등록취소처분이 없는 한 영속적이다.

> **키워드** 중개사무소의 개설등록
> **해 설** 중개사무소 개설등록을 하지 아니하고 중개업을 한 경우 행정형벌(3년 이하의 징역 또는 3천만원 이하의 벌금형)의 대상이 되지만, 무등록 중개업자의 중개로 인한 법률행위의 효력은 유효이므로 효력은 인정된다.

04 공인중개사법령상 중개사무소 개설등록에 관한 설명으로 옳은 것은?

① 공인중개사(소속공인중개사를 포함한다) 또는 법인이 아닌 자는 중개사무소의 개설등록을 신청할 수 없다.

② 소속공인중개사로서 고용관계 종료신고 후 1년 이내에 중개사무소의 개설등록을 신청하는 경우 실무교육은 이수하여야 한다.

③ 건축물대장에 기재된 건물이라도 미등기건물이라면 중개사무소 개설등록증을 교부받을 수 없다.

④ 중개법인으로 개설등록을 신청하는 경우 법인등기사항증명서와 건축물대장을 등록관청에 제출하여야 한다.

⑤ 부칙 제6조 제2항에 따른 개업공인중개사의 경우 일단 폐업하면 기득권을 상실하므로 공인중개사자격증을 취득하지 않으면 중개사무소 개설등록을 신청할 수 없다.

키워드 중개사무소의 개설등록

해설 ① 공인중개사(소속공인중개사는 제외한다) 또는 법인이 아닌 자는 중개사무소의 개설등록을 신청할 수 없다.
② 소속공인중개사로서 고용관계 종료신고 후 1년 이내에 중개사무소의 개설등록을 신청하는 경우 실무교육은 이수하지 않아도 된다.
③ 건축물대장에 기재된 건물이라면 미등기건물이라도 등록증을 교부받을 수 있다.
④ 중개법인으로 등록신청을 받은 경우 등록관청은 「전자정부법」에 따라 행정정보의 공동이용을 통하여 법인등기사항증명서와 건축물대장을 확인하여야 한다.

05 다음의 법인 중 중개사무소의 개설등록을 받을 수 있는 경우는?

⊕

① 건축물대장에 기재되기 전으로서 준공인가·준공검사·사용승인·사용검사 등을 받은 건물을 사용대차하여 중개사무소를 확보한 협동조합
② 자본금이 3천만원인 협동조합
③ 대표자가 공인중개사이며, 나머지 무한책임사원 4명 중 1명이 공인중개사로 구성된 합명회사
④ 임원 7명 중 3명이 실무교육을 이수한 주식회사
⑤ 중개업과 부동산개발업을 영위할 목적으로 설립된 주식회사

키워드 중개사무소의 개설등록

해설 ② 자본금은 5천만원 이상이어야 한다.
③ 대표자는 공인중개사이며, 나머지 무한책임사원 4명 중 3분의 1 이상인 2명이 공인중개사로 구성되어야 한다.
④ 대표자 및 임원 전원이 실무교육을 이수하여야 한다.
⑤ 부동산개발업은 「공인중개사법」 제14조에 규정된 업무가 아니므로 중개사무소의 개설등록을 받을 수 없다.

06 법인의 중개사무소 개설등록 요건으로 옳은 것은?

① 대표자는 공인중개사이어야 하고, 대표자를 포함한 임원 또는 사원의 3분의 1 이 상이 공인중개사이어야 한다.

② 「상법」상 주식회사 또는 「협동조합 기본법」에 따른 협동조합(사회적 협동조합을 포함한다)으로서 자본금이 5천만원 이상이어야 한다.

③ 중개업만을 영위할 목적으로 설립된 법인이어야 한다.

④ 대표자, 임원 또는 사원(합명회사 및 합자회사의 무한책임사원을 말한다) 전원이 실무교육을 받아야 한다.

⑤ 건축물대장(가설건축물대장을 포함한다)에 기재된 건물로 중개사무소를 확보하여야 한다.

> **키워드** 중개사무소의 개설등록
> **해설** ① 대표자는 공인중개사이어야 하고, 대표자를 제외한 임원 또는 사원의 3분의 1 이상이 공인중개사이어야 한다.
> ② 「상법」상 회사 또는 「협동조합 기본법」에 따른 협동조합(사회적 협동조합은 제외한다)으로서 자본금이 5천만원 이상이어야 한다.
> ③ 「공인중개사법」 제14조(중개업, 겸업)에 규정된 업무만을 영위할 목적으로 설립된 법인이어야 한다.
> ⑤ 건축물대장(가설건축물대장은 제외한다)에 기재된 건물로 중개사무소를 확보하여야 한다.

07 중개사무소의 개설등록신청에 관한 설명으로 틀린 것은?

① 외국인의 경우에는 등록의 결격사유에 해당하지 아니함을 증명할 수 있는 해당 국가 등이 발행하는 서류도 제출하여야 하고, 외국에 주된 영업소를 둔 법인의 경우에는 「상법」 제614조에 따른 영업소의 등기를 증명할 수 있는 서류도 제출하여야 한다.

② 등록신청서상 개업공인중개사의 종별은 법인, 공인중개사, 법 제7638호 부칙 제6조 제2항에 규정된 개업공인중개사로 구분되어 있다.

③ 휴업기간 중인 개업공인중개사는 그 기간 중에 폐업하고 다시 중개사무소의 개설등록을 신청할 수 있다.

④ 등록신청 시에 건축물대장(가설건축물대장은 제외한다)에 기재된 건물에 중개사무소를 확보(소유·전세·임대차 또는 사용대차 등의 방법에 의하여 사용권을 확보하여야 한다)하였음을 증명할 서류도 첨부하여야 한다.

⑤ 가설건축물대장에 기재된 건물에는 중개사무소의 개설등록이 불가능하다.

키워드 중개사무소의 개설등록

해설 등록신청서상 개업공인중개사의 종별은 법인, 공인중개사로 구분되어 있다.

08 등록신청을 받은 등록관청이 개설등록을 해 주어야 하는 것은?

① 공인중개사 또는 법인이 아닌 자가 중개사무소의 개설등록을 신청한 경우

② 중개사무소 개설등록 기준에 적합하지 아니한 경우

③ 중개사무소의 개설등록을 신청한 자가 등록의 결격사유의 어느 하나에 해당하는 경우

④ 인장등록신고를 하지 아니한 경우

⑤ 「공인중개사법」 또는 다른 법령에 따른 제한에 위반되는 경우

키워드 중개사무소의 개설등록

해설 인장등록신고는 등록신청을 하는 때에 같이 할 수도 있고 또는 중개사무소 개설등록 신청 후에 하여도 된다. 다만, 중개업무를 개시하기 전에는 하여야 한다.

09 다른 법률의 규정에 의해 중개업을 할 수 있는 법인(특수법인)에 관한 설명으로 **틀린** 것은?

① 다른 법률의 규정에 의하여 중개업을 할 수 있는 모든 특수법인이 중개업을 하고 자 하는 때에는 중개사무소의 개설등록을 하지 아니하여도 된다.

② 다른 법률의 규정에 의하여 중개업을 할 수 있는 법인은 중개법인에게 적용되는 「공인중개사법」상 등록기준을 적용하지 않는다.

③ 다른 법률의 규정에 의하여 중개업을 할 수 있는 법인이 중개업을 하고자 하는 때에도 업무보증을 설정하여야 한다.

④ 지역농업협동조합의 업무보증설정금액은 최소 1천만원 이상은 되어야 한다.

⑤ 다른 법률의 규정에 의하여 중개업을 할 수 있는 법인은 분사무소의 책임자가 공 인중개사가 아니어도 된다.

키워드 중개사무소의 개설등록

해설 다른 법률의 규정에 의하여 중개업을 하고자 하는 경우 지역농업협동조합은 중개사무소의 개설등록을 하지 않아도 되지만, 한국자산관리공사 는 중개사무소 개설등록을 하여야 한다.

정답 06 ④ 07 ② 08 ④ 09 ①

10 개업공인중개사의 종별 변경에 관한 설명으로 <u>틀린</u> 것은?

① 개업공인중개사가 종별을 달리하여 업무를 하고자 하는 경우에는 등록신청서를 다시 제출하여야 한다.

② 위 ①의 경우 종전에 제출한 서류 중 변동사항이 없는 서류는 제출하지 아니할 수 있으며, 종전의 등록증은 이를 반납하여야 한다.

③ 개업공인중개사가 종별을 달리하여 업무를 하고자 하는 경우 실무교육을 다시 받지 아니하나, 지방자치단체의 조례가 정하는 수수료는 납부하여야 한다.

④ 부칙 제6조 제2항에 규정된 개업공인중개사가 등록관청을 달리하여 공인중개사인 개업공인중개사로 업무를 계속하고자 하는 경우에는 등록증재교부신청을 하여야 한다.

⑤ 부칙 제6조 제2항에 규정된 개업공인중개사가 그 등록관청 관할 구역 안에서 공인중개사인 개업공인중개사로 업무를 계속하고자 하는 경우에는 등록증재교부신청을 하여야 한다.

> **키워드** 중개사무소의 개설등록
> **해 설** 부칙 제6조 제2항에 규정된 개업공인중개사가 등록관청을 달리하여 공인중개사인 개업공인중개사로 업무를 계속하고자 하는 경우에는 등록신청서를 다시 제출하여야 한다.

11 공인중개사법령상 중개사무소 개설등록 등에 관한 설명으로 옳은 것은?

① 등록관청이 중개사무소등록증을 교부하는 때에는 부동산중개사무소등록대장에 그 등록에 관한 사항을 기록한 후 7일 이내에 중개사무소등록증을 교부하여야 한다.

② 개업공인중개사가 등록신청 후 등록처분 전에 중개업을 하더라도 무등록 중개업자로 취급되지는 않는다.

③ 법인인 개업공인중개사의 대표자가 사망한 경우 등록은 실효되지 아니하며, 이 경우 등록증재교부신청을 하여야 한다.

④ 등록관청이 중개사무소등록증을 교부한 경우 다음 달 15일까지 공인중개사협회에 통보하여야 한다.

⑤ 등록통지를 받은 개업공인중개사가 등록증을 교부받지 아니한 채 중개업을 한 경우 무등록 중개업자로 취급된다.

키워드 중개사무소의 개설등록

해설 ① 등록관청이 중개사무소등록증을 교부하는 때에는 부동산중개사무소등록대장에 그 등록에 관한 사항을 기록한 후 지체 없이 중개사무소등록증을 교부하여야 한다.
② 등록처분 전에 중개업무를 개시한 경우 무등록 중개업자로 취급되어 3년 이하의 징역 또는 3천만원 이하의 벌금형에 처한다.
④ 등록관청이 중개사무소등록증을 교부한 경우 다음 달 10일까지 공인중개사협회에 통보하여야 한다.
⑤ 등록통지를 받았으면 개업공인중개사가 된 것이므로, 등록증을 교부받지 아니한 채 중개업을 한 경우라도 무등록 중개업자로 취급되지는 않는다.

12 등록관청이 다음 달 10일까지 공인중개사협회에 통보하여야 하는 사항이 <u>아닌</u> 것은?
下

① 휴·폐업 등의 신고사항
② 소속공인중개사 또는 중개보조원의 고용 및 고용관계 종료 신고사항
③ 등록증 교부사항
④ 업무보증설정 신고사항
⑤ 중개사무소 이전 신고사항

키워드 등록관청이 협회에 통보하는 내용

해설 업무보증설정 신고사항은 통보하여야 할 사항이 아니다.

이론플러스 **등록관청의 협회통보사항**

1. 중개사무소등록증 교부사항
2. 분사무소 설치신고사항
3. 중개업의 휴·폐업 또는 재개, 휴업기간변경 신고사항
4. 개업공인중개사에 대한 행정처분(등록취소, 업무정지)사항
5. 중개사무소 이전 신고사항
6. 소속공인중개사 또는 중개보조원의 고용 및 고용관계 종료 신고사항

정답 10 ④ 11 ③ 12 ④

13 공인중개사법령상 이중등록 등에 관한 설명으로 옳지 <u>않은</u> 것은?

① 개업공인중개사가 둘 이상의 중개사무소의 개설등록을 하거나 다른 개업공인중개사의 소속공인중개사·중개보조원 또는 법인의 사원·임원이 된 경우 등록이 취소된다.

② 개업공인중개사가 휴업신고를 하고 그 기간 중에 중개사무소의 개설등록을 하거나 다른 개업공인중개사의 소속공인중개사·중개보조원 또는 법인의 사원·임원이 된 경우 등록이 취소된다.

③ 이중등록은 등록취소사유에 해당하지만, 이중소속은 업무정지사유에 해당한다.

④ 자격정지기간 중인 소속공인중개사가 그 기간 중에 다른 개업공인중개사의 소속공인중개사 또는 법인의 사원·임원이 된 경우 공인중개사자격이 취소된다.

⑤ 개업공인중개사가 이중등록, 이중소속, 둘 이상의 중개사무소, 임시 중개시설물을 설치한 경우 1년 이하의 징역 또는 1천만원 이하의 벌금형 사유에 해당한다.

> **키워드** 이중등록
> **해 설** 이중등록, 이중소속 모두 절대적 등록취소사유에 해당하며, 1년 이하의 징역 또는 1천만원 이하의 벌금사유에 해당한다.

14 공인중개사법령상 개업공인중개사가 중개사무소 안의 보기 쉬운 곳에 게시해야 하는 것은?
• 31회 수정

① 개업공인중개사의 실무교육 수료확인증 원본
② 소속공인중개사가 있는 경우 소속공인중개사의 실무교육 수료확인증 사본
③ 사업자등록증
④ 소속공인중개사가 있는 경우 소속공인중개사의 공인중개사자격증 사본
⑤ 분사무소의 경우 분사무소설치신고확인서 원본

> **키워드** 게시사항
> **해 설** 개업공인중개사가 중개사무소 안에 게시하여야 하는 사항은 다음과 같다.

> 1. 중개사무소등록증 원본(법인인 개업공인중개사의 분사무소의 경우에는 분사무소 설치신고확인서 원본을 말한다)
> 2. 중개보수·실비의 요율 및 한도액표
> 3. 개업공인중개사 및 소속공인중개사의 공인중개사자격증 원본(해당되는 자가 있는 경우로 한정한다)
> 4. 보증의 설정을 증명할 수 있는 서류
> 5. 「부가가치세법 시행령」 제11조에 따른 사업자등록증

15

공인중개사법령상 중개사무소 개설등록에 관한 설명으로 **틀린** 것은? (단, 다른 법률의 규정은 고려하지 않음) • 29회

① 법인은 주된 중개사무소를 두려는 지역을 관할하는 등록관청에 중개사무소 개설등록을 해야 한다.
② 대표자가 공인중개사가 아닌 법인은 중개사무소를 개설할 수 없다.
③ 법인의 임원 중 공인중개사가 아닌 자도 분사무소의 책임자가 될 수 있다.
④ 소속공인중개사는 중개사무소 개설등록을 신청할 수 없다.
⑤ 등록관청은 개설등록을 하고 등록신청을 받은 날부터 7일 이내에 등록신청인에게 서면으로 통지해야 한다.

키워드 개설등록
해설 분사무소는 주된 사무소의 소재지가 속한 시·군·구를 제외한 시·군·구에 설치하되, 시·군·구별로 1개소를 초과할 수 없다. 또한 분사무소에는 공인중개사를 책임자로 두어야 한다. 따라서 법인의 임원 중 공인중개사가 아닌 자는 분사무소의 책임자가 될 수 없다.

16

공인중개사법령상 등록관청이 공인중개사협회에 통보해야 하는 경우로 **틀린** 것은? • 29회

① 중개사무소등록증을 교부한 때
② 중개사무소등록증을 재교부한 때
③ 휴업기간변경신고를 받은 때
④ 중개보조원 고용신고를 받은 때
⑤ 업무정지처분을 한 때

키워드 등록관청이 협회에 통보하는 내용
해설 등록관청이 협회에 다음 달 10일까지 통보하여야 하는 사항은 다음과 같다.

1. 중개사무소등록증 교부사항
2. 분사무소 설치신고사항
3. 중개업의 휴·폐업 또는 재개, 휴업기간변경 신고사항
4. 개업공인중개사에 대한 행정처분(등록취소·업무정지)사항
5. 중개사무소 이전 신고사항
6. 소속공인중개사 또는 중개보조원의 고용 및 고용관계 종료 신고사항

정답 13 ③ **14** ③, ⑤ **15** ③ **16** ②

17 공인중개사법령상 법인이 중개사무소를 등록·설치하려는 경우, 그 기준으로 틀린 것은? (다른 법률의 규정은 고려하지 않음) • 28회

① 분사무소 설치 시 분사무소의 책임자가 분사무소 설치신고일 전 2년 이내에 직무교육을 받았을 것
② 「상법」상 회사는 자본금이 5천만원 이상일 것
③ 대표자를 제외한 임원 또는 사원(합명회사 또는 합자회사의 무한책임사원)의 3분의 1 이상이 공인중개사일 것
④ 법인이 중개업 및 겸업제한에 위배되지 않는 업무만을 영위할 목적으로 설립되었을 것
⑤ 대표자는 공인중개사일 것

키워드 법인 등록기준
해설 분사무소 설치 시 분사무소의 책임자는 분사무소 설치신고일 전 1년 이내에 시·도지사가 실시하는 실무교육을 이수하여야 한다.

18 공인중개사법령상 중개사무소의 개설등록 및 등록증 교부에 관한 설명으로 옳은 것은? • 28회

① 소속공인중개사는 중개사무소의 개설등록을 신청할 수 있다.
② 등록관청은 중개사무소등록증을 교부하기 전에 개설등록을 한 자가 손해배상책임을 보장하기 위한 조치(보증)를 하였는지 여부를 확인해야 한다.
③ 국토교통부장관은 중개사무소의 개설등록을 한 자에 대하여 국토교통부령으로 정하는 바에 따라 중개사무소등록증을 교부해야 한다.
④ 중개사무소의 개설등록신청서에는 신청인의 여권용 사진을 첨부하지 않아도 된다.
⑤ 중개사무소의 개설등록을 한 개업공인중개사가 종별을 달리하여 업무를 하고자 등록신청서를 다시 제출하는 경우, 종전의 등록증은 반납하지 않아도 된다.

키워드 개설등록 및 등록증교부
해설 ① 소속공인중개사는 이중소속 금지규정에 따라 중개사무소의 개설등록을 신청할 수 없다.
③ 등록증의 교부권자는 등록관청이 된다.
④ 중개사무소의 개설등록신청 시에 제출하여야 하는 서류 중 하나로서 여권용 사진이 포함된다.
⑤ 종별변경에 따라 등록신청서를 다시 제출하는 경우, 종전의 등록증은 반납하여야 한다.

19 공인중개사법령상 이중등록 및 이중소속의 금지에 관한 설명으로 옳은 것을 모두 고른 것은?
• 27회

> ⊙ A군에서 중개사무소 개설등록을 하여 중개업을 하고 있는 자가 다시 A군에서 개설등록을 한 경우, 이중등록에 해당한다.
> ○ B군에서 중개사무소 개설등록을 하여 중개업을 하고 있는 자가 다시 C군에서 개설등록을 한 경우, 이중등록에 해당한다.
> ⓒ 개업공인중개사 甲에게 고용되어 있는 중개보조원은 개업공인중개사인 법인 乙의 사원이 될 수 없다.
> ⓔ 이중소속의 금지에 위반한 경우 1년 이하의 징역 또는 1천만원 이하의 벌금형에 처한다.

① ㉠, ㉡
② ㉢, ㉣
③ ㉠, ㉡, ㉢
④ ㉡, ㉢, ㉣
⑤ ㉠, ㉡, ㉢, ㉣

키워드 이중등록, 이중소속
해설 ㉠㉡㉢㉣ 모두 옳은 지문이다.

20 공인중개사법령상 법인이 중개사무소를 개설하려는 경우 그 등록기준으로 옳은 것은? (다른 법률에 따라 중개업을 할 수 있는 경우는 제외함)
• 27회

① 건축물대장에 기재된 건물에 100제곱미터 이상의 중개사무소를 확보할 것
② 대표자, 임원 또는 사원 전원이 부동산거래사고예방교육을 받았을 것
③ 「협동조합 기본법」에 따른 사회적 협동조합인 경우 자본금이 5천만원 이상일 것
④ 「상법」상 회사인 경우 자본금이 5천만원 이상일 것
⑤ 대표자는 공인중개사이어야 하며, 대표자를 제외한 임원 또는 사원의 2분의 1 이상은 공인중개사일 것

키워드 법인 등록기준
해설 ① 건축물대장에 기재된 건물에 중개사무소를 확보하면 된다. 이 경우 「공인중개사법」상 면적에 관한 규정은 없다.
② 대표자, 임원 또는 사원 전원이 실무교육을 받아야 한다.
③ 「협동조합 기본법」에 따른 협동조합인 경우 자본금이 5천만원 이상이면 된다. 이 경우 사회적 협동조합은 제외된다.
⑤ 대표자는 공인중개사이어야 하며, 대표자를 제외한 임원 또는 사원의 3분의 1 이상은 공인중개사이어야 한다.

정답 17 ① 18 ② 19 ⑤ 20 ④

21 공인중개사법령상 법인이 중개사무소를 개설하려는 경우 그 등록기준의 내용으로 옳은 것을 모두 고른 것은? (다른 법률에 따라 중개업을 할 수 있는 경우는 제외함)

• 26회 수정

> ㉠ 「상법」상 회사 또는 「협동조합 기본법」상 협동조합(사회적 협동조합 제외)으로서 자본금이 5천만원 이상일 것
> ㉡ 대표자는 공인중개사일 것
> ㉢ 대표자를 포함한 임원 또는 사원의 3분의 1 이상이 공인중개사일 것
> ㉣ 법인의 대표자, 임원 또는 사원의 3분의 1 이상이 실무교육을 받았을 것

① ㉠

② ㉠, ㉡

③ ㉢, ㉣

④ ㉠, ㉡, ㉢

⑤ ㉠, ㉡, ㉢, ㉣

키워드 법인 등록기준

해설 ㉢ 대표자를 제외한 임원 또는 사원의 3분의 1 이상이 공인중개사일 것
㉣ 법인의 대표자, 임원 또는 사원 전원이 실무교육을 받았을 것

22 공인중개사법령상 공인중개사자격증이나 중개사무소등록증의 교부에 관한 설명으로 틀린 것은?

• 26회

① 자격증 및 등록증의 교부는 국토교통부령으로 정하는 바에 따른다.

② 등록증은 중개사무소를 두려는 지역을 관할하는 시장(구가 설치되지 아니한 시의 시장과 특별자치도 행정시의 시장을 말함)·군수 또는 구청장이 교부한다.

③ 자격증 및 등록증을 잃어버리거나 못쓰게 된 경우에는 시·도지사에게 재교부를 신청한다.

④ 등록증을 교부한 관청은 그 사실을 공인중개사협회에 통보해야 한다.

⑤ 자격증의 재교부를 신청하는 자는 해당 지방자치단체의 조례가 정하는 바에 따라 수수료를 납부해야 한다.

키워드 자격증 및 등록증 교부

해설 자격증을 잃어버리거나 못쓰게 된 경우에는 시·도지사에게 재교부를 신청하지만, 등록증은 등록관청이 신청의 대상이 된다.

23 공인중개사법령상 중개사무소의 개설등록에 관한 설명으로 **틀린** 것은? (다른 법률에 따라 중개업을 할 수 있는 경우는 제외함) • 25회 수정

① 법인이 중개사무소를 개설등록하기 위해서는 「상법」상 회사 또는 「협동조합 기본법」상 협동조합(사회적 협동조합 제외)이면서 자본금 5천만원 이상이어야 한다.

② 공인중개사(소속공인중개사 제외) 또는 법인이 아닌 자는 중개사무소의 개설등록을 신청할 수 없다.

③ 개업공인중개사는 다른 개업공인중개사의 소속공인중개사·중개보조원이 될 수 없다.

④ 폐업신고 후 1년 이내에 중개사무소의 개설등록을 다시 신청하려는 공인중개사는 실무교육을 받지 않아도 된다.

⑤ 등록관청이 중개사무소등록증을 교부한 때에는 이 사실을 다음 달 10일까지 국토교통부장관에게 통보하여야 한다.

키워드 법인 등록기준

해설 등록관청이 중개사무소등록증을 교부한 때에는 이 사실을 다음 달 10일까지 공인중개사협회에 통보하여야 한다.

---

24 공인중개사법령상 등록 등의 결격사유에 관한 설명으로 틀린 것은?

① 공인중개사라 하더라도 등록 등의 결격사유에 해당하는 자는 중개사무소의 개설등록을 할 수 없다.

② 법인이 아닌 개업공인중개사의 소속공인중개사 또는 중개보조원이 이 법상 등록 등의 결격사유에 해당하면 개업공인중개사의 등록이 취소된다. 다만, 2개월 이내에 그 결격사유를 해소한 때에는 그러하지 아니하다.

③ 결격사유에 해당한다고 하여 등록이 당연히 취소되는 것은 아니며, 등록관청의 등록취소처분이 있어야 등록의 효력은 소멸된다.

④ 법인의 사원 또는 임원이 이 법상 등록 등의 결격사유에 해당하면 개업공인중개사의 등록이 취소된다. 다만, 2개월 이내에 그 결격사유를 해소한 때에는 그러하지 아니하다.

⑤ 결격사유는 중개사무소의 개설등록의 기준이며, 중개업무종사의 기준이 된다.

키워드 결격사유

해설 결격사유에 해당하는 고용인을 고용한 경우 등록관청은 개업공인중개사에 대하여 업무정지처분을 할 수 있다. 다만, 2개월 이내에 그 결격사유를 해소한 때에는 그러하지 아니하다.

25 공인중개사법령상 등록 등의 결격사유와 공인중개사자격에 관한 설명으로 옳은 것은?

① 파산선고를 받은 자는 공인중개사가 될 수 없으나, 중개보조원은 될 수 있다.

② 공인중개사가 등록 등의 결격사유에 해당하면 공인중개사자격이 취소된다.

③ 미성년자는 개업공인중개사가 될 수 없으나, 중개보조원은 될 수 있다.

④ 업무정지처분, 자격정지처분을 받은 자는 최대 6개월이 경과되면 결격사유를 벗어나므로 중개업등록 및 중개업 종사가 가능하다.

⑤ 피한정후견인의 경우 종료의 심판결과 정상인으로 판결을 빋기 전에는 개입공인중개사는 될 수 없지만, 고용인으로 중개업무에 종사할 수 있다.

키워드 결격사유

해설 ① 파산선고를 받은 자는 공인중개사가 될 수 있으나, 중개보조원은 될 수 없다.
② 공인중개사가 등록 등의 결격사유에 해당하더라도 원칙적으로 공인중개사자격이 취소되지 아니한다.
③ 미성년자는 개업공인중개사, 소속공인중개사, 중개보조원, 개업공인중개사인 법인의 임원·사원이 될 수 없다.
⑤ 피한정후견인의 경우 종료의 심판결과 정상인으로 판결을 받기 전에는 개업공인중개사는 물론이고, 중개업무에 종사조차 할 수 없다.

26 등록 등의 결격사유 및 그 기간에 관한 설명으로 틀린 것은?

⊕

① 개인인 개업공인중개사의 사망 또는 법인의 해산으로 등록이 취소된 경우 3년의 결격사유기간은 적용되지 않는다.

② 업무정지처분을 받은 개업공인중개사가 그 기간 중에 해당 중개업을 폐업하였다 하더라도 업무정지처분의 효력은 진행되는 것으로 본다.

③ 업무정지처분을 받은 개업공인중개사인 법인의 업무정지처분에 해당하는 위반행위를 한 당시의 고용인인 소속공인중개사 및 중개보조원은 해당 개업공인중개사에 대한 업무정지기간 중이라 하더라도 등록 등의 결격사유에 해당하지 아니한다.

④ 업무정지처분을 받은 개업공인중개사인 법인이 업무정지처분에 해당하는 위반행위를 한 이후에 임용된 사원 또는 임원도 해당 개업공인중개사에 대한 업무정지기간 동안은 등록 등의 결격사유에 해당한다.

⑤ 폐업신고 후 다시 개설등록을 한 개업공인중개사가 폐업신고 전의 위반행위로 인하여 등록이 취소된 경우 등록이 취소된 날로부터 3년에서 폐업기간을 공제한 기간만이 결격사유에 해당한다.

키워드 결격사유

해설 개업공인중개사인 법인의 업무정지의 사유가 발생한 당시의 사원 또는 임원이었던 자는 해당 개업공인중개사에 대한 업무정지기간 중에는 등록 등의 결격사유에 해당하지만, 업무정지처분에 해당하는 위반행위를 한 이후에 임용된 사원 또는 임원은 해당 개업공인중개사에 대한 업무정지기간 중이라 하더라도 등록 등의 결격사유에 해당하지 아니한다.

정답 24 ② 25 ④ 26 ④

27 등록취소 후 3년간 등록 등의 결격사유가 적용되지 <u>않는</u> 경우는?

① 「공인중개사법」을 위반하여 300만원 이상의 벌금형을 선고받아 등록이 취소된 자

② 업무보증을 설정하지 아니하고 중개업을 하여 등록이 취소된 자

③ 둘 이상의 중개사무소에 소속하여 등록이 취소된 자

④ 부정한 방법으로 등록하여 등록이 취소된 자

⑤ 둘 이상의 중개사무소를 설치하여 등록이 취소된 자

> **키워드** 결격사유
>
> **해설** 「공인중개사법」을 위반하여 300만원 이상의 벌금형을 선고받으면 벌금형을 선고를 받은 날부터 3년간 등록 등의 결격사유에 해당하게 되고, 등록 등의 결격사유에 해당하면 중개사무소의 개설등록이 취소된다.

28 등록취소 후 3년간 등록 등의 결격사유가 적용되는 경우는?

① 징역 2년, 집행유예 3년을 선고받아 등록이 취소된 경우

② 1년간 폐업 후 재등록한 자가 폐업 전의 위반사유로 등록이 취소된 경우

③ 건축물대장에 기재되지 아니한 건물로 중개사무소를 이전하여 등록이 취소된 경우

④ 법정중개보수를 초과하여 금품을 받아 등록이 취소된 경우

⑤ 법인이 해산되어 등록이 취소된 경우

> **키워드** 결격사유
>
> **해설** ① 집행유예기간인 3년간 결격사유가 적용되며, 이 경우 집행유예선고일로부터 3년간 결격사유에 해당한다.
> ② 등록취소 후 2년간(3년에서 폐업기간 1년 공제) 결격사유가 적용된다.
> ③ 등록기준 미달을 이유로 등록취소된 경우에는 결격사유를 적용하지 아니한다.
> ⑤ 개업공인중개사의 사망, 법인의 해산으로 인하여 등록이 취소된 경우에는 3년의 결격사유기간이 적용되지 않는다.

29 공인중개사법령상 등록 등의 결격사유에 해당되지 <u>않는</u> 자는?

① 업무정지처분을 받은 개업공인중개사인 법인의 업무정지의 사유가 발생한 당시의 사원 또는 임원이었던 자로서 해당 개업공인중개사에 대한 업무정지기간이 경과되지 아니한 자

② 금고 이상의 형의 집행유예를 받고 그 유예기간이 종료된 후 3년이 경과되지 아니한 자

③ 공인중개사의 자격이 정지된 자로서 자격정지기간 중에 있는 자

④ 공인중개사의 자격이 취소된 후 3년이 경과되지 아니한 자

⑤ 「공인중개사법」을 위반하여 300만원 이상의 벌금형의 선고를 받고 3년이 경과되지 아니한 자

키워드 결격사유

해설 금고 이상의 형의 집행유예를 받고 그 유예기간이 종료되면 등록 등의 결격사유에 해당되지 않는다.

30 공인중개사법령상 등록 등의 결격사유에 관한 설명으로 옳은 것을 모두 고른 것은?

中

> ㉠ 이 법을 위반하여 300만원 이상의 벌금형을 선고받아 등록이 취소된 자는 등록취소일로부터 3년간 결격사유에 해당한다.
> ㉡ 재등록한 개업공인중개사가 폐업 전의 위반행위로 등록이 취소된 경우 3년에서 폐업기간을 공제한 기간만 결격사유에 해당한다.
> ㉢ 금고 이상의 형의 실형선고를 받고 형 특별사면으로 집행면제를 받은 날로부터 3년이 경과하지 않은 자는 개업공인중개사등이 될 수 없다.
> ㉣ 금고 이상의 유기형을 선고받고 가석방된 자는 가석방된 날로부터 3년이 경과하면 결격사유에 해당하지 않는다.

① ㉠, ㉡　　　　　　　　　　　　② ㉠, ㉢

③ ㉢, ㉣　　　　　　　　　　　　④ ㉡, ㉢

⑤ ㉡, ㉣

키워드 결격사유

해설 ㉠ 이 법을 위반하여 300만원 이상의 벌금형을 선고받아 등록이 취소된 자는 벌금형 선고일로부터 3년간 결격사유에 해당한다.

㉣ 유기형의 가석방의 경우 가석방된 날로부터 3년이 지나야 하는 것이 아니라, 잔여 형기를 마치고 3년이 경과되어야 결격사유에 해당하지 않는다.

31 등록 등의 결격사유에 관한 설명으로 옳은 것을 모두 고른 것은?

> ㉠ 2022년 11월 1일에 징역 1년 6개월에 집행유예 3년을 선고받은 자는 2025년 11월 1일 이후에는 결격사유에서 벗어난다(단, 유예가 실효되지 않음을 전제함).
> ㉡ 질병, 장애, 노령, 그 밖의 사유로 인한 정신적 제약으로 사무를 처리할 능력이 부족한 자는 결격사유에 해당한다.
> ㉢ 2003년 9월 23일 오후 7시에 출생한 자는 2022년 9월 23일 0시부터 개업공인중개사의 결격사유에서 벗어난다.
> ㉣ 2021년 8월 11일에 금고 1년의 선고유예를 받은 자는 2022년 8월 11일 이후에는 결격사유에서 벗어난다(단, 유예가 실효되지 않음을 전제함).
> ㉤ 「형법」상 사기죄로 300만원의 벌금형을 선고받고 3년이 경과되지 아니한 자는 결격사유에 해당한다.
> ㉥ 「공인중개사법」에 의하여 2020년 5월 15일 중개사무소 개설등록취소를 당한 자는 2022년 5월 15일 이후에는 결격사유에서 벗어난다.

① ㉠, ㉡, ㉢

② ㉠, ㉢

③ ㉠, ㉢, ㉥

④ ㉢, ㉣, ㉤

⑤ ㉠, ㉢, ㉤, ㉥

키워드 결격사유

해설 ㉡ 질병, 장애, 노령, 그 밖의 사유로 인한 정신적 제약으로 사무를 처리할 능력이 부족한 자로서 법원의 한정후견개시 심판을 받은 자가 결격사유에 해당한다.
㉣ 선고유예는 「공인중개사법」상 결격사유에 해당하지 않는다.
㉤ 300만원 이상의 벌금형 선고는 「공인중개사법」을 위반한 경우에만 결격사유에 해당한다.
㉥ 등록취소 후 3년이 경과된 2023년 5월 15일 이후에 결격사유에서 벗어난다.

정답 **30** ④ **31** ②

32 공인중개사법령상 중개사무소 개설등록의 결격사유를 모두 고른 것은? •31회

> ㉠ 파산선고를 받고 복권되지 아니한 자
> ㉡ 피특정후견인
> ㉢ 공인중개사자격이 취소된 후 3년이 지나지 아니한 임원이 있는 법인
> ㉣ 개업공인중개사인 법인의 해산으로 중개사무소 개설등록이 취소된 후 3년이 지나지
> 않은 경우 그 법인의 대표이었던 자

① ㉠ ② ㉠, ㉢

③ ㉡, ㉢ ④ ㉡, ㉣

⑤ ㉠, ㉢, ㉣

키워드 결격사유

해설 ㉡ 피성년후견인과 피한정후견인은 결격사유자에 해당하지만 피특정후견인은 결격사유자에 해당하지 않는다.

㉣ 법인의 해산으로 등록이 취소되어도 3년의 결격사유기간의 규정은 적용되지 아니하므로, 그 법인의 대표이었던 자는 중개사무소 개설등록이 취소된 후 3년이 지나지 않은 경우라도 중개사무소의 개설등록은 가능하다.

33 공인중개사법령상 중개사무소 개설등록의 결격사유에 해당하지 <u>않는</u> 자는? •30회

① 「공인중개사법」을 위반하여 200만원의 벌금형의 선고를 받고 3년이 지나지 아니한 자

② 금고 이상의 실형의 선고를 받고 그 집행이 종료되거나 집행이 면제된 날부터 3년이 지나지 아니한 자

③ 공인중개사의 자격이 취소된 후 3년이 지나지 아니한 자

④ 업무정지처분을 받은 개업공인중개사인 법인의 업무정지의 사유가 발생한 당시의 사원 또는 임원이었던 자로서 해당 개업공인중개사에 대한 업무정지기간이 경과되지 아니한 자

⑤ 공인중개사의 자격이 정지된 자로서 자격정지기간 중에 있는 자

키워드 결격사유

해설 「공인중개사법」을 위반하여 300만원 이상의 벌금형의 선고를 받고 3년이 지나지 아니한 자는 결격사유에 해당한다(법 제10조 제1항 제11호). 따라서 「공인중개사법」을 위반하여 200만원의 벌금형의 선고를 받고 3년이 지나지 아니한 자는 결격사유에 해당하지 않는다.

34 공인중개사법령상 중개사무소 개설등록의 결격사유에 해당하는 자를 모두 고른 것은?

• 29회

ㄱ 피특정후견인
ㄴ 형의 선고유예를 받고 3년이 지나지 아니한 자
ㄷ 금고 이상의 형의 집행유예를 받고 그 유예기간 중에 있는 자
ㄹ 공인중개사자격증을 대여하여 그 자격이 취소된 후 3년이 지나지 아니한 자

① ㄱ, ㄴ
② ㄱ, ㄷ
③ ㄴ, ㄷ
④ ㄴ, ㄹ
⑤ ㄷ, ㄹ

키워드 결격사유

해설 ㄱ 피성년후견인과 피한정후견인은 결격사유자에 해당하지만 피특정후견인은 결격사유자에 해당하지 않는다.
ㄴ 집행유예를 받은 자는 그 유예기간 동안 결격사유자에 해당한다. 하지만 선고유예는 결격사유에 해당하지 않는다.

35 中 공인중개사법령상 甲이 중개사무소의 개설등록을 할 수 있는 경우에 해당하는 것은?

• 28회

① 甲이 부정한 방법으로 공인중개사의 자격을 취득하여 그 자격이 취소된 후 2년이 지나지 않은 경우

② 甲이 「도로교통법」을 위반하여 금고 이상의 실형을 선고받고 그 집행이 종료된 날부터 3년이 지나지 않은 경우

③ 甲이 등록하지 않은 인장을 사용하여 공인중개사의 자격이 정지되고 그 자격정지 기간 중에 있는 경우

④ 甲이 대표자로 있는 개업공인중개사인 법인이 해산하여 그 등록이 취소된 후 3년 이 지나지 않은 경우

⑤ 甲이 중개대상물 확인·설명서를 교부하지 않아 업무정지처분을 받고 폐업신고를 한 후 그 업무정지기간이 지나지 않은 경우

키워드 결격사유

해 설 ① 자격이 취소된 경우 3년간 결격사유에 해당한다. 따라서 3년이 지나야 중개사무소 의 개설등록이 가능하다.

② 금고 이상의 실형을 선고받고 그 집행이 종료된 날부터 3년이 지나야 결격사유에 해당하지 아니하므로, 3년이 지나지 않은 경우는 중개사무소의 개설등록이 불가능 하다.

③ 자격정지처분을 받은 경우 자격정지기간이 지나야 결격사유에 해당하지 아니하므 로, 자격정지기간 중에는 중개사무소의 개설등록은 불가능하다.

④ 법인이 해산한 경우 등록이 취소되어도 3년의 결격사유기간의 규정은 적용되지 아 니하므로, 3년이 지나지 않은 경우라도 중개사무소의 개설등록은 가능하다.

⑤ 업무정지처분을 받은 경우 업무정지기간이 지나야 결격사유에 해당하지 않는다. 따라서 업무정지기간이 지나지 않은 경우 중개사무소의 개설등록은 불가능하다.

36 공인중개사법령상 중개사무소의 개설등록에 관한 설명으로 <u>틀린</u> 것은? • 27회

① 사기죄로 징역 2년형을 선고받고 그 형의 집행이 3년간 유예된 경우, 그 유예기간이 종료된 공인중개사는 중개사무소의 개설등록을 할 수 있다.

② 배임죄로 징역 2년의 실형을 선고받고 그 집행이 종료된 날부터 2년이 지난 공인중개사는 중개사무소의 개설등록을 할 수 있다.

③ 등록관청은 이중으로 등록된 중개사무소의 개설등록을 취소해야 한다.

④ 개업공인중개사인 법인이 해산한 경우, 등록관청은 그 중개사무소의 개설등록을 취소해야 한다.

⑤ 등록관청은 중개사무소등록증을 교부한 경우, 그 등록에 관한 사항을 다음 달 10일까지 공인중개사협회에 통보해야 한다.

키워드 결격사유

해설 배임죄로 징역 2년의 실형을 선고받고 그 집행이 종료된 날부터 3년이 지난 공인중개사는 중개사무소의 개설등록을 할 수 있다.

37 2015년 10월 23일 현재 공인중개사법령상 중개사무소 개설등록 결격사유에 해당하는 자는? (주어진 조건만 고려함) • 26회

① 형의 선고유예기간 중에 있는 자

② 2009년 4월 15일 파산선고를 받고 2015년 4월 15일 복권된 자

③ 「도로교통법」을 위반하여 2012년 11월 15일 벌금 500만원을 선고받은 자

④ 거짓으로 중개사무소의 개설등록을 하여 2012년 11월 15일 개설등록이 취소된 자

⑤ 2015년 4월 15일 공인중개사자격의 정지처분을 받은 자

키워드 결격사유

해설 ① 형의 선고유예기간 중에 있는 자는 「공인중개사법」상 결격사유에 해당하지 않는다.
② 2015년 4월 15일에 복권결정처분을 받았으므로 2015년 10월 23일 현재 결격사유에 해당하지 않는다.
③ 「도로교통법」을 위반하여 2012년 11월 15일 벌금 500만원을 선고받은 자는 「공인중개사법」이 아닌 다른 법을 위반하여 300만원 이상의 벌금형을 받은 경우이므로 결격사유에 해당하지 않는다.
⑤ 2015년 4월 15일 공인중개사자격의 정지처분을 받은 자는 자격정지를 받은 기간이 지문에 명시되어 있지는 않지만 자격정지는 가중하여 처벌하는 경우라도 6개월을 초과할 수 없으므로 6개월을 적용하여도 결격사유에 해당하지 않는다.

정답 **35** ④ **36** ② **37** ④

38 공인중개사법령상 중개사무소 개설등록의 결격사유에 해당하지 <u>않는</u> 것은?　•25회

中

① 파산선고를 받고 복권되지 아니한 자

② 형의 선고유예를 받고 3년이 경과되지 아니한 자

③ 만 19세에 달하지 아니한 자

④ 「공인중개사법」을 위반하여 300만원 이상의 벌금형의 선고를 받고 3년이 경과되지 아니한 자

⑤ 금고 이상의 실형의 선고를 받고 그 집행이 종료되거나 집행이 면제된 날부터 3년이 지나지 아니한 자

키워드 결격사유

해설 「공인중개사법」 제10조의 결격사유에 집행유예는 해당하지만, 선고유예에 관한 규정은 없다.

정답　**38** ②

04 중개업무

더 많은 기출문제를 풀고 싶다면?
단원별 기출문제집
[공인중개사법령 및 중개실무]
pp.60~98

5개년 출제빈도 분석표

28회	29회	30회	31회	32회
7	6	6	10	8

빈출 키워드

☑ 업무의 범위　　　　☑ 고용인
☑ 중개사무소　　　　☑ 인장등록
☑ 휴업 등의 신고의무

대표기출　연습

01 공인중개사법령상 중개사무소의 설치에 관한 설명으로 틀린 것은?　•32회

① 법인이 아닌 개업공인중개사는 그 등록관청의 관할 구역 안에 1개의 중개사무소만 둘 수 있다.

② 다른 법률의 규정에 따라 중개업을 할 수 있는 법인의 분사무소에는 공인중개사를 책임자로 두지 않아도 된다.

③ 개업공인중개사가 중개사무소를 공동으로 사용하려면 중개사무소의 개설등록 또는 이전신고를 할 때 그 중개사무소를 사용할 권리가 있는 다른 개업공인중개사의 승낙서를 첨부해야 한다.

④ 법인인 개업공인중개사가 분사무소를 두려는 경우 소유·전세·임대차 또는 사용대차 등의 방법으로 사용권을 확보해야 한다.

⑤ 법인인 개업공인중개사가 그 등록관청의 관할 구역 외의 지역에 둘 수 있는 분사무소는 시·도별로 1개소를 초과할 수 없다.

키워드 중개사무소의 설치　　　　　28회, 29회, 30회, 31회, 32회
교수님 TIP 중개사무소의 설치규정에 관해 학습하여야 합니다.

해설 분사무소는 주된 사무소의 소재지가 속한 시·군·구를 제외한 시·군·구별로 설치하되, 시·군·구별로 1개소를 초과할 수 없다(영 제15조 제1항).

정답 ⑤

02 공인중개사법령상 법인인 개업공인중개사의 업무범위에 해당하지 <u>않는</u> 것은? (단, 다른 법령의 규정은 고려하지 않음)
•32회

① 주택의 임대관리
② 부동산 개발에 관한 상담 및 주택의 분양대행
③ 개업공인중개사를 대상으로 한 공제업무의 대행
④ 「국세징수법」상 공매대상 부동산에 대한 취득의 알선
⑤ 중개의뢰인의 의뢰에 따른 이사업체의 소개

| 키워드 | 중개법인의 겸업 가능 범위 | 28회, 29회, 30회, 31회, 32회 |
| 교수님 TIP | 중개법인의 겸업 가능한 업무를 암기하여야 합니다. | |

| 해설 | 법 제14조에서 규정하고 있는 법인인 개업공인중개사의 겸업 가능한 업무는 다음과 같다.

1. 상업용 건축물 및 주택의 임대관리 등 부동산의 관리대행
2. 부동산의 이용·개발 및 거래에 관한 상담
3. 개업공인중개사를 대상으로 한 중개업의 경영기법 및 경영정보의 제공
4. 상업용 건축물 및 주택의 분양대행
5. 중개업에 부수되는 업무로서 중개의뢰인의 의뢰에 따른 도배·이사업체의 소개 등 주거이전에 부수되는 용역의 알선
6. 「민사집행법」에 의한 경매 및 「국세징수법」 그 밖의 법령에 의한 공매대상 부동산에 대한 권리분석 및 취득의 알선과 매수신청 또는 입찰신청의 대리

정답 ③

제1절 업무의 범위

01 공인중개사법령상 개업공인중개사의 업무범위에 관한 설명으로 **틀린** 것은?

① 부칙 제6조 제2항에 규정된 개업공인중개사는 이사업체를 운영할 수 있다.

② 법인인 개업공인중개사는 부칙 제6조 제2항의 개업공인중개사를 대상으로 중개업의 경영정보를 제공할 수 있다.

③ 공인중개사인 개업공인중개사는 부동산의 이용·개발 및 거래에 관한 상담업무를 수행할 수 있다.

④ 부칙 제6조 제2항에 규정된 개업공인중개사는 경매 및 공매대상 부동산에 대한 권리분석 및 취득의 알선과 매수신청 또는 입찰신청의 대리를 할 수 없다.

⑤ 개업공인중개사가 경매부동산에 대한 매수신청 또는 입찰신청의 대리를 하기 위해서는 「공인중개사법」에 규정된 요건을 갖추어 등록관청에 등록하여야 한다.

키워드 개업공인중개사의 업무범위
해설 대법원규칙이 정하는 요건을 갖추어 법원에 등록하여야 한다.

정답 01 ⑤

02 공인중개사법령상 개업공인중개사의 업무범위로 틀린 것은?

① 공인중개사인 개업공인중개사 및 법인인 개업공인중개사(법인의 분사무소를 포함한다)의 업무지역은 전국이다.

② 공인중개사인 개업공인중개사에 소속된 소속공인중개사 및 중개보조원의 업무지역은 전국이다.

③ 부칙 제6조 제2항에 규정된 개업공인중개사가 이 법에 규정된 부동산거래정보망에 가입하고 이를 이용하여 중개하는 경우에는 해당 정보망에 공개된 관할 구역 외의 중개대상물에 대하여도 이를 중개할 수 있다.

④ 부칙 제6조 제2항에 규정된 개업공인중개사의 업무지역은 해당 중개사무소가 소재하는 시·군·구로 한다.

⑤ 개업공인중개사의 종별에 따라 개업공인중개사가 취급할 수 있는 중개대상물의 범위는 차등이 없다.

> **키워드** 개업공인중개사의 업무범위
> **해설** 부칙 제6조 제2항에 규정된 개업공인중개사의 업무지역은 해당 중개사무소가 소재하는 특별시·광역시·도이다.

03 개업공인중개사의 중개업무범위에 관한 설명으로 옳은 것은?

① 특수법인은 공인중개사법령상 상세한 규정이 없으므로 전국을 업무지역으로 할 수 없다.

② 다른 법률에서 허용하고 있지 않는 한 공인중개사인 개업공인중개사의 겸업 자체는 불가능하다.

③ 부칙 제6조 제2항에 규정된 개업공인중개사가 공인중개사인 개업공인중개사와 공동사무소를 구성하는 경우 업무지역은 확대되지 않는다.

④ 부칙 제6조 제2항에 규정된 개업공인중개사가 법인인 개업공인중개사와 사무소를 공동으로 사용하는 경우에는 법인인 개업공인중개사의 업무지역으로 확대된다.

⑤ 부칙 제6조 제2항에 규정된 개업공인중개사가 「공인중개사법」에 의한 부동산거래정보망에 가입하고 이를 이용하여 중개하는 경우에는 관할 구역 밖에 소재한 모든 중개대상물을 중개할 수 있다.

해설 ① 특수법인은 해당 법률에 업무지역에 관하여 특별히 제한규정을 두고 있지 않으므로 업무지역은 전국이다.
② 공인중개사인 개업공인중개사는 다른 법률에서 특별히 겸업을 제한하고 있지 않는 한 다른 업종을 겸업할 수 있다.
④ 부칙 제6조 제2항에 규정된 개업공인중개사가 중개법인과 사무소를 공동으로 사용하더라도 업무지역의 범위에는 영향을 미치지 않는다.
⑤ 부칙 제6조 제2항에 규정된 개업공인중개사가 「공인중개사법」에 의한 부동산거래정보망에 가입하고 이를 이용하여 중개하는 경우에도 부동산거래정보망에 공개되지 아니한 관할 구역 외의 중개대상물에 대하여는 중개할 수 없다.

04 공인중개사법령에 관한 설명으로 옳은 것은?

① 개업공인중개사가 「민사집행법」상 경매대상 부동산의 권리분석 및 취득의 알선을 하고자 하는 때에는 대법원규칙이 정하는 요건을 갖추어 법원에 등록을 하고 그 감독을 받아야 한다.
② 다른 법률의 규정에 의하여 중개업을 할 수 있는 법인은 중개사무소가 소재하는 시·도를 관할 구역으로 하되, 다만 부동산거래정보망에 가입하여 이를 이용하여 중개하는 경우에는 해당 정보망에 공개된 관할 구역 외의 지역의 부동산도 이를 중개할 수 있다.
③ 모든 개업공인중개사는 대법원규칙이 정하는 요건을 갖추어 법원에 등록하면 경매대상 부동산의 매수신청 또는 입찰신청의 대리를 할 수 있다.
④ 개업공인중개사는 다른 개업공인중개사의 소속공인중개사·중개보조원 또는 개업공인중개사인 법인의 사원·임원이 될 수 있다.
⑤ 모든 개업공인중개사는 상가의 분양대행을 할 수 있다.

해설 ① 경매대상 부동산의 권리분석 및 취득의 알선을 하고자 하는 때에는 법원에 등록을 하지 아니한다. 경매대상 부동산의 매수신청 또는 입찰신청의 대리를 하고자 하는 경우에 한하여 대법원규칙이 정하는 요건을 갖추어 법원에 등록을 하고 감독을 받아야 한다.
② 다른 법률의 규정에 의하여 중개업을 할 수 있는 법인의 업무지역은 전국이다.
③ 법인 및 공인중개사인 개업공인중개사에 한하여 경매대상 부동산의 매수신청 또는 입찰신청의 대리를 할 수 있다.
④ 「공인중개사법」상 이중소속은 금지된다.

정답 02 ④ 03 ③ 04 ⑤

05 개업공인중개사의 업무범위에 관한 설명으로 <u>틀린</u> 것은?

① 중개법인의 경영기법 및 경영의 정보제공 업무는 개업공인중개사만을 대상으로 한다.

② 「공인중개사법」상의 모든 개업공인중개사는 주택 및 상가의 분양대행을 할 수 있다.

③ 개업공인중개사가 「민사집행법」에 의한 경매 및 「국세징수법」 그 밖의 법령에 의한 공매대상 부동산에 대한 매수신청 또는 입찰신청의 대리를 하고자 하는 때에는 대법원규칙에 따라 법원에 등록을 하고 그 감독을 받아야 한다.

④ 법인 및 공인중개사인 개업공인중개사는 「민사집행법」에 의한 경매 및 「국세징수법」 그 밖의 법령에 의한 공매대상 부동산에 대한 권리분석 및 취득의 알선과 매수신청 또는 입찰신청의 대리를 할 수 있다.

⑤ 부칙 제6조 제2항에 규정된 개업공인중개사는 「민사집행법」에 의한 경매 및 「국세징수법」 그 밖의 법령에 의한 공매대상 부동산에 대한 권리분석 및 취득의 알선과 매수신청 또는 입찰신청의 대리를 할 수 없다.

키워드 개업공인중개사의 업무범위

해설 개업공인중개사가 「민사집행법」에 의한 경매대상 부동산에 대한 매수신청 또는 입찰신청의 대리를 하고자 하는 때에는 대법원규칙에 따라 법원에 등록을 하고 그 감독을 받아야 한다. 그러나 「국세징수법」 그 밖의 법령에 의한 공매대상 부동산에 대한 매수신청 또는 입찰신청의 대리를 하고자 하는 때에는 대법원규칙에 따른 별도의 등록을 필요로 하지 않는다.

06 중개법인(법인인 개업공인중개사)의 겸업 가능한 업무를 열거한 것이다. 다음 중 <u>틀린</u> 것은 모두 몇 개인가?

> ㉠ 중개의뢰인의 의뢰에 따른 주거이전에 부수되는 이사업체의 운영
> ㉡ 일반인을 대상으로 한 중개업의 경영기법 및 경영정보의 제공
> ㉢ 「건축물의 분양에 관한 법률」상 분양신고대상인 상가의 분양대행
> ㉣ 상업용 건축물 및 주택의 임대업
> ㉤ 「주택법」상의 사업계획승인대상이 주택의 분양대행
> ㉥ 경매 또는 공매대상 부동산에 대한 취득의 알선 및 입찰신청의 대리
> ㉦ 부동산의 이용·개발 및 거래에 관한 상담

① 1개
② 2개
③ 3개
④ 4개
⑤ 5개

해 설 ㉠ 이사업은 할 수 없고, 이사업체의 소개 등 용역의 알선을 할 수 있다.
　　　 ㉡ 중개법인의 중개업에 대한 경영기법 및 경영정보의 제공은 개업공인중개사만을 대
　　　　 상으로 할 수 있다.
　　　 ㉣ 임대업은 할 수 없고, 상가 및 주택의 임대관리 등 관리대행을 할 수 있다.

07 공인중개사법령상 법인인 개업공인중개사가 겸업할 수 있는 것을 모두 고른 것은? (단, 다른 법률의 규정은 고려하지 않음) • 30회

> ㉠ 상업용 건축물 및 주택의 분양대행
> ㉡ 부동산의 이용·개발 및 거래에 관한 상담
> ㉢ 개업공인중개사를 대상으로 한 중개업의 경영기법 및 경영정보의 제공
> ㉣ 중개의뢰인의 의뢰에 따른 도배·이사업체의 소개 등 주거이전에 부수되는 용역의 알선

① ㉠, ㉡　　　　　　　　　　　　② ㉠, ㉢
③ ㉠, ㉢, ㉣　　　　　　　　　　④ ㉡, ㉢, ㉣
⑤ ㉠, ㉡, ㉢, ㉣

키워드 법인의 겸업 가능 범위
해 설 ㉠㉡㉢㉣ 모두 법인인 개업공인중개사의 겸업 가능한 업무에 해당한다.

이론플러스 **법인의 겸업 가능한 업무**(법 제14조)

> 1. 상업용 건축물 및 주택의 임대관리 등 부동산의 관리대행
> 2. 부동산의 이용·개발 및 거래에 관한 상담
> 3. 개업공인중개사를 대상으로 한 중개업의 경영기법 및 경영정보의 제공
> 4. 상업용 건축물 및 주택의 분양대행
> 5. 중개업에 부수되는 업무로서 중개의뢰인의 의뢰에 따른 도배·이사업체의 소개 등 주거이전에 부수되는 용역의 알선
> 6. 「민사집행법」에 의한 경매 및 「국세징수법」 그 밖의 법령에 의한 공매대상 부동산에 대한 권리분석 및 취득의 알선과 매수신청 또는 입찰신청의 대리

08 공인중개사법령상 법인인 개업공인중개사가 겸업할 수 있는 업무를 모두 고른 것은?
中 (단, 다른 법률의 규정은 고려하지 않음)
• 29회

> ㉠ 주택의 임대관리 및 부동산의 임대업
> ㉡ 부동산의 이용·개발에 관한 상담
> ㉢ 중개의뢰인의 의뢰에 따른 주거이전에 부수되는 용역의 제공
> ㉣ 상업용 건축물의 분양대행
> ㉤ 「국세징수법」에 의한 공매대상 부동산에 대한 입찰신청의 대리

① ㉠, ㉡   ② ㉢, ㉣

③ ㉠, ㉢, ㉤   ④ ㉡, ㉢, ㉣

⑤ ㉡, ㉣, ㉤

키워드 법인의 겸업 가능 범위

해설 중개법인의 업무는 다음과 같다.

구 분	업무범위(법 제14조에 규정된 업무)
고유업	1. 중개업
겸업 가능	2. 상업용 건축물 및 주택의 임대관리 등 부동산의 관리대행
	3. 부동산의 이용·개발 및 거래에 관한 상담
	4. 개업공인중개사를 대상으로 한 중개업의 경영기법 및 경영정보의 제공
	5. 상업용 건축물 및 주택의 분양대행
	6. 중개업에 부수되는 업무로서 중개의뢰인의 의뢰에 따른 도배·이사업체의 소개 등 주거이전에 부수되는 용역의 알선
	7. 「민사집행법」에 의한 경매 및 「국세징수법」 그 밖의 법령에 의한 공매대상 부동산에 대한 권리분석 및 취득의 알선과 매수신청 또는 입찰신청의 대리

09 공인중개사법령상 법인인 개업공인중개사가 중개업과 겸업할 수 있는 업무가 <u>아닌</u> 것은? (다른 법률에 규정된 경우를 제외함) • 28회

① 주택의 임대관리
② 부동산의 개발에 관한 상담
③ 토지에 대한 분양대행
④ 개업공인중개사를 대상으로 한 중개업의 경영기법 제공
⑤ 중개의뢰인의 의뢰에 따른 주거이전에 부수되는 용역의 알선

키워드 법인의 겸업 가능 범위
해설 「공인중개사법」 제14조의 겸업에 관한 규정에 의하면 분양대행 업무는 주택 및 상가의 경우에 가능하므로, 토지의 분양대행 업무는 겸업 가능한 업무에 해당하지 않는다.

10 공인중개사법령상 법인인 개업공인중개사가 겸업할 수 있는 업무를 모두 고른 것은? (다른 법률에 따라 중개업을 할 수 있는 경우는 제외함) • 26회

> ㉠ 주택의 분양대행
> ㉡ 부동산의 이용·개발 및 거래에 관한 상담
> ㉢ 중개의뢰인의 의뢰에 따른 이사업체의 소개
> ㉣ 개업공인중개사를 대상으로 한 중개업의 경영기법의 제공

① ㉠, ㉢
② ㉡, ㉢
③ ㉠, ㉡, ㉢
④ ㉠, ㉡, ㉣
⑤ ㉠, ㉡, ㉢, ㉣

키워드 법인의 겸업 가능 범위
해설 ㉠㉡㉢㉣ 모두 법인인 개업공인중개사의 겸업 가능한 업무에 해당한다.

11 공인중개사법령상 법인인 개업공인중개사의 업무범위에 관한 설명으로 옳은 것은? (다른 법률에 따라 중개업을 할 수 있는 경우는 제외함) • 25회 수정

① 토지의 분양대행을 할 수 있다.
② 중개업에 부수되는 도배 및 이사업체를 운영할 수 있다.
③ 상업용 건축물의 분양대행을 할 수 없다.
④ 겸업제한규정을 위반한 경우, 등록관청은 중개사무소 개설등록을 취소할 수 있다.
⑤ 대법원규칙이 정하는 요건을 갖춘 경우, 법원에 등록하지 않고 경매대상 부동산의 매수신청대리를 할 수 있다.

키워드 법인의 겸업 가능 범위
해설 ① 분양대행은 주택 및 상가의 경우 대상이 되며, 토지는 대상이 되지 않는다.
② 도배 및 이사업체의 소개 등 주거이전에 부수되는 용역의 알선의 경우 겸업의 대상이 된다.
③ 상업용 건축물의 분양대행은 중개법인의 겸업 가능한 업무범위에 해당한다.
⑤ 대법원규칙이 정하는 요건을 갖춘 경우, 법원에 대리등록을 하고 경매대상 부동산의 매수신청대리를 할 수 있다. 하지만 단순히 알선업무만을 하는 경우라면 법원에 매수신청대리 등록을 하지 않고 알선업무를 할 수 있다.

제2절 **개업공인중개사의 고용인**

---

12 공인중개사법령상 고용인에 관한 설명으로 **틀린** 것은?

① 고용관계가 종료된 때에는 고용관계가 종료된 날로부터 10일 이내에 등록관청에 신고하여야 한다.
② 소속공인중개사 또는 중개보조원을 고용한 경우 업무개시 전까지 등록관청에 신고하여야 한다.
③ 위 ①, ②의 고용 및 고용관계 종료신고를 하지 않은 경우 100만원 이하의 과태료의 대상이 된다.
④ 소속공인중개사 또는 중개보조원의 업무상 행위는 그를 고용한 개업공인중개사의 행위로 본다.
⑤ 중개보조원은 중개업무를 수행할 수 없으므로 해당 중개업무를 보조하였다 하더라도 중개대상물 확인·설명서 및 거래계약서에 서명 및 날인의무가 없다.

■키워드■ 고용인
■해설■ 고용 및 고용관계 종료신고를 하지 않은 경우 업무정지처분의 대상이다.

13 개업공인중개사의 소속공인중개사 및 중개보조원에 관한 설명으로 **틀린** 것은?

① 고용인의 업무상 행위로 인하여 거래당사자에게 재산상의 손해를 발생하게 한 경우 그의 개업공인중개사는 무과실책임을 부담한다.

② 고용인의 중개업무상 과실로 발생한 손해에 대하여 개업공인중개사가 중개의뢰인에게 그 손해를 배상한 경우 개업공인중개사는 고용인에게 구상권을 행사할 수 있다.

③ 개업공인중개사는 소속공인중개사 또는 중개보조원과 고용관계가 종료된 경우 고용관계 종료일로부터 10일 이내에 등록관청에 신고하여야 한다.

④ 고용인이 업무상 행위를 함에 있어서 고의로 중개의뢰인에게 재산상 손해를 발생시킨 경우 중개의뢰인은 개업공인중개사에게 배상을 청구할 수 있다.

⑤ 위 ④의 경우 손해를 입은 거래당사자는 손해를 발생하게 한 고용인에게 1차적으로 청구하여야 하고, 개업공인중개사에게 직접 손해배상청구를 할 수 없다.

■키워드■ 고용인
■해설■ 개업공인중개사와 고용인에게 선택적 또는 공동으로 손해배상청구를 할 수 있다.

정답 **11** ④ **12** ③ **13** ⑤

14 개업공인중개사등의 고용인에 관한 설명으로 옳지 <u>않은</u> 것은?

① 고용인의 업무상 행위에 대하여 고용인과 그를 고용한 개업공인중개사는 부진정 연대채무관계에 있다.

② 소속공인중개사는 중개대상물의 확인·설명, 거래계약서 및 중개대상물 확인·설명서 작성 등의 중요한 업무를 수행할 수 있다.

③ 중개보조원은 중개업무를 수행할 수 없으므로 인장을 등록하여야 하는 의무는 없다.

④ 개업공인중개사가 고용한 소속공인중개사 또는 중개보조원은 고용신고를 해야할 고용인에 해당한다. 따라서 고용신고를 하지 아니한 소속공인중개사 또는 중개보조원의 업무상 행위에 대하여 개업공인중개사는 그 책임을 부담하지 아니한다.

⑤ 소속공인중개사 또는 중개보조원이 등록 등의 결격사유에 해당하면 2개월 이내에 해소하여야 한다.

> **키워드** 고용인
>
> **해설** 개업공인중개사가 고용한 소속공인중개사 또는 중개보조원은 고용신고를 하지 아니하였어도 고용인에 해당하므로 업무상 행위에 대한 책임은 져야 한다.

15 공인중개사법에서 규정하고 있는 소속공인중개사의 의무에 해당하는 것은 모두 몇 개인가?

> ㉠ 업무상 알게 된 비밀을 준수할 의무
> ㉡ 연수교육을 이수하여야 할 의무
> ㉢ 해당 중개업무를 수행한 경우 개업공인중개사를 대신하여 거래계약서를 작성할 의무
> ㉣ 중개행위에 사용할 인장을 등록할 의무
> ㉤ 해당 중개업무를 수행한 경우 중개대상물 확인·설명서 및 거래계약서에 서명 및 날인을 하여야 할 의무

① 1개　　　　　　　　　　② 2개
③ 3개　　　　　　　　　　④ 4개
⑤ 5개

> **키워드** 소속공인중개사의 의무
>
> **해설** ㉢ 소속공인중개사는 해당 중개업무를 수행한 경우라 하더라도 개업공인중개사를 대신하여 거래계약서를 작성할 의무는 없다. 다만, 이 경우 중개대상물 확인·설명서 및 거래계약서에 서명 및 날인을 하여야 할 의무가 있다.

16 개업공인중개사 甲은 소속공인중개사 乙과 중개보조원 丙을 고용하고자 한다. 공인중개사법령상 이에 관한 설명으로 옳은 것을 모두 고른 것은?　•31회

> ㉠ 丙은 외국인이어도 된다.
> ㉡ 乙에 대한 고용신고를 받은 등록관청은 乙의 직무교육 수료 여부를 확인하여야 한다.
> ㉢ 甲은 乙의 업무개시 후 10일 이내에 등록관청에 고용신고를 하여야 한다.

① ㉠

② ㉠, ㉡

③ ㉠, ㉢

④ ㉡, ㉢

⑤ ㉠, ㉡, ㉢

키워드 소속공인중개사와 중개보조원
해설 ㉡ 乙에 대한 고용신고를 받은 등록관청은 乙의 실무교육 수료 여부를 확인하여야 한다.
㉢ 甲은 乙의 업무개시 전까지 등록관청에 고용신고(전자문서에 의한 신고를 포함한다)를 하여야 한다.

17 공인중개사인 개업공인중개사 甲의 소속공인중개사 乙의 중개행위로 중개가 완성되었다. 공인중개사법령상 이에 관한 설명으로 **틀린** 것은?　•31회

① 乙의 업무상 행위는 甲의 행위로 본다.

② 중개대상물 확인·설명서에는 甲과 乙이 함께 서명 및 날인하여야 한다.

③ 乙은 甲의 위임을 받아 부동산거래계약 신고서의 제출을 대행할 수 있다.

④ 乙의 중개행위가 금지행위에 해당하여 乙이 징역형의 선고를 받았다는 이유로 甲도 해당 조(條)에 규정된 징역형을 선고받는다.

⑤ 甲은 거래당사자에게 손해배상책임의 보장에 관한 사항을 설명하고 관계 증서의 사본을 교부하거나 관계 증서에 관한 전자문서를 제공하여야 한다.

키워드 업무상 책임
해설 乙의 중개행위가 금지행위에 해당하여 乙이 징역형의 선고를 받은 경우 甲에게는 양벌규정에 의하여 해당 조(條)에 규정된 벌금형을 과한다. 다만, 甲이 그 위반행위를 방지하기 위하여 해당 업무에 관하여 상당한 주의와 감독을 게을리하지 아니한 경우에는 그러하지 아니하다.

정답 14 ④ 15 ④ 16 ① 17 ④

18 공인중개사법령상 개업공인중개사의 고용인에 관한 설명으로 **틀린** 것은? (다툼이 있으면 판례에 따름)

•30회

① 중개보조원의 업무상 행위는 그를 고용한 개업공인중개사의 행위로 본다.
② 개업공인중개사는 중개보조원과의 고용관계가 종료된 때에는 고용관계가 종료된 날부터 14일 이내에 등록관청에 신고하여야 한다.
③ 중개보조원이 중개업무와 관련된 행위를 함에 있어서 과실로 거래당사자에게 손해를 입힌 경우, 그를 고용한 개업공인중개사뿐만 아니라 중개보조원도 손해배상 책임이 있다.
④ 개업공인중개사가 소속공인중개사를 고용한 경우에는 개업공인중개사 및 소속공인중개사의 공인중개사자격증 원본을 중개사무소에 게시하여야 한다.
⑤ 중개보조원의 고용신고는 전자문서에 의해서도 할 수 있다.

> **키워드** 고용인
> **해설** 개업공인중개사는 소속공인중개사 또는 중개보조원과의 고용관계가 종료된 때에는 고용관계가 종료된 날부터 10일 이내에 등록관청에 신고하여야 한다(규칙 제8조 제4항).

19 개업공인중개사 甲의 소속공인중개사 乙이 중개업무를 하면서 중개대상물의 거래상 중요사항에 관하여 거짓된 언행으로 중개의뢰인 丙의 판단을 그르치게 하여 재산상 손해를 입혔다. 공인중개사법령에 관한 설명으로 **틀린** 것은?

•29회

① 乙의 행위는 공인중개사 자격정지사유에 해당한다.
② 乙은 1년 이하의 징역 또는 1천만원 이하의 벌금에 처한다.
③ 등록관청은 甲의 중개사무소 개설등록을 취소할 수 있다.
④ 乙이 징역 또는 벌금형을 선고받은 경우 甲은 乙의 위반행위 방지를 위한 상당한 주의·감독을 게을리하지 않았더라도 벌금형을 받는다.
⑤ 丙은 甲에게 손해배상을 청구할 수 있다.

> **키워드** 금지행위
> **해설** 乙이 징역 또는 벌금형을 선고받은 경우 甲은 乙의 위반행위 방지를 위한 상당한 주의·감독을 게을리하지 않은 경우 벌금형을 받지 않는다.

20 개업공인중개사 甲과 그가 고용한 중개보조원 乙에 관한 설명으로 **틀린** 것은?

① 乙이 고의 또는 과실로 중개의뢰인에게 손해를 끼친 경우에 甲은 손해배상책임을 진다.

② 乙이 업무상 행위로 중개의뢰인에게 손해를 끼친 경우에 甲이 무과실이면 손해배상책임은 당사자인 乙에게 한정된다.

③ 乙이 중개보수를 초과수수하여 적발된 경우 乙의 업무상 행위는 그를 고용한 甲의 행위로 보므로 행정상 책임을 물어 甲에게는 등록취소처분이 내려질 수 있다.

④ 乙로 인하여 손해를 입은 중개의뢰인은 甲과 乙에 대하여 연대 또는 선택적으로 손해배상을 청구할 수 있다.

⑤ 乙의 과실로 甲이 중개의뢰인에게 손해배상을 한 경우에는 甲은 乙에게 구상권을 행사할 수 있다.

키워드 업무상 책임

해설 고용인의 업무상 행위는 그를 고용한 개업공인중개사의 행위로 간주되므로, 甲은 과실이 없어도 乙과 함께 부진정연대채무 성격의 손해배상책임을 부담한다.

21

고용인에 관한 설명으로 옳은 것은 모두 몇 개인가?

> ㉠ 고용인의 업무상 행위는 그를 고용한 개업공인중개사의 행위로 보므로 고용인의 고의 또는 과실로 발생한 손해는 개업공인중개사만이 책임을 부담한다.
> ㉡ 고용인의 고의 또는 과실로 발생한 손해를 개업공인중개사가 배상한 경우 고용인에게 구상권을 행사할 수 있다.
> ㉢ 개업공인중개사가 거래당사자에게 재산상 손해를 발생시키면 고용인도 함께 책임을 부담한다.
> ㉣ 고용인이 「공인중개사법」상 징역 또는 벌금형에 해당하는 위반행위를 한 경우 그를 고용한 개업공인중개사도 동일한 형벌을 받는다.
> ㉤ 「공인중개사법」 위반행위자가 중개보조원인 경우 중개보조원은 행정처분의 대상자는 되지 않으며, 개업공인중개사만 행정처분의 대상이 된다.

① 0개
② 1개
③ 2개
④ 3개
⑤ 4개

키워드 고용인

해설 ㉠ 고용인과 개업공인중개사가 공동으로 책임을 부담한다.
㉢ 개업공인중개사가 거래당사자에게 재산상 손해를 발생시킨 경우 개업공인중개사만 책임을 부담한다.
㉣ 고용인이 「공인중개사법」상 징역 또는 벌금형에 해당하는 위반행위를 한 경우 그 행위자는 징역형 또는 벌금형에 처하고, 그를 고용한 개업공인중개사에 대하여도 해당 조(條)에 규정된 벌금형에 처한다. 다만, 그 개업공인중개사가 위반행위를 방지하기 위하여 상당한 주의와 감독을 게을리하지 아니한 경우에는 그러하지 아니하다.

22 공인중개사인 개업공인중개사 甲과 그가 고용한 소속공인중개사인 乙에 관한 설명으로
🔘 **틀린** 것은?

① 乙이 중개업무에 관하여 징역형 또는 벌금형에 해당하는 위반행위를 하였더라도
乙의 이러한 위반행위를 방지하기 위하여 甲이 상당한 주의와 감독을 게을리하지
아니하였다면 甲은 형벌을 받지 않는다.

② 乙이 법정중개보수를 초과하여 금품을 받음을 이유로 징역형을 선고받았을 경우
甲의 공인중개사자격이 취소될 수 있다.

③ 乙로 인하여 손해를 입은 중개의뢰인은 甲과 乙에 대하여 연대 또는 선택적으로
손해배상을 청구할 수 있다.

④ 乙이 고의 또는 과실로 중개의뢰인에게 손해를 끼친 경우에 甲은 무과실을 입증
하더라도 손해배상책임을 진다.

⑤ 乙이 중개의뢰인의 판단을 그르치는 거짓된 언행을 함으로써 甲이 벌금형을 선고
받았을 경우 甲은 「공인중개사법」 제10조 소정의 등록 등의 결격사유가 적용되지
아니한다.

키워드 업무상 책임

해설 고용인(乙)의 「공인중개사법」상 위반행위로 인하여 그를 고용한 개업공인중개사가 징
역형을 선고받지는 아니하므로, 개업공인중개사(甲)의 공인중개사자격이 취소되지 아
니한다.

정답 **21** ③ **22** ②

23 개업공인중개사 甲의 소속공인중개사인 乙은 사적인 일로 丙과 단둘이 다투다가 폭행죄로 징역 1년에 집행유예 2년을 선고받고 집행유예기간 중에 있다. 다음 설명으로 옳은 것은?

① 乙은 집행유예를 선고받았으므로 乙의 공인중개사자격은 당연히 취소된다.

② 甲은 乙이 丙에게 가한 손해에 대해서도 배상책임을 진다.

③ 甲은 양벌규정에 의하여 1천만원 이하의 벌금형을 선고받을 수 있다.

④ 乙이 벌금형 이상을 선고받았으므로 甲의 등록은 취소된다.

⑤ 乙은 다른 개업공인중개사의 소속공인중개사가 될 자격이 없다.

> **키워드** 고용인
>
> **해설** ① 폭행죄로 인하여 집행유예를 선고받은 경우에 공인중개사자격은 취소되지 않는다.
> ② 「공인중개사법」 위반에 해당하지 않기 때문에 개업공인중개사 甲은 손해배상책임을 지지 않는다.
> ③ 개업공인중개사는 양벌규정이 적용되지 아니하므로 벌금형을 선고받지 아니한다.
> ④ 개업공인중개사는 고용인의 「공인중개사법」상 위반행위(제48조, 제49조)에 해당하는 경우에 한하여 양벌규정을 적용받는다. 따라서 소속공인중개사인 乙이 사적인 일로 형벌을 받은 경우에는 개업공인중개사는 「공인중개사법」 제50조 소정의 양벌규정이 적용되지 아니하므로, 개업공인중개사는 행정처분 및 행정벌의 처벌을 받지 않는다.

24 공인중개사법령상 개업공인중개사의 고용인에 관한 설명으로 틀린 것은? • 32회

① 개업공인중개사는 중개보조원과 고용관계가 종료된 경우 그 종료일부터 10일 이내에 등록관청에 신고해야 한다.

② 소속공인중개사의 고용신고를 받은 등록관청은 공인중개사자격증을 발급한 시·도지사에게 그 소속공인중개사의 공인중개사자격 확인을 요청해야 한다.

③ 중개보조원뿐만 아니라 소속공인중개사의 업무상 행위는 그를 고용한 개업공인중개사의 행위로 본다.

④ 개업공인중개사는 중개보조원을 고용한 경우, 등록관청에 신고한 후 업무개시 전까지 등록관청이 실시하는 직무교육을 받도록 해야 한다.

⑤ 중개보조원의 고용신고를 받은 등록관청은 그 사실을 공인중개사협회에 통보해야 한다.

키워드 고용인 고용 및 종료신고

해설 개업공인중개사는 중개보조원을 고용한 경우에는 시·도지사 또는 등록관청이 실시하는 직무교육을 받도록 한 후 업무개시 전까지 등록관청에 신고하여야 한다(규칙 제8조 제1항).

25 공인중개사법령상 개업공인중개사의 고용인의 신고에 관한 설명으로 옳은 것은?

• 28회

① 소속공인중개사에 대한 고용신고는 전자문서에 의하여도 할 수 있다.

② 중개보조원에 대한 고용신고를 받은 등록관청은 시·도지사에게 그의 공인중개사 자격 확인을 요청해야 한다.

③ 중개보조원은 고용신고일 전 1년 이내에 실무교육을 받아야 한다.

④ 개업공인중개사는 소속공인중개사와의 고용관계가 종료된 때에는 고용관계가 종료된 날부터 30일 이내에 등록관청에 신고해야 한다.

⑤ 외국인을 소속공인중개사로 고용신고하는 경우에는 그의 공인중개사자격을 증명하는 서류를 첨부해야 한다.

키워드 고용인 고용 및 종료신고

해설 ② 소속공인중개사에 대한 고용신고를 받은 등록관청은 시·도지사에게 그의 공인중 개사자격 확인을 요청해야 한다.

③ 소속공인중개사는 고용신고일 전 1년 이내에 실무교육을 이수하여야 한다. 중개보조원은 직무교육의 대상이다.

④ 소속공인중개사 또는 중개보조원과의 고용관계가 종료된 때에는 고용관계가 종료된 날부터 10일 이내에 등록관청에 신고해야 한다.

⑤ 외국인을 소속공인중개사로 고용신고하는 경우에는 공인중개사자격을 증명하는 서류는 제출서류에 포함되지 않는다. 이 경우 등록관청은 공인중개사자격증을 발급한 시·도지사에게 공인중개사자격 확인을 요청해야 한다.

정답 23 ⑤ 24 ④ 25 ①

26 공인중개사법령상 중개보조원에 관한 설명으로 틀린 것은? ・27회

① 중개보조원은 공인중개사가 아닌 자로서 개업공인중개사에 소속되어 중개대상물에 대한 현장안내 및 일반서무 등 개업공인중개사의 중개업무와 관련된 단순한 업무를 보조하는 자이다.

② 중개보조원은 고용관계가 종료된 날부터 7일 이내에 등록관청에 그 사실을 신고해야 한다.

③ 중개보조원은 인장등록 의무가 없다.

④ 개업공인중개사는 중개보조원을 고용한 경우 등록관청에 신고할 의무가 있다.

⑤ 중개보조원의 업무상 행위는 그를 고용한 개업공인중개사의 행위로 본다.

키워드 고용인 고용 및 종료신고

해설 소속공인중개사 또는 중개보조원과의 고용관계가 종료된 때에는 고용관계가 종료된 날부터 10일 이내에 등록관청에 신고해야 한다.

27 공인중개사법령상 개업공인중개사의 고용인과 관련된 설명으로 옳은 것은? (다툼이 있으면 판례에 따름) ・26회

① 소속공인중개사에 대한 고용신고를 받은 등록관청은 공인중개사자격증을 발급한 시・도지사에게 그 자격 확인을 요청해야 한다.

② 개업공인중개사가 소속공인중개사를 고용한 경우 그 업무개시 후 10일 이내에 등록관청에 신고해야 한다.

③ 소속공인중개사는 고용신고일 전 1년 이내에 직무교육을 받아야 한다.

④ 중개보조원의 업무상 행위는 그를 고용한 개업공인중개사의 행위로 추정한다.

⑤ 중개보조원의 업무상 과실로 인한 불법행위로 의뢰인에게 손해를 입힌 경우 개업공인중개사가 손해배상책임을 지고, 중개보조원은 그 책임을 지지 않는다.

키워드 고용인 고용 및 종료신고

해설 ② 개업공인중개사가 소속공인중개사를 고용한 경우 그 업무개시 전까지 등록관청에 신고해야 한다.

③ 소속공인중개사는 고용신고일 전 1년 이내에 실무교육을 받아야 한다.

④ 중개보조원의 업무상 행위는 그를 고용한 개업공인중개사의 행위로 본다.

⑤ 중개보조원의 업무상 과실로 인한 불법행위로 의뢰인에게 손해를 입힌 경우 개업공인중개사와 중개보조원은 연대하여 그 손해를 배상하여야 할 책임을 진다.

28 공인중개사법령상 중개보조원에 관한 설명으로 옳은 것은?

• 25회 수정

① 개업공인중개사인 법인의 임원은 다른 개업공인중개사의 중개보조원이 될 수 있다.

② 중개보조원의 업무상 행위는 그를 고용한 개업공인중개사의 행위로 보지 않는다.

③ 중개보조원은 중개대상물 확인·설명서에 날인할 의무가 있다.

④ 개업공인중개사는 중개보조원과의 고용관계가 종료된 때에는 종료된 날부터 1개월 이내에 등록관청에 신고해야 한다.

⑤ 중개보조원의 업무상 행위가 법령을 위반하더라도 중개보조원에게 업무정지처분을 명할 수 있는 규정은 없다.

키워드 고용인 고용 및 종료신고

해설 ① 개업공인중개사인 법인의 임원은 다른 개업공인중개사의 중개보조원이 될 수 없다.
② 중개보조원의 업무상 행위는 그를 고용한 개업공인중개사의 행위로 본다.
③ 중개보조원은 중개대상물 확인·설명서에 서명 및 날인할 의무가 없다.
④ 개업공인중개사는 중개보조원과의 고용관계가 종료된 때에는 종료된 날부터 10일 이내에 등록관청에 신고해야 한다.

정답 26 ② 27 ① 28 ⑤

29 중개사무소 설치에 관한 설명으로 옳은 것은?

① 개업공인중개사는 그 등록관청 관할 구역 안에 중개사무소를 두되, 1개의 중개사무소만을 둘 수 있다.

② 개업공인중개사가 중개사무소 외에 분양대행을 위한 별도의 사무소를 두는 것은 「공인중개사법」상 금지된다.

③ 현행 「공인중개사법」상 무허가·불법 건축물이나 가설건축물에는 중개사무소를 설치할 수 없다.

④ 개업공인중개사가 둘 이상의 중개사무소를 설치하거나 천막 그 밖에 이동이 용이한 임시 중개시설물을 설치한 경우 3년 이하의 징역 또는 3천만원 이하의 벌금형에 해당한다.

⑤ 중개사무소는 일정 면적 이상이어야 하며, 특히 중개사무소를 2인 이상이 공동으로 사용하는 경우에는 그 면적이 50제곱미터 이상이어야 한다.

> **키워드** 중개사무소의 설치
>
> **해설** ① 분사무소는 주된 사무소 소재지가 속한 시·군·구를 제외한 시·군·구별로 설치하되, 시·군·구별로 1개소를 초과할 수 없다.
> ② 분양대행은 중개업무가 아니므로 분양대행을 위한 별도의 사무소를 두는 것은 「공인중개사법」상 금지되지 않는다.
> ④ 3년 이하의 징역 또는 3천만원 이하의 벌금형 ⇨ 1년 이하의 징역 또는 1천만원 이하의 벌금형
> ⑤ 중개사무소는 면적 제한이 없다. 이는 공동으로 사용하는 경우에도 같다.

30 공인중개사법령상 분사무소에 관한 설명으로 옳은 것은?

① 분사무소설치신고서는 주된 사무소 등록관청에 제출하여야 하며, 이 경우 분사무소 책임자는 직무교육 수료확인증 사본을 제출하여야 한다.

② 주된 사무소 관할 등록관청은 분사무소 실시신고를 받은 때에는 신고내용이 적합한 경우 지체 없이 분사무소설치신고확인서를 교부하여야 한다.

③ 중개사무소 개설등록신청 시와는 달리 분사무소 설치신고 시는 업무보증설정 증명서류를 제출하여야 한다.

④ 분사무소설치신고확인서를 교부한 주된 사무소 관할 등록관청은 7일 이내에 그 분사무소 설치예정지역을 관할하는 시장·군수·구청장에게 이를 통보하여야 한다.

⑤ 분사무소를 설치하는 경우 손해배상책임을 보장하기 위하여 최소 2억원 이상의 보증을 추가로 설정하여야 한다.

키워드 분사무소의 설치신고

해설 ① 분사무소설치신고서는 주된 사무소 등록관청에 제출하여야 하며, 이 경우 대표자는 책임자의 실무교육 수료확인증 사본을 제출하여야 한다.

② 주된 사무소 관할 등록관청은 분사무소 설치신고를 받은 때에는 신고내용이 적합한 경우 7일 이내에 분사무소설치신고확인서를 교부하여야 한다.

④ 분사무소설치신고확인서를 교부한 주된 사무소 관할 등록관청은 지체 없이 그 분사무소 설치예정지역을 관할하는 시장·군수·구청장에게 이를 통보하여야 한다.

⑤ 분사무소를 설치하는 경우 손해배상책임을 보장하기 위하여 최소 1억원 이상의 보증을 추가로 설정하여야 한다.

31 중개법인의 분사무소에 관한 설명으로 옳은 것은?

中

① 분사무소 설치기준은 국토교통부령으로 정한다.

② 분사무소설치신고확인서를 잃어버리거나 못쓰게 된 경우에는 분사무소 관할 등록관청에 재교부를 신청할 수 있다.

③ 분사무소 설치신고를 하고자 하는 경우 중개사무소의 개설등록신청을 하고자 하는 경우와는 달리 업무보증설정 증명서류를 구비서류로 제출하여야 한다.

④ 분사무소설치신고확인서를 교부한 주된 사무소 등록관청은 10일 이내에 공인중개사협회에 분사무소 설치신고사항을 통보하여야 한다.

⑤ 분사무소설치신고확인서를 교부한 등록관청은 지체 없이 분사무소 설치예정지를 관할하는 시장·군수 또는 구청장에게 분사무소와 관련된 서류를 송부하여야 한다.

키워드 분사무소의 설치신고

해설 ① 분사무소 설치기준은 대통령령으로 정한다.

② 분사무소설치신고확인서를 잃어버리거나 못쓰게 된 경우에는 주된 사무소 관할 등록관청에 재교부를 신청할 수 있다.

④ 10일 이내에 ⇨ 다음 달 10일까지

⑤ 분사무소설치신고확인서를 교부한 등록관청은 지체 없이 분사무소 설치예정지를 관할하는 시장·군수 또는 구청장에게 분사무소 설치신고를 받은 사항에 대해 통보하여야 한다.

정답 29 ③ 30 ③ 31 ③

32 A군(郡)에 중개사무소를 두고 있는 공인중개사 甲과 중개법인 乙, 乙법인 분사무소의 책임자 丙 및 소속공인중개사 丁에 관한 설명으로 옳은 것은?

① 甲은 B군에 분사무소를 둘 수 있다.
② 甲이 B군에 임시 중개시설물을 설치한 경우 등록이 취소될 수 있으며, 3년 이하의 징역 또는 3천만원 이하의 벌금형에 처하게 된다.
③ 乙은 B군, C군, D군에 각 분사무소 1개소를 설치할 수 있다.
④ 乙이 B군에 분사무소를 두고자 할 때는 B군 군수에게 관련 제출서류를 제출하여야 한다.
⑤ 丙은 분사무소 설치신고 전에 직무교육을 받아야 한다.

키워드 분사무소의 설치

해설 ① 공인중개사인 개업공인중개사는 분사무소를 설치할 수 없다.
② 임시 중개시설물을 설치하는 경우에는 등록취소가 될 수 있으며, 1년 이하의 징역 또는 1천만원 이하의 벌금형에 처한다.
④ 분사무소의 설치신고 시에는 주된 사무소의 등록관청인 A군 군수에게 관련 제출서류를 제출하여야 한다.
⑤ 丙은 분사무소 설치신고 전에 실무교육을 받아야 한다.

33 서울특별시 강남구에서 중개업을 하고 있는 중개법인 甲, 공인중개사인 개업공인중개사 乙, 부칙 제6조 제2항에 규정된 개업공인중개사 丙, 특수법인 丁의 중개사무소에 관한 설명으로 옳은 것은?

① 甲과 丁이 경기도 성남시에 분사무소를 두는 경우 성남시에 분당구 및 수정구·중원구가 있다면 그중 1개의 구에만 분사무소를 둘 수 있다.
② 甲이 대전광역시 서구에 분사무소를 두고자 하는 경우 서구청장에게 신고하여야 한다.
③ 乙 및 丙이 甲과 중개사무소를 공동으로 사용하는 경우에는 별도로 1개의 중개사무소를 둘 수 있다.
④ 甲이 경기도 고양시 일산서구에 분사무소를 설치하는 경우 그 신고는 강남구청장에게 하여야 하고, 분사무소 설치신고 시 제출받은 서류를 지체 없이 일산서구청장에게 송부하여야 한다.
⑤ 丁은 서울특별시 구로구에 분사무소를 둘 수 있으며, 이 경우 강남구 조례가 정하는 수수료를 납부하여야 한다.

해 설 ① 분당구 및 수정구·중원구에 각각 1개씩 분사무소를 둘 수 있다.
② 강남구청장에게 신고하여야 한다.
③ 乙 및 丙은 공동으로 사용하는 중개사무소 외에 추가로 중개사무소를 둘 수 없다.
④ 분사무소 설치신고 시 제출받은 서류는 강남구청장이 보관하며 일산서구청장에게
송부하지 아니한다. 다만, 분사무소설치신고확인서를 교부한 강남구청장은 지체
없이 일산서구청장에게 분사무소 설치신고 사실을 통보하여야 한다.

34 개업공인중개사의 중개사무소 공동사용에 관한 설명으로 옳은 것은?

中

① 타인의 건물을 임차하여 사용하는 개업공인중개사의 중개사무소를 공동으로 사
용하고자 하는 다른 개업공인중개사는 중개사무소 개설등록신청서 또는 중개사
무소 이전신고서에 건물주(임대인)의 승낙서를 첨부하여야 한다.

② 중개사무소를 공동으로 사용하는 개업공인중개사는 소속공인중개사 또는 중개보
조원을 공동으로 고용할 수 있다.

③ 공동으로 사용하는 사무소의 개업공인중개사 A, B, C 중 A 개업공인중개사가
등록취소처분을 받은 경우 B, C 개업공인중개사는 계속 중개업을 할 수 있다.

④ 중개사무소를 공동으로 사용하는 개업공인중개사는 중개사무소의 개설등록이나
인장등록을 공동명의로 할 수 있다.

⑤ 업무정지기간 중에 있는 개업공인중개사가 다른 개업공인중개사의 중개사무소를
공동으로 사용하기 위하여 중개사무소의 이전신고를 하는 방법으로 공동사무소
를 설치할 수 있다.

키워드 중개사무소 공동사용
해 설 ① 건물주(임대인)의 승낙서 ⇨ 해당 중개사무소를 사용할 권리가 있는 다른 개업공인
중개사의 승낙서
② 고용인을 공동으로 고용하면 이는 이중소속에 해당하므로 허용되지 않는다.
④ 중개사무소의 개설등록이나 인장등록도 개업공인중개사별로 각자 하여야 하고, 중
개사고에 따른 책임도 각자 부담한다.
⑤ 설치할 수 있다. ⇨ 설치할 수 없다.

35 공인중개사법령상 중개사무소의 공동사용에 관한 설명으로 옳은 것은?

① 업무정지기간 중에 있는 개업공인중개사가 다른 개업공인중개사에게 중개사무소의 공동사용을 위하여 승낙서를 주는 방법으로 공동사무소 설치는 가능하다.

② 종별이 다른 개업공인중개사가 중개사무소를 공동으로 사용하는 경우 등록관청은 모두 동일하지만 업무지역은 다를 수 있다.

③ 중개사무소를 공동으로 사용하고자 하는 경우에는 등록관청의 승인을 받아야 한다.

④ 부칙 제6조 제2항에 규정된 개업공인중개사 및 공인중개사인 개업공인중개사는 다른 개업공인중개사와 중개사무소를 공동으로 사용할 수 없다.

⑤ 부칙 제6조 제2항에 규정된 개업공인중개사가 법인 또는 공인중개사인 개업공인중개사와 중개사무소를 공동으로 사용하는 경우 업무지역은 전국으로 확대된다.

키워드 중개사무소 공동사용

해설 ① 업무정지기간 중에 있는 개업공인중개사가 다른 개업공인중개사에게 중개사무소의 공동사용을 위하여 승낙서를 주는 방법으로 공동사무소 설치는 불가능하다.

③ 공동사무소의 설치는 신규로 등록을 신청하는 방법과 이전신고를 하여 설치하는 방법으로 크게 2가지로 나누어진다. 따라서 승인을 받는 사항이 아니다.

④ 개업공인중개사의 종별과 관계없이 개업공인중개사는 중개사무소를 공동으로 사용할 수 있다.

⑤ 부칙 제6조 제2항에 규정된 개업공인중개사가 법인 및 공인중개사인 개업공인중개사와 중개사무소를 공동으로 사용하더라도 업무지역은 전국으로 확대되지 아니한다.

36 중개사무소 이전신고에 관한 내용으로 틀린 것은?

① 甲군(郡)에 사무소를 둔 개업공인중개사 A는 2022년 1월 10일 乙군으로 사무소를 이전하고 같은 해 1월 18일에 乙군 군수에게 이전사실을 신고하였다.

② 개업공인중개사 B는 중개사무소를 丙군에서 丁군으로 이전한 후 법정기간 내에 이전신고를 하지 않아 과태료처분을 받았다.

③ 중개법인 C의 분사무소 책임자 D는 분사무소를 이전하고, 그 분사무소를 관할하는 등록관청에 이전신고를 하였다.

④ 개업공인중개사 E는 중개사무소를 이전하고 공인중개사법령에 따라 등록관청에 신고하면서 중개사무소의 법적 요건을 갖춘 건물의 임대차계약서도 같이 제출하였다.

⑤ 개업공인중개사 F는 개업공인중개사 G가 사용 중인 중개사무소로 이전하고 G의 승낙서와 필요한 서류를 첨부하여 공인중개사법령에 따라 중개사무소 이전신고를 하였다.

키워드 중개사무소 이전

해설 분사무소 이전신고는 이전 후 10일 이내에 주된 사무소 소재지 관할 등록관청에 하여야 한다.

37 공인중개사법령상 개업공인중개사의 중개사무소 이전에 관한 설명으로 옳은 것은?
中

① 다른 개업공인중개사의 중개사무소로 이전한 경우 이전신고서에 그 중개사무소를 사용할 권리가 있는 개업공인중개사의 승낙서는 필수적 첨부서류이다.

② 가설건축물대장에 기재된 건물로 이전한 경우 등록관청은 100만원 이하의 과태료에 처한다.

③ 부칙 제6조 제2항에 규정된 개업공인중개사가 중개사무소를 다른 시·도 지역으로 이전한 경우 등록관청은 변경되지만 업무지역에는 변화가 없다.

④ 개업공인중개사가 중개사무소를 이전한 때에는 내통령령으로 정하는 바에 따라 지체 없이 신고하여야 한다.

⑤ 분사무소 이전신고를 받은 주된 사무소 소재지 등록관청은 7일 이내에 이전 전 및 이전 후의 분사무소의 소재지를 관할하는 등록관청에 통보하여야 한다.

키워드 중개사무소 이전

해설 ② 가설건축물대장에 기재된 건물은 중개사무소로 사용하기에 부적합하다. 이 경우 등록기준에 미달하게 되므로 등록관청은 중개사무소 개설등록을 취소할 수 있다.

③ 부칙 제6조 제2항에 규정된 개업공인중개사가 중개사무소를 다른 시·도 지역으로 이전한 경우 등록관청은 이전 후의 사무소가 소재하는 시장·군수 또는 구청장으로 변경되며, 업무지역도 이전 후의 사무소가 소재하는 시·도로 변경된다.

④ 개업공인중개사가 중개사무소를 이전한 때에는 국토교통부령으로 정하는 바에 따라 이전한 날부터 10일 이내에 신고하여야 한다.

⑤ 분사무소 이전신고를 받은 주된 사무소 소재지 등록관청은 지체 없이 이전 전 및 이전 후의 분사무소의 소재지를 관할하는 등록관청에 통보하여야 한다.

정답 **35** ② **36** ③ **37** ①

38 공인중개사법령상 중개사무소의 이전 등에 관한 설명으로 옳은 것은?

① 이전신고를 받은 이전 후의 등록관청은 종전의 등록관청에 중개사무소등록대장 등 관련 서류를 지체 없이 송부하여 줄 것을 요청하여야 한다.

② 개업공인중개사가 공동으로 사용하던 중개사무소를 이전한 경우 이전한 날로부터 10일 이내에 개업공인중개사들이 각자 개별적으로 이전신고를 하여야 한다.

③ 중개사무소를 관할 지역 내로 이전한 경우 이전신고를 받은 등록관청은 중개사무소등록증에 기재사항을 변경하여 중개사무소등록증을 재교부하여야 한다.

④ 최근 3년간 행정처분 및 행정처분절차가 진행 중인 경우 그 관련 서류는 종전의 등록관청이 이전 후 등록관청에 송부하는 서류에 해당된다.

⑤ 개업공인중개사가 법정기한 내에 중개사무소 이전신고를 하지 아니한 경우 100만원 이하의 벌금형에 처한다.

키워드 중개사무소 이전

해설 ① 이전신고를 받은 이전 후의 등록관청은 종전의 등록관청에 중개사무소등록대장 등 관련 서류를 송부하여 줄 것을 요청하여야 한다. 이 경우 송부를 요청하는 기간은 「공인중개사법」상 규정이 없으므로 '지체 없이'는 옳지 않다.

③ 재교부하여야 한다. ⇨ 교부할 수 있다.

④ 최근 3년간 ⇨ 최근 1년간

⑤ 벌금형에 처한다. ⇨ 과태료에 처한다.

39 공인중개사법령상 개업공인중개사의 중개사무소 이전에 관한 설명으로 옳은 것은?
⊕

① 중개사무소 이전신고 시 제출하는 서류와 이전 전 등록관청이 이전 후의 등록관 청에 송부하여야 하는 서류는 동일하다.

② 이전신고 전에 발생한 사유로 인한 개업공인중개사에 대한 행정처분은 이전 전의 등록관청이 이를 행한다.

③ 이전신고를 받은 등록관청은 등록증(분사무소의 경우에는 분사무소설치신고확인서) 을 재교부하여야 한다. 다만, 동일한 시·군·구 내로 이전한 경우에는 등록증(분 사무소의 경우에는 분사무소설치신고확인서)에 변경사항을 기재하여 이를 교부할 수 있다.

④ 관할을 달리하여 중개사무소를 이전한 경우 이전 전의 등록관청에 신고해야 한다.

⑤ 분사무소의 이전신고를 받은 등록관청은 지체 없이 이전 후의 분사무소 관할 시 장·군수 또는 구청장에게 이전신고 시 제출받은 서류를 송부하여야 한다.

키워드 중개사무소 이전

해설 ① 중개사무소 이전신고 시 제출하는 서류는 중개사무소등록증(분사무소 이전의 경우 에는 분사무소설치신고확인서)과 건축물대장에 기재된 건물에 중개사무소를 확보 하였음을 증명하는 서류 2가지이며, 이전 전 등록관청이 이전 후의 등록관청에 송 부하여야 하는 서류는 이전신고를 한 중개사무소의 부동산중개사무소등록대장, 부 동산중개사무소 개설등록 신청서류, 최근 1년간 행정처분 및 행정처분절차가 진행 중인 경우 그 관련 서류 3가지이다.
② 이전 전의 등록관청 ⇨ 이전 후의 등록관청
④ 이전 전의 등록관청 ⇨ 이전 후의 등록관청
⑤ 이전신고를 받은 주된 사무소 관할 등록관청은 지체 없이 이전 전 및 이전 후의 분 사무소 관할 시장·군수 또는 구청장에게 이전사실을 통보하여야 한다. 따라서 분 사무소 이전의 경우 서류송부는 이루어지지 않는다.

40 개업공인중개사 甲이 서울특별시 강남구에서 중개업을 영위하던 중 2022년 3월 10일 중개사무소를 경기도 성남시 분당구로 이전하였다. 甲은 강남구에서 중개업을 하면서 아래와 같이 행정처분을 받았다. 다음의 설명 중 옳은 것은?

> ㉠ 2020년 6월 10일 1개월의 업무정지처분을 받음
> ㉡ 2021년 7월 10일 20만원의 과태료처분을 받음
> ㉢ 2021년 9월 10일 30만원의 과태료처분을 받음
> ㉣ 2021년 10월 5일 중개사무소등록증을 사무소에 게시하지 아니한 사실이 적발되어 행정처분절차가 진행 중이었음

① 甲은 2022년 3월 16일까지 강남구청장에게 신고하여야 한다.
② 분당구청장은 강남구청장에게 甲의 관련 서류를 송부하여 줄 것을 요청하여야 하고, 강남구청장은 10일 이내에 해당 서류를 송부하여야 한다.
③ ㉣의 위반사항에 대하여 분당구청장은 업무정지처분을 할 수 있다.
④ 강남구청장은 ㉠, ㉡, ㉢, ㉣의 서류를 송부하여야 한다.
⑤ 이전신고를 하는 甲은 분당구의 조례가 정하는 바에 따라 수수료를 납부하여야 한다.

키워드 중개사무소 이전
해설 ① 중개사무소를 이전한 날부터 10일 이내에 신고하여야 한다. 따라서 甲은 2022년 3월 20일까지 분당구청장에게 신고하여야 한다.
② 10일 이내에 ⇨ 지체 없이
④ 강남구청장은 최근 1년간의 행정처분서류 및 행정처분절차가 진행 중인 관련 서류를 송부하여야 한다. 따라서 ㉡㉢㉣의 서류를 송부하여야 한다.
⑤ 분당구 ⇨ 성남시

41 중개사무소의 명칭사용 및 옥외광고물 설치에 관한 설명으로 옳은 것은?
① 개업공인중개사가 설치한 옥외광고물에는 중개사무소등록증에 표기된 개업공인중개사의 성명과 등록번호를 표기해야 한다.
② 법인의 분사무소에 설치한 벽면이용간판에는 대표자 및 책임자의 성명을 표기해야 한다.
③ 개업공인중개사는 중개사무소 명칭에 개업공인중개사의 성명을 사용해야 한다.

④ 등록관청에 휴업이나 폐업신고를 한 경우 개업공인중개사는 지체 없이 사무소의 간판을 철거해야 한다.

⑤ 법인인 개업공인중개사가 설치한 벽면이용간판에는 대표자의 성명을 인식할 수 있을 정도의 크기로 표기해야 한다.

> **키워드** 옥외광고물 설치규정
> **해 설** ① 등록번호는 표기하지 아니하여도 된다.
> ② 법인의 분사무소에 설치한 벽면이용간판의 경우에는 분사무소 책임자의 성명을 표기해야 한다.
> ③ 개업공인중개사는 옥외광고물을 설치하는 경우 중개사무소등록증에 표기된 개업공인중개사의 성명을 표기해야 한다. 하지만 중개사무소 명칭에 개업공인중개사의 성명을 사용할 의무는 없다.
> ④ 폐업신고, 이전신고, 등록취소처분을 받은 경우에 개업공인중개사는 지체 없이 사무소의 간판을 철거해야 한다. 하지만 휴업신고의 경우 간판철거의무는 없다.

42 공인중개사법령상 중개대상물의 표시·광고의무에 관한 설명이다. 틀린 것은?

① 개업공인중개사가 의뢰받은 중개대상물에 대하여 표시·광고를 하려면 중개사무소, 개업공인중개사에 관한 사항을 명시하여야 하며, 중개보조원에 관한 사항의 명시도 가능하다.

② 개업공인중개사가 인터넷을 이용하여 중개대상물에 대한 표시·광고를 하는 때에는 중개대상물의 종류별로 소재지, 면적, 가격 등의 사항을 명시하여야 한다.

③ 개업공인중개사가 아닌 자는 중개대상물에 대한 표시·광고를 하여서는 아니 된다.

④ 개업공인중개사는 중개대상물이 존재하지 않아서 실제로 거래를 할 수 없는 중개대상물에 대한 표시·광고행위를 하여서는 아니 된다.

⑤ 개업공인중개사는 중개대상물의 가격 등의 내용을 사실과 다르게 거짓으로 표시·광고하거나 사실을 과장되게 하는 표시·광고행위를 하여서는 아니 된다.

> **키워드** 표시·광고
> **해 설** 개업공인중개사가 의뢰받은 중개대상물에 대하여 표시·광고를 하려면 중개사무소, 개업공인중개사에 관한 사항을 명시하여야 하며, 중개보조원에 관한 사항은 명시해서는 아니 된다(법 제18조의2 제1항).

> **정답** 40 ③   41 ⑤   42 ①

43

공인중개사법령상 인터넷 표시·광고 모니터링에 관한 설명이다. 다음 중 **틀린** 것은?

① 등록관청은 인터넷을 이용한 중개대상물에 대한 표시·광고를 모니터링할 수 있다.

② 국토교통부장관은 모니터링을 위하여 필요한 때에는 정보통신서비스 제공자에게 관련 자료의 제출을 요구할 수 있다.

③ 국토교통부장관은 모니터링 결과에 따라 정보통신서비스 제공자에게 이 법 위반이 의심되는 표시·광고에 대한 확인 또는 추가정보의 게재 등 필요한 조치를 요구할 수 있다.

④ 국토교통부장관은 모니터링 업무를 대통령령으로 정하는 기관에 위탁할 수 있다.

⑤ 국토교통부장관은 업무위탁기관에 예산의 범위에서 위탁업무 수행에 필요한 예산을 지원할 수 있다.

> **키워드** 표시·광고
> **해설** 국토교통부장관은 인터넷을 이용한 중개대상물에 대한 표시·광고를 모니터링할 수 있다.

44

공인중개사법령상 인터넷 표시·광고 모니터링에 관한 설명이다. 다음 중 **틀린** 것은?

① 국토교통부장관은 모니터링 업무를 공공기관, 정부출연연구기관 등에 위탁할 수 있다.

② 기본 모니터링 업무란 모니터링 기본계획서에 따라 분기별로 실시하는 모니터링이며, 수시 모니터링 업무란 국토교통부장관이 필요하다고 판단하여 실시하는 모니터링 업무를 말한다.

③ 모니터링 기관은 업무를 수행한 경우 해당 업무에 따른 결과보고서를 기본 모니터링 업무는 매 분기의 마지막 날부터 30일 이내, 수시 모니터링 업무는 해당 모니터링 업무를 완료한 날부터 15일 이내에 국토교통부장관에게 제출해야 한다.

④ 국토교통부장관은 제출받은 결과보고서를 시·도지사 및 등록관청에 통보하고 필요한 조사 및 조치를 요구할 수 있다.

⑤ 시·도지사 및 등록관청은 위 ④에 따라 요구를 받으면 신속하게 조사 및 조치를 완료하고, 완료한 날부터 15일 이내에 그 결과를 국토교통부장관에게 통보해야 한다.

해설 시·도지사 및 등록관청은 위 ④에 따라 요구를 받으면 신속하게 조사 및 조치를 완료하고, 완료한 날부터 10일 이내에 그 결과를 국토교통부장관에게 통보해야 한다.

45 공인중개사법령상 공인중개사인 개업공인중개사가 중개사무소를 등록관청의 관할 지역 내로 이전한 경우에 관한 설명으로 틀린 것을 모두 고른 것은? • 32회

> ㉠ 중개사무소를 이전한 날부터 10일 이내에 신고해야 한다.
> ㉡ 등록관청이 이전신고를 받은 경우, 중개사무소등록증에 변경사항만을 적어 교부할 수 없고 재교부해야 한다.
> ㉢ 이전신고를 할 때 중개사무소등록증을 제출하지 않아도 된다.
> ㉣ 건축물대장에 기재되지 않은 건물로 이전신고를 하는 경우, 건축물대장 기재가 지연되는 사유를 적은 서류도 제출해야 한다.

① ㉠, ㉡
② ㉠, ㉣
③ ㉡, ㉢
④ ㉢, ㉣
⑤ ㉡, ㉢, ㉣

키워드 중개사무소 이전
해설 ㉡ 중개사무소를 등록관청의 관할 지역 내로 이전한 경우로서, 등록관청이 이전신고를 받은 경우 중개사무소등록증에 변경사항만을 기재한 후 7일 이내에 등록증을 교부할 수 있다.
㉢ 개업공인중개사가 이전신고를 할 때 중개사무소이전신고서(별지 제12호 서식)에 다음의 서류를 첨부하여 신고하여야 한다.

> 1. 중개사무소등록증(분사무소의 경우에는 분사무소설치신고확인서)
> 2. 건축물대장에 기재된 건물에 중개사무소를 확보(소유·전세·임대차 또는 사용대차 등의 방법에 의하여 사용권을 확보하여야 한다)하였음을 증명하는 서류

46 공인중개사법령상 중개사무소의 명칭 및 등록증 등의 게시에 관한 설명으로 <u>틀린</u> 것
ⓗ 은? (다툼이 있으면 판례에 따름)
• 32회

① 법인인 개업공인중개사의 분사무소에는 분사무소설치신고확인서 원본을 게시해
야 한다.

② 소속공인중개사가 있는 경우 그 소속공인중개사의 공인중개사자격증 원본도 게
시해야 한다.

③ 개업공인중개사가 아닌 자가 '부동산중개'라는 명칭을 사용한 경우, 3년 이하의
징역 또는 3천만원 이하의 벌금에 처한다.

④ 무자격자가 자신의 명함에 '부동산뉴스 대표'라는 명칭을 기재하여 사용하였다면
공인중개사와 유사한 명칭을 사용한 것에 해당한다.

⑤ 공인중개사인 개업공인중개사가 「옥외광고물 등의 관리와 옥외광고산업 진흥에
관한 법률」에 따른 옥외광고물을 설치하는 경우, 중개사무소등록증에 표기된 개
업공인중개사의 성명을 표기해야 한다.

키워드 중개사무소 명칭
해설 개업공인중개사가 아닌 자가 '부동산중개'라는 명칭을 사용한 경우, 1년 이하의 징역
또는 1천만원 이하의 벌금에 해당한다(법 제49조 제1항 제6호).

47 공인중개사법령상 개업공인중개사가 지체 없이 사무소의 간판을 철거해야 하는 사유를
ⓗ 모두 고른 것은?
• 32회

> ㉠ 등록관청에 중개사무소의 이전사실을 신고한 경우
> ㉡ 등록관청에 폐업사실을 신고한 경우
> ㉢ 중개사무소의 개설등록취소처분을 받은 경우
> ㉣ 등록관청에 6개월을 초과하는 휴업신고를 한 경우

① ㉣
② ㉠, ㉢
③ ㉡, ㉢
④ ㉠, ㉡, ㉢
⑤ ㉠, ㉡, ㉢, ㉣

키워드 간판 철거사유

해설 개업공인중개사는 다음의 어느 하나에 해당하는 경우에는 지체 없이 사무소의 간판을 철거하여야 한다(법 제21조의2 제1항).

> 1. 등록관청에 중개사무소의 이전사실을 신고한 경우
> 2. 등록관청에 폐업사실을 신고한 경우
> 3. 중개사무소의 개설등록취소처분을 받은 경우

48 공인중개사법령상 중개대상물의 표시·광고 및 모니터링에 관한 설명으로 <u>틀린</u> 것은?

中

• 32회

① 개업공인중개사는 의뢰받은 중개대상물에 대하여 표시·광고를 하려면 개업공인중개사, 소속공인중개사 및 중개보조원에 관한 사항을 명시해야 한다.

② 개업공인중개사는 중개대상물이 존재하지 않아서 실제로 거래를 할 수 없는 중개대상물에 대한 광고와 같은 부당한 표시·광고를 해서는 안 된다.

③ 개업공인중개사는 중개대상물의 가격 등 내용을 과장되게 하는 부당한 표시·광고를 해서는 안 된다.

④ 국토교통부장관은 인터넷을 이용한 중개대상물에 대한 표시·광고의 규정준수 여부에 관하여 기본 모니터링과 수시 모니터링을 할 수 있다.

⑤ 국토교통부장관은 인터넷 표시·광고 모니터링 업무 수행에 필요한 전문인력과 전담조직을 갖췄다고 국토교통부장관이 인정하는 단체에게 인터넷 표시·광고 모니터링 업무를 위탁할 수 있다.

키워드 표시·광고

해설 개업공인중개사는 의뢰받은 중개대상물에 대하여 표시·광고를 하려면 중개사무소, 개업공인중개사에 관한 사항으로서 다음의 사항을 명시하여야 하며, 중개보조원에 관한 사항은 명시해서는 아니 된다(법 제18조의2 제1항, 영 제17조의2 제1항).

> 1. 중개사무소의 명칭, 소재지, 연락처 및 등록번호
> 2. 개업공인중개사의 성명(법인인 경우에는 대표자의 성명)

따라서 소속공인중개사에 관한 사항을 명시해야 한다는 규정은 「공인중개사법」상 규정에 없는 내용이며, 중개보조원에 관한 사항은 명시해서는 아니 된다.

정답 46 ③   47 ④   48 ①

49 공인중개사법령상 분사무소의 설치에 관한 설명으로 옳은 것은? • 31회

① 군(郡)에 주된 사무소가 설치된 경우 동일 군(郡)에 분사무소를 둘 수 있다.
② 개업공인중개사가 분사무소를 설치하기 위해서는 등록관청으로부터 인가를 받아야 한다.
③ 공인중개사인 개업공인중개사는 분사무소를 설치할 수 없다.
④ 다른 법률의 규정에 따라 중개업을 할 수 있는 법인의 분사무소에도 공인중개사를 책임자로 두어야 한다.
⑤ 분사무소의 책임자인 공인중개사는 등록관청이 실시하는 실무교육을 받아야 한다.

███ 키워드 ███ 분사무소의 설치
███ 해설 ███ ① 분사무소는 주된 사무소의 소재지가 속한 시·군·구를 제외한 시·군·구별로 설치가 가능하다. 따라서 군(郡)에 주된 사무소가 설치된 경우 동일 군(郡)에 분사무소를 둘 수 없다.
② 법인인 개업공인중개사가 분사무소를 설치하고자 하는 경우에는 인가를 받아야 하는 것이 아니라 신고하여야 한다.
④ 다른 법률의 규정에 따라 중개업을 할 수 있는 법인의 분사무소에는 공인중개사를 책임자로 두지 않아도 된다.
⑤ 분사무소의 책임자인 공인중개사는 시·도지사가 실시하는 실무교육을 받아야 한다.

50 공인중개사법령상 법인인 개업공인중개사가 겸업할 수 있는 것을 모두 고른 것은? (단, 다른 법률의 규정은 고려하지 않음) • 31회

> ㉠ 주택용지의 분양대행
> ㉡ 주상복합건물의 분양 및 관리의 대행
> ㉢ 부동산의 거래에 관한 상담 및 금융의 알선
> ㉣ 「국세징수법」상 공매대상 동산에 대한 입찰신청의 대리
> ㉤ 법인인 개업공인중개사를 대상으로 한 중개업의 경영기법 제공

① ㉠, ㉡
② ㉡, ㉤
③ ㉢, ㉣
④ ㉠, ㉡, ㉤
⑤ ㉡, ㉢, ㉣, ㉤

키워드 법인의 겸업 가능 범위
해설 ⊙ 분양대행은 상업용 건축물 및 주택의 경우 가능하다. 따라서 주택용지는 분양대행의 대상이 되지 못한다.
ⓒ 부동산의 이용·개발 및 거래에 관한 상담업무는 겸업 가능한 업무에 해당한다. 하지만 금융의 알선은 겸업 가능한 업무에 해당하지 않는다.
ⓔ 「민사집행법」에 의한 경매 및 「국세징수법」 그 밖의 법령에 의한 공매대상 부동산에 대한 권리분석 및 취득의 알선과 매수신청 또는 입찰신청의 대리업무는 겸업 가능한 업무에 해당한다. 하지만 동산의 경우 겸업 가능한 업무에 해당하지 않는다.

51 공인중개사법령상 법인인 개업공인중개사가 등록관청 관할 지역 외의 지역으로 중개사무소 또는 분사무소를 이전하는 경우에 관한 설명으로 옳은 것은? •31회

① 중개사무소 이전신고를 받은 등록관청은 그 내용이 적합한 경우, 중개사무소등록증의 변경사항을 기재하여 교부하거나 중개사무소등록증을 재교부하여야 한다.

② 건축물대장에 기재되지 않은 건물에 중개사무소를 확보한 경우, 건축물대장의 기재가 지연된 사유를 적은 서류는 첨부할 필요가 없다.

③ 중개사무소 이전신고를 하지 않은 경우 과태료 부과대상이 아니다.

④ 분사무소 이전신고는 이전한 날부터 10일 이내에 이전할 분사무소의 소재지를 관할하는 등록관청에 하면 된다.

⑤ 등록관청은 분사무소의 이전신고를 받은 때에는 지체 없이 그 분사무소의 이전 전 및 이전 후의 소재지를 관할하는 시장·군수 또는 구청장에게 이를 통보하여야 한다.

키워드 중개사무소 이전
해설 ① 중개사무소 이전신고를 받은 등록관청은 그 내용이 적합한 경우 중개사무소등록증을 재교부하여야 한다.
② 건축물대장에 기재되지 않은 건물에 중개사무소를 확보한 경우, 건축물대장의 기재가 지연된 사유를 적은 서류도 함께 제출해야 한다.
③ 중개사무소 이전신고를 하지 않은 경우 과태료 부과대상이다.
④ 분사무소 이전신고는 이전한 날부터 10일 이내에 주된 사무소의 소재지를 관할하는 등록관청에 하면 된다.

52

공인중개사법령상 법인인 개업공인중개사의 중개사무소등록증 원본 또는 사본이 첨부되어야 하는 경우에 해당하지 <u>않는</u> 것은?
• 31회

① 중개사무소 이전신고

② 중개사무소 폐업신고

③ 분사무소 설치신고

④ 분사무소 폐업신고

⑤ 3개월을 초과하는 중개사무소 휴업신고

키워드 중개사무소 이전

해설 ③ 분사무소의 설치신고를 하는 경우 첨부되어야 하는 서류는 다음과 같다.

> 1. 분사무소 설치신고서
> 2. 분사무소 책임자의 실무교육 수료확인증 사본
> 3. 보증의 설정을 증명하는 서류
> 4. 건축물대장에 기재된 건물에 분사무소를 확보(소유·전세·임대차 또는 사용대차 등의 방법에 의하여 사용권을 확보하여야 한다)하였음을 증명하는 서류

④ 주된 사무소는 중개사무소의 개설등록을 하므로 중개사무소등록증 원본을 첨부하여 폐업신고를 하여야 한다. 하지만 분사무소의 경우 중개사무소의 개설등록을 하는 것이 아닌 설치신고를 하므로 등록증과는 무관하다. 따라서 중개사무소등록증 원본 또는 사본이 첨부되어야 하는 경우에 해당하지 않는다.

53

공인중개사법령상 개업공인중개사가 의뢰받은 중개대상물에 대하여 표시·광고를 하는 경우에 관한 설명으로 옳은 것은?
• 31회

① 중개보조원이 있는 경우 개업공인중개사의 성명과 함께 중개보조원의 성명을 명시할 수 있다.

② 중개대상물에 대한 표시·광고를 위하여 대통령령으로 정해진 사항의 구체적인 표시·광고 방법은 국토교통부장관이 정하여 고시한다.

③ 중개대상물의 내용을 사실과 다르게 거짓으로 표시·광고한 자를 신고한 자는 포상금 지급대상이다.

④ 인터넷을 이용하여 표시·광고를 하는 경우 중개사무소에 관한 사항은 명시하지 않아도 된다.

⑤ 인터넷을 이용한 중개대상물의 표시·광고 모니터링 업무수탁기관은 기본계획서에 따라 6개월마다 기본 모니터링 업무를 수행한다.

키워드 표시·광고

해설 ① 개업공인중개사가 의뢰받은 중개대상물에 대하여 표시·광고를 하는 경우 중개보조원에 관한 사항은 명시해서는 아니 된다.

③ 중개대상물의 내용을 사실과 다르게 거짓으로 표시·광고한 자를 신고한 자는 포상금 지급대상에 포함되지 않는다. 포상금 지급대상은 다음과 같다.

> 1. 중개사무소의 개설등록을 하지 아니하고 중개업을 한 자
> 2. 거짓이나 그 밖의 부정한 방법으로 중개사무소의 개설등록을 한 자
> 3. 중개사무소등록증을 다른 사람에게 양도·대여하거나 다른 사람으로부터 양수·대여받은 자
> 4. 공인중개사자격증을 다른 사람에게 양도·대여하거나 다른 사람으로부터 양수·대여받은 자
> 5. 개업공인중개사가 아닌 자는 중개대상물에 대한 표시·광고를 하여서는 아니 된다는 규정을 위반한 자
> 6. 부동산거래질서교란행위를 한 자

④ 인터넷을 이용하여 표시·광고를 하는 경우 다음의 사항을 명시하여야 한다.

> 1. 중개사무소의 명칭, 소재지, 연락처 및 등록번호
> 2. 개업공인중개사의 성명(법인인 경우에는 대표자의 성명)
> 3. 소재지
> 4. 면적
> 5. 가격
> 6. 중개대상물 종류
> 7. 거래 형태
> 8. 건축물 및 그 밖의 토지의 정착물인 경우 다음의 사항
>   ㉠ 총 층수
>   ㉡ 「건축법」 또는 「주택법」 등 관련 법률에 따른 사용승인·사용검사·준공검사 등을 받은 날
>   ㉢ 해당 건축물의 방향, 방의 개수, 욕실의 개수, 입주가능일, 주차대수 및 관리비

⑤ 인터넷을 이용한 중개대상물의 표시·광고 모니터링 업무수탁기관은 기본계획서에 따라 분기별로 기본 모니터링 업무를 수행한다.

정답 **52** ③, ④ **53** ②

54 공인중개사법령상 중개사무소 명칭에 관한 설명으로 옳은 것은?

① 공인중개사인 개업공인중개사는 그 사무소의 명칭에 '공인중개사사무소' 또는 '부동산중개'라는 문자를 사용하여야 한다.

② 공인중개사가 중개사무소의 개설등록을 하지 않은 경우, 그 사무소에 '공인중개사사무소'라는 명칭을 사용할 수 없지만, '부동산중개'라는 명칭은 사용할 수 있다.

③ 공인중개사인 개업공인중개사가 관련 법령에 따른 옥외광고물을 설치하는 경우, 중개사무소등록증에 표기된 개업공인중개사의 성명을 표기할 필요는 없다.

④ 중개사무소 개설등록을 하지 않은 공인중개사가 '부동산중개'라는 명칭을 사용한 경우, 국토교통부장관은 그 명칭이 사용된 간판 등의 철거를 명할 수 있다.

⑤ 개업공인중개사가 의뢰받은 중개대상물에 대하여 표시·광고를 하려는 경우, 중개사무소의 명칭은 명시하지 않아도 된다.

키워드 중개사무소 명칭

해설 ② 공인중개사가 중개사무소의 개설등록을 하지 않은 경우, 그 사무소에 '공인중개사사무소' 또는 '부동산중개'라는 명칭을 사용할 수 없다.

③ 공인중개사인 개업공인중개사가 관련 법령에 따른 옥외광고물을 설치하는 경우, 중개사무소등록증에 표기된 개업공인중개사(법인의 경우에는 대표자, 법인 분사무소의 경우에는 설치신고확인서에 기재된 책임자를 말한다)의 성명을 표기하여야 한다.

④ 중개사무소 개설등록을 하지 않은 공인중개사가 '부동산중개'라는 명칭을 사용한 경우, 등록관청은 그 명칭이 사용된 간판 등의 철거를 명할 수 있다.

⑤ 개업공인중개사가 의뢰받은 중개대상물에 대하여 표시·광고를 하려는 경우 다음의 사항을 명시하여야 한다.

> 1. 중개사무소의 명칭, 소재지, 연락처 및 등록번호
> 2. 개업공인중개사의 성명(법인인 경우에는 대표자의 성명)

55 공인중개사법령상 중개사무소의 설치 등에 관한 설명으로 <u>틀린</u> 것은? •30회

① 개업공인중개사는 그 등록관청의 관할 구역 안에 1개의 중개사무소만을 둘 수 있다.
② 개업공인중개사는 천막 그 밖에 이동이 용이한 임시 중개시설물을 설치하여서는 아니 된다.
③ 법인이 아닌 개업공인중개사는 분사무소를 둘 수 없다.
④ 개업공인중개사는 등록관청의 관할 구역 외의 지역에 있는 중개대상물을 중개할 수 없다.
⑤ 법인인 개업공인중개사는 등록관청에 신고하고 그 관할 구역 외의 지역에 분사무소를 둘 수 있다.

키워드 중개사무소의 설치 등
해설 법인 및 공인중개사인 개업공인중개사는 전국에 소재한 중개대상물에 대하여 중개업을 할 수 있다. 또한 법 부칙 제6조 제2항에 규정된 개업공인중개사의 업무지역은 해당 사무소가 소재하는 시·도 관할 구역으로 하며, 그 관할 구역 안에 있는 중개대상물에 한하여 중개행위를 할 수 있다. 다만, 부동산거래정보망에 가입하고 이를 이용하여 중개하는 경우에는 해당 정보망에 공개된 관할 구역 외의 중개대상물에 대하여도 이를 중개할 수 있다(법 부칙 제6조 제6항). 따라서 개업공인중개사는 등록관청의 관할 구역 외의 지역에 있는 중개대상물을 중개할 수 있다.

56 공인중개사법령상 개업공인중개사가 중개사무소를 등록관청의 관할 지역 외의 지역으로 이전하는 경우에 관한 설명으로 <u>틀린</u> 것은? •29회

① 이전신고 전에 발생한 사유로 인한 행정처분은 이전 전의 등록관청이 이를 행한다.
② 이전신고는 이전한 날부터 10일 이내에 해야 한다.
③ 주된 사무소의 이전신고는 이전 후 등록관청에 해야 한다.
④ 주된 사무소의 이전신고서에는 중개사무소등록증과 건축물대장에 기재된 건물에 중개사무소를 확보한 경우 이를 증명하는 서류가 첨부되어야 한다.
⑤ 분사무소 이전신고를 받은 등록관청은 이전 전 및 이전 후의 분사무소 소재지 관할 시장·군수 또는 구청장에게 이를 지체 없이 통보해야 한다.

키워드 사무소 이전신고
해설 이전신고 전에 발생한 사유로 인한 행정처분은 이전 후의 등록관청이 행한다.

정답 54 ① 55 ④ 56 ①

57 공인중개사법령상 분사무소 설치신고서의 기재사항이 <u>아닌</u> 것은? •28회

① 본사 명칭
② 본사 소재지
③ 본사 등록번호
④ 분사무소 설치사유
⑤ 분사무소 책임자의 공인중개사자격증 발급 시·도

키워드 분사무소 설치신고서
해설 「공인중개사법 시행규칙」 별지 제9호 서식인 분사무소 설치신고서에는 분사무소의 설치사유는 포함하고 있지 않다.

58 공인중개사법령상 중개사무소의 이전신고에 관한 설명으로 <u>틀린</u> 것은? •28회

① 중개사무소를 이전한 때에는 이전한 날부터 10일 이내에 이전신고를 해야 한다.
② 분사무소를 이전한 때에는 주된 사무소의 소재지를 관할하는 등록관청에 이전신고를 해야 한다.
③ 분사무소의 이전신고를 하려는 법인인 개업공인중개사는 중개사무소등록증을 첨부해야 한다.
④ 분사무소의 이전신고를 받은 등록관청은 지체 없이 이를 이전 전 및 이전 후의 소재지를 관할하는 시장·군수 또는 구청장에게 통보해야 한다.
⑤ 중개사무소를 등록관청의 관할 지역 외의 지역으로 이전한 경우, 그 이전신고 전에 발생한 사유로 인한 개업공인중개사에 대한 행정처분은 이전 후 등록관청이 행한다.

키워드 분사무소 설치신고 및 설치신고서
해설 분사무소 설치신고를 하고자 하는 경우 주된 사무소의 소재지를 관할하는 등록관청에 분사무소 설치신고서를 제출하여야 한다. 즉, 분사무소의 설치는 신고사항이므로 설치신고확인서를 교부받으며, 등록증과는 무관하다. 따라서 분사무소의 이전신고를 하려는 법인인 개업공인중개사는 분사무소설치신고확인서를 첨부하여 주된 사무소의 소재지를 관할하는 등록관청에 제출하여야 한다.

59 ⊕ 공인중개사법령상 중개사무소의 설치 및 이전 등에 관한 설명으로 **틀린** 것은? • 27회

① 개업공인중개사는 중개사무소로 개설등록할 건물의 소유권을 반드시 확보해야 하는 것은 아니다.

② 분사무소는 주된 사무소의 소재지가 속한 시·군·구에 설치할 수 있다.

③ 분사무소 설치신고는 주된 사무소의 소재지를 관할하는 등록관청에 해야 한다.

④ 다른 법률의 규정에 따라 중개업을 할 수 있는 법인의 분사무소에는 공인중개사를 책임자로 두지 않아도 된다.

⑤ 중개사무소를 등록관청의 관할 지역 외의 지역으로 이전한 경우에는 이전 후의 중개사무소를 관할하는 등록관청에 신고해야 한다.

> **키워드** 분사무소 설치규정
> **해설** 분사무소는 주된 사무소의 소재지가 속한 시·군·구를 제외한 시·군·구별로 설치하되, 시·군·구별로 1개소를 초과할 수 없다.

60 ⊕ 공인중개사법령상 중개사무소의 명칭에 관한 설명으로 옳은 것은? • 28회

① 개업공인중개사가 아닌 자로서 '부동산중개'라는 명칭을 사용한 자는 1년 이하의 징역 또는 1천만원 이하의 벌금에 처한다.

② 개업공인중개사 아닌 자가 '공인중개사사무소'라는 명칭을 사용한 간판을 설치한 경우, 등록관청은 그 철거를 명할 수 없다.

③ 법인 분사무소의 옥외광고물을 설치하는 경우 법인 대표자의 성명을 표기해야 한다.

④ 개입공인중개사는 옥외광고물을 설치해야 할 의무가 있다.

⑤ 개업공인중개사가 사무소의 명칭에 '공인중개사사무소' 또는 '부동산중개'라는 문자를 사용하지 않은 경우, 이는 개설등록의 취소사유에 해당한다.

> **키워드** 사무소 명칭표시규정
> **해설** ② 개업공인중개사가 아닌 자가 사무소 명칭규정을 위반한 경우 등록관청은 그 철거를 명할 수 있다.
> ③ 법인 분사무소의 옥외광고물을 설치하는 경우 분사무소설치신고확인서에 기재된 분사무소 책임자의 성명을 표기해야 한다.
> ④ 개업공인중개사가 옥외광고물을 설치해야 할 의무는 「공인중개사법」상 없다.
> ⑤ 개업공인중개사가 사무소 명칭규정에 위반한 경우 100만원 이하의 과태료대상이 된다.

정답 57 ④ 58 ③ 59 ② 60 ①

61 공인중개사법령상 중개사무소 명칭 및 표시·광고에 관한 설명으로 옳은 것은? • 29회

① 공인중개사는 개설등록을 하지 않아도 그 사무소에 '부동산중개'라는 명칭을 사용할 수 있다.

② 공인중개사인 개업공인중개사가 법령에 따른 옥외광고물을 설치하는 경우 중개사무소등록증에 표기된 개업공인중개사의 성명을 표기할 필요가 없다.

③ 법 제7638호 부칙 제6조 제2항에 규정된 개업공인중개사는 사무소의 명칭에 '공인중개사사무소'라는 문자를 사용해서는 안 된다.

④ 등록관청은 규정을 위반한 사무소 간판의 철거를 명할 수 있으나, 법령에 의한 대집행은 할 수 없다.

⑤ 법인인 개업공인중개사가 의뢰받은 중개대상물에 대하여 법령에 따른 표시·광고를 하는 경우 대표자의 성명을 명시할 필요는 없다.

> **키워드** 명칭 및 표시·광고 의무
>
> **해설** ① 공인중개사는 개설등록을 하지 않으면 그 사무소에 '부동산중개'라는 명칭을 사용할 수 없다.
>
> ② 공인중개사인 개업공인중개사가 법령에 따른 옥외광고물을 설치하는 경우 중개사무소등록증에 표기된 개업공인중개사의 성명을 인식할 수 있는 정도의 크기로 표기하여야 한다.
>
> ④ 등록관청은 규정을 위반한 사무소 간판의 철거를 명할 수 있다. 이 경우 그 명령을 받은 개업공인중개사가 철거를 이행하지 아니하는 경우에는 「행정대집행법」에 의하여 대집행을 할 수 있다.
>
> ⑤ 법인인 개업공인중개사가 의뢰받은 중개대상물에 대하여 법령에 따른 표시·광고를 하는 경우 중개사무소, 대표자의 성명 등을 명시하여야 한다.

62 공인중개사법령상 중개사무소의 명칭 등에 관한 설명으로 틀린 것은? • 27회

① 법인인 개업공인중개사는 그 사무소의 명칭에 '공인중개사사무소' 또는 '부동산중개'라는 문자를 사용해야 한다.

② 개업공인중개사는 옥외광고물을 설치할 의무를 부담하지 않는다.

③ 개업공인중개사가 설치한 옥외광고물에 인식할 수 있는 크기의 연락처를 표기하지 않으면 100만원 이하의 과태료 부과대상이 된다.

④ 개업공인중개사가 아닌 자가 사무소 간판에 '공인중개사사무소'의 명칭을 사용한 경우 등록관청은 그 간판의 철거를 명할 수 있다.

⑤ 개업공인중개사가 아닌 자는 중개대상물에 대한 표시·광고를 해서는 안 된다.

해 설 개업공인중개사는 옥외광고물을 설치하는 경우 성명을 인식할 수 있는 정도의 크기로
표시하여야 한다. 성명을 표기하지 않거나 허위로 표기한 경우에는 100만원 이하의
과태료대상이 된다.

63
中

공인중개사법령상 등록관청 관할 지역 외의 지역으로 중개사무소를 이전한 경우에 관한 설명으로 **틀린** 것은? • 26회

① 개업공인중개사는 이전 후의 중개사무소를 관할하는 등록관청에 이전사실을 신고해야 한다.

② 법인인 개업공인중개사가 분사무소를 이전한 경우 이전 후의 분사무소를 관할하는 등록관청에 이전사실을 신고해야 한다.

③ 등록관청은 중개사무소의 이전신고를 받은 때에는 그 사실을 공인중개사협회에 통보해야 한다.

④ 이전신고 전에 발생한 사유로 인한 개업공인중개사에 대한 행정처분은 이전 후 등록관청이 이를 행한다.

⑤ 업무정지 중이 아닌 다른 개업공인중개사의 중개사무소를 공동사용하는 방법으로 사무소의 이전을 할 수 있다.

키워드 분사무소 이전신고
해 설 법인인 개업공인중개사가 분사무소를 이전한 경우 주된 사무소의 소재지를 관할하는 등록관청에 이전사실을 신고해야 한다.

정답 61 ③ 62 ③ 63 ②

64 공인중개사법령상 중개사무소의 설치에 관한 설명으로 <u>틀린</u> 것은? • 26회

① 법인 아닌 개업공인중개사는 분사무소를 둘 수 없다.

② 분사무소의 설치는 업무정지기간 중에 있는 다른 개업공인중개사의 중개사무소를 공동으로 사용하는 방법으로는 할 수 없다.

③ 법인인 개업공인중개사가 분사무소를 설치하려는 경우 분사무소 소재지의 시장·군수 또는 구청장에게 신고해야 한다.

④ 「공인중개사법」을 위반하여 둘 이상의 중개사무소를 둔 경우 등록관청은 중개사무소의 개설등록을 취소할 수 있다.

⑤ 개업공인중개사는 이동이 용이한 임시 중개시설물을 설치해서는 아니 된다.

▊**키워드** 분사무소 설치규정
▊**해 설** 법인인 개업공인중개사가 분사무소를 설치하려는 경우 주된 사무소 소재지의 시장·군수 또는 구청장에게 신고해야 한다.

65 공인중개사법령상 분사무소의 설치에 관한 설명으로 옳은 것을 모두 고른 것은?

• 25회

> ㉠ 다른 법률의 규정에 따라 중개업을 할 수 있는 법인의 분사무소에는 공인중개사를 책임자로 두어야 한다.
> ㉡ 분사무소의 설치신고를 하려는 자는 그 신고서를 주된 사무소의 소재지를 관할하는 등록관청에 제출하여야 한다.
> ㉢ 분사무소의 설치신고를 받은 등록관청은 그 신고내용이 적합한 경우에는 국토교통부령이 정하는 분사무소설치신고확인서를 교부해야 한다.
> ㉣ 분사무소의 설치신고를 하려는 자는 법인등기사항증명서를 제출하여야 한다.

① ㉠, ㉡   ② ㉠, ㉢

③ ㉡, ㉢   ④ ㉢, ㉣

⑤ ㉠, ㉡, ㉣

▊**키워드** 분사무소 설치규정
▊**해 설** ㉠ 다른 법률의 규정에 따라 중개업을 할 수 있는 법인의 경우 중개법인에게 적용되는 등록기준과 분사무소의 책임자 요건을 적용하지 아니하므로 "분사무소에는 공인중개사를 책임자로 두어야 한다."라는 지문은 틀린 것이 된다.
㉣ 법인등기사항증명서는 등록관청이 「전자정부법」에 따라 확인하여야 하는 내용일 뿐 구비서류에는 해당하지 않는다.

66 공인중개사법령의 내용으로 옳은 것은?

• 26회

中

① 등록관청은 개업공인중개사등의 부동산거래사고 예방을 위한 교육을 실시할 수 없다.

② 개업공인중개사는 등록관청에 중개사무소의 이전사실을 신고한 경우 지체 없이 사무소의 간판을 철거해야 한다.

③ 개업공인중개사로서 폐업신고를 한 후 1년 이내에 소속공인중개사로 고용신고의 대상이 된 자는 고용신고일 전에 다시 실무교육을 받아야 한다.

④ 개업공인중개사가 조직한 사업자단체가 「독점규제 및 공정거래에 관한 법률」을 위반하여 공정거래위원회로부터 과징금처분을 최근 2년 이내에 2회 이상 받은 경우 그의 공인중개사자격이 취소된다.

⑤ 중개보조원은 중개사무소의 명칭, 소재지 및 연락처, 자기의 성명을 명시하여 중개대상물에 대한 표시·광고를 할 수 있다.

키워드 간판 철거사유

해설 ① 등록관청은 개업공인중개사등의 부동산거래사고 예방을 위한 교육을 실시할 수 있다. 이 경우 부동산거래사고 예방을 위한 교육의 주체는 국토교통부장관, 시·도지사, 등록관청이 된다.

③ 개업공인중개사로서 폐업신고를 한 후 1년 이내에 소속공인중개사로 고용신고의 대상이 된 자는 고용신고일 전에 다시 실무교육을 받지 않아도 된다.

④ 개업공인중개사가 조직한 사업자단체가 「독점규제 및 공정거래에 관한 법률」을 위반하여 공정거래위원회로부터 과징금처분을 최근 2년 이내에 2회 이상 받은 경우 등록관청은 개업공인중개사의 개설등록을 취소할 수 있다.

⑤ 중개보조원은 중개사무소의 명칭, 소재지 및 연락처, 자기의 성명을 명시하여 중개대상물에 대한 표시·광고를 할 수 없다. 개업공인중개사가 주체가 된다.

67

공인중개사법령상 개업공인중개사가 의뢰받은 중개대상물에 대하여 표시·광고를 하려는 경우 '중개사무소, 개업공인중개사에 관한 사항'으로서 명시해야 하는 것을 모두 고른 것은?

• 30회

> ㉠ 중개사무소의 연락처 ㉡ 중개사무소의 명칭
> ㉢ 소속공인중개사의 성명 ㉣ 개업공인중개사의 성명

① ㉠, ㉡

② ㉡, ㉢

③ ㉢, ㉣

④ ㉠, ㉡, ㉣

⑤ ㉠, ㉢, ㉣

키워드 표시·광고 의무

해설 ㉠㉡㉣ 옳은 내용이다.
㉢ 소속공인중개사의 성명은 명시해야 하는 사항에 포함되지 않는다.

이론플러스 개업공인중개사가 의뢰받은 중개대상물에 대하여 표시·광고를 하려면 중개사무소, 개업공인중개사에 관한 사항으로서 다음의 사항을 명시하여야 한다. 중개보조원에 관한 사항은 명시해서는 아니 된다(법 제18조의2 제1항, 영 제17조의2).

> 1. 중개사무소의 명칭, 소재지, 연락처 및 등록번호
> 2. 개업공인중개사의 성명(법인인 경우에는 대표자의 성명)

68

공인중개사법령상 개업공인중개사가 설치된 사무소의 간판을 지체 없이 철거해야 하는 경우로 명시된 것을 모두 고른 것은?

• 25회 수정

> ㉠ 등록관청에 폐업신고를 한 경우
> ㉡ 등록관청에 6개월을 초과하는 휴업신고를 한 경우
> ㉢ 중개사무소의 개설등록취소처분을 받은 경우
> ㉣ 등록관청에 중개사무소의 이전사실을 신고한 경우

① ㉠, ㉡

② ㉢, ㉣

③ ㉠, ㉡, ㉣

④ ㉠, ㉢, ㉣

⑤ ㉠, ㉡, ㉢, ㉣

키워드 간판 철거사유

해설 개업공인중개사는 다음의 어느 하나에 해당하는 경우에는 지체 없이 사무소의 간판을 철거하여야 한다(법 제21조의2 제1항).

> 1. 등록관청에 중개사무소의 이전사실을 신고한 경우
> 2. 등록관청에 폐업사실을 신고한 경우
> 3. 중개사무소의 개설등록취소처분을 받은 경우

제4절 인장등록

69 공인중개사법령상 인장등록에 관한 내용으로 틀린 것은?

① 개인인 개업공인중개사 및 소속공인중개사는 「가족관계의 등록 등에 관한 법률」에 따른 가족관계등록부 또는 「주민등록법」에 따른 주민등록표에 기재되어 있는 성명이 나타난 인장으로서 그 크기가 가로·세로 각각 7mm 이상 30mm 이내인 인장을 등록하여야 한다.

② 개업공인중개사 및 소속공인중개사는 중개행위를 함에 있어서 등록된 인장을 사용하여야 한다.

③ 분사무소에서 사용할 인장의 경우 「상업등기규칙」의 규정에 따라 법인의 대표자가 보증하는 인장을 등록할 수 있다.

④ 법인인 개업공인중개사는 법인의 대표자 인장을 등록하여야 한다.

⑤ 법인인 개업공인중개사의 인장등록 및 변경등록은 「상업등기규칙」에 따른 법인의 인감증명서를 제출하는 것으로 갈음한다.

키워드 인장등록

해설 법인인 개업공인중개사는 「상업등기규칙」에 따라 신고한 법인의 인장을 등록하여야 한다.

정답 67 ④ 68 ④ 69 ④

70 공인중개사법령상 개업공인중개사 및 소속공인중개사의 인장등록에 관한 설명으로
옳은 것은?

① 개업공인중개사의 인장등록은 중개사무소 개설등록을 신청하는 때에, 소속공인
중개사에 대한 인장등록은 고용신고를 하는 때에 같이 할 수 있다.

② 등록한 인장을 변경한 경우에는 10일 이내에 등록관청에 그 변경된 인장을 등록
하여야 한다.

③ 분사무소에서 사용할 인장의 경우는 법인의 대표자가 보증하는 인장을 분사무소
소재지 관할 시장·군수·구청장에게 등록할 수 있다.

④ 법인인 개업공인중개사가 등록하여야 할 인장은 크기가 가로·세로 각각 7mm
이상 30mm 이내인 인장이어야 한다.

⑤ 개업공인중개사가 거래계약서에 등록하지 아니한 인장을 사용한 경우 그 서면의
효력은 발생하지 아니한다.

> **키워드** 인장등록
>
> **해설** ② 등록한 인장을 변경한 경우에는 7일 이내에 등록관청에 그 변경된 인장을 등록하
> 여야 한다.
> ③ 분사무소에서 사용할 인장의 경우는 법인의 대표자가 보증하는 인장을 주된 사무
> 소 소재지 관할 등록관청에 등록할 수 있다.
> ④ 개인인 개업공인중개사, 소속공인중개사가 등록하여야 할 인장은 크기가 가로·세
> 로 각각 7mm 이상 30mm 이내인 인장이어야 한다.
> ⑤ 개업공인중개사가 거래계약서에 등록하지 아니한 인장을 사용한 경우에도 그 서면
> 의 효력은 발생한다. 다만, 등록관청으로부터 업무정지처분을 받을 수 있다.

71 공인중개사법령상 인장등록에 관한 설명으로 옳은 것은?

① 법인이 아닌 개업공인중개사 및 소속공인중개사의 인장등록 및 변경등록은 인감
증명서를 등록관청에 제출하는 것으로 갈음한다.

② 법인인 개업공인중개사의 경우 「상업등기규칙」에 의하여 신고한 법인의 인장을
등록하여야 한다.

③ 개업공인중개사 및 소속공인중개사는 대통령령이 정하는 바에 따라 중개행위에
사용할 인장을 등록관청에 등록하여야 한다.

④ 개업공인중개사가 중개사무소를 공동으로 사용하는 경우에는 그 대표자의 인장
을 등록관청에 등록할 수 있다.

⑤ 소속공인중개사가 거래계약서에 등록하지 아니한 인장을 날인한 경우 등록관청
은 자격정지처분을 할 수 있다.

인장등록

 ① 법인이 아닌 개업공인중개사 및 소속공인중개사의 인장등록 및 변경등록은 인장등 록신고서·등록인장변경신고서를 등록관청에 제출하는 것이다.
③ 개업공인중개사 및 소속공인중개사는 국토교통부령이 정하는 바에 따라 중개행위 에 사용할 인장을 등록관청에 등록하여야 한다.
④ 개업공인중개사별로 각자 등록하여야 한다.
⑤ 시·도지사가 자격정지처분을 할 수 있다.

72 공인중개사법령상 인장등록 등에 관한 설명으로 옳은 것은?
中
• 31회

① 중개보조원은 중개업무를 보조하기 위해 인장등록을 하여야 한다.
② 개업공인중개사가 등록한 인장을 변경한 경우 변경일부터 10일 이내에 그 변경된 인장을 등록관청에 등록하면 된다.
③ 분사무소에서 사용할 인장은 분사무소 소재지 시장·군수 또는 구청장에게 등록 해야 한다.
④ 분사무소에서 사용할 인장은 「상업등기규칙」에 따라 신고한 법인의 인장이어야 하고, 「상업등기규칙」에 따른 인감증명서의 제출로 갈음할 수 없다.
⑤ 법인의 소속공인중개사가 등록하지 아니한 인장을 사용한 경우, 6개월의 범위 안 에서 자격정지처분을 받을 수 있다.

 인장등록

 ① 개업공인중개사 및 소속공인중개사는 업무개시 전에 중개행위에 사용할 인장을 등 록하여야 한다. 중개보조원의 경우 인장등록의무는 없다.
② 개업공인중개사가 등록한 인장을 변경한 경우 변경일부터 7일 이내에 그 변경된 인장을 등록관청에 등록(전자문서에 의한 등록을 포함한다)하면 된다.
③ 분사무소에서 사용할 인장은 주된 사무소의 등록관청에 등록해야 한다.
④ 분사무소에서 사용할 인장은 「상업등기규칙」에 따라 법인의 대표자가 보증하는 인장을 등록할 수 있으며, 「상업등기규칙」에 따른 인감증명서의 제출로 갈음할 수 있다.

73 공인중개사법령상 인장등록 등에 관한 설명으로 틀린 것은?

●30회

中

① 법인인 개업공인중개사의 인장등록은 「상업등기규칙」에 따른 인감증명서의 제출로 갈음한다.

② 소속공인중개사가 등록하지 아니한 인장을 중개행위에 사용한 경우, 등록관청은 1년의 범위 안에서 업무의 정지를 명할 수 있다.

③ 인장의 등록은 중개사무소 개설등록신청과 같이 할 수 있다.

④ 소속공인중개사의 인장등록은 소속공인중개사에 대한 고용신고와 같이 할 수 있다.

⑤ 개업공인중개사가 등록한 인장을 변경한 경우, 변경일부터 7일 이내에 그 변경된 인장을 등록관청에 등록하여야 한다.

키워드 인장등록

해설 소속공인중개사가 인장등록을 하지 아니하거나 등록하지 아니한 인장을 중개행위에 사용한 경우, 시·도지사는 6개월의 범위 안에서 기간을 정하여 그 자격의 정지를 명할 수 있다(법 제36조 제1항 제2호).

74 공인중개사법령상 인장의 등록에 관한 설명으로 옳은 것은?

●28회

中

① 소속공인중개사는 중개업무를 수행하더라도 인장등록을 하지 않아도 된다.

② 개업공인중개사가 등록한 인장을 변경한 경우, 변경일부터 7일 이내에 그 변경된 인장을 등록관청에 등록하지 않으면 이는 업무정지사유에 해당한다.

③ 법인인 개업공인중개사의 주된 사무소에서 사용할 인장은 「상업등기규칙」에 따라 법인의 대표자가 보증하는 인장이어야 한다.

④ 법인인 개업공인중개사의 인장등록은 「상업등기규칙」에 따른 인감증명서의 제출로 갈음할 수 없다.

⑤ 개업공인중개사의 인장등록은 중개사무소 개설등록신청과 같이 할 수 없다.

키워드 인장등록

해설 ① 소속공인중개사의 경우도 중개업무를 개시하기 전에 등록관청에 인장을 등록하여야 한다.

③ 법인인 개업공인중개사의 경우에는 「상업등기규칙」에 따라 신고한 법인의 인장을 등록하여야 한다.

④ 법인인 개업공인중개사의 인장등록은 「상업등기규칙」에 따른 인감증명서의 제출로 갈음할 수 있다.

⑤ 개업공인중개사의 인장등록은 중개사무소의 개설등록신청과 같이 할 수 있다.

75 공인중개사법령상 인장의 등록 등에 관한 설명으로 <u>틀린</u> 것은?　　　　• 29회

① 소속공인중개사는 업무개시 전에 중개행위에 사용할 인장을 등록관청에 등록해야 한다.

② 개업공인중개사가 등록한 인장을 변경한 경우 변경일부터 7일 이내에 그 변경된 인장을 등록관청에 등록해야 한다.

③ 법인인 개업공인중개사의 인장등록은 「상업등기규칙」에 따른 인감증명서의 제출로 갈음한다.

④ 분사무소에서 사용할 인장의 경우에는 「상업등기규칙」에 따라 법인의 대표자가 보증하는 인장을 등록할 수 있다.

⑤ 법인의 분사무소에서 사용하는 인장은 분사무소 소재지 등록관청에 등록해야 한다.

키워드 인장등록
해설 법인의 분사무소에서 사용하는 인장을 등록하는 경우 주된 사무소 소재지 등록관청에 등록해야 한다.

76 공인중개사법령상 인장등록에 관한 설명으로 <u>틀린</u> 것은?　　　　• 27회

① 개업공인중개사는 업무를 개시하기 전에 중개행위에 사용할 인장을 등록관청에 등록해야 한다.

② 소속공인중개사가 등록한 인장을 변경한 경우 변경일부터 7일 이내에 그 변경된 인장을 등록관청에 등록해야 한다.

③ 소속공인중개사의 인장의 크기는 가로·세로 각각 7mm 이상 30mm 이내이어야 한다.

④ 법인인 개업공인중개사의 분사무소에서 사용할 인장은 「상업등기규칙」에 따라 신고한 법인의 인장으로만 등록해야 한다.

⑤ 법인인 개업공인중개사의 인장등록은 「상업등기규칙」에 따른 인감증명서의 제출로 갈음한다.

키워드 인장등록
해설 분사무소에서 사용할 인장의 경우에는 「상업등기규칙」에 따라 법인의 대표자가 보증하는 인장을 등록할 수도 있다.

정답 73 ② 　 74 ② 　 75 ⑤ 　 76 ④

77

공인중개사법령상 인장등록에 관한 설명으로 옳은 것을 모두 고른 것은? • 25회 수정

⊕

> ㉠ 개업공인중개사는 중개행위에 사용할 인장을 업무개시 전에 등록관청에 등록해야 한다.
> ㉡ 법인인 개업공인중개사의 인장등록은 「상업등기규칙」에 따른 인감증명서의 제출로 갈음한다.
> ㉢ 분사무소에서 사용할 인장으로는 「상업등기규칙」에 따라 법인의 대표자가 보증하는 인장을 등록할 수 있다.
> ㉣ 등록한 인장을 변경한 경우에는 개업공인중개사는 변경일부터 10일 이내에 그 변경된 인장을 등록관청에 등록해야 한다.

① ㉠, ㉡

② ㉢, ㉣

③ ㉠, ㉡, ㉢

④ ㉡, ㉢, ㉣

⑤ ㉠, ㉡, ㉢, ㉣

키워드 인장등록

해설 ㉣ 등록한 인장을 변경한 경우에는 개업공인중개사는 변경일부터 7일 이내에 그 변경된 인장을 등록관청에 등록해야 한다.

제5절 휴업 및 폐업

78

개업공인중개사의 휴업·폐업 등에 관한 설명으로 옳은 것은?

⊕

① 법인인 개업공인중개사가 분사무소를 두는 경우 신고확인서를 첨부해야 한다.

② 3개월을 초과하여 휴업한 중개업을 재개한 때에는 지체 없이 등록관청에 재개신고를 하여야 한다. 이 경우 등록관청은 반납받은 등록증을 즉시 반환하여야 한다.

③ 휴업은 3개월을 초과할 수 없다.

④ 법인인 개업공인중개사는 분사무소별로 휴업 및 폐업을 할 수 없다.

⑤ 개업공인중개사는 휴업 중이거나 업무정지기간 중에 폐업을 할 수 없다.

키워드 휴업 및 폐업

해설 ② 3개월을 초과하여 휴업한 중개업을 재개하고자 하는 때에는 등록관청에 그 사실을 신고하여야 한다(법 제21조 제1항).
③ 휴업은 6개월을 초과할 수 없다(법 제21조 제2항).
④ 법인인 개업공인중개사는 분사무소별로 휴업 및 폐업을 할 수 있다(영 제18조 제1항).
⑤ 개업공인중개사는 현업 중에도, 또한 휴업 중이거나 업무정지기간 중에도 폐업을 할 수 있다.

79 中 공인중개사법령상 휴업 등의 신고에 관한 내용으로 <u>틀린</u> 것은?

① 개업공인중개사 A는 2개월을 휴업하면서 등록관청에 이 사실을 신고하지 않아 과태료처분을 받았다.

② 개업공인중개사 B는 휴업기간의 변경신고를 등록관청에 전자문서로 하였다.

③ 개업공인중개사 C는 징집에 의한 입영으로 7개월의 휴업을 등록관청에 신고하고, 그 후 6개월의 휴업기간 변경신고를 하였다.

④ 관할 세무서장이 「부가가치세법」상 휴업(폐업)신고서를 받아 해당 등록관청에 송부한 경우에는 휴업(폐업)신고서가 제출된 것으로 본다.

⑤ 등록관청은 휴업 및 폐업신고를 받은 경우 그 사실을 월별로 모아 다음 달 10일까지 공인중개사협회에 통보하여야 한다.

키워드 휴업신고

해설 3개월 이하로 휴업하는 경우는 신고하지 않아도 과태료처분 등의 제재를 받지 않는다.

80 개업공인중개사의 휴업과 업무정지처분을 비교한 것으로 옳지 <u>않은</u> 것은?

① 휴업한 개업공인중개사와 업무정지기간 중인 개업공인중개사는 그 기간 중에 폐업 후 다시 중개사무소의 개설등록을 할 수 없다.

② 관할 세무서장이 「부가가치세법」상 휴업(폐업)신고서를 받아 해당 등록관청에 송부한 경우에는 휴업신고서가 제출된 것으로 본다.

③ 휴업기간 중이나 업무정지처분기간 중에도 이중소속 및 이중등록을 할 수 없다.

④ 3개월을 초과하여 휴업하고자 하는 경우에는 등록증을 첨부하여 등록관청에 미리 신고를 하여야 한다. 하지만 업무정지처분을 받은 경우에는 등록증을 반납하지 않는다.

⑤ 휴업신고사항과 업무정지처분에 관한 사항은 등록관청이 다음 달 10일까지 공인중개사협회에 통보하여야 하는 사항이다.

> **키워드** 휴업 및 폐업
> **해 설** 휴업한 개업공인중개사는 그 기간 중에 폐업하고 그 기간 중에 다시 중개사무소의 개설등록을 할 수 있으나, 업무정지기간 중인 개업공인중개사는 그 기간 중에 폐업 후 다시 중개사무소의 개설등록을 할 수 없다.

81 공인중개사법령상 중개업의 휴업 및 재개신고 등에 관한 설명으로 옳은 것은? • 32회

① 개업공인중개사가 3개월의 휴업을 하려는 경우 등록관청에 신고해야 한다.

② 개업공인중개사가 6개월을 초과하여 휴업을 할 수 있는 사유는 취학, 질병으로 인한 요양, 징집으로 인한 입영에 한한다.

③ 개업공인중개사가 휴업기간 변경신고를 하려면 중개사무소등록증을 휴업기간변경신고서에 첨부하여 제출해야 한다.

④ 재개신고는 휴업기간 변경신고와 달리 전자문서에 의한 신고를 할 수 없다.

⑤ 재개신고를 받은 등록관청은 반납을 받은 중개사무소등록증을 즉시 반환해야 한다.

키워드 휴업·폐업·재개·변경신고

해설 ① 개업공인중개사는 3개월을 초과하는 휴업을 하려는 경우 등록관청에 그 사실을 신고하여야 한다. 따라서 3개월의 휴업을 하는 경우 등록관청에 신고하지 않아도 된다.

② 개업공인중개사가 6개월을 초과하여 휴업을 할 수 있는 사유는 취학, 질병으로 인한 요양, 징집으로 인한 입영에 한하는 것이 아니라 임신 또는 출산 그 밖에 이에 준하는 부득이한 사유로서 국토교통부장관이 정하여 고시하는 사유에도 가능하다.

③ 개업공인중개사가 휴업신고를 하려면 휴업신고서에 등록증을 첨부하여 등록관청에 제출하여야 한다. 하지만 휴업기간변경신고서에 등록증을 첨부하지는 않는다.

④ 휴업기간 변경신고, 재개신고는 전자문서에 의한 신고를 할 수 있다.

82 공인중개사법령상 개업공인중개사의 휴업과 폐업 등에 관한 설명으로 틀린 것은?

中

• 31회

① 폐업신고 전의 개업공인중개사에 대하여 위반행위를 사유로 행한 업무정지처분의 효과는 폐업일부터 1년간 다시 개설등록을 한 자에게 승계된다.

② 개업공인중개사가 폐업신고를 한 후 1년 이내에 소속공인중개사로 고용신고되는 경우, 그 소속공인중개사는 실무교육을 받지 않아도 된다.

③ 손해배상책임의 보장을 위한 공탁금은 개업공인중개사가 폐업한 날부터 3년 이내에는 회수할 수 없다.

④ 분사무소는 주된 사무소와 별도로 휴업할 수 있다.

⑤ 중개업의 폐업신고는 수수료 납부사항이 아니다.

키워드 휴업 및 폐업

해설 폐업신고 전의 개업공인중개사에 대하여 위반행위를 사유로 행한 업무정지처분의 효과는 처분일부터 1년간 다시 개설등록을 한 자에게 승계된다.

83 공인중개사법령상 개업공인중개사의 휴업과 폐업 등에 관한 설명으로 **틀린** 것은?

中

• 30회

① 부동산중개업 휴업신고서의 서식에 있는 '개업공인중개사의 종별'란에는 법인, 공인중개사, 법 제7638호 부칙 제6조 제2항에 따른 개업공인중개사가 있다.

② 개업공인중개사가 부동산중개업 폐업신고서를 작성하는 경우에는 폐업기간, 부동산중개업 휴업신고서를 작성하는 경우에는 휴업기간을 기재하여야 한다.

③ 중개사무소의 개설등록 후 업무를 개시하지 않은 개업공인중개사라도 3개월을 초과하는 휴업을 하고자 하는 때에는 부동산중개업 휴업신고서에 중개사무소등록증을 첨부하여 등록관청에 미리 신고하여야 한다.

④ 개업공인중개사가 등록관청에 폐업사실을 신고한 경우에는 지체 없이 사무소의 간판을 철거하여야 한다.

⑤ 개업공인중개사가 취학을 하는 경우 6개월을 초과하여 휴업을 할 수 있다.

키워드 휴업 및 폐업

해 설 「공인중개사법 시행규칙」 별지 제13호 서식에서 정하고 있는 부동산중개업 휴업·폐업·재개·휴업기간 변경신고서의 내용 중 휴업의 경우 휴업기간을 기재하며, 폐업의 경우 폐업일을 기재한다.

84 공인중개사법령상 개업공인중개사의 휴업에 관한 설명으로 **틀린** 것을 모두 고른 것은?

中

• 29회

㉠ 중개사무소 개설등록 후 업무를 개시하지 않고 3개월을 초과하는 경우에는 신고해야 한다.

㉡ 법령에 정한 사유를 제외하고 휴업은 6개월을 초과할 수 없다.

㉢ 분사무소는 주된 사무소와 별도로 휴업할 수 없다.

㉣ 휴업신고는 원칙적으로 휴업개시 후 휴업종료 전에 해야 한다.

㉤ 휴업기간 변경신고서에는 중개사무소등록증을 첨부해야 한다.

---

① ㉠, ㉡

② ㉢, ㉤

③ ㉠, ㉡, ㉣

④ ㉡, ㉢, ㉤

⑤ ㉢, ㉣, ㉤

해 설 ⓒ 분사무소는 주된 사무소와 별도로 휴업할 수 있다.

ⓔ 개업공인중개사는 3개월을 초과하여 휴업 또는 폐업, 휴업한 중개업의 재개 및 휴업기간을 변경하고자 하는 경우에는 등록관청에 미리 신고하여야 한다.

ⓜ 휴업기간 변경신고서에는 중개사무소등록증을 첨부하지 않는다. 등록증의 첨부는 휴업신고나 폐업신고 시에 첨부하여야 한다.

85

中

공인중개사법령상 개업공인중개사가 등록관청에 미리 신고해야 하는 사유를 모두 고른 것은? · 28회

ⓐ 질병 요양을 위한 6개월을 초과하는 휴업
ⓑ 신고한 휴업기간의 변경
ⓒ 분사무소의 폐업
ⓓ 3개월을 초과하여 휴업한 중개업의 재개

① ⓐ
② ⓑ, ⓒ
③ ⓐ, ⓑ, ⓒ
④ ⓑ, ⓒ, ⓓ
⑤ ⓐ, ⓑ, ⓒ, ⓓ

키워드 휴업 및 폐업신고 기한

해 설 휴업신고, 폐업신고, 변경신고, 3개월을 초과하여 휴업한 부동산중개업의 재개신고 모두 미리 하여야 한다. 그러므로 ⓐⓑⓒⓓ 모두 정답에 해당한다.

정답 83 ② 84 ⑤ 85 ⑤

86 공인중개사법령상 휴업과 폐업에 관한 설명으로 <u>틀린</u> 것은?

• 27회

① 2개월의 휴업을 하는 경우 신고할 의무가 없다.

② 취학을 이유로 하는 휴업은 6개월을 초과할 수 있다.

③ 휴업기간 변경신고는 전자문서에 의한 방법으로 할 수 있다.

④ 등록관청에 폐업사실을 신고한 경우 1개월 이내에 사무소의 간판을 철거해야 한다.

⑤ 중개사무소재개신고를 받은 등록관청은 반납을 받은 중개사무소등록증을 즉시 반환해야 한다.

키워드 간판 철거사유

해설 등록관청에 폐업신고를 한 경우 지체 없이 사무소의 간판을 철거해야 한다.

87 공인중개사법령상 개업공인중개사의 휴업의 신고에 관한 설명으로 옳은 것을 모두 고른 것은?

• 26회

> ㉠ 개업공인중개사는 3개월을 초과하는 휴업을 하고자 하는 경우 미리 등록관청에 신고해야 한다.
> ㉡ 개업공인중개사가 휴업신고를 하고자 하는 때에는 국토교통부령으로 정하는 신고서에 중개사무소등록증을 첨부해야 한다.
> ㉢ 등록관청에 휴업신고를 한 때에는 개업공인중개사는 지체 없이 사무소의 간판을 철거해야 한다.

① ㉠

② ㉡

③ ㉠, ㉡

④ ㉡, ㉢

⑤ ㉠, ㉡, ㉢

키워드 휴업신고

해설 개업공인중개사는 다음의 어느 하나에 해당하는 경우에는 지체 없이 사무소의 간판을 철거하여야 한다(법 제21조의2 제1항). 그러므로 휴업신고를 한 경우는 간판철거사유에 해당하지 않는다.

> 1. 등록관청에 중개사무소의 이전사실을 신고한 경우
> 2. 등록관청에 폐업사실을 신고한 경우
> 3. 중개사무소의 개설등록취소처분을 받은 경우

88 공인중개사법령상 휴업 또는 폐업에 관한 설명으로 옳은 것은?

•25회 수정

① 개업공인중개사가 휴업한 중개업을 재개하고자 하는 때에는 휴업한 중개업의 재개 후 1주일 이내에 신고해야 한다.

② 개업공인중개사가 1개월을 초과하는 휴업을 하는 때에는 등록관청에 그 사실을 신고해야 한다.

③ 개업공인중개사가 휴업을 하는 경우, 질병으로 인한 요양 등 대통령령으로 정하는 부득이한 사유가 있는 경우를 제외하고는 3개월을 초과할 수 없다.

④ 휴업기간 중에 있는 개업공인중개사는 다른 개업공인중개사의 소속공인중개사가 될 수 있다.

⑤ 재등록 개업공인중개사에 대하여 폐업신고 전의 업무정지처분에 해당하는 위반행위를 사유로 업무정지처분을 함에 있어서는 폐업기간과 폐업사유 등을 고려해야 한다.

키워드 휴업 및 폐업

해설 ① 개업공인중개사가 휴업한 중개업을 재개하고자 하는 때에는 미리 신고하여야 하며, 이를 위반한 경우 100만원 이하의 과태료대상이 된다(법 제21조 제1항, 제51조 제3항 제4호).

② 개업공인중개사가 3개월을 초과하는 휴업을 하는 때에는 등록관청에 그 사실을 신고해야 한다(법 제21조 제1항).

③ 개업공인중개사가 휴업을 하는 경우, 질병으로 인한 요양 등 대통령령으로 정하는 부득이한 사유가 있는 경우를 제외하고는 6개월을 초과할 수 없다(법 제21조 제2항).

④ 휴업기간 중에 있는 개업공인중개사는 다른 개업공인중개사의 소속공인중개사가 될 수 없으며, 이러한 이중소속은 현행법상 인정되는 경우는 없다.

할 수 있다고 믿는
사람은 그렇게 되고

할 수 없다고 믿는
사람 역시 그렇게 된다.

– 샤를 드 골(Charles De Gaulle)

중개계약 및 부동산거래정보망

더 많은 기출문제를 풀고 싶다면?
단원별 기출문제집
[공인중개사법령 및 중개실무]
pp.99~113

▌5개년 출제빈도 분석표

28회	29회	30회	31회	32회
2	2	3	3	1

▌빈출 키워드

☑ 중개계약
☑ 부동산거래정보망

대표기출 **연습**

01 공인중개사법령상 일반중개계약서와 전속중개계약서의 서식에 공통으로 기재된 사항이 <u>아닌</u> 것은?
• 31회

① 첨부서류로서 중개보수 요율표

② 계약의 유효기간

③ 개업공인중개사의 중개업무 처리상황에 대한 통지의무

④ 중개대상물의 확인 · 설명에 관한 사항

⑤ 개업공인중개사가 중개보수를 과다 수령한 경우 차액 환급

키워드 일반중개계약서와 전속중개계약서 28회, 29회, 30회, 31회

교수님 TIP 일반중개계약서와 전속중개계약서의 서식에 공통으로 기재된 사항을 암기하여야 합니다.

해설 개업공인중개사의 중개업무 처리상황에 대한 통지의무는 전속중개계약서의 개업공인중개사의 의무사항에 포함되며, 일반중개계약서의 개업공인중개사의 의무사항에는 포함되지 않는다.

정답 ③

02 공인중개사법령상 거래정보사업자지정대장 서식에 기재되는 사항이 <u>아닌</u> 것은?

• 32회

① 지정 번호 및 지정 연월일
② 상호 또는 명칭 및 대표자의 성명
③ 주된 컴퓨터설비의 내역
④ 전문자격자의 보유에 관한 사항
⑤ 「전기통신사업법」에 따른 부가통신사업자번호

키워드 거래정보사업자지정대장   32회
교수님 TIP 거래정보사업자지정대장의 기재사항에 대해 학습하여야 합니다.

해설 거래정보사업자 지정대장에 기재되는 사항은 ①, ②, ③, ④ 및 사무소 소재지, 지정자 주소이다. 따라서 「공인중개사법 시행규칙」 별지 제18호 서식인 거래정보사업자지정대장에 「전기통신사업법」에 따른 부가통신사업자번호는 기재되지 않는다.

정답 ⑤

01 공인중개사법령상 일반중개계약에 관한 설명으로 옳은 것은?

中

① 개업공인중개사는 일반중개계약을 체결한 경우 7일 이내에 중개대상물에 관한 정보를 부동산거래정보망 또는 일간신문에 공개하여야 한다.

② 중개의뢰인은 중개의뢰한 내용을 명확하게 하기 위하여 필요한 경우 개업공인중개사에게 중개대상물의 상태 및 입지를 기재한 일반중개계약서의 작성을 요청할 수 있다.

③ 국토교통부장관은 일반중개계약의 표준이 되는 서식을 정하여 이의 사용을 권장할 수 있고, 이 경우 개업공인중개사는 일반중개계약서를 사용하여야 한다.

④ 일반중개계약을 체결한 개업공인중개사도 중개의뢰인에게 업무처리상황을 2주일에 1회 이상 통지하여야 한다.

⑤ 일반중개계약을 체결한 개업공인중개사도 부동산거래정보망에 공개된 정보의 거래가 완성된 때에는 지체 없이 그 사실을 부동산거래정보사업자에게 통보하여야 한다.

키워드 일반중개계약

해 설 ① 일반중개계약의 경우 개업공인중개사는 정보공개의무가 없다.
② 중개대상물의 상태 및 입지는 기재를 요청할 사항이 아니다.
③ 국토교통부장관의 권장이 있더라도 일반중개계약서를 사용하여야 할 의무가 없다.
④ 업무처리상황의 통지의무는 전속중개계약 시에 발생하는 의무이다.

정답 01 ⑤

02 공인중개사법령상 중개계약에 관한 내용으로 **틀린** 것은?

① 중개의뢰인은 개업공인중개사와 일반중개계약을 체결하였다 하더라도 중개대상물의 거래에 관한 중개를 다른 개업공인중개사에게도 의뢰할 수 있다.

② 중개의뢰인은 중개의뢰내용을 명확하게 하기 위하여 개업공인중개사에게 일반중개계약서의 작성을 요청할 수 있다.

③ 개업공인중개사는 중개의뢰인과 전속중개계약을 체결한 때에는 2주일에 1회 이상 업무처리사항을 문서로 통지하도록 규정되어 있다.

④ 국토교통부장관은 일반중개계약의 표준이 되는 서식인 일반중개계약서를 작성하도록 권장할 수 있다.

⑤ 전속중개계약을 체결한 때에는 부동산거래정보망 등에 거래예정금액, 권리관계 사항, 권리자의 주소·성명 등 인적사항에 관한 정보, 중개대상물의 종류 등을 공개해야 한다.

키워드 전속중개계약 체결 시 정보공개사항
해설 권리자의 주소·성명 등 인적사항에 관한 정보는 공개하여서는 안 된다.

03

무주택자인 甲이 주택을 물색하여 매수하기 위해 개업공인중개사인 乙과 일반중개계약을 체결하고자 한다. 이 경우 공인중개사법령상 표준서식인 일반중개계약서에 기재하는 항목을 모두 고른 것은?

• 30회

> ㉠ 소유자 및 등기명의인
> ㉡ 희망 지역
> ㉢ 취득 희망가격
> ㉣ 거래규제 및 공법상 제한사항

① ㉢

② ㉠, ㉡

③ ㉡, ㉢

④ ㉢, ㉣

⑤ ㉠, ㉡, ㉢

키워드 일반중개계약서

해 설 ㉠㉣ 권리이전용(매도·임대 등)에 기재되는 사항이다.
㉡㉢ 권리취득용(매수·임차 등)에 기재되는 사항이다.

이론플러스 **권리이전용 기재사항과 권리취득용 기재사항**

> 1. 일반중개계약서의 권리이전용(매도·임대 등)에 기재되는 사항은 다음과 같다.
>   (1) 소유자 및 등기명의인
>   (2) 중개대상물의 표시
>   (3) 권리관계
>   (4) 거래규제 및 공법상 제한사항
>   (5) 중개의뢰금액
>   (6) 그 밖의 사항
> 2. 일반중개계약서의 권리취득용(매수·임차 등)에 기재되는 사항은 다음과 같다.
>   (1) 희망물건의 종류
>   (2) 취득 희망가격
>   (3) 희망 지역
>   (4) 그 밖의 희망조건

정답 02 ⑤ 03 ③

04

中

공인중개사법령상 일반중개계약에 관한 설명으로 옳은 것은?

• 28회

① 일반중개계약서는 국토교통부장관이 정한 표준이 되는 서식을 사용해야 한다.

② 중개의뢰인은 동일한 내용의 일반중개계약을 다수의 개업공인중개사와 체결할 수 있다.

③ 일반중개계약의 체결은 서면으로 해야 한다.

④ 중개의뢰인은 일반중개계약서에 개업공인중개사가 준수해야 할 사항의 기재를 요청할 수 없다.

⑤ 개업공인중개사가 일반중개계약을 체결한 때에는 부동산거래정보망에 중개대상물에 관한 정보를 공개해야 한다.

키워드 일반중개계약

해 설 ① 국토교통부장관은 일반중개계약의 표준이 되는 서식을 정하여 그 사용을 권장할 수 있다. 이 경우 권장사항이므로 표준이 되는 서식을 사용하여야 하는 것은 아니다.

③ 일반중개계약은 전속중개계약과는 달리 반드시 서면에 의하여야 하는 것은 아니다.

④ 중개의뢰인은 중개의뢰내용을 명확하게 하기 위하여 필요한 경우에는 개업공인중개사에게 일반중개계약서의 작성을 요청할 수 있다.

⑤ 전속중개계약을 체결한 개업공인중개사는 부동산거래정보망 또는 일간신문에 해당 중개대상물에 관한 정보를 공개하여야 하는 의무가 있다. 하지만 일반중개계약의 경우 그러한 의무규정은 없다.

05 공인중개사법령상 중개계약서를 작성한 경우에 관한 설명으로 <u>틀린</u> 것은?

㊥

① 일반중개계약서를 작성한 개업공인중개사는 업무처리상황을 2주일에 1회 이상 중개의뢰인에게 문서로써 통지하지 않아도 된다.

② 일반중개계약서를 작성한 개업공인중개사도 지정거래정보망에 중개대상물을 공개할 수는 있지만, 거래가 이루어진 때에 그 사실을 거래정보사업자에게 통보해 주지 않아도 된다.

③ 전속중개계약서를 작성한 개업공인중개사는 중개대상물을 반드시 지정거래정보망에만 공개하여야 하는 것은 아니다.

④ 일반중개계약을 체결한 중개의뢰인이 다른 개업공인중개사에게 중복하여 중개의뢰하는 것을 금지하고 있지 않다.

⑤ 전속중개계약서를 작성한 개업공인중개사는 중개대상물을 공개하기 위해 반드시 지정거래정보망에 가입하여야 하는 것은 아니다.

키워드 일반중개계약서

해설 일반중개계약, 전속중개계약 모두 개업공인중개사가 부동산거래정보망에 중개대상물을 공개한 경우, 거래가 이루어진 때에는 이를 지체 없이 해당 거래정보사업자에게 통보하여야 한다.

06 전속중개계약에 관한 설명으로 옳은 것은?

① 전속중개계약의 유효기간은 당사자 간에 다른 약정이 없는 경우에는 6개월로 한다.

② 전속중개계약을 체결한 개업공인중개사는 소유권·전세권 및 권리자의 주소·성명 등 중개대상물의 권리관계에 관한 사항을 공개하여야 한다.

③ 중개의뢰인이 전속중개계약 유효기간 내에 스스로 발견한 상대방과 직접 거래계약을 체결한 경우 중개보수의 50%를 개업공인중개사가 중개행위를 함에 있어서 소요된 비용으로 지급하여야 한다.

④ 중개의뢰인이 중개를 의뢰함에 있어 특정한 개업공인중개사를 정하여 그 개업공인중개사에 한정하여 해당 중개대상물을 중개하도록 하는 계약을 체결할 수 있다.

⑤ 개업공인중개사는 전속중개계약을 체결하고자 하는 때에는 특별시·광역시 또는 도의 조례로 정하는 전속중개계약서를 사용하여야 한다.

키워드 전속중개계약

해설 ① 전속중개계약의 유효기간은 당사자 간에 다른 약정이 없으면 3개월로 한다.
② 각 권리자의 주소·성명 등 인적사항은 공개하여서는 아니 된다.
③ 중개의뢰인이 전속중개계약 유효기간 내에 스스로 발견한 상대방과 직접 거래계약을 체결한 경우 중개보수의 50%에 해당하는 금액의 범위 안에서 개업공인중개사가 중개행위를 함에 있어서 소요된 비용을 지급하여야 한다.
⑤ 국토교통부령으로 정하는 전속중개계약서 서식을 사용해야 한다.

07 중개계약에 관한 설명으로 틀린 것은?

中

① 개업공인중개사 A는 매도의뢰인 B와 6개월간의 전속중개계약을 체결하였고, B의 요청에 의하여 중개대상물에 대한 정보를 비공개로 하기로 하였다.

② 개업공인중개사가 전속중개계약을 체결한 때에는 해당 전속중개계약서를 3년 동안 보존하여야 한다.

③ 개업공인중개사가 임대차를 위한 전속중개계약을 체결할 경우 중개대상물의 거래예정금액 및 공시지가는 필수적 정보공개대상에 해당된다.

④ 등록관청은 국토교통부령에서 정하고 있는 전속중개계약서에 의하지 아니하고 전속중개계약을 체결하였다는 이유로 개업공인중개사 C에게 3개월의 업무정지를 명하였다.

⑤ 개업공인중개사 D는 매도의뢰인 E와 표준서식에 의한 일반중개계약서를 작성하였고, 일반중개계약서에 중개보수와 중개의뢰금액을 기재하였다.

> **키워드** 전속중개계약 체결 시 정보공개사항
> **해설** 임대차의 경우 공시지가는 공개하지 아니할 수 있는 임의적 공개사항이다.

정답 06 ④ 07 ③

08 공인중개사법령상 전속중개계약에 관한 설명으로 옳은 것은?

中

① 중개의뢰인이 전속중개계약의 유효기간 내에 스스로 발견한 상대방과 직접 거래한 경우 중개의뢰인은 중개보수의 50%를 개업공인중개사에게 지불해야 한다.

② 전속중개계약을 체결한 개업공인중개사는 1주일에 2회 이상 업무처리상황을 중개의뢰인에게 통지하여야 한다.

③ 개업공인중개사가 전속중개계약을 체결하고 중개대상물에 관한 정보를 공개하지 않은 경우 100만원 이하의 과태료에 해당한다.

④ 중개의뢰인이 전속중개계약의 유효기간 내에 개업공인중개사의 소개에 의하여 알게 된 상대방과 해당 개업공인중개사를 배제하고 직접 거래를 한 경우 중개보수에 해당하는 금액을 개업공인중개사에게 위약금으로 지불하여야 한다.

⑤ 개업공인중개사는 전속중개계약을 체결하고자 할 경우 전속중개계약서를 사용하여 체결하여야 하며, 5년간 보존하여야 한다.

키워드 전속중개계약

해 설 ① 중개의뢰인은 중개보수의 50% 범위 안에서 사회통념에 비추어 상당하다고 인정하는 개업공인중개사의 소요된 비용을 지불하여야 한다.

② 전속중개계약을 체결한 개업공인중개사는 2주일에 1회 이상 업무처리상황을 중개의뢰인에게 통지하여야 한다.

③ 개업공인중개사가 전속중개계약을 체결하고 중개대상물에 관한 정보를 공개하지 않은 경우 상대적 등록취소사유에 해당한다.

⑤ 전속중개계약서는 3년간 보존하여야 한다.

09 공인중개사법령상 전속중개계약에 관한 설명으로 옳은 것은?

中

① 전속중개계약의 유효기간은 3개월이 원칙이나, 3개월 미만으로 정한 경우 그 유효기간은 3개월이다.

② 정보를 공개한 개업공인중개사는 공개 후 지체 없이 공개한 내용을 중개의뢰인에게 문서로 통지하여야 한다.

③ 전속중개계약 체결 시 국토교통부령으로 정하는 전속중개계약서를 사용하지 아니한 경우 등록관청은 중개사무소의 개설등록을 취소할 수 있다.

④ 전속중개계약을 체결하고 7일 이내에 부동산거래정보망과 일간신문 모두에 중개대상물에 관한 정보를 공개하여야 한다.

⑤ 전속중개계약기간이 끝난 다음 날 개업공인중개사가 중개를 완성시켜 거래계약을 체결한 경우, 개업공인중개사는 중개의뢰인에 대하여 중개보수청구권을 행사할 수 없다.

키워드 전속중개계약

해설 ① 유효기간은 3개월 미만으로 정한 경우 그 약정한 기간이 우선한다.
③ 등록관청은 업무정지처분을 할 수 있다.
④ 부동산거래정보망 또는 일간신문에 중개대상물에 관한 정보를 공개하여야 한다.
⑤ 전속중개계약기간이 끝난 다음 날부터는 일반중개계약으로 전환된다. 따라서 이 경우 개업공인중개사는 중개의뢰인에 대하여 중개보수청구권을 행사할 수 있다.

10 단독주택 소유자 甲은 개업공인중개사 乙과 2022년 7월 1일부터 2개월간 임대의뢰에 대한 전속중개계약을 체결한 후 7월 5일에 부동산거래정보망에 해당 주택에 관한 정보를 공개하였다. 다음 설명 중 옳은 것은?

① 乙은 해당 주택에 丙 명의로 저당권이 설정되어 있어서 丙의 주소, 성명, 피담보채권을 공개하였다.

② 乙은 8월 15일 임대차계약의 거래가 완성되어 8월 16일에 거래정보사업자에게 그 사실을 통보하였다.

③ 乙은 해당 주택의 공시지가를 공개하여야 한다.

④ 乙은 甲의 정보 비공개 요청이 있는 때에는 중개대상물에 관한 정보를 공개하지 아니할 수 있다.

⑤ 甲이 10월 15일 다른 개업공인중개사의 중개로 丁과 임대차계약을 체결한 경우 乙에게 그가 지불하여야 하는 중개보수에 해당하는 금액을 위약금으로 지불하여야 한다.

키워드	전속중개계약 체결 시 정보공개사항
해설	① 각 권리자의 인적사항(주소, 성명 등)은 공개하여서는 아니 된다.
	③ 임대차의 경우에는 공시지가를 공개하지 아니할 수 있다.
	④ 정보의 비공개 요청이 있는 때에는 중개대상물에 관한 정보를 공개하여서는 아니 된다.
	⑤ 전속중개계약 유효기간이 경과한 경우에는 위약금 지급의무가 없다.

11 임대차에 대한 전속중개계약 체결 시 반드시 부동산거래정보망 또는 일간신문에 공개
하여야 할 정보의 내용이 <u>아닌</u> 것을 모두 고른 것은?

> ○ 중개대상물의 종류·소재지·면적·구조·지목·건축연도 등 특정하기 위하여 필요한
> 사항
> ○ 소유권·전세권·저당권·지상권·임차권 등 권리관계에 관한 사항
> ○ 권리를 취득함에 따라 부담하여야 할 조세의 종류 및 세율
> ○ 공법상 이용제한 및 거래규제에 관한 사항
> ○ 권리자의 주소·성명 등 인적사항에 관한 정보
> ○ 중개보수, 실비금액과 그 산출내역
> ○ 공시지가

① ㉠, ㉢, ㉣
② ㉡, ㉤, ㉦
③ ㉣, ㉤, ㉦
④ ㉢, ㉣, ㉤
⑤ ㉢, ㉤, ㉣, ㉦

키워드 전속중개계약 체결 시 정보공개사항

해설 ㉢ 권리를 취득함에 따라 부담하여야 할 조세의 종류 및 세율은 확인·설명할 사항이
지만, 공개사항은 아니다.
㉤ 권리자의 주소·성명 등 인적사항에 관한 정보는 공개해서는 아니 되는 사항이다.
㉣ 중개보수, 실비금액과 그 산출내역은 확인·설명할 사항이지만, 공개사항은 아니다.
㉦ 공시지가는 임대차의 경우에는 공개하지 아니할 수 있다.

이론플러스 **부동산거래정보망에 공개하여야 할 정보**

> 1. 중개대상물의 종류·소재지·면적 등 해당 중개대상물을 특정하기 위하여 필요한 중개대상물
>   의 기본적인 사항
> 2. 벽면 및 두배의 상태 및 수도·전기·가스·소방·열공급·승강기 설비, 오수·폐수·쓰레기 처
>   리시설 등의 상태
> 3. 도로 및 대중교통수단과의 연계성, 시장·학교 등과의 근접성, 지형 등 입지조건과 일조·소
>   음·진동 등 환경조건
> 4. 소유권·전세권·저당권·지상권 및 임차권 등 해당 중개대상물의 권리관계에 관한 사항(다만,
>   각 권리자의 주소·성명 등 인적사항에 관한 정보는 공개하여서는 아니 됨)
> 5. 공법상 이용제한 및 거래규제에 관한 사항
> 6. 중개대상물의 거래예정가격
> 7. 공시지가(다만, 임대차의 경우에는 공시지가를 공개하지 아니할 수 있음)

12

국토교통부령 별지서식으로 정한 일반중개계약서와 전속중개계약서를 사용한 계약의 비교에 관한 설명으로 옳은 것은?

① 양자는 계약 체결의 당사자가 다르다.

② 양 서식에 의한 계약 체결 이후 개업공인중개사가 정보공개 및 업무처리상황의 통지의무를 부담하는 점에서 같다.

③ 양자는 모두 소속공인중개사는 서명 또는 날인의 의무가 없다.

④ 유효기간 중에 다른 개업공인중개사의 중개로 거래한 경우 중개의뢰인에게 위약금 지불의무가 발생하는 점에서 같다.

⑤ 양자는 모두 3년간 보존의무가 적용된다.

키워드 일반중개계약, 전속중개계약

해설 ① 일반중개계약과 전속중개계약은 모두 중개계약의 당사자가 개업공인중개사와 중개의뢰인으로 동일하다.
② 전속중개계약을 체결한 개업공인중개사만 정보공개 및 업무처리상황의 통지의무를 부담한다.
④ 전속중개계약을 체결한 중개의뢰인만 전속중개계약 위반 시 위약금 지불의무가 있다.
⑤ 전속중개계약서만 3년간 보존의무가 적용된다.

이론플러스 **일반중개계약서와 전속중개계약서의 비교**

1. 일반중개계약서와 전속중개계약서의 앞쪽에 기재되는 사항

구 분	일반중개계약서(제14호 서식)	전속중개계약서(제15호 서식)
㉠ 의뢰내용 표시	매도·매수·임대·임차·그 밖의 계약	
㉡ 개업공인중개사의 의무	거래계약이 조속히 체결될 수 있도록 성실히 노력하여야 한다.	• 2주일에 1회 이상 업무처리상황 통지의무 • 전속중개계약 후 7일 이내 정보공개 및 지체 없이 공개사실 통지의무(공개, 비공개 여부 표시) • 확인·설명의무의 성실이행의무
㉢ 중개의뢰인의 권리·의무	• 다른 개업공인중개사에게도 중개를 의뢰할 수 있다. • 개업공인중개사의 확인·설명의무 이행에 협조의무	• 위약금지불의무(중개보수만큼) • 비용지불의무(중개보수의 50% 범위 내) • 확인·설명의무 이행에 협조의무
㉣ 유효기간	3개월을 원칙으로 하되, 달리 정함이 있는 경우에는 정한 기간에 따른다.	
㉤ 중개보수	거래가액의 (　)% (또는 원) 지급 ➕ 단, 법정보수 범위를 초과할 수 없다.	
㉥ 손해배상	• 중개보수를 과다징수하면 차액을 환급해야 한다. • 확인·설명을 소홀히 하여 재산상 피해가 발생하면 손해액을 배상해야 한다.	

⊗ 그 밖의 사항	이 계약에 정하지 아니한 사항에 대해서는 달리 약정할 수 있다.
◎ 작성·보관	2통을 작성하여 1통씩 보관한다(일반중개계약서 : 보관기간 규정 없음, 전속중개계약서 : 3년 보존).
⊛ 서명 또는 날인	중개의뢰인과 개업공인중개사의 서명 또는 날인(소속공인중개사는 서명 또는 날인 ✕)

2. 일반중개계약서와 전속중개계약서의 뒤쪽에 기재되는 사항

(1) 권리이전용(매도·임대 등의 중개의뢰를 받은 경우 기재할 사항)

⊙ 소유자 및 등기명의인

ⓒ 중개대상물의 표시

- 건물 : 소재지, 건축연도, 면적, 구조, 용도
- 토지 : 소재지, 지목, 면적, 지구·지역, 현재 용도

➕ 은행융자, 권리금, 제세공과금(또는 월임대료, 보증금, 관리비용)도 기재해야 함

ⓒ 권리관계

ⓔ 거래규제 및 공법상 제한사항

ⓜ 중개의뢰금액

ⓗ 그 밖의 사항

(2) 권리취득용(매수·임차 등의 중개의뢰를 받은 경우 기재할 사항)

⊙ 희망물건의 종류

ⓛ 취득 희망금액

ⓒ 희망 지역

ⓔ 그 밖의 희망조건

정답 **12** ③

13 전속중개계약을 체결한 개업공인중개사의 행위에 관한 설명으로 옳은 것은?

① 유효기간 중 전속개업공인중개사가 소개한 상대방과 개업공인중개사를 배제하고 거래한 경우 중개의뢰인이 지불하여야 할 중개보수가 100만원이면 개업공인중개사는 50만원을 받을 수 있다.

② 전속중개계약의 유효기간 중에 의뢰인이 스스로 발견한 상대방과 직접 거래한 경우, 개업공인중개사가 지출한 비용이 30만원이고 중개보수가 100만원이면 개업공인중개사 甲은 50만원까지 받을 수 있다.

③ 개업공인중개사 甲은 전속중개계약을 체결한 후 7일 이내에 지역안내 책자에 광고하여 정보를 공개하였다.

④ 부동산거래정보망에 가입하지 않은 개업공인중개사가 전속중개계약을 체결한 경우 중개의뢰인이 비공개를 요청하지 않는 한 일간신문에 해당 중개대상물의 정보를 공개해야 한다.

⑤ 중개의뢰인이 전속중개계약의 유효기간 경과 후에 개업공인중개사의 소개로 알게 된 상대방과 직접 거래를 한 경우 개업공인중개사는 중개보수에 해당하는 금액을 위약금으로 청구할 수 있다.

키워드 전속중개계약 체결 시 개업공인중개사의 의무

해설 ① 중개의뢰인이 지불하여야 할 중개보수가 100만원이므로 개업공인중개사는 100만원을 받을 수 있다.

② 중개보수 100만원의 50%인 50만원 범위 안에서 실제 지출한 비용을 받을 수 있다. 이 경우 개업공인중개사가 지출한 비용이 30만원이므로 30만원까지 받을 수 있다.

③ 지정받은 부동산거래정보망 또는 일간신문에 공개하여야 한다. 지역안내 책자에 광고하여 정보를 공개하는 것은 「공인중개사법」상의 의무를 이행한 것으로 인정하지 아니한다.

⑤ 전속중개계약의 유효기간이 경과하였으므로 개업공인중개사는 위약금을 청구할 수 없다.

14 공인중개사법령상 중개계약에 관한 설명으로 **틀린** 것은? (다툼이 있으면 판례에 따름)

• 29회

① 임대차에 대한 전속중개계약을 체결한 개업공인중개사는 중개대상물의 공시지가를 공개해야 한다.

② 부동산중개계약은 「민법」상 위임계약과 유사하다.

③ 전속중개계약은 법령이 정하는 계약서에 의하여야 하며, 중개의뢰인과 개업공인중개사가 모두 서명 또는 날인한다.

④ 개업공인중개사는 전속중개계약 체결 후 중개의뢰인에게 2주일에 1회 이상 중개업무 처리상황을 문서로 통지해야 한다.

⑤ 중개의뢰인은 일반중개계약을 체결할 때 일반중개계약서의 작성을 요청할 수 있다.

> **키워드** 일반중개계약, 전속중개계약
>
> **해 설** 임대차에 대한 전속중개계약을 체결한 개업공인중개사는 중개대상물의 공시지가를 공개하지 아니할 수 있다. 그러므로 반드시 공개하여야 하는 내용은 아니다.

15 甲 소유 X부동산을 매도하기 위한 甲과 개업공인중개사 乙의 전속중개계약에 관한 설명으로 **틀린** 것은?

• 28회

① 甲과 乙의 전속중개계약은 국토교통부령으로 정하는 계약서에 의해야 한다.

② 甲과 乙이 전속중개계약의 유효기간을 약정하지 않은 경우 유효기간은 3개월로 한다.

③ 乙이 甲과의 전속중개계약 체결 뒤 6개월만에 그 계약서를 폐기한 경우 이는 업무정지사유에 해당한다.

④ 甲이 비공개를 요청하지 않은 경우, 乙은 전속중개계약 체결 후 2주 내에 X부동산에 관한 정보를 부동산거래정보망 또는 일간신문에 공개해야 한다.

⑤ 전속중개계약 체결 후 乙이 공개해야 할 X부동산에 관한 정보에는 도로 및 대중교통수단과의 연계성이 포함된다.

> **키워드** 전속중개계약 체결 시 개업공인중개사의 의무
>
> **해 설** 전속중개계약을 체결한 개업공인중개사는 전속중개계약 체결 후 7일 이내에 부동산거래정보망 또는 일간신문에 해당 중개대상물에 관한 정보를 공개하여야 한다.

정답 **13** ④ **14** ① **15** ④

16 공인중개사법령상 전속중개계약에 관한 설명으로 옳은 것을 모두 고른 것은? • 27회

> ㉠ 특정한 개업공인중개사를 정하여 그 개업공인중개사에 한정하여 중개대상물을 중개하도록 하는 계약이 전속중개계약이다.
> ㉡ 당사자 간에 기간의 약정이 없으면 전속중개계약의 유효기간은 6개월로 한다.
> ㉢ 개업공인중개사는 중개의뢰인에게 전속중개계약 체결 후 2주일에 1회 이상 중개업무 처리상황을 문서로 통지해야 한다.
> ㉣ 전속중개계약의 유효기간 내에 다른 개업공인중개사에게 해당 중개대상물의 중개를 의뢰하여 거래한 중개의뢰인은 전속중개계약을 체결한 개업공인중개사에게 위약금 지불의무를 진다.

① ㉠, ㉢
② ㉡, ㉣
③ ㉠, ㉡, ㉢
④ ㉠, ㉢, ㉣
⑤ ㉠, ㉡, ㉢, ㉣

키워드 전속중개계약
해 설 ㉡ 전속중개계약의 유효기간은 3개월로 한다. 다만, 당사자 간에 다른 약정이 있는 경우에는 그 약정에 따른다.

17 공인중개사법령상 전속중개계약에 관한 설명으로 틀린 것은? • 26회

① 개업공인중개사는 중개의뢰인에게 전속중개계약 체결 후 2주일에 1회 이상 중개업무 처리상황을 문서로 통지해야 한다.
② 전속중개계약의 유효기간은 당사자 간에 다른 약정이 없는 경우 3개월로 한다.
③ 개업공인중개사가 전속중개계약을 체결한 때에는 그 계약서를 5년 동안 보존해야 한다.
④ 개업공인중개사는 중개의뢰인이 비공개를 요청한 경우 중개대상물에 관한 정보를 공개해서는 아니 된다.
⑤ 전속중개계약에서 정하지 않은 사항에 대하여는 중개의뢰인과 개업공인중개사가 합의하여 별도로 정할 수 있다.

키워드 전속중개계약서 보존기간
해 설 개업공인중개사가 전속중개계약을 체결한 때에는 전속중개계약서를 작성하여 3년 동안 보존해야 한다.

18 ㊤ 전속중개계약을 체결한 개업공인중개사가 공인중개사법령상 공개해야 할 중개대상물에 대한 정보에 해당하는 것을 모두 고른 것은? (중개의뢰인이 비공개를 요청하지 않은 경우임) • 26회

> ㉠ 벽면 및 도배의 상태
> ㉡ 중개대상물의 권리관계에 관한 사항 중에서 권리자의 주소·성명 등 인적사항에 관한 정보
> ㉢ 도로 및 대중교통수단과의 연계성
> ㉣ 오수·폐수·쓰레기 처리시설 등의 상태

① ㉠, ㉢　　　　　　② ㉠, ㉣　　　　　　③ ㉡, ㉣
④ ㉠, ㉢, ㉣　　　　⑤ ㉠, ㉡, ㉢, ㉣

키워드 전속중개계약 체결 시 정보공개사항

해설 ㉡ 전속중개계약을 체결한 개업공인중개사는 중개대상물의 권리관계에 관한 사항은 공개하여야 한다. 하지만 각 권리자의 주소·성명 등 인적사항에 관한 정보는 공개하여서는 아니 된다.

19 ㊥ 공인중개사법령상 중개계약에 관한 설명으로 <u>틀린</u> 것은? • 25회 수정

① 개업공인중개사는 전속중개계약을 체결한 때, 중개의뢰인이 해당 중개대상물에 관한 정보의 비공개를 요청한 경우에는 부동산거래정보망과 일간신문에 이를 공개해서는 아니 된다.

② 전속중개계약을 체결한 개업공인중개사는 부동산거래정보망에 중개대상물의 정보를 공개할 경우, 권리자의 주소·성명을 공개해야 한다.

③ 당사자 간에 다른 약정이 없는 한 전속중개계약의 유효기간은 3개월로 한다.

④ 중개의뢰인은 개업공인중개사에게 거래예정가격을 기재한 일반중개계약서의 작성을 요청할 수 있다.

⑤ 개업공인중개사는 전속중개계약을 체결한 때에는 해당 계약서를 3년간 보존해야 한다.

키워드 전속중개계약 체결 시 개업공인중개사의 의무

해설 전속중개계약을 체결한 개업공인중개사는 부동산거래정보망이든 일간신문이든 중개대상물의 정보를 공개할 경우, 권리자의 주소·성명은 공개하여서는 아니 된다.

정답 16 ④　17 ③　18 ④　19 ②

20 공인중개사법령상의 부동산거래정보망에 관한 설명으로 옳은 것은?

① 국토교통부장관은 지정신청을 받은 때에는 지정신청을 받은 날로부터 30일 이내에 거래정보사업자지정서를 교부하여야 한다.

② 거래정보사업자로 지정을 받은 자는 지정을 받은 날로부터 60일 이내에 부동산거래정보망의 운영규정을 정하여 국토교통부장관의 승인을 얻어야 한다.

③ 법인으로 부동산거래정보사업자로 지정을 받을 수 있지만, 개인으로는 불가능하다.

④ 거래정보사업자로 지정을 받은 자는 6개월 이내에 부동산거래정보망을 설치·운영하여야 한다.

⑤ 부동산거래정보망이란 개업공인중개사와 중개의뢰인 상호 간에 중개대상물의 중개에 관한 정보를 교환하는 체계를 말한다.

키워드 부동산거래정보망

해설 ② 60일 이내 ⇨ 3개월 이내
③ 법인과 개인 모두 부동산거래정보사업자로 지정을 받을 수 있다.
④ 6개월 이내 ⇨ 1년 이내
⑤ 개업공인중개사와 중개의뢰인 상호 간 ⇨ 개업공인중개사 상호 간

21 공인중개사법령상 거래정보사업자의 지정요건으로 옳은 것은?

① 개업공인중개사 1명 이상을 확보할 것

② 정보통신부장관이 정하는 용량 및 성능의 컴퓨터설비를 확보할 것

③ 정보처리기사 2명 이상을 확보할 것

④ 「전기통신사업법」에 의한 부가통신사업자로 신고된 법인 또는 개인일 것

⑤ 가입·이용신청을 한 개업공인중개사의 수가 전국적으로 1,000명 이상이고, 각 시·도에서 각각 50명 이상의 개업공인중개사가 가입·이용신청을 할 것

키워드 거래정보사업자의 지정

해설 ① 개업공인중개사 ⇨ 공인중개사
② 정보통신부장관 ⇨ 국토교통부장관
③ 2명 이상 ⇨ 1명 이상
⑤ 가입·이용신청을 한 개업공인중개사의 수가 전국적으로 500명 이상이고, 2개 이상의 시·도에서 각각 30명 이상의 개업공인중개사가 가입·이용신청을 할 것

22 부동산거래정보망에 관한 설명으로 옳은 것은?

中

① 개업공인중개사가 부동산거래정보망에 중개대상물에 관한 정보를 거짓으로 공개하는 경우에는 등록취소처분을 받을 수 있다.

② 거래정보사업자가 개업공인중개사로부터 공개를 의뢰받은 중개대상물의 정보에 한정하여 이를 공개하여야 하며, 이를 위반한 경우 1년 이하의 징역 또는 1천만원 이하의 벌금사유에 해당한다.

③ 일반중개계약을 체결한 개업공인중개사는 「공인중개사법」상 지정받은 거래정보사업자가 설치한 부동산거래정보망에 가입하여 이용할 수 없다.

④ 국토교통부장관은 거래정보사업자가 거짓이나 그 밖에 부정한 방법으로 지정을 받은 경우 그 지정을 취소하여야 한다.

⑤ 거래정보사업자는 중개의뢰인으로부터 의뢰받은 정보에 한정하여 이를 공개하여야 한다.

키워드 부동산거래정보망의 지정 및 이용

해설 ① 정보를 거짓으로 공개한 경우 업무정지사유에 해당한다.

③ 일반중개계약을 체결한 개업공인중개사도 「공인중개사법」상 지정받은 거래정보사업자가 설치한 부동산거래정보망에 가입하여 이용할 수 있다.

④ 취소하여야 한다. ⇨ 취소할 수 있다.

⑤ 중개의뢰인으로부터 ⇨ 개업공인중개사로부터

23 공인중개사법령상 부동산거래정보사업자 지정에 관한 설명으로 옳은 것은?

① 지정신청자는 500명 이상의 개업공인중개사로부터 받은 부동산거래정보망 가입·이용신청서 및 그 개업공인중개사의 인감증명서를 제출하여야 한다.

② 거래정보사업자의 사망 또는 법인의 해산 그 밖의 사유로 부동산거래정보망의 계속적인 운영이 불가능한 경우를 원인으로 지정을 취소하고자 하는 경우 청문을 실시하지 아니한다.

③ 부동산거래정보망을 설치·운영할 자로 지정을 받으려면 가입한 개업공인중개사가 보유하고 있는 주된 컴퓨터의 용량 및 성능을 확인할 수 있는 서류가 필요하다.

④ 부동산거래정보사업자로 지정받고자 하는 자는 운영규정을 정하여 국토교통부장관의 승인을 받아야 하고, 정당한 사유가 없는 한 지정받은 날부터 3개월 이내에 부동산거래정보망을 설치·운영하여야 한다.

⑤ 부동산거래정보사업자로의 지정신청을 받은 국토교통부장관은 지정요건을 확인하고 지정신청을 받은 날부터 3개월 이내에 지정처분을 하여야 한다.

> **키워드** 거래정보사업자의 지정
> **해 설** ① 그 개업공인중개사의 인감증명서를 ⇨ 그 개업공인중개사의 중개사무소등록증 사본을
> ③ 개업공인중개사가 보유하고 있는 ⇨ 지정신청자가 보유하고 있는
> ④ 부동산거래정보사업자로 지정받은 자는 3개월 이내에 운영규정을 정하여 국토교통부장관의 승인을 받아야 하고, 정당한 사유가 없는 한 지정받은 날부터 1년 이내에 부동산거래정보망을 설치·운영하여야 한다.
> ⑤ 3개월 이내 ⇨ 30일 이내

24 부동산거래정보망에 관한 설명으로 옳은 것은?

① 거래정보사업자는 정보처리기사 2명 이상과 공인중개사 2명 이상을 확보하여야 한다.

② 거래정보사업자가 운영규정의 승인 또는 변경승인을 받지 않은 경우 1년 이하의 징역 또는 1천만원 이하의 벌금형에 해당한다.

③ 거래정보사업자의 지정절차와 운영규정에 정할 내용은 대통령령으로 정한다.

④ 거래정보사업자는 개업공인중개사 및 중개의뢰인으로부터 의뢰받은 중개대상물의 정보를 공개하여야 한다.

⑤ 개업공인중개사가 중개대상물의 정보를 거짓으로 공개한 경우에는 6개월 이내의 업무정지처분을 받을 수 있다.

키워드 부동산거래정보망의 지정 및 이용

해설 ① 거래정보사업자는 정보처리기사 1명 이상과 공인중개사 1명 이상을 확보하여야 한다.

② 거래정보사업자가 운영규정의 승인 또는 변경승인을 받지 않은 경우 지정취소, 500만원 이하의 과태료사유에 해당한다.

③ 거래정보사업자의 지정절차와 운영규정에 정할 내용은 국토교통부령으로 정한다.

④ 거래정보사업자는 개업공인중개사로부터 의뢰받은 중개대상물의 정보에 한정하여 이를 공개하여야 한다.

25 거래정보사업자 지정의 취소사유에 관한 기술로 틀린 것은?

① 개인인 거래정보사업자의 사망 또는 법인의 해산 그 밖의 사유로 부동산거래정보망의 계속적인 운영이 불가능한 경우

② 지정을 받은 날부터 30일 이내에 부동산거래정보망의 이용 및 정보제공방법 등 운영규정을 정하여 제정·승인을 받지 아니한 경우

③ 정당한 사유 없이 지정받은 날로부터 1년 이내에 부동산거래정보망을 설치·운영하지 아니한 경우

④ 개업공인중개사로부터 의뢰받지 않은 내용을 공개하거나 의뢰받은 내용과 다르게 정보를 공개한 경우 또는 개업공인중개사에 따라 차별적으로 공개한 경우

⑤ 거짓이나 그 밖에 부정한 방법으로 지정을 받은 경우

키워드 거래정보사업자의 지정취소사유

해설 30일 이내 ⇨ 3개월 이내

정답 23 ② 24 ⑤ 25 ②

26 부동산거래정보사업자 및 정보망을 이용하는 개업공인중개사에 관한 설명으로 옳은 것은?

① 지정취소처분을 하고자 하는 경우 등록관청은 청문을 실시하여야 한다.

② 거래정보사업자가 개업공인중개사로부터 의뢰받은 내용과 다르게 정보를 공개한 경우 국토교통부장관은 그 지정을 취소하여야 한다.

③ 거래정보사업자가 정보를 공개함에 있어 개업공인중개사로부터 공개의뢰받지 아니한 정보를 공개하거나 개업공인중개사에 따라 정보가 차별적으로 공개되도록 한 때에는 국토교통부장관은 지정을 취소하고 500만원 이하의 과태료에 처한다.

④ 정보를 공개한 개업공인중개사는 부동산거래정보망에 공개한 중개대상물의 거래가 완성된 때에는 지체 없이 그 사실을 해당 거래정보사업자에게 통보하여야 한다.

⑤ 거래정보사업자의 사망 또는 법인의 해산을 원인으로 지정을 취소하고자 하는 경우에는 청문을 실시하여야 한다.

> **키워드** 부동산거래정보망의 지정 및 이용
> **해 설** ① 등록관청 ⇨ 국토교통부장관
> ② 취소하여야 한다. ⇨ 취소할 수 있다.
> ③ 지정을 취소할 수 있고, 1년 이하의 징역 또는 1천만원 이하의 벌금형에 처한다.
> ⑤ 청문을 실시하여야 한다. ⇨ 청문을 실시하지 아니한다.

27 공인중개사법령상 거래정보사업자의 지정취소사유에 해당하는 것을 모두 고른 것은?

• 31회

> ㉠ 부동산거래정보망의 이용 및 정보제공방법 등에 관한 운영규정을 변경하고도 국토교통부장관의 승인을 받지 않고 부동산거래정보망을 운영한 경우
> ㉡ 개업공인중개사로부터 공개를 의뢰받지 아니한 중개대상물 정보를 부동산거래정보망에 공개한 경우
> ㉢ 정당한 사유 없이 지정받은 날부터 6개월 이내에 부동산거래정보망을 설치하지 아니한 경우
> ㉣ 개인인 거래정보사업자가 사망한 경우
> ㉤ 부동산거래정보망의 이용 및 정보제공방법 등에 관한 운영규정을 위반하여 부동산거래정보망을 운영한 경우

① ㉠, ㉡

② ㉢, ㉣

③ ㉠, ㉡, ㉤

④ ㉠, ㉡, ㉣, ㉤

⑤ ㉠, ㉡, ㉢, ㉣, ㉤

28 ⊕ 공인중개사법령상 부동산거래정보망을 설치·운영할 자로 지정받기 위한 요건의 일부이다. ( )에 들어갈 내용으로 옳은 것은?

• 31회

> • 부동산거래정보망의 가입·이용신청을 한 (㉠)의 수가 500명 이상이고 (㉡)개 이상의 특별시·광역시·도 및 특별자치도에서 각각 (㉢)인 이상의 (㉠)가 가입·이용신청을 하였을 것
> • 정보처리기사 1명 이상을 확보할 것
> • 공인중개사 (㉣)명 이상을 확보할 것

	㉠	㉡	㉢	㉣
①	공인중개사	2	20	1
②	공인중개사	3	20	3
③	개업공인중개사	2	20	3
④	개업공인중개사	2	30	1
⑤	개업공인중개사	3	30	1

키워드 거래정보사업자의 지정

해설 거래정보사업자의 지정요건은 다음과 같다.

> 1. 부동산거래정보망의 가입·이용신청을 한 개업공인중개사의 수가 500명 이상이고 2개 이상의 특별시·광역시·도 및 특별자치도(이하 '시·도'라 한다)에서 각각 30인 이상의 개업공인중개사가 가입·이용신청을 하였을 것
> 2. 정보처리기사 1명 이상을 확보할 것
> 3. 공인중개사 1명 이상을 확보할 것
> 4. 부동산거래정보망의 가입자가 이용하는 데 지장이 없는 정도로서 국토교통부장관이 정하는 용량 및 성능을 갖춘 컴퓨터 설비를 확보할 것

29 공인중개사법령상 부동산거래정보망의 지정 및 이용에 관한 설명으로 **틀린** 것은?

• 30회

① 국토교통부장관은 부동산거래정보망을 설치·운영할 자를 지정할 수 있다.

② 부동산거래정보망을 설치·운영할 자로 지정을 받을 수 있는 자는 「전기통신사업법」의 규정에 의한 부가통신사업자로서 국토교통부령으로 정하는 요건을 갖춘 자이다.

③ 거래정보사업자는 지정받은 날부터 3개월 이내에 부동산거래정보망의 이용 및 정보제공방법 등에 관한 운영규정을 정하여 국토교통부장관의 승인을 얻어야 한다.

④ 거래정보사업자가 부동산거래정보망의 이용 및 정보제공방법 등에 관한 운영규정을 변경하고자 하는 경우 국토교통부장관의 승인을 얻어야 한다.

⑤ 거래정보사업자는 개업공인중개사로부터 공개를 의뢰받은 중개대상물의 정보를 개업공인중개사에 따라 차별적으로 공개할 수 있다.

키워드 부동산거래정보망의 지정 및 이용

해설 거래정보사업자는 개업공인중개사로부터 공개를 의뢰받은 중개대상물의 정보에 한정하여 이를 부동산거래정보망에 공개하여야 하며, 의뢰받은 내용과 다르게 정보를 공개하거나 어떠한 방법으로든지 개업공인중개사에 따라 정보가 차별적으로 공개되도록 하여서는 아니 된다(법 제24조 제4항). 이를 위반한 경우 1년 이하의 징역 또는 1천만원 이하의 벌금형에 해당한다(법 제49조 제1항 제8호).

30 공인중개사법령상 ( )에 들어갈 내용으로 옳은 것은?
•29회

- 다른 약정이 없는 경우 전속중개계약의 유효기간은 (㉠)로 한다.
- 거래정보사업자는 그 지정받은 날부터 (㉡) 이내에 운영규정을 정하여 국토교통부장관의 승인을 얻어야 한다.
- 개업공인중개사는 보증보험금·공제금 또는 공탁금으로 손해배상을 한 때에는 (㉢) 이내에 보증보험 또는 공제에 다시 가입하거나 공탁금 중 부족하게 된 금액을 보전하여야 한다.
- 등록관청은 업무정지기간의 (㉣)의 범위 안에서 가중 또는 감경할 수 있으며, 가중하여 처분하는 경우에도 업무정지기간은 (㉤)을 초과할 수 없다.

	㉠	㉡	㉢	㉣	㉤
①	3개월	3개월	15일	2분의 1	6개월
②	3개월	3개월	15일	3분의 1	6개월
③	3개월	6개월	1개월	2분의 1	1년
④	6개월	3개월	15일	3분의 1	6개월
⑤	6개월	6개월	1개월	2분의 1	1년

키워드 기간 정리

해설 • 다른 약정이 없는 경우 전속중개계약의 유효기간은 '3개월'로 한다.
- 거래정보사업자는 그 지정받은 날부터 '3개월' 이내에 운영규정을 정하여 국토교통부장관의 승인을 얻어야 한다.
- 개업공인중개사는 보증보험금·공제금 또는 공탁금으로 손해배상을 한 때에는 '15일' 이내에 보증보험 또는 공제에 다시 가입하거나 공탁금 중 부족하게 된 금액을 보전하여야 한다.
- 등록관청은 업무정지기간의 '2분의 1'의 범위 안에서 가중 또는 감경할 수 있으며, 가중하여 처분하는 경우에도 업무정지기간은 '6개월'을 초과할 수 없다.

정답 **29** ⑤ **30** ①

31 공인중개사법령상 (   )에 들어갈 기간이 긴 것부터 짧은 순으로 옳게 나열된 것은?

• 27회

> • 공인중개사 자격취소처분을 받아 자격증을 반납하고자 하는 자는 그 처분을 받은 날부터 (㉠) 이내에 그 자격증을 반납해야 한다.
> • 거래정보사업자로 지정받은 자는 지정받은 날부터 (㉡) 이내에 부동산거래정보망의 이용 및 정보제공방법 등에 관한 운영규정을 정하여 승인받아야 한다.
> • 개업공인중개사가 보증보험금·공제금 또는 공탁금으로 손해배상을 한 때에는 (㉢) 이내에 보증보험 또는 공제에 다시 가입하거나 공탁금 중 부족하게 된 금액을 보전해야 한다.

① ㉠ - ㉡ - ㉢   ② ㉡ - ㉠ - ㉢

③ ㉡ - ㉢ - ㉠   ④ ㉢ - ㉠ - ㉡

⑤ ㉢ - ㉡ - ㉠

키워드 자격증 반납, 운영규정 승인, 업무보증재설정 및 보전

해설 ㉠은 7일, ㉡은 3개월, ㉢은 15일이다. 이를 긴 것부터 짧은 순서로 나열하면 ㉡ - ㉢ - ㉠이 된다.

32 공인중개사법령상 부동산거래정보망에 관한 설명으로 틀린 것은?

• 26회

① 거래정보사업자는 의뢰받은 내용과 다르게 정보를 공개해서는 아니 된다.

② 거래정보사업자는 개업공인중개사로부터 공개를 의뢰받은 중개대상물의 정보에 한정하여 이를 부동산거래정보망에 공개해야 한다.

③ 거래정보사업자가 정당한 사유 없이 지정받은 날부터 1년 이내에 부동산거래정보망을 설치·운영하지 아니한 경우에는 그 지정을 취소해야 한다.

④ 거래정보사업자는 지정받은 날부터 3개월 이내에 부동산거래정보망의 이용 및 정보제공방법 등에 관한 운영규정을 정하여 국토교통부장관의 승인을 얻어야 한다.

⑤ 개업공인중개사는 해당 중개대상물의 거래가 완성된 때에는 지체 없이 이를 해당 거래정보사업자에게 통보해야 한다.

키워드 지정취소처분의 성격(재량적 처분)

해설 거래정보사업자의 지정취소는 재량적 행정처분사유에 해당하므로, 거래정보사업자가 정당한 사유 없이 지정받은 날부터 1년 이내에 부동산거래정보망을 설치·운영하지 아니한 경우 국토교통부장관은 그 지정을 취소할 수 있다.

정답 31 ③ 32 ③

06 개업공인중개사의 의무 및 책임

더 많은 기출문제를 풀고 싶다면?
단원별 기출문제집
[공인중개사법령 및 중개실무]
pp.114~129

5개년 출제빈도 분석표

28회	29회	30회	31회	32회
3	4	2	3	2

빈출 키워드

☑ 개업공인중개사등의 금지행위
☑ 중개대상물의 확인·설명
☑ 거래계약서의 작성 등

대표기출 연습

01 공인중개사법령상 개업공인중개사등의 금지행위에 해당하지 <u>않는</u> 것은? • 31회

① 무등록 중개업을 영위하는 자인 사실을 알면서 그를 통하여 중개를 의뢰받는 행위

② 부동산의 매매를 중개한 개업공인중개사가 해당 부동산을 다른 개업공인중개사의 중개를 통하여 임차한 행위

③ 자기의 중개의뢰인과 직접 거래를 하는 행위

④ 제3자에게 부당한 이익을 얻게 할 목적으로 거짓으로 거래가 완료된 것처럼 꾸미는 등 중개대상물의 시세에 부당한 영향을 줄 우려가 있는 행위

⑤ 단체를 구성하여 단체 구성원 이외의 자와 공동중개를 제한하는 행위

키워드 금지행위   28회, 29회, 30회, 31회

교수님 TIP 금지행위 내용과 관련 판례를 숙지하여야 합니다.

해설 부동산의 매매를 중개한 개업공인중개사가 해당 부동산을 다른 개업공인중개사의 중개를 통하여 임차한 행위는 중개의뢰인과 직접 거래계약을 한 것이 아니므로 금지행위 중 직접 거래에 해당하지 않는다.

정답 ②

02 공인중개사법령상 '중개대상물의 확인·설명사항'과 '전속중개계약에 따라 부동산거래정보망에 공개해야 할 중개대상물에 관한 정보'에 공통으로 규정된 것을 모두 고른 것은?
• 32회

> ㉠ 공법상의 거래규제에 관한 사항
> ㉡ 벽면 및 도배의 상태
> ㉢ 일조·소음의 환경조건
> ㉣ 취득 시 부담해야 할 조세의 종류와 세율

① ㉠, ㉡
② ㉢, ㉣
③ ㉠, ㉡, ㉢
④ ㉡, ㉢, ㉣
⑤ ㉠, ㉡, ㉢, ㉣

키워드 중개대상물의 확인·설명사항, 전속중개계약 체결 시 공개해야 하는 내용

28회, 29회, 30회, 31회, 32회

교수님 TIP 중개대상물 확인·설명사항과 전속중개계약 체결 시 공개해야 하는 내용을 학습하여야 합니다.

해설 취득 시 부담해야 할 조세의 종류와 세율은 중개대상물의 확인·설명사항에 해당하며, 전속중개계약에 따라 부동산거래정보망에 공개해야 할 중개대상물에 관한 정보에는 해당하지 않는다.

정답 ③

01 공인중개사법 제33조 제1항의 금지행위에 해당하는 것을 모두 고른 것은?
中

> ㉠ 관계 법령에 의하여 양도·알선 등이 금지된 부동산의 분양·임대 등과 관련 있는 증서 등의 매매를 중개하는 행위
> ㉡ 중개대상물의 매매를 업으로 하는 행위
> ㉢ 상가임대차에서 권리금 수수를 도와준 대가로 별도의 수고비를 받는 행위
> ㉣ 중도금 및 잔금의 지급 및 수령에 대하여 거래당사자 쌍방을 대리하는 행위
> ㉤ 단체를 구성하여 특정 중개대상물에 대하여 중개를 제한하거나 단체 구성원 이외의 자와 공동중개를 제한하는 행위

① ㉠, ㉡, ㉣
② ㉠, ㉢, ㉤
③ ㉠, ㉡, ㉤
④ ㉠, ㉡, ㉢, ㉤
⑤ ㉡, ㉢, ㉣, ㉤

키워드 금지행위

해설 ㉠ 관계 법령에 의하여 양도·알선 등이 금지된 부동산의 분양·임대 등과 관련 있는 증서 등의 매매를 중개하는 행위 − 3년 이하의 징역 또는 3천만원 이하의 벌금
㉡ 중개대상물의 매매를 업으로 하는 행위 − 1년 이하의 징역 또는 1천만원 이하의 벌금
㉢ 상가임대차에서 권리금 수수를 도와준 대가로 별도의 수고비를 받는 행위 − 금지행위 아님
㉣ 중도금 및 잔금의 지급 및 수령에 대하여 거래당사자 쌍방을 대리하는 행위 − 금지행위 아님
㉤ 단체를 구성하여 특정 중개대상물에 대하여 중개를 제한하거나 단체 구성원 이외의 자와 공동중개를 제한하는 행위 − 3년 이하의 징역 또는 3천만원 이하의 벌금

02 개업공인중개사등의 금지행위(법 제33조 제1항)에 해당하지 <u>않는</u> 것은?

① 부당한 이익을 얻거나 제3자에게 부당한 이익을 얻게 할 목적으로 거짓으로 거래가 완료된 것처럼 꾸미는 등 시세에 부당한 영향을 주거나 줄 우려가 있는 행위를 하였다.

② 의뢰인의 상가를 그의 요구에 맞추어 거래를 성사시켜 준 대가로 법정중개보수 상한액을 받고, 별도로 미술작품 1점을 받았다.

③ 업무상 알게 된 개발업자로부터 입수한 확정되지 않은 개발계획을 이용하여 타인에게 그 지역 임야를 매입하도록 권유하여 매매계약을 체결하였다.

④ 중개대상물 소유자의 대리인이나 그 거래에 관하여 사무의 처리를 위탁받은 수임인과 거래하였다.

⑤ 매매계약을 중개함에 있어서 매도의뢰인의 급박한 사고로 인해 그의 위임을 받아 매수의뢰인과 매매계약을 체결하였다.

키워드 금지행위

해설 ① 시세에 부당한 영향을 주는 행위로, 금지행위에 해당한다.
② 법정중개보수를 초과하여 금품을 받은 행위로, 금지행위에 해당한다.
③ 중개의뢰인의 판단을 그르치게 하는 행위로, 금지행위에 해당한다.
④ 직접 거래인 금지행위에 해당한다.
⑤ 일방대리에 해당하므로 금지행위가 아니다.

정답 **01** ③ **02** ⑤

03 개업공인중개사등의 금지행위(법 제33조 제1항)가 <u>아닌</u> 것은? (다툼이 있으면 판례에
⊕ 따름)

① 개업공인중개사가 부동산의 소유자인 매도중개의뢰인 甲을 대리한 乙과 거래를
한 행위

② 전매 등 권리의 변동이 제한되어 있는 부동산의 전매를 중개하였으나 전매차익이
발생하지 않은 경우

③ 개업공인중개사등이 서로 짜고 매도의뢰가액에 비하여 무척 높은 가액으로 중개
의뢰인에게 부동산을 매도하고 그 차액을 취득한 행위

④ 개업공인중개사가 소정의 중개보수를 초과하여 사례금 명목으로 금품을 받은
행위

⑤ 개업공인중개사가 다른 개업공인중개사의 중개로 부동산을 매수하여 또 다른 개
업공인중개사의 중개로 매도한 행위

▎**키워드**▎ 금지행위
▎**해설**▎ 개업공인중개사가 매도인으로부터 매도중개의뢰를 받은 다른 개업공인중개사의 중개
로 부동산을 매수하여 매수중개의뢰를 받은 또 다른 개업공인중개사의 중개로 매도한
경우 직접 거래에 해당하지 아니한다(대판 1991.3.27, 90도2858).

04 개업공인중개사등의 금지행위(법 제33조 제1항)에 해당되는 것은 모두 몇 개인가? (다
⊕ 툼이 있으면 판례에 따름)

> ㉠ 개업공인중개사 A는 자기의 인척 B 소유 주택을 매수의뢰인인 C에게 매도하는 계약
> 을 중개하였다.
> ㉡ 개업공인중개사 D는 매도의뢰인 E를 대리하여 매수의뢰인 F와 거래계약을 체결하였다.
> ㉢ 중개의뢰인과 체결한 순가중개계약의 내용을 준수하였으나, 법정중개보수를 초과하
> 여 금품을 받았다.
> ㉣ 상가분양을 대행하면서 주택 외의 중개대상물에 대한 법정중개보수를 초과하여 금품
> 을 받았다.
> ㉤ 무허가건축물의 매매를 중개하였다.

① 1개   ② 2개
③ 3개   ④ 4개
⑤ 5개

키워드 금지행위

해 설 ㉠ 인척은 타인에 해당하므로, 인척 소유의 주택을 중개하는 것은 적법한 중개행위이다.
　　　㉡ 일방대리는 금지행위가 아니다.
　　　㉢ 법정중개보수를 초과하여 금품을 받는 행위는 어떠한 명목을 불문하고 「공인중개
　　　　사법」상 금지행위에 해당한다.
　　　㉣ 상가의 분양대행은 중개행위가 아닌 겸업이며, 이 경우 중개보수규정이 적용되지
　　　　않는다. 따라서 금지행위에 해당하지 않는다.
　　　㉤ 무허가건축물의 매매를 중개하는 것은 탈세 등을 목적으로 하는 부동산 투기조장
　　　　행위에 해당하지 아니하므로 적법한 중개행위이다.

05 개업공인중개사등의 금지행위(법 제33조 제1항)에 해당되지 <u>않는</u> 것은?
(上)

① 개업공인중개사 甲은 의뢰인 乙과 丙 간의 매매계약을 중개함에 있어서 乙이 갑
　자기 출장 중이어서 乙의 위임을 받고 의뢰인 丙과 매매계약을 체결하였다.

② 개업공인중개사 甲은 매도의뢰인 乙로부터 포천에 소재한 임야 3,000평을 1억원
　에 팔아 달라는 의뢰를 받고 매수의뢰인 丙과 매매계약을 성립시킨 대가로 법정
　중개보수와 금 3냥의 행운의 열쇠를 받았다.

③ 개업공인중개사 甲은 의뢰인 乙로부터 동해안 별장용지를 매수의뢰를 받고 강릉
　에 있는 임야 500평을 5천만원에 매수하면 3개월 이내에 1억원에 팔아주겠다고
　하였다.

④ 개업공인중개사 甲은 사업을 하는 임대의뢰인 乙과 임차의뢰인 丙으로부터 바쁘
　다는 이유로 양 당사자로부터 전권을 위임받고 아파트 임대차계약을 체결하였다.

⑤ 개업공인중개사 甲은 자신이 소유한 가평의 전원주택을 자신의 중개사무소에서
　매수의뢰인 乙에게 매각하고 또 청량리에 소유한 주택 1동도 자신의 중개사무소
　에서 매수의뢰인 丙에게 매각하여 강남에 고급주택을 매입하였다.

키워드 금지행위

해 설 乙의 위임을 받은 경우이므로 일방대리로서 금지행위에 해당하지 않는다.

06 개업공인중개사의 업무처리에 관한 설명으로 **틀린** 것은?

① 중개보수 초과수수금지는 강행규정으로, 초과수수된 중개보수는 초과된 부분만 무효이다.

② 소속공인중개사나 중개보조원이 금지행위에 해당되는 위반행위를 하여 처벌을 받는 경우 개업공인중개사는 관련 벌칙규정에 의한 벌금형에 처해질 수 있다.

③ 금지행위에 해당되는 위반행위를 한 경우에는 중개사무소 개설등록을 취소하거나 6개월 이내의 업무정지를 명할 수 있다.

④ 중개의뢰인과 법정중개보수를 초과하여 금품을 받기로 약정하거나 중개의뢰인에게 초과보수를 요구하는 행위는 금지행위에 해당된다.

⑤ 개업공인중개사가 중개대상물의 매매를 업으로 하는 행위는 금지행위에 해당된다.

> **키워드** 금지행위
>
> **해설** 법정중개보수를 초과하여 금품을 받아야 금지행위에 해당한다. 따라서 중개의뢰인과 법정중개보수를 초과하여 금품을 받기로 약정하거나 중개의뢰인에게 초과보수를 요구하는 행위는 금지행위에 해당하지 아니한다.

07 개업공인중개사등의 금지행위(법 제33조 제1항) 중 처벌기준이 **다른** 것은?

① 중개업등록을 하지 아니하고 중개업을 영위하는 자를 통하여 중개를 의뢰받거나 그에게 자기의 명의를 이용하게 하는 행위

② 중개보수 또는 실비를 초과하여 금품을 받거나 사례·증여 그 밖의 어떠한 명목으로 금품을 받는 행위

③ 거래상 중요사항에 관하여 거짓된 언행 그 밖의 방법으로 중개의뢰인의 판단을 그르치게 하는 행위

④ 중개대상물의 매매를 업으로 하는 행위

⑤ 중개의뢰인과 직접 거래를 하거나 거래당사자 쌍방을 대리하는 행위

> **키워드** 금지행위
>
> **해설** ①②③④ 1년 이하의 징역 또는 1천만원 이하의 벌금형 사유이다.
> ⑤ 3년 이하의 징역 또는 3천만원 이하의 벌금형 사유이다.

08 개업공인중개사등의 금지행위(법 제33조 제1항)에 해당하는 것을 모두 고른 것은?

中

> ⊙ 개업공인중개사인 甲은 매도인과 짜고 매도의뢰가격을 숨긴 채 매수인에게 시가보다 현저히 비싼 가격으로 토지를 매도한 후 그 차액을 취득하였다.
>
> ⓒ 개업공인중개사인 乙은 상가의 매매를 알선하여 주고 거래당사자 쌍방을 대리하여 잔금의 지급과 등기서류의 교부행위를 하였다.
>
> ⓒ 소속공인중개사인 丙은 토지의 소유자로부터 매매계약에 관한 대리권을 수여받은 A로부터 매도중개를 의뢰받고 A와 매매계약을 체결하였다.
>
> ⓒ 중개보조원인 丁은 주택청약저축증서의 매매업을 영위하였다.
>
> ⓒ 개업공인중개사인 戊는 매도의뢰인 B와 순가중개계약을 체결하고 거래를 알선한 후 법정중개보수만 받았다.

① ⊙, ⓒ, ⓒ, ⓒ, ⓒ
② ⊙, ⓒ, ⓒ, ⓒ
③ ⊙, ⓒ, ⓒ, ⓒ
④ ⓒ, ⓒ, ⓒ
⑤ ⊙, ⓒ, ⓒ

키워드 금지행위

해 설 ⊙ 거짓된 언행인 금지행위에 해당된다.
ⓒ 계약이행의 쌍방대리로 허용되므로 금지행위에 해당되지 않는다.
ⓒ 중개의뢰인과의 직접 거래에 해당한다.
ⓒ 양도 등이 금지된 증서의 매매업에 해당한다.
ⓒ 법정중개보수만 받은 경우이므로 금지행위에 해당하지 않는다.

09 개업공인중개사등의 금지행위(법 제33조 제1항)에 관한 설명으로 **틀린** 것은? (다툼이 있으면 판례에 따름)

① 탈세를 목적으로 소유권보존등기 또는 이전등기를 하지 아니한 부동산이나 법령의 규정에 의하여 전매 등 권리의 변동이 제한된 부동산의 매매를 중개하는 등 부동산투기를 조장하는 행위는 전매차익이 없는 미등기전매를 중개하는 것이라도 금지행위의 범위에 포함된다.

② 개업공인중개사가 중개의뢰인으로부터 중개보수 등의 명목으로 소정의 한도를 초과하는 액면금액의 당좌수표를 교부받았다가 그것이 사후에 부도처리되거나 중개의뢰인에게 그대로 반환된 경우에는 금지의무 위반으로 처벌할 수 없다.

③ 개업공인중개사가 토지소유자와의 사이에 개업공인중개사 자신의 비용으로 토지를 택지로 조성하여 분할한 다음 토지 중 일부를 개업공인중개사가 임의로 정한 매매대금으로 타인에게 매도하되, 토지의 소유자에게는 그 매매대금의 액수에 관계없이 확정적인 금원을 지급하고 그로 인한 손익은 개업공인중개사에게 귀속시킨 것은 금지행위가 아니다.

④ 개업공인중개사가 매도인으로부터 매도중개의뢰를 받은 다른 개업공인중개사의 중개로 부동산을 매수하여 매수중개의뢰를 받은 또 다른 개업공인중개사의 중개로 매도한 경우 금지행위에 해당하지 아니한다.

⑤ 상가임대차계약을 알선한 개업공인중개사가 상가의 임대보증금 및 월세 상당액에 대한 중개보수와 상가권리금의 거래에 대한 알선중개보수를 포괄적으로 받은 경우 이는 금지행위가 아니다.

키워드 금지행위

해설 개업공인중개사가 중개의뢰인으로부터 중개보수 등의 명목으로 소정의 한도를 초과하는 액면금액의 당좌수표를 교부받았다가 그것이 사후에 부도처리되거나 중개의뢰인에게 그대로 반환된 경우에도 초과보수를 받은 금지의무 위반으로 처벌할 수 있다 (대판 2004.11.12, 2004도4136).

10 공인중개사법 제33조 제2항에서는 "누구든지 시세에 부당한 영향을 줄 목적으로 개업
공인중개사등의 업무를 방해하여서는 아니 된다."라고 규정하고 있다. 다음 중 그 내용
에 해당하는 것은 몇 개인가? (다툼이 있으면 판례에 따름)

> ㉠ 안내문, 온라인 커뮤니티 등을 이용하여 특정 개업공인중개사등에 대한 중개의뢰를
>   제한하거나 제한을 유도하는 행위
> ㉡ 안내문, 온라인 커뮤니티 등을 이용하여 중개대상물에 대하여 시세보다 현저하게 높
>   게 표시·광고 또는 중개하는 특정 개업공인중개사등에게만 중개의뢰를 하도록 유도
>   함으로써 다른 개업공인중개사등을 부당하게 차별하는 행위
> ㉢ 안내문, 온라인 커뮤니티 등을 이용하여 특정 가격 이하로 중개를 의뢰하지 아니하도
>   록 유도하는 행위
> ㉣ 정당한 사유 없이 개업공인중개사등의 중개대상물에 대한 정당한 표시·광고행위를
>   방해하는 행위
> ㉤ 개업공인중개사등에게 중개대상물을 시세보다 현저하게 높게 표시·광고하도록 강요
>   하거나 대가를 약속하고 시세보다 현저하게 높게 표시·광고하도록 유도하는 행위

① 1개   ② 2개
③ 3개   ④ 4개
⑤ 5개

키워드 금지행위
해설 ㉠㉡㉢㉣㉤ 모두 법 제33조 제2항의 내용에 해당한다.

11 개업공인중개사등의 금지행위(법 제33조 제1항)에 관한 설명으로 옳은 것은? •30회

⊕

① 법인인 개업공인중개사의 사원이 중개대상물의 매매를 업으로 하는 것은 금지되지 않는다.
② 개업공인중개사가 거래당사자 쌍방을 대리하는 것은 금지되지 않는다.
③ 개업공인중개사가 중개의뢰인과 직접 거래를 하는 행위는 금지된다.
④ 법인인 개업공인중개사의 임원이 중개의뢰인과 직접 거래를 하는 것은 금지되지 않는다.
⑤ 중개보조원이 중개의뢰인과 직접 거래를 하는 것은 금지되지 않는다.

▶ **키워드** 금지행위
▶ **해설** ① 중개대상물의 매매를 업으로 하는 행위는 「공인중개사법」 제33조 제1항 제1호에 해당하는 금지행위이다. 이 경우 금지행위는 개업공인중개사, 소속공인중개사, 중개보조원, 법인의 임원 또는 사원(개업공인중개사등)에게 적용된다.
② 개업공인중개사가 거래당사자 쌍방을 대리하는 행위는 「공인중개사법」 제33조 제1항 제6호에 해당하는 금지행위에 해당한다.
④⑤ 「공인중개사법」 제33조 제1항 제6호에서 금지하고 있는 직접 거래는 개업공인중개사, 소속공인중개사, 중개보조원, 법인의 임원 또는 사원에게 적용된다.

12 공인중개사법령상 개업공인중개사등의 금지행위(법 제33조 제1항)에 관한 설명으로

⊕ **틀린** 것은? (다툼이 있으면 판례에 따름) •29회

① 중개대상물의 매매를 업으로 하는 행위는 금지행위에 해당한다.
② 아파트의 특정 동·호수에 대한 분양계약이 체결된 후 그 분양권의 매매를 중개한 것은 금지행위에 해당하지 않는다.
③ 상가 전부의 매도 시에 사용하려고 매각조건 등을 기재하여 인쇄해 놓은 양식에 매매대금과 지급기일 등 해당 사항을 기재한 분양계약서는 양도·알선 등이 금지된 부동산의 분양 등과 관련 있는 증서에 해당하지 않는다.
④ 개업공인중개사가 중개의뢰인과 직접 거래를 하는 행위를 금지하는 규정은 효력규정이다.
⑤ 탈세 등 관계 법령을 위반할 목적으로 미등기부동산의 매매를 중개하여 부동산투기를 조장하는 행위는 금지행위에 해당한다.

키워드 금지행위

해 설 개업공인중개사가 중개의뢰인과 직접 거래를 하는 행위를 금지하는 규정은 단속규정이다.

13 ⊕

개업공인중개사 甲은 중개업무를 하면서 법정한도를 초과하는 중개보수를 요구하여 수령하였다. 공인중개사법령상 甲의 행위에 관한 설명으로 틀린 것은? (다툼이 있으면 판례에 따름)

• 29회

① 등록관청은 甲에게 업무의 정지를 명할 수 있다.

② 등록관청은 甲의 중개사무소 개설등록을 취소할 수 있다.

③ 1년 이하의 징역 또는 1천만원 이하의 벌금사유에 해당한다.

④ 법정한도를 초과하는 중개보수 약정은 그 한도를 초과하는 범위 내에서 무효이다.

⑤ 甲이 법정한도를 초과하는 금액을 중개의뢰인에게 반환하였다면 금지행위에 해당하지 않는다.

키워드 금지행위

해 설 甲이 법정한도를 초과하는 금액을 중개의뢰인에게 반환하였다 하더라도 금지행위에 해당한다.

14 공인중개사법령상 개업공인중개사등의 금지행위(법 제33조 제1항)에 해당하지 <u>않는</u> 것은? (다툼이 있으면 판례에 따름) • 28회

① 중개사무소 개설등록을 하지 않고 중개업을 영위하는 자인 사실을 알면서 그를 통하여 중개를 의뢰받는 행위

② 사례금 명목으로 법령이 정한 한도를 초과하여 중개보수를 받는 행위

③ 관계 법령에서 양도·알선 등이 금지된 부동산의 분양과 관련 있는 증서의 매매를 중개하는 행위

④ 법인 아닌 개업공인중개사가 중개대상물 외 건축자재의 매매를 업으로 하는 행위

⑤ 중개의뢰인이 중간생략등기의 방법으로 전매하여 세금을 포탈하려는 것을 개업공인중개사가 알고도 투기목적의 전매를 중개하였으나, 전매차익이 발생하지 않은 경우 그 중개행위

> **키워드** 금지행위
>
> **해설** 법인이 아닌 개업공인중개사란 개인인 개업공인중개사를 말한다. 「공인중개사법」 제14조의 겸업제한규정은 법인인 개업공인중개사의 경우만 규율의 대상으로 한다. 그러므로 개인인 개업공인중개사는 중개대상물 외 건축자재의 매매를 업으로 하는 행위를 할 수 있다. 따라서 금지행위에 해당하지 않는다.

15 공인중개사법령상 개업공인중개사등의 금지행위(법 제33조 제1항)에 해당하는 것을 모두 고른 것은? (다툼이 있으면 판례에 따름) • 27회

> ㉠ 중개의뢰인을 대리하여 타인에게 중개대상물을 임대하는 행위
> ㉡ 상업용 건축물의 분양을 대행하고 법정의 중개보수 또는 실비를 초과하여 금품을 받는 행위
> ㉢ 중개의뢰인인 소유자로부터 거래에 관한 대리권을 수여받은 대리인과 중개대상물을 직접 거래하는 행위
> ㉣ 건축물의 매매를 업으로 하는 행위

① ㉠, ㉡

② ㉢, ㉣

③ ㉠, ㉡, ㉣

④ ㉠, ㉢, ㉣

⑤ ㉡, ㉢, ㉣

키워드 금지행위

해설 ㉠ 중개의뢰인을 대리하여 타인에게 중개대상물을 임대하는 행위는 일방대리에 해당
하므로 금지행위에 해당하지 않는다.

㉡ 상업용 건축물의 분양을 대행하고 법정의 중개보수 또는 실비를 초과하여 금품을
받는 행위는 중개행위가 아닌 겸업에 해당하므로 초과보수에 해당하지 않는다.

16 공인중개사법령상 개업공인중개사등의 금지행위(법 제33조 제1항)에 해당하지 <u>않는</u> 것은? (다툼이 있으면 판례에 따름)
• 25회 수정

① 토지 또는 건축물의 매매를 업으로 하는 행위

② 중개의뢰인이 부동산을 단기 전매하여 세금을 포탈하려는 것을 알고도 개업공인
중개사가 이에 동조하여 그 전매를 중개한 행위

③ 개업공인중개사가 매도의뢰인과 서로 짜고 매도의뢰가격을 숨긴 채 이에 비하여
무척 높은 가격으로 매수의뢰인에게 부동산을 매도하고 그 차액을 취득한 행위

④ 개업공인중개사가 소유자로부터 거래에 관한 대리권을 수여받은 대리인과 직접
거래한 행위

⑤ 매도인으로부터 매도중개의뢰를 받은 개업공인중개사 乙의 중개로 X부동산을 매
수한 개업공인중개사 甲이, 매수중개의뢰를 받은 다른 개업공인중개사 丙의 중개
로 X부동산을 매도한 행위

키워드 금지행위

해설 판례에 의하면, 다른 개업공인중개사의 중개로 부동산을 매수하여 매수중개의뢰를 받
은 또 다른 개업공인중개사의 중개로 매도한 경우에는 중개의뢰인과의 직접 거래에
해당하지 않는다고 한다.

17 개업공인중개사에게 주어진 의무 중 공인중개사법령으로 규정된 의무가 <u>아닌</u> 것은?

下

① 거래계약서 작성의무

② 비밀준수의무

③ 소속공인중개사·중개보조원의 고용 및 고용관계 종료 신고의무

④ 중개대상물 확인·설명서 및 거래계약서에 서명 및 날인의무

⑤ 선량한 관리자의 주의로써 중개업무를 수행할 의무

> **키워드** 확인·설명
>
> **해설** 선량한 관리자의 주의로써 중개업무를 수행할 의무는 판례에서 인정한 의무이다. 즉, 개업공인중개사는 「민법」상 수임인과 그 업무상 성격이 같으므로 선량한 관리자의 주의로써 중개업무를 수행하여야 한다는 것이 판례의 태도이다.

18 공인중개사법령상 벌칙 부과대상 행위 중 피해자의 명시한 의사에 반하여 벌하지 <u>않는</u>

下 경우는?　　　　　　　　　　　　　　　　　　　　　　　　　　　　•32회

① 거래정보사업자가 개업공인중개사로부터 의뢰받은 내용과 다르게 중개대상물의 정보를 부동산거래정보망에 공개한 경우

② 개업공인중개사가 그 업무상 알게 된 비밀을 누설한 경우

③ 개업공인중개사가 중개의뢰인으로부터 법령으로 정한 보수를 초과하여 금품을 받은 경우

④ 시세에 부당한 영향을 줄 목적으로 개업공인중개사에게 중개대상물을 시세보다 현저하게 높게 표시·광고하도록 강요하는 방법으로 개업공인중개사의 업무를 방해한 경우

⑤ 개업공인중개사가 단체를 구성하여 단체 구성원 이외의 자와 공동중개를 제한한 경우

> **키워드** 반의사불벌죄
>
> **해설** 개업공인중개사등이 업무상 알게 된 비밀을 누설한 경우에는 피해자의 고소가 없다 하더라도 1년 이하의 징역 또는 1천만원 이하의 벌금형에 처해진다. 다만, 피해자의 명시적인 불처벌의사표시가 있는 경우에는 처벌할 수 없다. 이를 '반의사불벌죄'라고 한다.

제3절 중개대상물 확인·설명의무

19 공인중개사법령상 중개대상물 확인·설명에 관한 설명으로 옳은 것은?

① 해당 중개업무를 수행한 소속공인중개사는 중개대상물 확인·설명서를 작성하여야 한다.

② 개인인 개업공인중개사의 고용인뿐만 아니라 법인의 대표자 또는 책임자가 아닌 자도 확인·설명의무가 있다.

③ 중개대상물 확인·설명은 매도인·임대인 등 권리를 이전하고자 하는 중개의뢰인에게 하여야 한다.

④ 확인·설명의무는 중개의뢰인이 개업공인중개사에게 소정의 중개보수를 지급하지 아니한 경우 당연히 소멸된다.

⑤ 개업공인중개사는 중개물건의 확인 또는 설명을 위하여 필요한 경우 중개대상물의 매도중개의뢰인·임대중개의뢰인 등에게 중개대상물의 상태에 관한 자료를 요구할 수 있다.

키워드 확인·설명

해설 ① 해당 중개업무를 수행한 소속공인중개사라 하더라도 중개대상물 확인·설명서를 작성할 의무는 없고, 해당 중개업무를 수행한 경우에는 중개대상물 확인·설명서 및 거래계약서에 개업공인중개사와 함께 서명 및 날인하여야 할 의무가 있다.

② 개인인 개업공인중개사의 고용인이나 법인의 경우 대표자 또는 책임자가 아닌 자는 확인·설명하여야 할 의무가 없다.

③ 중개대상물 확인·설명은 매수인·임차인 등 권리를 취득하고자 하는 중개의뢰인에게 하여야 한다.

④ 확인·설명의무는 중개의뢰인이 개업공인중개사에게 소정의 중개보수를 지급하지 아니한 경우 당연히 소멸되는 것은 아니므로 무상중개의 경우도 이행하여야 한다.

20

공인중개사법령상 개업공인중개사가 확인·설명할 사항이 <u>아닌</u> 것은 모두 몇 개인가?

㉠ 중개보수 및 실비의 금액 및 산출내역
㉡ 수도, 전기 등 시설상태 및 도배 및 벽면 상태
㉢ 소유권, 저당권, 전세권, 분묘기지권, 유치권 등 권리관계
㉣ 토지이용계획, 공법상 거래규제 및 이용제한
㉤ 도로 및 대중교통수단과의 연계성 등 입지조건
㉥ 일조, 소음 등 환경조건
㉦ 중개대상물의 종류, 소재지, 지목, 면적
㉧ 거래금액
㉨ 권리를 이전함에 따라 부담하여야 할 조세의 종류 및 세율

① 0개
② 1개
③ 2개
④ 3개
⑤ 4개

키워드 확인·설명

해설 ㉧ 거래금액 ⇨ 거래예정금액
㉨ 권리를 이전함에 따라 ⇨ 권리를 취득함에 따라

이론플러스 **개업공인중개사가 확인·설명할 사항**

1. 중개대상물의 종류, 소재지·지번·지목·면적·용도·구조 및 건축연도 등 중개대상물에 관한 기본적인 사항
2. 벽면·바닥면 및 도배의 상태
3. 수도·전기·가스·소방·열공급·승강기 및 배수 등 시설물의 상태
4. 도로 및 대중교통수단과의 연계성, 시장·학교와의 근접성 등 입지조건
5. 일조·소음·진동 등 환경조건
6. 소유권·전세권·저당권·지상권 및 임차권 등 중개대상물의 권리관계에 관한 사항
7. 토지이용계획, 공법상의 거래규제 및 이용제한에 관한 사항
8. 거래예정금액·중개보수 및 실비의 금액과 그 산출내역
9. 중개대상물에 대한 권리를 취득함에 따라 부담하여야 할 조세의 종류 및 세율

21 공인중개사법령상 중개대상물 확인·설명의무에 관한 내용으로 옳은 것은?

① 개업공인중개사가 공동으로 중개를 한 경우에는 각각의 개업공인중개사가 원칙적으로 거래당사자 쌍방에게 중개대상물의 확인·설명사항을 서면으로 제시하고 설명할 의무가 있다.

② 2인 이상의 개업공인중개사가 공동으로 중개를 완성한 경우에는 중개에 관여한 개업공인중개사는 모두 중개대상물 확인·설명서에 서명 및 날인하여야 한다.

③ 중개보조원이 중개업무를 보조하는 경우에는 해당 중개보조원이 중개대상물의 확인·설명사항을 서면으로 제시하고 설명할 의무가 있다.

④ 개업공인중개사는 거래계약이 체결된 때에는 거래당사자 쌍방에게 중개대상물의 확인·설명사항을 서면으로 제시하고 설명할 의무가 있다.

⑤ 거래계약이 체결된 때에 개업공인중개사는 권리를 취득하고자 하는 중개의뢰인에게 중개대상물의 확인·설명사항을 서면으로 제시하고 설명할 의무가 있다.

키워드 확인·설명

해설 ① 확인·설명의무는 권리를 취득하고자 하는 중개의뢰인에게만 설명하면 된다. 이는 공동중개의 경우에도 마찬가지다.

③ 확인·설명의무는 개업공인중개사의 의무사항이다. 중개보조원은 개업공인중개사의 단순한 업무를 보조할 수 있으므로, 중개업무를 보조하는 경우에도 중개대상물에 대하여 확인·설명을 할 수 없다.

④ 개업공인중개사는 거래계약이 체결된 때에는 중개대상물 확인·설명서 및 거래계약서를 작성하여 거래당사자에게 교부하여야 할 의무가 있다. 중개대상물 확인·설명은 중개를 완성하기 전에 권리를 취득하고자 하는 중개의뢰인에게 이행해야 할 의무이다.

⑤ 확인·설명의무는 거래계약 체결 시 이행할 의무가 아니라 중개의뢰를 받은 후 중개기 완성되기 전에 수행하여야 할 개업공인중개사의 의무이다.

22 공인중개사법령상 중개대상물 확인·설명의무에 관한 설명으로 **틀린** 것은?

① 확인·설명서 보존의무를 위반한 개업공인중개사는 6개월의 범위 안에서 업무정지처분을 받을 수 있다.

② 중개대상물 확인·설명서에 중개보수 및 실비의 금액과 그 산출내역을 기재하여야 한다.

③ 개업공인중개사는 중개가 완성되어 거래계약서를 작성하는 때에는 중개대상물 확인·설명서를 작성하여 거래당사자에게 교부하고 그 원본, 사본 또는 전자문서를 3년간 보존하여야 한다. 다만, 공인전자문서센터에 보관된 경우는 그러하지 아니하다.

④ 매도의뢰인 등이 중개대상물의 상태에 관한 자료요구에 불응한 경우 개업공인중개사는 그 사실을 거래당사자에게 설명하거나 중개대상물 확인·설명서에 기재하여야 한다.

⑤ 개업공인중개사는 확인·설명을 위하여 필요한 경우 중개대상물의 매도의뢰인 등에게 해당 중개대상물의 상태에 관한 자료를 요구할 수 있다.

> **키워드** 확인·설명
> **해 설** 매도의뢰인 등이 중개대상물의 상태에 관한 자료요구에 불응한 경우 개업공인중개사는 그 사실을 매수의뢰인 등에게 설명하고 중개대상물 확인·설명서에 기재하여야 한다.

23 주거용 건축물 확인·설명서상 개업공인중개사가 확인 또는 설명을 위하여 중개대상물의 매도의뢰인에게 요구할 수 있는 자료를 모두 고른 것은?

> ㉠ 공법상 거래규제 및 이용제한
> ㉡ 수도·전기 등 시설물의 상태
> ㉢ 권리관계
> ㉣ 벽면·바닥면 및 도배의 상태
> ㉤ 도로 및 대중교통수단과의 연계성 등 입지조건
> ㉥ 일조·소음·진동 등 환경조건
> ㉦ 비선호시설

① ㉠, ㉢, ㉦   ② ㉡, ㉣, ㉥

③ ㉣, ㉤, ㉥   ④ ㉡, ㉥, ㉦

⑤ ㉣, ㉥, ㉦

키워드 확인·설명

해설 개업공인중개사가 확인 또는 설명을 위하여 중개대상물의 매도의뢰인에게 요구할 수 있는 중개대상물의 자료는 수도·전기·가스·소방·열공급·승강기 및 배수 등 시설물의 상태, 벽면·바닥면 및 도배의 상태, 일조·소음·진동 등 환경조건이다.

24 중개법인의 대표자는 甲이고 분사무소의 책임자는 乙이다. 분사무소에서 매도중개의뢰인 A로부터 토지의 매도중개를 의뢰받고 분사무소의 소속공인중개사인 丙으로 하여금 중개업무를 수행하게 하였고, 그 결과 매수고객 B를 확보하여 매매계약을 성립시켰다. 이 경우 중개대상물 확인·설명서에 서명 및 날인하여야 할 자와 서명 또는 날인할 자로 옳게 연결된 것은?

① 서명 및 날인 – 甲, 乙,   서명 또는 날인 – A, B
② 서명 및 날인 – 甲, 乙, 丙, 서명 또는 날인 – B
③ 서명 및 날인 – 甲, 乙, 丙, 서명 또는 날인 – A, B
④ 서명 및 날인 – 乙, 丙,   서명 또는 날인 – A, B
⑤ 서명 및 날인 – 甲, 乙, 丙, 서명 또는 날인 – A

키워드 확인·설명

해설 분사무소에서 중개를 완성한 경우이므로 책임자 乙 및 업무를 수행한 소속공인중개사 丙은 서명 및 날인하여야 한다. 그리고 거래당사자 A, B는 모두 서명 또는 날인하여야 한다.

정답 22 ④ 23 ② 24 ④

CHAPTER 06 개업공인중개사의 의무 및 책임 ◀ 191

25 전속중개계약을 체결한 개업공인중개사가 공개하여야 할 정보와 확인·설명할 사항으로서 공통적으로 적용되는 사항은?

① 각 권리자의 주소·성명 등 인적사항
② 공시지가
③ 해당 중개대상물에 대한 권리관계에 관한 사항
④ 권리를 취득함에 따라 부담하여야 할 조세의 종류 및 세율
⑤ 중개보수 및 실비의 금액과 산출내역

키워드 확인·설명

해설 ① 각 권리자의 주소·성명 등 인적사항은 공개해서는 아니 되는 사항이다.
② 공시지가는 공개하여야 할 사항(다만, 임대차의 경우에는 공개하지 아니할 수 있음)이지만, 확인·설명사항은 아니다.
④ 권리를 취득함에 따라 부담하여야 할 조세의 종류 및 세율은 확인·설명할 사항이지만, 공개사항은 아니다.
⑤ 중개보수 및 실비의 금액과 산출내역은 확인·설명할 사항이지만, 공개사항은 아니다.

이론플러스 확인·설명사항과 전속중개계약 체결 시 공개할 정보의 비교

구 분		설 명	공 개	비 고
물건의 기본적 사항(종류·소재지 등)		○	○	
상 태	벽면·도배 등	○	○	바닥면은 확인·설명사항에는 해당하지만, 전속중개계약 체결 시 공개사항에는 해당하지 않음
	시설(수도·전기 등)			
입지조건 및 환경조건		○	○	
권리관계(소유권 등)		○	○	인적사항은 공개 금지
공법상 제한(이용제한·거래규제)		○	○	토지이용계획도 설명해야 함
거래예정금액		○	○	
중개보수 및 실비의 금액과 산출내역		○	×	
조세(취득함에 따라 부담할 조세)		○	×	
공시지가		×	○	임대차 시 공시지가는 공개를 생략할 수 있음

26 甲이 소유하는 토지의 권리이전중개를 의뢰받아 권리취득중개의뢰인 乙과의 거래를 중개하는 개업공인중개사 丙은 소속공인중개사 丁으로 하여금 중개업무를 수행하게 하였다. 다음 설명 중 옳은 것은?

① 丙은 甲과 乙에게 위 토지의 기본적인 사항에 대하여 등기사항증명서를 제시하며 설명하여야 한다.

② 丁이 건물을 점유하고 있는 유치권에 대하여 설명을 생략하여 乙에게 손해를 발생시킨 경우 丙은 丁과 연대하여 그 손해를 배상할 책임을 진다.

③ 丙이 甲과 乙 간의 매매계약이 성립되자 중개대상물 확인·설명서를 작성하여 乙에게만 교부하면 「공인중개사법」 위반행위가 아니다.

④ 중개대상물 확인·설명서를 丁이 작성한 경우 丙만 서명 및 날인하였고, 丁은 서명 및 날인하지 아니하여도 「공인중개사법」 위반은 아니다.

⑤ 丙이 중개대상물 확인·설명서를 교부한 후 그 사본을 1년간 보존하여야 한다.

키워드 확인·설명

해 설 ① 丙은 乙에게 위 토지의 기본적인 사항에 대하여 토지대장등본 등을 제시하며 설명하여야 한다. 또한 甲에게는 확인·설명하지 않는다.
③ 甲과 乙 모두에게 중개대상물 확인·설명서를 교부하여야 한다. 乙에게만 교부하면 「공인중개사법」 위반행위이다.
④ 丁이 중개대상물 확인·설명서에 서명 및 날인하지 아니하면 「공인중개사법」 위반이다. 이 경우 丁은 자격정지처분을 받을 수 있다.
⑤ 원본, 사본 또는 전자문서를 3년간 보존하여야 한다.

27 공인중개사법령상 중개대상물 확인·설명에 관한 내용으로 틀린 것은?

① 개업공인중개사는 거래당사자에게 교부하는 중개대상물의 확인·설명서에 서명 및 날인하여야 한다.

② 개업공인중개사는 중개의뢰를 받은 경우에는 중개를 완성하기 전에 거래당사자에게 이 법령이 정하는 사항을 확인하여 성실·정확하게 설명하고 토지대장등본 등 설명의 근거자료를 제시하여야 한다.

③ 개업공인중개사가 확인·설명하여야 할 사항에는 유치권 등 등기되지 아니한 권리와 해당 중개대상물에 관한 권리를 취득함에 따라 부담하여야 할 조세의 종류 및 세율에 관한 사항도 포함된다.

④ 중개가 완성되어 거래계약서를 작성하는 때에는 소정의 확인·설명사항을 서면으로 작성하여 거래당사자에게 이를 교부하여야 한다.

⑤ 개업공인중개사는 중개대상물의 확인 또는 설명을 위하여 필요한 경우에는 중개대상물의 매도의뢰인, 임대의뢰인 등에게 해당 중개대상물의 상태에 관한 자료를 요구할 수 있다.

키워드 확인·설명

해설 개업공인중개사는 중개의뢰를 받은 경우에는 중개를 완성하기 전에 매수의뢰인, 임차의뢰인 등 권리를 취득하고자 하는 의뢰인에게 이 법령이 정하는 사항을 확인하여 성실·정확하게 설명하고 토지대장등본 등 설명의 근거자료를 제시하여야 한다.

28 공인중개사법령상 내용으로 옳은 것은?

• 31회

① 중개보조원은 중개대상물에 관한 확인·설명의무가 있다.

② 소속공인중개사는 그 소속 개업공인중개사인 법인의 임원이 될 수 없다.

③ 외국인은 공인중개사가 될 수 없다.

④ 개업공인중개사가 성실·정확하게 중개대상물의 확인·설명을 하지 않은 경우 과태료 처분사유에 해당한다.

⑤ 토지이용계획은 주거용 건축물 매매계약의 중개의뢰를 받은 개업공인중개사가 확인·설명해야 할 사항에 포함되지 않는다.

키워드 확인·설명
해설 ① 중개보조원은 중개대상물에 관한 확인·설명의무는 없으며, 확인·설명의무는 개업공인중개사에게 있다(공인중개사법 제25조 제1항).
② 소속공인중개사의 정의에서 "개업공인중개사인 법인의 사원 또는 임원으로서 공인중개사인 자를 포함한다."라고 규정하고 있으므로 '소속공인중개사는 그 소속 개업공인중개사인 법인의 임원이 될 수 있다'로 고쳐야 옳은 지문이 된다.
③ 외국인도 자격시험에 응시하여 공인중개사가 될 수 있다.
⑤ 「공인중개사법 시행령」 제21조 제1항에서 규정하고 있는 확인·설명사항에는 토지이용계획, 공법상의 거래규제 및 이용제한에 관한 사항이 있다. 따라서 토지이용계획은 주거용 건축물 매매계약의 중개의뢰를 받은 개업공인중개사가 확인·설명해야 할 사항에 포함된다.

29 _中 공인중개사법령상 중개대상물의 확인·설명에 관한 내용으로 옳은 것은? (다툼이 있으면 판례에 따름) • 30회

① 개업공인중개사는 선량한 관리자의 주의로 중개대상물의 권리관계 등을 조사·확인하여 중개의뢰인에게 설명할 의무가 있다.
② 2명의 개업공인중개사가 공동중개한 경우 중개대상물 확인·설명서에는 공동중개한 개업공인중개사 중 1인만 서명·날인하면 된다.
③ 개업공인중개사는 중개대상물에 대한 확인·설명을 중개가 완성된 후 해야 한다.
④ 중개보조원은 중개의뢰인에게 중개대상물의 확인·설명의무를 진다.
⑤ 개업공인중개사는 중개대상물 확인·설명서를 작성하여 거래당사자에게 교부하고 그 원본을 5년간 보존하여야 한다.

키워드 확인·설명
해설 ② 2명의 개업공인중개사가 공동중개한 경우 중개대상물 확인·설명서에는 공동중개한 개업공인중개사 모두 서명 및 날인하여야 한다.
③ 개업공인중개사는 중개대상물에 대한 확인·설명을 중개가 완성되기 전에 매수인·임차인 등 권리를 취득하고자 하는 중개의뢰인에게 하여야 한다.
④ 중개보조원은 확인·설명의무가 없다. 확인·설명의무는 개업공인중개사에게 있다.
⑤ 개업공인중개사는 중개대상물 확인·설명서를 작성하여 거래당사자에게 교부하고 3년 동안 그 원본, 사본 또는 전자문서를 보존하여야 한다. 다만, 확인·설명사항이 공인전자문서센터에 보관된 경우에는 그러하지 아니하다(법 제25조 제3항, 영 제21조 제4항).

30 공인중개사법령상 개업공인중개사 甲의 중개대상물 확인·설명에 관한 내용으로 **틀린** 것은? (다툼이 있으면 판례에 따름) ·29회

① 甲은 중개가 완성되어 거래계약서를 작성하는 때에는 중개대상물 확인·설명서를 작성해야 한다.

② 甲은 작성된 중개대상물 확인·설명서를 거래당사자 모두에게 교부해야 한다.

③ 甲은 중개보수 및 실비의 금액과 그 산출내역을 확인·설명해야 한다.

④ 甲은 임대의뢰인이 중개대상물의 상태에 관한 자료요구에 불응한 경우 그 사실을 중개대상물 확인·설명서에 기재할 의무가 없다.

⑤ 甲은 상가건물의 임차권 양도계약을 중개할 경우 양수의뢰인이 「상가건물 임대차보호법」에서 정한 대항력, 우선변제권 등의 보호를 받을 수 있는지를 확인·설명할 의무가 있다.

▎키워드▎ 확인·설명서
▎해설▎ 甲은 임대의뢰인이 중개대상물의 상태에 관한 자료요구에 불응한 경우 그 사실을 매수중개의뢰인·임차중개의뢰인 등 권리를 취득하려는 중개의뢰인에게 설명하고 중개대상물 확인·설명서에 기재하여야 한다.

31 공인중개사법령상 공인중개사인 개업공인중개사등의 중개대상물 확인·설명에 관한 내용으로 옳은 것을 모두 고른 것은? ·28회 수정

㉠ 시장·학교와의 근접성 등 중개대상물의 입지조건은 개업공인중개사가 확인·설명해야 하는 사항에 해당한다.

㉡ 개업공인중개사는 중개대상물 확인·설명서의 그 원본, 사본 또는 전자문서를 5년간 보존하여야 한다. 다만, 공인전자문서센터에 보관된 경우는 그러하지 아니하다.

㉢ 해당 중개행위를 한 소속공인중개사가 있는 경우, 확인·설명서에는 개업공인중개사와 그 소속공인중개사가 함께 서명 및 날인해야 한다.

㉣ 중개업무를 수행하는 소속공인중개사가 성실·정확하게 중개대상물의 확인·설명을 하지 않은 것은 소속공인중개사의 자격정지사유에 해당한다.

① ㉠, ㉡
② ㉠, ㉣
③ ㉡, ㉢
④ ㉠, ㉢, ㉣
⑤ ㉡, ㉢, ㉣

키워드 확인·설명

해 설 ⓒ 개업공인중개사는 중개대상물 확인·설명서의 그 원본, 사본 또는 전자문서를 3년 간 보존하여야 한다.

32 ⊕ 개업공인중개사가 2022년 2월 20일 중개를 의뢰받아 공인중개사법령상 중개대상물의 확인·설명을 하는 경우에 관한 내용으로 **틀린** 것은? • 26회 수정

① 개업공인중개사는 중개가 완성되기 전에 확인·설명사항을 확인하여 이를 해당 중개대상물에 관한 권리를 취득하고자 하는 중개의뢰인에게 설명해야 한다.

② 개업공인중개사가 성실·정확하게 중개대상물의 확인·설명을 하지 아니하면 업무정지사유에 해당한다.

③ 중개대상물에 대한 권리를 취득함에 따라 부담해야 할 조세의 종류 및 세율은 개업공인중개사가 확인·설명해야 할 사항이다.

④ 개업공인중개사는 거래계약서를 작성하는 때에는 확인·설명서를 작성하여 거래당사자에게 교부하고 확인·설명서 원본, 사본 또는 전자문서를 3년간 보존하여야 한다. 다만, 공인전자문서센터에 보관된 경우는 그러하지 아니하다.

⑤ 확인·설명서에는 개업공인중개사가 서명 및 날인하되, 해당 중개행위를 한 소속공인중개사가 있는 경우에는 소속공인중개사가 함께 서명 및 날인해야 한다.

키워드 확인·설명

해 설 개업공인중개사가 성실·정확하게 중개대상물의 확인·설명을 하지 아니하면 500만원 이하의 과태료사유에 해당한다.

33 공인중개사법령상 개업공인중개사의 중개대상물 확인·설명서 작성에 관한 설명으로 옳은 것은?

中

• 25회 수정

① 개업공인중개사는 중개가 완성되어 거래계약서를 작성하는 때, 확인·설명사항을 서면으로 작성하여 거래당사자에게 교부하고 확인·설명서 원본, 사본 또는 전자문서를 5년간 보존하여야 한다. 다만, 공인전자문서센터에 보관된 경우는 그러하지 아니하다.

② 개업공인중개사는 중개대상물의 상태에 관한 자료요구에 매도의뢰인이 불응한 경우, 그 사실을 매수의뢰인에게 설명하고 중개대상물 확인·설명서에 기재하여야 한다.

③ 중개대상물 확인·설명서에는 개업공인중개사가 서명 또는 날인하되, 해당 중개행위를 한 소속공인중개사가 있는 경우에는 소속공인중개사가 함께 서명 또는 날인해야 한다.

④ 공동중개의 경우 중개대상물 확인·설명서에는 참여한 개업공인중개사(소속공인중개사 포함) 중 1인이 서명·날인하면 된다.

⑤ 중개가 완성된 후 개업공인중개사가 중개대상물 확인·설명서를 작성하여 교부하지 아니한 것만으로도 중개사무소 개설등록 취소사유에 해당한다.

키워드 확인·설명서

해설 ① 개업공인중개사는 중개가 완성되어 거래계약서를 작성하는 때, 확인·설명사항을 서면으로 작성하여 거래당사자에게 교부하고 확인·설명서 원본, 사본 또는 전자문서를 3년간 보존하여야 한다.

③ 중개대상물 확인·설명서에는 개업공인중개사가 서명 및 날인하되, 해당 중개행위를 한 소속공인중개사가 있는 경우에는 소속공인중개사가 함께 서명 및 날인해야 한다.

④ 공동중개의 경우 중개대상물 확인·설명서에는 참여한 개업공인중개사(소속공인중개사 포함) 모두 서명 및 날인하여야 한다.

⑤ 중개가 완성된 후 개업공인중개사가 중개대상물 확인·설명서를 작성하여 교부하지 아니한 경우 업무정지사유에 해당한다.

거래계약서의 작성 등

34 공인중개사법령상 거래계약서의 작성에 관한 설명으로 옳은 것은? (다툼이 있으면 판례
中 에 따름)

① 개업공인중개사가 거래계약서에 서명과 날인 중 어느 한 가지를 하지 아니한 경
   우에는 업무정지사유에 해당한다.

② 국토교통부장관은 개업공인중개사가 작성하는 거래계약서의 표준이 되는 서식을
   정하여 권장하고 있다.

③ 법인의 분사무소에서 분사무소 소속공인중개사에 의해 중개가 완성된 경우 거래
   계약서에 법인의 대표자가 서명 및 날인해야 한다.

④ 거래계약서에는 중개대상물 확인·설명서의 교부일자를 반드시 기재하지 않아도
   된다.

⑤ 중개대상물 확인·설명서와 거래계약서는 모두 최소 3부 이상 작성하며, 3년간
   보존하여야 한다.

▎**키워드**▏ 거래계약서 작성

▎**해설**▏ ② 국토교통부장관은 개업공인중개사가 작성하는 거래계약서의 표준이 되는 서식을
   정하여 권장할 수 있다. 하지만 현재 「공인중개사법」상 권장하고 있는 표준서식은
   없다.

③ 법인의 분사무소에서 분사무소 소속공인중개사에 의해 중개가 완성된 경우 거래계
   약서에 분사무소의 책임자와 해당 중개행위를 한 소속공인중개사가 함께 서명 및
   날인해야 한다. 분사무소의 경우에는 주된 사무소의 대표자는 서명 및 날인의무가
   없다.

④ 거래계약서에는 중개대상물 확인·설명서의 교부일자를 필수적으로 기재하여야 한다.

⑤ 중개대상물 확인·설명서는 3년간 보존하여야 하지만, 거래계약서는 5년간 보존하
   여야 한다.

35 공인중개사법령상 거래계약서의 필수적 기재사항이 <u>아닌</u> 것은 모두 몇 개인가?

(上)

> ㉠ 물건의 인도일시
> ㉡ 거래예정금액
> ㉢ 중개보수 및 실비의 금액과 산출내역
> ㉣ 권리를 취득함에 따라 부담하여야 할 조세의 종류 및 세율
> ㉤ 거래당사자의 인적사항
> ㉥ 조건이나 기한이 있는 경우 그 조건이나 기한
> ㉦ 거래금액·계약금액 및 지급일자 등 지급에 관한 사항
> ㉧ 중개대상물 확인·설명서 교부일자
> ㉨ 공법상 거래규제 및 이용제한 사항
> ㉩ 물건의 표시(중개대상물의 종류, 소재지, 면적 등)
> ㉪ 권리이전의 내용
> ㉫ 그 밖의 약정내용
> ㉬ 계약일

① 1개   ② 2개
③ 3개   ④ 4개
⑤ 5개

키워드 거래계약서 필수적 기재사항

해설 ㉡ 거래예정금액 ⇨ 거래금액
　　　　㉢ 중개보수 및 실비의 금액과 산출내역은 확인·설명사항이다.
　　　　㉣ 권리를 취득함에 따라 부담하여야 할 조세의 종류 및 세율은 확인·설명사항이다.
　　　　㉨ 공법상 거래규제 및 이용제한 사항은 확인·설명 및 정보공개사항이다.

36 공인중개사법령상 거래계약서에 관한 설명으로 옳은 것은?

① 거래계약서에는 개업공인중개사와 해당 중개업무를 수행한 소속공인중개사가 함께 서명 및 날인하여 이를 거래당사자에게 교부하고, 그 원본, 사본 또는 전자문서를 3년간 보존하여야 한다.

② 개업공인중개사는 해당 업무를 보조한 중개보조원으로 하여금 거래계약서를 작성하게 할 수 있으며, 이 경우 개업공인중개사도 함께 서명 및 날인하여야 한다.

③ 소속공인중개사는 중개가 완성된 때에는 거래계약서를 작성하여야 하고, 거래계약서에는 반드시 등록된 인장을 사용하여야 한다.

④ 개업공인중개사는 중개의뢰인의 요청이 있더라도 거래금액 등 거래내용을 거짓으로 기재하거나 서로 다른 둘 이상의 계약서를 작성하여서는 아니 된다.

⑤ 등록관청은 개업공인중개사가 작성하는 거래계약서의 표준이 되는 서식을 정하여 이의 사용을 권장할 수 있다.

키워드 거래계약서 작성

해설
① 3년간 ⇨ 5년간
② 개업공인중개사는 해당 업무를 보조한 중개보조원으로 하여금 거래계약서를 작성하게 할 수 없다.
③ 소속공인중개사 ⇨ 개업공인중개사
⑤ 등록관청 ⇨ 국토교통부장관

37 공인중개사법령상 개업공인중개사의 업무처리에 관한 설명으로 옳은 것은?

中

① 소속공인중개사가 거래금액 등 거래내용을 거짓으로 기재하거나 서로 다른 둘 이상의 거래계약서를 작성한 때에는 1년 이하의 징역 또는 1천만원 이하의 벌금형에 처한다.

② 중개업무를 보조하였더라도 중개보조원은 거래계약서에 서명 및 날인하여서는 아니 된다.

③ 국토교통부장관이 표준서식을 정하여 이의 사용을 권장한 경우에는 개업공인중개사는 표준서식에 따라 거래계약서를 작성하여야 한다.

④ 법인의 분사무소에서 거래계약서를 작성하는 경우 분사무소의 책임자와 법인의 대표자가 함께 서명 및 날인하여야 한다.

⑤ 등록관청은 개업공인중개사가 거래계약서에 거래금액 등 거래내용을 거짓으로 기재하거나 서로 다른 둘 이상의 거래계약서를 작성한 경우 등록을 취소할 수 있다.

키워드 거래계약서 작성

해 설 ① 소속공인중개사가 거래금액 등 거래내용을 거짓으로 기재하거나 서로 다른 둘 이상의 거래계약서를 작성한 때에는 자격정지처분의 대상이 된다.

② 중개업무를 보조한 중개보조원이 거래계약서에 서명 및 날인할 의무는 없으나, 서명 및 날인을 하여도 위법한 것은 아니다.

③ 거래계약서의 표준서식은 정해진바 없으며, 국토교통부장관이 표준서식을 정하여 이의 사용을 권장하더라도 표준서식의 사용의무가 없다.

④ 법인의 분사무소에서 작성하는 거래계약서에는 분사무소 책임자만 서명 및 날인하면 되며, 법인의 대표자는 서명 및 날인의무가 없다.

38 전속중개계약 체결 시에 사용하는 전속중개계약서와 거래계약서를 비교한 설명으로 옳지 <u>않은</u> 것은?

上

① 전속중개계약의 당사자는 중개의뢰인과 개업공인중개사이며, 거래계약서의 당사자는 권리를 이전하고자 하는 자와 권리를 취득하고자 하는 자이다.

② 전속중개계약서와 거래계약서 모두 거래계약 체결 시에 거래당사자 쌍방에게 교부하여야 한다.

③ 전속중개계약서는 3년간 보존해야 하나, 거래계약서는 그 원본, 사본 또는 전자문서를 5년간 보존하여야 한다. 다만, 공인전자문서센터에 보관된 경우는 그러하지 아니하다.

④ 전속중개계약서를 사용하지 않으면 제재가 있으나, 거래계약서의 표준서식을 사용하지 않은 경우의 제재는 없다.

⑤ 전속중개계약서 서식은 시행규칙 별지서식에서 규정하고 있으나, 거래계약서 서식에 대하여는 국토교통부장관이 표준서식을 정하여 권장할 수 있도록 규정하고 있다.

키워드 거래계약서 작성

해설 전속중개계약서는 전속중개계약 체결 시에 작성하여 전속중개의뢰인 일방에게 교부하여야 하지만, 거래계약서는 거래계약 체결 시에 작성하여 거래당사자 쌍방에게 교부하여야 한다.

39
中

중개대상물에 관하여 중개완성이 된 경우 개업공인중개사의 거래계약서 작성에 관한 내용으로 <u>틀린</u> 것은?

① 거래계약서에는 중개대상물 확인·설명서 교부일자를 기재하여야 한다.
② 개업공인중개사가 거래계약서 작성의무를 이행함에 있어 사용하여야 할 서식은 국토교통부령에서 정하고 있으나 사용의무는 없다.
③ 중개법인의 주된 사무소에서 이루어진 거래계약의 경우 중개법인의 사원 또는 임원 중 공인중개사인 자는 거래계약서를 작성할 수 있다.
④ 거래당사자 간 합의가 있으면 개업공인중개사의 거래계약서 작성과는 관계없이 거래계약은 성립되고 유효하게 효력이 발생된다.
⑤ 개업공인중개사는 거래계약서를 작성하는 때에 거래내용을 거짓으로 기재하거나 서로 다른 둘 이상의 계약서를 작성하여서는 아니 된다.

키워드 거래계약서 작성

해설 거래계약서는 국토교통부령으로 정한 법정서식이 없다.

정답 **37** ⑤ **38** ② **39** ②

40 거래계약서와 중개대상물 확인·설명서에 관련된 설명으로 옳지 <u>않은</u> 것은?

① 중개를 완성한 경우에 거래계약서와 중개대상물 확인·설명서를 작성하지 아니하면 개업공인중개사는 업무정지처분을 받을 수 있다.

② 거래계약서 원본, 사본 또는 전자문서는 5년간 보존, 중개대상물 확인·설명서 원본, 사본 또는 전자문서는 3년간 보존하여야 한다. 다만, 공인전자문서센터에 보관된 경우는 그러하지 아니하다.

③ 중개대상물 확인·설명서에는 거래예정금액이 기재되며, 거래계약서에는 거래금액이 기재된다.

④ 중개대상물 확인·설명서와 거래계약서 모두 개업공인중개사와 해당 업무를 수행한 소속공인중개사는 서명 및 날인의무가 있다.

⑤ 거래계약서는 거래당사자 쌍방에게 교부하지만, 중개대상물 확인·설명서는 권리취득의뢰인에게만 교부하며 최소한 3부 이상으로 작성해야 한다.

> **키워드** 거래계약서 작성
> **해설** 중개대상물 확인·설명서와 거래계약서 모두 거래당사자 쌍방에게 교부하여야 한다.

41 공인중개사법령상 개업공인중개사가 거래계약서를 작성하는 경우에 관한 설명으로 틀린 것은? (다툼이 있으면 판례에 따름) •31회

① 개업공인중개사는 중개가 완성된 때에만 거래계약서를 작성·교부하여야 한다.

② 개업공인중개사는 거래계약서에 서명 및 날인하여야 한다.

③ 중개대상물 확인·설명서 교부일자는 거래계약서의 필수 기재사항에 해당한다.

④ 개업공인중개사의 거래계약서 보존기간(공인전자문서센터에 보관된 경우는 제외함)은 5년이다.

⑤ 개업공인중개사가 하나의 거래계약에 대하여 서로 다른 둘 이상의 거래계약서를 작성한 경우, 등록관청은 중개사무소의 개설등록을 취소하여야 한다.

> **키워드** 거래계약서 작성
> **해설** 개업공인중개사가 거래계약서에 거래금액 등 거래내용을 거짓으로 기재하거나 서로 다른 둘 이상의 계약서를 작성한 경우 상대적 등록취소사유에 해당한다. 따라서 '개업공인중개사가 하나의 거래계약에 대하여 서로 다른 둘 이상의 거래계약서를 작성한 경우, 등록관청은 중개사무소의 개설등록을 취소할 수 있다'로 고쳐야 맞는 지문이 된다.

42 공인중개사법령상 개업공인중개사의 거래계약서 작성 등에 관한 설명으로 <u>틀린</u> 것은?

• 29회

① 거래계약서에는 물건의 인도일시를 기재해야 한다.

② 「공인중개사법 시행규칙」에 개업공인중개사가 작성하는 거래계약서의 표준이 되는 서식이 정해져 있다.

③ 거래계약서에는 중개대상물 확인·설명서 교부일자를 기재해야 한다.

④ 소속공인중개사가 중개행위를 한 경우 그 거래계약서에는 소속공인중개사와 개업공인중개사가 함께 서명 및 날인해야 한다.

⑤ 공동중개의 경우 참여한 개업공인중개사가 모두 서명 및 날인해야 한다.

키워드 거래계약서 작성

해설 「공인중개사법 시행령」 제22조 제3항에 의하면, 국토교통부장관은 개업공인중개사가 작성하는 거래계약서의 표준이 되는 서식을 정하여 그 사용을 권장할 수 있다고 규정하고 있다. 하지만 실제로 규정하고 있지는 않다.

43 개업공인중개사 甲이 공인중개사법령에 따라 거래계약서를 작성하고자 한다. 이에 관한 설명으로 <u>틀린</u> 것은? (다툼이 있으면 판례에 따름)

• 28회 수정

① 甲은 중개대상물에 대하여 중개가 완성된 때에만 거래계약서를 작성·교부해야 한다.

② 甲이 작성하여 거래당사자에게 교부한 거래계약서의 원본, 사본 또는 전자문서를 보존해야 할 기간은 5년이다.

③ 공동중개의 경우, 甲과 참여한 개업공인중개사 모두 거래계약서에 서명 또는 날인해야 한다.

④ 계약의 조건이 있는 경우, 그 조건은 거래계약서에 기재해야 할 사항이다.

⑤ 국토교통부장관은 개업공인중개사가 작성하는 거래계약서의 표준이 되는 서식을 정하여 그 사용을 권장할 수 있다.

키워드 거래계약서 서명 및 날인

해설 공동중개에 참여한 개업공인중개사는 모두 거래계약서에 서명 및 날인하여야 하는 것이지, 서명 또는 날인을 하여야 하는 것은 아니다.

정답 **40** ⑤ **41** ⑤ **42** ② **43** ③

44 공인중개사법령상 개업공인중개사의 거래계약서 작성 등에 관한 설명으로 옳은 것은?

• 27회 수정

① 국토교통부장관이 지정한 표준거래계약서 양식으로 계약서를 작성해야 한다.
② 작성된 거래계약서는 거래당사자에게 교부하고 그 원본, 사본 또는 전자문서를 3년간 보존하여야 한다. 다만, 공인전자문서센터에 보관된 경우는 그러하지 아니하다.
③ 거래계약서의 원본, 사본 또는 전자문서를 보존기간 동안 보존하지 않은 경우 등록관청은 중개사무소의 개설등록을 취소할 수 있다.
④ 중개대상물 확인·설명서 교부일자는 거래계약서 기재사항이 아니다.
⑤ 분사무소의 소속공인중개사가 중개행위를 한 경우 그 소속공인중개사와 분사무소의 책임자가 함께 거래계약서에 서명 및 날인해야 한다.

키워드 거래계약서 서명 및 날인
해설 ① 국토교통부장관은 개업공인중개사가 작성하는 거래계약서의 표준이 되는 서식을 정하여 그 사용을 권장할 수 있다. 현재 거래계약서의 표준서식은 정해진 바 없다.
② 작성된 거래계약서는 거래당사자에게 교부하고 그 원본, 사본 또는 전자문서를 5년간 보존하여야 한다. 다만, 공인전자문서센터에 보관된 경우는 그러하지 아니하다.
③ 거래계약서의 원본, 사본 또는 전자문서를 보존기간 동안 보존하지 않은 경우 등록관청은 업무정지처분을 할 수 있다.
④ 중개대상물 확인·설명서 교부일자는 거래계약서 기재사항에 포함된다.

45 공인중개사법령상 공인중개사인 개업공인중개사의 거래계약서 작성 등에 관한 설명으로 틀린 것은?

• 26회 수정

① 거래계약서는 국토교통부장관이 정한 표준서식을 사용해야 한다.
② 거래계약서에 거래내용을 거짓으로 기재한 경우 등록관청은 중개사무소 개설등록을 취소할 수 있다.
③ 개업공인중개사는 하나의 거래계약에 서로 다른 둘 이상의 거래계약서를 작성해서는 아니 된다.
④ 개업공인중개사가 거래계약서 원본, 사본 또는 전자문서를 보존해야 하는 기간은 5년이다.
⑤ 거래계약서에는 해당 중개행위를 한 소속공인중개사가 있는 경우 개업공인중개사와 소속공인중개사가 함께 서명 및 날인해야 한다.

거래계약서 서식

해설 국토교통부장관은 개업공인중개사가 작성하는 거래계약서의 표준이 되는 서식을 정하여 그 사용을 권장할 수 있다고 「공인중개사법」상 규정하고 있다. 그러나 실제로 국토교통부장관은 표준서식을 「공인중개사법」에서 권장하고 있지 아니하므로, "국토교통부장관이 정한 표준서식을 사용해야 한다."는 틀린 지문이 된다.

46
中

개업공인중개사가 작성하는 거래계약서에 기재해야 할 사항으로 공인중개사법령상 명시된 것을 모두 고른 것은?

• 26회

> ㉠ 계약일
> ㉡ 물건의 인도일시
> ㉢ 권리이전의 내용
> ㉣ 중개대상물 확인·설명서 교부일자

① ㉠, ㉡, ㉢
② ㉠, ㉡, ㉣
③ ㉠, ㉢, ㉣
④ ㉡, ㉢, ㉣
⑤ ㉠, ㉡, ㉢, ㉣

키워드 거래계약서 필요적 기재사항

해설 거래계약서에 필요적으로 기재하여야 하는 내용은 다음과 같다.

> 1. 거래당사자의 인적사항
> 2. 물건의 표시
> 3. 계약일
> 4. 거래금액·계약금액 및 그 지급일자 등 지급에 관한 사항
> 5. 물건의 인도일시
> 6. 권리이전의 내용
> 7. 계약의 조건이나 기한이 있는 경우에는 그 조건 또는 기한
> 8. 중개대상물 확인·설명서 교부일자
> 9. 그 밖의 약정내용

44 ⑤ **45** ① **46** ⑤

47 공인중개사법령상 개업공인중개사의 거래계약서 작성에 관한 설명으로 옳은 것은?

• 25회 수정

① 중개대상물 확인·설명서 교부일자는 거래계약서에 기재해야 할 사항이 아니다.

② 해당 중개행위를 한 소속공인중개사도 거래계약서를 작성할 수 있으며, 이 경우 개업공인중개사만 서명 및 날인하면 된다.

③ 거래계약서는 국토교통부장관이 정하는 표준서식으로 작성해야 한다.

④ 법인의 분사무소가 설치되어 있는 경우, 그 분사무소에서 작성하는 거래계약서에 분사무소의 책임자가 서명 및 날인해야 한다.

⑤ 개업공인중개사가 거래계약서에 거래내용을 거짓으로 기재한 경우, 1년 이하의 징역 또는 1천만원 이하의 벌금에 처해진다.

키워드 거래계약서 서명 및 날인

해설 ① 중개대상물 확인·설명서 교부일자는 거래계약서의 필요적 기재사항이다.

② 해당 중개행위를 한 소속공인중개사가 있는 경우 개업공인중개사와 소속공인중개사가 함께 서명 및 날인해야 한다.

③ 현재 「공인중개사법」상 정해진 표준서식은 없다.

⑤ 개업공인중개사가 거래계약서에 거래내용을 거짓으로 기재한 경우 상대적 등록취소사유에 해당한다.

07
손해배상책임과 반환채무이행보장

더 많은 기출문제를 풀고 싶다면?
단원별 기출문제집
[공인중개사법령 및 중개실무]
pp.131~140

▌5개년 출제빈도 분석표

28회	29회	30회	31회	32회
1	1	1	1	2

▌빈출 키워드

☑ 손해배상책임과 업무보증설정

대표기출 **연습**

01 공인중개사법령상 손해배상책임의 보장에 관한 설명으로 틀린 것은? • 32회

① 개업공인중개사는 중개가 완성된 때에는 거래당사자에게 손해배상책임의 보장기간을 설명해야 한다.

② 개업공인중개사는 고의로 거래당사자에게 손해를 입힌 경우에는 재산상의 손해뿐만 아니라 비재산적 손해에 대해서도 공인중개사법령상 손해배상책임보장규정에 의해 배상할 책임이 있다.

③ 개업공인중개사가 자기의 중개사무소를 다른 사람의 중개행위의 장소로 제공하여 거래당사자에게 재산상의 손해를 발생하게 한 때에는 그 손해를 배상할 책임이 있다.

④ 법인인 개업공인중개사가 분사무소를 두는 경우 분사무소마다 추가로 1억원 이상의 손해배상책임의 보증설정을 해야 하나 보장금액의 상한은 없다.

⑤ 지역농업협동조합이 「농업협동조합법」에 의해 부동산중개업을 하는 경우 보증기관에 설정하는 손해배상책임보증의 최저보장금액은 개업공인중개사의 최저보장금액과 다르다.

키워드 업무보증의 설정 28회, 31회, 32회

교수님 TIP 개업공인중개사의 종별에 따른 업무보증설정금액과 방법에 관해 학습하여야 합니다.

「공인중개사법」 제30조 제1항에 의하면, "개업공인중개사는 중개행위를 하는 경우 고의 또는 과실로 인하여 거래당사자에게 재산상의 손해를 발생하게 한 때에는 그 손해를 배상할 책임이 있다."고 규정하고 있다. 따라서 비재산적 손해에 관하여는 「공인중개사법」상 손해배상책임보장규정이 없다.

정답 ②

02 공인중개사법령상 계약금등의 반환채무이행의 보장 등에 관한 설명으로 틀린 것은?

• 30회

① 개업공인중개사는 거래의 안전을 보장하기 위하여 필요하다고 인정하는 경우, 계약금등을 예치하도록 거래당사자에게 권고할 수 있다.
② 예치대상은 계약금·중도금 또는 잔금이다.
③ 「보험업법」에 따른 보험회사는 계약금등의 예치명의자가 될 수 있다.
④ 개업공인중개사는 거래당사자에게 「공인중개사법」에 따른 공제사업을 하는 자의 명의로 계약금등을 예치하도록 권고할 수 없다.
⑤ 개업공인중개사는 계약금등을 자기 명의로 금융기관 등에 예치하는 경우 자기 소유의 예치금과 분리하여 관리될 수 있도록 하여야 한다.

키워드 예치명의자

30회

교수님 TIP 예치명의자, 예치기관, 지급보증서 발행기관, 개업공인중개사 명의 특칙규정에 관해 학습하여야 합니다.

해 설 개업공인중개사는 거래의 안전을 보장하기 위하여 필요하다고 인정하는 경우에는 거래계약의 이행이 완료될 때까지 계약금·중도금 또는 잔금을 개업공인중개사 또는 다음에 해당하는 자의 명의로 금융기관, 공제사업을 하는 자, 신탁업자 등에 예치하도록 거래당사자에게 권고할 수 있다(법 제31조 제1항, 영 제27조 제1항).

> 1. 「은행법」에 따른 은행
> 2. 「보험업법」에 따른 보험회사
> 3. 「자본시장과 금융투자업에 관한 법률」에 따른 신탁업자
> 4. 「우체국예금·보험에 관한 법률」에 따른 체신관서
> 5. 법 제42조의 규정에 따라 공제사업을 하는 자
> 6. 부동산거래계약의 이행을 보장하기 위하여 계약금·중도금 또는 잔금 및 계약 관련 서류를 관리하는 업무를 수행하는 전문회사

정답 ④

제1절 손해배상책임과 업무보증설정

01 개업공인중개사의 손해배상책임에 관한 설명으로 옳은 것은?

中

① 개업공인중개사가 자기의 중개사무소를 다른 사람의 중개행위의 장소로 제공함으로써 거래당사자에게 손해를 발생하게 한 때에는 손해배상책임이 없다.

② 소속공인중개사가 업무상 행위에 관하여 고의 또는 과실로 중개의뢰인에게 재산상 손해를 발생하게 한 경우 개업공인중개사는 자신의 과실이 없었음을 입증하면 손해배상책임이 없다.

③ 개업공인중개사는 손해배상책임을 보장하기 위하여 반드시 보증보험에 가입하고 이를 등록관청에 신고하여야 한다.

④ 개업공인중개사가 고의 또는 중과실로 인하여 거래당사자에게 재산상의 손해를 발생하게 한 때에는 손해배상책임이 있으나, 개업공인중개사의 경과실은 손해배상책임을 면한다.

⑤ 중개보조원이 매수중개의뢰인을 대신하여 매도인에게 중도금을 전달한다는 명목으로 이를 횡령한 경우에도 개업공인중개사는 이를 배상할 책임이 있다.

키워드 손해배상책임

해설 ① 타인에게 사무소를 제공한 개업공인중개사도 손해배상책임을 진다.
② 고용인의 업무상 행위에 대하여 개업공인중개사는 무과실책임이 있다.
③ 업무보증방법에는 보증보험, 공제, 공탁이 있으며, 그 중 하나를 선택해서 가입하면 된다. 반드시 보증보험에 가입해야 할 의무는 없다.
④ 개업공인중개사의 고의 또는 과실로 인하여 거래당사자에게 재산상 손해가 발생한 경우에 손해배상책임을 진다. 이 경우 경과실의 경우에도 손해배상책임을 진다.

정답 01 ⑤

02 법인인 개업공인중개사 甲이 서울에 본사를 두고, 다른 지역에 분사무소 A 및 B, C를
⑤ 둔 경우 손해배상책임을 보장하기 위하여 설정하여야 하는 최저 보증금액은?

① 1억원 ② 2억원
③ 3억원 ④ 4억원
⑤ 5억원

> **키워드** 업무보증설정
> **해설** 법인인 개업공인중개사의 주된 사무소는 2억원 이상, 분사무소마다 1억원 이상을 추
> 가로 설정하여야 한다. 따라서 해당 법인은 총 5억원 이상의 보증을 설정하여야 한다.

03 개업공인중개사의 손해배상책임에 관한 설명으로 옳은 것은?
⑭ ① 개업공인중개사가 업무보증을 설정하지 아니하고 업무를 개시한 경우 100만원
이하의 과태료에 처해진다.
② 개업공인중개사에 대한 손해배상청구권의 소멸시효기간은 5년이다.
③ 보증을 설정한 개업공인중개사가 그 보증을 다른 보증으로 변경하고자 하는 경우
에는 이미 설정한 보증의 효력이 만료되는 즉시 다른 보증을 설정하여야 한다.
④ 특수법인의 경우 「공인중개사법」상의 중개법인과 업무보증설정금액, 업무보증설
정방법 모두 동일하다.
⑤ 1억원의 보증을 설정한 개업공인중개사 甲의 중과실로 거래당사자 乙에게 재산적
손해 1억원과 정신적 손해 5천만원을 입힌 경우, 乙은 甲에게 전액 손해배상을
청구할 수 있으나 보증기관은 1억원의 배상책임만 있다.

> **키워드** 손해배상책임
> **해설** ① 개업공인중개사가 업무보증을 설정하지 아니하고 업무를 개시한 경우 등록관청은
> 등록을 취소할 수 있다.
> ② 「민법」상 손해배상청구권의 소멸시효기간은 손해 및 가해자를 안 날부터 3년, 불
> 법행위를 한 날부터 10년이다.
> ③ 보증의 변경은 이미 설정한 보증의 효력이 있는 기간 중에 하여야 한다.
> ④ 특수법인 중 지역농업협동조합의 경우 1천만원 이상의 업무보증을 설정하며, 그 밖
> 의 특수법인은 중개법인과 업무보증설정금액 및 방법이 모두 동일하다.

04 공인중개사법령상 개업공인중개사의 업무보증설정에 관한 설명으로 옳은 것은?

① 보증기간의 만료로 인하여 보증을 재설정하는 개업공인중개사는 보증기간 만료 즉시 다시 보증을 설정하고 등록관청에 신고하여야 한다.

② 지역농업협동조합이 부동산중개업을 하고자 하는 경우에는 최소 1천만원 이상의 보증을 설정하여 등록관청에 신고하여야 한다.

③ 보증기관이 등록관청에 직접 보증설정 사실을 통보한 경우에도 개업공인중개사는 보증설정 사실을 신고하여야 한다.

④ 중개업무를 개시한 때에는 지체 없이 보증을 설정하여 등록관청에 신고하여야 한다.

⑤ 보증을 다른 보증으로 변경할 경우에는 종전의 보증을 해지한 후 즉시 다른 보증을 설정하고 등록관청에 신고하여야 한다.

키워드 업무보증설정

해설
① 보증기간의 만료일까지 다시 보증을 설정하고 등록관청에 신고하여야 한다.
③ 보증기관이 등록관청에 직접 보증설정 사실을 통보한 경우 개업공인중개사는 신고를 생략할 수 있다.
④ 중개업무를 개시하기 전에 보증을 설정하여 등록관청에 신고하여야 한다.
⑤ 보증을 다른 보증으로 변경할 경우에는 이미 설정한 보증의 효력이 있는 기간 중에 다른 보증을 설정하고 등록관청에 신고하여야 한다.

정답   02 ⑤   03 ⑤   04 ②

05 개업공인중개사의 손해배상책임에 관한 설명으로 옳은 것은?

① 손해배상책임을 보장하기 위한 공탁금은 개업공인중개사가 폐업 또는 사망한 날부터 5년 이내에는 이를 회수할 수 없다.

② 보증보험 또는 공제로 배상한 때에는 10일 이내에 보증보험 또는 공제에 다시 가입하여야 한다.

③ 중개의뢰인이 손해배상금으로 보증보험금을 지급받고자 하는 경우에는 손해배상금지급청구서에 보증관계증서 사본을 첨부하여 보증기관에 손해배상금의 지급을 청구하여야 한다.

④ 중개보조원이 매수중개의뢰인을 대신하여 매도인에게 중도금을 전달한다는 명목으로 이를 횡령한 경우에도 개업공인중개사는 이를 배상할 책임이 있다.

⑤ 개업공인중개사가 중개완성 시 손해배상책임에 관한 업무보증설정 사항을 설명하지 아니하거나 관계 증서의 사본 또는 관계 증서에 관한 전자문서를 교부하지 아니한 경우에는 업무정지처분에 처해질 수 있다.

> **키워드** 손해배상책임
> **해설** ① 5년 이내 ⇨ 3년 이내
> ② 10일 이내 ⇨ 15일 이내
> ③ 중개의뢰인과 개업공인중개사 간의 손해배상합의서·화해조서 또는 확정된 법원의 판결문 사본 그 밖에 이에 준하는 효력이 있는 서류 등을 첨부하여야 한다. 보증관계증서 사본은 제출서류가 아니다.
> ⑤ 업무정지처분 ⇨ 100만원 이하의 과태료처분

06 공인중개사법령상 개업공인중개사의 보증설정 등에 관한 설명으로 옳은 것은? • 32회

① 개업공인중개사가 보증설정신고를 할 때 등록관청에 제출해야 할 증명서류는 전자문서로 제출할 수 없다.

② 보증기관이 보증사실을 등록관청에 직접 통보한 경우라도 개업공인중개사는 등록관청에 보증설정신고를 해야 한다.

③ 보증을 다른 보증으로 변경하려면 이미 설정된 보증의 효력이 있는 기간이 지난 후에 다른 보증을 설정해야 한다.

④ 보증변경신고를 할 때 손해배상책임보증 변경신고서 서식의 '보증'란에 '변경 후 보증내용'을 기재한다.

⑤ 개업공인중개사가 보증보험금으로 손해배상을 한 때에는 그 보증보험의 금액을 보전해야 하며 다른 공제에 가입할 수 없다.

키워드 업무보증설정

해 설 「공인중개사법 시행규칙」 별지 제25호 서식인 손해배상책임보증변경신고서의 내용
중 '보증'란에는 '변경 후 보증내용'을 기재한다.

① 개업공인중개사는 중개업무를 개시하기 전에 손해배상책임을 보장하기 위한 수단
으로 업무보증을 설정하여 그 증명서류를 갖추어 등록관청에 신고하여야 한다(법
제30조 제3항). 증명서류라 함은 보증보험증서 사본, 공제증서 사본, 공탁증서 사
본 등을 말하며 전자문서를 포함한다.

② 보증을 한 보증보험회사, 공제사업자 또는 공탁기관이 보증사실을 등록관청에 직
접 통보한 경우에는 신고를 생략할 수 있다(영 제24조 제2항).

③ 업무보증을 설정한 개업공인중개사가 그 보증을 다른 보증으로 변경하고자 하는
경우에는 이미 설정한 보증의 효력이 있는 기간 중에 다른 보증을 설정하고 그 증
명서류를 갖추어 등록관청에 신고하여야 한다(영 제25조 제1항).

⑤ 보증보험에 가입하여 보증을 설정하고, 보증보험금으로 손해배상을 한 때에는 다
시 새로운 보증보험에 가입하거나 공제 또는 공탁으로 재보증설정을 하여야 한다.
부족한 돈을 보충하여 채워넣는 방법으로 재보증을 설정할 수는 없다. 보전은 공탁
의 경우 쓸 수 있는 재보증방법이다.

07 공인중개사법령상 개업공인중개사 甲의 손해배상책임의 보장에 관한 설명으로 틀린
것은? • 31회

① 甲은 업무를 개시하기 전에 손해배상책임을 보장하기 위하여 보증보험 또는 공제
에 가입하거나 공탁을 해야 한다.

② 甲이 설정한 보증을 다른 보증으로 변경하려는 경우 이미 설정한 보증의 효력이
있는 기간 중에 다른 보증을 설정하여야 한다.

③ 甲이 보증보험 또는 공제에 가입한 경우 보증기간의 만료로 다시 보증을 설정하
려면, 그 보증기간 만료일까지 다시 보증을 설정하여야 한다.

④ 甲이 손해배상책임을 보장하기 위한 조치를 이행하지 아니하고 업무를 개시한 경
우 등록관청은 개설등록을 취소할 수 있다.

⑤ 甲이 공제금으로 손해배상을 한 때에는 30일 이내에 공제에 다시 가입하여야
한다.

키워드 업무보증설정 및 보전규정

해 설 개업공인중개사가 보증보험금·공제금 또는 공탁금으로 손해배상을 한 때에는 15일
이내에 보증보험 또는 공제에 다시 가입하거나 공탁금 중 부족하게 된 금액을 보전하
여야 한다.

정답 05 ④ 06 ④ 07 ⑤

08 공인중개사법령상 개업공인중개사의 손해배상책임의 보장에 관한 설명으로 **틀린** 것은?
中   (다툼이 있으면 판례에 따름) • 29회

① 개업공인중개사등이 아닌 제3자의 중개행위로 거래당사자에게 재산상 손해가 발생한 경우 그 제3자는 이 법에 따른 손해배상책임을 진다.

② 부동산 매매계약을 중개하고 계약금 및 중도금 지급에도 관여한 개업공인중개사가 잔금 중 일부를 횡령한 경우 이 법에 따른 손해배상책임이 있다.

③ 개업공인중개사는 업무를 개시하기 전에 손해배상책임을 보장하기 위하여 법령이 정한 조치를 하여야 한다.

④ 개업공인중개사가 자기의 중개사무소를 다른 사람의 중개행위 장소로 제공함으로써 거래당사자에게 재산상 손해가 발생한 경우 그 손해를 배상할 책임이 있다.

⑤ 손해배상책임의 보장을 위한 공탁금은 개업공인중개사가 폐업 또는 사망한 날부터 3년 이내에는 회수할 수 없다.

> **키워드** 손해배상책임
> **해 설** 개업공인중개사등이 아닌 제3자의 중개행위로 거래당사자에게 재산상 손해가 발생한 경우 그 제3자는 이 법에 따른 손해배상책임의 대상이 되지 않는다.

09 공인중개사법령상 개업공인중개사의 손해배상책임의 보장에 관한 설명으로 **틀린** 것은?
中 • 28회

① 개업공인중개사는 자기의 중개사무소를 다른 사람의 중개행위의 장소로 제공함으로써 거래당사자에게 재산상의 손해를 발생하게 한 때에는 그 손해를 배상할 책임이 있다.

② 개업공인중개사는 보증보험금·공제금 또는 공탁금으로 손해배상을 한 때에는 30일 이내에 보증보험 또는 공제에 다시 가입하거나 공탁금 중 부족하게 된 금액을 보전해야 한다.

③ 개업공인중개사는 중개가 완성된 때에는 거래당사자에게 손해배상책임의 보장에 관한 사항을 설명하고 관계 증서의 사본을 교부하거나 관계 증서에 관한 전자문서를 제공해야 한다.

④ 보증보험의 보증기간이 만료되어 다시 보증을 설정하려는 개업공인중개사는 그 보증기간 만료일까지 다시 보증을 설정해야 한다.

⑤ 개업공인중개사는 업무를 개시하기 전에 손해배상책임을 보장하기 위하여 대통령이 정하는 바에 따라 보증보험 또는 공제에 가입하거나 공탁을 해야 한다.

키워드 손해배상책임
해설 개업공인중개사는 보증보험금·공제금 또는 공탁금으로 손해배상을 한 때에는 15일 이내에 보증보험 또는 공제에 다시 가입하거나 공탁금 중 부족하게 된 금액을 보전해야 한다.

10 中 공인중개사법령상 개업공인중개사의 손해배상책임의 보장에 관한 설명으로 옳은 것은?
• 27회

① 개업공인중개사는 중개를 개시하기 전에 거래당사자에게 손해배상책임의 보장에 관한 설명을 해야 한다.
② 개업공인중개사는 업무개시 후 즉시 손해배상책임의 보장을 위하여 보증보험 또는 공제에 가입해야 한다.
③ 개업공인중개사가 중개행위를 함에 있어서 거래당사자에게 손해를 입힌 경우 고의·과실과 관계없이 그 손해를 배상해야 한다.
④ 개업공인중개사가 폐업한 경우 폐업한 날부터 5년 이내에는 손해배상책임의 보장을 위하여 공탁한 공탁금을 회수할 수 없다.
⑤ 개업공인중개사는 자기의 중개사무소를 다른 사람의 중개행위 장소로 제공함으로써 거래당사자에게 재산상 손해를 발생하게 한 때에는 그 손해를 배상할 책임이 있다.

키워드 업무보증설정
해설 ① 개업공인중개사는 중개가 완성된 때에 거래당사자에게 손해배상책임에 관한 사항을 설명하고 관계 증서의 사본 또는 관계 증서에 관한 전자문서를 교부하여야 한다.
② 개업공인중개사는 업무를 개시하기 전에 손해배상책임을 보장하기 위하여 보증보험 또는 공제에 가입하거나 공탁을 하여야 한다.
③ 개업공인중개사는 중개행위를 함에 있어서 고의 또는 과실로 인하여 거래당사자에게 재산상의 손해를 발생하게 한 때에는 그 손해를 배상할 책임이 있다.
④ 개업공인중개사가 폐업한 경우 폐업한 날부터 3년 이내에는 손해배상책임의 보장을 위하여 공탁한 공탁금을 회수할 수 없다.

11 공인중개사법령상 손해배상책임의 보장에 관한 설명으로 옳은 것을 모두 고른 것은?

> ㉠ 지역농업협동조합이 부동산중개업을 하는 때에는 중개업무를 개시하기 전에 보장금액 1천만원 이상의 보증을 보증기관에 설정하고 그 증명서류를 갖추어 등록관청에 신고해야 한다.
> ㉡ 개업공인중개사는 자기의 중개사무소를 다른 사람의 중개행위의 장소로 제공함으로써 거래당사자에게 재산상의 손해를 발생하게 한 때에는 그 손해를 배상할 책임이 없다.
> ㉢ 개업공인중개사는 보증보험금으로 손해배상을 한 때에는 10일 이내에 보증보험에 다시 가입하여야 한다.

① ㉠

② ㉡

③ ㉠, ㉢

④ ㉡, ㉢

⑤ ㉠, ㉡, ㉢

키워드 업무보증설정

해설 ㉡ 개업공인중개사는 자기의 중개사무소를 다른 사람의 중개행위의 장소로 제공함으로써 거래당사자에게 재산상의 손해를 발생하게 한 때에도 그 손해를 배상할 책임이 있다.

㉢ 개업공인중개사는 보증보험금으로 손해배상을 한 때에는 15일 이내에 보증보험에 다시 가입하여야 한다.

12 공인중개사법령상 손해배상책임의 보장에 관한 설명으로 옳은 것은? • 25회 수정

① 개업공인중개사의 손해배상책임을 보장하기 위한 보증보험 또는 공제가입, 공탁은 중개사무소 개설등록신청을 할 때 해야 한다.

② 다른 법률의 규정에 따라 중개업을 할 수 있는 법인이 부동산중개업을 하는 경우 업무보증설정을 하지 않아도 된다.

③ 공제에 가입한 개업공인중개사로서 보증기간이 만료되어 다시 보증을 설정하고자 하는 자는 그 보증기간 만료 후 15일 이내에 다시 보증을 설정해야 한다.

④ 개업공인중개사가 손해배상책임을 보장하기 위한 조치를 이행하지 아니하고 업무를 개시한 경우 등록관청은 개설등록을 취소할 수 있다.

⑤ 보증보험금으로 손해배상을 한 경우 개업공인중개사는 30일 이내에 보증보험에 다시 가입해야 한다.

키워드 손해배상책임

해설 ① 개업공인중개사의 손해배상책임을 보장하기 위한 보증보험 또는 공제가입, 공탁은 업무개시 전까지 하면 된다. 이 경우 업무개시 전이라 함은 등록증 교부 전에 업무보증설정 여부를 확인하므로 등록통지를 받은 후 등록증 교부 전까지를 의미한다.

② 다른 법률의 규정에 따라 중개업을 할 수 있는 법인이 부동산중개업을 하는 경우 업무보증설정을 하여야 하고, 지역농업협동조합의 경우는 최소 1천만원 이상이어야 한다.

③ 공제에 가입한 개업공인중개사로서 보증기간이 만료되어 다시 보증을 설정하고자 하는 자는 그 보증기간 만료일까지 다시 보증을 설정해야 한다.

⑤ 보증보험금으로 손해배상을 한 경우 개업공인중개사는 15일 이내에 보증보험에 다시 가입해야 한다.

13 계약금등의 반환채무이행의 보장에 관한 설명으로 틀린 것은?

① 개업공인중개사가 계약금등을 자기 명의로 금융기관 등에 예치하는 경우 그 계약금등을 거래당사자에게 지급할 것을 보장하기 위하여 예치대상이 되는 계약금등에 해당하는 금액을 보장하는 보증보험 또는 공제에 가입하거나 공탁하여야 한다.

② 개업공인중개사 명의로 금융기관 등에 예치한 경우에 자기 소유 예치금과 분리하여 관리하여야 한다.

③ 체신관서는 예치명의자와 예치기관에 모두 해당된다.

④ 개업공인중개사는 거래의 안전을 보장하기 위하여 필요하다고 인정하는 경우에는 거래계약의 이행이 완료될 때까지 계약금등을 개업공인중개사 또는 대통령령이 정하는 자의 명의로 금융기관, 「공인중개사법」 제42조에 따라 공제사업을 하는 자 또는 신탁업자 등에 예치하도록 거래당사자에게 권고할 수 있다.

⑤ 개업공인중개사는 거래당사자가 계약금등을 개업공인중개사의 명의로 금융기관 등에 예치할 것을 의뢰하는 경우에는 반환채무이행보장에 소요되는 실비 그 밖에 거래안전을 위하여 필요한 사항을 약정할 수 있다.

키워드 반환채무이행의 보장

해 설 개업공인중개사는 거래당사자가 계약금등을 개업공인중개사의 명의로 금융기관 등에 예치할 것을 의뢰하는 경우에는 계약이행의 완료 또는 계약해제 등의 사유로 인한 계약금등의 인출에 대한 거래당사자의 동의방법, 반환채무이행보장에 소요되는 실비 그 밖에 거래안전을 위하여 필요한 사항을 약정하여야 한다.

14 계약금등의 반환채무이행의 보장에 관한 설명으로 옳은 것은?

① 계약금등을 예치한 경우 매도인·임대인 등 계약금등을 수령할 수 있는 권리가 있는 자는 금융기관 또는 공제사업을 하는 자가 발행하는 보증서를 계약금등의 예치명의자에게 교부하고 미리 수령할 수 있다.

② 개업공인중개사가 거래계약의 이행이 완료될 때까지 중도금을 제3자 명의로 신탁업자에 예치할 것을 거래당사자에게 권고하기 위해서는 사전에 예치금에 대한 담보책임을 진다는 의사표시를 거래당사자에게 하여야 한다.

③ 계약금등을 개업공인중개사 명의로 예치한 경우 거래당사자는 해당 부동산거래계약을 해제할 수 없다.

④ 개업공인중개사가 거래계약의 이행이 완료될 때까지 개업공인중개사 명의로 중도금만을 공제사업을 하는 자에게 예치할 것을 거래당사자에게 권고할 수는 없다.

⑤ 거래당사자는 계약금등을 예치하였더라도 거래계약에 대하여 해제등을 할 수 있다.

키워드 반환채무이행의 보장

해설 ① 계약금등을 예치한 경우 매도인·임대인 등 계약금등을 수령할 수 있는 권리가 있는 자는 금융기관 또는 보증보험회사가 발행하는 보증서를 계약금등의 예치명의자에게 교부하고 미리 수령할 수 있다.

② 계약금등의 예치금 권고를 위하여 개업공인중개사가 담보책임을 진다는 의사표시를 미리 거래당사자에게 할 의무를 지는 것은 아니다.

③ 계약금등을 개업공인중개사 명의로 예치한 경우라 하더라도 거래당사자는 해당 부동산거래계약을 해제할 수 있다.

④ 중도금만을 공제사업자에게 예치할 것을 거래당사자에게 권고할 수 있다.

15 계약금등의 반환채무이행의 보장에 관한 설명으로 틀린 것은?

① 개업공인중개사가 계약금등을 예치하도록 권고할 「공인중개사법」상의 의무는 없다.

② 개업공인중개사는 계약금등을 자기 명의로 예치하는 경우 계약금등의 반환채무이행보장에 소요되는 실비의 지급 등에 관하여도 거래당사자와 약정하여야 한다.

③ 개업공인중개사는 계약금등을 자기 명의로 예치하는 경우에는 예치한 계약금등의 반환채무이행을 보장하기 위하여 예치대상에 해당하는 금액을 보장하는 보증보험, 공제에 가입하거나 공탁을 하여야 한다.

④ 개업공인중개사는 거래당사자가 계약금등을 개업공인중개사 명의로 예치할 것을 의뢰하는 경우에는 계약이행의 완료 또는 계약해제로 인한 계약금등의 인출방법 등에 관하여 거래당사자와 약정하여야 한다.

⑤ 계약금등을 예치한 경우 매도인·임대인 등 계약금등을 수령할 수 있는 권리가 있는 자는 해당 계약을 해제한 때에 계약금등의 반환을 보장하는 내용의 금융기관 또는 보증보험회사가 발행하는 보증서를 개업공인중개사에게 교부하고 미리 수령할 수 있다.

키워드 반환채무이행의 보장

해설 계약금등을 예치한 경우 매도인·임대인 등 계약금등을 수령할 수 있는 권리가 있는 자는 해당 계약을 해제한 때에 계약금등의 반환을 보장하는 내용의 금융기관 또는 보증보험회사가 발행하는 보증서를 계약금등의 예치명의자에게 교부하고 미리 수령할 수 있다.

16 공인중개사법령상 계약금등의 반환채무이행의 보장에 관한 설명으로 옳게 연결된 것은?

① 예치기간 – 거래계약이 체결될 때까지

② 예치금 – 계약금만 가능

③ 예치명의자 – 개업공인중개사 및 거래당사자도 가능

④ 예치금을 매도인 등이 미리 수령하고자 하는 경우 제출할 보증서 발급기관 – 금융기관, 신탁업자

⑤ 예치기관 – 금융기관, 공제사업자, 신탁업자 외에 체신관서, 보험회사 등도 가능

키워드 반환채무이행의 보장

해설 ① 예치기간 – 거래계약의 이행이 완료될 때까지

② 예치금 – 계약금, 중도금, 잔금의 전부 또는 일부도 가능

③ 예치명의자 – 개업공인중개사, 은행, 공제사업자, 신탁업자, 체신관서, 보험회사, 계약금·중도금 또는 잔금 및 계약 관련 서류 관리업무를 수행하는 전문회사만 가능

④ 예치금을 매도인 등이 미리 수령하고자 하는 경우 제출할 보증서 발급기관 – 금융기관, 보증보험회사

정답 **15** ⑤ **16** ⑤

17 계약금등의 반환채무이행의 보장에 관한 설명으로 옳은 것은?

① 거래당사자는 개업공인중개사의 예치권고에 따라 계약금등을 금융기관 등에 예치하여야 한다.

② 매도인 등 계약금등을 수령할 수 있는 권리가 있는 자는 계약이행이 완료되기 전까지는 어떠한 경우에도 이를 미리 수령할 수 없다.

③ 계약금등을 개업공인중개사 명의로 금융기관 등에 예치하는 경우에 개업공인중개사는 자기 소유 예치금과 분리하지 아니하여도 된다.

④ 개업공인중개사는 거래의 안전을 보장하기 위해 계약이행이 완료될 때까지 거래당사자에게 계약금·중도금 또는 잔금('계약금등'이라 함)을 개업공인중개사 또는 대통령령으로 정하는 자의 명의로 금융기관 등에 예치할 수 있도록 거래당사자에게 권고하여야 한다.

⑤ 개업공인중개사는 거래당사자가 계약금등을 개업공인중개사 명의로 금융기관 등에 예치할 것을 의뢰하는 경우에는 계약이행의 완료 또는 계약해제 등의 사유로 인한 계약금등의 인출에 대한 방법 등과 예치관리에 소요되는 실비 등에 대하여 약정하여야 한다.

> **키워드** 반환채무이행의 보장
> **해설** ① 개업공인중개사가 계약금등의 예치권고를 한 경우에도 거래당사자는 계약금등을 예치해야 할 의무가 없다.
> ② 매도인·임대인 등은 해당 계약을 해제한 때 계약금등의 반환을 보장하는 내용의 금융기관 또는 보증보험회사가 발행하는 보증서를 계약금등의 예치명의자에게 교부하고 계약금등을 미리 수령할 수 있다.
> ③ 개업공인중개사는 자기 소유의 예치금과 분리하여 관리될 수 있도록 하여야 한다.
> ④ 권고하여야 한다. ⇨ 권고할 수 있다.

18 공인중개사법령상 계약금등의 반환채무이행의 보장에 관한 설명으로 옳은 것은?

① 공인중개사인 개업공인중개사가 자기 명의로 금융기관 등에 예치하는 경우 1억원 이상의 보증보험 또는 공제에 가입하거나 공탁을 하여야 한다.

② 「자본시장과 금융투자업에 관한 법률」에 따른 신탁업자는 계약금등의 예치명의자가 될 수 있다.

③ 개업공인중개사는 매수인·임차인이 요구하는 때에는 계약금등을 반드시 예치하여야 한다.

④ 개업공인중개사는 거래당사자가 계약금등을 자기 명의로 금융기관 등에 예치하는 경우에는 자기 소유의 예치금과 분리하여 관리될 수 있도록 할 수 있다.

⑤ 계약금등을 예치한 경우 매도인·임대인 등 계약금등을 수령할 수 있는 권리가 있는 자는 해당 계약을 해제한 때에 계약금등의 반환을 보장하는 내용의 금융기관 또는 보증보험회사가 발행하는 보증서를 계약금등의 예치기관에게 교부하고 계약금등을 미리 수령할 수 있다.

키워드 반환채무이행의 보장
해설 ① 공인중개사인 개업공인중개사가 자기 명의로 금융기관 등에 예치하는 경우 예치대상이 되는 계약금등에 해당하는 금액을 보장하는 보증보험 또는 공제에 가입하거나 공탁을 하여야 한다.
③ 예치하여야 한다. ⇨ 예치할 의무가 없다.
④ 할 수 있다. ⇨ 하여야 한다.
⑤ 예치기관에게 교부 ⇨ 예치명의자에게 교부

19 ⊕ 계약금등의 반환채무이행의 보장에 관한 설명으로 옳은 것은?

① 계약금등의 반환채무이행을 보장하기 위해 이를 금융기관에 예치하는 경우 개업공인중개사의 명의로는 할 수 없다.

② 개업공인중개사가 자기 명의로 계약금등을 예치하는 경우 예치금액에 해당하는 보증을 설정하지 아니하는 등 반환채무이행의 보장에 반하는 행위를 한 경우 중개사무소 개설등록을 취소할 수 있다.

③ 개업공인중개사는 거래의 안전을 보장하기 위하여 필요하다고 인정하는 경우 거래계약서의 작성이 완료될 때까지 계약금·중도금 또는 잔금을 예치하도록 권고해야 한다.

④ 법 제42조에 따라 공제사업을 하는 자도 예치기관이 될 수 있다.

⑤ 계약금등의 예치를 매수인이 개업공인중개사에게 요구한 경우 이를 거절할 수 없다.

키워드 반환채무이행의 보장
해설 ① 개업공인중개사의 명의로도 예치할 수 있다.
② 「공인중개사법」상 업무정지사유에 해당하는 내용 중 '그 밖에 이 법 또는 이 법에 의한 명령이나 처분을 위반한 경우'에 해당한다.
③ 개업공인중개사는 거래계약의 이행이 완료될 때까지 거래당사자에게 권고할 수 있다.
⑤ 개업공인중개사는 이를 거절할 수 있다.

08 중개보수

더 많은 기출문제를 풀고 싶다면?
단원별 기출문제집
[공인중개사법령 및 중개실무]
pp.141~151

5개년 출제빈도 분석표

28회	29회	30회	31회	32회
2	2		2	

빈출 키워드

☑ 중개보수
☑ 겸용주택
☑ 점유개정

대표기출 연습

01 乙이 개업공인중개사 甲에게 중개를 의뢰하여 거래계약이 체결된 경우 공인중개사법령상 중개보수에 관한 설명으로 <u>틀린</u> 것은? (다툼이 있으면 판례에 따름) •31회

① 甲의 고의와 과실 없이 乙의 사정으로 거래계약이 해제된 경우라도 甲은 중개보수를 받을 수 있다.

② 주택의 중개보수는 국토교통부령으로 정하는 범위 안에서 시·도의 조례로 정하고, 주택 외의 중개대상물의 중개보수는 국토교통부령으로 정한다.

③ 甲이 중개보수 산정에 관한 지방자치단체의 조례를 잘못 해석하여 법정한도를 초과한 중개보수를 받은 경우 「공인중개사법」 제33조의 금지행위에 해당하지 않는다.

④ 법정한도를 초과하는 甲과 乙의 중개보수 약정은 그 한도를 초과하는 범위 내에서 무효이다.

⑤ 중개보수의 지급시기는 甲과 乙의 약정이 없을 때에는 중개대상물의 거래대금 지급이 완료된 날이다.

키워드 중개보수   28회, 29회, 31회
교수님 TIP 중개보수 관련 내용을 학습하여야 합니다.

해설 판례에 의하면, 甲이 중개보수 산정에 관한 지방자치단체의 조례를 잘못 해석하여 법정한도를 초과한 중개보수를 받은 경우 「공인중개사법」 제33조의 금지행위에 해당한다(대판 2005.5.27, 2004도62).

정답 ③

02 A시에 중개사무소를 둔 개업공인중개사 甲은 B시에 소재하는 乙 소유의 건축물(그 중 주택의 면적은 3분의 1임)에 대하여 乙과 丙 사이의 매매계약과 동시에 乙을 임차인으로 하는 임대차계약을 중개하였다. 이 경우 甲이 받을 수 있는 중개보수에 관한 설명으로 옳은 것을 모두 고른 것은?

• 31회

> ㉠ 甲은 乙과 丙으로부터 각각 중개보수를 받을 수 있다.
> ㉡ 甲은 B시가 속한 시·도의 조례에서 정한 기준에 따라 중개보수를 받아야 한다.
> ㉢ 중개보수를 정하기 위한 거래금액의 계산은 매매계약에 관한 거래금액만을 적용한다.
> ㉣ 주택의 중개에 대한 보수규정을 적용한다.

① ㉢

② ㉠, ㉢

③ ㉡, ㉣

④ ㉠, ㉡, ㉢

⑤ ㉠, ㉡, ㉣

키워드 중개보수 계산   28회, 29회, 31회

교수님 TIP 중개보수 계산 관련 내용을 학습하여야 합니다.

해설 ㉡ 주택의 면적이 3분의 1인 건축물은 주택 이외의 중개대상물에 해당한다. 따라서 甲은 거래금액의 1천분의 9 이내에서 협의로 중개보수를 받아야 한다.
㉣ 주택 이외의 중개대상물의 중개에 관한 보수규정을 적용한다.

정답 ②

01 중개보수에 관한 설명으로 <u>틀린</u> 것은?

① 중개보수는 개업공인중개사가 거래당사자 간에 부동산에 관한 거래계약을 체결시킨 것에 대한 반대급부로서의 대가이다.

② 개업공인중개사는 소정의 중개보수 이외에 「부가가치세법」 규정에 따라 부가가치세를 별도로 받을 수 있다.

③ 개업공인중개사가 거래계약서를 작성하지 못한 경우 계약 체결에 있어 중개행위가 거래성립에 결정적인 기여를 하였다는 사실만으로 중개보수를 청구할 수 없다.

④ 개업공인중개사의 고의 또는 과실로 인하여 그 거래계약이 무효·취소 또는 해제된 경우 중개보수청구권은 소멸한다.

⑤ 판례에 의하면, 영업용 건물의 영업시설, 비품 등 유형물이나 거래처, 신용, 영업상의 노하우 또는 점포위치에 따른 영업상의 이점 등 무형의 재산적 가치의 양도는 중개행위에 포함되지 않는다고 한다.

> **키워드** 중개보수
>
> **해설** 개업공인중개사가 거래계약서를 작성하지 못하였다고 하더라도 계약 체결에 있어 중개행위가 거래성립에 결정적인 기여를 하였다는 사실을 인정할 수 있다면 중개보수청구가 가능하다.

02 개업공인중개사의 중개보수 및 실비에 관한 설명으로 옳은 것은?

① 중개보수는 거래금액에 중개보수요율을 곱하여 산출된 금액을 거래당사자로부터 균분하여 받는다.

② 개업공인중개사의 고의 또는 과실로 인하여 거래계약이 무효·취소 또는 해제된 경우에도 중개보수청구권은 인정된다.

③ 중개보수에 관하여 약정을 하지 않은 경우 중개보수청구권이 발생하지 않는다는 것이 판례의 입장이다.

④ 상가건물의 분양대행에 대한 중개보수는 법정중개보수의 제한을 받는다.

⑤ 개업공인중개사는 중개보수 외에 실비를 받을 수 있다. 이 경우 중개대상물의 확인·설명에 소요된 비용은 매도인 등 권리이전 중개의뢰인으로부터, 계약금등의 반환채무이행의 보장에 소요되는 비용은 매수인 등 권리취득 중개의뢰인으로부터 받을 수 있다.

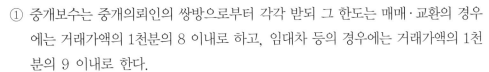

키워드 중개보수

해설 ① 중개보수는 거래당사자로부터 각각 받는다.

② 개업공인중개사의 고의 또는 과실로 인하여 거래계약이 무효·취소 또는 해제된 경우 중개보수청구권은 소멸한다.

③ 판례에 의하면, 중개보수에 관하여 약정하지 않아도 「상법」상 상인의 지위를 가지는 것이므로 중개보수청구권은 발생한다고 한다.

④ 분양대행은 중개가 아니므로 법정중개보수의 제한을 받지 않는다.

03 주택의 중개보수에 관한 설명으로 옳은 것은?

① 중개보수는 중개의뢰인의 쌍방으로부터 각각 받되 그 한도는 매매·교환의 경우에는 거래가액의 1천분의 8 이내로 하고, 임대차 등의 경우에는 거래가액의 1천분의 9 이내로 한다.

② 개업공인중개사는 소정의 중개보수 이외에 「부가가치세법」의 규정에 따라 부가가치세를 별도로 받을 수 있다.

③ 경기도 구리시에 분사무소가 있는 중개법인의 중개대상물인 일반주택이 서울특별시에 있고, 주된 사무소의 소재지가 대전광역시에 있는 경우 분사무소에서 중개를 완성하였다면 대전광역시의 조례로 정한 기준에 따라 중개보수 및 실비를 받아야 한다.

④ 주택의 부속토지는 주택 외의 중개보수에 관한 규정을 적용한다.

⑤ 상가의 중개보수는 중개의뢰인 쌍방으로부터 각각 받되, 그 쌍방으로부터 합산하여 받을 수 있는 중개보수의 한도는 거래금액의 1천분의 9 이내이다.

키워드 중개보수

해설 ① 주택의 중개에 대한 보수는 중개의뢰인 쌍방으로부터 각각 받되, 그 일방으로부터 받을 수 있는 한도는 시행규칙 별표 1과 같으며, 그 금액은 시·도의 조례로 정하는 요율한도 이내에서 중개의뢰인과 개업공인중개사가 서로 협의하여 결정한다.

③ 경기도의 조례로 정한 기준에 따라 중개보수 및 실비를 받아야 한다.

④ 주택의 부속토지는 주택의 중개보수규정에 의하여 받으면 된다. 따라서 별도의 토지 중개보수 계산규정을 적용하지 않는다.

⑤ 1천분의 9 이내 ⇨ 1천분의 18 이내

정답 01 ③ 02 ⑤ 03 ②

04 공인중개사법령상 보수에 관한 설명으로 **틀린** 것은?

① 주택의 중개에 대한 중개보수는 국토교통부령으로 정하는 범위 안에서 특별시·광역시·도 또는 특별자치도의 조례로 정한다.

② 주택의 중개에 대한 중개보수에 관하여 필요한 사항은 국토교통부령이 정하는 범위 안에서 시·도의 조례로 정한다.

③ 주택 외의 중개대상물에 대한 중개보수는 국토교통부령으로 정한다.

④ 주택인 중개대상물의 소재지와 사무소의 소재지가 다른 경우에는 중개대상물의 소재지를 관할하는 시·도의 조례로 정한 기준에 따라 중개보수 및 실비를 받아야 한다.

⑤ 건축물 중 주택의 면적이 2분의 1 이상인 경우에는 주택의 중개에 대한 중개보수의 요율을 적용하고, 주택의 면적이 2분의 1 미만인 경우에는 주택 외의 중개에 대한 중개보수의 요율을 적용한다.

> **키워드** 중개보수
> **해설** 중개대상물의 소재지와 사무소의 소재지가 다른 경우에는 개업공인중개사의 사무소 소재지를 관할하는 시·도의 조례로 정한 기준에 따라 중개보수 및 실비를 받아야 한다.

05 부동산 중개보수에 관한 설명으로 **틀린** 것은?

① 주거용 오피스텔의 경우 매매·교환의 경우 0.5%, 임대차 등의 경우 0.4%의 요율 범위에서 중개보수를 결정한다.

② 사무용 오피스텔의 경우 거래의 종별에 관계없이 0.9% 이내에서 협의로 중개보수를 정한다.

③ 교환일 경우 그중 거래금액이 큰 중개대상물의 가액을 거래금액으로 한다.

④ 동일한 중개대상물에 대하여 동일 당사자 간에 매매를 포함한 둘 이상의 거래가 동일 기회에 이루어지는 경우에는 매매계약에 관한 거래금액만을 적용한다.

⑤ 분사무소에서 주택을 중개한 경우 주된 사무소의 소재지와 분사무소의 소재지가 다른 경우에는 주된 사무소의 소재지를 관할하는 시·도의 조례에서 정한 기준에 따른다.

> **키워드** 중개보수
> **해설** 분사무소에서 주택을 중개한 경우 주된 사무소의 소재지와 분사무소의 소재지가 다른 경우에는 분사무소의 소재지를 관할하는 시·도의 조례에서 정한 기준에 따른다.

06 공인중개사법령상 중개보수에 관한 설명으로 옳은 것은?

① 상가건물의 임대차에 대한 중개보수는 중개의뢰인 쌍방으로부터 각각 받되, 그 일방으로부터 받을 수 있는 범위는 거래금액의 1천분의 8 이내에서 정한다.

② 개업공인중개사는 중개대상물의 권리관계 등 확인에 소요되는 실비를 매수·임차 그 밖의 권리를 취득하고자 하는 중개의뢰인에게 청구할 수 있다.

③ 중개보수의 지급시기는 개업공인중개사와 중개의뢰인 간의 약정에 의하되, 약정이 없는 경우 중개대상물의 거래대금 지급이 완료된 날로 한다.

④ 개업공인중개사는 계약금등의 반환채무이행보장에 소요되는 실비를 매도·임대 그 밖의 권리를 이전하고자 하는 중개의뢰인에게 영수증을 첨부하여 청구할 수 있다.

⑤ 토지의 중개보수는 중개의뢰인 쌍방으로부터 각각 받되, 그 일방으로부터 받을 수 있는 한도는 매매·교환의 경우에는 거래금액의 1천분의 9 이내로 하고, 임대차 등의 경우에는 거래금액의 1천분의 8 이내로 한다.

키워드 중개보수

해설
① 주택 외의 중개대상물(상가 등)에 대한 중개보수는 중개유형과 관계없이 거래금액의 1천분의 9 이내에서 협의하여 결정한다.
② 개업공인중개사는 중개대상물의 권리관계 등 확인에 소요되는 실비를 매도·임대 그 밖의 권리를 이전하고자 하는 중개의뢰인에게 청구할 수 있다.
④ 개업공인중개사는 계약금등의 반환채무이행보장에 소요되는 실비를 매수·임차 그 밖의 권리를 취득하고자 하는 중개의뢰인에게 청구할 수 있다.
⑤ 토지의 중개보수는 중개의뢰인 쌍방으로부터 각각 받되, 그 일방으로부터 받을 수 있는 한도는 매매·교환·임대차 등 거래유형과 관계 없이 거래금액의 1천분의 9 이내에서 중개의뢰인과 개업공인중개사가 서로 협의하여 결정한다(규칙 제20조 제4항 제2호).

공인중개사법령상 중개보수에 관한 설명으로 옳은 것은?

① 아파트 분양권의 전매를 중개하는 경우 중개보수는 분양금액에 프리미엄을 합산한 금액을 거래금액으로 적용한다.

② 동일한 중개대상물에 대하여 동일한 당사자 간에 매매를 포함한 둘 이상의 거래가 동일 기회에 이루어지는 경우에는 둘 이상의 거래금액의 합산액을 거래금액으로 적용한다.

③ 교환을 중개하는 경우에는 교환대상 중개대상물 중 낮은 금액을 거래금액으로 적용한다.

④ 건축물 중 주택의 면적이 2분의 1인 경우, 주택 외의 중개보수 요율을 적용한다.

⑤ 중개대상물이 건축물로서 주거용과 업무용으로 겸하고 있으며 주택의 면적이 2분의 1인 경우에는 주택의 중개보수규정을 적용한다.

키워드 중개보수

해설 ① 이미 납입한 금액(계약금, 중도금 등)에 프리미엄을 합산한 금액을 거래금액으로 적용한다.
② 매매금액만을 거래금액으로 적용한다.
③ 교환대상 중개대상물 중 큰 금액을 거래금액으로 적용한다.
④ 건축물 중 주택의 면적이 2분의 1인 경우, 주택의 중개보수 요율을 적용한다.

개업공인중개사가 다음과 같은 상가임대차 중개를 완성한 경우 중개의뢰인들로부터 받을 수 있는 중개보수 총액은?

- 임차보증금 : 2천9백만원, 월세 : 30만원, 권리금 : 1천만원
- 계약기간 : 1년(12개월), 중개보수 약정(임대인과 1천분의 10, 임차인과 1천분의 9)

① 531,000원 ② 1,062,000원

③ 590,000원 ④ 1,121,000원

⑤ 1,380,000원

키워드 중개보수 계산

해설 권리금은 거래금액에 포함하지 아니한다. 이 경우 거래금액은 2천9백만원 + (30만원 × 100) = 5천9백만원이고, 중개보수는 1천분의 9 범위 안에서 협의하여 결정하는데, 법정요율을 초과하는 범위는 무효이므로 중개보수 요율은 1천분의 9를 적용한다. 따라서 5천9백만원 × 0.9% = 531,000원, 거래당사자로부터 각각 531,000원을 받을 수 있으므로 총 1,062,000원을 받을 수 있다.

09 주택임대차를 중개한 개업공인중개사가 중개의뢰인들로부터 받을 수 있는 중개보수 총액은?

中

- 보증금 : 1천만원, 월차임 : 30만원
- 임대차기간 : 2년
- 거래금액 : 5천만원 미만, 요율 : 0.6%, 한도액 : 25만원

① 20만원 　　　　　　　　　　② 60만원

③ 80만원 　　　　　　　　　　④ 40만원

⑤ 37만 2천원

키워드 중개보수 계산

해설 거래금액은 1천만원 + (30만원 × 100) = 4천만원이다. 하지만 이와 같이 산정한 금액이 5천만원 미만이므로 거래금액은 1천만원 + (30만원 × 70) = 3천1백만원이다. 따라서 3천1백만원 × 0.6% = 18만 6천원, 거래당사자로부터 각각 18만 6천원을 받을 수 있으므로 총 37만 2천원을 받을 수 있다.

정답 　07 ⑤　08 ②　09 ⑤

10 다음 중 개업공인중개사가 상가건물에 대한 임대차계약을 중개한 경우에 개업공인중개사가 임차인으로부터 받을 수 있는 중개보수 금액은? (단, 계약조건은 권리금은 5천만원, 보증금 1억원에 월세 100만원으로 계약기간은 2년간으로 하였고, 임대인과는 0.9%를, 임차인과는 0.5%를 약정함)

① 100만원   ② 200만원
③ 280만원   ④ 320만원
⑤ 520만원

키워드 중개보수 계산
해설 거래금액은 1억원 + (100만원 × 100) = 2억원이므로, 2억원 × 0.5% = 100만원이다.

11 개업공인중개사가 매매가 1억원인 A주택에 대하여 매도인 甲과 매수인 乙 간의 매매계약체결을 중개하고 동시에 이 주택에 대하여 乙과 甲 간에 보증금 1천만원에 월차임 30만원에 대한 임대차계약 체결을 중개하였다. 개업공인중개사가 乙로부터 받을 수 있는 중개보수는 얼마인가? (단, 매매의 경우 거래가액 5천만원 이상 2억원 미만인 경우 요율 1천분의 5, 한도액 80만원임)

① 15만 5천원   ② 25만원
③ 50만원   ④ 80만원
⑤ 100만원

키워드 중개보수 계산
해설 매매계약에 관한 거래가액만을 적용하여 중개보수를 산정하여야 한다. 이 경우 거래가액은 1억원이다. 따라서 1억원 × 0.5% = 50만원이고, 乙로부터 받을 수 있는 중개보수는 50만원이다.

12 보증금 1억원과 권리금 1억원에 월세 200만원, 임대차기간 1년으로 상가건물의 임대차를 중개한 경우, 개업공인중개사가 받을 수 있는 중개보수 총액은 얼마인가? (단, 중개보수에 대하여는 개업공인중개사와 임차중개의뢰인이 1천분의 7, 임대중개의뢰인과 1천분의 9로 약정함)

① 210만원　　　　　　　　　② 270만원

③ 280만원　　　　　　　　　④ 480만원

⑤ 640만원

키워드 중개보수 계산

해설 거래금액은 1억원 + (200만원 × 100) = 3억원이다.
- 임차인으로부터 받을 수 있는 금액 : 3억원 × 0.7% = 210만원
- 임대인으로부터 받을 수 있는 금액 : 3억원 × 0.9% = 270만원
따라서 총 480만원을 받을 수 있다.

13 임차인 甲은 개업공인중개사 丙을 통하여 임대인 乙과 다음과 같은 조건으로 85m² 이하의 주거용 오피스텔을 임차하였다. 甲이 丙에게 지불하여야 할 최대 중개보수는?

> 1. 임차조건 : 보증금 5천만원, 월세 100만원, 계약기간 2년
> 2. 주택에 대한 임대차 등의 중개보수 요율
>   - 5천만원 이상 1억원 미만 : 0.4%(한도액 : 30만원)
>   - 1억원 이상 6억원 미만 : 0.3%(한도액 : 없음)

① 450,000원　　　　　　　② 600,000원

③ 850,000원　　　　　　　④ 900,000원

⑤ 1,200,000원

키워드 중개보수 계산

해설 월세가 있는 임대차는 보증금액 + (월세액 × 100)으로 합산한 금액을 거래가액으로 산정한다. 거래금액은 5천만원 + (100만원 × 100) = 1억 5천만원이다. 이 경우 주거용 오피스텔의 임대차 등의 요율은 0.4%이므로 0.4%를 곱하면 된다.
따라서 1억 5천만원 × 0.4% = 60만원이다.

정답 10 ① 11 ③ 12 ④ 13 ②

14 주택임대차 중개에서 개업공인중개사 甲이 임차인 乙에게 받을 수 있는 중개보수의 최고한도액은?

> 보증금 : 3천만원, 월세 : 30만원, 계약기간 : 2년 6개월(30개월)
> 〈시·도 중개보수 조례내용〉 일반주택 임대차의 경우
> • 거래가액 5천만원 미만 : 요율 0.6%(한도액 20만원)
> • 거래가액 5천만원 이상 2억원 미만 : 요율 0.5%(한도액 30만원)

① 120,000원　　　　　　　　　② 195,000원
③ 200,000원　　　　　　　　　④ 240,000원
⑤ 300,000원

키워드 중개보수 계산
해설 거래금액은 3천만원 + (30만원 × 100) = 6천만원이다.
따라서 6천만원 × 0.5% = 30만원이므로, 甲이 임차인 乙 일방에게 받을 수 있는 중개보수는 30만원이다.

15 A는 분양금액 3억원인 아파트를 분양받아 계약금 3천만원, 1차 중도금 3천만원을 납부하였다. 그런데 이 아파트에 3천만원의 프리미엄이 붙어 A는 B에게 분양권을 전매하였다. 만약 개업공인중개사가 이 분양권매매를 중개하였다면 받을 수 있는 중개보수 총액은 얼마인가? (단, 거래가액 5천만원 이상 2억원 미만인 경우 요율 0.5%, 한도액 80만원이며, 거래가액 2억원 이상 9억원 미만인 경우 요율 0.4%, 한도액은 없는 것으로 간주함)

① 1,000,000원　　　　　　　　② 1,600,000원
③ 900,000원　　　　　　　　　④ 1,200,000원
⑤ 400,000원

키워드 중개보수 계산
해설 거래금액은 6천만원(= 계약금 3천만원 + 1차 중도금 3천만원) + 3천만원(프리미엄) = 9천만원이다. 따라서 9천만원 × 0.5% = 45만원이므로, 총 90만원이다.

16 개업공인중개사 甲이 보증금 2천만원에 월세 20만원인 단독주택 방 2칸에 대하여 주택소유자 乙과 주택임차인 丙과의 2년간 임대차계약을 알선한 경우 개업공인중개사가 받을 수 있는 중개보수 총액은? (조례에 의하면 전세나 임대차인 경우 거래가액 5천만원 미만에 대한 중개보수 요율은 0.6% 이내이며, 한도액은 25만원임)

① 17만원   ② 20만원
③ 40만 8천원   ④ 40만원
⑤ 80만원

키워드 중개보수 계산

해설 2천만원 + (20만원 × 100) = 4천만원이지만, 이와 같은 방법으로 산정한 금액이 5천만원 미만이므로 100을 70으로 적용한다.
따라서 거래금액은 2천만원 + (20만원 × 70) = 3천4백만원이며, 3천4백만원 × 0.6% = 20만 4천원이다. 거래당사자로부터 20만 4천원을 각각 받을 수 있으므로 총 40만 8천원을 받을 수 있다.

17 개업공인중개사 甲이 아파트를 매도인 A와 매수인 B가 2억원에 매매계약 체결을 하도록 알선하고 그 건물을 매수인 B가 C에게 다시 1억 5천만원에 전세계약을 체결하도록 알선한 경우 개업공인중개사 甲이 받을 수 있는 금액은? (시·도 조례에 따르면 매매 : 2억원 이상 9억원 미만 요율 0.4%, 임대차 등 : 1억원 이상 6억원 미만 요율 0.3%)

① 80만원   ② 90만원
③ 125만원   ④ 160만원
⑤ 250만원

키워드 중개보수 계산

해설 매매계약과 전세계약의 당사자가 다르므로 매매계약에 대한 중개보수와 전세계약에 대한 중개보수를 각각 받을 수 있다.
- 매매계약에 대한 중개보수 : 2억원 × 0.4% = 80만원을 A, B로부터 각각 받는다.
- 전세계약에 대한 중개보수 : 1억 5천만원 × 0.3% = 45만원을 B, C로부터 각각 받는다.
- 개업공인중개사가 받을 수 있는 금액 : A로부터 80만원, B로부터 80만원 + 45만원 = 125만원, C로부터 45만원이므로 개업공인중개사가 받을 수 있는 총액은 250만원이다.

18 공인중개사법령상 일방으로부터 받을 수 있는 중개보수의 한도 및 거래금액의 계산 등에 관한 설명으로 **틀린** 것은? (다툼이 있으면 판례에 따름) • 29회 수정

① 주택의 임대차에 대한 중개보수는 국토교통부령으로 정하는 범위 안에서 시·도 조례로 정한다.

② 아파트 분양권의 매매를 중개한 경우 당사자가 거래 당시 수수하게 되는 총 대금(통상적으로 계약금, 기납부한 중도금, 프리미엄을 합한 금액)을 거래가액으로 보아야 한다.

③ 교환계약의 경우 거래금액은 교환대상 중개대상물 중 거래금액이 큰 중개대상물의 가액으로 한다.

④ 중개대상물인 건축물 중 주택의 면적이 2분의 1 이상인 건축물은 주택의 중개보수 규정을 적용한다.

⑤ 전용면적이 85제곱미터 이하이고, 상·하수도 시설이 갖추어진 전용입식 부엌, 전용수세식 화장실 및 목욕시설을 갖춘 오피스텔의 임대차에 대한 중개보수의 상한요율은 거래금액의 1천분의 5이다.

키워드 중개보수
해설 전용면적이 85제곱미터 이하이고, 상·하수도 시설이 갖추어진 전용입식 부엌, 전용수세식 화장실 및 목욕시설을 갖춘 오피스텔의 임대차에 대한 중개보수의 상한요율은 거래금액의 1천분의 4이다.

19 공인중개사법령상 개업공인중개사의 중개보수 등에 관한 설명으로 **틀린** 것은? • 29회

① 중개대상물의 권리관계 등의 확인에 소요되는 실비를 받을 수 있다.

② 다른 약정이 없는 경우 중개보수의 지급시기는 중개대상물의 거래대금 지급이 완료된 날로 한다.

③ 주택 외의 중개대상물에 대한 중개보수는 국토교통부령으로 정하고, 중개의뢰인 쌍방에게 각각 받는다.

④ 개업공인중개사의 고의 또는 과실로 중개의뢰인 간의 거래행위가 해제된 경우 중개보수를 받을 수 없다.

⑤ 중개대상물인 주택 소재지와 중개사무소 소재지가 다른 경우 주택 소재지를 관할하는 시·도 조례에서 정한 기준에 따라 중개보수를 받아야 한다.

키워드 중개보수
해설 중개대상물인 주택 소재지와 중개사무소 소재지가 다른 경우 중개사무소 소재지를 관할하는 시·도 조례에서 정한 기준에 따라 중개보수를 받아야 한다.

20 공인중개사법령상 중개보수의 한도와 계산 등에 관한 설명으로 **틀린** 것은? (다툼이 있으면 판례에 따름) · 28회

① 중도금의 일부만 납부된 아파트 분양권의 매매를 중개하는 경우, 중개보수는 총분양대금과 프리미엄을 합산한 금액을 거래금액으로 하여 계산한다.

② 교환계약의 경우, 중개보수는 교환대상 중개대상물 중 거래금액이 큰 중개대상물의 가액을 거래금액으로 하여 계산한다.

③ 동일한 중개대상물에 대하여 동일 당사자 간에 매매를 포함한 둘 이상의 거래가 동일 기회에 이루어지는 경우, 중개보수는 매매계약에 관한 거래금액만을 적용하여 계산한다.

④ 주택의 임대차를 중개하는 경우, 중개보수는 국토교통부령으로 정하는 범위 안에서 시·도 조례로 정한다.

⑤ 중개대상물인 건축물 중 주택의 면적이 2분의 1 미만인 경우, 주택 외의 중개대상물에 대한 중개보수 규정을 적용한다.

키워드 분양권 전매규정
해설 중도금의 일부만 납부된 아파트 분양권의 매매를 중개하는 경우, 중개보수는 총분양대금에 프리미엄을 합산한 금액을 기준으로 하는 것이 아니라 이미 납입한 금액에 프리미엄을 합산한 금액을 거래금액으로 한다.

21 공인중개사법령상 중개보수 등에 관한 설명으로 옳은 것은? (다툼이 있으면 판례에 따름)

• 28회

① 개업공인중개사와 중개의뢰인 간의 약정이 없는 경우, 중개보수의 지급시기는 거래계약이 체결된 날로 한다.

② 공인중개사법령에서 정한 한도를 초과하는 중개보수 약정은 그 한도를 초과하는 범위 내에서 무효이다.

③ 주택 외의 중개대상물의 중개보수의 한도는 시·도의 조례로 정한다.

④ 개업공인중개사는 계약금등의 반환채무이행보장을 위해 실비가 소요되더라도 보수 이외에 실비를 받을 수 없다.

⑤ 주택인 중개대상물 소재지와 중개사무소 소재지가 다른 경우, 개업공인중개사는 중개대상물 소재지를 관할하는 시·도의 조례에서 정한 기준에 따라 중개보수를 받아야 한다.

키워드 중개보수

해설 ① 개업공인중개사와 중개의뢰인 간의 약정이 없는 경우, 중개보수의 지급시기는 중개대상물의 거래대금 지급이 완료된 날로 한다.

③ 주택 외의 중개대상물의 중개보수의 한도는 국토교통부령으로 정한다.

④ 개업공인중개사는 계약금등의 반환채무이행보장을 위해 실비가 소요된 경우 영수증 등을 첨부하여 매수·임차 그 밖의 권리를 취득하고자 하는 중개의뢰인에게 청구할 수 있다.

⑤ 주택인 중개대상물 소재지와 중개사무소 소재지가 다른 경우, 개업공인중개사는 중개사무소 소재지를 관할하는 시·도의 조례에서 정한 기준에 따라 중개보수를 받아야 한다.

22 개업공인중개사 甲이 乙의 일반주택을 6천만원에 매매를 중개한 경우와 甲이 위 주택을 보증금 1천5백만원, 월차임 30만원, 계약기간 2년으로 임대차를 중개한 경우를 비교했을 때, 甲이 乙에게 받을 수 있는 중개보수 최고한도액의 차이는? • 27회

〈중개보수 상한요율〉
1. 매매 : 거래금액 5천만원 이상 2억원 미만은 0.5%
2. 임대차 : 거래금액 5천만원 미만은 0.5%, 5천만원 이상 1억원 미만은 0.4%

① 0원
② 75,000원
③ 120,000원
④ 180,000원
⑤ 225,000원

키워드 중개보수 계산
해설 • 매매에 관한 중개보수 : 6천만원 × 0.5% = 30만원
• 임대차에 관한 중개보수 : 1천5백만원 + (30만원 × 70) = 3천6백만원이고,
3천6백만원 × 0.5% = 18만원이다.
따라서 30만원에서 18만원을 빼면 12만원이다.

정답 **21** ② **22** ③

23 공인중개사법령상 중개보수에 관한 설명으로 **틀린** 것은? (다툼이 있으면 판례에 따름)

• 26회 수정

① 공인중개사자격이 없는 자가 중개사무소 개설등록을 하지 아니한 채 부동산중개업을 하면서 거래당사자와 체결한 중개보수 지급약정은 무효이다.

② 개업공인중개사와 중개의뢰인 간에 중개보수의 지급시기 약정이 없을 때는 중개대상물의 거래대금 지급이 완료된 날로 한다.

③ 주택(부속토지 포함) 외의 중개대상물의 중개에 대한 보수는 국토교통부령으로 정한다.

④ 주택(부속토지 포함)의 중개에 대한 보수는 중개의뢰인 쌍방으로부터 각각 받되, 국토교통부령으로 정하는 범위 안에서 시·도 조례로 정한다.

⑤ 주택인 중개대상물의 소재지와 중개사무소의 소재지가 다른 경우 개업공인중개사는 중개대상물의 소재지를 관할하는 시·도의 조례에 따라 중개보수를 받아야 한다.

키워드 중개보수 시·도 조례
해설 주택인 중개대상물의 소재지와 중개사무소의 소재지가 다른 경우 개업공인중개사는 중개사무소의 소재지를 관할하는 시·도의 조례에 따라 중개보수를 받아야 한다.

24 甲은 개업공인중개사 丙에게 중개를 의뢰하여 乙 소유의 전용면적 70m² 오피스텔을 보증금 2천만원, 월차임 25만원에 임대차계약을 체결하였다. 이 경우 丙이 甲으로부터 받을 수 있는 중개보수의 최고한도액은? (임차한 오피스텔은 건축법령상 업무시설로 상·하수도 시설이 갖추어진 전용입식 부엌, 전용수세식 화장실 및 목욕시설을 갖춤)

• 26회

① 150,000원　　　　　　　② 180,000원
③ 187,500원　　　　　　　④ 225,000원
⑤ 337,500원

키워드 중개보수 계산
해설 주거용 오피스텔의 임대차 관련 중개보수를 계산하는 문제이다. 거래가액은 보증금 2천만원 + (월차임 25만원 × 70) = 3,750만원이다. 이 경우 3,750만원에 주거용 오피스텔의 중개보수 최고한도는 0.4%이므로 3,750만원 × 0.4% = 15만원이다.

25 개업공인중개사가 X시에 소재하는 주택의 면적이 3분의 1인 건축물에 대하여 매매와
임대차계약을 동시에 중개하였다. 개업공인중개사가 甲으로부터 받을 수 있는 중개보
수의 최고한도액은?
• 25회 수정

〈계약조건〉

1. 계약당사자 : 甲(매도인, 임차인)과 乙(매수인, 임대인)
2. 매매계약
   ㉠ 매매대금 : 1억원
   ㉡ 매매계약서에 대하여 합의된 중개보수 : 100만원
3. 임대차계약
   ㉠ 임대보증금 : 3천만원
   ㉡ 월차임 : 30만원
   ㉢ 임대기간 : 2년

〈X시 중개보수 조례기준〉

1. 매매대금 5천만원 이상 2억원 미만 : 상한요율 0.5%(한도액 80만원)
2. 보증금액 5천만원 이상 1억원 미만 : 상한요율 0.4%(한도액 30만원)

---

① 50만원 ② 74만원

③ 90만원 ④ 100만원

⑤ 124만원

키워드 주택 외의 중개대상물 중개보수 계산

해설 주택의 면적이 3분의 1이므로 이 건물은 주택 이외의 중개대상물로 중개보수를 계산
하여야 한다. 따라서 0.9% 이내에서 협의로 정하면 된다. 하지만 문제에서 최고한도
액을 묻고 있으므로 0.9%를 받으면 된다. 주의할 점은 점유개정의 경우이므로 매매의
경우만 받아야 하며, 합의된 중개보수가 100만원이지만 최대로 받을 수 있는 중개보
수가 90만원이므로 초과된 10만원은 청구할 수 없다는 점이다. 그러므로 甲으로부터
받을 수 있는 중개보수는 90만원이다.

꿈을 끝까지 추구할 용기가 있다면
우리의 꿈은 모두 실현될 수 있다.

– 월트 디즈니(Walt Disney)

공인중개사협회 및 교육·보칙·신고센터 등

더 많은 기출문제를 풀고 싶다면?
단원별 기출문제집
[공인중개사법령 및 중개실무]
pp.152~168

5개년 출제빈도 분석표

28회	29회	30회	31회	32회
2	2	5	1	2

빈출 키워드

☑ 공인중개사협회   ☑ 행정수수료
☑ 포상금   ☑ 신고센터

대표기출   연습

01 공인중개사법령상 공인중개사협회(이하 '협회'라 함)에 관한 설명으로 **틀린** 것은?

• 32회

① 협회는 시·도지사로부터 위탁을 받아 실무교육에 관한 업무를 할 수 있다.

② 협회는 공제사업을 하는 경우 책임준비금을 다른 용도로 사용하려면 국토교통부장관의 승인을 얻어야 한다.

③ 협회는 「공인중개사법」에 따른 협회의 설립목적을 달성하기 위한 경우에도 부동산 정보제공에 관한 업무를 수행할 수 없다.

④ 협회에 관하여 「공인중개사법」에 규정된 것 외에는 「민법」 중 사단법인에 관한 규정을 적용한다.

⑤ 협회는 공제사업을 다른 회계와 구분하여 별노의 회계로 관리해야 한다.

키워드 공인중개사협회   30회, 32회
교수님 TIP 공인중개사협회의 내용 및 업무에 관해 학습하여야 합니다.

해설 협회는 협회의 설립목적을 달성하기 위하여 다음의 업무를 수행할 수 있다(영 제31조).

1. 회원의 품위유지를 위한 업무
2. 부동산중개제도의 연구·개선에 관한 업무
3. 회원의 자질향상을 위한 지도 및 교육·연수에 관한 업무
4. 회원의 윤리헌장 제정 및 그 실천에 관한 업무
5. 부동산 정보제공에 관한 업무

6. 법 제42조의 규정에 따른 공제사업. 이 경우 공제사업은 비영리사업으로서 회원 간의 상호부조를 목적으로 한다.

7. 그 밖에 협회의 설립목적 달성을 위하여 필요한 업무

정답 ③

02 공인중개사법령상 개업공인중개사등의 교육에 관한 설명으로 옳은 것은? (단, 다른 법률의 규정은 고려하지 않음) •31회

① 중개사무소 개설등록을 신청하려는 법인의 공인중개사가 아닌 사원은 실무교육 대상이 아니다.

② 개업공인중개사가 되려는 자의 실무교육시간은 26시간 이상 32시간 이하이다.

③ 중개보조원이 받는 실무교육에는 부동산 중개 관련 법·제도의 변경사항이 포함된다.

④ 국토교통부장관, 시·도지사, 등록관청은 개업공인중개사등에 대한 부동산거래사고 예방 등의 교육을 위하여 교육 관련 연구에 필요한 비용을 지원할 수 있다.

⑤ 소속공인중개사는 2년마다 국토교통부장관이 실시하는 연수교육을 받아야 한다.

키워드 교육 28회, 29회, 31회
교수님 TIP 교육의 내용에 관해 학습하여야 합니다.

해설 ① 중개사무소 개설등록을 신청하려는 법인의 공인중개사가 아닌 사원도 실무교육 대상이다. 법인의 등록기준으로 대표자, 임원 또는 사원 전원 및 분사무소의 책임자는 실무교육을 받아야 한다.

② 개업공인중개사가 되려는 자의 실무교육시간은 28시간 이상 32시간 이하이다.

③ 중개보조원이 받는 교육은 직무교육이며, 교육내용에는 중개보조원의 직무수행에 필요한 직업윤리 등이 포함된다.

⑤ 소속공인중개사는 2년마다 시·도지사가 실시하는 연수교육을 받아야 한다.

정답 ④

03 공인중개사법령상 포상금을 지급받을 수 있는 신고 또는 고발의 대상이 <u>아닌</u> 것은?

• 32회

① 중개사무소의 개설등록을 하지 않고 중개업을 한 자
② 부정한 방법으로 중개사무소의 개설등록을 한 자
③ 공인중개사자격증을 다른 사람으로부터 양수받은 자
④ 개업공인중개사로서 부당한 이익을 얻을 목적으로 거짓으로 거래가 완료된 것처럼 꾸미는 등 중개대상물의 시세에 부당한 영향을 줄 우려가 있는 행위를 한 자
⑤ 개업공인중개사로서 중개의뢰인과 직접 거래를 한 자

키워드 포상금 지급대상　　　　　　　　　　　　　　　　28회, 32회
교수님 TIP 공인중개사법령상 포상금 지급사유에 관해 학습하여야 합니다.

해설 등록관청은 다음의 어느 하나에 해당하는 자가 행정기관에 의하여 발각되기 전에 등록관청, 수사기관이나 부동산거래질서교란행위 신고센터에 신고 또는 고발한 자에게 대통령령으로 정하는 바에 따라 포상금을 지급할 수 있다(법 제46조 제1항).

> 1. 중개사무소의 개설등록을 하지 아니하고 중개업을 한 자
> 2. 거짓이나 그 밖의 부정한 방법으로 중개사무소의 개설등록을 한 자
> 3. 중개사무소등록증을 다른 사람에게 양도·대여하거나 다른 사람으로부터 양수·대여받은 자
> 4. 공인중개사자격증을 다른 사람에게 양도·대여하거나 다른 사람으로부터 양수·대여받은 자
> 5. 개업공인중개사가 아닌 자는 중개대상물에 대한 표시·광고를 하여서는 아니 된다는 규정을 위반한 자
> 6. 부동산거래질서교란행위를 한 자

따라서 개업공인중개사로서 중개의뢰인과 직접 거래를 한 자는 포상금 지급사유에 해당하지 않는다.

정답 ⑤

01 공인중개사법령상 공인중개사협회에 관한 설명으로 옳은 것은?

① 협회에 관하여 이 법에 규정된 사항 외에는 「민법」 중 재단법인에 관한 규정을 적용한다.

② 협회의 공제에 가입한 개업공인중개사는 자동적으로 협회의 회원이 된다.

③ 협회는 개업공인중개사의 손해배상책임을 보장하기 위하여 공제사업을 하여야 한다.

④ 협회를 설립하고자 하는 자는 회원 600인 이상이 발기인이 되어 정관을 작성하여 서명·날인을 하여야 한다.

⑤ 국토교통부장관의 협회설립의 인가를 받은 후 그 주된 사무소의 소재지에서 설립등기를 함으로써 협회는 성립한다.

키워드 공인중개사협회
해설 ① 재단법인 ⇨ 사단법인
② 협회의 회원가입은 임의적이다.
③ 공제사업을 하여야 한다. ⇨ 공제사업을 할 수 있다.
④ 600인 이상 ⇨ 300인 이상

02 공인중개사협회의 설립에 관한 내용으로 옳은 것은?

① 주된 사무소 소재지에 설립등기를 하여야 협회는 성립한다.

② 국토교통부장관의 설립승인을 받아야 한다.

③ 회원 600인 이상이 발기인이 되어 정관을 작성하여 서명·날인하여야 한다.

④ 발기인이 작성하여 서명·날인한 정관에 대하여 300인 이상이 출석한 창립총회에서 출석한 회원 과반수의 동의를 얻어야 한다.

⑤ 창립총회에는 서울특별시에서 100인 이상, 광역시 및 도에서 각각 30인 이상의 개업공인중개사인 회원이 참여하여야 한다.

키워드 공인중개사협회
해설 ② 설립승인을 ⇨ 설립인가를
③ 600인 이상 ⇨ 300인 이상
④ 300인 이상 ⇨ 600인 이상
⑤ 각각 30인 이상 ⇨ 각각 20인 이상

03 공인중개사협회에 관한 설명으로 틀린 것은?

① 개업공인중개사의 협회의 설립 및 가입은 자유이며, 설립협회의 수에 대한 제한도 없다.

② 협회는 회원 300인 이상이 발기인이 되어 정관을 작성하여 서명·날인한 후 600인 이상의 개업공인중개사가 모인 창립총회의 의결을 거친 후 국토교통부장관의 인가를 받아 그 주된 사무소의 소재지에서 설립등기를 함으로써 성립한다.

③ 개업공인중개사인 공인중개사(부칙 제6조 제2항에 따라 등록한 것으로 보는 자를 포함한다)는 그 자질향상 및 품위유지와 중개업에 관한 제도의 개선 및 운영에 관한 업무를 효율적으로 수행하기 위하여 공인중개사협회를 설립할 수 있다.

④ 협회는 정관이 정하는 바에 따라 시·도에 지부를, 시·군·구에는 지회를 둘 수 있다. 이 경우 지부, 지회를 설치한 때에 등록관청에 신고하여야 한다.

⑤ 협회는 사법인이며, 개업공인중개사의 자질향상 및 품위유지 등을 목적으로 설립한 비영리사단법인이다.

키워드 공인중개사협회

해설 협회는 정관이 정하는 바에 따라 시·도에 지부를, 시·군·구에는 지회를 둘 수 있다. 이 경우 지부를 설치한 때에는 시·도지사에게, 지회를 설치한 때에는 등록관청에 신고하여야 한다.

정답 01 ⑤ 02 ① 03 ④

04 공인중개사법령상 공인중개사협회에 관한 설명으로 옳은 것은?

① 금융감독원장은 협회가 공제사업의 건전성을 해할 우려가 있다고 인정되는 경우에는 개선명령을 할 수 있다.

② 협회는 총회의 의결사항을 다음 달 10일까지 국토교통부장관에게 보고하여야 한다.

③ 협회는 공제사업의 운용실적을 매 회계연도 종료 후 2개월 이내에 일간신문 또는 협회보에 공시하고 협회의 인터넷 홈페이지에 게시하여야 한다.

④ 협회는 공제의 책임준비금을 다른 용도로 사용하고자 하는 경우 국토교통부장관의 승인을 얻어야 한다.

⑤ 협회는 회원 300인 이상이 발기인이 되어 정관을 작성하여 창립총회의 의결을 거친 후 국토교통부장관의 허가를 받아 설립등기를 함으로써 성립한다.

> **키워드** 공인중개사협회
> **해 설** ① 금융감독원장 ⇨ 국토교통부장관
> ② 다음 달 10일까지 ⇨ 지체 없이
> ③ 2개월 이내 ⇨ 3개월 이내
> ⑤ 허가 ⇨ 인가

05 공인중개사협회에 관한 설명으로 틀린 것은?

① 협회가 할 수 있는 공제사업의 범위에는 손해배상책임을 보장하기 위한 공제기금의 조성 및 공제금의 지급에 관한 사업이 포함된다.

② 책임준비금의 적립비율은 공제사고 발생률 및 공제금 지급액 등을 종합적으로 고려하여 정하되, 공제료 수입액의 100분의 10 이상으로 정해야 한다.

③ 국토교통부장관은 협회의 공제사업운영이 적정하지 아니하거나 자산상황이 불량하여 중개사고 피해자 및 공제 가입자 등의 권익을 해칠 우려가 있다고 인정하면 개선명령을 할 수 있다.

④ 협회는 공제사업을 다른 회계와 구분하여 별도의 회계로 관리하여야 하며, 책임준비금을 다른 용도로 사용하고자 하는 경우에는 국토교통부장관의 승인을 얻어야 한다.

⑤ 협회는 공제사업을 하고자 하는 때에는 공제규정을 제정하여 금융감독원장의 승인을 얻어야 한다. 공제규정을 변경하고자 하는 때에도 또한 같다.

■해설■ 협회는 공제사업을 하고자 하는 때에는 공제규정을 제정하여 국토교통부장관의 승인을 얻어야 한다. 공제규정을 변경하고자 하는 때에도 또한 같다.

06 공인중개사협회의 공제사업에 관한 설명으로 옳은 것은?

中

① 책임준비금 적립비율은 납입받은 공제료 수입액의 100분의 50 이상이어야 한다.
② 금융감독원장은 공제사업을 건전하게 운영하지 못할 우려가 있는 경우 임원에 대한 징계·해임을 요구하거나 해당 위반행위를 시정하도록 명할 수 있다.
③ 협회는 공제사업을 다른 회계와 구분하여 별도의 회계로 관리하여야 한다.
④ 책임준비금을 다른 용도로 사용한 경우에는 국토교통부장관에게 보고하여야 한다.
⑤ 공제사업의 운용실적은 국토교통부장관에 보고할 사항이다.

■키워드■ 공제사업
■해설■ ① 100분의 50 이상 ⇨ 100분의 10 이상
② 금융감독원장 ⇨ 국토교통부장관
④ 책임준비금을 다른 용도로 사용하고자 하는 경우에는 국토교통부장관의 승인을 얻이야 한다.
⑤ 공제사업의 운용실적은 일간신문 또는 협회보 등에 공시하고 협회 홈페이지에 게시하여야 할 사항이다.

정답   04 ④   05 ⑤   06 ③

07 공인중개사법령상 공인중개사협회에 관한 설명으로 <u>틀린</u> 것은?

① 협회는 실무교육업무를 위탁받아 실시할 수 있으나, 공인중개사시험의 시행에 관한 업무는 위탁받아 수행할 수 없다.

② 협회의 공제규정에는 공제사업의 범위, 공제료, 공제금, 회계기준, 책임준비금적립비율 등 공제사업의 운영에 관하여 필요한 사항을 정하여야 한다.

③ 협회가 공제사업을 하고자 하는 때에는 공제규정을 제정하여 국토교통부장관의 승인을 얻어야 하고, 공제규정을 변경하고자 하는 때에도 승인을 얻어야 한다.

④ 협회의 공제사업은 비영리사업으로서 회원 간의 상호부조를 목적으로 한다.

⑤ 협회는 총회의 의결내용을 지체 없이 국토교통부장관에게 보고하여야 한다.

▮키워드▮ 공인중개사협회
▮해설▮ 협회는 실무교육업무와 공인중개사시험의 시행에 관한 업무를 위탁받아 수행할 수 있다.

08 공인중개사협회의 공제사업에 관한 설명으로 옳은 것은?

① 국토교통부장관은 금융감독원장의 요청이 있는 때에는 협회의 공제사업을 검사할 수 있다.

② 협회는 매 연도의 공제사업 운용실적을 매 회계연도 종료 후 3개월 이내에 일간신문 또는 협회보를 통하여 공제계약자에게 공시하여야 하지만, 별도로 협회 홈페이지에 게시할 필요는 없다.

③ 협회가 책임준비금을 다른 용도로 사용하고자 하는 경우에는 공제계약자의 동의를 받아야 한다.

④ 공제료는 공제사고 발생률, 공제료 지급액을 종합적으로 고려하여 정하여야 한다.

⑤ 운용실적을 공시하지 아니한 협회는 100만원 이하의 과태료에 처한다.

▮키워드▮ 공제사업
▮해설▮ ① 금융감독원장은 국토교통부장관의 요청이 있는 때에는 협회의 공제사업에 관한 검사를 할 수 있다.
② 별도로 협회 홈페이지에도 게시하여야 한다.
③ 공제계약자의 동의를 ⇨ 국토교통부장관의 승인을
⑤ 100만원 이하 ⇨ 500만원 이하

09 공인중개사협회의 운영위원회에 관한 설명으로 틀린 것은?

① 공제사업에 관한 사항을 심의하고 그 업무집행을 감독하기 위하여 협회에 운영위원회를 둔다.

② 위원의 임기는 2년으로 하되 1회에 한하여 연임할 수 있으며, 보궐위원의 임기는 전임자 임기의 남은 기간으로 한다.

③ 운영위원회의 회의는 재적위원 과반수의 출석으로 개의(開議)하고, 출석위원 과반수의 찬성으로 심의사항을 의결한다.

④ 운영위원회에는 위원장 1명과 부위원장 2명을 두되, 위원장 및 부위원장은 위원 중에서 각각 호선(互選)한다.

⑤ 운영위원회의 위원장은 운영위원회의 회의를 소집하며 그 의장이 된다.

키워드 공인중개사협회
해설 운영위원회에는 위원장과 부위원장 각각 1명을 두되, 위원장 및 부위원장은 위원 중에서 각각 호선(互選)한다.

10 공인중개사법령상 공인중개사협회에 500만원 이하의 과태료를 부과할 사항인 것은?

① 국토교통부장관의 사전승인을 받지 아니하고 책임준비금을 다른 용도로 사용한 경우

② 지부 및 지회 설치사실을 신고하지 아니한 경우

③ 공제업무의 개선명령을 이행하지 아니한 경우

④ 총회의 의결사항을 국토교통부장관에게 보고하지 아니한 경우

⑤ 국토교통부장관의 사전승인을 받지 아니하고 공제규정을 변경한 경우

키워드 공인중개사협회
해설 공제업무의 개선명령을 이행하지 아니한 경우 500만원 이하의 과태료에 해당한다. ①②④⑤의 경우는 「공인중개사법」상 제재는 없다.

정답 07 ① 08 ④ 09 ④ 10 ③

11 공인중개사법령상 '공인중개사협회'(이하 '협회'라 함)에 관한 설명으로 옳은 것은?

• 30회

① 협회는 영리사업으로서 회원 간의 상호부조를 목적으로 공제사업을 할 수 있다.
② 협회는 총회의 의결내용을 지체 없이 등록관청에게 보고하고 등기하여야 한다.
③ 협회가 그 지부 또는 지회를 설치한 때에는 그 지부는 시·도지사에게, 지회는 등록관청에 신고하여야 한다.
④ 협회는 개업공인중개사에 대한 행정제재처분의 부과와 집행의 업무를 할 수 있다.
⑤ 협회는 부동산 정보제공에 관한 업무를 직접 수행할 수 없다.

키워드 공인중개사협회

해설 ① 협회는 비영리사업으로서 회원 간의 상호부조를 목적으로 공제사업을 할 수 있다 (법 제42조 제1항, 영 제31조 제6호).
② 협회는 총회의 의결내용을 지체 없이 국토교통부장관에게 보고하여야 한다(영 제32조 제1항).
④ 협회의 고유업무(영 제31조), 수탁업무에 개업공인중개사에 대한 행정제재처분의 부과와 집행의 업무를 할 수 있다는 규정은 없다.
⑤ 협회는 부동산 정보제공에 관한 업무를 직접 수행할 수 있다(영 제31조 제5호).

이론플러스 **협회의 고유업무**

협회는 협회의 설립목적을 달성하기 위하여 다음의 업무를 수행할 수 있다(영 제31조). 이 경우 협회는 부동산 정보제공에 관한 업무를 수행할 수 있다.

1. 회원의 품위유지를 위한 업무
2. 부동산중개제도의 연구·개선에 관한 업무
3. 회원의 자질향상을 위한 지도 및 교육·연수에 관한 업무
4. 회원의 윤리헌장 제정 및 그 실천에 관한 업무
5. 부동산 정보제공에 관한 업무
6. 법 제42조의 규정에 따른 공제사업. 이 경우 공제사업은 비영리사업으로서 회원 간의 상호부조를 목적으로 한다.
7. 그 밖에 협회의 설립목적 달성을 위하여 필요한 업무

12 공인중개사법 시행령 제30조(협회의 설립)의 내용이다. (   )에 들어갈 숫자를 올바르게 나열한 것은?

• 30회

> • 공인중개사협회를 설립하고자 하는 때에는 발기인이 작성하여 서명·날인한 정관에 대하여 회원 (㉠)인 이상이 출석한 창립총회에서 출석한 회원 과반수의 동의를 얻어 국토교통부장관의 설립인가를 받아야 한다.
> • 창립총회에는 서울특별시에서는 (㉡)인 이상, 광역시·도 및 특별자치도에서는 각각 (㉢)인 이상의 회원이 참여하여야 한다.

① ㉠: 300, ㉡: 50, ㉢: 20
② ㉠: 300, ㉡: 100, ㉢: 50
③ ㉠: 600, ㉡: 50, ㉢: 20
④ ㉠: 600, ㉡: 100, ㉢: 20
⑤ ㉠: 800, ㉡: 50, ㉢: 50

키워드 협회 설립절차

해설 • 공인중개사협회를 설립하고자 하는 때에는 발기인이 작성하여 서명·날인한 정관에 대하여 회원 '600'인 이상이 출석한 창립총회에서 출석한 회원 과반수의 동의를 얻어 국토교통부장관의 설립인가를 받아야 한다(영 제30조 제1항).
• 창립총회에는 서울특별시에서는 '100'인 이상, 광역시·도 및 특별자치도에서는 각각 '20'인 이상의 회원이 참여하여야 한다(영 제30조 제2항).

정답 11 ③ 12 ④

13 공인중개사법령상 공제사업에 관한 설명으로 <u>틀린</u> 것은?
•30회

① 공인중개사협회는 공제사업을 하고자 하는 때에는 공제규정을 제정하여 국토교통부장관의 승인을 얻어야 한다.

② 금융감독원의 원장은 국토교통부장관의 요청이 있는 경우에는 공제사업에 관하여 조사 또는 검사를 할 수 있다.

③ 공인중개사협회는 책임준비금을 다른 용도로 사용하고자 하는 경우에는 국토교통부장관의 승인을 얻어야 한다.

④ 책임준비금의 적립비율은 공제사고 발생률 및 공제금 지급액 등을 종합적으로 고려하여 정하되, 공제료 수입액의 100분의 10 이상으로 정한다.

⑤ 공인중개사협회는 회계연도 종료 후 6개월 이내에 매년도의 공제사업 운용실적을 일간신문·협회보 등을 통하여 공제계약자에게 공시하여야 한다.

키워드 공제사업

해설 협회는 매 연도의 공제사업 운용실적을 매 회계연도 종료 후 3개월 이내에 일간신문 또는 협회보에 공시하고 협회의 인터넷 홈페이지에 게시하여야 한다(영 제35조).

14 공인중개사법령상 국토교통부장관이 공인중개사협회의 공제사업 운영개선을 위하여 명할 수 있는 조치를 모두 고른 것은?
•29회

┌─────────────────────────────────┐
│ ㉠ 업무집행방법의 변경   │
│ ㉡ 자산예탁기관의 변경   │
│ ㉢ 자산의 장부가격의 변경   │
│ ㉣ 불건전한 자산에 대한 적립금의 보유 │
└─────────────────────────────────┘

① ㉡, ㉣   ② ㉠, ㉡, ㉢

③ ㉠, ㉢, ㉣   ④ ㉡, ㉢, ㉣

⑤ ㉠, ㉡, ㉢, ㉣

키워드 공제사업
해 설 ㉠㉡㉢㉣ 모두 협회가 공제사업의 운영개선을 위하여 명할 수 있는 조치에 해당한다.

이론플러스 **공제사업 운영의 개선명령**

국토교통부장관은 협회의 공제사업 운영이 적정하지 아니하거나 자산상황이 불량하여 중개사고 피해자 및 공제가입자 등의 권익을 해칠 우려가 있다고 인정하면 다음의 조치를 명할 수 있다.

1. 업무집행방법의 변경
2. 자산예탁기관의 변경
3. 자산의 장부가격의 변경
4. 불건전한 자산에 대한 적립금의 보유
5. 가치가 없다고 인정되는 자산의 손실 처리
6. 그 밖에 이 법 및 공제규정을 준수하지 아니하여 공제사업의 건전성을 해할 우려가 있는 경우 이에 대한 개선명령

15 공인중개사법령상 공인중개사협회에 관한 설명으로 옳은 것을 모두 고른 것은?

• 27회

㉠ 협회는 총회의 의결내용을 지체 없이 국토교통부장관에게 보고하여야 한다.
㉡ 협회가 지회를 설치한 때에는 시·도지사에게 신고하여야 한다.
㉢ 공제사업 운영위원회 위원의 임기는 2년이며 연임할 수 없다.
㉣ 금융기관에서 임원 이상의 현직에 있는 사람은 공제사업 운영위원회 위원이 될 수 없다.

① ㉠

② ㉠, ㉢

③ ㉡, ㉣

④ ㉠, ㉢, ㉣

⑤ ㉡, ㉢, ㉣

키워드 공인중개사협회

해 설 ㉡ 협회가 지회를 설치한 때에는 등록관청에 신고하여야 한다.
㉢ 공제사업 운영위원회 위원의 임기는 2년으로 하되, 1회에 한하여 연임할 수 있다.
㉣ 금융감독원 또는 금융기관에서 임원 이상의 현직에 있거나 있었던 사람은 운영위원회의 위원이 될 수 있다.

16 공인중개사법령상 공인중개사협회에 관한 설명으로 옳은 것은? ·25회

① 협회는 재무건전성 기준이 되는 지급여력비율을 100분의 100 이상으로 유지해 야 한다.
② 협회의 창립총회는 서울특별시에서는 300인 이상의 회원의 참여를 요한다.
③ 협회는 시·도에 지부를 반드시 두어야 하나, 군·구에 지회를 반드시 두어야 하 는 것은 아니다.
④ 협회는 총회의 의결내용을 15일 내에 국토교통부장관에게 보고하여야 한다.
⑤ 협회의 설립은 공인중개사법령의 규정을 제외하고 「민법」의 사단법인에 관한 규 정을 준용하므로 설립허가주의를 취한다.

> **키워드** 공인중개사협회
> **해설** ② 협회의 창립총회는 서울특별시에서는 100인 이상의 회원의 참여를 요한다.
> ③ 협회가 시·도에 지부, 군·구에 지회를 설치하는 것은 임의사항이다.
> ④ 협회는 총회의 의결내용을 지체 없이 국토교통부장관에게 보고하여야 한다.
> ⑤ 협회의 설립은 공인중개사법령의 규정을 제외하고 「민법」의 사단법인에 관한 규정 을 준용한다. 이 경우 협회는 그 설립에 있어 인가주의를 채택하고 있다.

17 공인중개사법령상 공인중개사협회의 공제사업에 관한 설명으로 옳은 것을 모두 고른 것은? (다툼이 있으면 판례에 따름) ·25회 수정

> ㉠ 협회의 공제규정을 제정·변경하고자 하는 때에는 국토교통부장관의 승인을 얻어야 한다.
> ㉡ 위촉받아 보궐위원이 된 운영위원의 임기는 전임자 임기의 남은 기간으로 한다.
> ㉢ 운영위원회의 회의는 재적위원 과반수의 찬성으로 심의사항을 의결한다.
> ㉣ 협회와 개업공인중개사 간에 체결된 공제계약이 유효하게 성립하려면 공제계약 당시 에 공제사고의 발생 여부가 확정되어 있지 않은 것을 대상으로 해야 한다.

① ㉠, ㉡
② ㉢, ㉣
③ ㉠, ㉡, ㉣
④ ㉡, ㉢, ㉣
⑤ ㉠, ㉡, ㉢, ㉣

> **키워드** 공제사업
> **해설** ㉢ 운영위원회의 회의는 재적위원 과반수의 출석으로 개의(開議)하고, 출석위원 과반 수의 찬성으로 심의사항을 의결한다.

18 공인중개사법령상 국토교통부장관이 공인중개사협회의 공제사업 운영에 대하여 개선
　上　 조치로서 명할 수 있는 것으로 명시되지 <u>않은</u> 것은?　　　　　　• 25회

① 자산예탁기관의 변경

② 자산의 장부가격의 변경

③ 업무집행방법의 변경

④ 공제사업의 양도

⑤ 불건전한 자산에 대한 적립금의 보유

키워드　공제사업

해설　공제사업 운영에 대하여 개선조치를 명할 수 있는 경우는 다음과 같다.

> 1. 업무집행방법의 변경
> 2. 자산예탁기관의 변경
> 3. 자산의 장부가격의 변경
> 4. 불건전한 자산에 대한 적립금의 보유
> 5. 가치가 없다고 인정되는 자산의 손실 처리
> 6. 그 밖에 이 법 및 공제규정을 준수하지 아니하여 공제사업의 건전성을 해할 우려
>   가 있는 경우 이에 대한 개선명령

19 공인중개사법령상 실무교육에 관한 설명으로 옳은 것은?

中

① 중개사무소의 개설등록을 신청하려는 법인의 경우에 사원·임원을 말하며, 분사무소의 설치신고를 하려는 경우에는 분사무소의 책임자, 중개보조원은 실무교육을 이수하여야 한다.

② 중개사무소를 개설하고자 하는 자는 등록신청일 전 1년 이내에 국토교통부장관이 실시하는 실무교육을 받아야 한다.

③ 실무교육시간은 32시간 이상 48시간 이하로 한다.

④ 실무교육은 직무수행에 필요한 법률지식, 부동산중개 및 경영실무, 직업윤리를 그 내용으로 한다.

⑤ 공인중개사인 개업공인중개사의 소속공인중개사, 중개보조원이 되고자 하는 자는 업무를 개시하기 전에 실무교육을 이수하여야 한다.

> **키워드** 실무교육
>
> **해설** ① 법인의 경우에는 사원·임원을 말하며, 분사무소의 설치신고를 하려는 경우에는 분사무소의 책임자를 대상으로 한다. 소속공인중개사는 고용신고일 전 1년 이내에 실무교육을 받아야 한다.
> ② 국토교통부장관이 ⇨ 시·도지사가
> ③ 32시간 이상 48시간 이하 ⇨ 28시간 이상 32시간 이하
> ⑤ 소속공인중개사가 되려는 자는 업무를 개시하기 전에 실무교육을 이수하여야 한다. 하지만 중개보조원이 되려는 자는 직무교육을 이수하여야 한다.

20 A 부동산중개주식회사는 대표자 甲과 공인중개사인 임원 乙, 공인중개사가 아닌 임원

上 丙, 임원이 아닌 소속공인중개사 丁과 중개보조원 戊로 구성되어 있다. 다음 중 옳은 것은?

① 甲, 乙, 丙, 丁은 중개업무를 수행할 수 있다.

② 甲, 乙, 丙, 丁, 戊는 실무교육을 이수하여야 한다.

③ 戊는 연수교육대상자에 포함되지 않는다.

④ 중개사무소 개설등록을 신청할 때 甲, 乙, 丙의 실무교육 수료확인증을 등록관청에 반드시 제출해야 한다.

⑤ 丁이 거래계약서를 작성하였다면 거래계약서에는 甲, 乙, 丁이 서명 및 날인하여야 한다.

키워드 연수교육

해설 ① 丙은 중개업무를 수행할 수 없다.

② 甲, 乙, 丙, 丁만 실무교육을 이수하면 된다.

④ 전자적으로 확인이 가능한 경우 실무교육 수료확인증은 제출하지 않을 수 있다.

⑤ 甲과 丁이 서명 및 날인하여야 한다.

21 공인중개사법령상 교육에 관한 설명으로 옳은 것은?

① 중개보조원은 고용신고일 전 1년 이내에 시·도지사 또는 국토교통부장관이 실시하는 직무교육을 받아야 한다.

② 연수교육시간은 28시간 이상 32시간 이내이다.

③ 시·도지사는 연수교육을 실시하려는 경우 실무교육 또는 연수교육을 받은 후 1년이 되기 1개월 전까지 연수교육의 일시·장소·내용 등을 대상자에게 통지하여야한다.

④ 중개보조원을 위한 직무교육은 직무수행에 필요한 직업윤리 등을 교육내용으로하며, 교육시간은 3시간 이상 4시간 이하로 한다.

⑤ 실무교육을 받은 개업공인중개사 및 소속공인중개사는 실무교육을 받은 후 1년마다 시·도지사가 실시하는 연수교육을 받아야 한다.

키워드 직무교육

해설 ① 시·도지사 또는 국토교통부장관 ⇨ 시·도지사 또는 등록관청

② 28시간 이상 32시간 이내 ⇨ 12시간 이상 16시간 이내

③ 1년이 되기 1개월 전까지 ⇨ 2년이 되기 2개월 전까지

⑤ 1년마다 ⇨ 2년마다

정답 19 ④ 20 ③ 21 ④

22 공인중개사법령상 개업공인중개사등의 교육에 관한 설명으로 옳은 것을 모두 고른 것은? (단, 다른 법률의 규정은 고려하지 않음) • 29회

> ㉠ 실무교육을 받는 것은 중개사무소 개설등록의 기준에 해당한다.
> ㉡ 개업공인중개사로서 폐업신고를 한 후 1년 이내에 소속공인중개사로 고용신고를 하려는 자는 실무교육을 받아야 한다.
> ㉢ 연수교육의 교육시간은 28시간 이상 32시간 이하이다.
> ㉣ 연수교육을 정당한 사유 없이 받지 않으면 500만원 이하의 과태료를 부과한다.

① ㉠, ㉡   ② ㉠, ㉣
③ ㉡, ㉢   ④ ㉠, ㉢, ㉣
⑤ ㉡, ㉢, ㉣

키워드 실무교육·연수교육

해설 ㉡ 개업공인중개사로서 폐업신고를 한 후 1년 이내에 소속공인중개사로 고용신고를 하려는 자는 실무교육을 받지 않아도 된다.
㉢ 연수교육의 교육시간은 12시간 이상 16시간 이하이다.

23 공인중개사법령상 개업공인중개사등의 교육에 관한 설명으로 **틀린** 것은? • 28회

① 실무교육은 그에 관한 업무의 위탁이 없는 경우 시·도지사가 실시한다.
② 연수교육을 실시하려는 경우 그 교육의 일시·장소를 관보에 공고한 후 대상자에게 통지해야 한다.
③ 실무교육을 받은 개업공인중개사 및 소속공인중개사는 그 실무교육을 받은 후 2년마다 연수교육을 받아야 한다.
④ 직무교육의 교육시간은 3시간 이상 4시간 이하로 한다.
⑤ 국토교통부장관, 시·도지사 및 등록관청은 필요하다고 인정하면 개업공인중개사등의 부동산 거래사고 예방을 위한 교육을 실시할 수 있다.

키워드 연수교육

해설 시·도지사는 연수교육을 실시하려는 경우 실무교육 또는 연수교육을 받은 후 2년이 되기 2개월 전까지 연수교육의 일시·장소·내용 등을 대상자에게 통지하여야 한다. 따라서 '관보에 공고한 후'라는 지문은 틀린 내용이다.

24 공인중개사법령상 개업공인중개사등의 교육에 관한 설명으로 **틀린** 것은? • 25회 수정

① 실무교육과 연수교육은 시·도지사가 실시한다.

② 실무교육의 교육시간은 28시간 이상 32시간 이하이다.

③ 실무교육을 실시하려는 경우 교육실시기관은 교육일 7일 전까지 교육의 일시·장소·내용 등을 대상자에게 통지해야 한다.

④ 실무교육을 받은 개업공인중개사 및 소속공인중개사는 실무교육을 받은 후 2년마다 12시간 이상 16시간 이하의 연수교육을 받아야 한다.

⑤ 중개보조원이 고용관계 종료신고된 후, 1년 이내에 다시 고용신고될 경우에는 직무교육을 받지 않아도 된다.

키워드 실무교육

해설 실무교육 실시의 통지 관련 내용은 「공인중개사법」상 규정이 없다.

25

공인중개사법령상 개업공인중개사등의 교육에 관한 설명으로 옳은 것은? • 26회

① 실무교육을 받은 개업공인중개사는 실무교육을 받은 후 2년마다 시·도지사가 실시하는 직무교육을 받아야 한다.

② 분사무소의 책임자가 되고자 하는 공인중개사는 고용신고일 전 1년 이내에 시·도지사가 실시하는 연수교육을 받아야 한다.

③ 고용관계 종료신고 후 1년 이내에 다시 중개보조원으로 고용신고의 대상이 된 자는 시·도지사 또는 등록관청이 실시하는 직무교육을 받지 않아도 된다.

④ 실무교육은 28시간 이상 32시간 이하, 연수교육은 3시간 이상 4시간 이하로 한다.

⑤ 국토교통부장관이 마련하여 시행하는 교육지침에는 교육대상, 교육과목 및 교육시간 등이 포함되어야 하나, 수강료는 그러하지 않다.

키워드 실무교육·연수교육

해설 ① 실무교육을 받은 개업공인중개사는 실무교육을 받은 후 2년마다 시·도지사가 실시하는 연수교육을 받아야 한다.

② 분사무소의 책임자가 되고자 하는 공인중개사는 설치신고일 전 1년 이내에 시·도지사가 실시하는 실무교육을 받아야 한다.

④ 실무교육은 28시간 이상 32시간 이하, 연수교육은 12시간 이상 16시간 이하로 한다.

⑤ 국토교통부장관이 마련하여 시행하는 교육지침에는 다음의 사항이 포함되어야 한다.

> 1. 교육의 목적
> 2. 교육대상
> 3. 교육과목 및 교육시간
> 4. 강사의 자격
> 5. 수강료
> 6. 수강신청, 출결(出缺) 확인, 교육평가, 교육수료증 발급 등 학사 운영 및 관리
> 7. 그 밖에 균형 있는 교육의 실시에 필요한 기준과 절차

26 공인중개사법령상 개업공인중개사등의 교육에 관한 설명으로 옳은 것은?   • 27회

① 분사무소의 책임자가 되고자 하는 공인중개사는 고용신고일 전 1년 이내에 시·도지사가 실시하는 연수교육을 받아야 한다.

② 폐업신고 후 1년 이내에 중개사무소의 개설등록을 다시 신청하려는 공인중개사는 실무교육을 받지 않아도 된다.

③ 시·도지사는 연수교육을 실시하려는 경우 실무교육 또는 연수교육을 받은 후 2년이 되기 1개월 전까지 연수교육의 일시·장소·내용 등을 당사자에게 통지해야 한다.

④ 연수교육의 교육시간은 3시간 이상 4시간 이하이다.

⑤ 고용관계 종료신고 후 1년 이내에 고용신고를 다시 하려는 중개보조원도 직무교육은 받아야 한다.

키워드 실무교육

해설 ① 분사무소의 책임자가 되고자 하는 공인중개사는 설치신고일 전 1년 이내에 시·도지사가 실시하는 실무교육을 받아야 한다.
③ 시·도지사는 연수교육을 실시하려는 경우 실무교육 또는 연수교육을 받은 후 2년이 되기 2개월 전까지 연수교육의 일시·장소·내용 등을 당사자에게 통지해야 한다.
④ 연수교육의 교육시간은 12시간 이상 16시간 이하이다.
⑤ 고용관계 종료신고 후 1년 이내에 고용신고를 다시 하려는 중개보조원은 직무교육을 받지 않아도 된다.

보칙(업무위탁, 포상금, 행정수수료, 부동산거래질서교란 행위 신고센터)

27 공인중개사법령상 업무위탁에 관한 설명으로 틀린 것은?

① 시험시행기관장은 공인중개사시험 시행에 관한 업무를 부동산학과가 개설된 학교, 협회, 공기업 또는 준정부기관에 위탁할 수 있다.

② 시·도지사는 실무교육에 관한 업무를 부동산학과가 개설된 학교, 협회, 공기업 또는 준정부기관에 위탁할 수 있다.

③ 국토교통부장관, 시·도지사 또는 등록관청은 그 업무의 일부를 협회 또는 대통령령이 정하는 기관에 위탁할 수 있다.

④ 시·도지사가 실무교육업무를 위탁한 때에는 위탁받은 기관의 명칭·대표자 및 소재지와 위탁업무의 내용 등을 관보에 고시하여야 한다.

⑤ 시험시행기관장은 공인중개사시험 시행에 관한 업무를 위탁한 때에는 위탁받은 기관의 명칭·대표자 및 소재지와 위탁업무의 내용을 관보에 고시하여야 한다.

키워드 업무위탁

해설 시험시행기관장은 공인중개사시험 시행에 관한 업무를 협회, 공기업 또는 준정부기관에 위탁할 수 있다. 시험의 시행에 관한 업무는 대학 또는 전문대학으로서 부동산 관련 학과가 개설된 학교에 위탁할 수 없다.

28 포상금을 지급받을 수 있는 신고 또는 고발의 대상자가 <u>아닌</u> 자는?

① 중개사무소의 개설등록을 하지 않고 중개업을 한 자

② 부동산거래질서교란행위를 한 자

③ 공인중개사자격증을 다른 사람에게 양도·대여하거나 또는 양수·대여받은 자

④ 개업공인중개사가 아닌 자로서 중개대상물에 대한 표시·광고를 하여서는 아니된다는 규정을 위반한 자

⑤ 거짓이나 그 밖의 부정한 방법으로 공인중개사자격을 취득한 자

해설 거짓이나 그 밖의 부정한 방법으로 공인중개사자격을 취득한 자는 신고 또는 고발의 대상자가 아니다.

이론플러스 **신고 또는 고발의 대상자**

1. 중개사무소의 개설등록을 하지 아니하고 중개업을 한 자
2. 거짓이나 그 밖의 부정한 방법으로 중개사무소의 개설등록을 한 자
3. 중개사무소등록증을 다른 사람에게 양도·대여하거나 다른 사람으로부터 양수·대여받은 자
4. 공인중개사자격증을 다른 사람에게 양도·대여하거나 다른 사람으로부터 양수·대여받은 자
5. 개업공인중개사가 아닌 자는 중개대상물에 대한 표시·광고를 하여서는 아니 된다는 규정을 위반한 자
6. 부동산거래질서교란행위를 한 자

29 공인중개사법령상 포상금에 관한 설명으로 옳은 것은?

① 포상금은 등록관청 또는 수사기관이 지급한다.
② 포상금은 유죄판결이 확정된 경우에 한하여 지급한다.
③ 포상금 지급을 결정한 등록관청은 3개월 이내에 신고 또는 고발자에게 포상금을 지급하여야 한다.
④ 양도·알선 등이 금지된 부동산의 분양·임대 등과 관련 있는 증서의 매매 등을 중개하거나 그 증서의 매매를 업으로 한 개업공인중개사는 포상금 지급의 신고대상자가 될 수 없다.
⑤ 포상금 지급에 소요되는 비용은 국고에서 100분의 10 이내에서 보조할 수 있다.

키워드 포상금 지급대상
해설 ① 포상금의 지급기관은 등록관청이다.
② 포상금은 검사가 공소제기 또는 기소유예의 결정을 한 경우에 한하여 지급한다.
③ 3개월 이내 ⇨ 1개월 이내
⑤ 100분의 10 이내 ⇨ 100분의 50 이내

30 공인중개사법령상 포상금에 관한 설명으로 **틀린** 것은?

① 행정기관에 발각 전에 신고 또는 고발된 사건이더라도 검사가 공소를 제기한 경우에 한하여 포상금을 지급한다.

② 신고 또는 고발의 대상자가 행정기관에 발각되기 전에 신고 또는 고발하여야 한다.

③ 포상금의 지급에 소요되는 비용 중 그 일부를 국고에서 보조할 수 있고, 그 비율은 100분의 50 이내로 한다.

④ 포상금지급신청서를 제출받은 등록관청은 그 사건에 관한 수사기관에 처분내용을 조회한 후 포상금의 지급을 결정하고, 그 결정일로부터 1개월 이내에 포상금을 지급하여야 한다.

⑤ 하나의 사건에 대하여 2건 이상의 신고 또는 고발이 접수된 경우에는 최초로 신고 또는 고발한 자에게 포상금을 지급한다.

키워드 포상금 지급

해설 신고 또는 고발된 사건이더라도 검사가 공소를 제기하거나 기소유예결정이 있어야 한다.

31 공인중개사법령상 포상금제도에 관한 설명으로 **틀린** 것은?

① 포상금을 지급받으려는 자는 포상금지급신청서를 등록관청에 제출해야 한다.

② 포상금은 1건당 50만원으로 하며, 포상금의 지급에 소요되는 비용 중 일부를 국고에서 보조할 수 있다.

③ 등록관청은 하나의 사건에 대하여 2인 이상이 공동으로 신고 또는 고발한 경우에는 신고 또는 고발한 자에게 50만원을 각각 지급한다.

④ 포상금은 위반자가 행정기관에 의하여 발각되기 전에 등록관청이나 수사기관에 신고 또는 고발한 자에게 그 신고 또는 고발사건에 대하여 검사가 공소제기 또는 기소유예의 결정을 한 경우에 한하여 지급한다.

⑤ 중개업의 폐업신고 후 중개업을 한 자를 등록관청이나 수사기관에 신고 또는 고발한 자에 대하여 포상금을 지급할 수 있다.

키워드 포상금 지급

해설 등록관청은 하나의 사건에 대하여 2인 이상이 공동으로 신고 또는 고발한 경우에는 포상금을 균등하게 배분하여 지급한다. 다만, 포상금을 지급받을 자가 배분방법에 관하여 미리 합의하여 포상금의 지급을 신청한 경우에는 그 합의된 방법에 따라 지급한다.

32 공인중개사법령상 포상금에 관한 설명으로 옳은 것은?

中

① 개업공인중개사가 중개대상물에 대한 표시·광고규정을 위반한 경우 포상금대상이 된다.

② 포상금의 지급에 소요되는 비용은 전액 국고에서 보조될 수 있다.

③ 등록관청은 포상금의 지급을 결정하고 그 결정일로부터 2개월 이내에 포상금을 지급하여야 한다.

④ 등록관청은 중개의뢰인과 직접 거래한 위법 개업공인중개사를 등록관청이나 수사기관에 신고 또는 고발한 자에 대하여 포상금을 지급할 수 있다.

⑤ 등록관청은 하나의 사건에 대하여 2건 이상의 신고 또는 고발이 접수된 경우에는 최초로 신고 또는 고발한 자에게 포상금을 지급한다.

> **키워드** 포상금 지급
>
> **해설** ① 개업공인중개사가 아닌 자가 중개대상물에 대한 표시·광고를 하여서는 아니 된다는 규정을 위반한 경우 포상금대상이 된다.
> ② 국고에서 일부를 보조할 수 있다. 국고에서 보조할 수 있는 비율은 100분의 50 이내로 한다.
> ③ 2개월 이내 ⇨ 1개월 이내
> ④ 중개의뢰인과 직접 거래한 위법 개업공인중개사는 이 법상 포상금 지급대상의 신고 또는 고발의 대상자에 해당하지 않는다.

정답 **30** ① **31** ③ **32** ⑤

33 공인중개사법령상 포상금 지급에 관한 설명으로 옳은 것은? ·30회

① 포상금은 1건당 150만원으로 한다.

② 검사가 신고사건에 대하여 기소유예의 결정을 한 경우에는 포상금을 지급하지 않는다.

③ 포상금의 지급에 소요되는 비용 중 시·도에서 보조할 수 있는 비율은 100분의 50 이내로 한다.

④ 포상금지급신청서를 제출받은 등록관청은 그 사건에 관한 수사기관의 처분내용을 조회한 후 포상금의 지급을 결정하고, 그 결정일로부터 1개월 이내에 포상금을 지급하여야 한다.

⑤ 등록관청은 하나의 사건에 대하여 2건 이상의 신고가 접수된 경우, 공동으로 신고한 것이 아니면 포상금을 균등하게 배분하여 지급한다.

키워드 포상금 사유 및 지급내용

해설 ① 포상금은 1건당 50만원으로 한다(영 제36조의2 제1항).
② 검사가 공소제기 또는 기소유예의 결정을 한 경우에 한하여 포상금을 지급한다(영 제36조의2 제2항).
③ 포상금의 지급에 소요되는 비용 중 국고에서 보조할 수 있는 비율은 100분의 50 이내로 한다(영 제36조의2 제3항).
⑤ 등록관청은 하나의 사건에 대하여 2건 이상의 신고 또는 고발이 접수된 경우에는 최초로 신고 또는 고발한 자에게 포상금을 지급한다(규칙 제28조 제4항).

34 공인중개사법령에 관한 설명으로 틀린 것은? ·28회

① 소속공인중개사를 고용한 경우, 그의 공인중개사자격증 원본도 해당 중개사무소 안의 보기 쉬운 곳에 게시해야 한다.

② 법인인 개업공인중개사의 분사무소의 경우, 분사무소설치신고확인서 원본을 해당 분사무소 안의 보기 쉬운 곳에 게시해야 한다.

③ 개업공인중개사가 아닌 자는 중개대상물에 대한 표시·광고를 해서는 안 된다.

④ 중개사무소의 명칭을 명시하지 아니하고 중개대상물의 표시·광고를 한 자를 신고한 자는 포상금 지급대상에 해당한다.

⑤ 개업공인중개사는 이중으로 중개사무소의 개설등록을 하여 중개업을 할 수 없다.

35 공인중개사법령상 포상금에 관한 설명으로 **틀린** 것은? · 26회

① 등록관청은 거짓으로 중개사무소의 개설등록을 한 자를 수사기관에 신고한 자에게 포상금을 지급할 수 있다.
② 포상금의 지급에 소요되는 비용은 그 전부 또는 일부를 국고에서 보조할 수 있다.
③ 포상금은 1건당 50만원으로 한다.
④ 포상금지급신청서를 제출받은 등록관청은 포상금의 지급을 결정한 날부터 1개월 이내에 포상금을 지급해야 한다.
⑤ 하나의 사건에 대하여 포상금 지급요건을 갖춘 2건의 신고가 접수된 경우, 등록관청은 최초로 신고한 자에게 포상금을 지급한다.

키워드 포상금 사유 및 지급내용
해설 포상금의 지급에 소요되는 비용은 그 일부를 국고에서 보조할 수 있다. 포상금의 지급에 소요되는 비용 중 국고에서 보조할 수 있는 비율은 100분의 50 이내로 한다.

36 공인중개사법령상 甲과 乙이 받을 수 있는 포상금의 최대금액은?

上

- 甲은 중개사무소를 부정한 방법으로 개설등록한 A와 B를 각각 고발하였으며, 검사는 A를 공소제기하였고, B를 무혐의처분하였다.
- 乙은 중개사무소를 부정한 방법으로 개설등록한 C를 신고하였으며, C는 형사재판에서 무죄판결을 받았다.
- 甲과 乙은 포상금 배분에 관한 합의 없이 중개사무소등록증을 대여한 D를 공동으로 고발하여 D는 기소유예의 처분을 받았다.
- 중개사무소의 개설등록을 하지 않고 중개업을 하는 E를 乙이 신고한 이후에 甲도 E를 신고하였고, E는 형사재판에서 유죄판결을 받았다.
- A, B, C, D, E는 甲 또는 乙의 위 신고·고발 전에 행정기관에 의해 발각되지 않았다.

① 甲 : 75만원,   乙 : 50만원
② 甲 : 75만원,   乙 : 75만원
③ 甲 : 75만원,   乙 : 125만원
④ 甲 : 125만원,   乙 : 75만원
⑤ 甲 : 125만원,   乙 : 125만원

키워드 포상금 계산

해설
- 甲은 중개사무소를 부정한 방법으로 개설등록한 A를 고발하였으며, 이 경우 검사가 공소제기를 하였다. 따라서 甲은 50만원의 포상금을 받을 수 있다. 하지만 B의 경우는 포상금대상이 되지 않는다.
- 乙은 중개사무소를 부정한 방법으로 개설등록한 C를 신고하였으며, 이 경우 C가 무죄판결을 받았으므로 포상금대상이 된다. 따라서 乙은 50만원의 포상금을 받을 수 있다.
- 甲과 乙은 포상금 배분에 관한 합의 없이 중개사무소등록증을 대여한 D를 공동으로 고발하여 기소유예처분을 받았으므로 포상금대상이 된다. 따라서 甲과 乙은 25만원씩 포상금을 받을 수 있다.
- 乙은 중개사무소의 개설등록을 하지 않고 중개업을 하는 E를 신고하였다. 하지만 甲은 乙이 신고한 이후에 신고하였으므로 포상금의 대상이 되지 않는다. 이 경우 E는 형사재판에서 유죄판결을 받았으므로 乙은 포상금 50만원을 받을 수 있다.

따라서 甲은 75만원, 乙은 125만원의 포상금을 받을 수 있다.

37 ⊕ 공인중개사법령상 甲과 乙이 받을 수 있는 포상금의 최대금액은? • 25회

> • 甲은 개설등록을 하지 아니하고 중개업을 한 A를 고발하여 A는 기소유예의 처분을 받았다.
> • 거짓의 부정한 방법으로 중개사무소 개설등록을 한 B에 대해 甲이 먼저 신고하고, 뒤이어 乙이 신고하였는데, 검사가 B를 공소제기하였다.
> • 甲과 乙은 포상금 배분에 관한 합의 없이 공동으로 공인중개사자격증을 다른 사람에게 대여한 C를 신고하였는데, 검사가 공소제기하였지만, C는 무죄판결을 받았다.
> • 乙은 중개사무소등록증을 대여받은 D와 E를 신고하였는데, 검사는 D를 무혐의처분, E를 공소제기하였으나 무죄판결을 받았다.
> • A, B, C, D, E는 甲 또는 乙의 위 신고·고발 전에 행정기관에 의해 발각되지 않았다.

① 甲 : 75만원, 乙 : 25만원
② 甲 : 75만원, 乙 : 50만원
③ 甲 : 100만원, 乙 : 50만원
④ 甲 : 125만원, 乙 : 75만원
⑤ 甲 : 125만원, 乙 : 100만원

키워드 포상금 계산

해설
- 甲은 개설등록을 하지 아니하고 중개업을 한 A를 고발하여 A는 기소유예의 처분을 받았다. 이 경우 甲은 50만원의 포상금을 받을 수 있다.
- 거짓의 부정한 방법으로 중개사무소 개설등록을 한 B에 대해 甲이 먼저 신고하고, 뒤이어 乙이 신고하였는데, 검사가 B를 공소제기하였다. 이 경우 포상금은 甲이 먼저 신고를 하였으므로 甲만 50만원을 받을 수 있다.
- 甲과 乙은 포상금 배분에 관한 합의 없이 공동으로 공인중개사자격증을 다른 사람에게 대여한 C를 신고하였는데, 검사가 공소제기하였지만, C는 무죄판결을 받았다. 이 경우 甲과 乙이 공동으로 신고를 한 경우이므로 25만원씩 포상금을 지급받는다.
- 乙은 중개사무소등록증을 대여받은 D와 E를 신고하였는데, 검사는 D를 무혐의처분, E를 공소제기하였으나 무죄판결을 받았다. 이 경우 乙은 50만원을 지급받는다.

따라서 甲은 125만원, 乙은 75만원의 포상금을 지급받는다.

정답 **36** ③ **37** ④

38 공인중개사법에서 정하고 있는 각종 행정수수료에 관한 설명으로 틀린 것은?

中

① 중개사무소의 개설등록을 신청하는 자는 국토교통부장관이 정하는 수수료를 납부하여야 한다.

② 공인중개사자격시험에 응시하는 자는 지방자치단체의 조례로 정하는 바에 따라 수수료를 납부하여야 한다.

③ 국토교통부장관이 시행하는 경우 공인중개사시험에 응시하는 자는 국토교통부장관이 결정·공고하는 수수료를 납부하여야 한다.

④ 공인중개사자격시험 또는 공인중개사자격증 재교부업무를 일정기관에 위탁한 경우에는 해당 업무를 위탁받은 자가 위탁한 자의 승인을 얻어 결정·공고하는 수수료를 각각 납부하여야 한다.

⑤ 법인이 분사무소 설치의 신고를 하는 경우에는 지방자치단체의 조례가 정하는 바에 따라 수수료를 납부하여야 한다.

> **키워드** 수수료 납부사유
> **해 설** 중개사무소의 개설등록을 신청하는 자는 지방자치단체의 조례로 정하는 수수료를 납부하여야 한다.

39 지방자치단체의 조례로 정하는 바에 따라 수수료를 납부하는 경우에 해당하는 것은 모두 몇 개인가?

中

> ㉠ 소속공인중개사 또는 중개보조원의 고용 및 고용관계 종료신고를 하는 경우
> ㉡ 인장등록 및 변경등록을 하는 경우
> ㉢ 업무보증의 설정 및 재설정 사실을 신고하는 경우
> ㉣ 휴업 및 폐업의 신고를 하는 경우
> ㉤ 분사무소 설치의 신고를 경우
> ㉥ 부동산거래정보사업자 지정신청을 하는 경우

① 1개 ② 2개 ③ 3개
④ 4개 ⑤ 5개

> **키워드** 수수료 납부사유
> **해 설** 분사무소 설치의 신고를 하는 경우는 지방자치단체의 조례로 정하는 바에 따라 수수료를 납부하는 경우에 해당한다.

40 공인중개사법령상 조례로 정하는 바에 따라 수수료를 납부해야 하는 경우를 모두 고른 것은?

· 30회

> ㉠ 분사무소설치신고확인서의 재교부 신청
> ㉡ 국토교통부장관이 시행하는 공인중개사자격시험 응시
> ㉢ 중개사무소의 개설등록 신청
> ㉣ 분사무소 설치의 신고

① ㉠, ㉡
② ㉠, ㉡, ㉣
③ ㉠, ㉢, ㉣
④ ㉡, ㉢, ㉣
⑤ ㉠, ㉡, ㉢, ㉣

키워드 수수료 납부사유

해설 ㉠㉢㉣ 조례로 정하는 바에 따라 수수료를 납부해야 하는 경우에 해당한다.
㉡ 국토교통부장관이 시행하는 공인중개사자격시험에 응시하고자 하는 자는 국토교통부장관이 결정·공고하는 수수료를 납부하여야 한다(법 제47조 제1항).

이론플러스 **지방자치단체의 조례로 정하는 수수료**

다음의 어느 하나에 해당하는 자는 지방자치단체의 조례로 정하는 바에 따라 수수료를 납부하여야 한다(법 제47조 제1항).

> 1. 공인중개사자격시험에 응시하는 자
> 2. 공인중개사자격증의 재교부를 신청하는 자
> 3. 중개사무소의 개설등록을 신청하는 자
> 4. 중개사무소등록증의 재교부를 신청하는 자
> 5. 분사무소 설치의 신고를 하는 자
> 6. 분사무소설치신고확인서의 재교부를 신청하는 자

정답 38 ① 39 ① 40 ③

41 ·27회
(中)

공인중개사법령상 수수료납부 대상자에 해당하는 것은 모두 몇 개인가?

> • 분사무소 설치의 신고를 하는 자
> • 중개사무소의 개설등록을 신청하는 자
> • 중개사무소의 휴업을 신고하는 자
> • 중개사무소등록증의 재교부를 신청하는 자
> • 공인중개사자격시험에 합격하여 공인중개사자격증을 처음으로 교부받는 자

① 1개   ② 2개   ③ 3개
④ 4개   ⑤ 5개

키워드 수수료 납부사유
해설 분사무소 설치의 신고를 하는 자, 중개사무소의 개설등록을 신청하는 자, 중개사무소 등록증의 재교부를 신청하는 자의 경우 지방자치단체의 조례가 정하는 수수료를 납부 하여야 한다.

42 ·25회
(下)

공인중개사법령상 관련 행정청에 수수료를 납부하여야 하는 사유로 명시되어 있는 것을 모두 고른 것은?

> ㉠ 중개사무소의 개설등록 신청
> ㉡ 분사무소 설치신고
> ㉢ 중개사무소의 휴업 신청
> ㉣ 공인중개사자격증의 재교부 신청

① ㉡, ㉢   ② ㉠, ㉡, ㉣   ③ ㉠, ㉢, ㉣
④ ㉡, ㉢, ㉣   ⑤ ㉠, ㉡, ㉢, ㉣

키워드 수수료 납부사유
해설 다음의 어느 하나에 해당하는 자는 지방자치단체의 조례로 정하는 바에 따라 수수료를 납부하여야 한다(법 제47조 제1항).

> 1. 공인중개사자격시험에 응시하는 자
> 2. 공인중개사자격증의 재교부를 신청하는 자
> 3. 중개사무소의 개설등록을 신청하는 자
> 4. 중개사무소등록증의 재교부를 신청하는 자
> 5. 분사무소 설치의 신고를 하는 자
> 6. 분사무소설치신고확인서의 재교부를 신청하는 자

43 국토교통부장관은 다음의 금지되는 행위를 방지하기 위하여 부동산거래질서교란행위 신고센터를 설치·운영할 수 있다. 신고사항에 해당하지 <u>않는</u> 것은 몇 개인가?

> ㉠ 부당한 이익을 얻거나 제3자에게 부당한 이익을 얻게 할 목적으로 거짓으로 거래가 완료된 것처럼 꾸미는 등 중개대상물의 시세에 부당한 영향을 주거나 줄 우려가 있는 행위
> ㉡ 탈세 등 관계 법령을 위반할 목적으로 소유권보존등기 또는 이전등기를 하지 아니한 부동산이나 관계 법령의 규정에 의하여 전매 등 권리의 변동이 제한된 부동산의 매매를 중개하는 등 부동산의 투기를 조장하는 행위
> ㉢ 안내문, 온라인 커뮤니티 등을 이용하여 특정 개업공인중개사등에 대한 중개의뢰를 제한하거나 제한을 유도하는 행위
> ㉣ 중개의뢰인과 직접 거래를 하거나 거래당사자 쌍방을 대리하는 행위
> ㉤ 개업공인중개사등에게 중개대상물을 시세보다 현저하게 높게 표시·광고하도록 강요하거나 대가를 약속하고 시세보다 현저하게 높게 표시·광고하도록 유도하는 행위

① 1개   ② 2개   ③ 3개
④ 4개   ⑤ 5개

키워드 부동산거래질서교란행위 신고센터의 신고사항
해설 부동산거래질서교란행위 신고센터의 신고사항은 다음과 같다.

> 1. 부당한 이익을 얻거나 제3자에게 부당한 이익을 얻게 할 목적으로 거짓으로 거래가 완료된 것처럼 꾸미는 등 중개대상물의 시세에 부당한 영향을 주거나 줄 우려가 있는 행위
> 2. 단체를 구성하여 특정 중개대상물에 대하여 중개를 제한하거나 단체 구성원 이외의 자와 공동중개를 제한하는 행위
> 3. 안내문, 온라인 커뮤니티 등을 이용하여 특정 개업공인중개사등에 대한 중개의뢰를 제한하거나 제한을 유도하는 행위
> 4. 안내문, 온라인 커뮤니티 등을 이용하여 중개대상물에 대하여 시세보다 현저하게 높게 표시·광고 또는 중개하는 특정 개업공인중개사등에게만 중개의뢰를 하도록 유도함으로써 다른 개업공인중개사등을 부당하게 차별하는 행위
> 5. 안내문, 온라인 커뮤니티 등을 이용하여 특정 가격 이하로 중개를 의뢰하지 아니하도록 유도하는 행위
> 6. 정당한 사유 없이 개업공인중개사등의 중개대상물에 대한 정당한 표시·광고행위를 방해하는 행위
> 7. 개업공인중개사등에게 중개대상물을 시세보다 현저하게 높게 표시·광고하도록 강요하거나 대가를 약속하고 시세보다 현저하게 높게 표시·광고하도록 유도하는 행위

정답 41 ③   42 ②   43 ②

44 공인중개사법에서 정하고 있는 부동산거래질서교란행위 신고센터의 업무에 관한 설명
이다. 다음 중 **틀린** 것은?

① 신고센터는 부동산거래질서교란행위 신고의 접수 및 상담, 신고사항에 대한 확인
또는 시·도지사 및 등록관청 등에 신고사항에 대한 조사 및 조치요구 등에 관한
업무를 수행한다.

② 신고센터는 신고받은 사항에 대하여 보완이 필요한 경우 기간을 정하여 신고인에
게 보완을 요청할 수 있다.

③ 신고센터는 매월 10일까지 직전 달의 신고사항 접수 및 처리 결과 등을 국토교통
부장관에게 제출해야 한다.

④ 신고센터의 요구를 받은 시·도지사 및 등록관청 등은 신속하게 조사 및 조치를
완료하고, 완료한 날부터 10일 이내에 그 결과를 신고센터에 통보해야 한다.

⑤ 국토교통부장관은 신고센터의 업무를 공인중개사협회에 위탁한다.

키워드 부동산거래질서교란행위 신고센터의 업무

해설 국토교통부장관은 신고센터의 업무를 「한국부동산원법」에 의한 한국부동산원에 위탁
한다.

정답 44 ⑤

10

지도·감독 및 행정처분

더 많은 기출문제를 풀고 싶다면?
단원별 기출문제집
[공인중개사법령 및 중개실무]
pp.169~195

5개년 출제빈도 분석표

28회	29회	30회	31회	32회
3	5	3	3	8

빈출 키워드

☑ 등록취소사유
☑ 자격취소·자격정지 절차
☑ 효과승계·위반행위승계

대표기출 연습

01 공인중개사법령상 중개사무소 개설등록을 취소하여야 하는 사유에 해당하는 것을 모두 고른 것은?

• 32회

> ㉠ 개업공인중개사인 법인이 해산한 경우
> ㉡ 개업공인중개사가 거짓으로 중개사무소 개설등록을 한 경우
> ㉢ 개업공인중개사가 이중으로 중개사무소 개설등록을 한 경우
> ㉣ 개업공인중개사가 개설등록 후 금고 이상의 형의 집행유예를 받고 그 유예기간 중에 있게 된 경우

① ㉠, ㉡, ㉢

② ㉠, ㉡, ㉣

③ ㉠, ㉢, ㉣

④ ㉡, ㉢, ㉣

⑤ ㉠, ㉡, ㉢, ㉣

키워드 등록취소

29회, 32회

교수님 TIP 중개사무소 개설등록을 취소해야 하는 사유를 학습하여야 합니다.

모두 절대적 등록취소사유에 해당된다. 등록관청은 개업공인중개사가 다음의 어느 하나에 해당하는 경우에는 중개사무소의 개설등록을 취소하여야 한다(법 제38조 제1항).

> 1. 개인인 개업공인중개사가 사망하거나 개업공인중개사인 법인이 해산한 경우
> 2. 거짓이나 그 밖의 부정한 방법으로 중개사무소의 개설등록을 한 경우
> 3. 등록 등의 결격사유에 해당하게 된 경우. 다만, 법인의 사원 또는 임원이 결격사유에 해당하는 경우로서 그 사유가 발생한 날부터 2개월 이내에 그 사유를 해소한 경우에는 그러하지 아니하다.
> 4. 이중으로 중개사무소의 개설등록을 한 경우
> 5. 개업공인중개사가 다른 개업공인중개사의 소속공인중개사·중개보조원 또는 개업공인중개사인 법인의 사원·임원이 된 경우
> 6. 다른 사람에게 자기의 성명 또는 상호를 사용하여 중개업무를 하게 하거나 중개사무소등록증을 양도 또는 대여한 경우
> 7. 업무정지기간 중에 중개업무를 하거나 자격정지처분을 받은 소속공인중개사로 하여금 자격정지기간 중에 중개업무를 하게 한 경우
> 8. 최근 1년 이내에 이 법에 의하여 2회 이상 업무정지처분을 받고 다시 업무정지처분에 해당하는 행위를 한 경우

정답 ⑤

02 개업공인중개사 甲, 乙, 丙에 대한 공인중개사법 제40조(행정제재처분효과의 승계 등)의 적용에 관한 설명으로 옳은 것을 모두 고른 것은? • 32회

> ㉠ 甲이 2020.11.16. 「공인중개사법」에 따른 과태료부과처분을 받았으나 2020.12.16. 폐업신고를 하였다가 2021.10.15. 다시 중개사무소의 개설등록을 하였다면, 위 과태료부과처분의 효과는 승계된다.
> ㉡ 乙이 2020.8.1. 국토교통부령으로 정하는 전속중개계약서에 의하지 않고 전속중개계약을 체결한 후, 2020.9.1. 폐업신고를 하였다가 2021.10.1. 다시 중개사무소의 개설등록을 하였다면, 등록관청은 업무정지처분을 할 수 있다.
> ㉢ 丙이 2018.8.5. 다른 사람에게 자기의 상호를 사용하여 중개업무를 하게 한 후, 2018.9.5. 폐업신고를 하였다가 2021.10.5. 다시 중개사무소의 개설등록을 하였다면, 등록관청은 개설등록을 취소해야 한다.

① ㉠
② ㉠, ㉡
③ ㉠, ㉢
④ ㉡, ㉢
⑤ ㉠, ㉡, ㉢

키워드 승계규정

교수님 TIP 효과승계와 위반행위승계 내용을 학습하여야 합니다.

해설 ⓛ 전속중개계약서에 의하지 않고 전속중개계약을 체결한 경우 업무정지사유에 해당한다. 이 경우 폐업신고 전의 위반행위에 대한 행정처분이 업무정지에 해당하는 경우로서 폐업 기간이 1년을 초과하는 경우 업무정지처분을 할 수 없다. 따라서 2020.9.1. 폐업신고를 하였다가 2021.10.1. 다시 중개사무소의 개설등록을 하였다면 폐업기간이 1년을 초과한 경우이므로 업무정지처분을 할 수 없다.

ⓒ 다른 사람에게 자기의 상호를 사용하여 중개업무를 하게 한 경우 등록취소사유에 해당한 다. 이 경우 폐업신고를 한 날부터 다시 중개사무소의 개설등록을 한 날까지의 기간(폐업 기간)이 3년을 초과한 경우 등록취소처분을 할 수 없다. 따라서 2018.9.5. 폐업신고를 하였다가 2021.10.5. 다시 중개사무소의 개설등록을 하였다면, 폐업기간이 3년을 초과 한 경우이므로 등록관청은 개설등록취소처분을 할 수 없다.

정답 ①

01 공인중개사법에 규정된 지도·감독권과 행정처분에 관한 설명으로 옳은 것은?

① 개업공인중개사의 위법행위 확인을 위해서 필요한 경우 감독권자는 중개사무소에 보관하고 있는 서류의 제출을 요구할 수 없다.

② 국토교통부장관, 시·도지사, 등록관청은 거래정보사업자, 개업공인중개사, 공인중개사협회에 대하여 지도·감독을 할 수 있다.

③ 중개보조원은 지도·감독 및 행정처분의 대상이 되지 않는다.

④ 법인의 분사무소 소재지를 관할하는 시장·군수·구청장은 분사무소에 대한 지도·감독권과 행정처분을 할 수 있는 권한을 가지고 있다.

⑤ 무등록 중개업자는 지도·감독 및 행정처분의 대상자이다.

> **키워드** 지도·감독
>
> **해설** ① 개업공인중개사의 위법행위 확인을 위해서 필요한 경우 감독권자는 중개사무소에 보관하고 있는 서류를 제출할 것을 요구할 수 있다.
> ② 거래정보사업자, 공인중개사협회에 대한 지도·감독권자는 국토교통부장관만 된다.
> ④ 법인의 분사무소 소재지를 관할하는 시장·군수·구청장은 분사무소에 대한 지도·감독권만 있고, 행정처분을 할 수 있는 권한은 없다.
> ⑤ 무등록 중개업자는 지도·감독의 대상이지만 행정처분의 대상은 아니다.

02 경기도 고양시 일산서구에 주된 사무소를 둔 중개법인 甲은 서울특별시 강동구에 분사무소를 설치하였다. 다음 중 개업공인중개사인 법인 甲의 분사무소에 대하여 그 업무에 관한 사항을 보고하게 하거나 자료의 제출 기타 필요한 명령 등을 하게 할 수 있는 기관을 모두 고른 것은?

① 국토교통부장관, 경기도지사, 서울특별시장, 고양시장, 일산서구청장, 강동구청장

② 경기도지사, 일산서구청장, 강동구청장

③ 국토교통부장관, 경기도지사, 서울특별시장, 일산서구청장, 강동구청장

④ 국토교통부장관, 서울특별시장, 일산서구청장, 강동구청장

⑤ 국토교통부장관, 경기도지사, 서울특별시장, 일산서구청장

> **키워드** 감독상 명령권자
>
> **해설** 감독상 명령권자는 국토교통부장관, 시·도지사 및 등록관청(분사무소 소재지의 시장·군수 또는 구청장을 포함한다)이다. 고양시장은 등록관청이 아니므로 감독상의 명령권이 없다.

03 공인중개사법령상 감독상의 명령에 관한 기술이다. (　　) 안에 들어갈 내용이 옳게 연결된 것은?
中

> 국토교통부장관, 시·도지사, 등록관청[분사무소 소재지의 시장·군수 또는 구청장을 (　　) 한다]은 (　　)에 대하여 그 업무에 관한 사항을 보고하게 하거나 자료의 제출 그 밖에 필요한 (　　)을 할 수 있으며, 소속 공무원으로 하여금 중개사무소[중개사무소의 개설등 록을 하지 아니하고 중개업을 하는 자의 사무소를 (　　)한다]에 출입하여 장부·서류 등 을 조사 또는 검사하게 할 수 있다. 또한 공인중개사협회 및 그 지부, 지회에 대한 감독상 명령은 (　　)이 행한다.

① 제외 – 거래정보사업자 및 개업공인중개사등 – 명령 – 제외 – 국토교통부장관, 시·도지사, 등록관청
② 포함 – 개업공인중개사 및 소속공인중개사 – 명령 – 제외 – 국토교통부장관
③ 제외 – 개업공인중개사 – 질문 – 포함 – 등록관청
④ 제외 – 개업공인중개사 또는 거래정보사업자 – 질문 – 제외 – 국토교통부장관, 시·도지사, 등록관청
⑤ 포함 – 개업공인중개사 또는 거래정보사업자 – 명령 – 포함 – 국토교통부장관

키워드 감독상 명령권자

해설 국토교통부장관, 시·도지사 및 등록관청(법인인 개업공인중개사의 분사무소 소재지 의 시장·군수 또는 구청장을 포함한다)은 개업공인중개사 또는 거래정보사업자에 대 하여 그 업무에 관한 사항을 보고하게 하거나 자료의 제출 그 밖에 필요한 명령을 할 수 있으며, 소속 공무원으로 하여금 중개사무소(법 제9조에 따른 중개사무소의 개설 등록을 하지 아니하고 중개업을 하는 자의 사무소를 포함한다)에 출입하여 장부·서류 등을 조사 또는 검사하게 할 수 있다. 출입·검사 등을 하는 공무원은 국토교통부령으 로 정하는 증표를 지니고 상대방에게 이를 내보여야 한다(법 제37조 제1항·제2항). 국토교통부장관은 협회와 그 지부 및 지회를 지도·감독하기 위하여 필요한 때에는 그 업무에 관한 사항을 보고하게 하거나 자료의 제출 그 밖에 필요한 명령을 할 수 있으 며, 소속 공무원으로 하여금 그 사무소에 출입하여 장부·서류 등을 조사 또는 검사하 게 할 수 있다. 협회의 사무소에 출입·검사 등을 하는 공무원은 국토교통부령으로 정 하는 증표를 지니고 상대방에게 이를 내보여야 한다(법 제44조).

정답 01 ③　　02 ③　　03 ⑤

04 공인중개사법령상 행정처분에 관한 설명으로 옳지 <u>않은</u> 것은?

① 등록취소를 받은 개업공인중개사는 등록증을 반납하여야 하며, 자격취소를 받은 공인중개사는 자격증을 반납하여야 한다.

② 공인중개사 자격취소처분을 받은 자는 즉시 중개보조원은 될 수 있다.

③ 등록취소·자격취소·지정취소의 처분을 하고자 하는 경우에는 사전에 청문을 실시하여야 하지만, 업무정지처분 및 자격정지처분을 하고자 하는 경우에는 청문을 실시하지 않는다.

④ 공인중개사에 대한 자격취소 및 소속공인중개사에 대한 자격정지처분은 그 공인중개사자격증을 교부한 시·도지사가 행한다.

⑤ 거래정보사업자에 대한 지정취소는 국토교통부장관이 행하고, 재량취소의 성격을 갖는다.

> **키워드** 자격취소
> **해 설** 공인중개사 자격취소처분을 받은 자는 결격사유에 해당한다. 따라서 자격취소 후 3년 간 개업공인중개사등이 될 수 없으므로 중개보조원 등이 될 수 없고, 3년간 공인중개사자격시험의 응시도 제한된다.

05 공인중개사법령상 행정처분에 관한 설명으로 옳은 것은?

① 법인인 개업공인중개사에 대하여는 법인 또는 분사무소별로 업무정지를 명할 수 없다.

② 중개법인의 주된 사무소 및 분사무소에 대한 행정처분은 주된 사무소의 등록관청 및 분사무소의 시·군·구청장이 행한다.

③ 시·도지사가 공인중개사에 대한 자격취소 및 자격정지처분을 하고자 하는 때에는 청문을 실시하여야 한다.

④ 업무정지처분을 행하고자 하는 등록관청은 청문을 실시하여야 하며, 청문개시일 10일 전까지 처분의 내용 등이 기재된 청문서를 상대방에게 통지하여야 한다.

⑤ 개업공인중개사에 대한 업무정지처분은 그 사유가 발생한 날부터 3년이 경과한 때에는 이를 할 수 없다.

키워드 업무정지

해설 ① 법인인 개업공인중개사에 대하여는 법인 또는 분사무소별로 업무정지를 명할 수 있다.

② 중개법인의 주된 사무소 및 분사무소에 대한 행정처분은 주된 사무소의 등록관청이 행한다.

③ 시·도지사가 공인중개사에 대한 자격취소처분을 하고자 하는 때에는 청문을 실시하여야 한다. 자격정지처분을 하고자 하는 때에는 청문을 실시하지 아니한다.

④ 업무정지처분은 청문의 대상이 되지 않는다.

이론플러스 **청문대상**

1. 중개사무소의 개설등록취소처분을 하고자 하는 경우(개업공인중개사의 사망, 법인의 해산 시는 제외)
2. 공인중개사자격의 취소처분을 하고자 하는 경우
3. 거래정보사업자의 지정을 취소처분하고자 하는 경우(거래정보사업자의 사망, 법인의 해산 시는 제외)

06 공인중개사법령상 행정처분에 관한 설명으로 틀린 것은?

中

① 개업공인중개사가 사망한 경우에는 등록증을 반납하지 아니하지만, 법인이 해산된 경우에는 대표자였던 자가 반납하여야 한다.

② 자격이 취소된 자가 자격증을 분실하거나 훼손된 경우 반납할 수 없는 이유를 기재한 사유서를 제출하여야 하지만, 등록취소의 경우는 이러한 규정이 없다.

③ 개업공인중개사 甲과 乙이 중개사무소를 공동으로 사용하던 중 甲이 업무정지처분을 받았을 경우 乙은 공동으로 사용하는 사무소에서 중개업을 계속 할 수 있다.

④ 개업공인중개사가 휴업 및 폐업신고를 하는 경우, 등록취소처분을 받은 경우 모두 등록증을 반납하도록 하고 있다. 하지만 업무정지처분의 경우에는 반납규정이 없다.

⑤ 개업공인중개사가 업무정지처분기간 중에 폐업을 한 경우에는 업무정지처분의 효력이 상실된다.

키워드 업무정지

해설 개업공인중개사가 「공인중개사법」을 위반하여 업무정지처분을 받은 경우 업무정지처분기간 중에도 폐업은 가능하지만 폐업을 하였다 하여 업무정지처분의 효력이 상실된 것은 아니므로, 폐업을 하였더라도 업무정지기간은 결격사유기간에 해당한다. 따라서 해당 업무정지기간 중에 다른 개업공인중개사의 소속공인중개사, 중개보조원 또는 개업공인중개사인 법인의 임원이 될 수 없다.

정답 04 ② 05 ⑤ 06 ⑤

07

인천광역시장으로부터 공인중개사자격증을 교부받은 甲이 서울특별시 서초구청장에게 중개사무소 개설등록을 하여 중개업을 영위하고 있다. 다음 설명 중 옳은 것은?

① 甲이 「공인중개사법」을 위반하여 중개행위를 한 경우 자격정지처분의 대상이 될 수 있다.
② 甲이 자격증을 분실한 경우 인천광역시장에게 재교부를 신청할 수 있다.
③ 甲에 대한 자격취소처분은 인천광역시장 또는 서울특별시장이 행한다.
④ 甲이 피한정후견인 선고를 받으면 공인중개사자격이 취소된다.
⑤ 甲은 법인인 개업공인중개사의 분사무소 책임자가 될 수 있다.

키워드 자격취소·자격정지
해설 ① 자격정지처분은 소속공인중개사만 되므로 개업공인중개사는 자격정지처분의 대상이 안 된다.
③ 자격취소처분권은 자격증을 교부한 시·도지사에게만 있으므로, 서울특별시장이 자격취소처분에 필요한 절차를 모두 이행한 후 인천광역시장에게 그 결과를 통보하면 자격취소처분은 인천광역시장이 행한다.
④ 등록의 결격사유에 해당되어 등록은 취소되지만, 공인중개사자격은 취소되지 않는다.
⑤ 이중소속을 할 수 없으므로, 법인인 개업공인중개사의 분사무소 책임자가 될 수 없다.

08

등록관청이 중개사사무소의 개설등록을 취소하여야 하는 경우는?

① 최근 1년 이내에 이 법에 의하여 2회 이상 업무정지처분을 받고 다시 업무정지처분에 해당하는 행위를 한 경우
② 개업공인중개사가 법정한도를 초과하여 중개보수를 받은 경우
③ 개업공인중개사가 부득이한 사유 없이 6개월을 초과하여 휴업한 경우
④ 개업공인중개사가 거래계약서에 서명 및 날인을 하지 않은 경우
⑤ 등록기준에 미달하게 된 경우

키워드 등록취소
해설 ② 개업공인중개사가 법정한도를 초과하여 중개부수를 받은 경우 – 등록을 취소할 수 있는 사유
③ 개업공인중개사가 부득이한 사유 없이 6개월을 초과하여 휴업한 경우 – 등록을 취소할 수 있는 사유
④ 개업공인중개사가 거래계약서에 서명 및 날인을 하지 않은 경우 – 업무정지처분을 할 수 있는 사유
⑤ 등록기준에 미달하게 된 경우 – 등록을 취소할 수 있는 사유

09 등록관청이 중개사무소 개설등록을 취소하여야 하는 사유로 옳은 것은?

① 중개법인이 이사업을 영위한 경우
② 개업공인중개사가 관계 법령에 의하여 양도·알선이 금지된 부동산의 분양·임대 등과 관련된 증서의 매매를 중개한 경우
③ 개업공인중개사가 부득이한 사유 없이 6개월을 초과하여 휴업한 경우
④ 개인인 개업공인중개사가 둘 이상의 중개사무소를 설치한 경우
⑤ 개업공인중개사가 본인의 과실로 인하여 「공인중개사법」을 위반하여 300만원 이상의 벌금형 선고를 받은 경우

> **키워드** 등록취소
>
> **해설** ① 중개법인이 이사업을 영위한 경우 – 등록을 취소할 수 있는 사유
> ② 개업공인중개사가 관계 법령에 의하여 양도·알선이 금지된 부동산의 분양·임대 등과 관련된 증서의 매매를 중개한 경우 – 등록을 취소할 수 있는 사유
> ③ 개업공인중개사가 부득이한 사유 없이 6개월을 초과하여 휴업한 경우 – 등록을 취소할 수 있는 사유
> ④ 개인인 개업공인중개사가 둘 이상의 중개사무소를 설치한 경우 – 등록을 취소할 수 있는 사유

> **이론플러스** **중개사무소 개설등록을 취소하여야 할 사유**
>
> 1. 개인인 개업공인중개사가 사망하거나 개업공인중개사인 법인이 해산한 경우
> 2. 거짓이나 그 밖의 부정한 방법으로 중개사무소의 개설등록을 한 경우
> 3. 등록 등의 결격사유에 해당하게 된 경우. 다만, 법인의 사원 또는 임원이 결격사유에 해당하는 경우로서 그 사유가 발생한 날부터 2개월 이내에 그 사유를 해소한 경우에는 그러하지 아니하다.
> 4. 개업공인중개사가 다른 개업공인중개사의 소속공인중개사·중개보조원 또는 개업공인중개사인 법인의 사원·임원이 된 경우
> 5. 개업공인중개사가 다른 개업공인중개사의 소속공인중개사·중개보조원 또는 개업공인중개사인 법인의 사원·임원이 된 경우
> 6. 다른 사람에게 자기의 성명 또는 상호를 사용하여 중개업무를 하게 하거나 중개사무소등록증을 양도 또는 대여한 경우
> 7. 업무정지기간 중에 중개업무를 하거나 자격정지처분을 받은 소속공인중개사로 하여금 자격정지기간 중에 중개업무를 하게 한 경우
> 8. 최근 1년 이내에 이 법에 의하여 2회 이상 업무정지처분을 받고 다시 업무정지처분에 해당하는 행위를 한 경우

10 다음 중 개업공인중개사에 대해 등록을 취소할 수 있는 사유를 모두 고른 것은?

中

○ ㉠ 결격사유에 해당하는 자를 소속공인중개사 또는 중개보조원으로 둔 경우
○ ㉡ 천막 그 밖에 이동이 용이한 임시 중개시설물을 설치한 경우
○ ㉢ 전속중개계약을 체결한 개업공인중개사가 전속중개계약서에 의하지 아니하고 전속중개계약을 체결하거나 계약서를 3년간 보존하지 아니한 경우
○ ㉣ 전속중개계약을 체결한 개업공인중개사가 중개대상물에 관한 정보를 공개하지 아니하거나 중개의뢰인의 비공개 요청에도 불구하고 정보를 공개한 경우
○ ㉤ 거래계약서를 작성 및 교부하지 아니하거나 5년간 보존하지 아니한 경우
○ ㉥ 거래당사자 쌍방을 대리한 경우
○ ㉦ 지도·감독관청에 대한 보고, 자료의 제출, 조사 또는 검사를 거부·방해 또는 기피하거나 그 밖의 명령을 이행하지 아니하거나 거짓으로 보고 또는 자료제출을 한 경우

① ㉠, ㉡, ㉢, ㉣, ㉤
② ㉠, ㉣, ㉥
③ ㉡, ㉣, ㉥
④ ㉡, ㉢, ㉣, ㉥
⑤ ㉡, ㉢, ㉣, ㉤, ㉥

키워드 등록취소
해설 ㉠㉢㉤㉦ 업무정지사유
　　　㉡㉣㉥ 임의적(상대적) 등록취소사유

11 공인중개사법령상 개업공인중개사에 대한 업무정지처분과 관련한 설명으로 옳은 것은?

① 업무정지기간에 관한 부과기준은 대통령령으로 정한다.

② 등록관청은 위반행위의 동기·결과 및 횟수 등을 참작하여 업무정지기준의 2분의 1의 범위 안에서 가중 또는 경감할 수 있으며, 가중하여 처분하는 때에는 업무정지기간은 6개월을 초과할 수 있다.

③ 법인인 개업공인중개사에 대하여는 법인 또는 분사무소별로 업무의 정지를 명하여야 한다.

④ 업무정지처분은 그 사유가 발생한 날로부터 3년이 경과한 때에는 할 수 없다.

⑤ 등록관청은 업무정지처분에 앞서 청문을 실시하여야 한다.

키워드 업무정지

해설 ① 대통령령 ⇨ 국토교통부령
② 6개월을 초과할 수 있다. ⇨ 6개월을 초과할 수 없다.
③ 명하여야 한다. ⇨ 명할 수 있다.
⑤ 업무정지처분은 청문을 실시하지 아니한다.

12 공인중개사법 시행규칙상 개업공인중개사 업무정지의 기준기간으로 옳은 것은 모두 몇
개인가?

위반행위	업무정지기준
㉠ 「독점규제 및 공정거래에 관한 법률」 제51조 제1항 제1호에 규정된 부당한 공동행위에 의하여 부당하게 경쟁을 제한하는 행위를 하여 과징금처분을 받은 경우 또는 시정조치와 과징금처분을 동시에 받은 경우	6개월
㉡ 등록 등 결격사유에 해당하는 자를 고용인으로 둔 경우	3개월
㉢ 중개대상물 확인·설명서를 교부하지 않은 경우	3개월
㉣ 부동산거래정보망에 정보를 거짓으로 공개한 경우	3개월
㉤ 중개대상물 확인·설명서에 서명 및 날인을 하지 않은 경우	3개월
㉥ 거래계약서에 서명 및 날인을 하지 않은 경우	3개월
㉦ 등록을 취소할 수 있는 위반행위를 최근 1년 이내에 1회 위반한 경우	3개월
㉧ 등록하지 않은 인장을 사용한 경우	3개월
㉨ 최근 1년 이내에 2회 이상 업무정지 또는 과태료의 처분을 받고 다시 과태료의 처분에 해당하는 행위를 한 경우	3개월

① 1개 ② 2개
③ 3개 ④ 4개
⑤ 5개

키워드 업무정지

해설 ㉡ 등록 등 결격사유에 해당하는 자를 고용인으로 둔 경우 - 6개월
㉣ 부동산거래정보망에 정보를 거짓으로 공개한 경우 - 6개월
㉦ 등록을 취소할 수 있는 위반행위를 최근 1년 이내에 1회 위반한 경우 - 6개월
㉨ 최근 1년 이내에 2회 이상 업무정지 또는 과태료의 처분을 받고 다시 과태료의 처분에 해당하는 행위를 한 경우 - 6개월

이론플러스 개업공인중개사의 업무정지 부과기준

개업공인중개사의 위반행위	부과기준
• 등록 등의 결격사유에 해당하는 자를 고용인으로 둔 경우	업무정지 6개월
• 부동산거래정보망에 정보를 거짓으로 공개한 경우	
• 법 제38조 제2항 규정에 의한 등록을 취소할 수 있는 위반행위를 최근 1년 이내에 1회 위반한 경우	
• 최근 1년 이내에 2회 이상 업무정지 또는 과태료의 처분을 받고 다시 과태료의 처분에 해당하는 행위를 한 경우	
• 「독점규제 및 공정거래에 관한 법률」 제51조 제1항 제1호에 규정된 부당한 공동행위에 의하여 부당하게 경쟁을 제한하는 행위를 하여 과징금처분을 받은 경우 또는 시정조치와 과징금처분을 동시에 받은 경우	

• 인장등록을 하지 않거나 등록하지 않은 인장을 사용한 경우	
• 전속중개계약서에 의하지 아니하고 전속중개계약을 체결하거나 계약서를 보존하지 아니한 경우	
• 거래정보사업자에게 공개를 의뢰한 중개대상물의 거래가 완성된 사실을 그 거래정보사업자에게 통보하지 아니한 경우	
• 중개대상물 확인·설명서에 서명 및 날인을 하지 않은 경우 • 중개대상물 확인·설명서를 교부하지 않거나 보존하지 않은 경우	업무정지 3개월
• 거래계약서에 서명 및 날인을 하지 않은 경우 • 거래계약서를 교부하지 않거나 보존하지 않은 경우	
• 감독상 명령을 위반한 경우. 즉 보고, 자료의 제출, 조사 또는 검사를 거부·방해 또는 기피하거나 그 밖의 명령을 이행하지 아니하거나 거짓으로 보고 또는 자료제출을 한 경우	
• 부칙 제6조 제6항에 규정된 업무지역의 범위를 위반한 경우	
•「독점규제 및 공정거래에 관한 법률」상 부당한 공동행위에 의하여 부당하게 경쟁을 제한하는 행위를 하여 시정조치를 받은 경우	

13 공인중개사법령상 개업공인중개사에 대하여 업무의 정지를 명할 수 있는 경우가 <u>아닌</u> 것은?

① 경기도에 사무소를 둔 부칙 제6조 제2항의 개업공인중개사가 서울시 소재 아파트를 중개한 경우
② 법정중개보수의 한도액을 초과하여 금품을 받은 경우
③ 중개대상물에 대한 확인·설명서에 서명 및 날인을 하지 않은 경우
④ 등록 등의 결격사유자인 사원 또는 임원을 2개월 이내에 해소하지 아니한 경우
⑤ 등록 등의 결격사유자인 소속공인중개사 또는 중개보조원을 2개월 이내에 해소하지 아니한 경우

키워드 업무정지
해설 등록 등의 결격사유자인 사원 또는 임원을 2개월 이내에 해소하지 아니한 경우에는 법인인 개업공인중개사의 등록을 취소하여야 한다.

14 등록관청이 다음의 사유를 적발한 경우에 관한 설명으로 옳은 것은?

① 개업공인중개사가 등록하지 아니하고 중개업을 하는 자인 사실을 알면서 그로부터 중개의뢰를 받은 경우에 그 개업공인중개사의 등록을 취소하여야 한다.

② 중개법인의 대표자가 사망한 경우에는 그 중개법인의 등록을 취소하여야 한다.

③ 개업공인중개사가 거래정보망에 중개대상물의 정보를 거짓으로 공개한 경우에는 그 개업공인중개사의 등록을 취소할 수 있다.

④ 개업공인중개사가 최근 1년 이내에 이 법에 의하여 2회 이상 업무정지처분을 받고 다시 업무정지처분에 해당하는 행위를 한 경우에 그 개업공인중개사의 등록을 취소하여야 한다.

⑤ 다른 사람에게 자기의 성명 또는 상호를 사용하여 중개업무를 하게 하거나 중개사무소등록증을 양도 또는 대여한 개업공인중개사는 그 등록을 취소할 수 있다.

키워드 업무정지
해설 ① 등록을 취소하여야 한다. ⇨ 등록을 취소할 수 있다.
② 중개법인의 대표자가 사망한 경우는 등록증 재교부 신청을 하여야 하는 사유에 해당한다.
③ 그 개업공인중개사의 등록을 취소할 수 있다. ⇨ 업무정지를 명할 수 있다.
⑤ 등록을 취소할 수 있다. ⇨ 등록을 취소하여야 한다.

15 공인중개사법 시행규칙상 개업공인중개사 업무정지의 기준기간으로 옳은 것은 모두 몇 개인가?

위반행위	업무정지기준
• 부동산거래정보망에 중개대상물에 관한 정보를 거짓으로 공개한 경우	6개월
• 중개대상물 확인·설명서를 교부하지 않은 경우	3개월
• 중개대상물 확인·설명서에 서명 및 날인을 하지 않은 경우	3개월
• 거래계약서에 서명 및 날인을 하지 않은 경우	3개월
• 등록하지 않은 인장을 사용한 경우	3개월

① 1개
② 2개
③ 3개
④ 4개
⑤ 5개

키워드 업무정지
해설 모두 옳다.

16 공인중개사법령상 행정처분에 관한 설명으로 옳은 것은?

① 법인인 개업공인중개사의 해산을 사유로 등록취소처분을 받은 경우 해당 법인의 대표자 또는 사원·임원이었던 자는 처분을 받은 날부터 7일 이내에 등록증을 반납하여야 한다.

② 개업공인중개사가 사망한 경우 개업공인중개사와 세대를 같이 하는 자가 등록증을 반납하여야 한다.

③ 등록관청은 개업공인중개사에 대한 업무정지사유가 발생한 날부터 6개월이 경과한 때에는 이를 할 수 없다.

④ 법인인 개업공인중개사의 해산을 이유로 등록취소처분을 하는 경우에는 등록관청이 청문을 실시하여야 한다.

⑤ 공인중개사인 개업공인중개사가 공인중개사 자격취소를 받은 경우에는 그 자의 중개사무소의 개설등록은 항상 취소된다.

> **키워드** 자격취소
>
> **해설** ① 중개법인이 해산함으로써 등록이 취소된 경우 그 법인의 대표자였던 자가 등록취소를 받은 날로부터 7일 이내에 등록증을 반납하여야 한다.
> ② 개업공인중개사가 사망한 경우 개업공인중개사와 세대를 같이 하는 자라 하더라도 등록증 반납의무는 없다.
> ③ 등록관청은 개업공인중개사에 대한 업무정지사유가 발생한 날부터 3년이 경과한 때에는 업무정지처분을 할 수 없다.
> ④ 법인인 개업공인중개사의 해산을 이유로 등록취소처분을 하는 경우에는 청문을 실시하지 않는다.

17 공인중개사법령상 행정처분에 관한 설명으로 옳은 것은?

① 2개 이상의 중개사무소를 둔 경우 등록관청은 개업공인중개사의 등록을 취소하여야 한다.

② 자격증을 교부한 시·도지사와 공인중개사의 사무소 관할 시·도지사가 다른 경우 자격증을 교부한 시·도지사가 자격취소 및 자격정지 처분권자이다.

③ 해당 업무수행 시 중개대상물 확인·설명서 및 거래계약서를 작성하지 아니한 소속공인중개사는 자격정지를 받을 수 있다.

④ 해당 업무수행 시 중개대상물 확인·설명서 및 거래계약서에 서명 및 날인하지 아니한 소속공인중개사는 자격이 취소된다.

⑤ 개업공인중개사가 임시 중개시설물을 설치한 경우 등록관청은 등록을 반드시 취소한다.

키워드 자격취소·자격정지

해설 ①⑤ 임의적(상대적) 등록취소사유에 해당한다. 따라서 등록관청은 등록을 취소할 수 있다.

③ 중개대상물 확인·설명서나 거래계약서 작성은 개업공인중개사의 의무이다. 해당 업무를 수행한 소속공인중개사는 중개대상물 확인·설명서 및 거래계약서에 서명 및 날인의무만 있다.

④ 자격정지처분을 받을 수 있다.

18 (上) 개업공인중개사에게 행한 지도·감독에 관한 설명으로 옳은 것은 모두 몇 개인가?

> ㉠ 서울특별시장으로부터 공인중개사자격증을 발급받고 수원시에 주소를 둔 자가 부정한 방법으로 공인중개사의 자격을 취득하였음을 이유로 하여 서울특별시장이 그 자격을 취소하였다.
>
> ㉡ 대전광역시 서구에 주소를 둔 개업공인중개사가 성실·정확하게 중개대상물의 확인·설명을 하지 아니하여 서구청장이 그 자격을 정지하였다.
>
> ㉢ 경기도 성남시 분당구에 사무소를 둔 개업공인중개사가 둘 이상의 중개사무소에 소속하였음을 이유로 하여 성남시장이 6개월 업무정지처분을 하였다.
>
> ㉣ 경기도 고양시 일산동구에 사무소를 둔 개업공인중개사가 다른 사람에게 자기의 성명을 사용하여 중개업무를 하게 하여 일산동구청장이 그 개설등록을 취소하였다.
>
> ㉤ 강원도 춘천시에 사무소를 둔 개업공인중개사가 서로 다른 둘 이상의 거래계약서를 작성하였음을 사유로 강원도지사가 청문을 실시하고 등록취소처분을 하였다.

① 1개
② 2개
③ 3개
④ 4개
⑤ 5개

키워드 자격취소·등록취소

해설 ㉡ 자격정지처분은 소속공인중개사에 대한 행정처분이며, 성실·정확하게 중개대상물의 확인·설명을 하지 않은 개업공인중개사는 500만원 이하의 과태료대상이 된다.

㉢ 분당구청장이 등록을 취소하여야 한다.

㉤ 청문 및 등록취소처분은 춘천시장이 한다.

19 공인중개사법령상 지도·감독 등에 관한 설명으로 옳은 것은?

① 개업공인중개사가 중개사무소 개설등록 결격사유에 해당하여 등록이 취소된 경우에는 등록취소처분을 받은 후 3년 동안 중개업에 종사할 수 없다.

② 「공인중개사법」을 위반하여 300만원 이상의 벌금형의 선고를 받아 중개사무소의 개설등록이 취소된 자는 등록취소를 받은 날부터 3년이 경과되지 아니하면 등록의 결격사유에 해당한다.

③ 폐업신고 전의 개업공인중개사에 대하여 위반행위를 사유로 행한 행정처분의 효과는 폐업일로부터 1년간 재등록개업공인중개사에게 승계된다.

④ 등록취소 및 자격취소는 그 사유가 발생한 날부터 3년이 경과한 때에는 이를 할 수 없다.

⑤ 공인중개사가 「공인중개사법」을 위반하여 징역형의 선고를 받은 경우 그 자격이 취소되고, 취소된 후 3년이 경과되지 아니한 자는 공인중개사가 될 수 없다.

키워드 자격취소

해 설 ① 개설등록 결격사유를 원인으로 등록취소처분을 받은 자는 먼저 적용된 결격사유가 해소되면 등록 등의 결격사유에서 벗어난다.

② 「공인중개사법」 제10조에 규정된 등록 등의 결격사유가 원인이 되어 등록이 취소된 자는 등록취소처분을 받은 날부터 3년간의 결격사유를 적용하는 것이 아니라, 먼저 적용된 결격사유가 해소되면 등록 등의 결격사유에서 벗어난다. 따라서 벌금형을 선고받은 날부터 3년이 경과되지 아니하면 등록의 결격사유에 해당한다.

③ 폐업일이 아니라 처분일로부터 1년간 재등록개업공인중개사에게 승계된다.

④ 등록취소 및 자격취소처분은 제척기간에 관한 규정이 없다.

20 공인중개사법령상 재등록개업공인중개사에 대한 행정처분의 내용으로 타당하지 <u>않은</u>
  것은?

① 개업공인중개사가 폐업신고 후 다시 등록을 한 때에는 폐업신고 전의 개업공인중
  개사의 지위를 승계한다.

② 등록관청은 폐업 후 재등록개업공인중개사에 대하여 폐업신고 전의 등록취소사
  유로 인한 위반행위를 사유로 등록취소처분을 할 수 있다. 다만, 폐업기간이 3년
  을 초과한 경우에는 이를 할 수 없다.

③ 등록관청은 폐업 후 재등록개업공인중개사에 대하여 폐업신고 전의 업무정지사
  유로 인한 위반행위를 사유로 업무정지처분을 할 수 있다. 다만, 폐업기간이 1년
  을 초과한 경우에는 이를 할 수 없다.

④ 등록관청이 위 ②, ③을 사유로 행정처분을 하는 때에는 폐업기간, 폐업의 사유를
  고려하여야 한다.

⑤ 2021년 1월 및 동년 3월에 각각 과태료처분을 받고 또한 동년 4월에 3개월의
  업무정지처분을 받은 개업공인중개사가 동년 8월에 폐업한 후 동년 11월에 재등
  록한 경우, 만일 2022년 2월에 과태료처분에 해당하는 위반행위를 하였다면 재
  등록개업공인중개사는 능복취소처분을 받을 수 있다.

키워드 업무정지·등록취소

해설 2022년 2월에 과태료처분에 해당하는 위반행위를 하였다면 재등록개업공인중개사는
업무정지처분을 받을 수 있으나, 등록취소처분은 받지 아니한다.

정답 19 ⑤ 20 ⑤

21 **(上)** 다음의 사례에 따른 개업공인중개사의 행정처분에 관한 설명으로 <u>틀린</u> 것은?

> 대전광역시장으로부터 자격증을 교부받은 공인중개사인 개업공인중개사가 서울특별시
> 동작구에서 중개업을 영위하던 중 2021년 3월 및 5월에 각각 1개월의 업무정지처분을
> 받았으며 동년 6월에 업무정지에 해당하는 위반행위를 하였으나 행정처분을 피하기 위하
> 여 동년 7월에 폐업신고를 하였고 동년 10월에 경기도 화성시에서 다시 중개사무소의 개
> 설등록(폐업기간이 4개월임)을 하여 영업하다가 2022년 1월에 폐업 전의 위반행위가 적
> 발되었다.

① 폐업 전의 업무정지처분의 효과 2개 모두 승계된다.
② 폐업 전의 위반행위를 사유로 행정처분을 할 수 있는데, 그 행정처분은 업무정지
처분이다.
③ 폐업 전의 위반행위 사유이더라도 행정처분은 화성시장이 한다.
④ 폐업 전의 위반행위를 사유로 개업공인중개사의 등록이 취소된다.
⑤ 폐업 전의 위반행위를 사유로 등록취소된 경우 등록 등의 결격기간은 등록취소된
날로부터 3년에서 폐업기간을 공제한 기간이므로 등록취소 후 2년 8개월간 결격
사유가 적용된다.

키워드 등록취소
해설 폐업 전의 위반행위를 사유로 행정처분을 할 수 있는데, 폐업 전의 2개의 업무정지처
분 효과를 승계하게 되므로 그 행정처분은 절대적 등록취소처분이다.

22 **(中)** 개업공인중개사에 대한 행정처분의 승계 등에 관한 공인중개사법 규정으로 옳은 것은?

① 재등록개업공인중개사에 대하여 폐업신고 전의 업무정지사유의 위반행위에 대한
업무정지처분을 할 수 있으나, 폐업기간이 6개월을 초과한 경우에는 할 수 없다.
② 재등록개업공인중개사에 대하여 폐업신고 전의 등록취소사유의 위반행위에 대한
등록취소처분을 할 수 있으나, 폐업기간이 1년을 초과한 경우에는 할 수 없다.
③ 폐업신고 전의 개업공인중개사에 대한 업무정지, 과태료처분의 효과는 그 폐업일
로부터 1년간 다시 중개사무소의 개설등록을 한 지(재등록개업공인중개사)에게 승
계된다.
④ 1년간 폐업 후 재등록한 개업공인중개사가 폐업신고 전의 등록취소사유로 등록취
소처분을 받은 경우 등록 등의 결격사유기간은 등록취소 후 2년이다.
⑤ 개업공인중개사가 폐업신고 후 다시 중개사무소의 개설등록을 한 때에는 폐업신
고 전의 개업공인중개사의 지위는 승계되지 않는다.

키워드 승계규정

해설 ① 6개월 ⇨ 1년
② 1년 ⇨ 3년
③ 폐업일 ⇨ 처분일
⑤ 승계되지 않는다. ⇨ 승계된다.

23 서울시 강남구에 중개사무소를 두고 있는 공인중개사인 개업공인중개사 A는 경기도 화성시에 있는 신도시의 개발로 대단위 아파트가 개발되자, 그 부근에 임시로 창고를 빌려 개조하여 분양권자를 상대로 중개활동을 하고 있다. 공인중개사법령상 다음 설명 중 옳은 것은?

① A의 행위는 정당한 중개활동에 해당한다.
② A의 행위는 업무지역을 위반한 행위이다.
③ A에 대해서는 3년 이하의 징역 또는 3천만원 이하의 벌금에 처한다.
④ 등록관청은 A의 중개사무소 개설등록을 취소할 수 있다.
⑤ A가 300만원 이상의 벌금형에 처하게 되면 공인중개사자격이 취소된다.

키워드 등록취소

해설 ① 둘 이상의 중개사무소를 설치한 「공인중개사법」 위반행위이다.
② 업무지역 위반에 해당되는 행위가 아니다. 그러나 둘 이상의 중개사무소를 설치한 「공인중개사법」 위반행위이다.
③ 1년 이하의 징역 또는 1천만원 이하의 벌금에 처한다.
⑤ 300만원 이상의 벌금형은 자격취소사유가 아니다.

24 공인중개사법령상 개업공인중개사를 대상으로 하는 행정처분에 관한 설명으로 <u>틀린</u> 것은?

① 개업공인중개사가 폐업신고 후 등록관청을 달리하여 다시 중개사무소 개설등록을 한 경우 폐업신고 전의 개업공인중개사의 지위를 승계한다.

② 폐업신고 전의 개업공인중개사에 대한 과태료처분의 효과는 그 처분일로부터 1년간 재등록개업공인중개사에게 승계된다.

③ 폐업기간이 1년을 초과한 재등록개업공인중개사에 대하여는 폐업신고 전의 위반행위를 사유로 하는 업무정지처분을 할 수 없다.

④ 폐업신고 전의 개업공인중개사에 대한 업무정지처분의 효과는 그 처분일로부터 3년간 재등록개업공인중개사에게 승계된다.

⑤ 폐업기간이 3년을 초과한 재등록개업공인중개사에 대하여는 폐업신고 전의 위반행위를 사유로 하는 등록취소처분을 할 수 없다.

키워드 승계규정

해설 폐업신고 전의 개업공인중개사에 대한 업무정지처분의 효과는 그 처분일로부터 1년간 재등록개업공인중개사에게 승계된다.

25 공인중개사법령상 공인중개사의 자격취소처분 사유가 <u>아닌</u> 것은?

① 공인중개사자격을 부정한 방법으로 취득한 경우
② 「형법」을 위반하여 징역 2년의 실형을 선고받은 경우
③ 개업공인중개사의 요청으로 자격정지기간 중에 중개업무를 수행한 경우
④ 공인중개사가 다른 사람에게 자기의 성명을 사용하여 중개업무를 하게 한 경우
⑤ 「공인중개사법」을 위반하여 징역형을 선고받은 경우

키워드 자격취소

해설 다른 법률 위반으로 징역형을 받은 경우는 자격취소사유가 아니다.

이론플러스 **공인중개사의 자격취소사유**

1. 부정한 방법으로 공인중개사의 자격을 취득한 경우
2. 공인중개사가 다른 사람에게 자기의 성명을 사용하여 중개업무를 하게 하거나 다른 사람에게 공인중개사자격증을 양도 또는 대여한 경우
3. 자격정지처분을 받고 그 자격정지기간 중에 중개업무를 행하거나 다른 개업공인중개사의 소속공인중개사, 중개보조원 또는 법인인 개업공인중개사의 사원·임원이 되는 경우
4. 이 법을 위반하여 징역형의 선고를 받은 경우(집행유예를 포함)

26 공인중개사법령상 공인중개사의 자격취소에 관한 설명으로 옳은 것은?
中

① 자격증을 교부한 시·도지사와 공인중개사의 사무소가 소재하는 시·도지사가 서로 다른 경우 청문은 자격증을 교부한 시·도지사가 이를 행한다.

② 공인중개사인 개업공인중개사가 자격정지기간 중인 소속공인중개사로 하여금 중개업무를 수행하게 한 경우에는 개업공인중개사 및 소속공인중개사 모두 자격취소처분을 받는다.

③ 자격증을 교부한 시·도지사와 공인중개사의 사무소가 소재하는 시·도지사가 서로 다른 경우에는 자격증을 교부한 시·도지사가 자격취소처분에 필요한 절차를 이행한 후 공인중개사의 사무소가 소재하는 시·도지사에게 그 결과를 통보하여야 한다.

④ 자격취소처분을 행한 시·도지사는 7일 이내에 국토교통부장관에게 보고하고, 다른 시·도지사에게 그 사실을 통지하여야 한다.

⑤ 자격취소된 자는 3년간 중개업무의 종사가 제한되고, 3년간 공인중개사가 될 수 없다.

키워드 자격취소

해설 ① 청문은 공인중개사의 사무소가 소재하는 시·도지사가 이를 행한다.
② 개업공인중개사는 등록취소처분을, 소속공인중개사는 자격취소처분을 받는다.
③ 자격증을 교부한 시·도지사와 공인중개사의 사무소가 소재하는 시·도지사가 서로 다른 경우에는 공인중개사의 사무소가 소재하는 시·도지사가 자격취소처분에 필요한 절차를 이행한 후 자격증을 교부한 시·도지사에게 그 결과를 통보하여야 한다.
④ 자격취소처분을 행한 시·도지사는 5일 이내에 국토교통부장관에게 보고하고, 다른 시·도지사에게 그 사실을 통지하여야 한다.

정답 24 ④ 25 ② 26 ⑤

27 소속공인중개사의 자격정지처분에 관한 설명으로 <u>틀린</u> 것은?

① 자격정지처분을 받은 경우 시·도지사에게 자격증을 반납할 필요가 없다.

② 시·도지사는 위반행위의 동기·결과 및 횟수 등을 참작하여 자격정지기준의 5분의 1 범위 안에서 가중 또는 경감할 수 있으나, 가중하여 처분하더라도 자격정지기간은 6개월을 초과할 수 없다.

③ 자격정지의 기준은 국토교통부령으로 정한다.

④ 시·도지사가 청문을 실시하지 아니하고 자격정지처분을 한 경우라도 그 효력에는 영향을 미치지 아니한다.

⑤ 등록관청은 공인중개사가 자격정지사유에 해당하는 위반행위를 한 사실을 알게 된 때에는 지체 없이 그 사실을 시·도지사에게 통보하여야 한다.

> **키워드** 자격정지
> **해설** 2분의 1 범위 안에서 가중 또는 경감할 수 있다.

28 소속공인중개사의 자격을 정지할 수 있는 사유가 <u>아닌</u> 것은?

① 자격정지기간 중에 둘 이상의 중개사무소에 소속된 경우

② 성실·정확하게 중개대상물의 확인·설명을 하지 아니하거나 설명의 근거자료를 제시하지 아니한 경우

③ 거래금액 등을 거짓으로 기재하거나 서로 다른 둘 이상의 거래계약서를 작성한 경우

④ 중개의뢰인과 직접 거래한 경우

⑤ 등록하지 아니한 인장을 사용한 경우

> **키워드** 자격정지
> **해설** 자격정지기간 중에 둘 이상의 중개사무소에 소속된 경우는 자격취소사유에 해당된다.

| 이론플러스 | 자격정지사유 및 부과기준 |

소속공인중개사의 위반행위	자격정지 부과기준
1. 둘 이상의 중개사무소에 소속된 경우	자격정지 6개월
2. 인장등록을 하지 아니하거나 등록하지 아니한 인장을 사용한 경우	자격정지 3개월
3. 성실·정확하게 중개대상물의 확인·설명을 하지 아니하거나 설명의 근거 자료를 제시하지 아니한 경우	자격정지 3개월
4. 해당 중개업무를 수행한 경우 중개대상물 확인·설명서에 서명 및 날인을 하지 아니한 경우	자격정지 3개월
5. 해당 중개업무를 수행한 경우 거래계약서에 서명 및 날인을 하지 아니한 경우	자격정지 3개월
6. 거래계약서에 거래금액 등 거래내용을 거짓으로 기재하거나 서로 다른 둘 이상의 거래계약서를 작성한 경우	자격정지 6개월
7. 「공인중개사법」 제33조 제1항 각 호 소정의 금지행위를 한 경우(중개의뢰인과 직접 거래 등)	자격정지 6개월

29 공인중개사법 시행규칙 [별표 3]에 규정된 공인중개사 자격정지기준으로 옳은 것은 모두 몇 개인가?

위반행위	자격정지기준
• 소속공인중개사가 다른 개업공인중개사인 법인의 임원이 된 경우	6개월
• 성실·정확하게 중개대상물의 확인·설명을 하지 않은 경우	6개월
• 법정중개보수를 초과하여 금품을 받은 경우	6개월
• 거래계약서에 거래금액을 거짓으로 기재한 경우	3개월
• 거래당사자 쌍방을 대리한 경우	3개월

① 1개 ② 2개
③ 3개 ④ 4개
⑤ 5개

| 키워드 | 자격정지
| 해설 | • 성실·정확하게 중개대상물의 확인·설명을 하지 않은 경우 – 3개월
• 거래계약서에 거래금액을 거짓으로 기재한 경우 – 6개월
• 거래당사자 쌍방을 대리한 경우 – 6개월

정답 27 ② 28 ① 29 ②

30 공인중개사법령상 자격정지처분과 업무정지처분에 관한 설명으로 <u>틀린</u> 것은?

① 업무정지처분은 법에 정한 기간이 경과한 때에는 이를 할 수 없으나, 자격정지처분은 그에 관한 규정이 없다.

② 자격정지처분의 대상은 소속공인중개사이나, 업무정지처분의 대상은 개업공인중개사이다.

③ 자격정지기간 또는 업무정지기간 중에 있는 자는 중개업무를 할 수 없다.

④ 자격정지처분은 자격증을 교부한 시·도지사가 하고, 업무정지처분은 등록관청이 한다.

⑤ 이중소속에 해당되는 경우 소속공인중개사는 자격정지사유에 해당되고, 개업공인중개사는 업무정지사유에 해당된다.

> **키워드** 자격정지
> **해설** 소속공인중개사가 이중소속이 된 경우에는 자격정지사유에 해당되며, 개업공인중개사가 이중소속이 된 경우에는 필요적 등록취소사유에 해당된다.

31 공인중개사법령상 행정처분에 관한 설명으로 옳은 것은?

① 시·도지사는 자격취소사유가 발생한 날부터 3년이 경과되면 자격취소처분을 할 수 없다.

② 자격증을 교부한 시·도지사와 공인중개사의 사무소가 소재하는 시·도지사가 서로 다른 경우에는 공인중개사의 사무소가 소재하는 시·도지사가 자격취소 및 자격정지처분을 행한 후 자격증을 교부한 시·도지사에게 통보하여야 한다.

③ 등록관청은 공인중개사가 자격취소 및 자격정지에 해당하는 위반행위를 한 사실을 알게 된 때에는 지체 없이 그 사실을 시·도지사에게 통보하여야 한다.

④ 시·도지사는 공인중개사의 자격취소처분을 하고자 하는 경우에 청문을 실시하여야 하지만, 자격정지처분을 하고자 하는 경우에 청문을 실시하지 아니한다.

⑤ 등록관청은 등록취소사유가 발생한 날부터 3년이 경과되면 등록취소처분을 할 수 없다.

해설 ① 자격취소는 제척기간규정이 없다. 따라서 3년이 경과하였어도 자격취소처분을 할 수 있다.

② 공인중개사의 사무소가 소재하는 시·도지사가 자격취소 및 자격정지처분에 필요한 절차를 이행한 후 자격증을 교부한 시·도지사에게 통보하여야 한다.

③ 등록관청은 자격취소에 해당하는 위반행위를 알게 된 경우라도 그 사실을 시·도지사에게 통보하지 아니한다. 자격정지의 경우만 등록관청은 시·도지사에게 지체 없이 통보한다.

⑤ 등록취소는 제척기간규정이 없다. 따라서 3년이 경과하였어도 등록취소처분을 할 수 있다.

32 거래정보사업자의 지정취소에 관한 설명으로 옳은 것은?

中

① 지정을 받은 날부터 30일 이내에 운영규정을 제정하여 국토교통부장관의 승인을 얻지 아니한 때에는 지정이 취소될 수 있고, 500만원 이하의 과태료처분을 받을 수 있다.

② 사망 또는 법인의 해산으로 부동산거래정보망의 계속적 운영이 불가능한 때에는 지정을 취소하여야 한다.

③ 거래정보사업자가 개업공인중개사로부터 의뢰받은 정보의 내용과 다르게 공개한 때에는 지정이 취소될 수 있고, 1년 이하의 징역 또는 1천만원 이하의 벌금형에 처해진다.

④ 거짓이나 그 밖에 부정한 방법으로 지정을 받은 때에는 지정이 취소되고, 3년 이하의 징역 또는 3천만원 이하의 벌금형에 처해진다.

⑤ 국토교통부장관은 정당한 사유 없이 지정신청일로부터 6개월 이내에 부동산거래정보망을 설치·운영하지 아니한 때에는 지정을 취소할 수 있다.

키워드 거래정보사업자 지정취소

해설 ① 30일 이내 ⇨ 3개월 이내

② 지정을 취소하여야 한다. ⇨ 지정을 취소할 수 있다.

④ 지정이 취소될 수 있는 사유에 해당한다. 따라서 행정형벌인 징역이나 벌금사유에 해당하지 않는다.

⑤ 지정신청일로부터 6개월 이내 ⇨ 지정받은 날부터 1년 이내

정답 30 ⑤ 31 ④ 32 ③

33 국토교통부장관이 거래정보사업자의 지정을 취소할 수 있는 사유가 <u>아닌</u> 것은?

① 정당한 사유 없이 지정을 받은 날로부터 1년 이내에 부동산거래정보망을 설치·운영하지 아니한 때

② 거래정보사업자가 공인중개사 2인과 정보처리기사 3인을 확보하고 지정을 받은 때

③ 법인의 해산으로 부동산거래정보망의 계속적 운영이 불가능한 때

④ 거짓이나 그 밖에 부정한 방법으로 지정을 받은 때

⑤ 거래정보사업자가 개업공인중개사로부터 의뢰받은 정보의 내용과 다르게 공개한 때

키워드 거래정보사업자 지정취소

해설 ②는 지정요건에 적합하게 지정을 받은 경우이다. 따라서 지정취소사유에 해당하지 않는다.

이론플러스 **거래정보사업자의 지정취소사유**

1. 거짓이나 그 밖의 부정한 방법으로 지정을 받은 경우
2. 운영규정의 승인 또는 변경승인을 받지 아니하거나, 운영규정을 위반하여 부동산거래정보망을 운영한 경우
3. 거래정보사업자가 개업공인중개사로부터 의뢰받지 아니한 중개대상물을 공개하거나 의뢰받은 내용과 다르게 정보를 공개한 경우 또는 개업공인중개사에 따라 차별적으로 정보를 공개한 경우
4. 정당한 사유 없이 지정받은 날부터 1년 이내에 부동산거래정보망을 설치·운영하지 아니한 경우
5. 개인인 거래정보사업자의 사망 또는 법인인 거래정보사업자의 해산 그 밖의 사유로 부동산거래정보망의 계속적인 운영이 불가능한 경우

34 공인중개사법의 내용으로 ( )에 들어갈 숫자를 바르게 나열한 것은? · 32회

中

- 등록관청은 개업공인중개사가 최근 (㉠)년 이내에 이 법에 의하여 (㉡)회 이상 업무 정지처분을 받고 다시 업무정지처분에 해당하는 행위를 한 경우에는 중개사무소의 개설 등록을 취소하여야 한다.
- 금고 이상의 실형의 선고를 받고 그 집행이 종료(집행이 종료된 것으로 보는 경우를 포 함한다)되거나 집행이 면제된 날부터 (㉢)년이 지나지 아니한 자는 중개사무소의 개설 등록을 할 수 없다.
- 중개행위와 관련된 손해배상책임을 보장하기 위하여 이 법에 따라 공탁한 공탁금은 개 업공인중개사가 폐업한 날부터 (㉣)년 이내에는 회수할 수 없다.

① ㉠ : 1, ㉡ : 2, ㉢ : 1, ㉣ : 3
② ㉠ : 1, ㉡ : 2, ㉢ : 3, ㉣ : 3
③ ㉠ : 1, ㉡ : 3, ㉢ : 3, ㉣ : 1
④ ㉠ : 2, ㉡ : 3, ㉢ : 1, ㉣ : 1
⑤ ㉠ : 2, ㉡ : 3, ㉢ : 3, ㉣ : 3

키워드 등록취소

해설
- 등록관청은 개업공인중개사가 최근 '1'년 이내에 이 법에 의하여 '2'회 이상 업무정지 처분을 받고 다시 업무정지처분에 해당하는 행위를 한 경우에는 중개사무소의 개설 등록을 취소하여야 한다.
- 금고 이상의 실형의 선고를 받고 그 집행이 종료(집행이 종료된 것으로 보는 경우를 포함한다)되거나 집행이 면제된 날부터 '3'년이 지나지 아니한 자는 중개사무소의 개 설등록을 할 수 없다.
- 중개행위와 관련된 손해배상책임을 보장하기 위하여 이 법에 따라 공탁한 공탁금은 개업공인중개사가 폐업한 날부터 '3'년 이내에는 회수할 수 없다.

35 ⊕ 공인중개사법령상 개업공인중개사에 대한 업무정지처분을 할 수 있는 사유에 해당하는 것을 모두 고른 것은? •32회

> ㉠ 부동산거래정보망에 중개대상물에 관한 정보를 거짓으로 공개한 경우
> ㉡ 거래당사자에게 교부해야 하는 중개대상물 확인·설명서를 교부하지 않은 경우
> ㉢ 거래당사자에게 교부해야 하는 거래계약서를 적정하게 작성·교부하지 않은 경우
> ㉣ 해당 중개대상물의 거래상의 중요사항에 관하여 거짓된 언행으로 중개의뢰인의 판단
>   을 그르치게 하는 행위를 한 경우

① ㉠, ㉢
② ㉡, ㉣
③ ㉠, ㉡, ㉢
④ ㉡, ㉢, ㉣
⑤ ㉠, ㉡, ㉢, ㉣

키워드 업무정지사유

해설 모두 업무정지처분을 할 수 있다.
　㉠ 부동산거래정보망에 중개대상물에 관한 정보를 거짓으로 공개한 경우 ⇨ 업무정지
　　(법 제39조 제1항 제4호)
　㉡ 거래당사자에게 교부해야 하는 중개대상물 확인·설명서를 교부하지 않은 경우 ⇨
　　업무정지(법 제39조 제1항 제6호)
　㉢ 거래당사자에게 교부해야 하는 거래계약서를 적정하게 작성·교부하지 않은 경우
　　⇨ 업무정지(법 제39조 제1항 제8호)
　㉣ 해당 중개대상물의 거래상의 중요사항에 관하여 거짓된 언행으로 중개의뢰인의 판
　　단을 그르치게 하는 행위를 한 경우 ⇨ 업무정지(법 제39조 제1항 제11호)

36 공인중개사법령상 공인중개사인 개업공인중개사 甲의 중개사무소 폐업 및 재등록에 관한 설명으로 옳은 것은? • 31회

① 甲이 중개사무소를 폐업하고자 하는 경우, 국토교통부장관에게 미리 신고하여야 한다.

② 甲이 폐업사실을 신고하고 중개사무소 간판을 철거하지 아니한 경우, 과태료부과처분을 받을 수 있다.

③ 甲이 공인중개사법령 위반으로 2019.2.8. 1개월의 업무정지처분을 받았으나 2019.7.1. 폐업신고를 하였다가 2019.12.11. 다시 중개사무소 개설등록을 한 경우, 종전의 업무정지처분의 효과는 승계되지 않고 소멸한다.

④ 甲이 공인중개사법령 위반으로 2019.1.8. 1개월의 업무정지처분에 해당하는 행위를 하였으나 2019.3.5. 폐업신고를 하였다가 2019.12.5. 다시 중개사무소 개설등록을 한 경우, 종전의 위반행위에 대하여 1개월의 업무정지처분을 받을 수 있다.

⑤ 甲이 공인중개사법령 위반으로 2018.2.5. 등록취소처분에 해당하는 행위를 하였으나 2018.3.6. 폐업신고를 하였다가 2020.10.16. 다시 중개사무소 개설등록을 한 경우, 그에게 종전의 위반행위에 대한 등록취소처분을 할 수 없다.

키워드 업무정지

해설 ① 甲이 중개사무소를 폐업하고자 하는 경우, 등록관청에 미리 신고하여야 한다.
② 甲이 폐업사실을 신고하고 중개사무소 간판을 철거하지 아니한 경우, 과태료처분 사유에 해당하지 않는다. 이 경우 등록관청은 간판의 철거를 개업공인중개사가 이행하지 아니하는 경우에는 「행정대집행법」에 따라 대집행을 할 수 있다.
③ 甲이 공인중개사법령 위반으로 2019.2.8. 1개월의 업무정지처분을 받았으나 2019.7.1. 폐업신고를 하였다가 2019.12.11. 다시 중개사무소 개설등록을 한 경우, 업무정지처분의 효과는 처분일로부터 1년간 다시 중개사무소의 개설등록을 한 자에게 승계되므로, 종전의 업무정지처분의 효과는 승계된다.
⑤ 甲이 공인중개사법령 위반으로 2018.2.5. 등록취소처분에 해당하는 행위를 하였으나 2018.3.6. 폐업신고를 하였다가 2020.10.16. 다시 중개사무소 개설등록을 한 경우, 폐업신고를 한 날부터 다시 중개사무소의 개설등록을 한 날까지의 기간(폐업기간)이 3년을 초과한 경우 등록취소처분을 할 수 없다. 하지만 3년이 지나지 아니하였으므로 종전의 위반행위에 대한 등록취소처분을 할 수 있다.

정답 35 ⑤ 36 ④

37 공인중개사법령상 공인중개사자격의 취소사유에 해당하는 것을 모두 고른 것은?

• 32회

> ㉠ 부정한 방법으로 공인중개사의 자격을 취득한 경우
> ㉡ 다른 사람에게 자기의 공인중개사자격증을 대여한 경우
> ㉢ 「공인중개사법」에 따라 공인중개사 자격정지처분을 받고 그 자격정지기간 중에 중개
>   업무를 행한 경우

① ㉠

② ㉢

③ ㉠, ㉡

④ ㉡, ㉢

⑤ ㉠, ㉡, ㉢

키워드 자격취소

해 설 시·도지사가 공인중개사자격을 취소해야 하는 사유는 다음과 같다.

> 1. 부정한 방법으로 공인중개사의 자격을 취득한 경우
> 2. 공인중개사가 다른 사람에게 자기의 성명을 사용하여 중개업무를 하게 하거나 다
>   른 사람에게 공인중개사자격증을 양도 또는 대여한 경우
> 3. 자격정지처분을 받고 그 자격정지기간 중에 중개업무를 행하거나 다른 개업공인중
>   개사의 소속공인중개사, 중개보조원 또는 법인인 개업공인중개사의 사원·임원이
>   되는 경우
> 4. 이 법을 위반하여 징역형의 선고를 받은 경우(집행유예를 포함)

따라서 ㉠㉡㉢ 모두 정답이 된다.

38 공인중개사법령상 소속공인중개사로서 업무를 수행하는 기간 동안 발생한 사유 중 자격정지사유로 규정되어 있지 않은 것은?

• 32회

① 둘 이상의 중개사무소에 소속된 경우

② 성실·정확하게 중개대상물의 확인·설명을 하지 않은 경우

③ 등록관청에 등록하지 않은 인장을 사용하여 중개행위를 한 경우

④ 「공인중개사법」을 위반하여 징역형의 선고를 받은 경우

⑤ 중개대상물의 매매를 업으로 하는 행위를 한 경우

해설 「공인중개사법」을 위반하여 징역형의 선고를 받은 경우는 포함되지 않으며, 이는 자격 취소사유에 해당한다(법 제35조 제1항 제4호).

> 1. 둘 이상의 중개사무소에 소속된 경우
> 2. 인장등록을 하지 아니하거나 등록하지 아니한 인장을 사용한 경우
> 3. 성실·정확하게 중개대상물의 확인·설명을 하지 아니하거나 설명의 근거자료를 제시하지 아니한 경우
> 4. 해당 중개업무를 수행한 경우 중개대상물 확인·설명서에 서명 및 날인을 하지 아니한 경우
> 5. 해당 중개업무를 수행한 경우 거래계약서에 서명 및 날인을 하지 아니한 경우
> 6. 거래계약서에 거래금액 등 거래내용을 거짓으로 기재하거나 서로 다른 둘 이상의 거래계약서를 작성한 경우
> 7. 「공인중개사법」 제33조 제1항 각 호 소정의 금지행위를 한 경우(중개의뢰인과의 직접 거래 등)

39 공인중개사법령상 중개사무소 개설등록의 절대적 취소사유가 <u>아닌</u> 것은? • 30회

① 개업공인중개사인 법인이 해산한 경우
② 자격정지처분을 받은 소속공인중개사로 하여금 자격정지기간 중에 중개업무를 하게 한 경우
③ 거짓이나 그 밖의 부정한 방법으로 중개사무소의 개설등록을 한 경우
④ 법인이 아닌 개업공인중개사가 파산선고를 받고 복권되지 아니한 경우
⑤ 공인중개사법령을 위반하여 둘 이상의 중개사무소를 둔 경우

키워드 개실등록의 질대직 취소사유

해설 공인중개사법령을 위반하여 둘 이상의 중개사무소를 둔 경우 등록관청은 중개사무소의 개설등록을 취소할 수 있다(법 제38조 제2항 제2호).

40 공인중개사법령상 공인중개사등에 관한 설명으로 틀린 것은?

· 31회

① 공인중개사의 자격이 취소된 후 3년이 지나지 아니한 자는 중개보조원이 될 수 없다.
② 공인중개사는 자기의 공인중개사자격증을 무상으로도 대여해서는 안 된다.
③ 자격정지처분을 받은 날부터 6개월이 경과한 공인중개사는 법인인 개업공인중개사의 임원이 될 수 있다.
④ 다른 사람에게 자기의 성명을 사용하여 중개업무를 하게 한 경우에는 자격정지처분사유에 해당한다.
⑤ 공인중개사가 아닌 자는 공인중개사 또는 이와 유사한 명칭을 사용하지 못한다.

키워드 자격취소사유
해설 공인중개사가 다른 사람에게 자기의 성명을 사용하여 중개업무를 하게 하거나 다른 사람에게 공인중개사자격증을 양도 또는 대여한 경우 자격취소사유에 해당한다.

41 공인중개사법령상 공인중개사의 자격취소사유와 소속공인중개사의 자격정지사유에 관한 구분으로 옳은 것을 모두 고른 것은?

· 31회

㉠ 다른 사람에게 자기의 성명을 사용하여 중개업무를 하게 한 경우 – 취소사유
㉡ 「공인중개사법」을 위반하여 징역형의 집행유예를 받은 경우 – 취소사유
㉢ 거래계약서를 작성할 때 거래금액 등 거래내용을 거짓으로 기재한 경우 – 정지사유
㉣ 중개대상물의 매매를 업으로 하는 경우 – 정지사유

① ㉠
② ㉠, ㉣
③ ㉢, ㉣
④ ㉠, ㉡, ㉢
⑤ ㉠, ㉡, ㉢, ㉣

키워드 자격취소사유 · 자격정지사유
해설 자격취소사유는 다음과 같다.

> 1. 부정한 방법으로 공인중개사의 자격을 취득한 경우
> 2. 공인중개사가 다른 사람에게 자기의 성명을 사용하여 중개업무를 하게 하거나 다른 사람에게 공인중개사자격증을 양도 또는 대여한 경우
> 3. 자격정지처분을 받고 그 자격정지기간 중에 중개업무를 행하거나 다른 개업공인중개사의 소속공인중개사, 중개보조원 또는 법인인 개업공인중개사의 사원·임원이 되는 경우
> 4. 이 법을 위반하여 징역형의 선고를 받은 경우(집행유예를 포함)

자격정지사유는 다음과 같다.

> 1. 둘 이상의 중개사무소에 소속된 경우
> 2. 인장등록을 하지 아니하거나 등록하지 아니한 인장을 사용한 경우
> 3. 성실·정확하게 중개대상물의 확인·설명을 하지 아니하거나 설명의 근거자료를 제시하지 아니한 경우
> 4. 해당 중개업무를 수행한 경우 중개대상물 확인·설명서에 서명 및 날인을 하지 아니한 경우
> 5. 해당 중개업무를 수행한 경우 거래계약서에 서명 및 날인을 하지 아니한 경우
> 6. 거래계약서에 거래금액 등 거래내용을 거짓으로 기재하거나 서로 다른 둘 이상의 거래계약서를 작성한 경우
> 7. 「공인중개사법」 제33조 제1항 각 호 소정의 금지행위를 한 경우(중개의뢰인과의 직접 거래 등)

42 공인중개사법령상 공인중개사의 자격취소에 관한 설명으로 옳은 것은? ·30회

① 공인중개사의 자격취소처분은 공인중개사의 현 주소지를 관할하는 시장·군수·구청장이 행한다.
② 시·도지사는 공인중개사의 자격취소처분을 한 때에는 5일 이내에 이를 국토교통부장관에게 보고하고 다른 시·도지사에게 통지하여야 한다.
③ 자격취소사유가 발생한 경우에는 청문을 실시하지 않아도 해당 공인중개사의 자격을 취소할 수 있다.
④ 공인중개사의 자격이 취소된 자는 공인중개사자격증을 7일 이내에 한국산업인력공단에 반납하여야 한다.
⑤ 공인중개사자격이 취소되었으나 공인중개사자격증을 분실 등의 사유로 반납할 수 없는 자는 신규발급절차를 거쳐 발급된 공인중개사자격증을 반납하여야 한다.

키워드 자격취소

해설 ① 공인중개사의 자격취소처분은 그 공인중개사자격증을 교부한 시·도지사가 행한다(영 제29조 제1항).
③ 자격취소처분을 하고자 하는 시·도지사는 청문을 실시하여야 한다(법 제35조 제2항).
④ 공인중개사의 자격이 취소된 자는 자격취소처분을 받은 날부터 7일 이내에 그 공인중개사자격증을 교부한 시·도지사에게 공인중개사자격증을 반납하여야 한다(법 제35조 제3항, 규칙 제21조).
⑤ 자격증의 분실 등의 사유로 공인중개사자격증을 반납할 수 없는 자는 자격증반납을 대신하여 그 이유를 기재한 사유서를 시·도지사에게 제출하여야 한다(법 제35조 제4항).

정답 40 ④ 41 ⑤ 42 ②

43 공인중개사법령상 중개업무를 수행하는 소속공인중개사의 자격정지사유에 해당하지
㊥ 않는 것은?
• 30회

① 고객을 위하여 거래내용에 부합하는 동일한 거래계약서를 4부 작성한 경우
② 둘 이상의 중개사무소에 소속된 경우
③ 고객의 요청에 의해 거래계약서에 거래금액을 거짓으로 기재한 경우
④ 권리를 취득하고자 하는 중개의뢰인에게 중개가 완성되기 전까지 등기사항증명
서 등 확인·설명의 근거자료를 제시하지 않은 경우
⑤ 법인의 분사무소의 책임자가 서명 및 날인하였기에 해당 중개행위를 한 소속공인
중개사가 확인·설명서에 서명 및 날인을 하지 않은 경우

키워드 자격정지사유
해설 시·도지사는 공인중개사가 소속공인중개사로서 업무를 수행하는 기간 중에 다음의
어느 하나에 해당하는 경우에는 6개월의 범위 안에서 기간을 정하여 그 자격을 정지
할 수 있다.

1. 둘 이상의 중개사무소에 소속된 경우
2. 인장등록을 하지 아니하거나 등록하지 아니한 인장을 사용한 경우
3. 성실·정확하게 중개대상물의 확인·설명을 하지 아니하거나 설명의 근거자료를
제시하지 아니한 경우
4. 해당 중개업무를 수행한 경우 중개대상물 확인·설명서에 서명 및 날인을 하지 아
니한 경우
5. 해당 중개업무를 수행한 경우 거래계약서에 서명 및 날인을 하지 아니한 경우
6. 거래계약서에 거래금액 등 거래내용을 거짓으로 기재하거나 서로 다른 둘 이상의
거래계약서를 작성한 경우
7. 「공인중개사법」 제33조 제1항 각 호 소정의 금지행위를 한 경우(중개의뢰인과의
직접 거래 등)

44 공인중개사법령상 공인중개사의 자격취소에 관한 설명으로 **틀린** 것은? • 29회

① 자격취소처분은 그 자격증을 교부한 시·도지사가 행한다.

② 처분권자가 자격을 취소하려면 청문을 실시해야 한다.

③ 자격취소처분을 받아 그 자격증을 반납하고자 하는 자는 그 처분을 받은 날부터 7일 이내에 반납해야 한다.

④ 처분권자가 자격취소처분을 한 때에는 5일 이내에 이를 국토교통부장관에게 보고해야 한다.

⑤ 자격증을 교부한 시·도지사와 중개사무소의 소재지를 관할하는 시·도지사가 서로 다른 경우에는 자격증을 교부한 시·도지사가 자격취소처분에 필요한 절차를 이행해야 한다.

키워드 자격취소

해설 자격증을 교부한 시·도지사와 중개사무소의 소재지를 관할하는 시·도지사가 서로 다른 경우에는 중개사무소의 소재지를 관할하는 시·도지사가 자격취소처분에 필요한 절차를 이행해야 한다.

45 공인중개사법령상 중개업무를 수행하는 소속공인중개사의 자격정지사유에 해당하지 **않는** 것은? • 29회

① 하나의 거래에 대하여 서로 다른 둘 이상의 거래계약서를 작성한 경우

② 국토교통부령으로 정하는 전속중개계약서에 의하지 않고 전속중개계약을 체결한 경우

③ 성실·정확하게 중개대상물의 확인·설명을 하지 않은 경우

④ 거래계약서에 거래금액 등 거래내용을 거짓으로 기재한 경우

⑤ 둘 이상의 중개사무소에 소속공인중개사로 소속된 경우

키워드 자격정지사유

해설 전속중개계약이 체결된 경우 전속중개계약서의 작성의무는 개업공인중개사에게 있다. 그러므로 소속공인중개사를 대상으로 하는 자격정지사유와는 무관하다.

46 공인중개사법령상 지도·감독에 관한 설명으로 옳은 것은?

• 28회

① 공인중개사자격증을 교부한 시·도지사와 공인중개사 사무소의 소재지를 관할하는 시·도지사가 서로 다른 경우, 국토교통부장관이 공인중개사의 자격취소처분을 행한다.

② 개업공인중개사가 등록하지 아니한 인장을 사용한 경우, 등록관청이 명할 수 있는 업무정지기간의 기준은 3개월이다.

③ 시·도지사가 가중하여 자격정지처분을 하는 경우, 그 자격정지기간은 6개월을 초과할 수 있다.

④ 등록관청은 개업공인중개사가 이동이 용이한 임시 중개시설물을 설치한 경우에는 중개사무소의 개설등록을 취소해야 한다.

⑤ 업무정지처분은 그 사유가 발생한 날부터 2년이 경과한 때에는 이를 할 수 없다.

키워드 업무정지기준

해설 ① 자격취소처분권자는 공인중개사자격증을 교부한 시·도지사가 된다.
③ 자격정지기간은 가중하여도 최대기간은 6개월을 초과할 수 없다.
④ 임시 중개시설물을 설치한 경우 등록관청은 중개사무소의 개설등록을 취소할 수 있다.
⑤ 업무정지처분은 그 사유가 발생한 날부터 3년이 경과한 때에는 이를 할 수 없다.

47 공인중개사법령상 등록관청이 인지하였다면 공인중개사인 개업공인중개사 甲의 중개사무소 개설등록을 취소하여야 하는 경우에 해당하지 <u>않는</u> 것은?

• 29회 수정

① 甲이 2019년 9월 12일에 사망한 경우

② 공인중개사법령을 위반한 甲에게 2019년 9월 12일에 400만원 벌금형이 선고되어 확정된 경우

③ 甲이 2019년 9월 12일에 배임죄로 징역 1년, 집행유예 1년 6개월이 선고되어 확정된 경우

④ 甲이 최근 1년 이내에 공인중개사법령을 위반하여 1회 업무정지처분, 2회 과태료처분을 받고 다시 업무정지처분에 해당하는 행위를 한 경우

⑤ 甲이 2019년 9월 12일에 다른 사람에게 자기의 성명을 사용하여 중개업무를 하게 한 경우

키워드 등록취소사유

해설 최근 1년 이내에 이 법에 의하여 2회 이상 업무정지처분을 받고 다시 업무정지처분에 해당하는 행위를 한 경우 절대적 등록취소사유에 해당된다.

48 공인중개사법령상 행정제재처분효과의 승계 등에 관한 설명으로 옳은 것은? • 29회

① 폐업기간이 13개월인 재등록개업공인중개사에게 폐업신고 전의 업무정지사유에 해당하는 위반행위에 대하여 업무정지처분을 할 수 있다.

② 폐업신고 전에 개업공인중개사에게 한 업무정지처분의 효과는 그 처분일부터 3년 간 재등록개업공인중개사에게 승계된다.

③ 폐업기간이 3년 6개월인 재등록개업공인중개사에게 폐업신고 전의 중개사무소 개설등록 취소사유에 해당하는 위반행위를 이유로 개설등록취소처분을 할 수 있다.

④ 폐업신고 전에 개업공인중개사에게 한 과태료부과처분의 효과는 그 처분일부터 9개월이 된 때에 재등록을 한 개업공인중개사에게 승계된다.

⑤ 재등록개업공인중개사에 대하여 폐업신고 전의 개설등록취소에 해당하는 위반행 위를 이유로 행정처분을 할 때 폐업의 사유는 고려하지 않는다.

키워드 승계규정

해설 ① 업무정지는 폐업기간이 1년을 초과한 경우 처분할 수 없다. 따라서 폐업기간이 13개월인 경우 업무정지처분을 할 수 없다.

② 폐업신고 전에 개업공인중개사에게 한 업무정지처분의 효과는 그 처분일부터 1년 간 재능독개업공인중개사에게 승계된다.

③ 등록취소는 폐업기간이 3년을 초과한 경우 처분할 수 없다. 따라서 폐업기간이 3년 6개월인 경우 등록취소처분을 할 수 없다.

⑤ 재등록개업공인중개사에 대하여 폐업신고 전의 개설등록취소에 해당하는 위반행 위를 이유로 행정처분을 할 때 폐업기간과 폐업의 사유 등을 고려하여야 한다.

49 공인중개사법령상 개업공인중개사의 업무정지사유이면서 중개행위를 한 소속공인중개사의 자격정지사유에 해당하는 것을 모두 고른 것은? • 29회

⊕

> ㉠ 인장등록을 하지 아니한 경우
> ㉡ 중개대상물 확인·설명서에 서명 및 날인을 하지 아니한 경우
> ㉢ 거래계약서에 서명 및 날인을 하지 아니한 경우
> ㉣ 중개대상물 확인·설명서를 교부하지 않은 경우

① ㉠, ㉡   ② ㉢, ㉣

③ ㉠, ㉡, ㉢   ④ ㉡, ㉢, ㉣

⑤ ㉠, ㉡, ㉢, ㉣

키워드 업무정지사유·자격정지사유

해설 ㉣ 중개대상물 확인·설명서를 교부하지 않은 경우는 개업공인중개사를 대상으로 하며, 이 경우 업무정지의 대상이다.

50 공인중개사법령상 소속공인중개사의 자격정지사유에 해당하는 것을 모두 고른 것은?

⊕ • 28회

> ㉠ 공인중개사자격증을 대여한 경우
> ㉡ 부정한 방법으로 공인중개사의 자격을 취득한 경우
> ㉢ 둘 이상의 중개사무소의 소속공인중개사가 된 경우
> ㉣ 거래당사자 쌍방을 대리하는 행위를 한 경우

① ㉠, ㉡   ② ㉠, ㉢

③ ㉢, ㉣   ④ ㉠, ㉡, ㉣

⑤ ㉡, ㉢, ㉣

키워드 소속공인중개사 자격정지사유

해설 공인중개사자격증을 대여한 경우, 부정한 방법으로 공인중개사의 자격을 취득한 경우 모두 자격취소사유에 해당한다. 따라서 자격정지사유에 해당하는 것은 ㉢과 ㉣이다.

51 ⓣ 공인중개사법 제7조에서 규정하고 있는 '자격증 대여 등의 금지' 행위에 해당하는 것을 모두 고른 것은?

• 28회

ㅤ㉠ 다른 사람의 공인중개사자격증을 양수하여 이를 사용하는 행위
ㅤ㉡ 공인중개사가 다른 사람에게 자기의 공인중개사자격증을 양도하는 행위
ㅤ㉢ 공인중개사가 다른 사람에게 자기의 공인중개사자격증을 대여하는 행위
ㅤ㉣ 공인중개사가 다른 사람에게 자기의 성명을 사용하여 중개업무를 하게 하는 행위

① ㉠, ㉣　　　　　　　　　② ㉡, ㉢
③ ㉠, ㉡, ㉢　　　　　　　④ ㉡, ㉢, ㉣
⑤ ㉠, ㉡, ㉢, ㉣

키워드 자격증 양도·대여 금지

해설 「공인중개사법」 제7조는 "공인중개사는 다른 사람에게 자기의 성명을 사용하여 중개업무를 하게 하거나 자기의 공인중개사자격증을 양도 또는 대여하여서는 아니 된다. 누구든지 다른 사람의 공인중개사자격증을 양수하거나 대여받아 이를 사용하여서는 아니 된다."라고 규정하고 있다.
따라서 ㉠㉡㉢㉣ 모두 '자격증 대여 등의 금지' 행위에 해당한다.

52 공인중개사법령상 개업공인중개사 중개사무소의 개설등록을 취소하여야 하는 경우를 모두 고른 것은?

> ㉠ 최근 1년 이내에 「공인중개사법」에 의하여 2회 업무정지처분을 받고 다시 업무정지처분에 해당하는 행위를 한 경우
> ㉡ 최근 1년 이내에 「공인중개사법」에 의하여 1회 업무정지처분, 2회 과태료처분을 받고 다시 업무정지처분에 해당하는 행위를 한 경우
> ㉢ 최근 1년 이내에 「공인중개사법」에 의하여 2회 업무정지처분, 1회 과태료처분을 받고 다시 업무정지처분에 해당하는 행위를 한 경우
> ㉣ 최근 1년 이내에 「공인중개사법」에 의하여 3회 과태료처분을 받고 다시 업무정지처분에 해당하는 행위를 한 경우

① ㉠
② ㉠, ㉢
③ ㉡, ㉣
④ ㉢, ㉣
⑤ ㉠, ㉡, ㉢

키워드 절대적 등록취소사유

해설 ㉠ 최근 1년 이내에 「공인중개사법」에 의하여 2회 업무정지처분을 받고 다시 업무정지처분에 해당하는 행위를 한 경우 – 절대적 등록취소사유

㉡ 최근 1년 이내에 「공인중개사법」에 의하여 1회 업무정지처분, 2회 과태료처분을 받고 다시 업무정지처분에 해당하는 행위를 한 경우 – 상대적 등록취소사유

㉢ 최근 1년 이내에 「공인중개사법」에 의하여 2회 업무정지처분, 1회 과태료처분을 받고 다시 업무정지처분에 해당하는 행위를 한 경우 – 절대적 등록취소사유

㉣ 최근 1년 이내에 「공인중개사법」에 의하여 3회 과태료처분을 받고 다시 업무정지처분에 해당하는 행위를 한 경우 – 상대적 등록취소사유

53 공인중개사법령상 공인중개사의 자격취소에 관한 설명으로 옳은 것은?　• 27회

(上)

① 공인중개사 자격취소처분을 받은 개업공인중개사는 중개사무소의 소재지를 관할하는 시·도지사에게 공인중개사자격증을 반납해야 한다.

② 부정한 방법으로 공인중개사의 자격을 취득한 경우 자격취소사유에 해당하며, 1년 이하의 징역 또는 1천만원 이하의 벌금에 처해진다.

③ 시·도지사는 공인중개사의 자격취소처분을 한 때에는 7일 이내에 이를 국토교통부장관에게 보고해야 한다.

④ 자격증을 교부한 시·도지사와 공인중개사 사무소의 소재지를 관할하는 시·도지사가 다른 경우, 자격증을 교부한 시·도지사가 자격취소처분에 필요한 절차를 이행한다.

⑤ 공인중개사가 자격정지처분을 받고 그 정지기간 중에 다른 개업공인중개사의 소속공인중개사가 된 경우 자격취소사유가 된다.

키워드　자격취소절차

해 설　① 공인중개사 자격취소처분을 받은 개업공인중개사는 자격취소처분을 받은 날부터 7일 이내에 그 공인중개사자격증을 교부한 시·도지사에게 공인중개사자격증을 반납해야 한다.

② 부정한 방법으로 공인중개사의 자격을 취득한 경우 자격취소사유에 해당한다. 하지만 1년 이하의 징역 또는 1천만원 이하의 벌금인 행정형벌의 대상은 되지 않는다.

③ 공인중개사의 자격취소처분을 한 시·도지사는 5일 이내에 이를 국토교통부장관에게 보고하고, 다른 시·도지사에게 통지하여야 한다.

④ 자격증을 교부한 시·도지사와 공인중개사 사무소의 소재지를 관할하는 시·도지사가 다른 경우, 사무소의 소재지를 관할하는 시·도지사가 자격취소처분에 필요한 절차를 이행한다.

정답　**52** ②　**53** ⑤

54

공인중개사법령상 공인중개사자격·자격증, 중개사무소등록증에 관한 설명으로 **틀린** 것은? (다툼이 있으면 판례에 따름) • 26회

① 자격증 대여행위는 유·무상을 불문하고 허용되지 않는다.

② 자격을 취득하지 않은 자가 자신의 명함에 '부동산뉴스(중개사무소의 상호임) 대표' 라는 명칭을 기재하여 사용한 것은 공인중개사와 유사한 명칭을 사용한 것에 해당한다.

③ 공인중개사가 자기 명의로 개설등록을 마친 후 무자격자에게 중개사무소의 경영에 관여하게 하고 이익을 분배하였더라도 그 무자격자에게 부동산거래 중개행위를 하도록 한 것이 아니라면 등록증 대여행위에 해당하지 않는다.

④ 개업공인중개사가 등록증을 타인에게 대여한 경우 공인중개사자격의 취소사유가 된다.

⑤ 자격증이나 등록증을 타인에게 대여한 자는 1년 이하의 징역 또는 1천만원 이하의 벌금에 처한다.

키워드 등록취소사유

해설 개업공인중개사가 등록증을 타인에게 대여한 경우 절대적 등록취소사유에 해당한다.

55

공인중개사법령상 개업공인중개사의 사유로 중개사무소 개설등록을 취소할 수 있는 경우가 **아닌** 것은? • 26회

① 중개사무소 등록기준에 미달하게 된 경우

② 국토교통부령으로 정하는 전속중개계약서에 의하지 아니하고 전속중개계약을 체결한 경우

③ 이동이 용이한 임시 중개시설물을 설치한 경우

④ 대통령령으로 정하는 부득이한 사유가 없음에도 계속하여 6개월을 초과하여 휴업한 경우

⑤ 손해배상책임을 보장하기 위한 조치를 이행하지 아니하고 업무를 개시한 경우

키워드 상대적 등록취소사유

해설 국토교통부령으로 정하는 전속중개계약서에 의하지 아니하고 전속중개계약을 체결한 경우 업무정지사유에 해당한다.

56 공인중개사법령상 중개사무소의 개설등록을 반드시 취소해야 하는 사유가 <u>아닌</u> 것은?

• 25회 수정

① 개업공인중개사인 법인이 해산한 경우
② 거짓된 방법으로 중개사무소의 개설등록을 하는 경우
③ 이중으로 중개사무소의 개설등록을 한 경우
④ 개업공인중개사가 다른 개업공인중개사의 중개보조원이 된 경우
⑤ 개업공인중개사가 천막 등 이동이 용이한 임시 중개시설물을 설치한 경우

키워드 상대적 등록취소사유

해설 개업공인중개사가 천막 등 이동이 용이한 임시 중개시설물을 설치한 경우는 상대적 (= 임의적, 재량적) 등록취소사유에 해당한다.

57 공인중개사법령상 개업공인중개사의 업무정지사유인 동시에 중개행위를 한 소속공인 중개사의 자격정지사유에 해당하는 것은?

• 26회

① 최근 1년 이내에 「공인중개사법」에 의하여 2회 이상 업무정지처분을 받고 다시 과태료의 처분에 해당하는 행위를 한 경우
② 거래계약서 사본을 보존기간 동안 보존하지 아니한 경우
③ 거래계약서를 작성·교부하지 아니한 경우
④ 중개대상물 확인·설명서에 서명 및 날인을 하지 아니한 경우
⑤ 중개대상물 확인·설명서를 교부하지 아니한 경우

키워드 업무정지사유·자격정지사유

해설 중개대상물 확인·설명서에 서명 및 날인을 하지 아니한 경우 개업공인중개사는 업무 정지에 해당하며, 소속공인중개사는 자격정지에 해당한다.

58 공인중개사법령상 개업공인중개사에 대한 업무정지처분을 할 수 <u>없는</u> 경우는?

中

• 25회 수정

① 개업공인중개사가 등록하지 아니한 인장을 사용한 경우
② 개업공인중개사가 최근 1년 이내에 「공인중개사법」에 의하여 1회의 과태료처분을 받고 다시 과태료처분에 해당하는 행위를 한 경우
③ 개업공인중개사가 부동산거래정보망에 중개대상물에 관한 정보를 거짓으로 공개한 경우
④ 법인인 개업공인중개사가 최근 1년 이내에 겸업금지규정을 1회 위반한 경우
⑤ 중개대상물 확인·설명서 원본, 사본 또는 전자문서의 보존기간을 준수하지 않은 경우

키워드 업무정지사유
해설 개업공인중개사가 최근 1년 이내에 「공인중개사법」에 의하여 2회 이상 업무정지 또는 과태료처분을 받고 다시 과태료처분에 해당하는 행위를 한 경우 업무정지사유에 해당한다.

59 공인중개사법령상 개업공인중개사인 甲에 대한 처분으로 옳음(○), 틀림(×)의 표기가

上 옳은 것은? (주어진 사례의 조건만 고려함)

• 26회

> ⊙ 甲이 중개사무소등록증을 대여한 날부터 2개월 후 폐업을 하였고, 2년의 폐업기간 경과 후 다시 개설등록을 하고 업무개시를 한 경우, 위 대여행위를 이유로 업무정지처분을 할 수 있다.
> ○ 甲이 미성년자를 중개보조원으로 고용한 날부터 45일만에 고용관계를 해소한 경우, 이를 이유로 업무정지처분을 할 수 있다.
> ⓒ 甲이 업무정지사유에 해당하는 거짓 보고를 한 날부터 1개월 후 폐업을 하였고 4년의 폐업기간 경과 후 다시 개설등록을 한 경우, 위 거짓 보고를 한 행위를 이유로 업무정지처분을 할 수 있다.

① ⊙ (○), ○ (○), ⓒ (○)
② ⊙ (○), ○ (○), ⓒ (×)
③ ⊙ (○), ○ (×), ⓒ (×)
④ ⊙ (×), ○ (○), ⓒ (×)
⑤ ⊙ (×), ○ (×), ⓒ (×)

해설 ㉠ 甲이 중개사무소등록증을 대여한 날부터 2개월 후 폐업을 하였고, 2년의 폐업기간 경과 후 다시 개설등록을 하고 업무개시를 한 경우, 위 대여행위를 이유로 업무정지처분을 할 수 없다. 甲의 중개사무소등록증 대여행위는 절대적 등록취소사유에 해당하고, 이 경우 폐업기간이 3년을 초과하지 아니하였으므로 개설등록을 취소하여야 한다.

㉡ 甲이 미성년자를 중개보조원으로 고용한 날부터 45일만에 고용관계를 해소한 경우, 이를 이유로 업무정지처분을 할 수 없다. 결격사유에 해당하는 고용인을 2개월 이내에 해소한 경우 개업공인중개사는 업무정지에 해당하지 않는다.

㉢ 甲이 업무정지사유에 해당하는 거짓 보고를 한 날부터 1개월 후 폐업을 하였고 4년의 폐업기간 경과 후 다시 개설등록을 한 경우, 위 거짓 보고를 한 행위를 이유로 업무정지처분을 할 수 없다. 업무정지처분은 폐업기간이 1년이 경과한 경우 처분을 할 수 없다.

60 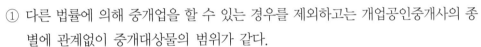 공인중개사법령의 내용에 관한 설명으로 **틀린** 것은? • 25회 수정

① 다른 법률에 의해 중개업을 할 수 있는 경우를 제외하고는 개업공인중개사의 종별에 관계없이 중개대상물의 범위가 같다.

② 개업공인중개사가 아닌 자는 중개대상물에 대한 표시·광고를 하여서는 아니된다.

③ 중개보조원의 업무상 비밀누설금지의무는 업무를 떠난 후에도 요구된다.

④ 폐업신고 전의 개업공인중개사에 대하여 위반행위를 사유로 행한 업무정지처분의 효과는 폐업일로부터 1년간 다시 개설등록을 한 자에게 승계된다.

⑤ 국토교통부장관은 부동산거래정보망을 설치·운영할 자를 지정할 수 있다.

해설 폐업신고 전의 개업공인중개사에 대하여 위반행위를 사유로 행한 업무정지처분의 효과는 처분일로부터 1년간 다시 개설등록을 한 자에게 승계된다. 따라서 '폐업일'을 '처분일'로 하여야 맞는 지문이 된다.

61 공인중개사법령상 공인중개사의 자격취소에 관한 설명으로 **틀린** 것은?　•26회

① 자격취소처분은 중개사무소의 소재지를 관할하는 시·도지사가 한다.

② 시·도지사는 자격증 대여를 이유로 자격을 취소하고자 하는 경우 청문을 실시해야 한다.

③ 시·도지사는 자격취소처분을 한 때에는 5일 이내에 이를 국토교통부장관에게 보고하고 다른 시·도지사에게 통지해야 한다.

④ 자격취소처분을 받아 자격증을 반납하고자 하는 자는 그 처분을 받은 날부터 7일 이내에 반납해야 한다.

⑤ 자격이 취소된 자는 자격증을 교부한 시·도지사에게 그 자격증을 반납해야 한다.

키워드 자격취소절차

해설 자격취소처분은 그 공인중개사자격증을 교부한 시·도지사가 행한다. 만약 자격증을 교부한 시·도지사와 공인중개사의 사무소를 관할하는 시·도지사가 서로 다른 경우에는 공인중개사 사무소의 소재지를 관할하는 시·도지사가 자격취소 및 자격정지처분에 관한 절차를 모두 이행한 후 자격증을 교부한 시·도지사에게 통보하여야 한다.

62 공인중개사법령의 내용으로 옳은 것은? (다툼이 있으면 판례에 따름)　•26회

① 지역농업협동조합이 농지의 임대차에 관한 중개업무를 하려면 「공인중개사법」에 따라 중개사무소 개설등록을 해야 한다.

② 휴업기간 중에 있는 개업공인중개사는 다른 개업공인중개사인 법인의 사원이 될 수 있다.

③ 시·도지사가 공인중개사의 자격정지처분을 한 경우에 다른 시·도지사에게 통지해야 하는 규정이 없다.

④ 등록의 결격사유 중 '이 법을 위반하여 300만원 이상의 벌금형의 선고를 받고 3년이 경과되지 아니한 자'에 개업공인중개사가 사용주로서 양벌규정으로 처벌받은 경우도 포함된다.

⑤ 업무의 정지에 관한 기준은 대통령령으로 정하고, 과태료는 국토교통부령으로 정하는 바에 따라 부과·징수한다.

키워드 자격정지절차

해설 ① 지역농업협동조합이 농지의 임대차에 관한 중개업무를 하려면 「공인중개사법」에 따라 중개사무소 개설등록을 하지 않아도 된다.

② 휴업기간 중에 있는 개업공인중개사는 다른 개업공인중개사인 법인의 사원이 될 수 없다. 즉, 휴업기간 중에도 이중소속 금지규정은 적용된다.

④ 등록의 결격사유 중 '이 법을 위반하여 300만원 이상의 벌금형의 선고를 받고 3년 이 경과되지 아니한 자'에 개업공인중개사가 사용주로서 양벌규정으로 처벌받은 경 우는 포함되지 않는다.

⑤ 업무의 정지에 관한 기준은 국토교통부령으로 정하고, 과태료는 대통령령으로 정 하는 바에 따라 부과·징수한다.

63

공인중개사법령상 공인중개사 자격취소와 자격정지에 관한 설명으로 틀린 것은?

• 25회

① 자격취소 또는 자격정지처분을 할 수 있는 자는 자격증을 교부한 시·도지사이다.

② 자격취소처분은 공인중개사를 대상으로, 자격정지처분은 소속공인중개사를 대상 으로 한다.

③ 자격정지처분을 받고 그 자격정지기간 중에 중개업무를 행한 경우는 자격취소사 유에 해당한다.

④ 공인중개사에 대하여 자격취소와 자격정지를 명할 수 있는 자는 자격취소 또는 자격정지처분을 한 때에 5일 이내에 국토교통부장관에게 보고해야 한다.

⑤ 자격정지사유에는 행정형벌이 병과될 수 있는 경우도 있다.

키워드 자격취소·자격정지

해설 공인중개사에 대하여 자격취소를 명할 수 있는 자는 자격취소처분을 한 때에 5일 이 내에 국토교통부장관에게 보고해야 한다. 하지만 자격정지의 경우는 그러한 규정이 없다.

정답 61 ① 62 ③ 63 ④

벌칙(행정벌)

더 많은 기출문제를 풀고 싶다면?
단원별 기출문제집
[공인중개사법령 및 중개실무]
pp.196~204

▌5개년 출제빈도 분석표

28회	29회	30회	31회	32회
2	2	1	2	1

▌빈출 키워드

☑ 행정형벌
☑ 행정질서벌

대표기출 | 연습

01 공인중개사법령상 벌금부과기준에 해당하는 자를 모두 고른 것은? • 31회

> ㉠ 중개사무소 개설등록을 하지 아니하고 중개업을 한 공인중개사
> ㉡ 거짓으로 중개사무소의 개설등록을 한 자
> ㉢ 등록관청의 관할 구역 안에 두 개의 중개사무소를 개설등록한 개업공인중개사
> ㉣ 임시 중개시설물을 설치한 개업공인중개사
> ㉤ 중개대상물이 존재하지 않아서 거래할 수 없는 중개대상물을 광고한 개업공인중개사

① ㉠
② ㉠, ㉡
③ ㉡, ㉢, ㉤
④ ㉠, ㉡, ㉢, ㉣
⑤ ㉠, ㉡, ㉢, ㉣, ㉤

키워드 행정형벌   28회, 29회, 31회
교수님 TIP 행정형벌의 종류, 사유를 암기하여야 합니다.

해설 ㉤ 중개대상물이 존재하지 않아서 거래할 수 없는 중개대상물을 광고한 개업공인중개사는 부당한 표시·광고행위를 한 것이며, 이 경우 500만원 이하의 과태료대상이 된다.

정답 ④

02 공인중개사법령상 개업공인중개사의 행위 중 과태료 부과대상이 <u>아닌</u> 것은?

• 32회

① 중개대상물의 거래상의 중요사항에 관해 거짓된 언행으로 중개의뢰인의 판단을 그르치게 한 경우
② 휴업신고에 따라 휴업한 중개업을 재개하면서 등록관청에 그 사실을 신고하지 않은 경우
③ 중개대상물에 관한 권리를 취득하려는 중개의뢰인에게 해당 중개대상물의 권리관계를 성실·정확하게 확인·설명하지 않은 경우
④ 인터넷을 이용하여 중개대상물에 대한 표시·광고를 하면서 중개대상물의 종류별로 가격 및 거래형태를 명시하지 않은 경우
⑤ 연수교육을 정당한 사유 없이 받지 않은 경우

키워드 과태료 부과대상자

31회, 32회

교수님 TIP 공인중개사법령상 과태료사유에 대해 학습하여야 합니다.

해설 중개대상물의 거래상의 중요사항에 관해 거짓된 언행으로 중개의뢰인의 판단을 그르치게 한 경우 「공인중개사법」 제38조 제2항 제9호에 해당하므로 상대적 등록취소사유에 해당한다. 또한, 「공인중개사법」 제49조 제1항 제10호에 해당하므로 1년 이하의 징역 또는 1천만원 이하의 벌금 부과대상이다.
② 휴업신고에 따라 휴업한 중개업을 재개하면서 등록관청에 그 사실을 신고하지 않은 경우 ⇨ 100만원 이하의 과태료(법 제51조 제3항 제4호)
③ 중개대상물에 관한 권리를 취득하려는 중개의뢰인에게 해당 중개대상물의 권리관계를 성실·정확하게 확인·설명하지 않은 경우 ⇨ 500만원 이하의 과태료(법 제51조 제2항 제1의5호)
④ 인터넷을 이용하여 중개대상물에 대한 표시·광고를 하면서 중개대상물의 종류별로 가격 및 거래형태를 명시하지 않은 경우 ⇨ 100만원 이하의 과태료(법 제51조 제3항 제2의2호)
⑤ 연수교육을 정당한 사유 없이 받지 않은 경우 ⇨ 500만원 이하의 과태료(법 제51조 제2항 제5의2호)

정답 ①

01 공인중개사법령상 벌칙 내용으로 옳은 것은?

中

① 안내문, 온라인 커뮤니티 등을 이용하여 특정 가격 이하로 중개를 의뢰하지 아니하도록 유도하는 행위를 한 개업공인중개사는 1년 이하의 징역 또는 1천만원 이하의 벌금에 처한다.

② 업무상 알게 된 비밀을 누설한 개업공인중개사는 1년 이하의 징역 또는 1천만원 이하의 벌금에 처한다.

③ 단체를 구성하여 특정 중개대상물에 대하여 중개를 제한하거나 단체 구성원 이외의 자와 공동중개를 제한하는 행위를 한 자는 1년 이하의 징역 또는 1천만원 이하의 벌금에 처한다.

④ 공인중개사자격증을 다른 사람에게 양도·대여한 자는 3년 이하의 징역 또는 3천만원 이하의 벌금에 처한다.

⑤ 서로 다른 둘 이상의 거래계약서를 작성하거나 거래금액 등을 거짓으로 기재한 개업공인중개사는 1년 이하의 징역 또는 1천만원 이하의 벌금에 처한다.

키워드 1년 이하의 징역 또는 1천만원 이하의 벌금
해설 ①③ 3년 이하의 징역 또는 3천만원 이하의 벌금에 해당한다.
④ 1년 이하의 징역 또는 1천만원 이하의 벌금에 해당한다.
⑤ 임의적(상대적) 등록취소사유에 해당한다. 행정형벌인 징역이나 벌금은 받지 아니한다.

02 공인중개사법령상 1년 이하의 징역 또는 1천만원 이하의 벌금에 처해지는 자에 해당되는 것은 모두 몇 개인가?

⊕

> ○ 부당한 이익을 얻거나 제3자에게 부당한 이익을 얻게 할 목적으로 거짓으로 거래가 완료된 것처럼 꾸미는 등 중개대상물의 시세에 부당한 영향을 주거나 줄 우려가 있는 행위
> ○ 다른 사람에게 공인중개사자격증을 양도·대여한 자
> ○ 정당한 사유 없이 개업공인중개사등의 중개대상물에 대한 정당한 표시·광고행위를 방해하는 행위
> ○ 개업공인중개사로서 그 업무상 알게 된 비밀을 누설한 자
> ○ 개업공인중개사가 확인·설명의무를 이행하지 아니한 경우

① 1개 ② 2개
③ 3개 ④ 4개
⑤ 5개

키워드 1년 이하의 징역 또는 1천만원 이하의 벌금

해설 ㉠㉢ 3년 이하의 징역 또는 3천만원 이하의 벌금대상이다.
㉡㉣ 1년 이하의 징역 또는 1천만원 이하의 벌금사유이다.
㉤ 500만원 이하의 과태료대상이다.

03 공인중개사법령상 가장 무거운 행정형벌에 해당되는 것은?

⊕

① 중개업등록증 또는 공인중개사자격증을 다른 사람에게 양도·대여하거나 양수·대여받은 자
② 안내문, 온라인 커뮤니티 등을 이용하여 중개대상물에 대하여 시세보다 현저하게 높게 표시·광고 또는 중개하는 특정 개업공인중개사등에게만 중개의뢰를 하도록 유도함으로써 다른 개업공인중개사등을 부당하게 차별하는 행위
③ 공인중개사가 아닌 자가 공인중개사 또는 이와 유사한 명칭을 사용한 자
④ 둘 이상의 중개사무소에 소속한 개업공인중개사
⑤ 업무상 알게 된 비밀을 누설한 자

키워드 과태료 부과기준

해설 ①③④⑤ 1년 이하의 징역 또는 1천만원 이하의 벌금사유에 해당한다.
② 3년 이하의 징역 또는 3천만원 이하의 벌금사유에 해당한다.

정답 01 ② 02 ② 03 ②

04 공인중개사법령상 개업공인중개사에 대한 벌칙규정 내용이 바르게 연결된 것을 모두 고른 것은?

㉠ 안내문, 온라인 커뮤니티 등을 이용하여 특정 가격 이하로 중개를 의뢰하지 아니하도록 유도하는 행위를 한 자 − 1년 이하의 징역 또는 1천만원 이하의 벌금
㉡ 개업공인중개사가 인터넷을 이용하여 중개대상물에 대한 표시·광고를 하는 때에는 중개대상물의 종류별로 소재지, 면적, 가격 등의 사항을 명시하여야 한다는 규정을 위반하여 표시·광고한 자 − 500만원 이하의 과태료
㉢ 중개의뢰인과 직접 거래를 한 자 − 3년 이하의 징역 또는 3천만원 이하의 벌금
㉣ 등록취소 후 중개사무소등록증을 반납하지 아니한 자 − 100만원 이하의 과태료
㉤ 이중으로 중개사무소의 개설등록을 하거나 둘 이상의 중개사무소에 소속된 자 − 1년 이하의 징역 또는 1천만원 이하의 벌금

① ㉠, ㉡, ㉢
② ㉠, ㉡, ㉤
③ ㉠, ㉣, ㉤
④ ㉡, ㉢, ㉣
⑤ ㉢, ㉣, ㉤

키워드 과태료 부과기준
해설 ㉠ 3년 이하의 징역 또는 3천만원 이하의 벌금사유이다.
㉡ 100만원 이하의 과태료사유이다.

05 1년 이하의 징역 또는 1천만원 이하의 벌금형의 사유에 해당되는 것은 모두 몇 개인가?

㉠ 둘 이상의 중개사무소를 설치하거나 천막 등 임시 중개시설물을 설치한 개업공인중개사
㉡ 둘 이상의 중개사무소 개설등록을 한 자
㉢ 둘 이상의 중개사무소에 소속한 소속공인중개사
㉣ 공개의뢰받은 정보를 의뢰받은 내용과 다르게 공개하거나 개업공인중개사에 따라 정보를 차별적으로 공개한 부동산거래정보사업자
㉤ 서로 다른 둘 이상의 거래계약서를 작성하거나 거래금액 등 거래내용을 거짓으로 거래계약서에 기재한 소속공인중개사

① 1개
② 2개
③ 3개
④ 4개
⑤ 5개

해 설 ⑩ 소속공인중개사가 서로 다른 둘 이상의 거래계약서를 작성하거나 거래금액 등 거래내용을 거짓으로 거래계약서에 기재한 경우 자격정지사유에 해당한다.

06 다음 설명 중 옳은 것은?

① 부칙 제6조 제2항에 규정된 개업공인중개사가 사무소의 명칭에 '공인중개사사무소'라는 문자를 사용하면 1년 이하의 징역 또는 1천만원 이하의 벌금형을 받을 수 있다.

② 개업공인중개사의 경우 원칙적으로 행정처분과 행정형벌은 병과·부과할 수 없으나, 행정처분과 행정질서벌은 병과·부과할 수 있다.

③ 소속공인중개사의 자격증을 게시하지 아니한 경우 소속공인중개사에 대하여 과태료를 과한다.

④ 거래정보사업자가 개업공인중개사에 따라 차별적으로 정보를 공개한 경우에는 행정형벌과 행정처분이 병과·부과될 수 있다.

⑤ 개업공인중개사가 상가건물에 대한 매매계약의 중개보수로 의뢰인과 협의하여 매매대금의 1,000분의 9 외에 권리금에 관한 중개의 대가로 별도의 금품을 받은 경우 행정처분 및 행정형벌을 과할 수 있다.

키워드 행정형벌·행정처분
해 설 ① 100만원 이하의 과태료에 처한다.
② 개업공인중개사의 경우 원칙적으로 행정처분과 행정형벌은 병과·부과할 수 있으나, 행정처분과 행정질서벌은 병과·부과할 수 없다.
③ 개업공인중개사에 대하여 과태료를 과한다.
⑤ 「공인중개사법」상 금지행위에 해당하지 아니하므로 행정처분 및 행정형벌의 대상이 되지 않는다.

정답 04 ⑤ 05 ④ 06 ④

07 공인중개사법령상 행정형벌의 대상이 됨과 동시에 행정처분의 대상이 되는 경우는?

① 개업공인중개사가 업무보증을 설정하지 아니하고 중개업무를 개시한 경우
② 개업공인중개사가 거짓된 언행 등으로 중개의뢰인의 판단을 그르치게 한 경우
③ 소속공인중개사가 자격취소처분을 받은 경우 자격증을 반납하지 않은 경우
④ 개업공인중개사가 중개행위에 사용할 인장을 등록하지 아니한 경우
⑤ 전속중개계약을 체결한 개업공인중개사가 의뢰인의 비공개요청을 무시하고 정보를 공개한 경우

키워드 행정형벌·행정처분
해설 ① 상대적(임의적, 재량적) 등록취소처분 사유에 해당한다.
② 1년 이하의 징역 또는 1천만원 이하의 벌금에 해당하는 금지행위로서 임의적 등록취소처분 사유에도 해당한다.
③ 행정질서벌인 100만원 이하의 과태료대상이 된다.
④ 업무정지처분 사유에 해당한다.
⑤ 임의적(상대적) 등록취소처분 사유에 해당한다.

08 행정처분과 행정형벌이 병과·부과되는 경우는?

① 거짓이나 그 밖에 부정한 방법으로 공인중개사자격을 취득한 경우
② 거짓이나 그 밖에 부정한 방법으로 거래정보사업자 지정을 받은 경우
③ 중개보조원이 둘 이상의 중개사무소에 소속한 경우
④ 중개사무소의 개설등록을 하지 아니하고 중개업을 영위한 경우
⑤ 거짓이나 그 밖에 부정한 방법으로 중개사무소를 개설등록한 경우

키워드 행정형벌·행정처분
해설 ① 자격취소사유에만 해당한다.
② 지정취소사유에만 해당한다.
③ 1년 이하의 징역 또는 1천만원 이하의 벌금형에만 해당한다.
④ 3년 이하의 징역 또는 3천만원 이하의 벌금형에만 해당한다.
⑤ 등록취소처분과 3년 이하의 징역 또는 3천만원 이하의 벌금형에 해당한다.

09 행정처분과 행정형벌이 동시에 적용되는 경우는?

① 개업공인중개사가 피한정후견인 선고를 받고 계속 중개업을 한 경우
② 명함에 '공인중개사사무소 대표 ○○○'라고 표기한 공인중개사자격이 없는 자
③ 보증기간 만료일까지 다시 업무보증을 설정하지 아니하고 중개업을 한 경우
④ 중개의뢰인과 직접 거래를 하거나 거래당사자 쌍방을 대리하는 행위
⑤ 중개사무소의 개설등록을 하지 아니하고 중개업을 영위하는 자

키워드 행정형벌·행정처분
해설 ① 개업공인중개사가 피한정후견인 선고를 받고 계속 중개업을 한 경우 등록취소인 행정처분의 대상이 된다.
② 명함에 '공인중개사사무소 대표 ○○○'라고 표기한 공인중개사자격이 없는 자는 1년 이하의 징역 또는 1천만원 이하의 벌금인 행정형벌의 대상이 된다.
③ 보증기간 만료일까지 다시 업무보증을 설정하지 아니하고 중개업을 한 경우 업무정지인 행정처분의 대상이 된다.
⑤ 중개사무소의 개설등록을 하지 아니하고 중개업을 영위하는 자는 3년 이하의 징역 또는 3천만원 이하의 벌금인 행정형벌의 대상이 된다.

10 공인중개사법 위반 시 제재사항 중 행정형벌이 되지 <u>않는</u> 것은?

① 개업공인중개사가 법정기한 내에 중개사무소 이전신고를 행하지 않은 경우
② 거래정보사업자가 개업공인중개사로부터 의뢰받은 중개대상물에 관한 정보와 다르게 정보를 공개하거나 차별적으로 공개한 경우
③ 개업공인중개사가 이중등록을 행한 경우
④ 거짓이나 그 밖의 부정한 방법으로 중개사무소의 개설등록을 행한 경우
⑤ 개업공인중개사가 분양권의 매매를 업으로 행한 경우

키워드 행정형벌
해설 ① 사무소 이전신고의무 위반의 경우에는 100만원 이하의 과태료인 행정질서벌 사유에 해당한다.
②③④⑤ 행정형벌 및 행정처분의 대상이 되는 사유에 해당한다.

정답 07 ② 08 ⑤ 09 ④ 10 ①

11 공인중개사법령상 3년 이하의 징역 또는 3천만원 이하의 벌금에 처해지는 것을 모두
고른 것은?

> ㉠ 중개사무소등록증을 다른 사람에게 양도·대여한 자
> ㉡ 이중으로 중개사무소의 개설등록을 하거나 둘 이상의 중개사무소에 소속된 자
> ㉢ 탈세 등 관계 법령을 위반할 목적으로 소유권이전등기를 하지 아니한 부동산의 매매
> 를 중개하는 등 부동산투기를 조장하는 행위를 한 자
> ㉣ 개업공인중개사등에게 중개대상물을 시세보다 현저하게 높게 표시·광고하도록 강요
> 하거나 대가를 약속하고 시세보다 현저하게 높게 표시·광고하도록 유도하는 행위
> ㉤ 다른 사람에게 자기의 성명을 사용하여 중개업무를 하게 한 자

① ㉠, ㉡ 　　　　　　　　　　② ㉠, ㉤
③ ㉡, ㉣ 　　　　　　　　　　④ ㉢, ㉣
⑤ ㉢, ㉤

> **키워드** 3년 이하의 징역 또는 3천만원 이하의 벌금
> **해설** ㉠㉡㉤ 1년 이하의 징역 또는 1천만원 이하의 벌금사유에 해당한다.

12 3년 이하의 징역 또는 3천만원 이하의 벌금형에 해당하는 경우가 <u>아닌</u> 것은?

① 거짓이나 그 밖에 부정한 방법으로 중개사무소의 개설등록을 한 경우
② 부동산의 분양·임대 등과 관련 있는 증서 등의 매매·교환 등을 중개하거나 그
증서의 매매를 업으로 하는 행위
③ 중개의뢰인과 직접 거래를 하거나 거래당사자 쌍방을 대리하는 행위
④ 개업공인중개사등이 해당 중개대상물 거래상의 중요사항에 관하여 거짓된 언행
그 밖의 방법으로 중개의뢰인의 판단을 그르치게 하는 행위
⑤ 중개사무소의 개설등록을 하지 아니하고 중개업을 한 경우

> **키워드** 3년 이하의 징역 또는 3천만원 이하의 벌금
> **해설** 개업공인중개사등이 해당 중개대상물 거래상의 중요사항에 관하여 거짓된 언행 그 밖
> 의 방법으로 중개의뢰인의 판단을 그르치게 하는 행위는 1년 이하의 징역 또는 1천만
> 원 이하의 벌금형에 해당한다.

13 공인중개사법 제50조의 양벌규정에 관한 설명으로 틀린 것은?

① 개업공인중개사가 양벌규정에 의해 「공인중개사법」상 300만원 이상의 벌금형을 선고받은 경우라도 「공인중개사법」 제10조 결격사유에 해당되는 것은 아니다.
② 중개법인의 임원 또는 사원의 위반행위에 대해서도 중개법인은 양벌규정에 따라 상당한 주의·감독 여부에 따라 벌금형을 선고받을 수 있다.
③ 양벌규정은 개업공인중개사가 그 위반행위를 방지하기 위하여 해당 업무에 관하여 상당한 주의와 감독을 게을리하지 아니한 경우에는 적용되지 않는다.
④ 개인인 개업공인중개사도 양벌규정에 의해 상당한 주의·감독 여부에 따라 벌금형을 선고받을 수 있다.
⑤ 소속공인중개사가 「공인중개사법」 제48조(3년/3천만원) 또는 제49조(1년/1천만원)에 해당하는 위반행위를 한 경우 그를 고용한 개업공인중개사도 소속공인중개사와 동일한 행정형벌을 과한다.

키워드 행정형벌
해설 소속공인중개사가 「공인중개사법」 제48조(3년/3천만원) 또는 제49조(1년/1천만원)에 해당하는 위반행위를 한 경우 그 행위자를 벌하는 외에 그를 고용한 개업공인중개사에 대하여도 해당 조(條)에 규정된 벌금형을 과한다.

14 공인중개사법령상 1년 이하의 징역 또는 1천만원 이하의 벌금에 처해지는 사유 중 피해자의 명시한 의사에 반하여 벌할 수 없는 사유는?

① 공인중개사가 아닌 자로서 공인중개사 또는 이와 유사한 명칭을 사용한 자
② 업무상 알게 된 비밀을 누설한 경우
③ 법정중개보수 외에 금품을 받은 경우
④ 개업공인중개사가 휴업기간 중에 다른 개업공인중개사에 소속하여 중개업무를 한 경우
⑤ 둘 이상의 중개사무소에 소속된 경우

키워드 1년 이하의 징역 또는 1천만원 이하의 벌금
해설 비밀을 누설한 경우 1년 이하의 징역 또는 1천만원 이하의 벌금사유에 해당한다. 이 경우 비밀준수의무 위반은 피해자의 명시한 의사에 반하여 벌할 수 없는 '반의사불벌죄'에 해당한다.

15 공인중개사법령상의 벌칙에 관한 설명으로 옳은 것은?

① 개업공인중개사가 의뢰받은 중개대상물에 대하여 표시·광고를 하는 경우로서 중개사무소, 개업공인중개사에 관한 사항 등을 명시하여야 하며, 중개보조원에 관한 사항은 명시해서는 아니 된다는 규정을 위반하여 표시·광고한 경우 500만원 이하의 과태료의 대상이 된다.

② 옥외광고물에 성명을 표기하지 아니하거나 거짓으로 표기한 자는 500만원 이하의 과태료의 대상이 된다.

③ 개업공인중개사가 거래계약서에 거래금액 등을 거짓으로 기재하거나 서로 다른 둘 이상의 거래계약서를 작성한 경우 절대적 등록취소처분에 해당한다.

④ 자격이 취소된 자가 자격증을 못 쓰게 되어 공인중개사자격증을 반납할 수 없는 경우 그 사유서를 제출하지 아니한 때에는 500만원 이하의 과태료처분에 해당한다.

⑤ 중개대상물의 선택에 중요한 영향을 미칠 수 있는 사실을 빠뜨리거나 은폐·축소하는 등의 방법으로 소비자를 속이는 표시·광고를 한 개업공인중개사는 500만원 이하의 과태료에 해당한다.

> **키워드** 과태료 부과대상자
> **해설** ①②④ 100만원 이하의 과태료사유에 해당한다.
> ③ 상대적 등록취소사유에 해당한다.

16 공인중개사법령상 과태료 적용사유와 부과대상자 및 부과관청이 옳게 연결된 것은?

① 운영규정의 내용을 위반하여 부동산거래정보망을 운영한 자 – 등록관청

② 의뢰받은 내용과 다르게 정보를 공개한 거래정보사업자 – 시·도지사

③ 공제사업의 운용실적을 공시하지 아니한 협회 – 등록관청

④ 공인중개사자격증을 반납하지 아니한 공인중개사 – 등록관청

⑤ 중개대상물의 확인·설명을 하지 아니한 개업공인중개사 – 등록관청

> **키워드** 과태료 부과대상자 및 부과기관
> **해설** ① 등록관청 ⇨ 국토교통부장관
> ② 시·도지사 ⇨ 국토교통부장관
> ③ 등록관청 ⇨ 국토교통부장관
> ④ 등록관청 ⇨ 시·도지사
> ⑤ 성실·정확하게 중개대상물의 확인·설명을 하지 아니하거나 설명의 근거자료를 제시하지 아니한 자의 경우 500만원 이하의 과태료대상이며, 이 경우 등록관청이 과태료 부과권자이다.

17 공인중개사법령상 500만원 이하의 과태료처분을 할 수 있는 사유에 해당하지 <u>않는</u> 것은?

① 중개대상물이 존재하지 않아서 실제로 거래를 할 수 없는 중개대상물에 대한 표시·광고를 한 개업공인중개사

② 중개대상물이 존재하지만 실제로 중개의 대상이 될 수 없는 중개대상물에 대한 표시·광고를 한 개업공인중개사

③ 실무교육을 받은 후 2년마다 시·도지사가 실시하는 연수교육을 받아야 한다는 규정을 위반한 개업공인중개사 및 소속공인중개사

④ 중개대상물이 존재하지만 실제로 중개할 의사가 없는 중개대상물에 대한 표시·광고를 한 개업공인중개사

⑤ 중개대상물에 대하여 표시·광고를 하는 경우로서 중개사무소, 개업공인중개사에 관한 사항 등을 명시하지 아니한 개업공인중개사

> **키워드** 500만원 이하의 과태료사유
> **해 설** 중개대상물에 대하여 표시·광고를 하는 경우로서 중개사무소, 개업공인중개사에 관한 사항 등을 명시하지 아니한 개업공인중개사는 100만원 이하의 과태료에 처한다.

18 공인중개사법령상 100만원 이하의 과태료처분 사유에 해당하지 <u>않는</u> 것은?

① 중개사무소의 명칭에 '공인중개사사무소'라는 문자를 사용한 부칙 제6조 제2항에 규정된 개업공인중개사

② 중개사무소의 명칭에 '공인중개사사무소' 또는 '부동산중개'라는 문자를 사용하지 아니한 법인인 개업공인중개사

③ 등록증·중개보수 요율표 등 국토교통부령으로 정하는 사항을 해당 중개사무소 안의 보기 쉬운 곳에 게시하지 아니한 개업공인중개사

④ 옥외 간판에 개업공인중개사의 성명을 표시하지 아니한 개업공인중개사

⑤ 국토교통부장관의 필요한 조치를 요구받은 정보통신서비스 제공자가 정당한 사유 없이 요구에 따르지 아니하여 필요한 조치를 하지 아니한 경우

> **키워드** 100만원 이하의 과태료사유
> **해 설** 국토교통부장관의 필요한 조치를 요구받은 정보통신서비스 제공자가 정당한 사유 없이 요구에 따르지 아니하여 필요한 조치를 하지 아니한 경우 500만원 이하의 과태료의 대상이 된다.

> **정답** 15 ⑤ 16 ⑤ 17 ⑤ 18 ⑤

19 공인중개사법령상 과태료의 부과대상자와 부과기관이 바르게 연결된 것을 모두 고른 것은? • 31회

> ㉠ 부동산거래정보망의 이용 및 정보제공방법 등에 관한 운영규정의 내용을 위반하여 부동산거래정보망을 운영한 거래정보사업자 – 국토교통부장관
> ㉡ 공인중개사법령에 따른 보고의무를 위반하여 보고를 하지 아니한 거래정보사업자 – 국토교통부장관
> ㉢ 중개사무소등록증을 게시하지 아니한 개업공인중개사 – 등록관청
> ㉣ 공인중개사자격이 취소된 자로 공인중개사자격증을 반납하지 아니한 자 – 등록관청
> ㉤ 중개사무소 개설등록이 취소된 자로 중개사무소등록증을 반납하지 아니한 자 – 시·도지사

① ㉠, ㉢
② ㉠, ㉡, ㉢
③ ㉡, ㉣, ㉤
④ ㉠, ㉡, ㉢, ㉣
⑤ ㉠, ㉡, ㉢, ㉣, ㉤

키워드 과태료 부과대상자 및 부과기관
해설 ㉣ 공인중개사자격이 취소된 자로 공인중개사자격증을 반납하지 아니한 자 – 시·도지사
㉤ 중개사무소 개설등록이 취소된 자로 중개사무소등록증을 반납하지 아니한 자 – 등록관청

20 공인중개사법령상 1년 이하의 징역 또는 1천만원 이하의 벌금에 해당하지 <u>않는</u> 자는? • 29회

① 공인중개사가 아닌 자로서 공인중개사 또는 이와 유사한 명칭을 사용한 자
② 개업공인중개사가 아닌 자로서 중개업을 하기 위하여 중개대상물에 대한 표시·광고를 한 자
③ 개업공인중개사가 아닌 자로서 '공인중개사사무소', '부동산중개' 또는 이와 유사한 명칭을 사용한 자
④ 관계 법령에서 양도·알선 등이 금지된 부동산의 분양·임대 등과 관련 있는 증서 등의 매매·교환 등을 중개한 개업공인중개사
⑤ 다른 사람에게 자기의 상호를 사용하여 중개업무를 하게 한 개업공인중개사

키워드 행정형벌

해설 관계 법령에서 양도·알선 등이 금지된 부동산의 분양·임대 등과 관련 있는 증서 등의 매매·교환 등을 중개한 개업공인중개사는 3년 이하의 징역 또는 3천만원 이하의 벌금에 해당한다.

21
中

공인중개사법령상 법정형이 1년 이하의 징역 또는 1천만원 이하의 벌금에 해당하는 자를 모두 고른 것은?

• 28회

> ㉠ 공인중개사가 아닌 자로서 공인중개사 명칭을 사용한 자
> ㉡ 이중으로 중개사무소의 개설등록을 하여 중개업을 한 개업공인중개사
> ㉢ 개업공인중개사로부터 공개를 의뢰받지 아니한 중개대상물의 정보를 부동산거래정보 망에 공개한 거래정보사업자
> ㉣ 중개의뢰인과 직접 거래를 한 개업공인중개사

① ㉠, ㉣
② ㉡, ㉢
③ ㉠, ㉡, ㉢
④ ㉡, ㉢, ㉣
⑤ ㉠, ㉡, ㉢, ㉣

키워드 1년 이하의 징역 또는 1천만원 이하의 벌금

해설 ㉠ 공인중개사가 아닌 자로서 공인중개사 명칭을 사용한 자는 1년 이하의 징역 또는 1천만원 이하의 벌금사유에 해당한다.
㉡ 이중으로 중개사무소의 개설등록을 하여 중개업을 한 개업공인중개사는 1년 이하의 징역 또는 1천만원 이하의 벌금사유에 해당한다.
㉢ 개업공인중개사로부터 공개를 의뢰받지 아니한 중개대상물의 정보를 부동산거래정보망에 공개한 거래정보사업자는 1년 이하의 징역 또는 1천만원 이하의 벌금사유에 해당한디.
㉣ 중개의뢰인과 직접 거래를 한 개업공인중개사는 3년 이하의 징역 또는 3천만원 이하의 벌금사유에 해당한다.

정답 19 ② 20 ④ 21 ③

22 공인중개사법령상 개업공인중개사가 1년 이하의 징역 또는 1천만원 이하의 벌금에 처해지는 사유로 명시된 것이 <u>아닌</u> 것은? • 27회

① 공인중개사자격증을 대여한 경우
② 중개사무소등록증을 양도한 경우
③ 이중으로 중개사무소의 개설등록을 한 경우
④ 중개의뢰인과 직접 거래를 한 경우
⑤ 천막 그 밖에 이동이 용이한 임시 중개시설물을 설치한 경우

키워드 1년 이하의 징역 또는 1천만원 이하의 벌금
해설 중개의뢰인과 직접 거래를 한 경우 3년 이하의 징역 또는 3천만원 이하의 벌금사유에 해당한다.

23 공인중개사법령상 과태료 부과대상자와 부과기관의 연결이 <u>틀린</u> 것은? • 29회

① 공제사업 운용실적을 공시하지 아니한 자 – 국토교통부장관
② 공인중개사협회의 임원에 대한 징계·해임의 요구를 이행하지 아니한 자 – 국토교통부장관
③ 연수교육을 정당한 사유 없이 받지 아니한 자 – 등록관청
④ 휴업기간의 변경신고를 하지 아니한 자 – 등록관청
⑤ 성실·정확하게 중개대상물의 확인·설명을 하지 아니한 자 – 등록관청

키워드 과태료 부과대상자 및 부과기관
해설 연수교육을 정당한 사유 없이 받지 아니한 자는 시·도지사가 과태료 부과기관이다.

24 공인중개사법령상 과태료 부과대상자가 <u>아닌</u> 것은? ・28회

① 연수교육을 정당한 사유 없이 받지 아니한 소속공인중개사
② 신고한 휴업기간을 변경하고 변경신고를 하지 아니한 개업공인중개사
③ 중개사무소의 개설등록 취소에 따른 중개사무소등록증 반납의무를 위반한 자
④ 중개사무소의 이전신고 의무를 위반한 개업공인중개사
⑤ 개업공인중개사가 아닌 자로서 중개업을 하기 위하여 중개대상물에 대한 표시·광고를 한 자

키워드 과태료 부과대상자
해설 ① 연수교육을 정당한 사유 없이 받지 아니한 소속공인중개사는 500만원 이하의 과태료대상에 해당한다.
② 신고한 휴업기간을 변경하고 변경신고를 하지 아니한 개업공인중개사는 100만원 이하의 과태료대상에 해당한다.
③ 중개사무소등록증을 반납하지 아니한 개업공인중개사는 100만원 이하의 과태료대상에 해당한다.
④ 중개사무소의 이전신고 의무를 위반한 개업공인중개사는 100만원 이하의 과태료대상에 해당한다.
⑤ 개업공인중개사가 아닌 자로서 중개업을 하기 위하여 중개대상물에 대한 표시·광고를 한 자는 1년 이하의 징역 또는 1천만원 이하의 벌금사유에 해당한다.

25 공인중개사법령상 과태료 부과사유에 대한 부과·징수권자로 <u>틀린</u> 것은? ・27회

① 중개사무소등록증을 게시하지 않은 경우 – 등록관청
② 중개사무소의 이전신고를 하지 않은 경우 – 등록관청
③ 개업공인중개사의 사무소 명칭에 '공인중개사사무소' 또는 '부동산중개'라는 문자를 사용하지 않은 경우 – 등록관청
④ 거래당사자에게 손해배상책임의 보장에 관한 사항을 설명하지 않은 경우 – 시·도지사
⑤ 부동산거래정보망의 이용 및 정보제공방법 등에 관한 운영규정을 위반하여 부동산거래정보망을 운영한 경우 – 국토교통부장관

키워드 과태료 부과권자
해설 '거래당사자에게 손해배상책임의 보장에 관한 사항을 설명하지 않은 경우 – 등록관청'으로 하여야 한다.

정답 22 ④ 23 ③ 24 ⑤ 25 ④

26 공인중개사법령상 개업공인중개사의 금지행위와 그에 대한 벌칙의 연결이 옳은 것을 모두 고른 것은? • 26회 수정

	금지행위	벌 칙
㉠	거래당사자 쌍방을 대리하는 행위	3년 이하의 징역 또는 3천만원 이하의 벌금
㉡	중개대상물의 매매를 업으로 하는 행위	1년 이하의 징역 또는 1천만원 이하의 벌금
㉢	관계 법령에서 양도가 금지된 부동산의 분양과 관련 있는 증서 등의 매매를 중개하는 행위	1년 이하의 징역 또는 1천만원 이하의 벌금
㉣	사례의 명목으로 보수 또는 실비를 초과하여 금품을 받는 행위	3년 이하의 징역 또는 3천만원 이하의 벌금

① ㉠, ㉡   ② ㉠, ㉢
③ ㉠, ㉣   ④ ㉡, ㉢
⑤ ㉢, ㉣

키워드 과태료 부과기준

해설 ㉢ 관계 법령에서 양도가 금지된 부동산의 분양과 관련 있는 증서 등의 매매를 중개하는 행위는 3년 이하의 징역 또는 3천만원 이하의 벌금에 해당한다.
㉣ 사례의 명목으로 보수 또는 실비를 초과하여 금품을 받는 행위는 1년 이하의 징역 또는 1천만원 이하의 벌금에 해당한다.

27 공인중개사법령상 벌칙의 법정형이 같은 것끼리 모두 묶은 것은? • 25회 수정

㉠ 이중으로 중개사무소의 개설등록을 한 개업공인중개사
㉡ 중개의뢰인과 직접 거래를 한 개업공인중개사
㉢ 이동이 용이한 임시 중개시설물을 설치한 개업공인중개사
㉣ 둘 이상의 중개사무소에 소속된 공인중개사
㉤ 중개사무소의 개설등록을 하지 아니하고 중개업을 한 자

① ㉠, ㉡   ② ㉠, ㉢, ㉣
③ ㉠, ㉣, ㉤   ④ ㉡, ㉢, ㉤
⑤ ㉢, ㉣, ㉤

키워드 과태료 부과기준

해 설 ㉠ 이중으로 중개사무소의 개설등록을 한 개업공인중개사 – 1년/1천만원
㉡ 중개의뢰인과 직접 거래를 한 개업공인중개사 – 3년/3천만원
㉢ 이동이 용이한 임시 중개시설물을 설치한 개업공인중개사 – 1년/1천만원
㉣ 둘 이상의 중개사무소에 소속된 공인중개사 – 1년/1천만원
㉤ 중개사무소의 개설등록을 하지 아니하고 중개업을 한 자 – 3년/3천만원

28

다음 중 공인중개사법령상 과태료를 부과할 경우 과태료의 부과기준에서 정하는 과태료 금액이 가장 큰 경우는?　　　　　　　　　　　　　　•30회

① 공제업무의 개선명령을 이행하지 않은 경우
② 휴업한 중개업의 재개신고를 하지 않은 경우
③ 중개사무소의 이전신고를 하지 않은 경우
④ 중개사무소등록증을 게시하지 않은 경우
⑤ 휴업기간의 변경신고를 하지 않은 경우

키워드 과태료 부과기준

해 설 ① 공제사업의 개선명령을 이행하지 않은 경우 ⇨ 500만원 이하의 과태료
② 휴업한 중개업의 재개신고를 하지 않은 경우 ⇨ 100만원 이하의 과태료
③ 중개사무소의 이전신고를 하지 않은 경우 ⇨ 100만원 이하의 과태료
④ 중개사무소등록증을 게시하지 않은 경우 ⇨ 100만원 이하의 과태료
⑤ 휴업기간의 변경신고를 하지 않은 경우 ⇨ 100만원 이하의 과태료

29 공인중개사법령상 100만원 이하의 과태료 부과대상인 개업공인중개사에 해당하지 않는 자는?

中 • 26회 수정

① 중개사무소를 이전한 날부터 10일 이내에 이전신고를 하지 아니한 자
② 중개사무소등록증을 게시하지 아니한 자
③ 「공인중개사법」에 따른 연수교육을 정당한 사유 없이 받지 아니한 자
④ 사무소의 명칭에 '공인중개사사무소' 또는 '부동산중개'라는 문자를 사용하지 아니한 자
⑤ 「옥외광고물 등의 관리와 옥외광고산업 진흥에 관한 법률」에 따른 광고물에 성명을 거짓으로 표기한 자

키워드 100만원 이하의 과태료사유
해 설 「공인중개사법」에 따른 연수교육을 정당한 사유 없이 받지 아니한 자는 500만원 이하의 과태료사유에 해당한다.

정답 **29** ③

부동산 거래신고 등에 관한 법률

더 많은 기출문제를 풀고 싶다면?
단원별 기출문제집
[공인중개사법령 및 중개실무]
pp.205~236

▌5개년 출제빈도 분석표

28회	29회	30회	31회	32회
5	4	7	5	6

▌빈출 키워드

☑ 부동산 거래신고
☑ 주택임대차계약신고
☑ 외국인등의 국내 부동산 취득
☑ 토지거래허가

대표기출   연습

01 甲이 건축법 시행령에 따른 단독주택을 매수하는 계약을 체결하였을 때, 부동산 거래신고 등에 관한 법령에 따라 甲 본인이 그 주택에 입주할지 여부를 신고해야 하는 경우를 모두 고른 것은? (甲, 乙, 丙은 자연인이고, 丁은 지방공기업법상 지방공단임)

• 32회

> ㉠ 甲이 「주택법」상 투기과열지구에 소재하는 乙 소유의 주택을 실제 거래가격 3억원으로 매수하는 경우
> ㉡ 甲이 「주택법」상 '투기과열지구 또는 조정대상지역' 외의 장소에 소재하는 丙 소유의 주택을 실제 거래가격 5억원으로 매수하는 경우
> ㉢ 甲이 「주택법」상 투기과열지구에 소재하는 丁 소유의 주택을 실제 거래가격 10억원으로 매수하는 경우

① ㉠   ② ㉡
③ ㉠, ㉡   ④ ㉠, ㉢
⑤ ㉡, ㉢

키워드 부동산 거래신고   28회, 29회, 30회, 31회, 32회
교수님 TIP 부동산 거래신고에 관해 학습하여야 합니다.

⊙ 자연인이 투기과열지구 또는 조정대상지역에 소재하는 주택을 매수하는 경우 주택의 실제 거래가격에 상관없이 그 주택에 입주할지 여부를 신고해야 한다. 따라서 맞는 지문이 된다.

ⓛ 자연인이 비규제지역에 소재하는 주택을 매수하는 경우 실제 거래가격이 6억원 이상인 주택을 매수하는 경우에 그 주택에 입주할지 여부를 신고해야 한다. 따라서 실제 거래가격이 5억원인 경우 입주할지 여부는 신고내용이 아니다. 그러므로 틀린 지문이 된다.

ⓒ 「부동산 거래신고 등에 관한 법률 시행령」 제3조 제1항의 규정에 따라 매수인 중 국가등(丁)이 포함되어 있는 경우 그 주택에 입주할지 여부는 신고사항이 아니다. 하지만 국가등(丁)이 매도인이므로 그 주택에 입주할지 여부는 신고사항이다.

정답 ④

02 개업공인중개사 甲이 A도 B시 소재의 X주택에 관한 乙과 丙 간의 임대차계약 체결을 중개하면서 부동산 거래신고 등에 관한 법률에 따른 주택임대차계약의 신고에 관하여 설명한 내용의 일부이다. ( )에 들어갈 숫자를 바르게 나열한 것은? (X주택은 주택임대차보호법의 적용대상이며, 乙과 丙은 자연인임) • 32회

> 보증금이 (⊙)천만원을 초과하거나 월차임이 (ⓛ)만원을 초과하는 주택임대차계약을 신규로 체결한 계약당사자는 그 보증금 또는 차임 등을 임대차계약의 체결일부터 (ⓒ)일 이내에 주택 소재지를 관할하는 신고관청에 공동으로 신고해야 한다.

① ⊙ : 3, ⓛ : 30, ⓒ : 60
② ⊙ : 3, ⓛ : 50, ⓒ : 30
③ ⊙ : 6, ⓛ : 30, ⓒ : 30
④ ⊙ : 6, ⓛ : 30, ⓒ : 60
⑤ ⊙ : 6, ⓛ : 50, ⓒ : 60

키워드 주택임대차계약신고 32회
교수님 TIP 주택임대차계약신고 내용을 학습하여야 합니다.

해설 임대차계약당사자는 주택(주택임대차보호법 제2조에 따른 주택을 말하며, 주택을 취득할 수 있는 권리를 포함한다)에 대하여 보증금이 '6'천만원을 초과하거나 월차임이 '30'만원을 초과하는 주택임대차계약을 체결한 경우 그 보증금 또는 차임 등을 임대차계약의 체결일부터 '30'일 이내에 주택 소재지를 관할하는 신고관청에 공동으로 신고하여야 한다(부동산 거래신고 등에 관한 법률 제6조의2 제1항).

정답 ③

03 부동산 거래신고 등에 관한 법령상 외국인등의 부동산 취득에 관한 설명으로 옳은 것을 모두 고른 것은? (단, 법 제7조에 따른 상호주의는 고려하지 않음) •32회

> ㉠ 대한민국의 국적을 보유하고 있지 않은 개인이 이사 등 임원의 2분의 1 이상인 법인은 외국인등에 해당한다.
> ㉡ 외국인등이 건축물의 개축을 원인으로 대한민국 안의 부동산을 취득한 때에도 부동산 취득신고를 해야 한다.
> ㉢ 「군사기지 및 군사시설 보호법」에 따른 군사기지 및 군사시설 보호구역 안의 토지는 외국인등이 취득할 수 없다.
> ㉣ 외국인등이 허가 없이 「자연환경보전법」에 따른 생태·경관보전지역 안의 토지를 취득하는 계약을 체결한 경우 그 계약은 효력이 발생하지 않는다.

① ㉠, ㉢
② ㉠, ㉣
③ ㉠, ㉡, ㉣
④ ㉡, ㉢, ㉣
⑤ ㉠, ㉡, ㉢, ㉣

키워드 외국인등의 국내 부동산 취득   28회, 29회, 30회, 31회, 32회
교수님 TIP 외국인등의 국내 부동산 취득규정을 학습하여야 합니다.

해설 ㉢ 외국인등이 취득하려는 토지가 「군사기지 및 군사시설 보호법」에 따른 군사기지 및 군사시설 보호구역 안의 토지인 경우 토지취득계약을 체결하기 전에 신고관청으로부터 토지취득허가를 받아 취득가능하다. 토지거래허가를 받아야 하는 내용은 다음과 같다.

구 분	내 용	위반 시 제재	방 법

사전허가제	1. 허가대상 토지
	  (1) 군사기지 및 군사시설 보호구역
	  (2) 문화재보호구역(지정문화재나 이를 위한 보호물 또는 보호구역)
	  (3) 생태·경관보전지역
	  (4) 야생생물 특별보호구역
	2. 시·군·구청장은 허가신청을 받은 날부터 15일 이내에 허가·불허가처분을 하여야 함
	3. 토지거래허가 규정을 위반하여 체결한 토지취득계약은 그 효력이 발생하지 않음
		2년 이하의 징역 또는 2천만원 이하의 벌금	방문 / 전자문서 중 선택

정답 ③

04 부동산 거래신고 등에 관한 법령상 토지거래허가에 관한 내용으로 옳은 것은?

• 32회 수정

① 토지거래허가구역의 지정은 지정을 공고한 날부터 3일 후에 효력이 발생한다.

② 토지거래허가구역의 지정 당시 국토교통부장관 또는 시·도지사가 따로 정하여 공고하지 않은 경우, 「국토의 계획 및 이용에 관한 법률」에 따른 도시지역 중 녹지지역 안의 300제곱미터 면적의 토지거래계약에 관하여는 허가가 필요 없다.

③ 토지거래계약을 허가받은 자는 대통령령으로 정하는 사유가 있는 경우 외에는 토지 취득일부터 10년간 그 토지를 허가받은 목적대로 이용해야 한다.

④ 허가받은 목적대로 토지를 이용하지 않았음을 이유로 이행강제금 부과처분을 받은 자가 시장·군수·구청장에게 이의를 제기하려면 그 처분을 고지받은 날부터 60일 이내에 해야 한다.

⑤ 토지거래허가신청에 대해 불허가처분을 받은 자는 그 통지를 받은 날부터 1개월 이내에 시장·군수·구청장에게 해당 토지에 관한 권리의 매수를 청구할 수 있다.

키워드 토지거래허가　　　　　　　　　　　　　　　　　　　　　　　　　　29회, 32회

교수님 TIP 「부동산 거래신고 등에 관한 법률」상 토지거래허가규정에 관해 학습하여야 합니다.

해설 ① 토지거래허가구역의 지정은 지정을 공고한 날부터 5일 후에 효력이 발생한다.

② 토지거래허가구역의 지정 당시 국토교통부장관 또는 시·도지사가 따로 정하여 공고하지 않은 경우, 「국토의 계획 및 이용에 관한 법률」에 따른 도시지역 중 녹지지역 안의 200제곱미터 이하 면적의 토지거래계약에 관하여는 허가가 필요 없다.

③ 토지거래계약을 허가받은 자는 대통령령으로 정하는 사유가 있는 경우 외에는 토지 취득일부터 5년의 범위에서 그 토지를 허가받은 목적대로 이용해야 한다.

④ 허가받은 목적대로 토지를 이용하지 않았음을 이유로 이행강제금 부과처분을 받은 자가 시장·군수·구청장에게 이의를 제기하려면 그 처분을 고지받은 날부터 30일 이내에 해야 한다.

정답 ⑤

제1절   부동산 거래신고

01 부동산 거래신고 등에 관한 법률상 부동산 거래신고에 관한 설명으로 **틀린** 것은?

中

① 거래가격, 중도금·잔금 및 지급일, 계약의 조건 또는 기한은 정정신청사항에 해당한다.

② 법인이 주택의 매수자인 경우 투기과열지구에 소재하는 주택의 거래계약을 체결한 경우 자금조달·입주계획서에 자금의 조달을 증명하는 서류를 첨부해야 한다.

③ 신고내용을 조사한 경우 신고관청은 조사결과를 시·도지사에게 보고하여야 하며, 시·도지사는 이를 국토교통부장관에게 보고하여야 한다.

④ 개업공인중개사의 전화번호, 상호 또는 사무소 소재지에 관한 사항은 정정신청사항에 해당한다.

⑤ 신고관청은 외국인등이 부동산등의 취득을 신고한 내용을 매 분기 종료일부터 1개월 이내에 특별시장·광역시장·도지사 또는 특별자치도지사에게 제출하여야 한다.

> **키워드**   부동산 거래신고
> **해 설**   거래가격, 중도금·잔금 및 지급일, 계약의 조건 또는 기한은 변경신고사항에 해당한다.

02 부동산 거래신고 등에 관한 법률상의 부동산 거래신고에 관한 설명으로 옳은 것은?

中

① 수도권 등(수도권·광역시 및 세종특별자치시)에 소재하는 토지의 경우 실제 거래가격이 1억원 이상인 토지를 매수하려면 자금의 조달계획, 토지이용계획을 신고하여야 한다.

② 수도권 등(수도권·광역시 및 세종특별자치시) 외의 지역에 소재하는 토지의 경우 실제 거래가격이 3억원 이상인 토지를 매수하려면 자금의 조달계획, 토지이용계획을 신고하여야 한다.

③ 법인 외의 자가 실제 거래가격이 3억원인 주택을 매수하거나 투기과열지구 또는 조정대상지역에 소재하는 주택을 매수하는 경우 자금조달·입주계획서를 신고관청에 제출하여야 한다.

④ 국토교통부장관은 부동산거래가격 검증체계를 활용하여 그 적정성을 검증하여야 한다.

⑤ 개업공인중개사의 위임을 받은 중개보조원은 부동산거래계약 신고서의 제출을 대행할 수 있다.

키워드 부동산 거래신고

해설 ② 수도권 등(수도권·광역시 및 세종특별자치시) 외의 지역에 소재하는 토지의 경우 실제 거래가격이 6억원 이상인 토지를 매수하려면 자금의 조달계획, 토지이용계획을 신고하여야 한다.

③ 법인 외의 자가 실제 거래가격이 6억원 이상인 주택을 매수하거나 투기과열지구 또는 조정대상지역에 소재하는 주택을 매수하는 경우 자금조달·입주계획서를 신고관청에 제출하여야 한다.

④ 신고관청은 신고를 받은 경우 부동산거래가격 검증체계를 활용하여 그 적정성을 검증하여야 한다.

⑤ 개업공인중개사의 위임을 받은 소속공인중개사는 부동산거래계약 신고서의 제출을 대행할 수 있다.

03 ○中 부동산 거래신고 등에 관한 법률상 부동산거래의 신고절차 등에 관한 설명으로 옳은 것은?

① 거래당사자 중 일방이 신고를 거부하는 경우에는 단독으로 신고할 수 없다.

② 신고내용을 조사한 경우 신고관청은 조사 결과를 시·도지사에게 보고하여야 하며, 시·도지사는 이를 매월 1회 국토교통부장관에게 보고하여야 한다.

③ 신고관청은 신고받은 내용, 공시된 토지 및 주택의 가액, 그 밖의 부동산가격정보를 활용하여 부동산거래가격 검증체계를 구축·운영하여야 한다.

④ 공동으로 중개한 경우에는 개업공인중개사 중 한 명만 신고하면 된다.

⑤ 세무관서의 장은 해당 신고내용을 국세 또는 지방세 과세자료로 활용할 수 없다.

> **키워드** 부동산 거래신고
>
> **해설** ① 거래당사자 중 일방이 신고를 거부하는 경우에는 단독으로 신고할 수 있다.
> ③ 국토교통부장관은 신고받은 내용, 공시된 토지 및 주택의 가액, 그 밖의 부동산가격정보를 활용하여 부동산거래가격 검증체계를 구축·운영하여야 한다.
> ④ 공동으로 중개한 경우에는 해당 개업공인중개사가 공동으로 신고하여야 한다.
> ⑤ 세무관서의 장은 해당 신고내용을 국세 또는 지방세 과세자료로 활용할 수 있다.

04 부동산 거래신고 등에 관한 법률상 부동산거래의 신고에 관한 설명으로 옳은 것은?

中

① 거래당사자 중 1인이 서명 또는 날인을 거부한 때에는 다른 1인이 신고서에 서명 또는 날인하여 단독으로 신고할 수 있다. 이 경우 신고서에는 그 이유를 기재한 사유서만 첨부하면 된다.

② 개업공인중개사가 매매계약서를 작성·교부한 때에는 개업공인중개사가 매매계약 체결일부터 30일 이내에 부동산거래계약 신고서에 거래계약서 사본을 첨부하여 시장·군수 또는 구청장에게 신고하여야 한다.

③ 고용신고된 소속공인중개사 또는 중개보조원은 개업공인중개사를 대리하여 부동산 거래신고를 할 수 있다.

④ 신고관청은 외국인등이 부동산등의 취득을 신고한 내용을 매 분기 종료일부터 1개월 이내에 특별시장·광역시장·도지사 또는 특별자치도지사에게 제출하여야 한다.

⑤ 위 ④에 따라 신고내용을 제출받은 특별시장·광역시장·도지사 또는 특별자치도지사는 제출받은 날부터 10일 이내에 그 내용을 국토교통부장관에게 제출하여야 한다.

| 키워드 | 부동산 거래신고 |

| 해설 |
① 신고를 거부하는 사유서와 거래계약서 사본도 첨부하여야 한다.
② 매매계약 체결일부터 30일 이내에 거래계약서 사본은 첨부하지 아니하며, 신고서만 제출한다.
③ 고용신고된 소속공인중개사에 한하여 대리신고를 할 수 있다.
⑤ 위 ④에 따라 신고내용을 제출받은 특별시장·광역시장·도지사 또는 특별자치도지사는 제출받은 날부터 1개월 이내에 그 내용을 국토교통부장관에게 제출하여야 한다.

05 부동산 거래신고 등에 관한 법률상 부동산거래계약 신고서를 작성하여 신고하는 경우
ⓛ 이에 관한 설명으로 **틀린** 것은?

① 거래대상 면적에는 실제 거래면적을 계산하여 적되, 건축물의 면적은 집합건축물
의 경우 전용면적을 적고, 그 밖의 건축물의 경우 연면적을 적는다.

② 종전 부동산란은 입주권 매매의 경우에만 작성한다.

③ 외국인등이 부동산등을 매수하는 경우 매수용도란에 주거용 등의 용도 중 하나를
표시하여야 한다.

④ 거래계약의 종류가 공급계약(분양) 또는 전매계약(분양권, 입주권)인 경우 물건별
거래가격, 총 실제 거래가격에 부가가치세를 제외한 금액을 적는다.

⑤ '법인신고서등'란은 법인 주택 거래계약신고서, 주택취득자금 조달 및 입주계획
서, 토지취득자금 조달 및 토지이용계획서 등을 이 신고서와 함께 제출하는 지
여부 등을 적는다.

키워드 부동산거래계약 신고서
해 설 거래계약의 종류가 공급계약(분양) 또는 전매계약(분양권, 입주권)인 경우 물건별 거
래가격, 총 실제 거래가격에 부가가치세를 포함한 금액을 적는다.

06 부동산 거래신고 등에 관한 법률상 해제등의 신고에 관련된 설명으로 틀린 것은?

中

① 개업공인중개사는 부동산 거래신고를 한 후 해당 거래계약이 해제, 무효 또는 취소된 경우 해제등이 확정된 날부터 30일 이내에 해당 신고관청에 신고하여야 한다.

② 거래당사자는 부동산 거래신고를 한 후 해당 거래계약이 해제, 무효 또는 취소된 경우 해제등이 확정된 날부터 30일 이내에 신고관청에 공동으로 신고하여야 한다.

③ 단독으로 부동산거래계약의 해제등을 신고하려는 자는 부동산거래계약 해제등 신고서에 단독으로 서명 또는 날인한 후 확정된 법원의 판결문 등 해제등이 확정된 사실을 입증할 수 있는 서류, 단독신고사유서를 첨부하여 신고관청에 제출해야 한다.

④ 신고를 받은 신고관청은 그 내용을 확인한 후 부동산거래계약 해제등 확인서를 신고인에게 지체 없이 발급해야 한다.

⑤ 부동산거래계약시스템을 통하여 부동산거래계약 해제등을 한 경우에는 부동산 거래계약 해제등이 이루어진 때에 부동산거래계약 해제등 신고서를 제출한 것으로 본다.

> **키워드** 부동산 거래신고
>
> **해설** 거래당사자는 부동산 거래신고를 한 후 해제등이 확정된 날부터 30일 이내에 해제등의 신고를 하여야 하지만, 개업공인중개사가 거래계약서를 작성·교부하여 부동산 거래신고를 개업공인중개사가 한 경우에는 개업공인중개사가 30일 이내에 해제등의 신고(공동으로 중개를 한 경우에는 해당 개업공인중개사가 공동으로 신고하는 것을 말한다)를 할 수 있다.

07 부동산 거래신고의 정정신청사유가 아닌 것은?

中

① 거래지분비율

② 거래대상 부동산등의 지목·면적·거래지분 및 대지권비율

③ 거래대상 건축물의 종류

④ 거래당사자의 주소·전화번호 또는 휴대전화번호

⑤ 계약의 조건 또는 기한

해 설 계약의 조건 또는 기한은 변경신고사항에 해당한다.

이론플러스 **정정신청사항**

1. 거래당사자의 주소·전화번호 또는 휴대전화번호
2. 거래지분비율
3. 개업공인중개사의 전화번호·상호 또는 사무소 소재지
4. 거래대상 건축물의 종류
5. 거래대상 부동산등(부동산을 취득할 수 있는 권리에 관한 계약의 경우에는 그 권리의 대상인 부동산을 말한다)의 지목·면적·거래지분 및 대지권비율

---

08 부동산 거래신고 등에 관한 법률상 정정신청에 관련된 설명으로 **틀린** 것은?

① 거래당사자 또는 개업공인중개사는 부동산거래계약 신고내용 중 거래대상 건축물의 종류가 잘못 기재된 경우에는 신고관청에 신고내용의 정정을 신청할 수 있다.

② 정정신청을 하려는 거래당사자 또는 개업공인중개사는 발급받은 신고필증에 정정사항을 표시하고 해당 정정 부분에 서명 또는 날인을 하여 신고관청에 제출하여야 한다.

③ 거래당사자의 주소·전화번호 또는 휴대전화번호를 정정하는 경우에는 해당 거래당사자 일방이 단독으로 서명 또는 날인하여 정정을 신청할 수 있다.

④ 정정신청을 받은 신고관청은 정정사항을 확인한 후 7일 이내에 해당 내용을 정정하고, 정정사항을 반영한 신고필증을 재발급해야 한다.

⑤ 거래대상 부동산등(부동산을 취득할 수 있는 권리에 관한 계약의 경우에는 그 권리의 대상인 부동산을 말한다)의 지목·면적·거래지분 및 대지권비율은 정정신청사항에 해당한다.

해 설 정정신청을 받은 신고관청은 정정사항을 확인한 후 지체 없이 해당 내용을 정정하고, 정정사항을 반영한 신고필증을 재발급해야 한다.

정답 **06** ① **07** ⑤ **08** ④

09 부동산 거래신고의 변경신고사유가 <u>아닌</u> 것은?

① 거래지분

② 중도금·잔금 및 지급일

③ 계약의 조건 또는 기한

④ 거래대상 건축물의 종류

⑤ 공동매수의 경우 매수인 변경(일부가 제외되는 경우만 해당한다)

키워드 변경신고

해 설 거래대상 건축물의 종류는 정정신청사항에 해당한다.

이론플러스 변경신고사항

1. 거래지분비율
2. 거래지분
3. 거래대상 부동산등의 면적
4. 계약의 조건 또는 기한
5. 거래가격
6. 중도금·잔금 및 지급일
7. 공동매수의 경우 일부 매수인의 변경(매수인 중 일부가 제외되는 경우만 해당한다)
8. 거래대상 부동산등이 다수인 경우 일부 부동산등의 변경(거래대상 부동산등 중 일부가 제외되는 경우만 해당한다)

10 부동산 거래신고 등에 관한 법률상 부동산 거래신고와 관련된 설명으로 <u>틀린</u> 것은?

① 변경신고를 받은 신고관청은 변경사항을 확인한 후 지체 없이 해당 내용을 변경하고, 변경사항을 반영한 신고필증을 재발급해야 한다.

② 변경신고는 「부동산등기법」에 따른 부동산에 관한 등기신청 전에 신고관청에 신고내용을 변경하여 신고할 수 있다.

③ 정정신청을 받은 신고관청은 정정사항을 확인한 후 15일 이내에 해당 내용을 정정하고, 정정사항을 반영한 신고필증을 재발급해야 한다.

④ 정정신청의 경우 거래당사자의 주소·전화번호 또는 휴대전화번호를 정정하는 경우에는 해당 거래당사자 일방이 단독으로 서명 또는 날인하여 정정을 신청할 수 있다.

⑤ 거래가격, 중도금·잔금 및 지급일은 변경신고사항에 해당한다.

키워드 정정신청

해설 정정신청을 받은 신고관청은 정정사항을 확인한 후 지체 없이 해당 내용을 정정하고, 정정사항을 반영한 신고필증을 재발급해야 한다.

11 부동산 거래신고 등에 관한 법률상 변경신고와 관련된 설명으로 틀린 것은?

① 변경신고를 하는 거래당사자 또는 개업공인중개사는 부동산거래계약 변경신고서에 서명 또는 날인하여 신고관청에 제출하여야 한다.

② 부동산등의 면적 변경이 없는 상태에서 거래가격이 변경된 경우에는 거래계약서 사본 등 그 사실을 증명할 수 있는 서류를 첨부하여야 한다.

③ 변경신고사항인 거래가격 중 분양가격 및 선택품목은 거래당사자 공동으로 변경신고를 하여야 한다.

④ 거래당사자 또는 개업공인중개사는 「부동산등기법」에 따른 부동산에 관한 등기신청 전에 신고관청에 신고내용의 변경을 신고할 수 있다.

⑤ 변경신고를 받은 신고관청은 변경사항을 확인한 후 지체 없이 해당 내용을 변경하고, 변경사항을 반영한 신고필증을 재발급해야 한다.

키워드 변경신고

해설 다음에 해당하는 계약인 경우 변경신고사항인 거래가격 중 분양가격 및 선택품목은 거래당사자 일방이 단독으로 변경신고를 할 수 있다. 이 경우 거래계약서 사본 등 그 사실을 증명할 수 있는 서류를 첨부해야 한다.

> 1. 「택지개발촉진법」, 「주택법」 등 다음의 법률에 따른 부동산에 대한 공급계약
>   ㉠ 「건축물의 분양에 관한 법률」
>   ㉡ 「공공주택 특별법」
>   ㉢ 「도시개발법」
>   ㉣ 「도시 및 주거환경정비법」
>   ㉤ 「빈집 및 소규모주택 정비에 관한 특례법」
>   ㉥ 「산업입지 및 개발에 관한 법률」
>   ㉦ 「주택법」
>   ㉧ 「택지개발촉진법」
> 2. 다음의 어느 하나에 해당하는 지위의 매매계약
>   ㉠ 「택지개발촉진법」, 「주택법」 등에 따른 부동산에 대한 공급계약을 통하여 부동산을 공급받는 자로 선정된 지위
>   ㉡ 「도시 및 주거환경정비법」에 따른 관리처분계획의 인가 및 「빈집 및 소규모주택 정비에 관한 특례법」에 따른 사업시행계획인가로 취득한 입주자로 선정된 지위

정답 09 ④ 10 ③ 11 ③

12 부동산 거래신고 등에 관한 법령상 부동산 거래신고에 관한 설명으로 옳은 것은?
中

• 31회

① 부동산매매계약을 체결한 경우 거래당사자는 거래계약의 체결일부터 3개월 이내에 신고관청에 단독 또는 공동으로 신고하여야 한다.

② 「주택법」에 따라 지정된 조정대상지역에 소재하는 주택으로서 실제 거래가격이 5억원이고, 매수인이 국가인 경우 국가는 매도인과 공동으로 실제 거래가격 등을 신고하여야 한다.

③ 권리대상인 부동산 소재지를 관할하는 특별자치도 행정시의 시장은 부동산 거래신고의 신고관청이 된다.

④ 개업공인중개사가 거래계약서를 작성·교부한 경우에는 거래당사자 또는 해당 개업공인중개사가 신고할 수 있다.

⑤ 부동산 거래계약을 신고하려는 개업공인중개사는 부동산거래계약 신고서에 서명 또는 날인하여 관할 등록관청에 제출하여야 한다.

키워드 부동산 거래신고

해설 ① 부동산매매계약을 체결한 경우 거래당사자는 거래계약의 체결일부터 30일 이내에 신고관청에 공동으로 신고하여야 한다.

② 「주택법」에 따라 지정된 조정대상지역에 소재하는 주택으로서 실제 거래가격이 5억원이고, 매수인이 국가인 경우 국가가 실제 거래가격 등을 신고하여야 한다.

④ 개업공인중개사가 거래계약서를 작성·교부한 경우에는 해당 개업공인중개사가 신고를 하여야 한다.

⑤ 부동산 거래계약을 신고하려는 개업공인중개사는 부동산거래계약 신고서에 서명 또는 날인하여 관할 신고관청에 제출하여야 한다.

13 부동산 거래신고 등에 관한 법령상 부동산 매매계약에 관한 신고사항 및 신고서의 작성에 관한 설명으로 옳은 것은?
⊕ •31회 수정

① 「국토의 계획 및 이용에 관한 법률」에 따른 개발제한사항은 신고사항에 포함되지 않는다.

② 종전부동산란은 분양권 매매의 경우에만 작성한다.

③ 부동산거래계약 신고서의 물건별 거래가격란에 발코니 확장 등 선택비용에 대한 기재란은 없다.

④ 부동산거래계약 신고서를 작성할 때 건축물의 면적은 집합건축물의 경우 연면적을 적고, 그 밖의 건축물의 경우 전용면적을 적는다.

⑤ 개업공인중개사가 거짓으로 부동산거래계약 신고서를 작성하여 신고한 경우에는 벌금형 부과사유가 된다.

키워드 부동산 거래신고

해설 ② 종전부동산란은 입주권 매매의 경우에만 작성한다.
③ 부동산거래계약 신고서의 물건별 거래가격란에 발코니 확장 등 선택비용에 대한 내용을 기재하여야 한다.
④ 부동산거래계약 신고서를 작성할 때 건축물의 면적은 집합건축물의 경우 전용면적을 적고, 그 밖의 건축물의 경우 연면적을 적는다.
⑤ 개업공인중개사가 거짓으로 부동산거래계약 신고서를 작성하여 신고한 경우 벌금형 부과사유가 아니다. 이 경우 취득가액의 100분의 5 이하에 상당하는 금액이 과태료의 대상이 된다.

14 부동산 거래신고 등에 관한 법령상 부동산 거래신고의 대상이 되는 계약이 <u>아닌</u> 것은?

• 30회

① 「주택법」에 따라 공급된 주택의 매매계약
② 「택지개발촉진법」에 따라 공급된 토지의 임대차계약
③ 「도시개발법」에 따른 부동산에 대한 공급계약
④ 「체육시설의 설치·이용에 관한 법률」에 따라 등록된 시설이 있는 건물의 매매계약
⑤ 「도시 및 주거환경정비법」에 따른 관리처분계약의 인가로 취득한 입주자로 선정된 지위의 매매계약

키워드 부동산 거래신고 대상
해설 「택지개발촉진법」에 따라 공급된 토지의 임대차계약은 부동산 거래신고의 대상이 되지 않는다.

이론플러스 **부동산 거래신고의 대상인 계약**

1. 부동산의 매매계약
2. 「택지개발촉진법」, 「주택법」 등 다음의 법률에 따른 부동산에 대한 공급계약
   ㉠ 「건축물의 분양에 관한 법률」
   ㉡ 「공공주택 특별법」
   ㉢ 「도시개발법」
   ㉣ 「도시 및 주거환경정비법」
   ㉤ 「빈집 및 소규모주택 정비에 관한 특례법」
   ㉥ 「산업입지 및 개발에 관한 법률」
   ㉦ 「주택법」
   ㉧ 「택지개발촉진법」
3. 다음의 어느 하나에 해당하는 지위의 매매계약
   ㉠ 「택지개발촉진법」, 「주택법」 등에 따른 부동산에 대한 공급계약을 통하여 부동산을 공급받는 자로 선정된 지위
   ㉡ 「도시 및 주거환경정비법」에 따른 관리처분계획의 인가 및 「빈집 및 소규모주택 정비에 관한 특례법」에 따른 사업시행계획인가로 취득한 입주자로 선정된 지위

15 부동산 거래신고 등에 관한 법령상 부동산 거래신고에 관한 설명으로 옳은 것은? (다툼이 있으면 판례에 따름) •30회

① 개업공인중개사가 거래계약서를 작성·교부한 경우 거래당사자는 60일 이내에 부동산 거래신고를 하여야 한다.

② 소속공인중개사 및 중개보조원은 부동산 거래신고를 할 수 있다.

③ 「지방공기업법」에 따른 지방공사와 개인이 매매계약을 체결한 경우 양 당사자는 공동으로 신고하여야 한다.

④ 거래대상 부동산의 공법상 거래규제 및 이용제한에 관한 사항은 부동산거래계약신고서의 기재사항이다.

⑤ 매매대상 토지 중 공장부지로 편입되지 아니할 부분의 토지를 매도인에게 원가로 반환한다는 조건을 당사자가 약정한 경우 그 사항은 신고사항이다.

키워드 부동산 거래신고

해설 ① 개업공인중개사가 거래계약서를 작성·교부한 경우 개업공인중개사는 30일 이내에 부동산 거래신고를 하여야 한다.

② 소속공인중개사는 개업공인중개사를 대신하여 부동산 거래신고를 할 수 있지만, 중개보조원은 불가능하다.

③ 「지방공기업법」에 따른 지방공사와 개인이 매매계약을 체결한 경우, 즉 거래당사자 중 일방이 국가 및 지방자치단체, 공공기관인 경우(국가등)에는 국가등이 신고하여야 한다.

④ 거래대상 부동산의 공법상 거래규제 및 이용제한에 관한 사항은 부동산거래계약신고서의 기재사항에 포함되지 않는다.

16 부동산 거래신고 등에 관한 법령상 부동산거래계약 신고내용의 정정신청사항이 <u>아닌</u>
것은? • 30회

① 거래대상 건축물의 종류

② 개업공인중개사의 성명·주소

③ 거래대상 부동산의 면적

④ 거래지분비율

⑤ 거래당사자의 전화번호

키워드 정정신청

해설 개업공인중개사의 성명·주소는 정정신청사항에 포함되지 않는다.

이론플러스 **정정신청사항**

거래당사자 또는 개업공인중개사는 부동산거래계약 신고내용 중 다음의 어느 하나에 해당하는
사항이 잘못 기재된 경우에는 신고관청에 신고내용의 정정을 신청할 수 있다.

1. 거래당사자의 주소·전화번호 또는 휴대전화번호
2. 거래지분비율
3. 개업공인중개사의 전화번호·상호 또는 사무소 소재지
4. 거래대상 건축물의 종류
5. 거래대상 부동산등(부동산을 취득할 수 있는 권리에 관한 계약의 경우에는 그 권리의 대상인
   부동산을 말한다)의 지목, 면적, 거래지분 및 대지권비율

17 부동산 거래신고 등에 관한 법령상 부동산 거래신고에 관한 설명으로 **틀린** 것은?

(上)
• 29회

① 지방자치단체가 개업공인중개사의 중개 없이 토지를 매수하는 경우 부동산거래 계약 신고서에 단독으로 서명 또는 날인하여 신고관청에 제출해야 한다.

② 개업공인중개사가 공동으로 토지의 매매를 중개하여 거래계약서를 작성·교부한 경우 해당 개업공인중개사가 공동으로 신고해야 한다.

③ 매수인은 신고인이 거래신고를 하고 신고필증을 발급받은 때에 「부동산등기 특별조치법」에 따른 검인을 받은 것으로 본다.

④ 「공공주택 특별법」에 따른 공급계약에 의해 부동산을 공급받는 자로 선정된 지위를 매매하는 계약은 부동산 거래신고의 대상이 아니다.

⑤ 매매계약에 조건이나 기한이 있는 경우 그 조건 또는 기한도 신고해야 한다.

키워드 부동산 거래신고

해설 「공공주택 특별법」에 따른 공급계약에 의해 부동산을 공급받는 자로 선정된 지위를 매매하는 계약은 부동산 거래신고의 대상이다.

이론플러스 **부동산 거래신고의 대상인 계약**

1. 부동산의 매매계약
2. 「택지개발촉진법」, 「주택법」 등 다음의 법률에 따른 부동산에 대한 공급계약
   ㉠ 「건축물의 분양에 관한 법률」
   ㉡ 「공공주택 특별법」
   ㉢ 「도시개발법」
   ㉣ 「도시 및 주거환경정비법」
   ㉤ 「빈집 및 소규모주택 정비에 관한 특례법」
   ㉥ 「산업입지 및 개발에 관한 법률」
   ㉦ 「주택법」
   ㉧ 「택지개발촉진법」
3. 다음의 어느 하나에 해당하는 지위의 매매계약
   ㉠ 「택지개발촉진법」, 「주택법」 등에 따른 부동산에 대한 공급계약을 통하여 부동산을 공급받는 자로 선정된 지위
   ㉡ 「도시 및 주거환경정비법」에 따른 관리처분계획의 인가 및 「빈집 및 소규모주택 정비에 관한 특례법」에 따른 사업시행계획인가로 취득한 입주자로 선정된 지위

정답 16 ② 17 ④

18 부동산 거래신고 등에 관한 법령상 신고대상인 부동산거래계약의 신고에 관한 설명으로 **틀린** 것은?

· 28회

① 사인 간의 거래를 중개한 개업공인중개사가 거래계약서를 작성·교부한 경우, 해당 개업공인중개사가 거래신고를 해야 한다.

② 부동산의 매수인은 신고인이 부동산거래계약 신고필증을 발급받은 때에 「부동산 등기 특별조치법」에 따른 검인을 받은 것으로 본다.

③ 개업공인중개사의 위임을 받은 소속공인중개사가 부동산거래계약 신고서의 제출을 대행하는 경우, 소속공인중개사는 신분증명서를 신고관청에 보여 주어야 한다.

④ 거래당사자 중 일방이 국가인 경우, 국가가 부동산거래계약의 신고를 해야 한다.

⑤ 신고관청은 거래대금 지급을 증명할 수 있는 자료를 제출하지 아니한 사실을 자진 신고한 자에 대하여 과태료를 감경 또는 면제할 수 있다.

키워드 과태료 규정
해설 거래대금 지급을 증명할 수 있는 자료를 제출하지 아니한 사실을 자진 신고한 자는 감경 또는 면제사유에 포함되지 않는다.

19 부동산 거래신고 등에 관한 법령상 부동산 거래신고의 대상이 되는 계약을 모두 고른 것은?

· 28회

┌───┐
│ ㉠ 「건축물의 분양에 관한 법률」에 따른 부동산에 대한 공급계약
│ ㉡ 「도시개발법」에 따른 부동산에 대한 공급계약
│ ㉢ 「주택법」에 따른 부동산에 대한 공급계약을 통하여 부동산을 공급받는 자로 선정된 지위의 매매계약
│ ㉣ 「도시 및 주거환경정비법」에 따른 관리처분계획의 인가로 취득한 입주자로 선정된 지위의 매매계약
└───┘

① ㉠, ㉡   ② ㉢, ㉣
③ ㉠, ㉡, ㉢   ④ ㉡, ㉢, ㉣
⑤ ㉠, ㉡, ㉢, ㉣

키워드 부동산 거래신고
해설 ㉠㉡㉢㉣ 모두 부동산 거래신고의 대상이 되는 계약이다.

부동산 거래신고의 대상인 계약

1. 부동산의 매매계약
2. 「택지개발촉진법」, 「주택법」 등 다음의 법률에 따른 부동산에 대한 공급계약
   (1) 「건축물의 분양에 관한 법률」
   (2) 「공공주택 특별법」
   (3) 「도시개발법」
   (4) 「도시 및 주거환경정비법」
   (5) 「빈집 및 소규모주택 정비에 관한 특례법」
   (6) 「산업입지 및 개발에 관한 법률」
   (7) 「주택법」
   (8) 「택지개발촉진법」
3. 다음의 어느 하나에 해당하는 지위의 매매계약
   (1) 「택지개발촉진법」, 「주택법」 등에 따른 부동산에 대한 공급계약을 통하여 부동산을 공급 받는 자로 선정된 지위
   (2) 「도시 및 주거환경정비법」에 따른 관리처분계획의 인가 및 「빈집 및 소규모주택 정비에 관한 특례법」에 따른 사업시행계획인가로 취득한 입주자로 선정된 지위

20 ⑤ 부동산 거래신고 등에 관한 법령상 부동산거래계약 신고서 작성에 관한 설명으로 **틀린** 것은?
• 28회 수정

① 거래대상 부동산의 공법상 거래규제 및 이용제한에 관한 사항은 신고서 기재사항 이다.

② 부동산거래계약 신고서를 제출한 후 해당 부동산거래계약이 해제된 경우, 거래당 사자는 해제등이 확정된 날부터 30일 이내에 해당 신고관청에 공동으로 신고하 여야 한다.

③ 개업공인중개사가 거래계약서를 작성·교부한 경우, 개업공인중개사의 인적사항 과 개설등록한 중개사무소의 상호·전화번호 및 소재지도 신고사항에 포함된다.

④ 거래대상의 종류가 공급계약(분양)인 경우, 물건별 거래가격 및 총 실제 거래가격 에 부가가치세를 포함한 금액을 적는다.

⑤ 계약대상 면적에는 실제 거래면적을 계산하여 적되, 건축물 면적은 집합건축물의 경우 전용면적을 적고, 그 밖의 건축물의 경우 연면적을 적는다.

키워드 부동산거래계약 신고서

해설 부동산거래계약 신고서의 기재사항에 공법상 거래규제 및 이용제한에 관한 사항은 포 함되지 않는다.

정답 **18** ⑤ **19** ⑤ **20** ①

21 부동산 거래신고 등에 관한 법령상 부동산 거래신고에 관한 설명으로 틀린 것은?

• 27회 수정

① 「공인중개사법」에 따라 거래계약서를 작성·교부한 개업공인중개사는 부동산 거래신고를 할 의무를 부담한다.

② 거래당사자 일방이 부동산 거래신고를 거부하는 경우 다른 당사자는 국토교통부령에 따라 단독으로 신고할 수 있다.

③ 개업공인중개사에게 거짓으로 부동산 거래신고를 하도록 요구한 자는 과태료 부과대상자가 된다.

④ 신고관청은 부동산 거래신고의 내용에 누락이 있는 경우 신고인에게 신고내용을 보완하게 할 수 있다.

⑤ 신고관청의 요구에도 거래대금 지급을 증명할 수 있는 자료를 제출하지 아니한 자에게는 500만원 이하의 과태료가 부과된다.

키워드 과태료 규정

해설 거래대금 지급을 증명할 수 있는 자료를 제출하지 아니하거나 거짓으로 제출한 자 또는 그 밖의 필요한 조치를 이행하지 아니한 자는 3천만원 이하의 과태료대상이다.

22
⊕

부동산 거래신고 등에 관한 법률상 주택임대차계약의 신고에 관한 설명이다. 다음 중 **틀린** 것은?

① 임대차계약당사자는 주택에 대하여 보증금이 6천만원을 초과하거나 월차임이 30만원을 초과하는 주택임대차계약을 체결한 경우 신고관청에 신고하여야 한다.

② 주택임대차계약의 신고지역은 특별자치시·특별자치도·시·군(광역시 및 경기도의 관할 구역에 있는 군으로 한정한다)·구(자치구를 말한다)이다.

③ 임대차신고서등의 작성 등을 대행하는 사람은 위임한 임대차계약당사자가 서명 또는 날인한 위임장(법인인 경우에는 법인인감을 날인한 위임자)과 신분증명서 사본을 함께 제출해야 한다.

④ 임대차계약당사자 일방 또는 위임을 받은 사람이 임대차 신고사항이 모두 적혀 있고 임대차계약당사자의 서명이나 날인이 되어 있는 주택임대차계약서를 신고관청에 제출하면 임대차계약당사자가 공동으로 임대차신고서를 제출한 것으로 본다.

⑤ 임대차계약당사자는 주택임대차 신고사항 또는 주택임대차계약 변경신고의 내용이 잘못 적힌 경우에는 신고관청에 신고내용의 정정을 신청하여야 한다.

키워드 주택임대차계약신고

해설 임대차계약당사자는 주택임대차 신고사항 또는 주택임대차계약 변경신고의 내용이 잘못 적힌 경우에는 신고관청에 신고내용의 정정을 신청할 수 있다.

23 부동산 거래신고 등에 관한 법령상 주택임대차계약의 신고에 관한 설명으로 <u>틀린</u>
것은?

① 임대차계약당사자는 주택에 대하여 대통령령으로 정하는 금액을 초과하는 임대
차계약을 체결한 경우 그 보증금 또는 차임 등을 임대차계약의 체결일부터 30일
이내에 주택 소재지를 관할하는 신고관청에 공동으로 신고하여야 한다.

② 임대차계약당사자는 주택임대차계약신고를 한 후 해당 주택임대차계약의 보증
금, 차임 등 임대차 가격이 변경되거나 임대차계약이 해제된 때에는 변경 또는
해제가 확정된 날부터 30일 이내에 해당 신고관청에 공동으로 신고하여야 한다.

③ 신고관청은 주택임대차계약신고의 사무에 대한 해당 권한의 일부를 그 지방자치
단체의 조례로 정하는 바에 따라 읍·면·동장 또는 출장소장에게 위임할 수 있다.

④ 신고관청은 그 신고내용을 확인한 후 신고인에게 신고필증을 지체 없이 발급하여
야 한다.

⑤ 임대차계약당사자 중 일방이 국가등인 경우 주택임대차계약의 신고, 변경 및 해
제신고는 국가등이 신고할 수 있다.

키워드 주택임대차계약신고

해설 임대차계약당사자 중 일방이 국가등인 경우 주택임대차계약의 신고, 변경 및 해제신
고는 국가등이 신고하여야 한다.

24 부동산 거래신고 등에 관한 법령상 주택임대차계약의 신고에 관한 설명이다. 다음 중 틀린 것은?

① 임차인이 「주민등록법」에 따라 전입신고를 하는 경우 이 법에 따른 주택임대차 계약의 신고를 한 것으로 본다.

② 「공공주택 특별법」에 따른 공공주택사업자 및 「민간임대주택에 관한 특별법」에 따른 임대사업자는 관련 법령에 따른 주택임대차계약의 신고 또는 변경신고를 하는 경우 이 법에 따른 주택임대차계약의 신고 또는 변경신고를 한 것으로 본다.

③ 주택임대차계약의 신고, 주택임대차계약의 변경 및 해제에 따른 신고에 대한 접수를 완료한 때에는 「주택임대차보호법」에 따른 확정일자를 부여한 것으로 본다.

④ 위 ③의 경우 신고관청은 「주택임대차보호법」에 따라 확정일자부를 작성하거나 「주택임대차보호법」의 확정일자 부여기관에 신고 사실을 통보하여야 한다.

⑤ 주택임대차계약신고의 금지행위에 관하여는 부동산 거래신고의 금지행위규정을 준용하지 않는다.

| **키워드** | 주택임대차계약신고 |
| **해설** | 주택임대차계약신고의 금지행위에 관하여는 부동산 거래신고의 금지행위규정을 준용한다. |

25 외국인등의 부동산 취득에 관한 설명 중 <u>틀린</u> 것은?

① 외국인등이 대한민국 안의 토지에 대한 소유권 및 지상권을 취득하는 경우에 적용된다.

② 외국인등이 대한민국 안의 토지를 취득하는 계약을 체결하였을 때에는 그 사실을 신고하여야 한다.

③ 국토교통부장관은 대한민국 국민, 대한민국의 법령에 따라 설립된 법인 또는 단체나 대한민국 정부에 대하여 자국 안의 토지의 취득 또는 양도를 금지하거나 제한하는 국가등에 대하여 토지의 취득 또는 양도를 금지하거나 제한할 수 있다.

④ 업무를 집행하는 사원 또는 구성원의 2분의 1 이상이 외국인등으로 구성된 법인 및 단체나, 외국인·외국법인 또는 외국단체가 자본금·의결권의 2분의 1 이상을 가지고 있는 법인 또는 단체의 경우에도 적용된다.

⑤ 군사시설 보호구역 등 허가대상인 토지는 취득계약을 체결하기 전에 시장·군수 또는 구청장으로부터 토지취득의 허가를 받아야 한다.

> **키워드** 외국인등의 부동산 취득
>
> **해설** 「부동산 거래신고 등에 관한 법률」은 외국인등이 대한민국 안의 부동산등에 대한 소유권을 취득하는 경우에 적용된다.

26 개업공인중개사가 대한민국 안의 토지를 취득하고자 하는 외국인등에게 설명한 내용으로 틀린 것은?

① 외국인등이 계약(부동산 거래신고 대상인 계약은 제외한다)에 의하여 토지를 취득하는 때에는 토지취득일부터 6개월 이내에 이를 신고해야 한다.

② 외국인등이 경매로 토지를 취득한 때에는 경락대금을 완납한 날부터 6개월 이내에 이를 신고해야 한다.

③ 외국인등이 국내의 토지에 대한 지상권, 저당권을 설정하거나 임차권계약 등을 체결하는 경우에는 적용되지 않는다.

④ 토지취득의 허가를 받으려는 외국인등은 신청서에 토지거래계약 당사자 간의 합의서를 신고관청에 제출하여야 한다.

⑤ 「문화재보호법」에 따른 지정문화재와 이를 위한 보호물 및 보호구역의 경우 허가대상이다.

키워드 외국인등의 부동산 취득

해설 외국인등이 계약에 의하여 토지를 취득하는 경우에는 계약체결일로부터 60일 이내에 신고해야 한다.

27 개업공인중개사가 대한민국 영토 안의 부동산을 취득하고자 하는 외국인등에게 설명한
内용 중 옳은 것은?

① 건축물의 신축·증축·개축·재축 등의 경우 취득일부터 6개월 이내에 시장·군수
또는 구청장에게 신고하여야 한다.

② 대한민국 안의 토지를 취득하는 계약(부동산 거래신고 대상인 계약은 제외한다)을 체
결한 경우에는 계약체결일부터 90일 이내에 신고하여야 한다.

③ 「문화재보호법」에 의한 지정문화재보호구역 내 토지는 취득할 수 없다.

④ 군사기지 및 군사시설 보호구역 내 토지의 경우에는 취득일부터 30일 이내에 신
고하여야 한다.

⑤ 토지취득허가의무에 위반하여 체결한 토지취득계약이라도 그 효력은 발생한다.

▇▇▇▇ **키워드** 외국인등의 부동산 취득
▇▇▇ **해설** ② 90일 이내 ⇨ 60일 이내
③ 지정문화재보호구역 내 토지도 취득허가를 받으면 취득할 수 있다.
④ 군사기지 및 군사시설 보호구역 내 토지는 허가대상토지이므로, 시장·군수 또는
구청장의 사전허가를 받아야 한다.
⑤ 토지취득허가를 받지 않고 체결한 토지취득계약은 효력이 발생하지 않는다.

이론플러스 **부동산등 취득의 사후신고 및 토지취득의 사전허가**

구 분	신고기간 및 허가대상토지	위반 시 제재	방 법
취득 후 신고	계약(부동산 거래신고 대상인 계약은 제외한다)으로 취득한 경우 : 계약체결일로부터 60일 이내	300만원 이하 과태료	방문/ 전자문서 선택
	계약 외 원인(건축물의 신축·증축·개축·재축을 포함한다)으로 취득한 경우 : 취득일로부터 6개월 이내	100만원 이하 과태료	
	외국인등으로 국적을 변경하여 토지를 계속 보유하는 경우 : 국적변경일부터 6개월 이내	100만원 이하 과태료	
사전 허가제	㉠ 군사기지 및 군사시설 보호구역 ㉡ 「문화재보호법」에 따른 지정문화재와 이를 위한 보호물 또는 보호구역 ㉢ 생태·경관보전지역 ㉣ 야생생물 특별보호구역	2년 이하의 징역 또는 2천만원 이하의 벌금	방문/ 전자문서 선택

28 외국인등의 국내 부동산 취득에 관한 설명이다. 다음 중 옳은 것은?

① 외국인등이 대한민국 안의 토지를 취득하는 계약(부동산 거래신고 대상인 계약은 제외한다)을 체결한 경우에는 계약체결일부터 30일 이내에 신고하여야 한다.

② 「부동산 거래신고 등에 관한 법률」상 토지거래허가구역 내에서 토지거래허가를 받지 아니하고 토지거래계약을 체결한 경우 500만원 이하의 과태료의 대상이 된다.

③ 외국인등이 군사기지 및 군사시설 보호구역 내의 부동산에 대하여 허가를 받아야 함에도 불구하고 허가를 받지 아니하고 토지취득계약을 체결한 경우에는 100만원 이하의 과태료의 대상이 된다.

④ 군사기지 및 군사시설 보호구역 내의 토지는 「부동산 거래신고 등에 관한 법률」상 외국인등이 허가받아야 하는 허가대상이다.

⑤ 외국인등이 상속, 경매 기타 계약 외의 원인으로 인하여 대한민국 안의 토지를 취득한 경우에는 토지를 취득한 날로부터 60일 이내에 신고하여야 한다.

키워드 외국인등의 부동산 취득

해설 ① 30일 이내 ⇨ 60일 이내
② 500만원 이하의 과태료 ⇨ 2년 이하의 징역 또는 계약 체결 당시의 개별공시지가에 따른 해당 토지가액의 100분의 30 이하의 벌금형
③ 100만원 이하의 과태료 ⇨ 2년 이하의 징역 또는 2천만원 이하의 벌금형
⑤ 60일 이내 ⇨ 6개월 이내

정답 27 ① 28 ④

29 ⊕ 부동산 거래신고 등에 관한 법률의 내용 중 외국인등의 국내 부동산 취득에 관한 설명이다. 다음 중 **틀린** 것은?

① 외국인등이 사전에 토지취득의 허가를 요하는 경우 허가를 받지 아니하고 취득하였거나 부정한 방법으로 허가를 받아 계약을 체결한 경우 그 취득 및 계약은 무효이고, 2년 이하의 징역 또는 2천만원 이하의 벌금형에 처한다.

② 외국인등으로 국적이 변경되어 계속 토지를 보유하게 된 경우에 국적변경일로부터 6개월 이내에 시장·군수·구청장에게 신고하여야 한다. 위반 시에는 100만원 이하의 과태료에 처한다.

③ 외국인등이 계약 외의 원인으로 토지를 취득한 경우에 취득일로부터 6개월 이내에 시장·군수·구청장에게 신고하여야 한다. 위반 시에는 100만원 이하의 과태료에 처한다.

④ 외국인등이 토지를 취득하는 계약(부동산 거래신고 대상인 계약은 제외한다)을 체결하였을 때에는 계약체결일로부터 60일 이내에 토지소재지를 관할하는 시장·군수·구청장에게 신고하여야 한다. 위반 시에는 300만원 이하의 과태료에 처한다.

⑤ 외국인등의 토지취득의 허가를 신청받은 시장·군수·구청장은 신청일로부터 30일 이내에 허가·불허가처분을 하여야 한다.

키워드 외국인등의 부동산 취득
해설 외국인등의 토지취득의 허가를 신청받은 시장·군수·구청장은 신청일로부터 15일 이내에 허가·불허가처분을 하여야 한다.

30 ⓕ 부동산 거래신고 등에 관한 법률상 외국인등이 우리나라의 토지를 취득하기 위하여 계약체결을 할 경우 사전에 허가받아야 하는 지역에 해당하지 **않는** 것은?

① 보전녹지지역
② 야생생물 특별보호구역
③ 「문화재보호법」에 따른 지정문화재와 이를 위한 보호물 또는 보호구역
④ 생태·경관보전지역
⑤ 군사기지 및 군사시설 보호구역

키워드 외국인등의 부동산 취득
해설 보전녹지지역은 사전에 허가받아야 하는 지역에 해당하지 아니한다.

31 부동산 거래신고 등에 관한 법령상 외국인등의 부동산 취득 등에 관한 설명으로 옳은 것을 모두 고른 것은?

• 31회

⊙ 국제연합도 외국인등에 포함된다.
ⓛ 외국인등이 대한민국 안의 부동산에 대한 매매계약을 체결하였을 때에는 계약체결일부터 60일 이내에 신고관청에 신고하여야 한다.
ⓒ 외국인이 상속으로 대한민국 안의 부동산을 취득한 때에는 부동산을 취득한 날부터 1년 이내에 신고관청에 신고하여야 한다.
ⓔ 외국인이 「수도법」에 따른 상수원보호구역에 있는 토지를 취득하려는 경우 토지취득계약을 체결하기 전에 신고관청으로부터 토지취득의 허가를 받아야 한다.

① ⊙
② ⊙, ⓔ
③ ⓛ, ⓒ
④ ⊙, ⓛ, ⓔ
⑤ ⊙, ⓛ, ⓒ, ⓔ

키워드 외국인등의 부동산 취득

해설 ⓛ 외국인등이 대한민국 안의 부동산에 대한 매매계약을 체결하였을 때에는 계약체결일부터 30일 이내에 신고관청에 부동산 거래신고를 하여야 하며, 이 경우 부동산 거래신고를 하면 외국인등이 계약체결일부터 60일 이내에 신고관청에 신고하여야 하는 내용은 의제된다.
ⓒ 외국인이 상속으로 대한민국 안의 부동산을 취득한 때에는 부동산을 취득한 날부터 6개월 이내에 신고관청에 신고하여야 한다.
ⓔ 외국인등이 취득하려는 토지가 다음의 어느 하나에 해당하는 구역·지역 등에 있으면 토지취득계약을 체결하기 전에 신고관청으로부터 토지취득의 허가를 받아야 한다. 따라서 「수도법」에 따른 상수원보호구역에 있는 토지를 취득하려는 경우는 허가대상에 포함되지 않는다.

1. 「군사기지 및 군사시설 보호법」에 따른 군사기지 및 군사시설 보호구역, 그 밖에 국방목적을 위하여 외국인등의 토지취득을 특별히 제한할 필요가 있는 지역으로서 국방목적상 필요한 섬 지역으로서 국토교통부장관이 국방부장관 등 관계 중앙행정기관의 장과 협의하여 고시하는 지역
2. 「문화재보호법」에 따른 지정문화재와 이를 위한 보호물 또는 보호구역
3. 「자연환경보전법」에 따른 생태·경관보전지역
4. 「야생생물 보호 및 관리에 관한 법률」에 따른 야생생물 특별보호구역

32 부동산 거래신고 등에 관한 법령상 외국인등의 부동산 취득 등에 관한 특례에 대한 설명으로 옳은 것은? (단, 헌법과 법률에 따라 체결된 조약의 이행에 필요한 경우는 고려하지 않음)
· 30회 수정

① 국제연합의 전문기구가 경매로 대한민국 안의 부동산등을 취득한 때에는 부동산등을 취득한 날부터 3개월 이내에 신고관청에 신고하여야 한다.

② 외국인등이 상가건물 임대차계약을 체결하는 경우 계약체결일로부터 6개월 이내에 신고관청에 신고하여야 한다.

③ 특별자치시장은 외국인등이 신고한 부동산등의 취득·계속보유 신고내용을 매 분기 종료일부터 1개월 이내에 직접 국토교통부장관에게 제출하여야 한다.

④ 외국인등의 토지거래 허가신청서를 받은 신고관청은 신청서를 받은 날부터 30일 이내에 허가 또는 불허가처분을 하여야 한다.

⑤ 외국인등이 법원의 확정판결로 대한민국 안의 부동산등을 취득한 때에는 신고하지 않아도 된다.

키워드 외국인등의 부동산 취득 등에 관한 특례
해설 ① 국제연합의 전문기구가 경매로 대한민국 안의 부동산등을 취득한 때에는 부동산등을 취득한 날부터 6개월 이내에 신고관청에 신고하여야 한다.
② 외국인등이 상가건물 임대차계약을 체결하는 경우는 신고대상이 되지 않는다.
④ 외국인등의 토지거래 허가신청서를 받은 신고관청은 신청서를 받은 날부터 15일 이내에 허가 또는 불허가처분을 하여야 한다.
⑤ 외국인등이 법원의 확정판결로 대한민국 안의 부동산등을 취득한 때에는 6개월 이내에 신고관청에 신고하여야 한다.

부동산 거래신고 등에 관한 법령상 외국인등의 국내 부동산의 취득·보유 등에 관한 설명으로 **틀린** 것은? (단, 헌법과 법률에 따라 체결된 조약의 이행에 필요한 경우는 고려하지 않음)

• 29회

① 대한민국 국적을 보유하고 있지 아니한 자가 토지를 증여받은 경우 계약체결일부터 60일 이내에 취득신고를 해야 한다.

② 외국의 법령에 의하여 설립된 법인이 합병을 통하여 부동산을 취득한 경우에는 취득한 날부터 6개월 이내에 취득신고를 해야 한다.

③ 부동산을 소유한 대한민국 국민이 대한민국 국적을 상실한 경우 부동산을 계속 보유하려면 국적을 상실한 때부터 6개월 이내에 계속보유 신고를 해야 한다.

④ 외국정부가 「군사기지 및 군사시설 보호법」에 따른 군사시설 보호지역 내 토지를 취득하려는 경우 계약 체결 전에 국토교통부장관에게 취득허가를 받아야 한다.

⑤ 국제연합의 산하기구가 허가 없이 「자연환경보전법」상 생태·경관보전지역의 토지를 취득하는 계약을 체결한 경우 그 효력은 발생하지 않는다.

키워드 외국인등의 국내 부동산 취득규정

해설 외국인등이 취득하려는 토지가 「군사기지 및 군사시설 보호법」에 따른 군사시설 보호구역 내 토지인 경우 계약 체결 전에 신고관청으로부터 허가를 받아야 한다.

34 개업공인중개사가 외국인등에게 부동산 거래신고 등에 관한 법령의 내용을 설명한 것으로 틀린 것은?
• 28회 수정

① 외국인등이 부동산 거래신고의 대상인 계약을 체결하여 부동산 거래신고를 한 때에도 부동산 취득신고를 해야 한다.

② 외국인등이 경매로 대한민국 안의 부동산을 취득한 때에는 취득한 날부터 6개월 이내에 신고관청에 신고해야 한다.

③ 외국인등이 취득하려는 토지가 「자연환경보전법」에 따른 생태·경관보전지역에 있으면, 「부동산 거래신고 등에 관한 법률」에 따라 허가구역 내 토지거래계약에 관한 허가를 받은 경우를 제외하고는 토지취득계약을 체결하기 전에 신고관청으로부터 토지취득의 허가를 받아야 한다.

④ 대한민국 안의 부동산을 가지고 있는 대한민국 국민이 외국인등으로 변경되었음에도 해당 부동산을 계속 보유하려는 경우, 외국인등으로 변경된 날부터 6개월 이내에 신고관청에 계속보유에 관한 신고를 해야 한다.

⑤ 외국의 법령에 따라 설립된 법인이 자본금의 2분의 1 이상을 가지고 있는 법인은 '외국인등'에 해당한다.

키워드 외국인등의 국내 부동산 취득규정
해설 외국인등이 부동산 거래신고의 대상인 계약을 체결하여 부동산 거래신고를 한 경우에는 부동산 취득신고를 하지 않아도 된다.

35 개업공인중개사가 외국인등에게 부동산 거래신고 등에 관한 법률을 설명한 내용으로 옳은 것은?
• 27회 수정

① 사원 또는 구성원의 2분의 1 이상이 대한민국 국적을 보유하지 않은 법인 또는 단체는 「부동산 거래신고 등에 관한 법률」상 외국인등에 해당한다.

② 외국인등이 대한민국 안의 토지를 취득하는 계약(부동산 거래신고 대상인 계약은 제외)을 체결하였을 때에는 계약체결일부터 30일 이내에 신고해야 한다.

③ 외국인등이 법인의 합병 등 계약 외의 원인으로 대한민국 안의 토지를 취득한 경우 그 취득한 날부터 60일 이내에 신고해야 한다.

④ 외국인등이 상속에 의하여 토지를 취득한 경우 그 취득한 날로부터 60일 이내에 신고해야 한다.

⑤ 대한민국 안의 토지를 가지고 있는 대한민국 국민이 외국인등으로 변경되고 그 외국인등이 해당 토지를 계속 보유하려는 경우 신고의무가 없다.

키워드 외국인등의 국내 부동산 취득규정

해설 ② 30일 이내 ⇨ 60일 이내
③ 60일 이내 ⇨ 6개월 이내
④ 60일 이내 ⇨ 6개월 이내
⑤ 신고의무가 없다. ⇨ 6개월 이내에 신고하여야 한다.

정답 **34** ① **35** ①

36 부동산 거래신고 등에 관한 법률상 토지거래허가구역에 관한 설명이다. 다음 중 **틀린** 것은?

① 국토교통부장관 또는 시·도지사는 5년 이내의 기간을 정하여 토지거래허가구역을 지정할 수 있다.

② 국토교통부장관 또는 시·도지사는 허가구역을 지정하려면 중앙도시계획위원회 또는 시·도도시계획위원회의 심의를 거쳐야 한다.

③ 지정기간이 끝나는 허가구역을 다시 허가구역으로 지정하려면 중앙도시계획위원회 또는 시·도도시계획위원회의 심의 전에 미리 시·도지사(국토교통부장관이 지정하는 경우만 해당한다) 또는 시장·군수 또는 구청장의 의견을 들어야 한다.

④ 허가구역의 통지를 받은 시장·군수 또는 구청장은 지체 없이 그 사실을 7일 이상 공고하고, 그 공고내용을 15일간 일반이 열람할 수 있도록 해야 한다.

⑤ 허가구역의 지정은 허가구역의 지정을 공고한 날부터 7일 후에 그 효력이 발생한다.

> **키워드** 토지거래허가구역
> **해설** 허가구역의 지정은 허가구역의 지정을 공고한 날부터 5일 후에 그 효력이 발생한다.

37 부동산 거래신고 등에 관한 법률상 토지거래허가구역 내 허가에 관한 설명이다. 다음 중 틀린 것은?

① 허가구역 안에 있는 토지에 관한 소유권, 지상권을 이전하거나 설정(대가를 받고 이전하거나 설정하는 경우만 해당한다)하는 계약을 하려는 자는 공동으로 허가를 받아야 한다.

② 허가신청 시 토지이용계획서, 토지취득자금조달계획서를 첨부하여 허가관청에 제출하여야 한다.

③ 허가면적을 산정할 때 일단의 토지이용을 위하여 토지거래계약을 체결한 날부터 1년 이내에 일단의 토지 일부에 대하여 토지거래계약을 체결한 경우에는 그 일단의 토지 전체에 대한 거래로 본다.

④ 토지거래허가처분에 이의가 있는 자는 그 처분을 받은 날부터 1개월 이내에 시장·군수 또는 구청장에게 이의를 신청할 수 있다.

⑤ 이의신청을 받은 시장·군수 또는 구청장은 시·도도시계획위원회의 심의를 거쳐 그 결과를 이의신청인에게 알려주어야 한다.

키워드 토지거래허가구역

해설 이의신청을 받은 시장·군수 또는 구청장은 시·군·구도시계획위원회의 심의를 거쳐 그 결과를 이의신청인에게 알려주어야 한다.

38
中

부동산 거래신고 등에 관한 법령상 토지거래허가구역에서 용도별 면적 이하의 토지는 허가가 필요하지 않다. 다음의 연결 중 **틀린** 것은?

> ㉠ 상업지역 − 150제곱미터
> ㉡ 녹지지역 − 100제곱미터
> ㉢ 도시지역 외의 지역 중 농지 − 250제곱미터
> ㉣ 공업지역 − 150제곱미터
> ㉤ 주거지역 − 150제곱미터
> ㉥ 도시지역 외의 지역 중 임야 − 1,000제곱미터

① ㉡, ㉤
② ㉠, ㉣, ㉥
③ ㉡, ㉢, ㉤
④ ㉠, ㉣, ㉤, ㉥
⑤ ㉠, ㉡, ㉢, ㉣, ㉤, ㉥

키워드 토지거래허가구역

해설 용도별 면적 이하의 토지에 대한 토지거래허가계약에 관한 규정을 적용하지 아니하는 면적의 기준은 다음과 같다.

> 1. 주거지역 − 60제곱미터
> 2. 상업지역 − 150제곱미터
> 3. 공업지역 − 150제곱미터
> 4. 녹지지역 − 200제곱미터
> 5. 도시지역 중 미지정지역 − 60제곱미터
> 6. 도시지역 외의 지역 − 250제곱미터
> 7. 도시지역 외의 지역 중 농지 − 500제곱미터
> 8. 도시지역 외의 지역 중 임야 − 1,000제곱미터

39 부동산 거래신고 등에 관한 법률상 선매협의 및 매수청구에 관한 설명으로 틀린 것은?

① 시장·군수 또는 구청장은 허가신청이 있는 경우 공익사업용 토지에 해당하는 토지에 대하여 선매자를 지정하여 그 토지의 매수를 협의하게 할 수 있다.

② 시장·군수 또는 구청장은 허가신청이 있는 경우에는 그 신청이 있는 날부터 1개월 이내에 선매자를 지정하여 토지소유자에게 알려야 하며, 선매자는 지정통지를 받은 날부터 1개월 이내에 그 토지소유자와 선매협의를 끝내야 한다.

③ 선매자가 토지를 매수할 때의 가격은 「감정평가 및 감정평가사에 관한 법률」에 따라 감정평가법인등이 감정평가한 감정가격을 기준으로 한다.

④ 허가신청에 대하여 불허가처분을 받은 자는 그 통지를 받은 날부터 1개월 이내에 시장·군수 또는 구청장에게 해당 토지에 관한 권리의 매수를 청구할 수 있다.

⑤ 매수청구를 받은 시장·군수 또는 구청장은 매수할 자로 하여금 예산의 범위에서 감정가격을 기준으로 하여 해당 토지를 매수하게 하여야 한다.

키워드 매수청구
해설 매수청구를 받은 시장·군수 또는 구청장은 매수할 자로 하여금 예산의 범위에서 공시지가를 기준으로 하여 해당 토지를 매수하게 하여야 한다.

40 개업공인중개사가 토지거래허가구역에 대한 거래계약 체결을 중개하면서 중개의뢰인
에게 설명한 내용 중 옳지 않은 것은?

① 불허가처분을 받은 자는 불허가처분의 통지를 받은 날로부터 1개월 이내에 시
장·군수 또는 구청장에게 해당 토지에 대한 권리의 매수를 청구할 수 있다.

② 토지거래허가를 받지 않은 계약을 체결하거나, 속임수나 그 밖의 부정한 방법으
로 허가받은 계약은 무효이고 2년 이하의 징역 또는 계약 체결 당시의 개별공시
지가에 따른 해당 토지가액의 100분의 30 이하의 벌금형에 처한다.

③ 농지에 대하여 토지거래계약허가를 받은 경우에도 농지취득자격증명은 발급받아
야 한다.

④ 토지거래계약의 허가신청에 대한 처분에 대하여 이의가 있는 자는 그 처분을 받
은 날부터 1개월 이내에 시장·군수 또는 구청장에게 이의를 신청할 수 있다.

⑤ 허가구역 안에 있는 토지에 관한 토지거래허가의 대상은 대가를 받고 이전 또는
설정하는 경우에 한하므로 무상계약의 경우는 토지거래허가대상이 아니다.

| 키워드 | 토지거래허가구역 |
| 해 설 | 토지거래허가구역에 있는 농지에 대하여 토지거래계약허가를 받은 경우 농지취득자
격증명을 받은 것으로 본다. |

41 부동산 거래신고 등에 관한 법률상 토지거래허가에 대한 설명 중 틀린 것은?

① 국토교통부장관 또는 시·도지사는 투기가 우려되는 지역 등에 대하여 5년의 범위 안에서 토지거래허가구역을 지정할 수 있다.

② 지정기간이 만료되었음에도 다시 지정을 하지 아니한 경우에는 지정기간 만료일에 허가구역의 지정이 해제된 것으로 본다.

③ 허가구역 내에서 일정면적을 초과하여 유상으로 소유권·지상권의 이전 및 설정을 하고자 하는 계약(예약을 포함한다)을 체결하는 경우에는 토지소재지 관할 시장·군수·구청장의 허가를 받아야 한다.

④ 국토교통부장관 또는 시·도지사는 허가구역으로 지정하려면 중앙도시계획위원회 또는 시·도도시계획위원회의 심의를 거쳐야 한다.

⑤ 허가구역이 둘 이상의 시·도의 관할 구역에 걸쳐 있는 경우 국토교통부장관이 지정하며, 동일한 시·도 안의 일부지역인 경우 시·도지사가 지정한다.

키워드 토지거래허가
해설 지정기간이 만료되었음에도 다시 지정을 하지 아니한 경우에는 지정기간 만료일 다음 날에 허가구역의 지정이 해제된 것으로 본다.

42 부동산 거래신고 등에 관한 법률상 토지거래계약 허가구역의 지정에 관한 설명으로 틀린 것은?

① 허가구역이 둘 이상의 시·도의 관할 구역에 걸쳐 있는 경우 국토교통부장관이 지정한다.

② 시·도지사는 지정기간이 끝나는 허가구역을 계속하여 다시 허가구역으로 지정하려면 시·도도시계획위원회의 심의 전에 미리 시장·군수 또는 구청장의 의견을 들어야 한다.

③ 허가구역지정 공고내용의 통지를 받은 시장·군수 또는 구청장은 지체 없이 그 공고내용을 허가구역을 관할하는 등기소의 장에게 통지하여야 한다.

④ 허가구역의 지정은 허가구역의 지정을 공고한 날부터 5일 후에 그 효력이 발생한다.

⑤ 국토교통부장관은 허가구역의 지정 사유가 없어졌다고 인정되면 중앙도시계획위원회의 심의를 거치지 않고 허가구역의 지정을 해제할 수 있다.

▮▮▮ **키워드** 토지거래허가구역
▮▮▮ **해 설** 허가구역 해제 또는 축소의 경우에도 허가구역의 지정절차를 준용한다. 따라서 중앙도시계획위원회의 심의를 거쳐야 한다.

43 부동산 거래신고 등에 관한 법률상 토지거래계약을 허가받은 경우 그 토지를 허가받은 목적대로 이용하여야 하는 토지이용 의무기간으로 틀린 것은? (단, 의무기간의 기산점은 토지의 취득 시이고, 대통령령으로 정하는 예외 사유는 고려하지 않음)

① 자기의 거주용 주택용지로 이용하려는 목적으로 허가를 받은 경우에는 2년

② 허가구역을 포함한 지역의 주민을 위한 편익시설의 설치에 이용하려는 목적으로 허가를 받은 경우에는 2년

③ 농업을 영위하기 위한 목적으로 허가를 받은 경우에는 2년

④ 축산업을 영위하기 위한 목적으로 허가를 받았으나 토지의 취득 후 축산물이 없는 경우에는 3년

⑤ 관계 법령의 규정에 의하여 건축물이나 공작물의 설치행위가 금지된 토지에 대하여 현상보존의 목적으로 토지를 취득하기 위하여 허가를 받은 경우에는 5년

키워드 토지거래허가구역
해 설 허가구역에 거주하는 농업인·임업인·어업인 등이 그 허가구역에서 농업·축산업·임업 또는 어업을 경영하기 위하여 필요한 경우 이용의무기간은 2년이다.

44 부동산 거래신고 등에 관한 법률상 포상금에 관한 설명이다. 다음 중 옳지 <u>않은</u> 것은?

中

① 주택임대차계약의 신고, 변경 및 해제신고 규정을 위반하여 주택임대차계약의 보증금·차임 등 계약금액을 거짓으로 신고한 자도 포상금대상이다.

② 토지거래허가 또는 변경허가를 받지 아니하고 토지거래허가계약을 체결한 자는 50만원의 포상금대상이다.

③ 신고관청 또는 허가관청은 신청서가 접수된 날부터 1개월 이내에 포상금을 지급하여야 한다.

④ 거짓이나 그 밖의 부정한 방법으로 토지거래계약허가를 받은 자, 토지거래계약허가를 받아 취득한 토지에 대하여 허가받은 목적대로 이용하지 아니한 자의 경우도 포상금 지급대상이다.

⑤ 계약을 체결하지 아니하였음에도 불구하고 거짓으로 부동산 거래신고를 한 자는 포상금대상이며, 부과되는 과태료의 100분의 20에 해당하는 금액이 지급된다.

키워드 부동산 거래신고 등에 관한 법률상 포상금
해 설 신고관청 또는 허가관청은 신청서가 접수된 날부터 2개월 이내에 포상금을 지급하여야 한다.

45 부동산 거래신고 등에 관한 법률상 부동산 거래신고 의무와 관련 위반 시 제재 내용이
⊕ 다른 것은?

① 부동산 거래의 해제등에 관한 신고를 하지 아니한 자
② 개업공인중개사에게 부동산 거래신고를 하지 아니하게 하거나 거짓으로 신고하
　 도록 요구한 자
③ 거짓으로 부동산 거래신고를 하는 행위를 조장하거나 방조한 자
④ 거래대금 지급을 증명할 수 있는 자료 외의 자료를 제출하지 아니하거나 거짓으
　 로 제출한 자
⑤ 주택임대차계약의 신고, 변경 및 해제신고를 하지 아니하거나(공동신고를 거부한
　 자를 포함한다) 그 신고를 거짓으로 한 자

키워드 부동산 거래신고 의무
해설 ①②③④ 500만원 이하의 과태료대상이다.
　　　 ⑤ 100만원 이하의 과태료대상이다.

46 부동산 거래신고 등에 관한 법령상 토지거래계약허가를 받아 취득한 토지를 허가받은 목적대로 이용하고 있지 않은 경우 시장·군수·구청장이 취할 수 있는 조치가 <u>아닌</u> 것은? • 32회

① 과태료를 부과할 수 있다.

② 토지거래계약허가를 취소할 수 있다.

③ 3개월 이내의 기간을 정하여 토지의 이용 의무를 이행하도록 문서로 명할 수 있다.

④ 해당 토지에 관한 토지거래계약 허가신청이 있을 때 국가, 지방자치단체, 한국토지주택공사가 그 토지의 매수를 원하면 이들 중에서 매수할 자를 지정하여 협의매수하게 할 수 있다.

⑤ 해당 토지를 직접 이용하지 않고 임대하고 있다는 이유로 이행명령을 했음에도 정해진 기간에 이행되지 않은 경우, 토지 취득가액의 100분의 7에 상당하는 금액의 이행강제금을 부과한다.

키워드 토지거래허가구역

해설 과태료 부과대상은 아니다. 이행명령 대상이며, 이행명령에도 불구하고 이행하지 아니하면 이행강제금을 부과한다. 또한 법 제15조 규정에 따른 선매대상토지이므로 협의매수할 수 있다. 또한 법 제21조에 따라 허가취소 또는 그 밖에 필요한 처분을 하거나 조치를 명할 수 있다.

47

ⓣ 부동산 거래신고 등에 관한 법령상 **토지거래허가구역**(이하 '허가구역'이라 함)**에 관한 설명으로 옳은 것은?**

• 32회

① 시·도지사는 법령의 개정으로 인해 토지이용에 대한 행위제한이 강화되는 지역을 허가구역으로 지정할 수 있다.

② 토지의 투기적인 거래 성행으로 지가가 급격히 상승하는 등의 특별한 사유가 있으면 5년을 넘는 기간으로 허가구역을 지정할 수 있다.

③ 허가구역 지정의 공고에는 허가구역에 대한 축척 5만분의 1 또는 2만5천분의 1의 지형도가 포함되어야 한다.

④ 허가구역을 지정한 시·도지사는 지체 없이 허가구역 지정에 관한 공고내용을 관할 등기소의 장에게 통지해야 한다.

⑤ 허가구역 지정에 이의가 있는 자는 그 지정이 공고된 날부터 1개월 내에 시장·군수·구청장에게 이의를 신청할 수 있다.

키워드 토지거래허가구역

해설 가답안은 ③이 답이었다. 하지만 이의신청 결과 ③번의 '축적 – 축척'의 수정사항 전달이 모든 시험장마다 완전히 이루어지지 않아 형평성 문제가 있다는 점 등에 비추어 모두 정답이 되었다.

① 시·도지사는 법령의 제정·개정 또는 폐지나 그에 따른 고시·공고로 인하여 토지이용에 대한 행위제한이 완화되거나 해제되는 지역을 허가구역으로 지정할 수 있다.

② 토지의 투기적인 거래 성행으로 지가가 급격히 상승하는 등의 특별한 사유가 있으면 5년 이내의 기간을 정하여 허가구역을 지정할 수 있다.

③ 허가구역으로 지정한 때에 공고되는 내용은 다음과 같다.

> 1. 토지거래계약에 관한 허가구역의 지정기간
> 2. 허가구역 내 토지의 소재지·지번·지목·면적 및 용도지역(국토의 계획 및 이용에 관한 법률에 따른 용도지역을 말한다)
> 3. 허가구역에 대한 축척 5만분의 1 또는 2만5천분의 1의 지형도
> 4. 허가 면제 대상 토지면적

따라서 허가구역 지정의 공고에는 허가구역에 대한 축척 5만분의 1 또는 2만5천분의 1의 지형도가 포함되어야 하므로 옳은 지문이 된다.

④ 국토교통부장관 또는 시·도지사는 허가구역을 지정한 때에는 공고내용을 국토교통부장관은 시·도지사를 거쳐 시장·군수 또는 구청장에게 통지하고, 시·도지사는 국토교통부장관, 시장·군수 또는 구청장에게 통지하여야 한다. 통지를 받은 시장·군수 또는 구청장은 지체 없이 그 공고내용을 그 허가구역을 관할하는 등기소의 장에게 통지하여야 하며, 지체 없이 그 사실을 7일 이상 공고하고, 그 공고내용을 15일간 일반이 열람할 수 있도록 하여야 한다.

⑤ 토지거래허가처분에 이의가 있는 자는 그 처분을 받은 날부터 1개월 이내에 시장·군수 또는 구청장에게 이의를 신청할 수 있다. 하지만 허가구역 지정에 이의가 있는 경우 동법에서는 이의신청제도를 두고 있지 않다.

48 부동산 거래신고 등에 관한 법령상 신고포상금 지급대상에 해당하는 위반행위를 모두 고른 것은?

• 32회

> ㉠ 부동산 매매계약의 거래당사자가 부동산의 실제 거래가격을 거짓으로 신고하는 행위
> ㉡ 부동산 매매계약에 관하여 개업공인중개사에게 신고를 하지 않도록 요구하는 행위
> ㉢ 토지거래계약허가를 받아 취득한 토지를 허가받은 목적대로 이용하지 않는 행위
> ㉣ 부동산 매매계약에 관하여 부동산의 실제 거래가격을 거짓으로 신고하도록 조장하는 행위

① ㉠, ㉢

② ㉠, ㉣

③ ㉡, ㉣

④ ㉠, ㉡, ㉢

⑤ ㉡, ㉢, ㉣

키워드 부동산 거래신고 등에 관한 법령상 포상금 지급대상

해설 시장·군수 또는 구청장은 다음의 어느 하나에 해당하는 자를 관계 행정기관이나 수사기관에 신고하거나 고발한 자에게 예산의 범위에서 포상금을 지급할 수 있다(부동산 거래신고 등에 관한 법률 제25조의2 제1항).

> 1. 부동산등의 실제 거래가격을 거짓으로 신고한 자(신고의무자가 아닌 자가 거짓으로 신고한 경우를 포함한다)
> 2. 신고대상에 해당하는 계약을 체결하지 아니하였음에도 불구하고 거짓으로 부동산 거래신고를 한 자
> 3. 신고 후 해당 계약이 해제등이 되지 아니하였음에도 불구하고 거짓으로 부동산거래의 해제등 신고를 한 자
> 4. 주택임대차계약의 신고, 변경 및 해제신고 규정을 위반하여 주택임대차계약의 보증금·차임 등 계약금액을 거짓으로 신고한 자
> 5. 토지거래허가 또는 변경허가를 받지 아니하고 토지거래계약을 체결한 자 또는 거짓이나 그 밖의 부정한 방법으로 토지거래계약허가를 받은 자
> 6. 토지거래계약허가를 받아 취득한 토지에 대하여 허가받은 목적대로 이용하지 아니한 자

따라서 ㉡, ㉣은 포상금사유에 해당하지 않으며, 동법에서 규정하고 있는 500만원 이하의 과태료사유에 해당한다(동법 제28조 제2항 제2호, 제3호).

49 부동산 거래신고 등에 관한 법령상 벌금 또는 과태료의 부과기준이 '계약 체결 당시의 개별공시지가에 따른 해당 토지 가격' 또는 '해당 부동산등의 취득가액'의 비율 형식으로 규정된 경우가 <u>아닌</u> 것은?

• 32회

① 토지거래허가구역 안에서 허가 없이 토지거래계약을 체결한 경우
② 외국인이 부정한 방법으로 허가를 받아 토지취득계약을 체결한 경우
③ 토지거래허가구역 안에서 속임수나 그 밖의 부정한 방법으로 토지거래계약 허가를 받은 경우
④ 부동산매매계약을 체결한 거래당사자가 그 실제 거래가격을 거짓으로 신고한 경우
⑤ 부동산매매계약을 체결한 후 신고의무자가 아닌 자가 거짓으로 부동산 거래신고를 한 경우

키워드 부동산 거래신고 등에 관한 법령상 벌금 또는 과태료의 부과기준

해설 외국인등이 허가를 받지 아니하고 토지취득계약을 체결하거나 부정한 방법으로 허가를 받아 토지취득계약을 체결한 경우 2년 이하의 징역 또는 2천만원 이하의 벌금사유에 해당한다.

① 토지거래허가구역 안에서 허가 없이 토지거래계약을 체결한 경우 ⇨ 2년 이하의 징역 또는 계약 체결 당시의 개별공시지가에 따른 해당 토지가격의 100분의 30에 해당하는 금액 이하의 벌금사유에 해당한다.

③ 토지거래허가구역 안에서 속임수나 그 밖의 부정한 방법으로 토지거래계약 허가를 받은 경우 ⇨ 2년 이하의 징역 또는 계약 체결 당시의 개별공시지가에 따른 해당 토지가격의 100분의 30에 해당하는 금액 이하의 벌금사유에 해당한다.

④ 부동산매매계약을 체결한 거래당사자가 그 실제 거래가격을 거짓으로 신고한 경우 ⇨ 취득가액의 100분의 5 이하에 상당하는 금액의 과태료사유에 해당한다.

⑤ 부동산매매계약을 체결한 후 신고의무자가 아닌 자가 거짓으로 부동산 거래신고를 한 경우 ⇨ 취득가액의 100분의 5 이하에 상당하는 금액의 과태료사유에 해당한다.

50 ⊕ 부동산 거래신고 등에 관한 법령상 토지거래허가구역에 관한 설명으로 옳은 것은?

• 31회

① 국토교통부장관은 토지의 투기적인 거래가 성행하는 지역에 대해서는 7년의 기간을 정하여 토지거래계약에 관한 허가구역을 지정할 수 있다.

② 시·도지사가 토지거래허가구역을 지정하려면 시·도도시계획위원회의 심의를 거쳐 인접 시·도지사의 의견을 들어야 한다.

③ 시·도지사가 토지거래허가구역을 지정한 때에는 이를 공고하고 그 공고내용을 국토교통부장관, 시장·군수 또는 구청장에게 통지하여야 한다.

④ 허가구역의 지정은 허가구역의 지정을 공고한 날부터 3일 후에 효력이 발생한다.

⑤ 「국토의 계획 및 이용에 관한 법률」에 따른 도시지역 중 주거지역의 경우 600제곱미터 이하의 토지에 대해서는 토지거래계약허가가 면제된다.

키워드 토지거래허가구역

해설 ① 국토교통부장관 또는 시·도지사는 토지의 투기적인 거래가 성행하거나 지가가 급격히 상승하는 지역과 그러한 우려가 있는 지역에 대해서는 5년 이내의 기간을 정하여 토지거래계약에 관한 허가구역으로 지정할 수 있다.

② 국토교통부장관 또는 시·도지사는 허가구역을 지정하려면 「국토의 계획 및 이용에 관한 법률」에 따른 중앙도시계획위원회 또는 시·도도시계획위원회의 심의를 거쳐야 한다. 다만, 지정기간이 끝나는 허가구역을 계속하여 다시 허가구역으로 지정하려면 중앙도시계획위원회 또는 시·도도시계획위원회의 심의 전에 미리 시·도지사(국토교통부장관이 허가구역을 지정하는 경우만 해당한다) 및 시장·군수 또는 구청장의 의견을 들어야 한다.

④ 허가구역의 지정은 허가구역의 지정을 공고한 날부터 5일 후에 그 효력이 발생한다.

⑤ 「국토의 계획 및 이용에 관한 법률」에 따른 도시지역 중 주거지역의 경우 60제곱미터 이하의 토지에 대해서는 토지거래계약허가가 면제된다.

정답 49 ② 50 ③

51 부동산 거래신고 등에 관한 법령상 이행강제금에 관한 설명으로 옳은 것은? •31회

① 이행명령은 구두 또는 문서로 하며 이행기간은 3개월 이내로 정하여야 한다.

② 토지거래계약허가를 받아 토지를 취득한 자가 당초의 목적대로 이용하지 아니하고 방치하여 이행명령을 받고도 정하여진 기간에 이를 이행하지 아니한 경우, 시장·군수 또는 구청장은 토지 취득가액의 100분의 10에 상당하는 금액의 이행강제금을 부과한다.

③ 이행강제금 부과처분에 불복하는 경우 이의를 제기할 수 있으나, 그에 관한 명문의 규정을 두고 있지 않다.

④ 이행명령을 받은 자가 그 명령을 이행하는 경우 새로운 이행강제금의 부과를 즉시 중지하며, 명령을 이행하기 전에 부과된 이행강제금도 징수할 수 없다.

⑤ 최초의 이행명령이 있었던 날을 기준으로 1년에 두 번씩 그 이행명령이 이행될 때까지 반복하여 이행강제금을 부과·징수할 수 있다.

키워드 이행강제금

해설 ① 이행명령은 문서로 하여야 하며, 이행기간은 3개월 이내로 정하여야 한다.
③ 이행강제금 부과처분에 불복하는 경우 이의를 제기할 수 있으며, 이의를 제기하려는 경우에는 부과처분을 고지받은 날부터 30일 이내에 하여야 한다.
④ 시장·군수 또는 구청장은 이행명령을 받은 자가 그 명령을 이행하는 경우 새로운 이행강제금의 부과를 즉시 중지하되, 명령을 이행하기 전에 이미 부과된 이행강제금은 징수하여야 한다.
⑤ 시장·군수 또는 구청장은 최초의 이행명령이 있었던 날을 기준으로 1년에 한 번씩 그 이행명령이 이행될 때까지 반복하여 이행강제금을 부과·징수할 수 있다.

52 부동산 거래신고 등에 관한 법령상 토지거래계약 불허가처분 토지에 대하여 매수청구를 받은 경우, 매수할 자로 지정될 수 있는 자를 모두 고른 것은? • 30회

> ㉠ 지방자치단체
> ㉡ 「한국은행법」에 따른 한국은행
> ㉢ 「지방공기업법」에 따른 지방공사
> ㉣ 「한국석유공사법」에 따른 한국석유공사
> ㉤ 「항만공사법」에 따른 항만공사
> ㉥ 「한국관광공사법」에 따른 한국관광공사

① ㉡, ㉤   ② ㉠, ㉣, ㉥
③ ㉡, ㉢, ㉤   ④ ㉠, ㉣, ㉤, ㉥
⑤ ㉠, ㉡, ㉢, ㉣, ㉤, ㉥

키워드 매수청구

해설 매수청구를 받은 시장·군수 또는 구청장은 국가, 지방자치단체, 한국토지주택공사, 다음에서 정하는 공공기관 또는 공공단체 중에서 매수할 자를 지정하여, 매수할 자로 하여금 예산의 범위에서 공시지가를 기준으로 하여 해당 토지를 매수하게 하여야 한다. 따라서 ㉡㉢㉤은 다음의 기관에 해당하지 않는다.

> 1. 「한국농수산식품유통공사법」에 따른 한국농수산식품유통공사
> 2. 「대한석탄공사법」에 따른 대한석탄공사
> 3. 「한국토지주택공사법」에 따른 한국토지주택공사
> 4. 「한국관광공사법」에 따른 한국관광공사
> 5. 「한국농어촌공사 및 농지관리기금법」에 따른 한국농어촌공사
> 6. 「한국도로공사법」에 따른 한국도로공사
> 7. 「한국석유공사법」에 따른 한국석유공사
> 8. 「한국수자원공사법」에 따른 한국수자원공사
> 9. 「한국전력공사법」에 따른 한국전력공사
> 10. 「한국철도공사법」에 따른 한국철도공사

정답 **51** ② **52** ②

53 부동산 거래신고 등에 관한 법령상 신고포상금에 관한 설명으로 옳은 것은? • 30회

① 포상금의 지급에 드는 비용은 국고로 충당한다.
② 해당 위반행위에 관여한 자가 신고한 경우라도 신고포상금은 지급하여야 한다.
③ 익명으로 고발하여 고발인을 확인할 수 없는 경우에는 해당 신고포상금은 국고로 환수한다.
④ 부동산등의 거래가격을 신고하지 않은 자를 수사기관이 적발하기 전에 수사기관에 1건 고발한 경우 1천5백만원의 신고포상금을 받을 수 있다.
⑤ 신고관청 또는 허가관청으로부터 포상금 지급 결정을 통보받은 신고인은 포상금을 받으려면 국토교통부령으로 정하는 포상금지급신청서를 작성하여 신고관청 또는 허가관청에 제출하여야 한다.

키워드 부동산 거래신고 등에 관한 법령상 포상금

해설 ① 포상금의 지급에 드는 비용은 시·군이나 구의 재원으로 충당한다.
②③ 다음의 어느 하나에 해당하는 자는 포상금을 지급하지 아니할 수 있다.

> 1. 공무원이 직무와 관련하여 발견한 사실을 신고하거나 고발한 경우
> 2. 해당 위반행위를 하거나 위반행위에 관여한 자가 신고하거나 고발한 경우
> 3. 익명이나 가명으로 신고 또는 고발하여 신고인 또는 고발인을 확인할 수 없는 경우

④ 부동산등의 거래가격을 신고하지 않은 자는 포상금대상에 포함되지 않는다. 포상금사유는 다음과 같다.

> 1. 부동산등의 실제 거래가격을 거짓으로 신고한 자(신고의무자가 아닌 자가 거짓으로 신고한 경우를 포함한다)
> 2. 신고대상에 해당하는 계약을 체결하지 아니하였음에도 불구하고 거짓으로 부동산 거래신고를 한 자
> 3. 신고 후 해당 계약이 해제등이 되지 아니하였음에도 불구하고 거짓으로 부동산 거래의 해제등 신고를 한 자
> 4. 주택임대차계약의 신고, 변경 및 해제신고 규정을 위반하여 주택임대차계약의 보증금·차임 등 계약금액을 거짓으로 신고한 자
> 5. 토지거래허가 또는 변경허가를 받지 아니하고 토지거래계약을 체결한 자 또는 거짓이나 그 밖의 부정한 방법으로 토지거래계약허가를 받은 자
> 6. 토지거래계약허가를 받아 취득한 토지에 대하여 허가받은 목적대로 이용하지 아니한 자

54 부동산 거래신고 등에 관한 법령상 이행강제금에 대하여 개업공인중개사가 중개의뢰인에게 설명한 내용으로 옳은 것은?　　　　　　　　　　　　　　　　• 30회

① 군수는 최초의 의무이행위반이 있었던 날을 기준으로 1년에 한 번씩 그 이행명령이 이행될 때까지 반복하여 이행강제금을 부과·징수할 수 있다.

② 시장은 토지의 이용 의무기간이 지난 후에도 이행명령위반에 대해서는 이행강제금을 반복하여 부과할 수 있다.

③ 시장·군수 또는 구청장은 이행명령을 받은 자가 그 명령을 이행하는 경우라도 명령을 이행하기 전에 이미 부과된 이행강제금은 징수하여야 한다.

④ 토지거래계약허가를 받아 토지를 취득한 자가 직접 이용하지 아니하고 임대한 경우에는 토지 취득가액의 100분의 20에 상당하는 금액을 이행강제금으로 부과한다.

⑤ 이행강제금 부과처분을 받은 자가 국토교통부장관에게 이의를 제기하려는 경우에는 부과처분을 고지받은 날부터 14일 이내에 하여야 한다.

키워드 이행강제금

해설 ① 시장·군수 또는 구청장은 최초의 이행명령이 있었던 날을 기준으로 1년에 한 번씩 그 이행명령이 이행될 때까지 반복하여 이행강제금을 부과·징수할 수 있다.

② 시장·군수 또는 구청장은 토지의 이용 의무기간이 지난 후에는 이행강제금을 부과할 수 없다.

④ 토지거래계약허가를 받아 토지를 취득한 자가 직접 이용하지 아니하고 임대한 경우에는 토지 취득가액의 100분의 7에 상당하는 금액을 이행강제금으로 부과한다.

⑤ 이행강제금 부과처분을 받은 자가 시장·군수 또는 구청장에게 이의를 제기하려는 경우에는 부과처분을 고지받은 날부터 30일 이내에 하여야 한다.

55 부동산 거래신고 등에 관한 법령상 토지거래계약 허가신청서에 기재하거나 별지로 제출해야 할 것이 아닌 것은? (단, 농지의 경우는 고려하지 않음) • 29회

① 매매의 경우 매도인과 매수인의 성명 및 주소
② 거래를 중개한 개업공인중개사의 성명 및 주소
③ 이전 또는 설정하려는 권리의 종류
④ 토지이용계획서
⑤ 토지취득자금 조달계획서

키워드 토지거래허가
해설 토지거래계약 허가신청서에 매도인, 매수인의 성명(법인명), 주민등록번호(법인·외국인등록번호), 주소(법인 소재지), (휴대)전화번호 등은 기재되지만, 거래를 중개한 개업공인중개사의 성명 및 주소는 포함되지 않는다.

56 부동산 거래신고 등에 관한 법령상 토지거래허가구역 등에 관한 설명으로 옳은 것을 모두 고른 것은?

• 28회

> ○ 허가구역의 지정은 그 지정을 공고한 날부터 5일 후에 그 효력이 발생한다.
> ○ 「민사집행법」에 따른 경매의 경우에는 허가구역 내 토지거래에 대한 허가의 규정은 적용하지 아니한다.
> ○ 자기의 거주용 주택용지로 이용할 목적으로 토지거래계약을 허가받은 자는 대통령령으로 정하는 사유가 있는 경우 외에는 토지취득일부터 2년간 그 토지를 허가받은 목적대로 이용해야 한다.
> ○ 토지의 이용의무를 이행하지 않아 이행명령을 받은 자가 그 명령을 이행하는 경우에는 새로운 이행강제금의 부과를 즉시 중지하고, 명령을 이행하기 전에 이미 부과된 이행강제금을 징수해서는 안 된다.

① ㉠, ㉡
② ㉡, ㉢
③ ㉠, ㉡, ㉢
④ ㉠, ㉢, ㉣
⑤ ㉠, ㉡, ㉢, ㉣

━━ 키워드 ━━ 토지거래허가구역

━━ 해설 ━━ ㉣ 시장·군수·구청장은 이행명령을 받은 자가 그 명령을 이행하는 경우에는 새로운 이행강제금의 부과를 즉시 중지하되, 명령을 이행하기 전에 이미 부과된 이행강제금은 징수하여야 한다.

인생은 끊임없는 반복.
반복에 지치지 않는 자가 성취한다.

– 윤태호 「미생」 중

PART 2

중개실무

16.5%

PART 2 기출 REPORT

5개년 CHAPTER별 출제빈도 분석표 & 빈출 키워드

* 복합문제이거나, 법률이 개정 및 제정된 경우 분류 기준에 따라 아래 수치와 달라질 수 있습니다.

CHAPTER	문항 수					비 중	빈출 키워드
	28회	29회	30회	31회	32회		
01 중개실무 총설 및 중개의뢰접수					1	3%	중개실무 총설, 중개계약
02 중개대상물 조사 및 확인	1	3	2	1	1	24.2%	중개대상물 확인·설명서와 작성방법, 분묘기지권, 장사 등에 관한 법률
03 중개활동							–
04 거래계약의 체결			1		1	6.1%	부동산 전자계약
05 개별적 중개실무	5	4	4	5	4	66.7%	부동산 실권리자명의 등기에 관한 법률, 주택임대차보호법, 상가건물임대차보호법, 경매 및 공매, 대법원규칙 및 예규

세줄요약 제33회 합격전략

☑ PART 2는 평균 약 7문제 출제!

☑ CHAPTER 05 개별적 중개실무 위주로 학습!

☑ 중개대상물 확인·설명서, 사례문제 정리는 필수!

기출지문 OX 워밍업!

❶ 임대차계약을 알선한 개업공인중개사가 계약 체결 후에도 목적물의 인도 등 거래당사자의 계약상 의무의 실현에 관여함으로써 계약상 의무가 원만하게 이행되도록 주선할 것이 예정되어 있는 경우, 그러한 개업공인중개사의 행위는 사회통념상 중개행위의 범주에 포함된다. •32회
(O I X)

❷ 자기 소유 토지에 분묘를 설치한 사람이 토지를 양도하면서 분묘를 이장하겠다는 특약을 하지 않음으로써 분묘기지권을 취득한 경우, 분묘기지권자는 분묘기지권이 성립한 때부터 토지소유자에게 그 분묘의 기지에 대한 토지 사용의 대가로서 지료를 지급할 의무가 있다. •32회   (O I X)

❸ 경매로 농지를 매수하려면 매수신청 시에 농지취득자격증명서를 제출해야 한다. •29회
(O I X)

❹ 「전자문서 및 전자거래 기본법」에 따른 공인전자문서센터에 보관된 경우 종이로 된 중개대상물 확인·설명서, 거래계약서는 별도로 보관하지 않아도 된다. •32회   (O I X)

❺ 개업공인중개사가 부동산거래계약시스템을 통하여 부동산거래계약을 체결한 경우 부동산거래계약이 체결된 때에 부동산거래계약 신고서를 제출한 것으로 본다. •30회   (O I X)

❻ 「주택임대차보호법」상 계약이 묵시적으로 갱신되면 임차인은 언제든지 임대인에게 계약해지를 통지할 수 있고, 임대인이 그 통지를 받은 날부터 3개월이 지나면 해지의 효력이 발생한다.
•32회   (O I X)

❼ 경기도 용인시 소재의 주택에 대한 임대차계약을 체결한 임차인이 「주택임대차보호법」상 임차권 등기명령의 집행에 따른 임차권등기 후에 주민등록을 서울특별시로 이전한 경우 대항력을 상실하지 않는다. •31회   (O I X)

❽ 선순위 저당권자의 실행으로 주택이 경매로 매각된 경우 후순위 임차권은 소멸한다. •30회
(O I X)

❾ 「상가건물 임대차보호법」상 임차인의 계약갱신요구권은 최초의 임대차기간을 포함한 전체 임대차 기간이 10년을 초과하지 아니하는 범위에서만 행사할 수 있다. •31회   (O I X)

❿ 위임인의 개업공인중개사에 대한 보수의 지급시기는 당사자 간 약정이 없으면 매각허가결정일로 한다. •32회   (O I X)

정답   ❶ O   ❷ O   ❸ X   ❹ O   ❺ O   ❻ O   ❼ O   ❽ O   ❾ O   ❿ X

5개년 출제빈도 분석표

28회	29회	30회	31회	32회
				1

빈출 키워드

☑ 중개실무 총설
☑ 중개계약

대표기출 **연습**

공인중개사법령상 중개행위 등에 관한 설명으로 옳은 것은? (다툼이 있으면 판례에 따름)

• 32회

① 중개행위에 해당하는지 여부는 개업공인중개사의 행위를 객관적으로 보아 판단할 것이 아니라 개업공인중개사의 주관적 의사를 기준으로 판단해야 한다.

② 임대차계약을 알선한 개업공인중개사가 계약 체결 후에도 목적물의 인도 등 거래당사자의 계약상 의무의 실현에 관여함으로써 계약상 의무가 원만하게 이행되도록 주선할 것이 예정되어 있는 경우, 그러한 개업공인중개사의 행위는 사회통념상 중개행위의 범주에 포함된다.

③ 소속공인중개사는 자신의 중개사무소 개설등록을 신청할 수 있다.

④ 개업공인중개사는 거래계약서를 작성하는 경우 거래계약서에 서명하거나 날인하면 된다.

⑤ 개업공인중개사가 국토교통부장관이 정한 거래계약서 표준서식을 사용하지 않는 경우 과태료부과처분을 받게 된다.

키워드 중개행위
교수님 TIP 중개행위의 해당 여부 판단 기준에 관한 판례를 학습하여야 합니다.

32회

해설 판례에 의하면, 이행업무라 하더라도 거래계약을 알선한 개업공인중개사가 계약 체결 후에도 중도금 및 잔금의 지급, 목적물의 인도와 같은 거래당사자의 이행의 문제에 관여함으로써 계약상 의무가 원만하게 이행되도록 주선할 것이 예정되어 있는 때에는 그러한 개업공인중개사의 행위는 객관적·외형적으로 보아 사회통념상 거래의 알선·중개를 위한 행위로서 중개행위의 범주에 포함된다고 한다(대판 2007.2.8, 2005다55008).

① 중개행위에 해당하는지 여부는 개업공인중개사의 행위를 객관적으로 보아 사회통념상 거래의 알선·중개를 위한 행위라고 인정되는지 여부에 의하여 결정하여야 한다(대판 2005.10.7, 2005다32197).

③ 소속공인중개사는 자신의 중개사무소 개설등록을 신청할 수 없다.

④ 개업공인중개사는 거래계약서를 작성하는 경우 거래계약서에 서명 및 날인하여야 한다.

⑤ 국토교통부장관은 거래계약서의 표준서식을 정하고 있지 않다. 만약 정하고 있다고 하더라도 거래계약서 표준서식 사용 여부는 임의사항이므로, 이를 사용하지 않은 경우의 제재는 「공인중개사법」상 규정이 없다.

정답 ②

01 우리나라는 외국의 부동산중개제도와 비교할 때 중개계약의 불명확화·비정형화가 특히
취약한 점으로 지적되고 있다. 중개계약의 정형화 및 서면화를 통하여 나타날 수 있는
장점이 <u>아닌</u> 것은?

① 전속중개계약이나 독점중개계약의 정착을 촉진할 수 있다.

② 부동산정보유통기구의 발전 등 유통시장의 근대화를 도모할 수 있다.

③ 중개업무에 대한 관주도의 통제가 강화되어 국민재산권보호에 기여할 수 있다.

④ 개업공인중개사와 의뢰인 간에 업무책임 및 중개보수 분쟁을 최소화할 수 있으
며, 올바른 중개문화를 정착시킬 수 있다.

⑤ 무등록 중개업자의 색출 및 부동산투기예방 등 부동산거래질서 확립에 기여할 수
있다.

> **키워드** 중개계약의 정형화 및 서면화
> **해설** 중개계약의 정형화 및 서면화는 부동산거래질서의 자주적 통제의 기능을 수행함으로
> 써 중개업무에 대한 관주도의 통제가 강화되는 것이 아니라 부동산중개업에 대한 정
> 부의 간섭을 배제하는 기능을 갖는다.

02 부동산중개실무에 포함되는 사항들을 나열한 것이다. 옳지 <u>않은</u> 것은 모두 몇 개인가?

> ㉠ 거래계약서 작성·교부
> ㉡ 개업공인중개사의 인장등록
> ㉢ 전속중개계약서 작성
> ㉣ 중개의뢰의 접수 및 특징분석
> ㉤ 중개대상물 광고행위
> ㉥ 중개대상물 확인·설명서 작성·교부
> ㉦ 중개대상물의 확인·설명
> ㉧ 계약 체결 이후의 이행업무(목적물의 인도, 대금지급, 등기이전)

① 없음   ② 3개

③ 4개   ④ 7개

⑤ 8개

> **키워드** 중개실무
> **해설** ㉡㉤㉧ 중개실무로 보기 어렵다.

03 부동산중개계약별 그 특징에 관한 설명으로 <u>틀린</u> 것은?

① 전속중개계약 – 개업공인중개사의 정보공개 활성화로 책임중개 기대 가능, 「공인중개사법」에 명문 규정이 없는 중개계약

② 일반중개계약 – 중개내용의 복잡·불명확, 개업공인중개사의 책임중개 기대 곤란, 우리나라에서 가장 일반적으로 이용

③ 독점중개계약 – 개업공인중개사의 책임중개 기대 가능, 개업공인중개사의 가장 확실한 중개보수 보장

④ 공동중개계약 – 중개업의 조직화를 통한 중개업무의 능률화 기대 가능, 부동산거래정보망을 통한 중개와 가장 밀접한 관계

⑤ 순가중개계약 – 담합 및 가격상승의 우려, 「공인중개사법」상 금지행위로 규정된 것은 아님

키워드 중개계약
해설 전속중개계약은 「공인중개사법」상 명문 규정을 두고 있는 중개계약이다.

04 중개계약에 관한 설명으로 <u>틀린</u> 것은?

① 중개계약은 당사자 간의 청약과 승낙의 의사표시의 합치만으로 계약이 성립하므로 낙성계약이고 불요식계약이다.

② 중개계약은 개업공인중개사의 중개완성과 중개의뢰인의 중개보수의 지급이 서로 대가적인 채무관계에 있는 유상계약이다.

③ 다른 개업공인중개사의 중개를 통하여 거래가 이루어진 경우 종전의 중개계약은 종료된다.

④ 중개계약의 체결 여부는 개업공인중개사와 중개의뢰인의 자유재량에 따르게 되므로 임의적 계약이다.

⑤ 판례에 의하면, 개업공인중개사와 중개의뢰인의 법률관계는 「민법」상 도급과 같으므로 선량한 관리자로서의 주의로써 중개업무를 처리할 의무가 있다.

키워드 중개계약
해설 판례에 의하면, 개업공인중개사와 중개의뢰인의 법률관계는 「민법」상 위임과 같으므로 선량한 관리자로서의 주의로써 중개업무를 처리할 의무가 있다.

정답   **01** ③   **02** ②   **03** ①   **04** ⑤

05 중개계약의 종류와 의미를 설명한 것으로 옳은 것은?

① 일반중개계약은 중개의뢰인이 불특정 다수의 개업공인중개사에게 경쟁적으로 중개를 의뢰하는 방식으로서 개업공인중개사의 책임중개를 기대할 수 있다.

② 공동중개계약은 독점중개계약을 보완한 것으로서 개업공인중개사의 단체 또는 2인 이상의 개업공인중개사들의 부동산거래정보망 등을 매개로 하여 공동 활동에 의해 중개업무가 이루어지는 방식을 말하며, 우리나라에서 가장 많이 사용되고 있다.

③ 전속중개계약이란 중개의뢰인이 중개를 의뢰함에 있어서 특정 개업공인중개사를 정하여 중개대상물을 중개하도록 하는 계약으로서 부동산거래정보망을 통하여 중개하는 것은 전속중개계약과 가장 밀접한 관련이 있다.

④ 독점중개계약은 특정 개업공인중개사에게 독점적으로 중개의뢰를 하는 계약형태로서 계약이 체결되면 거래를 누가 성사시키든 간에 그 개업공인중개사가 중개보수를 받게 되므로 개업공인중개사에게 가장 유리한 중개계약이라 할 수 있다.

⑤ 순가중개계약이란 중개의뢰인이 미리 매도 또는 매수가격을 제시하여 그 가격을 초과하는 금액을 개업공인중개사가 중개보수로 취득하도록 하는 계약으로서 「공인중개사법」상 명문으로 금지되는 중개계약이다.

키워드 중개계약

해설 ① 일반중개계약은 개업공인중개사의 책임중개를 기대할 수 없다.
② 우리나라에서 가장 많이 사용되고 있는 중개계약은 일반중개계약이다.
③ 부동산거래정보망을 통하여 중개하는 것은 공동중개계약과 가장 밀접한 관련이 있다.
⑤ 순가중개계약으로 「공인중개사법」상 중개보수를 초과하여 수수하는 행위는 금지행위에 해당될 수 있지만, 순가중개계약 자체를 금지행위로 규정하고 있는 것은 아니다.

중개대상물 조사 및 확인

더 많은 기출문제를 풀고 싶다면?
단원별 기출문제집
[공인중개사법령 및 중개실무]
pp.240~254

5개년 출제빈도 분석표

28회	29회	30회	31회	32회
1	3	2	1	1

빈출 키워드

☑ 중개대상물 확인·설명서와 작성방법
☑ 분묘기지권
☑ 장사 등에 관한 법률

대표기출 연습

01 공인중개사법령상 개업공인중개사가 확인·설명하여야 할 사항 중 중개대상물 확인·설명서[Ⅰ](주거용 건축물), [Ⅱ](비주거용 건축물), [Ⅲ](토지), [Ⅳ](입목·광업재단·공장재단) 서식에 공통적으로 기재되어 있는 것을 모두 고른 것은? • 31회

> ㉠ 권리관계(등기부 기재사항)
> ㉡ 비선호시설
> ㉢ 거래예정금액
> ㉣ 환경조건(일조량·소음)
> ㉤ 실제 권리관계 또는 공시되지 않은 물건의 권리사항

① ㉠, ㉡

② ㉡, ㉣

③ ㉠, ㉢, ㉤

④ ㉠, ㉢, ㉣, ㉤

⑤ ㉠, ㉡, ㉢, ㉣, ㉤

키워드 중개대상물 확인·설명서 기재사항　　　　　　　　　　28회, 29회, 31회

교수님 TIP 중개대상물 확인·설명서 기재사항에 대해 암기하여야 합니다.

해설 ㉡ 비선호시설 – 확인·설명서[Ⅰ](주거용 건축물), 확인·설명서[Ⅲ](토지)에는 기재되지만, 확인·설명서[Ⅱ](비주거용 건축물), 확인·설명서[Ⅳ](입목·광업재단·공장재단)에는 기재되지 않는다.

㉣ 환경조건(일조량·소음) – 확인·설명서[Ⅰ](주거용 건축물)에만 기재된다.

정답 ③

02 분묘가 있는 토지에 관하여 개업공인중개사가 중개의뢰인에게 설명한 내용으로 틀린 것은? (다툼이 있으면 판례에 따름) • 32회

① 분묘기지권은 등기사항증명서를 통해 확인할 수 없다.

② 분묘기지권은 분묘의 설치 목적인 분묘의 수호와 제사에 필요한 범위 내에서 분묘 기지 주위의 공지를 포함한 지역에까지 미친다.

③ 분묘기지권이 인정되는 경우 분묘가 멸실되었더라도 유골이 존재하여 분묘의 원상회복이 가능하고 일시적인 멸실에 불과하다면 분묘기지권은 소멸하지 않는다.

④ 분묘기지권에는 그 효력이 미치는 범위 안에서 새로운 분묘를 설치할 권능은 포함되지 않는다.

⑤ 甲이 자기 소유 토지에 분묘를 설치한 후 그 토지를 乙에게 양도하면서 분묘를 이장하겠다는 특약을 하지 않음으로써 甲이 분묘기지권을 취득한 경우, 특별한 사정이 없는 한 甲은 분묘의 기지에 대한 토지사용의 대가로서 지료를 지급할 의무가 없다.

키워드 분묘기지권 　　　　　　　　　　　　　　　　　　　　29회, 30회, 32회

교수님 TIP 분묘기지권에 관해 학습하여야 합니다.

해설 甲이 자기 소유 토지에 분묘를 설치한 후 그 토지를 乙에게 양도하면서 분묘를 이장하겠다는 특약을 하지 않음으로써 甲이 분묘기지권을 취득한 경우, 특별한 사정이 없는 한 甲은 분묘의 기지에 대한 토지사용의 대가로서 지료를 지급하여야 한다. 해당 지문은 양도형 분묘기지권에 관한 지문이다. 또한 대법원은 "자기 소유 토지에 분묘를 설치한 사람이 토지를 양도하면서 분묘를 이장하겠다는 특약을 하지 않음으로써 분묘기지권을 취득한 경우, 분묘기지권자는 분묘기지권이 성립한 때부터 토지소유자에게 그 분묘의 기지에 대한 토지사용의 대가로서 지료를 지급할 의무가 있다"고 판시하였다(대판 2021.5.27, 2020다295892).

정답 ⑤

제1절 조사·확인 방법

01 개업공인중개사의 조사·확인 설명에 관한 내용으로 옳은 것을 모두 고른 것은?

㉠ 토지대장의 면적과 등기사항증명서의 면적이 서로 다른 경우에는 토지대장의 면적을 기준으로 판단한다.

㉡ 토지소유자의 인적사항에 관하여 토지대장과 등기사항증명서가 일치하지 아니하는 경우에는 토지대장을 기준으로 판단한다.

㉢ 토지의 소재지에 대하여 토지대장과 등기사항증명서가 일치하지 아니하는 경우에는 등기사항증명서를 기준으로 판단한다.

㉣ 용도지역에 관한 사항은 건축물대장을 우선적으로 열람하여 확인한다.

㉤ 법정지상권의 성립 여부는 등기사항증명서를 열람하여 조사·확인할 수 있다.

① ㉠

② ㉠, ㉡

③ ㉠, ㉢

④ ㉠, ㉡, ㉢

⑤ ㉠, ㉡, ㉢, ㉣, ㉤

키워드 중개대상물 조사 및 확인방법

해설 ㉡ 토지소유자의 인적사항은 권리관계에 관한 사항이므로 등기사항증명서를 기준으로 판단한다.

㉢ 토지의 소재지에 대하여 토지대장과 등기사항증명서가 일치하지 아니하는 경우에는 토지대장을 기준으로 판단한다.

㉣ 용도지역에 관한 사항은 토지이용계획확인서를 우선적으로 열람하여 확인한다.

㉤ 법정지상권의 성립 여부는 등기사항증명서로 확인할 수 없다. 따라서 매도인에게 문의하거나 현장답사와 탐문 등으로 확인하여야 한다.

02 개업공인중개사의 중개대상물의 확인·조사 방법으로 옳지 <u>않은</u> 것은?

① 개업공인중개사가 지적도(임야도)를 가지고 토지의 경계를 확인하였으나 경계측량을 통하여 확인하지는 않았다.

② 실제 권리관계 및 중개대상물의 상태에 관한 사항을 확인하기 위해 개업공인중개사가 직접 현장을 방문하여 확인하였다.

③ 토지이용계획확인서를 가지고 공법상의 이용제한 여부를 확인한 후 중개의뢰인에게 설명하였다.

④ 소유권 이외의 그 밖의 권리관계를 확인하기 위해 매도인에게 등기권리증을 요구하여 확인하였다.

⑤ 개업공인중개사가 직접 현장을 방문하여 공부상의 내용과 일치하는지 여부를 확인하였다.

> **키워드** 중개대상물 조사 및 확인방법
> **해설** 매도인의 등기권리증으로 소유권의 확인은 가능하지만, 제한물권 등 다른 권리관계는 확인이 불가능하므로, 그 밖의 저당권 등 다른 권리의 확인을 위해서는 등기사항증명서를 확인해야 하며, 미등기권리는 현장조사 등으로 확인해야 한다.

03 개업공인중개사가 중개대상물에 대하여 확인·설명하여야 하는 내용에 관한 조사 방법으로 옳은 것은?

① 건폐율 상한 및 용적률 상한은 건축물대장을 통하여 조사한다.

② 법정지상권, 분묘기지권 등 권리관계에 관한 사항은 등기사항증명서를 통하여 조사한다.

③ 중개대상물의 종류·면적·용도 등 중개대상물에 관한 기본적인 사항은 토지등기사항증명서 및 건물등기사항증명서를 통하여 조사한다.

④ 중개대상물의 공법상 이용제한 및 거래규제에 관한 사항은 토지대장을 통하여 조사한다.

⑤ 토지의 용도지역·지구 및 토지거래허가구역 등은 토지이용계획확인서를 통하여 조사한다.

키워드 중개대상물 조사 및 확인방법

해설 ① 건폐율 상한 및 용적률 상한은 시·군 조례를 통하여 확인할 수 있다. 그러나 해당 건축물의 건폐율과 용적률은 건축물대장으로 확인한다.
② 법정지상권, 분묘기지권 등 권리관계에 관한 사항은 미등기권리이므로 등기사항증명서를 통하여 조사할 수 없다. 따라서 매도인에게 문의하고, 현장답사로 조사한다.
③ 중개대상물의 종류·면적·용도 등 중개대상물에 관한 기본적인 사항은 토지대장등본 및 건축물대장등본을 통하여 조사한다.
④ 중개대상물의 공법상 이용제한 및 거래규제에 관한 사항은 토지이용계획확인서를 통하여 조사한다.

04 개업공인중개사의 조사·확인에 관한 설명으로 옳은 것은? (다툼이 있으면 판례에 따름)
中

① 지적공부상의 지목과 등기사항증명서상의 지목이 다른 경우 등기사항증명서를 기준으로 조사·확인하며, 등기사항증명서상 지목과 실제의 이용현황이 불일치한 경우 현장답사를 통해 조사·확인해야 한다.

② 법정지상권이나 유치권·분묘기지권·채석권·점유권·특수지역권은 등기사항증명서를 통하여 확인하면 된다.

③ 판례에 의하면, 지적공부상의 경계가 현실의 경계와 다른 경우 특별한 사정이 없는 한 경계는 현실의 경계에 의하여야 한다.

④ 판례에 의하면, 개업공인중개사는 중개대상물의 현황을 측량하여 조사·확인하여야 하며, 이를 근거로 중개하여야 한다.

⑤ 포락지는 복구가 심히 곤란하여 토지로서의 효용을 상실하면 종전의 소유권이 영구히 소멸되고, 그 후 포락된 토지가 다시 성토되어도 종전의 소유자가 다시 소유권을 취득할 수는 없다.

키워드 중개대상물 조사 및 확인방법

해설 ① 지적공부상의 지목과 등기사항증명서상의 지목이 다른 경우 지적공부를 기준으로 조사·확인하며, 지적공부상 지목과 실제의 이용현황이 불일치한 경우 현장답사를 통해 조사·확인해야 한다.
② 법정지상권이나 유치권·분묘기지권·채석권·점유권·특수지역권은 등기를 요하지 않으므로 등기사항증명서를 통하여 확인할 수 없다. 따라서 현장답사를 통해 확인하여야 한다.
③ 판례에 의하면, 지적공부상의 경계가 현실의 경계와 다른 경우 특별한 사정이 없는 한 경계는 지적공부상의 등록, 즉 지적도상의 경계에 의하여 특정된다고 한다.
④ 판례에 의하면, 개업공인중개사는 중개대상물의 현황을 측량까지 하여 중개의뢰인에게 확인·설명할 의무는 없다고 한다.

정답 02 ④ 03 ⑤ 04 ⑤

05 개업공인중개사가 주거용 건축물에 대하여 중개의뢰인에게 설명하기 위한 확인·설명
방법으로 **틀린** 것은?

① 등기사항증명서 갑구란을 조사하여 제한물권에 대한 가등기·가압류·가처분 등을 확인한다.

② 토지대장상의 면적과 토지등기사항증명서의 면적이 서로 다른 경우에는 토지대장에 기재된 면적을 기준으로 확인·설명한다.

③ 건축물대장상의 용도와 실제의 용도가 다른 경우에는 위반건축물인지의 여부를 허가관청에서 확인하여 설명한다.

④ 「주택임대차보호법」상의 최우선변제권이 있는 임차인은 현장답사 및 주민등록전입 여부를 조사하여 확인·설명하면 된다.

⑤ 토지이용계획확인서를 통하여 거래대상토지의 용도지역·용도지구 등을 확인할수 있으나 개업공인중개사가 확인·설명해야 할 공법상의 규제사항은 해당 지역에 대한 전반적인 규제사항을 의미하는 것으로 대상부동산에 대한 상세한 법규의 적용 여부까지 확인·설명해야 하는 것은 아니다.

키워드 중개대상물 조사 및 확인방법
해설 제한물권에 대한 가등기·가압류·가처분 등은 등기사항증명서 을구란을 통해 조사한다.

06 개업공인중개사가 중개의뢰인에게 중개대상물에 대하여 설명한 내용으로 옳은 것을 모두 고른 것은? (다툼이 있으면 판례에 따름) • 27회

> ㉠ 토지의 소재지, 지목, 지형 및 경계는 토지대장을 통해 확인할 수 있다.
> ㉡ 분묘기지권은 등기사항증명서를 통해 확인할 수 없다.
> ㉢ 지적도상의 경계와 실제경계가 일치하지 않는 경우 특별한 사정이 없는 한 실제경계를 기준으로 한다.
> ㉣ 동일한 건물에 대하여 등기부상의 면적과 건축물대장의 면적이 다른 경우 건축물대장을 기준으로 한다.

① ㉠, ㉢
② ㉡, ㉣
③ ㉠, ㉡, ㉢
④ ㉠, ㉢, ㉣
⑤ ㉡, ㉢, ㉣

키워드 중개대상물 조사 및 확인방법

해설 ㉠ 지형 및 경계는 토지대장을 통해 확인할 수 없으며, 지적도나 임야도를 통해 확인하여야 한다.

㉢ 지적도상의 경계와 실제경계가 일치하지 않는 경우 특별한 사정이 없는 한 지적도상의 경계를 기준으로 한다.

제2절 **기본적 사항의 조사 및 확인**

07 개업공인중개사가 권리를 취득하고자 하는 의뢰인에게 확인·설명한 사항 중 중개대상물에 관한 기본적인 사항을 설명한 것은?

① 이 토지는 「부동산 거래신고 등에 관한 법률」상 토지거래허가대상입니다.

② 이 아파트의 전용면적은 60m²입니다.

③ 이 주택에는 대항력을 갖춘 임차인이 거주하고 있습니다.

④ 이 토지의 용도지역은 전용주거지역입니다.

⑤ 이 부동산은 토지소유자와 건물소유자가 각각 다릅니다.

키워드 기본 확인사항

해설 ① 공법상 거래규제에 관한 사항이다.

② 중개대상물의 소재지·지목·면적·구조·건축연도 등이 해당 중개대상물에 관한 기본적인 사항에 해당된다.

③ 임차인 존재 여부는 권리관계에 관한 사항이다.

④ 용도지역은 공법상 이용제한 사항이다.

⑤ 소유자에 관한 내용은 권리관계에 관한 사항이다.

정답 05 ① 06 ② 07 ②

08 토지의 경계와 관련된 판례의 입장으로 <u>틀린</u> 것은?

① 지적공부를 작성함에 있어 기점을 잘못 선택하는 등의 기술적인 착오로 말미암아 지적공부상의 경계가 진실한 경계선과 다르게 잘못 작성되었다는 등의 특별한 사정이 있는 경우에는 그 토지의 경계는 지적공부에 의하지 않고 실제의 경계에 의하여 확정하여야 한다.

② 위 ①의 경우에도 그 토지에 인접한 토지의 소유자 등 이해관계인들이 그 토지의 실제의 경계선을 지적공부상의 경계선에 일치시키기로 합의하였다면 적어도 그 때부터는 지적공부상의 경계에 의하여 그 토지의 공간적 범위가 특정된다.

③ 매매당사자가 그 토지의 실제의 경계가 지적공부상의 경계와 상이한 것을 모르는 상태에서 당시 실제의 경계를 대지의 경계로 알고 매매한 경우에는 매매당사자들이 지적공부상의 경계를 떠나 현실의 경계에 따라 매매목적물을 특정하여 매매한 것이라고 보아야 한다.

④ 토지에 대한 매매는 매매당사자가 지적공부에 의하여 소유권의 범위가 확정된 토지를 매매할 의사가 아니고 사실상의 경계대로의 토지를 매매할 의사를 가지고 매매한 사실이 인정되는 등 특별한 사정이 없으면, 현실의 경계와 관계없이 지적공부상의 경계와 지적에 의하여 확정된 토지를 매매의 대상으로 하는 것으로 보아야 한다.

⑤ 매매계약서에 토지의 면적을 등기사항증명서상 기재에 따라 기재하고 그 면적에 평당 가격을 곱한 금액에서 우수리 돈을 감액하는 방법으로 매매대금을 결정하였으나 그 토지가 도로, 잡목 등으로 인근 토지와 경계가 구분되어 있으며 매수인이 매매계약 체결 전 그 토지를 현장답사를 통하여 현황을 확인한 경우 그 토지매매는 '수량을 지정한 매매'가 아니라 구획된 경계에 따라 특정하여 매매한 것이다.

키워드 경계

해설 토지에 대한 매매는 매매당사자가 지적공부에 의하여 소유권의 범위가 확정된 토지를 매매할 의사가 아니고 사실상의 경계대로의 토지를 매매할 의사를 가지고 매매한 사실이 인정되는 등 특별한 사정이 없으면, 현실의 경계와 관계없이 지적공부상의 경계와 지적에 의하여 확정된 토지를 매매의 대상으로 하는 것으로 보아야 할 것이고, 또한 매매당사자가 그 토지의 실제의 경계가 지적공부상의 경계와 상이한 것을 모르는 상태에서 당시 실제의 경계를 대지의 경계로 알고 매매하였다고 해서 매매당사자들이 지적공부상의 경계를 떠나 현실의 경계에 따라 매매목적물을 특정하여 매매한 것이라고 볼 수는 없다(대판 2005.3.24, 2004다71522·71539).

09 개업공인중개사가 권리를 취득하고자 하는 중개의뢰인에게 권리관계에 관한 사항을 확
인·설명한 내용으로 옳지 <u>않은</u> 것은?

① 가등기는 순위보전의 효력이 있으므로 가등기에 기한 본등기 시 본등기의 순위는
가등기의 순위에 의한다.

② 담보가등기는 경매에서 저당권으로 취급받으므로 피담보채권액을 설명하고, 소
멸 여부에 대한 부분도 설명한 후 중개하면 된다.

③ 등기된 권리의 순위는 동구 간의 권리의 등기순위는 순위번호에 따르고, 별구 간
의 권리의 순위는 접수번호를 기준으로 판단하면 된다.

④ 환매등기된 부동산을 중개하는 경우 등기사항증명서에 표시된 환매권자가 환매
권을 행사하여도 매수인은 소유권을 잃을 위험성이 없다고 설명하면 된다.

⑤ 경매등기가 된 부동산도 중개대상물이 될 수 있다. 하지만 경매등기를 말소하지
않는 한 중개는 가급적 피해야 한다.

키워드 확인·설명사항

해설 환매등기된 부동산을 중개하는 경우 등기사항증명서에 표시된 환매권자가 환매권을
행사하면, 매수인은 자신의 소유권이전등기가 말소되어 소유권을 잃을 수도 있다고
설명하여야 한다.

10 개업공인중개사가 중개행위를 함에 있어 확인·설명하여야 할 사항으로 **틀린** 것은?

① 임대차관계를 확인하기 위하여 등기된 임차권은 등기사항증명서를 조사하였고, 등기되지 않은 임차권의 존재 여부를 조사하기 위해 현장답사를 하였다.

② 사무실임대에 관하여 중개를 의뢰받았을 때에는 임대차의 계약기간, 임대료, 보증금 등이 일반적으로 확인해 두어야 할 사항이다.

③ 등기사항증명서 을구를 살펴본바, 근저당이 설정되어 있어 공부에 나타난 채권최고액을 현재의 채무액이라고 하지 않고 현재의 채무액은 채권자에게 확인하여야 한다고 설명하였다.

④ 건물의 면적·구조·건축연도와 관련하여 건축물대장과 건물등기사항증명서의 기재사항이 불일치할 때에는 건축물대장을 기준으로 확인한다.

⑤ 법정지상권, 유치권, 전세권은 공부상으로 확인할 수 없고 임장활동을 통하여서 확인할 수 있다.

> **키워드** 확인·설명사항
> **해설** 법정지상권과 유치권은 공부상으로 확인할 수 없다. 그러나 전세권의 경우 등기사항증명서를 통하여 확인할 수 있다.

11 개업공인중개사는 등기사항증명서를 통하여 권리관계를 조사하고, 현장답사를 통하여 법정지상권 등 공시되지 아니한 권리관계를 조사하여 설명하여야 할 의무를 부담한다. 법정지상권을 취득하는 경우로 옳지 **않은** 것은?

① 「입목에 관한 법률」에 의한 입목이 경매 기타의 사유로 인하여 토지와 입목이 각각 다른 소유자에게 속하게 되는 경우의 입목소유자

② 동일한 소유자에 속하고 있던 토지와 건물이 건물을 철거한다는 특약을 하지 않고 토지를 매도한 경우의 건물소유자

③ 토지와 건물이 동일 소유자에게 속하고 있어 건물에 전세권을 설정하였으나, 그 후 토지에 특별승계인이 생긴 경우의 전세권설정자

④ 토지와 건물이 동일 소유자에게 속하고 있었으나 토지에 가등기담보를 설정하고 담보권 실행으로 토지소유자가 다르게 된 경우의 건물소유자

⑤ 토지에 저당권을 설정하고 토지소유자가 건물을 축조했으나 저당권 실행으로 토지와 건물의 소유자가 달라지게 된 경우의 건물소유자

12 법정지상권에 관한 설명으로 옳지 <u>않은</u> 것은?

① 동일인 소유에 속하고 있던 토지와 건물 중에서 하나에만 저당권을 설정하였다가 저당권의 실행으로 토지와 건물의 소유자가 다르게 된 경우에 건물소유자가 법정지상권을 취득한다.

② 위 ①의 경우에 건물이 증축, 개축, 신축, 재건축된 경우에도 법정지상권이 성립된다.

③ 법정지상권을 취득한 건물을 증축 또는 개축하는 경우에도 법정지상권은 소멸되지 않는다.

④ 법정지상권자가 지료를 2년 이상 연체한 경우에는 지상권소멸청구에 의하여 법정지상권도 소멸될 수 있다.

⑤ 토지 위에 미등기건물이 있는 상태에서 토지에만 저당권을 설정했다가 저당권의 실행으로 토지와 건물소유자가 달라지게 된 경우에는 법정지상권은 성립되지 않는다.

키워드 법정지상권

해설 미등기건물이 있는 상태에서 토지에만 저당권을 설정했다가 토지에 대한 저당권의 실행으로 토지와 건물소유자가 달라지게 된 경우에도 건물소유자에게 법정지상권이 성립된다.

13 개업공인중개사는 법정지상권이 설정된 토지도 중개할 수 있다. 법정지상권에 관한 설명으로 **틀린** 것은? (다툼이 있으면 판례에 따름)

① 법정지상권이 성립되기 위해서는 토지와 건물 중 어느 하나가 처분될 당시에 토지와 그 지상건물이 동일인의 소유에 속하였으면 족하고, 원시적으로 동일인의 소유였을 필요는 없다.

② 건물이 있는 토지에 저당권을 설정한 후에 건물을 멸실시키고 재축하였을 경우에도 법정지상권은 성립한다.

③ 대지와 건물이 동일한 소유자에 속한 경우에 건물에 전세권을 설정한 때에는 그 대지소유권의 특별승계인은 전세권설정자에 대하여 지상권을 설정한 것으로 본다.

④ 법정지상권을 취득한 전 건물소유자가 법정지상권에 대하여 지상권설정등기를 경료하지 아니하고 건물을 제3자에게 양도하였다 하더라도 건물양수인은 법정지상권을 취득한다.

⑤ 건물이 없는 토지에 저당권을 설정하고 그 후에 건물을 신축한 때에는 그 건물을 위하여 법정지상권은 성립하지 아니한다.

키워드 법정지상권

해설 법정지상권을 취득한 전 건물소유자가 법정지상권에 대하여 지상권설정등기를 경료하지 아니하고 건물을 제3자에게 양도하였다면 건물양수인은 법정지상권을 취득하지 못한다. 그러나 대지소유자는 건물양수인에게 건물철거를 요구할 수 없다. 이 경우 법정지상권을 취득하지 못한 건물양수인은 건물양도인을 대위하여 대지소유자에 대하여 지상권설정등기를 양도인에게 해줄 것을 청구할 수 있다(대판 1988.9.27, 87다카279).

14 ⊥ X대지에 Y건물이 있고, X대지와 Y건물은 동일인의 소유이다. 개업공인중개사가 Y건물에 대해서만 매매를 중개하면서 중개의뢰인에게 설명한 내용으로 옳은 것을 모두 고른 것은? (다툼이 있으면 판례에 따름) • 30회

> ⊙ Y건물에 대한 철거특약이 없는 경우, Y건물이 건물로서의 요건을 갖추었다면 무허가
> 건물이라도 관습상의 법정지상권이 인정된다.
> ⓒ 관습상의 법정지상권이 성립한 후 Y건물을 증축하더라도 구 건물을 기준으로 관습상
> 의 법정지상권은 인정된다.
> ⓒ Y건물 취득 시 Y건물을 위해 X대지에 대한 임대차계약을 체결하더라도 관습상의 법
> 정지상권을 포기한 것은 아니다.
> ⓔ 대지소유자가 Y건물만을 매도하여 관습상의 법정지상권이 인정되면 Y건물 매수인은
> 대지소유자에게 지료를 지급할 의무가 없다.

① ㉠, ㉡ ② ㉡, ㉢
③ ㉢, ㉣ ④ ㉠, ㉡, ㉣
⑤ ㉠, ㉢, ㉣

키워드 법정지상권

해설 ㉠㉡ 옳은 지문이다.
㉢ 동일인 소유의 토지와 그 토지상에 건립되어 있는 건물 중 어느 하나만이 타에 처분되어 토지와 건물의 소유자를 각 달리하게 된 경우에는 관습상의 법정지상권이 성립한다고 할 것이나, 건물소유자가 토지소유자와 사이에 건물의 소유를 목적으로 하는 토지임대차계약을 체결한 경우에는 관습상의 법정지상권을 포기한 것으로 봄이 상당하다(대판 1992.10.27, 92다3984).
㉣ "자기의 소유의 건물을 위하여 그 기지소유자 '甲'의 대지 위에 법정지상권을 취득한 '乙'은 그 사용에 있어서 어떠한 제한이나 하자도 없는 타인 소유의 토지를 직접적으로 완진하게 사용하고 있나고 할 수 있고 이 경우에 '乙'이 '甲'에게 지급하여야 할 지료는 아무런 제한 없이 '甲' 소유의 토지를 사용함으로써 얻는 이익에 상당하는 대가가 되어야 하고 건물이 건립되어 있는 것을 전제로 한 임료상당금액이 되어서는 안 된다(대판 1975.12.23, 75다2066)."라고 판례에서도 판시하고 있으므로, 건물소유자는 대지소유자에게 지료를 지급하여야 한다.

정답 13 ④ 14 ①

15 개업공인중개사가 중개의뢰인에게 중개대상물에 관한 법률관계를 설명한 내용으로
(上) 틀린 것은?
• 25회 수정

① 건물 없는 토지에 저당권이 설정된 후 저당권설정자가 건물을 신축하고 저당권의
실행으로 인하여 그 토지와 지상건물이 소유자를 달리하게 된 경우에 법정지상권
이 성립한다.

② 대지와 건물이 동일 소유자에게 속한 경우, 건물에 전세권을 설정한 때에는 그 대
지소유권의 특별승계인은 전세권설정자에 대하여 지상권을 설정한 것으로 본다.

③ 지상권자가 약정된 지료를 2년 이상 지급하지 않은 경우, 지상권설정자는 지상권
의 소멸을 청구할 수 있다.

④ 지상권자가 지상물의 소유자인 경우, 지상권자는 지상권을 유보한 채 지상물소유
권만을 양도할 수 있다.

⑤ 지상권의 존속기간은 당사자가 설정행위에서 자유롭게 정할 수 있으나, 다만 최
단기간의 제한이 있다.

키워드 법정지상권
해설 법정지상권이 성립하기 위해서는 토지 위에 건물이 있는 상태에서 저당권이 설정되어
야 한다. 하지만 지문에서는 저당권이 설정된 후 건물이 신축된 경우이므로 법정지상
권은 성립하지 않는다.

16 개업공인중개사의 권리관계 조사·확인에 관한 설명으로 옳지 않은 것은?
(中)

① 토지·건물이 동일 지번일 경우에도 원칙적으로 토지 및 건물등기사항증명서 모
두를 조사·확인하여야 한다.

② 개업공인중개사의 권리관계에 관한 조사·확인의 범위는 등기사항증명서에 기재
된 권리뿐만 아니라 미등기권리도 포함된다.

③ 개업공인중개사가 확인·설명할 권리관계에는 중개대상물 권리자에 관한 사항도
있으므로 개업공인중개사는 선량한 관리자의 주의의무로써 진정한 권리자 여부
를 확인하여야 한다.

④ 판례에 의하면, 분묘기지권자는 점유의 성질상 소유의사가 추정된다고 한다.

⑤ 진정한 권리자라고 할지라도 행위능력이 없는 경우에는 계약이 취소될 수 있기에
행위능력 유무를 확인하여야 한다.

키워드 분묘기지권

해설 판례에 의하면, 분묘를 설치 또는 소유하는 자는 다른 특별한 사정이 없는 한 그 분묘의 보존·관리에 필요한 범위 내에서만 타인의 토지를 점유하는 것이라고 할 것이고, 이 경우 점유의 성질상 소유의 의사가 추정되지 않는다고 한다.

17 분묘기지권과 관련된 판례로 옳은 것은?

① 판례에 의하면, 분묘기지권을 시효취득하였더라도 분묘기지권자는 토지소유자가 분묘기지에 관한 지료를 청구하면 그 청구한 날부터 지료를 지급할 의무가 있다고 한다.

② 분묘기지권에는 그 효력이 미치는 범위 안에서 새로운 분묘를 설치하거나 원래의 분묘를 다른 곳으로 이장할 권능도 포함된다.

③ 분묘의 수호·관리나 봉제사에 대하여 현실적으로 또는 관습상 호주상속인인 종손이 그 권리를 가지고 있다면 그 권리는 종손에게 전속하는 것이므로, 공동선조의 후손들로 구성된 종중이 선조 분묘를 수호·관리하여 왔다고 하더라도 분묘의 수호·관리권 내지 분묘기지권은 종손에 귀속한다.

④ 유골이 존재하여 분묘의 원상회복이 가능하여 일시적인 멸실에 불과한 경우에도 분묘기지권은 존속하지 않고 소멸한다는 것이 판례의 입장이다.

⑤ 토지를 매수·취득하여 점유를 개시함에 있어서 매수인이 인접 토지와의 경계선을 정확하게 확인해 보지 아니하고 착오로 인접 토지의 일부를 그가 매수·취득한 토지에 속하는 것으로 믿고서 분묘를 설치·관리하는 방법으로 점유하고 있다면 인접 토지의 일부에 대한 점유는 타주점유에 해당한다.

키워드 분묘기지권

해설 ② 분묘기지권에는 그 효력이 미치는 범위 안에서 새로운 분묘를 설치하거나 원래의 분묘를 다른 곳으로 이장할 권능은 포함되지 않는다.

③ 공동선조의 후손들로 구성된 종중이 선조 분묘를 수호·관리하여 왔다면 분묘의 수호·관리권 내지 분묘기지권은 종중에 귀속한다.

④ 분묘가 멸실된 경우라고 하더라도 유골이 존재하여 분묘의 원상회복이 가능하여 일시적인 멸실에 불과하다면 분묘기지권은 소멸하지 않고 존속한다.

⑤ 착오로 인접 토지의 일부를 그가 매수·취득한 토지에 속하는 것으로 믿고서 점유하고 있다면, 인접 토지의 일부에 대한 점유는 소유의 의사에 기한 것으로 보므로 자주점유에 해당한다.

18 임야를 중개하면서 분묘기지권에 관한 개업공인중개사의 설명으로 옳지 <u>않은</u> 것은?

① 분묘기지권의 권리효력이 미치는 범위는 분묘기지에 한한다.

② 분묘의 존속기간은 약정기한이 없는 한 분묘의 수호와 봉제사를 계속할 수 있고, 또 분묘가 존속하고 있는 동안에는 분묘기지권이 존속된다고 보아야 할 것이다.

③ 토지소유자의 토지에 승낙 없이 분묘를 설치한 후 20년간 평온·공연하게 분묘기지를 점유했을 때는 시효로 인하여 분묘기지권이 발생한다.

④ 분묘가 멸실된 경우라 하더라도 유골이 존재하여 분묘의 원상회복이 가능하여 일시적인 멸실에 불과한 경우라면 분묘기지권은 소멸하지 아니한다.

⑤ 분묘기지권은 타인 토지에 분묘를 설치한 자가 그 분묘를 관리소유하기 위해 기지를 사용할 수 있는 일종의 지상권과 유사한 물권이다.

> **키워드** 분묘기지권
> **해설** 분묘기지권은 분묘의 기지 자체(봉분의 기저 부분)뿐만 아니라 그 분묘의 수호 및 제사에 필요한 범위 내에서 분묘의 기지 주위의 공지를 포함한 지역에까지 미치는 것이고 그 확실한 범위는 각 구체적인 경우에 개별적으로 정하여야 할 것이다(대판 1997.5. 23, 95다29086).

19 분묘가 있는 토지를 중개하면서 설명한 내용으로 <u>틀린</u> 것은? (다툼이 있으면 판례에 따름)

① 평장 또는 암매장되어 객관적으로 분묘의 존재를 인식할 수 있는 외형을 갖추지 않으면 분묘기지권이 인정되지 않는다.

② 분묘기지권은 분묘의 기지뿐만 아니라 분묘의 수호 및 제사에 필요한 주위의 공지를 포함한 지역에까지 미친다.

③ 외형상 분묘의 형태만 갖추었을 뿐 시신이 안장되어 있지 아니한 경우에는 분묘기지권이 생기지 않는다.

④ 분묘기지권의 효력이 미치는 지역의 범위 내에서 기존의 분묘에 합장하여 단분형태의 분묘를 설치하는 것은 허용된다.

⑤ 분묘기지권은 당사자의 약정 등 특별한 사정이 없으면 권리자가 분묘의 수호를 계속하며 그 분묘가 존속하고 있는 동안 존속한다.

키워드 분묘기지권

해설 분묘기지권에는 기존의 분묘 외에 새로운 분묘를 신설할 권능은 포함되지 아니하므로, 기존의 분묘에 합장하여 단분형태·쌍분형태의 분묘를 설치하는 것 모두 허용되지 않는다.

20 ⊕ 개업공인중개사가 중개를 하면서 중개의뢰인에게 부동산 관련 권리에 대하여 설명한 것으로 틀린 것은?

① 유치권자는 누구에게나 유치권을 주장할 수 있다.
② 토지상에 건물이 존재하는 경우 토지만을 매수하면 관습법상의 법정지상권의 부담을 받아 토지를 이용하기가 곤란한 경우도 있다.
③ 분묘기지권은 그 효력이 미치는 지역의 범위 내에서는 또 다른 분묘를 설치할 수 있다고 하는 것이 판례이다.
④ 전세권은 전세권설정등기로 성립하고, 전세권자가 해당 건물을 인도받은 것은 법적 효력요건이 아니다.
⑤ 실제상의 소유권 입증이 어려우면 자기 소유의 토지에 대해서도 시효로 인한 소유권의 취득을 주장할 수 있다.

키워드 분묘기지권

해설 분묘기지권은 분묘를 수호 및 봉제사하는 데 필요한 공지까지 그 효력이 미치지만, 그 공지에 또 다른 분묘를 설치할 수 있는 것은 아니다.

21 개업공인중개사가 묘지가 있는 토지를 매수하려는 중개의뢰인에게 설명한 내용으로 **틀린** 것은? (다툼이 있으면 판례에 따름)

① 「장사 등에 관한 법률」의 규정에서 말하는 분묘의 점유면적은 분묘의 기지면적만을 가리킨다.

② 분묘기지권의 효력이 미치는 범위 내에서 기존의 분묘에 단분(單墳)형태로 합장(合葬)하여 새로운 분묘를 설치하는 것은 허용되지 않는다.

③ 분묘기지권은 점유의 성질상 분묘기지권자에게 소유의 의사가 추정되지 않는다.

④ 분묘가 멸실된 경우 유골이 존재하여 분묘의 원상회복이 가능한 정도의 일시적인 멸실에 불과하다면 분묘기지권은 존속하고 있다.

⑤ 분묘기지권이 시효취득된 경우 사망자의 연고자는 종손이 분묘를 관리할 수 있는 때에도 토지소유자에 대하여 분묘기지권을 주장할 수 있다.

> **키워드** 분묘기지권
>
> **해설** 분묘의 수호·관리나 봉제사에 대하여 현실적으로 또는 관습상 호주상속인인 종손이 그 권리를 가지고 있다면 그 권리는 종손에게 전속하는 것이고 종손이 아닌 다른 후손이나 종중에서 관여할 수는 없다고 할 것이다. 다만, 공동선조의 후손들로 구성된 종중이 선조 분묘를 수호·관리하여 왔다면 분묘의 수호·관리권 내지 분묘기지권은 종중에게 귀속한다(대판 2007.6.28, 2005다44114).

22 장사 등에 관한 법률 및 분묘기지권에 관한 설명으로 **틀린** 것은?

① 「장사 등에 관한 법률」상 가족자연장지 또는 종중·문중자연장지를 조성하려는 자는 자연장지를 관할하는 시장·군수·구청장에게 신고하여야 한다.

② 분묘기지권은 그 효력이 미치는 범위 내라고 할지라도 기존의 분묘 외에 새로운 분묘를 설치할 권능이 포함되지 아니한다.

③ 「장사 등에 관한 법률」상 개인묘지는 그 면적이 $30m^2$를 초과할 수 없다.

④ 분묘가 멸실된 경우라고 하더라도 유골이 존재하여 분묘의 원상회복이 가능하여 일시적인 멸실에 불과하다면 분묘기지권은 소멸하지 않고 존속한다.

⑤ 타인의 토지에 분묘를 설치 또는 소유하는 자는 점유의 성질상 소유의 의사가 추정된다.

> **키워드** 분묘기지권
>
> **해설** 타인의 토지에 분묘를 설치 또는 소유하는 자는 점유의 성질상 소유의 의사는 추정되지 않는다.

23 분묘의 점유면적에 관한 설명으로 옳지 <u>않은</u> 것은?

① 가족묘지의 설치면적은 100m² 이하로 한다.

② 공설묘지 내에 설치하는 분묘의 1기 및 그 비석 등 시설물의 설치구역면적은 10m² 이하로 한다.

③ 개인묘지의 면적은 30m² 이하로 한다.

④ 종중·문중묘지의 설치면적은 10만m² 이하로 한다.

⑤ 공설묘지 및 사설묘지 내에 설치하는 분묘의 경우, 합장의 경우에도 분묘의 1기 당(비석 등 시설물을 포함한다) 점유면적은 15m² 이하로 한다.

| 키워드 | 종중·문중묘지

| 해설 | 종중·문중묘지의 설치면적은 1천m² 이하로 한다.

24 개업공인중개사가 묘지로 사용할 토지를 구입하려는 중개의뢰인에게 설명한 내용으로 <u>틀린</u> 것은?

① 「장사 등에 관한 법률」에는 개인묘지의 경우, 묘지면적은 30m² 이내로 제한하고 있다.

② 「장사 등에 관한 법률」이 시행되기 전에 토지소유자의 토지에 승낙 없이 사성과 분묘를 설치한 후 20년간 평온·공연하게 분묘기지를 점유했을 때에는 분묘기지권이 인정되고, 사성이 설치된 경우 사성은 당연히 분묘기지권의 효력이 미치는 범위에 속한다.

③ 판례는 평장 또는 암장인 경우뿐만 아니라 장래의 묘소로 설치된 경우에도 분묘기지권의 효력은 발생하지 않는다고 본다.

④ 「장사 등에 관한 법률」상의 공설묘지 및 사설묘지에 설치된 분묘의 설치기간은 원칙적으로 30년으로 한다.

⑤ 판례는 분묘기지권이 미치는 범위는 「장사 등에 관한 법률」에 규정된 면적에 구속되지 않는다고 본다.

| 키워드 | 분묘기지권

| 해설 | 「장사 등에 관한 법률」이 시행되기 전에 토지소유자의 토지에 승낙 없이 사성과 분묘를 설치한 후 20년간 평온·공연하게 분묘기지를 점유했을 때에는 분묘기지권이 인정된다. 그러나 사성이 설치된 경우 사성이 당연히 분묘기지권의 효력이 미치는 범위에 속하는 것은 아니다.

정답 **21** ⑤ **22** ⑤ **23** ④ **24** ②

25 개업공인중개사가 중개의뢰인에게 설명한 내용으로 옳지 <u>않은</u> 것을 모두 고른 것은?

(上)

> ㉠ 공설묘지, 가족묘지, 종중·문중묘지 안의 분묘 1기 및 해당 분묘의 상석, 비석 등 시설물의 설치구역면적은 10m²(합장의 경우 15m²)를 초과하여서는 아니 된다.
> ㉡ 경매의 경우 매수인은 유치권자에게 그 유치권으로 담보되는 채권을 변제하여야 목적물을 인도받을 수 있다.
> ㉢ 판례에 의하면, 건물의 소유로 인하여 법정지상권을 취득한 자로부터 경매에 의하여 그 건물의 소유권을 이전받은 경락인은 경락 후 건물을 철거한다는 등의 매각조건하에서 경매되는 경우 등 특별한 사정이 없는 한 건물의 경락취득과 함께 위 지상권도 당연히 취득한다.
> ㉣ 무허가건물대장에 건물주로 등재되면 소유권을 취득하고 권리자로 간주된다.
> ㉤ 개인·가족자연장지를 조성하려는 자는 관할 시장 등에게 신고하여야 한다.

① ㉢, ㉤   ② ㉠, ㉣   ③ ㉣, ㉤
④ ㉢, ㉣   ⑤ ㉠, ㉡

키워드 분묘기지권
해설 ㉣ 무허가건물대장에 건물주로 기재되었다 하더라도 소유권을 취득한 권리자로 간주되지도 않고 추정되지도 않는다.
㉤ 개인자연장지를 조성한 자는 자연장지의 조성을 마친 후 30일 이내에 관할 시장 등에게 신고하여야 한다.

26 개업공인중개사가 임야매매 중개를 하면서 중개의뢰인에게 묘지설치에 관하여 설명한 내용으로 옳지 <u>않은</u> 것은?

(中)

① 개인묘지의 면적은 30m²를 초과할 수 없다.
② 개인묘지, 가족묘지, 종중묘지, 법인묘지를 설치한 자는 묘지를 설치한 후 30일 이내에 해당 묘지를 관할하는 시장 등에게 신고하여야 한다.
③ 타인 토지에 설치된 무연분묘에 대하여 토지소유자는 해당 분묘를 관할하는 시장 등의 허가를 받아 사전에 3개월 이상의 기간을 정하여 연고자에게 통보한 후 그 분묘를 개장할 수 있다.
④ 공설묘지, 가족묘지, 종중·문중묘지 또는 법인묘지 안에 설치하는 분묘 1기 및 해당 분묘의 상석·비석 등 시설물의 설치구역의 면적은 10m²(합장의 경우 15m²)를 초과할 수 없다.
⑤ 시·도지사 또는 시장·군수·구청장은 일제 조사결과 무연고분묘에 매장된 시신 또는 유골을 화장하여 5년간 봉안할 수 있다.

> **키워드** 장사 등에 관한 법률상 개인묘지, 가족묘지, 종중묘지, 법인묘지
> **해설** 개인묘지를 설치한 자는 30일 이내에 신고하여야 하고, 가족묘지, 종중·문중묘지 또는 법인묘지를 설치하고자 하는 경우에는 사전에 시장 등의 허가를 받아야 한다.

27 개업공인중개사가 묘소가 설치되어 있는 임야를 중개하면서 중개의뢰인에게 설명한 내용으로 틀린 것은? (다툼이 있으면 판례에 따름) •30회 수정

① 분묘가 1995년에 설치되었다 하더라도 「장사 등에 관한 법률」이 2001년에 시행되었기 때문에 분묘기지권을 시효취득할 수 없다.

② 암장되어 있어 객관적으로 인식할 수 있는 외형을 갖추고 있지 않은 묘소에는 분묘기지권이 인정되지 않는다.

③ 아직 사망하지 않은 사람을 위한 장래의 묘소인 경우 분묘기지권이 인정되지 않는다.

④ 분묘기지권자는 토지소유자가 분묘기지에 관한 지료를 청구하면 그 청구한 날부터 지료를 지급할 의무가 있다.

⑤ 분묘기지권의 효력이 미치는 지역의 범위 내라고 할지라도 기존의 분묘 외에 새로운 분묘를 신설할 권능은 포함되지 않는다.

> **키워드** 분묘기지권
> **해설** 「장사 등에 관한 법률」은 매장, 화장 및 개장에 관한 사항 등을 규정함으로써 국토의 효율적인 이용에 이바지하기 위하여 2001년 1월 13일부터 설치하는 장사시설에 관하여 적용되는 법이다. 동법이 시행되기 전에 설치된 묘지는 동법이 적용되지 않는다. 따라서 분묘가 1995년에 설치된 경우 동법이 적용되지 않으므로 분묘기지권을 시효취득을 할 수 있다(대판 전합체 2017.1.19, 2013다17292).

> **정답** 25 ③ 26 ② 27 ①

28 개업공인중개사가 분묘가 있는 토지에 관하여 중개의뢰인에게 설명한 내용으로 **틀린** 것은? (다툼이 있으면 판례에 따름) •29회

① 분묘기지권이 성립하기 위해서는 그 내부에 시신이 안장되어 있고, 봉분 등 외부에서 분묘의 존재를 인식할 수 있는 형태를 갖추고 있어야 한다.

② 분묘기지권이 인정되는 분묘가 멸실되었더라도 유골이 존재하여 분묘의 원상회복이 가능하고 일시적인 멸실에 불과하다면 분묘기지권은 소멸하지 않는다.

③ 「장사 등에 관한 법률」의 시행에 따라 그 시행일 이전의 분묘기지권은 존립 근거를 상실하고, 그 이후에 설치된 분묘에는 분묘기지권이 인정되지 않는다.

④ 분묘기지권은 분묘의 기지 자체뿐만 아니라 분묘의 설치 목적인 분묘의 수호와 제사에 필요한 범위 내에서 분묘기지 주위의 공지를 포함한 지역까지 미친다.

⑤ 분묘기지권은 권리자가 의무자에 대하여 그 권리를 포기하는 의사표시를 하는 외에 점유까지도 포기해야만 그 권리가 소멸하는 것은 아니다.

키워드 분묘기지권
해설 「장사 등에 관한 법률」은 2001년 1월 13일부터 설치되는 장사시설에 관하여 적용된다.

29 개업공인중개사가 장사 등에 관한 법률에 대해 중개의뢰인에게 설명한 것으로 **틀린** 것은? •27회

① 개인묘지는 20m²를 초과해서는 안 된다.

② 매장을 한 자는 매장 후 30일 이내에 매장지를 관할하는 시장 등에게 신고해야 한다.

③ 가족묘지란 「민법」에 따라 친족관계였던 자의 분묘를 같은 구역 안에 설치하는 묘지를 말한다.

④ 시장 등은 묘지의 설치·관리를 목적으로 「민법」에 따라 설립된 재단법인에 한정하여 법인묘지의 설치·관리를 허가할 수 있다.

⑤ 설치기간이 끝난 분묘의 연고자는 설치기간이 끝난 날부터 1년 이내에 해당 분묘에 설치된 시설물을 철거하고 매장된 유골을 화장하거나 봉안해야 한다.

키워드 장사 등에 관한 법률상 개인묘지
해설 개인묘지는 30m²를 초과해서는 안 된다.

30 개업공인중개사가 토지를 중개하면서 분묘기지권에 대해 설명한 내용으로 <u>틀린</u> 것을 모두 고른 것은? (다툼이 있으면 판례에 따름) • 25회 수정

> ㉠ 장래의 묘소(가묘)는 분묘에 해당하지 않는다.
> ㉡ 분묘의 특성상, 타인의 승낙 없이 분묘를 설치한 경우에도 즉시 분묘기지권을 취득한다.
> ㉢ 평장되어 있어 객관적으로 인식할 수 있는 외형을 갖추고 있지 아니한 경우, 분묘기지 권이 인정되지 아니한다.
> ㉣ 분묘기지권의 효력이 미치는 범위는 분묘의 기지 자체에 한정된다.

① ㉠, ㉢   ② ㉡, ㉣
③ ㉢, ㉣   ④ ㉠, ㉡, ㉢
⑤ ㉠, ㉡, ㉣

> **키워드** 분묘기지권
> **해설** ㉡ 분묘의 특성상, 타인의 승낙 없이 분묘를 설치한 경우 분묘를 설치한 때부터 20년 간 평온·공연하게 분묘의 기지를 점유한 경우에 분묘기지권을 가진다.
> ㉣ 분묘기지권의 효력이 미치는 범위는 분묘의 기지 자체뿐만 아니라 분묘의 기지 주 위의 공지를 포함한 지역까지 미친다.

31 개업공인중개사가 주말·체험 영농을 목적으로 한 농지취득에 관하여 설명한 내용으로 <u>틀린</u> 것은?

① 주말·체험 영농을 목적으로 농지를 취득하고자 농지취득자격증명을 발급신청하 는 경우 주말·체험영농계획서를 작성하여야 한다.
② 농지취득과 관련하여 거주제한과 통작거리제한은 없으나 농업진흥지역에서는 주 말농장용 농지소유가 불가능하다.
③ 농지소유자는 소유농지를 주말·체험 농장사업을 업으로 하는 자에게 임대할 수 있다.
④ 주말·체험 영농을 목적으로 취득하는 농지는 임대·휴경 등을 할 수 없다.
⑤ 농업인이 아닌 법인도 주말·체험 영농을 목적으로 농지를 취득할 수 있다.

> **키워드** 농지법상 주말·체험 영농규정
> **해설** 농업인이 아닌 법인의 경우에는 농지취득을 할 수 없다.

32 농지법상 농지취득자격증명 등에 관한 설명으로 옳은 것은?

① 지목이 전·답·과수원이 아닌 토지로서, 농지로 이용되는 기간이 1년 이상인 토지는 농지이다.

② 영농목적의 농지매수인은 농지취득자격증명신청서에 농업경영계획서를 작성·첨부하여 농지의 소재지 시장·군수 또는 구청장에게 제출하여야 한다.

③ 위 ②의 경우 해당 관청은 15일 이내에 농지취득자격증명을 발급하여야 한다.

④ 처분의무기간 내에 처분을 하지 아니하는 경우에는 시장·군수·구청장은 6개월 이내에 농지를 처분할 것을 명령할 수 있고, 정당한 사유 없이 처분명령기간 내에 처분을 하지 아니하는 경우에는 매년마다 농지가액의 100분의 25의 이행강제금이 부과된다.

⑤ 농지를 농업경영에 이용하지 아니하는 농지소유자는 그 사유가 발생한 날부터 6개월 이내에 농지를 처분하여야 한다.

키워드 농지취득자격증명
해설 ① 1년 이상 ⇨ 3년 이상
② 시장·군수 또는 구청장에게 ⇨ 시장·구청장·읍장·면장에게
③ 15일 이내 ⇨ 7일 이내
⑤ 6개월 이내 ⇨ 1년 이내

33 농지법상 농지취득자격증명의 발급이 필요하지 않은 것은?

① 농지전용허가를 받거나 농지전용신고한 농지
② 주말·체험 영농을 위한 농지
③ 증여받은 농지
④ 농지전용협의를 완료한 농지
⑤ 경매 및 공매 대상 농지

키워드 농지취득자격증명
해설 농지전용협의를 완료한 농지는 농지취득자격증명의 발급이 필요하지 아니하다.

| 이론플러스 | 농지취득자격증명원의 필요 여부 |

필요한 경우	필요하지 않은 경우
• 매매·교환·증여	• 상속·유증에 의한 취득
• 경매 및 공매	• 금융기관의 담보농지의 취득
• 판결	• 주거·상업·공업지역 내의 농지
• 녹지지역 중 도시계획사업에 필요치 않은 농지	• 녹지지역 중 도시계획사업에 필요한 농지
• 국가·지방자치단체로부터 매수하는 농지	• 토지거래허가를 받은 농지
• 농지전용허가를 받거나 농지전용신고를 한 농지	• 농지전용협의를 완료한 농지
• 주말·체험 영농을 위한 농지	• 국가·지방자치단체의 농지취득

34 개업공인중개사가 농지법에 대하여 중개의뢰인에게 설명한 내용으로 **틀린** 것은? (다툼
⊕ 이 있으면 판례에 따름)   • 29회

① 경매로 농지를 매수하려면 매수신청 시에 농지취득자격증명서를 제출해야 한다.

② 개인이 소유하는 임대 농지의 양수인은 「농지법」에 따른 임대인의 지위를 승계한
   것으로 본다.

③ 농지전용협의를 마친 농지를 취득하려는 자는 농지취득자격증명을 발급받을 필
   요가 없다.

④ 농지를 취득하려는 자가 농지에 대한 매매계약을 체결하는 등으로 농지에 관한
   소유권이전등기청구권을 취득하였다면, 농지취득자격증명 발급신청권을 보유하
   게 된다.

⑤ 주말·체험 영농을 목적으로 농지를 소유하려면 세대원 전부가 소유하는 총면적
   이 1천m² 미만이어야 한다.

| 키워드 | 농지법 |
| 해설 | 경매로 농지를 매수하려면 매각결정기일까지 농지취득자격증명서를 제출해야 한다.
이를 미제출한 경우 경락불허가사유에 해당한다. |

정답 **32** ④   **33** ④   **34** ①

35 개업공인중개사가 농지를 취득하려는 중개의뢰인에게 설명한 내용으로 틀린 것은?

• 27회

① 주말·체험 영농을 위해 농지를 소유하는 경우 한 세대의 부부가 각각 1천m² 미만으로 소유할 수 있다.

② 농업경영을 하려는 자에게 농지를 임대하는 임대차계약은 서면계약을 원칙으로 한다.

③ 농업법인의 합병으로 농지를 취득하는 경우 농지취득자격증명을 발급받지 않고 농지를 취득할 수 있다.

④ 징집으로 인하여 농지를 임대하면서 임대차기간을 정하지 않은 경우 3년으로 약정된 것으로 본다.

⑤ 농지전용허가를 받아 농지를 소유하는 자가 취득한 날부터 2년 이내에 그 목적사업에 착수하지 않으면 해당 농지를 처분할 의무가 있다.

키워드 농지법상 주말·체험 영농규정
해설 주말·체험 영농을 하고자 하는 자는 1천m² 미만의 농지에 한하여 소유할 수 있으며, 이 경우 면적계산은 그 세대원 전부가 소유하는 총면적으로 한다.

36 개업공인중개사가 중개의뢰인에게 농지법상 농지의 임대차에 대해 설명한 내용으로 틀린 것은?

• 26회

① 선거에 따른 공직취임으로 인하여 일시적으로 농업경영에 종사하지 아니하게 된 자가 소유하고 있는 농지는 임대할 수 있다.

② 농업경영을 하려는 자에게 농지를 임대하는 임대차계약은 서면계약을 원칙으로 한다.

③ 농지이용증진사업 시행계획에 따라 농지를 임대하는 경우 임대차기간은 5년 이상으로 해야 한다.

④ 농지 임대차계약의 당사자는 임차료에 관하여 협의가 이루어지지 아니한 경우 농지 소재지를 관할하는 시장·군수 또는 자치구 구청장에게 조정을 신청할 수 있다.

⑤ 임대농지의 양수인은 「농지법」에 따른 임대인의 지위를 승계한 것으로 본다.

키워드 농지임대차규정
해설 농지이용증진사업 시행계획에 따라 농지를 임대하는 경우 임대차기간은 3년 이상으로 해야 한다.

제3절　확인·설명서 작성

37 공인중개사법령상 중개대상물 확인·설명서[Ⅰ]에 관한 설명으로 **틀린** 것은?

① 실제 권리관계 또는 공시되지 아니한 물건의 권리에 관한 사항은 매도(임대)의뢰인이 고지한 사항을 적는다.

② 내부·외부의 시설물 상태(건축물), 벽면·바닥면 및 도배 상태, 환경조건까지는 중개대상물에 대하여 개업공인중개사가 매도(임대)의뢰인에게 자료를 요구하여 확인한 사항을 적는다.

③ 임대차계약이 있는 경우 임대보증금, 월 단위의 차임액, 계약기간, 장기수선충당금의 처리 등을 확인하고, 근저당 등이 설정된 경우 실제 채무액을 확인하여 적는다.

④ 취득 시 부담할 조세의 종류 및 세율은 중개가 완성되기 전 「지방세법」의 내용을 확인하여 적는다.

⑤ 비선호시설(1km 이내)의 '종류 및 위치'는 대상물건으로부터 1km 이내에 사회통념상 기피시설인 화장장·납골당·공동묘지·쓰레기처리장·쓰레기소각장·분뇨처리장·하수종말처리장 등의 시설이 있는 경우 그 시설의 종류 및 위치를 적는다.

키워드　확인·설명서

해설　임대차계약이 있는 경우 임대보증금, 월 단위의 차임액, 계약기간, 장기수선충당금의 처리 등을 확인하고, 근저당 등이 설정된 경우 채권최고액을 확인하여 적는다.

정답　**35** ①　**36** ③　**37** ③

38 주거용 건축물 확인·설명서[Ⅰ]의 기재사항 중 개업공인중개사의 기본 확인사항이 아닌 것은?

① 대상물건의 표시

② 권리관계

③ 취득 시 부담할 조세의 종류 및 세율

④ 실제 권리관계 또는 공시되지 않은 물건의 권리사항

⑤ 토지이용계획, 공법상 이용제한 및 거래규제에 관한 사항

키워드 기본 확인사항

해설 실제 권리관계 또는 공시되지 않은 물건의 권리사항은 개업공인중개사의 세부 확인사항에 해당한다.

이론플러스 **주거용 건축물 확인·설명서[Ⅰ]의 기재사항 13가지**

> Ⅰ. 개업공인중개사 기본 확인사항(8가지)
>   1. 대상물건의 표시
>   2. 권리관계
>   3. 토지이용계획, 공법상 이용제한 및 거래규제에 관한 사항
>   4. 입지조건
>   5. 관리에 관한 사항
>   6. 비선호시설(1km 이내)
>   7. 거래예정금액 등
>   8. 취득 시 부담할 조세의 종류 및 세율
> Ⅱ. 개업공인중개사 세부 확인사항(4가지)
>   9. 실제 권리관계 또는 공시되지 않은 물건의 권리사항
>   10. 내부·외부 시설물의 상태(건축물)
>   11. 벽면·바닥면 및 도배 상태
>   12. 환경조건
> Ⅲ. 중개보수 등에 관한 사항(1가지)
>   13. 중개보수 및 실비의 금액과 산출내역

39 개업공인중개사가 주거용 건축물의 중개대상물 확인·설명서[Ⅰ]를 작성하는 경우 매도
인 등으로부터 자료를 요구하여 기재할 수 있는 사항이 <u>아닌</u> 것은?

① 수도, 전기, 가스, 소방, 난방방식 및 연료공급, 승강기, 배수 그 밖의 시설물 등
   내부·외부 시설물의 상태

② 비선호시설(1km 이내)

③ 벽면·바닥면 및 도배의 상태

④ 일조량, 소음 등 환경조건

⑤ 가정자동화시설(Home Automation 등 IT 관련 시설)

키워드 확인·설명서 기재사항

해설 비선호시설(1km 이내)에 관한 사항은 매도인 등에게 자료를 요구하여 기재할 수 없
다. 따라서 개업공인중개사가 조사하여 기재한다.

40 주거용 건축물의 중개대상물 확인·설명서[I] 작성방법에 관한 설명으로 옳지 <u>않은</u> 것은?

中

① '다가구주택 확인서류 제출 여부'는 대상물건이 다가구주택인 경우로서 매도인(임대인) 또는 개업공인중개사가 주민센터 등에서 발급받은 다가구주택 확정일자 부여현황(임대차기간, 보증금 및 차임)이 적힌 서류의 제출 여부를 적는다.

② 임대차계약이 있는 경우 임대보증금, 월 단위의 차임액, 계약기간, 장기수선충당금의 처리 등을 확인하고, 근저당 등이 설정된 경우 채권최고액을 확인하여 적는다. 그 밖에 경매 및 공매 등의 특이사항이 있는 경우 이를 확인하여 적는다.

③ 실제 권리관계 또는 공시되지 아니한 물건의 권리에 관한 사항은 등기사항증명서 등 관련 공부를 확인하여 적는다.

④ 내부·외부의 시설물 상태(건축물), 벽면·바닥면 및 도배 상태, 환경조건은 중개대상물에 대하여 개업공인중개사가 매도(임대)의뢰인에게 자료를 요구하여 확인한 사항을 기재하고, 그중 내부·외부의 시설물 상태(건축물)의 '그 밖의 시설물'은 가정자동화시설(Home Automation 등 IT 관련 시설)의 설치 여부를 적는다.

⑤ 중개보수 및 실비의 금액과 산출내역은 개업공인중개사와 중개의뢰인이 협의하여 결정한 금액을 기재하되 '중개보수'는 거래예정금액을 기준으로 계산하고, '산출내역(중개보수)'은 '거래예정금액(임대차의 경우에는 임대보증금 + 월 단위의 차임액 × 100) × 중개보수 요율'과 같이 적는다.

키워드 확인·설명서 기재사항

해설 실제 권리관계 또는 공시되지 아니한 물건의 권리에 관한 사항은 매도(임대)의뢰인이 고지한 사항(법정지상권, 유치권, 주택임대차보호법에 따른 임대차, 토지에 부착된 조각물 및 정원수, 계약 전 소유권 변동 여부, 도로의 점용허가 여부 및 권리·의무·승계대상 여부 등)을 적는다.

41 **주거용 건축물 확인·설명서[I] 작성에 관한 설명으로 틀린 것은?**

① 실제 권리관계 또는 공시되지 않은 물건의 권리사항은 매도(임대)의뢰인이 고지한 사항(법정지상권, 유치권, 주택임대차보호법에 따른 임대차, 토지에 부착된 조각물 및 정원수, 계약 전 소유권 변동 여부, 도로의 점용허가 여부 및 권리·의무승계대상 여부 등)을 적는다.

② 대상물건의 표시에는 건축물에 관한 전용면적, 준공연도, 용도, 내진설계 적용 여부, 내진능력, 구조, 방향, 건축물대장상 위반건축물 여부 등을 적는다.

③ 중개보수 및 실비의 금액과 산출내역에는 중개보수, 실비 등을 적으며, 이 경우 부가가치세는 별도로 부과될 수 있다.

④ 환경조건에는 일조량, 소음, 진동을 기재한다.

⑤ 내부·외부 시설물의 상태에는 수도, 전기, 가스, 소방, 주차장, 난방방식 및 연료공급, 승강기, 배수 등을 적는다.

키워드 확인·설명서 기재사항

해설 주차장은 입지조건에 관한 사항이므로 내부·외부시설에 기재하여서는 안 된다. 이 경우 입지조건의 내용으로 주차장 외에 도로와의 관계, 대중교통, 교육시설, 판매 및 의료시설 등이 있다.

42 주거용 건축물의 중개대상물 확인·설명서[I] 작성방법에 관한 설명으로 틀린 것은?

① 토지이용계획, 공법상 이용제한 및 거래규제에 관한 사항(토지)의 '건폐율 상한 및 용적률 상한'과 '도시·군계획시설', '지구단위계획구역, 그 밖의 도시·군관리계획'은 토지이용계획확인서의 내용을 확인하고, 공부에서 확인할 수 없는 사항은 부동산종합공부시스템 등에서 확인하여 적는다. 이 경우 임대차의 경우에는 기재를 생략할 수 있다.

② 대상물건의 표시는 토지대장 및 건축물대장 등을 확인하여 적고, 건축물의 방향은 주택의 경우 거실이나 안방 등 주실(主室)의 방향을, 그 밖의 건축물은 주된 출입구의 방향을 기준으로 남향, 북향 등 방향을 기재하고 방향의 기준이 불분명한 경우 기준을 표시하여 적는다.

③ 권리관계의 '등기사항증명서 기재사항(등기부 기재사항)'은 등기사항증명서를 확인하여 적는다.

④ 거래예정금액 등의 '거래예정금액'은 중개가 완성되기 전 거래예정금액을, '개별공시지가' 및 '건물(주택)공시가격'은 중개가 완성되기 전 공시된 공시지가 또는 공시가격을 적는다. 이 경우 임대차계약의 경우에는 '개별공시지가' 및 '건물(주택)공시가격'을 생략할 수 있다.

⑤ 취득 시 부담할 조세의 종류 및 세율은 중개가 완성되기 전 「지방세법」의 내용을 확인하여 적는다. 이 경우 임대차의 경우에는 제외한다.

> **키워드** 확인·설명서 기재사항
>
> **해설** 토지이용계획, 공법상 이용제한 및 거래규제에 관한 사항(토지)의 '건폐율 상한 및 용적률 상한'은 시·군의 조례에 따라 기재하고, '도시·군계획시설', '지구단위계획구역, 그 밖의 도시·군관리계획'은 개업공인중개사가 확인하여 기재하며, 그 밖의 이용제한 및 거래규제사항은 토지이용계획확인서의 내용을 확인하고, 공부에서 확인할 수 없는 사항은 부동산종합공부시스템 등에서 확인하여 적는다. 이 경우 임대차의 경우에는 기재를 생략할 수 있다.

43 비주거용 건축물의 중개대상물 확인·설명서[Ⅱ]에 기재하는 내용에 관한 설명으로
틀린 것은?

① 환경조건을 기재하지 아니한다.

② 벽면 및 바닥면 상태는 기재되지만, 도배 상태는 기재하지 않는다.

③ 임대차계약이 있는 경우 임대보증금, 월 단위의 차임액, 계약기간, 장기수선충당
금의 처리 등을 확인하여 기재한다.

④ 입지조건란에 도로와의 관계, 대중교통, 주차장, 교육시설, 판매 및 의료시설을
기재한다.

⑤ 비선호시설을 기재하지 않는다.

> **키워드** 확인·설명서 기재사항
>
> **해설** 입지조건란에 도로와의 관계, 대중교통, 주차장은 기재하지만, 교육시설, 판매 및 의료
> 시설은 기재하지 않는다.

44 토지에 관한 중개대상물 확인·설명서[Ⅲ]에 기재하는 내용에 관한 설명으로 틀린 것은?

① 비선호시설(1km 이내)은 기재하지 아니한다.

② 대상물건의 표시에 건축물에 관한 사항은 기재하지 않지만, 토지에 관한 사항은
기재한다.

③ 관리에 관한 사항, 내부·외부 시설물 상태, 벽면·바닥면 및 도배 상태를 기재하
지 않는다.

④ 환경조건은 기재하지 않는다.

⑤ 입지조건란에 도로와의 관세, 내중교통은 기새하지만, 주차장, 교육시설, 판매
및 의료시설은 기재하지 않는다.

> **키워드** 확인·설명서 기재사항
>
> **해설** 확인·설명서[Ⅰ], 확인·설명서[Ⅲ]에는 비선호시설을 기재하지만, 확인·설명서[Ⅱ],
> 확인·설명서[Ⅳ]에는 비선호시설을 기재하지 않는다.

45 입목·광업재단·공장재단의 중개대상물 확인·설명서[Ⅳ]에 기재하는 내용에 관한 설명으로 **틀린** 것은?

① 대상물건의 표시를 기재한다. 이는 대상물건별 등기사항증명서 등을 확인하여 적는다. 또한 권리관계도 기재하는데, 이 경우 권리관계의 '등기부기재사항'은 등기사항증명서를 확인하여 적는다.

② 재단목록 또는 입목의 생육상태를 기재한다. 재단목록 또는 입목의 생육상태는 공장재단에 있어서는 공장재단목록과 공장재단 등기사항증명서를, 광업재단에서는 광업재단목록과 광업재단 등기사항증명서를, 입목에서는 입목등록원부와 입목 등기사항증명서를 확인하여 적는다.

③ 거래예정금액 등을 기재한다. 이 경우 '거래예정금액'은 중개가 완성되기 전의 거래예정금액을 기재하며, '개별공시지가' 및 '건물(주택)공시가격'은 해당되는 경우에 중개가 완성되기 전 공시된 공시지가 또는 공시가격을 적는다[임대차계약의 경우에는 '개별공시지가' 및 '건물(주택)공시가격'을 생략할 수 있다].

④ 실제 권리관계 또는 공시되지 아니한 물건의 권리에 관한 사항은 매도(임대)의뢰인이 고지한 사항을 기재하며, 그 밖에 중개보수 및 실비의 금액과 산출내역의 '중개보수'는 거래예정금액을 기준으로 계산하고, '산출내역(중개보수)'은 '거래예정금액(임대차의 경우에는 임대보증금 + 월 단위의 차임액 × 100) × 중개보수 요율'과 같이 적는다.

⑤ 취득 시 부담할 조세의 종류 및 세율을 기재하지 아니한다.

해설 중개대상물 확인·설명서[Ⅰ, Ⅱ, Ⅲ, Ⅳ] 모두 취득 시 부담할 조세의 종류 및 세율을 중개가 완성되기 전 「지방세법」의 내용을 확인하여 기재한다.

46 중개대상물의 종류와 관계없이 모든 중개대상물 확인·설명서에 공통적으로 기재하는 내용이 <u>아닌</u> 것은?

① 대상물건의 표시 및 권리관계
② 거래예정금액 등
③ 토지이용계획, 공법상 이용제한 및 거래규제에 관한 사항
④ 취득 시 부담할 조세의 종류 및 세율
⑤ 중개보수 및 실비의 금액과 산출내역

키워드 확인·설명서 기재사항
해설 토지이용계획, 공법상 이용제한 및 거래규제에 관한 사항은 확인·설명서[Ⅳ]에는 기재하지 않는다.

47 공인중개사법령상 중개대상물 확인·설명서[Ⅱ](비주거용 건축물)에서 개업공인중개사의 확인사항으로 옳은 것을 모두 고른 것은? • 29회

㉠ '단독경보형 감지기' 설치 여부는 세부 확인사항이다.
㉡ '내진설계 적용 여부'는 기본 확인사항이다.
㉢ '실제 권리관계 또는 공시되지 않은 물건의 권리사항'은 세부 확인사항이다.
㉣ '환경조건(일조량·소음·진동)'은 세부 확인사항이다.

① ㉠, ㉡
② ㉠, ㉣
③ ㉡, ㉢
④ ㉠, ㉡, ㉢
⑤ ㉡, ㉢, ㉣

키워드 확인·설명서
해설 ㉠ 중개대상물 확인·설명서[Ⅰ](주거용 건축물)에서는 '단독경보형 감지기' 설치 여부는 세부 확인사항에 해당한다. 하지만 중개대상물 확인·설명서[Ⅱ](비주거용 건축물)에서는 내부·외부시설물의 상태의 내용인 소방에 관한 사항에 '소화전, 비상벨'은 포함되지만 '단독경보형 감지기'는 포함되지 않는다.
㉣ 중개대상물 확인·설명서[Ⅰ](주거용 건축물)에서는 '환경조건(일조량·소음·진동)'은 세부 확인사항이다. 하지만 중개대상물 확인·설명서[Ⅱ](비주거용 건축물)에서는 세부 확인사항에 환경조건이 포함되지 않는다.

정답 **45** ⑤ **46** ③ **47** ③

48 공인중개사법령상 개업공인중개사가 주거용 건축물의 중개대상물 확인·설명서[I]를
작성하는 방법에 관한 설명으로 **틀린** 것은? · 28회

① 개업공인중개사 기본 확인사항은 개업공인중개사가 확인한 사항을 적어야 한다.
② 건축물의 내진설계 적용 여부와 내진능력은 개업공인중개사 기본 확인사항이다.
③ 거래예정금액은 중개가 완성되기 전 거래예정금액을 적는다.
④ 벽면 및 도배 상태는 매도(임대)의뢰인에게 자료를 요구하여 확인한 사항을 적는다.
⑤ 아파트를 제외한 주택의 경우, 단독경보형 감지기 설치 여부는 개업공인중개사 세부 확인사항이 아니다.

> **키워드** 기본 확인사항, 세부 확인사항, 중개보수에 관한 내용
> **해설** 아파트를 제외한 주택의 경우, 단독경보형 감지기 설치 여부는 개업공인중개사의 세부 확인사항 중 내부·외부 시설물의 상태의 내용에 해당한다. 따라서 개업공인중개사의 세부 확인사항에 해당한다.

49 공인중개사법령상 개업공인중개사가 주거용 건축물의 중개대상물 확인·설명서에 기재
해야 할 기본 확인사항 중 입지조건에 해당하지 <u>않는</u> 것은? · 27회

① 공원   ② 대중교통
③ 주차장   ④ 교육시설
⑤ 도로와의 관계

> **키워드** 확인·설명서 기재사항
> **해설** 입지조건에 해당하는 사항은 도로와의 관계, 대중교통, 주차장, 교육시설, 판매 및 의료시설이다. 따라서 공원은 입지조건의 내용에 해당하지 않는다.

50 공인중개사법령상 개업공인중개사가 토지의 중개대상물 확인·설명서에 기재해야 할
⊕ 사항에 해당하는 것은 모두 몇 개인가? • 27회

- 비선호시설(1km 이내)의 유무
- 일조량 등 환경조건
- 관리주체의 유형에 관한 사항
- 공법상 이용제한 및 거래규제에 관한 사항
- 접근성 등 입지조건

① 1개   ② 2개

③ 3개   ④ 4개

⑤ 5개

키워드 확인·설명서 기재사항
해설 일조량 등 환경조건, 관리주체의 유형에 관한 사항은 기재사항에 포함되지 않는다.

51 공인중개사법령상 토지매매의 경우 중개대상물 확인·설명서 서식의 '개업공인중개사
⊕ 기본 확인사항'에 해당하지 <u>않는</u> 것은? • 26회

① 입지조건
② 실제 권리관계 또는 공시되지 않은 물건의 권리사항
③ 거래예정금액
④ 취득 시 부담할 조세의 종류 및 세율
⑤ 비선호시설(1km 이내)

키워드 확인·설명서 세부 확인사항
해설 '실제 권리관계 또는 공시되지 않은 물건의 권리사항'은 세부 확인사항에 해당한다.

이론플러스 **확인·설명서 서식의 구성**

Ⅰ. 개업공인중개사의 기본 확인사항
Ⅱ. 개업공인중개사의 세부 확인사항
Ⅲ. 중개보수 등에 관한 사항

정답   **48** ⑤   **49** ①   **50** ③   **51** ②

52

공인중개사법령상 개업공인중개사가 비주거용 건축물의 중개대상물 확인·설명서를 작성하는 방법에 관한 설명으로 틀린 것은?

• 26회

① '대상물건의 표시'는 토지대장 및 건축물대장 등을 확인하여 적는다.
② '권리관계'의 '등기부기재사항'은 등기사항증명서를 확인하여 적는다.
③ '건폐율 상한 및 용적률 상한'은 시·군의 조례에 따라 적는다.
④ '중개보수'는 실제거래금액을 기준으로 계산하고, 협의가 없는 경우 부가가치세는 포함된 것으로 본다.
⑤ 공동중개 시 참여한 개업공인중개사(소속공인중개사 포함)는 모두 서명 및 날인해야 한다.

키워드 확인·설명서 기재사항
해설 '중개보수'는 거래예정금액을 기준으로 계산하고, 협의가 없는 경우 부가가치세는 별도로 부과될 수 있다.

53

공인중개사법령상 비주거용 건축물 중개대상물 확인·설명서 작성 시 개업공인중개사의 세부 확인사항이 아닌 것은?

• 25회 수정

① 벽면의 균열 유무
② 승강기의 유무
③ 주차장의 유무
④ 배수의 정상 여부
⑤ 가스(취사용)의 공급방식

키워드 확인·설명서 세부 확인사항
해설 주차장의 유무는 입지조건에 해당하며, 이 경우 입지조건은 기본 확인사항에 해당한다.

54 공인중개사법령상 중개대상물 확인·설명서 작성방법에 관한 설명으로 옳은 것은?

中

• 25회 수정

① 권리관계의 '등기사항증명서 기재사항'은 개업공인중개사 기본 확인사항으로, '실제권리관계 또는 공시되지 않은 물건의 권리사항'은 개업공인중개사 세부 확인사항으로 구분하여 기재한다.

② '건폐율 상한 및 용적률 상한'은 개업공인중개사 기본 확인사항으로 토지이용계획확인서의 내용을 확인하여 적는다.

③ '거래예정금액'은 개업공인중개사 세부 확인사항으로 중개가 완성된 때의 거래금액을 기재한다.

④ '취득 시 부담할 조세의 종류 및 세율'은 중개대상물 유형별 모든 서식에 공통적으로 기재할 사항으로 임대차의 경우에도 기재하여야 한다.

⑤ 중개보수는 법령으로 정한 요율 한도에서 중개의뢰인과 개업공인중개사가 협의하여 결정하며, 중개보수에는 부가가치세가 포함된 것으로 본다.

<table>
<tr><td>키워드</td><td>확인·설명서 기재사항</td></tr>
<tr><td>해설</td><td>② '건폐율 상한 및 용적률 상한'은 시·군 조례에 의하여 기재한다.
③ '거래예정금액'은 개업공인중개사 기본 확인사항으로 중개가 완성되기 전의 거래예정금액을 기재한다.
④ '취득 시 부담할 조세의 종류 및 세율'은 중개대상물 유형별 모든 서식에 공통적으로 기재할 사항이며, 임대차의 경우는 제외한다.
⑤ 중개보수는 법령으로 정한 요율 한도에서 중개의뢰인과 개업공인중개사가 협의하여 결정하며, 중개보수 외에 부가가치세는 별도로 부과될 수 있다.</td></tr>
</table>

정답   52 ④   53 ③   54 ①

중개활동

▌5개년 출제빈도 분석표

28회	29회	30회	31회	32회

• 최근 5개년 동안 출제된 문제가 없는 CHAPTER입니다.
• AIDA원리, 부동산의 셀링포인트, 클로징에 대해 참고로 알아두는 것이 좋습니다.

01 부동산 중개활동에 있어서의 AIDA원리에 관한 설명으로 **틀린** 것은?

(下)

① 주의단계(Attention)는 개업공인중개사가 중개대상물 매각광고 등을 통하여 중개대상물의 구매자를 유인하는 단계이다.

② 흥미단계(Interest)는 개업공인중개사가 해당 중개대상물에 대한 개략적인 설명을 함으로써 계약 체결을 시도하는 단계이다.

③ 욕망단계(Desire)는 개업공인중개사가 고객의 흥미가 있는 부분을 집중적으로 공략하여 구입욕망을 높임으로써 중개대상물을 구입하고자 하는 욕망을 가지게 하여 계약 체결을 시도하는 단계이다.

④ 행동단계(Action)란 중개의뢰인이 거래의사를 확정하고 거래계약을 체결하는 단계를 의미한다.

⑤ 클로징이란 부동산 매매계약서에 서명·날인시키는 행위를 말한다.

키워드 AIDA원리

해설 흥미단계(Interest)는 개업공인중개사가 해당 중개대상물에 대한 상세한 확인·설명과 셀링포인트를 제시함으로써 중개의뢰인의 구매를 유도하는 단계이다.

02 부동산이 지니는 제 특성 중 권리를 취득하는 중개의뢰인에게 만족을 주는 특징을 셀링포인트(selling point)라고 한다. 다음 설명 중 옳지 <u>않은</u> 것은?

① 중개의뢰인의 입장에서 인식할 수 있는 중개대상물 상호 간의 장점을 의미하는 것으로, 중개대상물별로 별도의 셀링포인트가 존재할 수 있다.

② 공법상 제한이 없음을 강조하는 것은 경제적 측면의 셀링포인트에 해당한다.

③ 동일한 부동산에 대한 셀링포인트도 권리취득 중개의뢰인의 연령이나 취득목적, 사회환경, 개인적 취향 등에 따라 그 중요도가 다르게 인식될 수 있다.

④ 중개대상물인 부동산의 종류나 지역, 중개대상 권리, 거래시기별로 다르게 나타날 수 있다.

⑤ 동일한 부동산이더라도 부동산시장을 구성하는 경제·사회·행정·기술적인 여건의 변화에 따라 다른 셀링포인트를 적용해야 하는 경우도 있다.

키워드 부동산의 셀링포인트
해설 공법상 제한이 없음을 강조하는 것은 법률적 측면의 셀링포인트에 해당한다.

03 부동산의 셀링포인트(selling point)에 관한 설명으로 <u>틀린</u> 것은?

① 기술적 측면의 셀링포인트는 설비나 구조·기초의 견고, 동선 등 부동산의 기능을 중시하는 것으로 시간의 흐름에 따라 점차 소멸되는 경향이 있다.

② 경제적 측면의 셀링포인트는 가격이나 임료, 신시가지의 개발계획 등 부동산의 가치를 중시하는 것이다.

③ 주거용 부동산은 쾌적성을 고려할 뿐, 수익성은 고려할 사항이 아니다.

④ 법률적 측면의 셀링포인트는 소유권의 하자 여부, 토지이용의 공법상 규제 여부, 세법의 내용 등을 중시하는 것이다.

⑤ 부동산에 대한 불만은 해당 부동산의 셀링포인트를 강조함으로써 의뢰인의 불만을 해소하고 설득하여야 한다.

키워드 부동산의 셀링포인트
해설 주거용 부동산은 쾌적성과 수익성을 모두 고려하여야 한다.

04 부동산의 셀링포인트(selling point)에 관한 설명으로 옳은 것은?

① 부동산이 가지고 있는 여러 가지 특징 중 고객인 거래당사자의 욕구를 충족시켜 줄 수 있는 특징을 말한다.

② 셀링포인트를 중개의뢰인이 스스로 지각할 수 있도록 간접적으로 제시하는 방안 이 더 바람직한 경우가 있다.

③ 셀링포인트는 다양성을 갖고 있으나 각각의 셀링포인트는 고정성, 절대성이 있다.

④ 가급적 많은 셀링포인트를 제시하여야 중개의뢰인의 매수의사결정에 결정적으로 작용할 수 있다.

⑤ 법률적 측면의 셀링포인트를 잘못 설명한 경우 개업공인중개사는 무한책임을 진다.

키워드 부동산의 셀링포인트

해설 ① 셀링포인트란 구매자의 욕구를 충족시켜 줄 수 있는 부동산의 특징을 말한다.
③ 셀링포인트는 다양성을 갖고 있으나 각각의 셀링포인트는 유동성, 상대성이 있다.
④ 과다한 셀링포인트의 제시는 중개의뢰인의 판단을 흐리게 하며, 오히려 중개의뢰 인의 구입욕망을 촉발할 수 있는 셀링포인트의 효과를 감소시킬 가능성이 많다.
⑤ 법률적 측면의 셀링포인트를 잘못 설명한 경우 개업공인중개사가 무한책임을 지는 것은 아니다.

05 중개활동의 각 단계는 클로징(closing)을 성공시키기 위한 수단이라고 할 수 있다. 클
로징의 기회는 1회에 한정된 것은 아니고 수회에 걸쳐 반복될 수 있는데 클로징의 방법
에 관한 설명으로 옳지 않은 것은?

① 점진적 확인법이란 중개의뢰인이 부동산거래의 의사결정을 했다고 판단했을 경
우에 상세한 계약조건 및 계약 이후 절차를 중개의뢰인과 상의함으로써 클로징
(closing)을 유도하는 방법이다.

② 부분선결법(세부선결법)이란 고객이 관심을 가지고 있으나 일부 문제 때문에 아직
거래의사를 결정하지 못한 단계에서 사용하는 방법으로서 중개의뢰인이 불만족
한 작은 부분부터 한 가지씩 해결방법을 제시하여 작은 결단부터 내리게 한 다음
거래의사를 결정하게 만드는 방법이다.

③ 장단비교법이란 중개의뢰인이 중개대상물을 구입하고 싶으나 두 가지 이상의 대
안을 상호 비교하면서 결정을 못 내리는 경우에 사용하는 방법이다.

④ 결과강조법이란 과거부터 현재까지의 실례적인 결과를 강조함으로써 클로징
(closing)으로 유도하는 방법이다.

⑤ 만족강조법이란 대상 부동산을 구입할 경우 발생되는 기대효과를 강조함으로써
거래계약을 유도하는 방법으로서 부동산을 구입한다면 장래의 만족이 있을 것을
강조함으로써 클로징(closing)으로 유도하는 방법이다.

키워드 클로징
해설 점진적 확인법이란 고객이 구매에 관심을 가졌다는 것을 포착하였을 때 거래계약을
시도하는 방법으로서 대상부동산의 매수조건 중 매수인이 동의할 수 있는 조건을 단
계적으로 제시하여 클로징을 유도하는 방법을 의미한다.

정답 04 ② 05 ①

06 2년 전에 1억원을 주고 구입한 토지를 1억 4천만원에 팔았다. 토지 구입 시 자금이 부족하여 2천만원은 연리 20%로 금융기관에서 대출받아 충당하였다. 이 투자의 지분투자수익률은 몇 %인가? (유지비용 및 세금은 고려하지 않는다)

① 50%
② 40%
③ 30%
④ 45%
⑤ 35%

> **키워드** 지분투자수익률
> **해설** 지분투자수익률 = 순수익 ÷ 지분투자액 × 100이다.
> 지분투자액은 8,000만원, 순수익은 4,000만원 − 800만원(2,000만원에 대한 2년간 이자) = 3,200만원이다.
> ∴ 지분투자수익률 = (3,200만원 ÷ 8,000만원) × 100 = 40%

07 A의 주택과 B의 토지에 대한 교환계약을 중개함에 있어 B는 토지가액 4,000만원 이외에 보충금조로 2년 후 2,420만원으로 현금화되는 국채를 교부하면서 A의 주택과 교환하기로 합의하였다. 이 경우 개업공인중개사는 A주택 거래대금을 얼마로 계약서에 기재하는가? (단, 이자율은 연 10%)

① 6,000만원
② 4,000만원
③ 6,420만원
④ 6,200만원
⑤ 6,500만원

> **키워드** 거래대금 계산
> **해설** 보충금이 미래가치로 제시되어 있으므로 현재가치화하여야 한다.
> • 보충금의 현재가치(PV) = 2,420만원 × $\dfrac{1}{(1+0.1)^2}$ = 2,000만원
> • 거래대금 = 보충금 2,000만원 + 토지가액 4,000만원 = 6,000만원

08 A는 경기도에 위치한 토지를 6억원에 구입하여 8억원에 매도하였다. 그러나 매수·매도에 따른 중개보수 및 각종 세금 등으로 2천만원의 지출이 발생하였다. 투자수익률을 구하면?

① 10%　　　　　　　　　　　　② 15%

③ 20%　　　　　　　　　　　　④ 25%

⑤ 30%

> **키워드** 투자수익률
> **해설** {(8억원 − 6억원 − 2,000만원) ÷ 6억원} × 100 = 30%

09 甲은 A중개사무소에서 B상가 30평을 임차하기로 하였다. 기본임대료로 월 100만원을 지불하기로 하고 월 총소득이 1억원을 초과할 경우에는 초과분의 5%를 추가임대료로 지불한다고 임대차계약을 체결하였다. 만약 어느 달의 총소득이 3억원이라면 이때 지불해야 하는 총임대료는 얼마인가?

① 600만원　　　　　　　　　　② 1,100만원

③ 1,500만원　　　　　　　　　④ 2,000만원

⑤ 2,500만원

> **키워드** 임대료 계산
> **해설** 비율임대차계약 = 100만원 + (3억원 − 1억원) × 0.05
> 　　　　　 = 100만원 + 1,000만원 = 1,100만원

10 1년간 1억원을 투자하면 2천만원의 수익이 생기는 부동산에 4천만원은 자기자본으로 투자하고, 나머지 6천만원은 이자율 20%로 빌려서 투자하고자 한다. 이때 투자자의 지분투자에 대한 수익률은 몇 %인가?

① 10% ② 20%

③ 25% ④ 40%

⑤ 50%

키워드 지분투자수익률

해설 지분투자수익률 = 순수익 ÷ 지분투자액 × 100이고, 순수익은 총수익 − 부채액이다. 6천만원에 대한 이자율이 20%이고 1,200만원은 이자로 지급해야 하므로 순수익은 800만원이다.

∴ 지분투자수익률 = (800만원 ÷ 4,000만원) × 100 = 20%

CHAPTER

04

거래계약의 체결

더 많은 기출문제를 풀고 싶다면?
단원별 기출문제집
[공인중개사법령 및 중개실무]
pp.255~258

▌5개년 출제빈도 분석표

28회	29회	30회	31회	32회
		1		1

▌빈출 키워드

☑ 부동산 전자계약

대표기출 **연습**

전자문서 및 전자거래 기본법에 따른 공인전자문서센터에 보관된 경우, 공인중개사법령상 개업공인중개사가 원본, 사본 또는 전자문서를 보존기간 동안 보존해야 할 의무가 면제된다고 명시적으로 규정된 것을 모두 고른 것은? • 32회

- ㉠ 중개대상물 확인·설명서
- ㉡ 손해배상책임보장에 관한 증서
- ㉢ 소속공인중개사 고용신고서
- ㉣ 거래계약서

① ㉠
② ㉠, ㉣
③ ㉡, ㉢
④ ㉡, ㉢, ㉣
⑤ ㉠, ㉡, ㉢, ㉣

키워드 전자계약   30회, 32회

교수님 TIP 전자계약서의 내용에 관해 학습하여야 합니다.

해설 「전자문서 및 전자거래 기본법」에 따른 공인전자문서센터에 보관된 경우 종이로 된 중개대상물 확인·설명서, 거래계약서는 별도로 보관하지 않아도 된다.

정답 ②

01 거래계약 체결 및 거래계약서의 작성에 관한 설명으로 옳은 것은?

① 개업공인중개사의 중개에 의하여 거래계약이 성립된 경우 개업공인중개사는 표준서식에 의하여 서면으로 작성하여야 한다.

② 거래계약은 거래계약서를 작성함으로써 성립된다.

③ 매매계약에 관한 비용은 거래계약서에 특약이 없으면 거래당사자 쌍방이 각각 부담한다.

④ 공법상 이용제한 및 거래규제에 관한 사항은 거래계약서의 필요적 기재사항이므로 토지이용계획확인서 등을 확인하여 반드시 기재하여야 한다.

⑤ 거래계약서에 물건을 표시함에 있어 토지 매매의 목적물을 공부상의 평수에 따라 특정하고 단위면적당 가액을 결정하여 단위면적당 가액에 공부상의 면적을 곱하는 방법으로 매매대금을 결정하였다 하여 당연히 수량을 지정한 매매라고 할 수 없다.

키워드 거래계약의 체결

해설 ① 표준서식은 존재하지 않는다. 다만, 국토교통부장관은 개업공인중개사가 작성하는 거래계약서의 표준이 되는 서식을 정하여 이의 사용을 권장할 수 있다.
② 거래계약은 거래당사자 간 합의로 성립된다.
③ 거래당사자 쌍방이 균분하여 부담한다.
④ 공법상 이용제한 및 거래규제에 관한 사항은 거래계약서의 필요적 기재사항이 아니다.

02 거래계약에 관한 설명으로 틀린 것은?

① 피성년후견인의 법률행위는 취소할 수 있다. 이 경우 가정법원은 취소할 수 없는 피성년후견인의 법률행위에 관한 범위를 정할 수 있다.

② 후견감독인의 동의가 필요한 법률행위를 후견인이 후견감독인의 동의 없이 하였을 때에는 피후견인 또는 후견감독인이 그 행위를 취소할 수 있다.

③ 상속재산의 거래에 있어서 공동상속인 중 1인이 해당 재산을 처분하고자 하는 경우 상속인 전원의 동의를 받아야 한다.

④ 매매계약을 체결한 후 중도금을 지급한 다음에 매도인의 과실 없이 목적 부동산인 건물에 균열이 있는 등 물리적인 하자가 발생한 경우에도 매도인에게 담보책임을 물을 수 없다.

⑤ 피한정후견인의 경우 원칙적으로 동의 없이 단독으로 법률행위를 할 수 있다. 하지만 가정법원은 한정후견인의 동의를 받아야 하는 행위의 범위를 정할 수 있다.

해설 매도물건에 대한 담보책임은 특약이 없는 한 매도인의 법정무과실책임이므로 매도인에게 담보책임을 물을 수 있다.

03 거래계약 체결 시 확인하여야 할 사항에 대한 판례의 태도가 <u>아닌</u> 것은 모두 몇 개인가?
中

> ㉠ 부동산의 소유자로부터 매매계약을 체결할 대리권을 수여받은 대리인은 특별한 사정이 없는 한 그 매매계약에서 약정한 바에 따라 중도금이나 잔금을 수령할 권한도 있다고 보아야 할 것이다.
> ㉡ 등기권리증은 소유권이전등기 단계에서뿐 아니라 그 이전의 거래에 있어서도 당사자본인의 증명이나 그 처분권한의 유무의 확인 등을 위하여 중요한 자료가 되는 것이므로 개업공인중개사로서 매도의뢰인이 알지 못하는 사람인 경우 필요할 때에는 등기권리증의 소지 여부나 그 내용을 확인 조사해 보아야 할 주의의무가 있다고 할 것이다.
> ㉢ 인감도장과 일치하는 인감증명서가 첨부되어 있더라도 본인에게 대리권의 수여 여부를 확인하지 아니하였다면 개업공인중개사에게 책임을 물을 수 있다.
> ㉣ 임의대리에 있어서 대리권의 범위는 개별적인 수권행위의 내용이나 그 해석에 의하여 판단할 것이나, 일반적으로는 수권행위의 통상의 내용으로서의 임의대리권은 그 권한에 부수하여 필요한 한도에서 상대방의 의사표시를 수령하는 이른바 수령대리권을 포함하는 것으로 보아야 할 것이다.

① 1개   ② 2개
③ 3개   ④ 4개
⑤ 없음

키워드 거래계약의 체결
해설 ㉢ 인감도장과 일치하는 인감증명서가 첨부되어 있다면 특별한 사정이 없는 한 본인이나 그로부터 정당한 권한을 위임받은 자에 의하여 그 권한의 범위 안에서 적법하게 작성된 것으로 보아야 하므로 본인에게 대리권의 수여 여부를 확인하지 아니하였다 하더라도 개업공인중개사에게 책임을 물을 수는 없다(대판 1995.6.30, 94도1286).

04 개업공인중개사의 거래계약에 관한 판례이다. 다음 중 **틀린** 것은?

① 인감도장과 일치하는 인감증명서가 첨부되어 있다면 특별한 사정이 없는 한 본인이나 그로부터 정당한 위임받은 자에 의하여 그 권한의 범위 안에서 적법하게 작성된 것으로 보아야 한다.

② 부부 간의 일상가사대리권은 부부가 공동체로서 가정생활상 항시 행하여지는 행위에 한하는 것이라 할 것이므로, 부부가 별거하여 외국에 체류 중인 상태에서 재산을 처분하는 행위는 일상가사의 범위로 볼 수 없다고 한다.

③ 거래당사자가 면적을 가격결정 요소 중 가장 중요한 요소로 파악하고 그 객관적인 수치를 기준으로 가격을 결정하였다면 그 매매는 수량을 지정한 매매라 할 것이다. 이 경우 매수인은 대금감액을 청구할 수 있다.

④ 부동산의 소유자로부터 매매계약을 체결할 대리권을 수여받은 대리인은 특별한 사정이 없는 한 그 매매계약에서 약정한 바에 따라 중도금이나 잔금을 수령할 권한은 없다고 보아야 한다.

⑤ 임의대리에 있어서 대리권의 범위는 개별적인 수권행위의 내용이나 그 해석에 의하여 판단하여야 한다고 한다.

키워드 거래계약의 체결

해설 판례에 의하면, 부동산의 소유자로부터 매매계약을 체결할 대리권을 수여받은 대리인은 특별한 사정이 없는 한 그 매매계약에서 약정한 바에 따라 중도금이나 잔금을 수령할 권한도 있다고 보아야 한다.

05 개업공인중개사가 대리인 또는 법인의 대표자의 중개의뢰를 받아 중개하는 경우에 관한 설명으로 옳지 <u>않은</u> 것은?

① 부동산의 매매계약을 체결할 대리권을 수여받은 대리인은 매매계약 체결에 대한 대리권한을 수여받은 것이지만, 원칙적으로 그 매매계약에서 약정한 바에 따라 중도금이나 잔금을 수령할 권리는 없다.

② 타인의 위임을 받은 자인 경우에는 인감증명서가 첨부된 위임장으로 대리권한 수여 여부를 확인하여야 한다.

③ 위임장에 인감도장과 일치하는 인감증명서가 첨부되어 있다면 특별한 사정이 없는 한 본인이나 그로부터 정당한 권한을 위임받은 자에 의하여 그 권한의 범위 안에서 적법하게 작성된 것으로 보아야 한다.

④ 법인을 대표할 권한이 없는 자와 법인의 재산에 대하여 거래계약을 체결하고자 하는 경우에는 반드시 해당 법인의 위임장과 법인인감증명서를 확인하여야 한다.

⑤ 법인의 대표자와 계약을 체결하고자 하는 경우에는 법인의 등기사항증명서로 법인의 대표자 여부와 대표권의 제한사항 등을 확인하여야 한다.

키워드 거래계약의 체결

해설 부동산의 매매계약을 체결할 대리권을 수여받은 대리인은 특별한 사정이 없는 한 그 매매계약에서 약정한 바에 따라 중도금이나 잔금을 수령할 권한도 있다고 보아야 할 것이다(대판 1992.4.14, 91다43107).

06 거래계약 체결 등에 관한 설명으로 틀린 것은?

① 개업공인중개사가 매수인이 자신의 명의로 등기를 하지 아니하고 다시 제3자에게 매매를 하는 계약을 체결하도록 중개하여 제3자로 이전등기를 한 경우 그 등기는 무효이다.

② 거래당사자가 피성년후견인 또는 피한정후견인인지 여부는 후견등기사항증명서를 통하여 확인한다.

③ 중도금이 지불되면 계약의 이행이 착수되었으므로 당사자 일방이 일방적으로 계약을 해제할 수 없는 것이 원칙이다.

④ 거래계약서에 기재되는 면적은 m²를 사용하여야 하며, 이를 위반할 경우 「계량에 관한 법률」 위반으로 100만원 이하의 과태료처분을 받을 수 있다.

⑤ 계약금만 지불된 상태에서는 당사자 일방이 일방적으로 계약을 해제할 수 있다.

■ 키워드 ■ 거래계약의 체결

■ 해설 ■ 개업공인중개사가 매수인이 자신의 명의로 등기를 하지 아니하고 다시 제3자에게 매매를 하는 계약을 체결하도록 중개하여 제3자로 이전등기를 한 경우 그 등기는 유효이다. 그러나 미등기전매자 및 개업공인중개사는 「부동산등기 특별조치법」 및 「공인중개사법」에 따른 위반행위에 해당되어 처벌을 받는다.

07 개업공인중개사의 중개로 거래당사자 간에 계약이 체결되었을 경우 현행법상 거래계약서 작성의무를 이행하여야 하는바, 다음 거래계약서 작성 등에 관한 설명으로 옳지 <u>못한</u> 것은?

① 개업공인중개사는 계약서를 작성함에 있어서 거래당사자에게 소유권이전청구권 보전을 위한 가등기에 대하여 특약하는 것도 거래안전을 위하여 바람직하다.

② 거래계약서를 작성함에 있어서 담보책임에 관하여 거래당사자 간에 배제특약을 맺는 것도 유효하다.

③ 등기사항증명서상 명의인이 아닌 실제소유자와 계약을 하는 경우에 등기명의인이 권리를 주장하거나 제3자에게 매도하는 경우에는 권리를 취득하지 못하는 경우가 있으므로 계약 시 등기명의인으로부터 권리관계에 대해서 확인을 받는 것이 바람직하다.

④ 아파트 매매계약서를 작성하는 경우 부동산전자계약시스템에 의하여 전자계약서를 작성한 경우 부동산 거래신고의무는 면제된다.

⑤ 중도금까지 교부한 상태에서 매도인이 이중매매를 한 때에는 매도인은 배임죄를 구성하게 된다. 이 경우 이중매매에서의 매수인이 배임행위에 적극가담하였다 하더라도 이중매매의 효력이 부인되는 것은 아니다.

| 키워드 | 거래계약의 체결 |

해설 중도금까지 교부한 상태에서 매도인이 이중매매를 한 때에는 매도인은 배임죄를 구성하게 된다. 이 경우 이중매매에서의 매수인이 배임행위에 적극가담하지 않는 한 이중매매의 효력이 부인되는 것은 아니다.

정답 **06** ① **07** ⑤

08 부동산 전자계약에 관한 설명으로 옳은 것은?

• 30회

中

① 시·도지사는 부동산거래의 계약·신고·허가·관리 등의 업무와 관련된 정보체계를 구축·운영하여야 한다.

② 부동산거래계약의 신고를 하는 경우 전자인증의 방법으로 신분을 증명할 수 없다.

③ 정보처리시스템을 이용하여 주택임대차계약을 체결하였더라도 해당 주택의 임차인은 정보처리시스템을 통하여 전자계약증서에 확정일자 부여를 신청할 수 없다.

④ 개업공인중개사가 부동산거래계약시스템을 통하여 부동산거래계약을 체결한 경우 부동산거래계약이 체결된 때에 부동산거래계약 신고서를 제출한 것으로 본다.

⑤ 거래계약서 작성 시 확인·설명사항이 「전자문서 및 전자거래 기본법」에 따른 공인전자문서센터에 보관된 경우라도 개업공인중개사는 확인·설명사항을 서면으로 작성하여 보존하여야 한다.

키워드 부동산 전자계약

해설 ① 국토교통부장관은 부동산거래의 계약·신고·허가·관리 등의 업무와 관련된 정보체계를 구축·운영할 수 있다.

② 부동산거래계약의 신고를 하는 경우 전자인증의 방법으로 신분을 증명할 수 있다.

③ 정보처리시스템을 이용하여 주택임대차계약을 체결한 경우 주택임대차 확정일자는 자동으로 부여된다.

⑤ 거래계약서 작성 시 확인·설명사항이 「전자문서 및 전자거래 기본법」에 따른 공인전자문서센터에 보관된 경우 개업공인중개사는 별도로 확인·설명서를 보존하지 않아도 된다.

09 부동산거래의 전자계약에 관한 설명이다. 옳지 않은 것은?

中

① 국토교통부장관은 효율적인 정보의 관리 및 국민편의 증진을 위하여 부동산거래의 계약·신고·허가·관리 등의 업무와 관련된 정보체계를 구축·운영할 수 있다.

② 부동산거래계약의 신고를 하는 경우 전자인증의 방법으로 신분을 증명할 수 있다.

③ 부동산거래계약시스템을 이용하여 주택임대차계약을 체결한 경우 임대차계약서에 별도로 확정일자를 받아야 확정일자의 효력은 인정된다.

④ 부동산거래계약시스템을 통하여 부동산거래계약 해제등을 한 경우에는 부동산거래계약 해제등 신고서를 제출한 것으로 본다.

⑤ 개업공인중개사가 부동산거래계약시스템을 통하여 부동산거래계약을 체결한 경우 부동산거래계약이 체결된 때에 부동산거래계약 신고서를 제출한 것으로 본다.

키워드 부동산 전자계약

해 설 부동산거래계약시스템을 이용하여 주택임대차계약을 체결한 경우 임대차계약서에 확정일자가 자동 부여된다.

괴로움과 즐거움을
함께 맛보면서 연마하여,
연마 끝에 복을 이룬 사람은
그 복이 비로소 오래 가게 된다.

– 채근담

05 개별적 중개실무

더 많은 기출문제를 풀고 싶다면?
단원별 기출문제집
[공인중개사법령 및 중개실무]
pp.259~286

▌5개년 출제빈도 분석표

28회	29회	30회	31회	32회
5	4	4	5	4

▌빈출 키워드

☑ 부동산 실권리자명의 등기에 관한 법률
☑ 주택임대차보호법
☑ 상가건물 임대차보호법
☑ 경매 및 공매
☑ 대법원규칙 및 예규

대표기출 **연습**

01 개업공인중개사 甲의 중개로 乙과 丙은 丙 소유의 주택에 관하여 임대차계약(이하 '계약'이라 함)을 체결하려 한다. 주택임대차보호법의 적용에 관한 甲의 설명으로 **틀린** 것은? (임차인 乙은 자연인임) ・32회

① 乙과 丙이 임대차기간을 2년 미만으로 정한다면 乙은 그 임대차기간이 유효함을 주장할 수 없다.

② 계약이 묵시적으로 갱신되면 임대차의 존속기간은 2년으로 본다.

③ 계약이 묵시적으로 갱신되면 乙은 언제든지 丙에게 계약해지를 통지할 수 있고, 丙이 그 통지를 받은 날부터 3개월이 지나면 해지의 효력이 발생한다.

④ 乙이 丙에게 계약갱신요구권을 행사하여 계약이 갱신되면, 갱신되는 임대차의 존속기간은 2년으로 본다.

⑤ 乙이 丙에게 계약갱신요구권을 행사하여 계약이 갱신된 경우 乙은 언제든지 丙에게 계약해지를 통지할 수 있다.

키워드 「주택임대차보호법」 28회, 29회, 30회, 31회, 32회

교수님 TIP 「주택임대차보호법」의 기간규정에 관해 학습하여야 합니다.

해설 주택임대차는 그 기간의 정함이 없거나 기간을 2년 미만으로 정한 임대차는 그 기간을 2년으로 본다. 다만, 임차인은 2년 미만으로 정한 기간의 유효함을 주장할 수 있다. 따라서 임차인 乙과 임대인 丙이 임대차기간을 2년 미만으로 정한다면 임차인 乙은 그 임대차기간이 유효함을 주장할 수 있다.

정답 ①

02 개업공인중개사 甲의 중개로 乙은 丙 소유의 서울특별시 소재 X상가건물에 대하여 보증금 10억원에 1년 기간으로 丙과 임대차계약을 체결하였다. 乙은 X건물을 인도받아 2020.3.10. 사업자등록을 신청하였으며 2020.3.13. 임대차계약서상의 확정일자를 받았다. 이 사례에서 상가건물 임대차보호법령의 적용에 관한 甲의 설명으로 **틀린** 것은? •31회

① 乙은 2020.3.11. 대항력을 취득한다.

② 乙은 2020.3.13. 보증금에 대한 우선변제권을 취득한다.

③ 丙은 乙이 임대차기간 만료되기 6개월 전부터 1개월 전까지 사이에 계약갱신을 요구할 경우, 정당한 사유 없이 거절하지 못한다.

④ 乙의 계약갱신요구권은 최초의 임대차기간을 포함한 전체 임대차기간이 10년을 초과하지 아니하는 범위에서만 행사할 수 있다.

⑤ 乙의 계약갱신요구권에 의하여 갱신되는 임대차는 전 임대차와 동일한 조건으로 다시 계약된 것으로 본다.

키워드 「상가건물 임대차보호법」 28회, 29회, 30회, 31회

교수님 TIP 「상가건물 임대차보호법」의 적용범위와 관련 내용을 학습하여야 합니다.

해설 서울특별시 소재 X상가건물로서 보증금 10억원인 경우이다. 서울특별시는 9억원 이하의 경우 「상가건물 임대차보호법」이 적용되므로, 10억원인 경우는 「상가건물 임대차보호법」이 적용되지 않는다. 따라서 확정일자를 받은 경우라도 우선변제권은 취득하지 못한다.

이론플러스 서울특별시의 경우 보증금이 9억원을 초과하는 임대차의 경우에도 적용되는 것

1. 대항력 등(법 제3조)
2. 계약갱신의 특례(법 제10조의2)
3. 권리금 관련 규정(법 제10조의3~8)
4. 표준계약서의 작성 등(법 제19조)
5. 계약갱신 요구 등(법 제10조)
6. 폐업으로 인한 임차인의 해지권(법 제11조의2)
   ㉠ 임차인은 「감염병의 예방 및 관리에 관한 법률」에 따른 집합 제한 또는 금지 조치(운영시간을 제한한 조치를 포함한다)를 총 3개월 이상 받음으로써 발생한 경제사정의 중대한 변동으로 폐업한 경우에는 임대차계약을 해지할 수 있다.
   ㉡ 위 ㉠에 따른 해지는 임대인이 계약해지의 통고를 받은 날부터 3개월이 지나면 효력이 발생한다.

정답 ②

03 매수신청대리인으로 등록한 개업공인중개사 甲이 매수신청대리 위임인 乙에게 공인중개사의 매수신청대리인 등록 등에 관한 규칙에 관하여 설명한 내용으로 **틀린** 것은? (단, 위임에 관하여 특별한 정함이 없음) ·32회

① 甲의 매수신고액이 차순위이고 최고가매수신고액에서 그 보증액을 뺀 금액을 넘는 때에만 甲은 차순위매수신고를 할 수 있다.

② 甲은 乙을 대리하여 입찰표를 작성·제출할 수 있다.

③ 甲의 입찰로 乙이 최고가매수신고인이나 차순위매수신고인이 되지 않은 경우, 甲은 「민사집행법」에 따라 매수신청의 보증을 돌려 줄 것을 신청할 수 있다.

④ 乙의 甲에 대한 보수의 지급시기는 당사자 간 약정이 없으면 매각허가결정일로 한다.

⑤ 甲은 기일입찰의 방법에 의한 매각기일에 매수신청대리행위를 할 때 집행법원이 정한 매각장소 또는 집행법원에 직접 출석해야 한다.

키워드 경매절차 28회, 30회, 31회, 32회

교수님 TIP 「민사집행법」상 경매절차에 대해 학습하여야 합니다.

해설 매수신청 대리업무에 관한 보수의 지급시기는 매수신청인과 매수신청대리인의 약정에 따르며, 약정이 없을 때에는 매각대금의 지급기한일로 한다.

정답 ④

01 부동산등기 특별조치법상 등기신청의무에 관한 설명으로 **틀린** 것은?

① 매매, 교환계약은 반대급부의 이행이 완료된 날부터 60일 이내에 소유권이전등기를 신청하여야 한다.

② 소유권보존등기를 할 수 있는 부동산에 대하여 소유권보존등기를 하지 아니하고 매매계약을 체결한 자는 계약일로부터 60일 이내에 소유권보존등기를 신청하여야 한다.

③ 소유권보존등기가 불가능한 부동산에 대하여 소유권보존등기를 하지 아니하고 매매계약을 체결한 자는 보존등기 가능일로부터 60일 이내에 소유권보존등기를 신청하여야 한다.

④ 일방만이 의무를 부담하는 계약은 계약체결일부터 60일 이내에 소유권이전등기를 신청하여야 한다.

⑤ 부동산의 소유권을 이전받을 것을 내용으로 하는 계약을 체결한 자가 소유권이전등기가 가능하게 된 후 그 부동산에 대하여 다시 제3자와 소유권이전을 내용으로 하는 계약이나 제3자에게 계약당사자의 지위를 이전하는 계약을 체결하고자 할 때에는 그 제3자와 계약을 체결하기 전에 먼저 체결된 계약에 따라 소유권이전등기를 신청하여야 한다.

키워드 등기신청의무

해설 편무계약은 계약의 효력발생일로부터 60일 이내에 소유권이전등기를 신청하여야 한다.

이론플러스 「**부동산등기 특별조치법**」상 **등기신청의무**

구 분	미등기부동산 양도 시	소유권이전등기 시	미등기전매 시
기산일	• 등기 가능 : 계약체결일 • 등기 불가능 : 등기신청 가능일	• 쌍무계약 : 반대급부의 이행완료일 • 편무계약 : 계약의 효력발생일	먼저 체결된 계약의 이행완료일 또는 효력발생일
신청기한	60일 이내 보존등기	60일 이내 이전등기	60일 이내 이전등기
제 재	「지방세법」상의 과세표준에 부동산취득 표준세율에서 1천분의 20을 뺀 세율을 적용하여 산출한 금액의 5배 이하의 과태료		3년 이하의 징역 또는 1억원 이하의 벌금

02 개업공인중개사가 중개한 계약 중 부동산등기 특별조치법에 따른 검인을 받아야 하는 것은?

① 지상권설정계약서

② 전세권설정계약서

③ 임대차계약서

④ 신탁계약 및 신탁해지약정서

⑤ 저당권설정계약서

> **키워드** 검인을 받아야 하는 경우
>
> **해설** 신탁계약 및 신탁해지약정서도 소유권을 내용으로 하는 계약이므로 검인을 받아야 한다.

03 검인을 신청할 필요가 없는 것은 모두 몇 개인가?

> ㉠ 토지거래허가증을 교부받은 매매계약서
> ㉡ 부동산거래신고필증을 교부받은 매매계약서
> ㉢ 경매 및 압류 부동산공매
> ㉣ 주택 증여계약서
> ㉤ 신탁해지약정서
> ㉥ 판결에 의하여 부동산소유권이 이전되는 판결서
> ㉦ 입목 매매계약서
> ㉧ 공유물분할약정서

① 1개   ② 2개

③ 3개   ④ 4기

⑤ 5개

> **키워드** 검인을 받아야 하는 경우
>
> **해설** 토지거래허가증을 교부받은 매매계약서, 부동산거래신고필증을 교부받은 매매계약서, 경매 및 압류 부동산공매, 입목 매매계약서는 검인을 신청할 필요가 없다.

정답 01 ④ 02 ④ 03 ④

04 부동산등기 특별조치법에 의한 검인계약서에 관한 설명으로 옳지 <u>않은</u> 것은?

① 교환계약서에는 검인을 받아야 하나, 증여의 경우에는 검인을 받을 필요가 없다.

② 계약을 원인으로 소유권이전등기를 신청하고자 하는 때에는 미리 계약서에 검인을 받아서 제출하여야 한다.

③ 판결문 및 이에 준하는 효력이 있는 서류에도 검인을 받아야 한다.

④ 검인기관은 부동산의 소재지를 관할하는 시장·군수·구청장 및 그로부터 위임을 받은 자이다.

⑤ 검인계약서에는 계약의 당사자나 부동산표시를 임의로 고쳐서는 사용할 수 없으며, 계약 연·월·일도 반드시 기재하여야 한다.

키워드 검인계약서

해설 증여도 소유권이전에 관한 계약이므로 검인을 받아야 한다.

이론플러스 **검인대상 여부**

검인대상인 경우	검인대상이 아닌 경우
1. 교환계약서	1. 계약 등 당사자 중 1인이 국가나 지방자치단체
2. 증여계약서	2. 가등기 신청 시의 원인증서
3. 신탁계약서	3. 임대차·지상권·저당권 등 계약서
4. 신탁해지약정서	4. 상속·경매·압류공매·공용수용·시효취득
5. 공유물분할약정서	5. 입목·광업재단·공장재단의 계약서
6. 양도담보계약서	6. 매매계약으로서 검인을 받은 것으로 보는 경우
7. 상가분양권 매매계약서	㉠ 토지거래허가증을 교부받은 경우
8. 이행판결서 및 이와 동일한 효력을 갖는 각종 조서(조정조서·화해조서·청구인낙조서)	㉡ 부동산거래신고필증을 교부받은 경우

05 검인계약제도에 관한 설명으로 <u>틀린</u> 것은?

① 검인신청에 대한 검인기관은 시장·군수·구청장이 되며, 시장 등이 읍·면·동장에게 검인의 권한을 위임한 때에는 지체 없이 관할 등기소장에게 통지하여야 한다.

② 검인신청을 할 때는 계약서의 원본 또는 판결서 등의 정본과 그 사본 2통을 제출하여야 한다.

③ 부동산의 소유권을 이전받을 것을 내용으로 하는 계약을 체결한 자가 그 부동산에 대하여 다시 제3자와 소유권이전을 내용으로 하는 계약을 체결하고자 할 때에는 먼저 체결된 계약서에 검인을 받아야 하며, 이를 위반한 경우 3년 이하의 징역 또는 1억원 이하의 벌금형에 처한다.

④ 2개 이상의 시·군·구에 있는 수개의 부동산을 매매하는 경우 그 중 1개의 시·군·구를 관할하는 시장·군수·구청장에게 검인신청을 할 수 있다.

⑤ 검인신청을 받은 시장·군수·구청장은 계약서상의 실질적 내용은 심사하지 아니하며, 필요적 기재사항을 확인한 후 계약서 등에 검인을 하여 지체 없이 신청인에게 교부하여야 한다.

키워드 검인계약제도

해설 부동산의 소유권을 이전받을 것을 내용으로 하는 계약을 체결한 자가 그 부동산에 대하여 다시 제3자와 소유권이전을 내용으로 하는 계약을 체결하고자 할 때에는 먼저 체결된 계약서에 검인을 받아야 하며, 이를 위반한 경우 1년 이하의 징역 또는 3천만원 이하의 벌금형에 처한다.

06 부동산등기 특별조치법상 개업공인중개사의 계약서에 대한 검인신청제도에 관한 설명으로 **틀린** 것은?

① 당사자와 목적 부동산 및 계약연월일이 기재된 계약서에 검인을 신청하여야 한다.

② 대금 및 그 지급일자 등 지급에 관한 사항 또는 평가액 및 그 차액의 정산에 관한 사항을 계약서에 기재하여 검인을 신청하여야 한다.

③ 계약의 조건이나 기한이 있을 때에는 그 조건 또는 기한을 계약서에 기재하여 검인을 신청하여야 한다.

④ 개업공인중개사가 있을 때에는 개업공인중개사도 계약서에 기재하여 검인을 신청하여야 한다.

⑤ 주택임대차계약의 경우 임대인과 임차인, 목적 부동산 및 계약연월일을 계약서에 기재하여 검인을 신청하여야 한다.

키워드 검인신청제도

해설 임대차계약은 소유권이전등기의 대상이 되지 아니하므로 검인을 받을 필요가 없다.

07 개업공인중개사가 중개의뢰인에게 부동산 실권리자명의 등기에 관한 법률에 대하여 설명한 내용으로 옳지 <u>않은</u> 것은?

① 소유권보존등기를 타인 명의로 한 경우에도 명의신탁약정은 무효가 되며, 명의신탁에 의한 소유권보존등기도 무효가 된다고 설명하였다.

② 명의신탁자 A가 명의수탁자 B 명의로 가장매매하여 등기를 이전한 경우에는 그 등기이전은 무효가 되고, 소유권은 A에게 귀속된다고 설명하였다.

③ 위임형 명의신탁(계약명의신탁)의 경우 수탁자가 등기된 부동산을 제3자에게 처분하면 횡령죄를 구성하지 않는다.

④ 종교단체의 명의로 그 산하조직이 보유한 부동산에 관한 물권을 등기한 경우 예외 없이 명의신탁의 효력은 인정되지 않는다.

⑤ 이 법은 등기명의신탁이나 계약명의신탁의 경우에도 선의, 악의를 불문하고 제3자에게 대항하지 못한다고 설명하였다.

> **키워드** 부동산 실권리자명의 등기에 관한 법률
> **해설** 종교단체의 명의로 그 산하조직이 보유한 부동산에 관한 물권을 등기한 경우 조세포탈, 강제집행의 면탈, 법령상 제한의 회피를 목적으로 하지 아니하는 경우 명의신탁의 효력이 인정되고, 명의수탁자로의 등기도 유효하다.

08 부동산 실권리자명의 등기에 관한 법률에 관한 설명으로 틀린 것은?

① 명의신탁약정의 금지에 위반한 명의신탁자에 대하여는 5년 이하의 징역 또는 2억원 이하의 벌금에 처한다.

② 만약 명의수탁자가 실권리자 몰래 제3자에게 부동산을 매각한 경우 제3자가 명의신탁 사실을 알고 매수하였더라도 실권리자는 제3자에게 대항할 수 없다.

③ 배우자의 명의로 부동산에 관한 물권을 등기한 경우에는 조세포탈, 강제집행의 면탈 또는 법령상 제한의 회피를 목적으로 하지 아니하는 한 명의신탁약정의 효력 및 과징금·벌칙의 규정이 적용되지 아니한다.

④ 양도담보, 가등기담보, 부동산 구분소유자의 공유등기 등은 명의신탁약정에 해당되지 아니한다.

⑤ 판례에 의하면, 계약명의신탁의 경우 명의수탁을 받은 자가 이를 임의로 처분한 경우 명의신탁자에 대한 횡령죄가 성립한다.

PART 2

키워드 부동산 실권리자명의 등기에 관한 법률

해설 등기명의신탁, 계약명의신탁의 경우 횡령죄가 성립하지 않는다. 최근 판례가 변경되어 등기명의신탁의 경우에도 수탁자에게 횡령죄를 물을 수 없게 되었다(대판 전합체 2016. 5.19, 2014도6992 참고). 또한, 양자 간 명의신탁에서도 횡령죄가 성립하지 않는다고 판시하였다(대판 전합체 2021.2.18, 2016도18761).

09 ⊕ 개업공인중개사가 중개의뢰인에게 부동산 실권리자명의 등기에 관한 법률에 대하여 설명한 것으로 옳지 <u>않은</u> 것은?

① 배우자 명의로 부동산에 관한 물권을 등기한 경우라도 조세포탈, 강제집행의 면탈, 법령상 제한의 회피를 목적으로 하지 아니하는 경우 명의신탁의 효력은 인정된다.

② 매도인 A가 명의신탁자 B와 명의수탁자 C 사이에 명의신탁약정이 있다는 사실을 모르고 명의수탁자 C와 매매계약을 체결하고 소유권이전등기가 완료된 경우 명의신탁약정 및 소유권이전등기는 유효라고 설명하였다.

③ 이 법은 등기명의신탁이나 계약명의신탁의 경우에도 선의·악의를 불문하고 제3자에게 대항하지 못한다고 설명하였다.

④ 명의신탁자 A가 명의수탁자 B의 명의로 가장매매하여 등기를 이전한 경우에는 그 등기이전은 무효가 되고 소유권은 A에게 귀속된다고 설명하였다.

⑤ 소유권보존등기를 타인 명의로 한 경우에는 명의신탁약정은 무효가 되며, 명의신탁에 의한 소유권보존등기도 무효가 된다고 설명하였다.

키워드 부동산 실권리자명의 등기에 관한 법률

해설 명의신탁약정은 무효이지만, 소유권이전등기의 효력은 유효이다.

정답 07 ④ 08 ⑤ 09 ②

10 신탁자 甲과 수탁자 乙 간 명의신탁약정을 한 뒤 신탁자가 수탁자에게 자금을 지원하여 수탁자가 매도인 丙(甲과 乙 사이의 명의신탁약정 사실을 모름)과 매매계약을 체결하여 소유권이전등기가 乙의 명의로 경료된 뒤 乙이 丁과 매매계약을 체결, 丁이 소유권이전등기를 경료하였다. 이에 관한 설명으로 옳은 것은?

① 수탁자 乙과 매수인 丁 간의 매매계약은 유효하고, 丁이 명의신탁약정 사실을 알았다면 丁은 소유권을 취득할 수 없다.

② 丁의 명의로 경료된 소유권이전등기의 효력은 유효하지만, 신탁자 甲은 丁에게 소유권을 주장할 수 있다.

③ 乙의 처분행위는 횡령죄로 처벌된다.

④ 신탁자 甲과 수탁자 乙 간 명의신탁약정의 효력은 무효이나, 乙의 명의로 경료된 소유권이전등기의 효력은 유효하다.

⑤ 乙은 1년 이하의 징역이나 3천만원 이하의 벌금에 처해진다.

> **키워드** 등기명의신탁
> **해설** ① 수탁자 乙과 매수인 丁 간의 매매계약은 유효하고, 丁이 명의신탁약정 사실을 알았더라도 丁은 소유권을 취득할 수 있다.
> ② 丁의 명의로 경료된 소유권이전등기의 효력은 유효하므로, 신탁자 甲은 丁에게 소유권을 주장할 수 없다.
> ③ 乙의 처분행위는 횡령죄로 처벌되지 아니한다.
> ⑤ 乙은 3년 이하의 징역이나 1억원 이하의 벌금에 처해진다.

11 명의신탁자 乙은 명의수탁자 丙에게 매수자금을 제공하였고, 명의수탁자 丙이 토지매매계약의 당사자가 되어 매도인 甲과 토지매매계약을 체결하고 소유권이전등기를 경료하였다. 다음 설명 중 틀린 것은? (甲은 乙과 丙의 명의신탁약정에 대해서 알지 못했음)

① 甲과 丙이 체결한 토지매매계약은 유효이다.

② 丙이 제3자인 丁에게 토지를 처분한 경우 그 처분행위 자체가 「형법」상 횡령죄에 해당된다.

③ 丙 명의의 소유권이전등기는 유효이므로 토지의 소유권은 丙에게 귀속한다.

④ 乙은 丙에게 제공한 매수자금에 대해서 반환을 청구할 수 있다.

⑤ 丙이 제3자인 丁에게 토지를 처분한 경우 丁은 유효하게 소유권을 취득한다.

키워드 등기명의신탁

해설 丙이 소유권자이므로, 제3자에게 토지를 처분한 경우에도 그 처분행위가 별도의 횡령죄를 구성하지는 않는다.

12

2020.10.1. 甲과 乙은 甲 소유의 X토지에 관해 매매계약을 체결하였다. 乙과 丙은 농지법상 농지소유제한을 회피할 목적으로 명의신탁약정을 하였다. 그 후 甲은 乙의 요구에 따라 丙 명의로 소유권이전등기를 마쳐주었다. 그 사정을 아는 개업공인중개사가 X토지의 매수의뢰인에게 설명한 내용으로 옳은 것을 모두 고른 것은? (다툼이 있으면 판례에 따름) • 32회

> ㉠ 甲이 丙 명의로 마쳐준 소유권이전등기는 유효하다.
> ㉡ 乙은 丙을 상대로 매매대금 상당의 부당이득반환청구권을 행사할 수 있다.
> ㉢ 乙은 甲을 대위하여 丙 명의의 소유권이전등기의 말소를 청구할 수 있다.

① ㉠
② ㉡
③ ㉢
④ ㉠, ㉡
⑤ ㉡, ㉢

키워드 등기명의신탁

해설 ㉠ 3자 간의 등기명의신탁(중간생략형 명의신탁)이므로, 甲이 丙 명의로 마쳐준 소유권이전등기는 무효이다.
㉡ 丙이 제3자에게 X토지를 처분한 것은 아니므로, 乙은 丙을 상대로 매매대금 상당의 부당이득반환청구권을 행사할 수 없다.

정답 10 ④ 11 ② 12 ③

13 A주식회사는 공장부지를 확보하기 위하여 그 직원 甲과 명의신탁약정을 맺고, 甲은 2020.6.19. 개업공인중개사 乙의 중개로 丙 소유 X토지를 매수하여 2020.8.20. 甲 명의로 등기하였다. 이에 관한 설명으로 **틀린** 것은? (다툼이 있으면 판례에 따름)

• 31회

① A와 甲 사이의 명의신탁약정은 丙의 선의, 악의를 묻지 아니하고 무효이다.

② 丙이 甲에게 소유권이전등기를 할 때 비로소 A와 甲 사이의 명의신탁약정 사실을 알게 된 경우 X토지의 소유자는 丙이다.

③ A는 甲에게 X토지의 소유권이전등기를 청구할 수 없다.

④ 甲이 X토지를 丁에게 처분하고 소유권이전등기를 한 경우 丁은 유효하게 소유권을 취득한다.

⑤ A와 甲의 명의신탁약정을 丙이 알지 못한 경우, 甲은 X토지의 소유권을 취득한다.

키워드 계약명의신탁

해설 丙이 甲에게 소유권이전등기를 할 때 비로소 A와 甲 사이의 명의신탁약정 사실을 알게 된 경우라면 X토지의 소유자는 甲이다. 이유는 丙은 A와 甲 사이의 명의신탁약정이 있다는 사실을 모르고 계약을 체결한 것이 되기 때문이다. 甲과 거래계약을 체결하는 당시에 A와 甲 사이의 명의신탁약정 사실을 모르고 계약한 경우이므로 등기이전의 효과는 유효이며, 이 경우 X토지의 소유자는 甲이 된다. 판례도 동일한 입장이다(대판 2018.4.10, 2017다257715).

14 甲은 乙과 乙 소유의 X부동산의 매매계약을 체결하고, 친구 丙과의 명의신탁약정에 따라 乙로부터 바로 丙 명의로 소유권이전등기를 하였다. 이와 관련하여 개업공인중개사가 甲과 丙에게 설명한 내용으로 옳은 것을 모두 고른 것은? (다툼이 있으면 판례에 따름)

• 30회

㉠ 甲과 丙 간의 약정이 조세포탈, 강제집행의 면탈 또는 법령상 제한의 회피를 목적으로 하지 않은 경우 명의신탁약정 및 그 등기는 유효하다.

㉡ 丙이 X부동산을 제3자에게 처분한 경우 丙은 甲과의 관계에서 횡령죄가 성립하지 않는다.

㉢ 甲과 乙 사이에 매매계약은 유효하므로 甲은 乙을 상대로 소유권이전등기를 청구할 수 있다.

㉣ 丙이 소유권을 취득하고 甲은 丙에게 대금 상당의 부당이득반환청구권을 행사할 수 있다.

---

① ㉠, ㉢

② ㉠, ㉣

③ ㉡, ㉢

④ ㉠, ㉡, ㉣

⑤ ㉡, ㉢, ㉣

키워드 부동산 실권리자명의 등기에 관한 법률

해설 ㉠ 조세포탈, 강제집행의 면탈 또는 법령상 제한의 회피를 목적으로 하지 않은 경우 명의신탁의 효력은 인정되고, 그 등기이전도 유효가 되는 경우는 다음의 경우이다.

---

1. 종중이 보유한 부동산에 관한 물권을 종중(종중과 그 대표자를 같이 표시하여 등기한 경우를 포함한다) 외의 자의 명의로 등기한 경우
2. 배우자 명의로 부동산에 관한 물권을 등기한 경우
3. 종교단체의 명의로 그 산하조직이 보유한 부동산에 관한 물권을 등기한 경우

따라서 甲과 丙은 위 3가지 내용에 해당하지 않으므로 명의신탁약정 및 그 등기는 무효이다.

㉣ 명의신탁약정 및 수탁자로의 소유권이전등기는 무효이므로 소유권은 원소유자인 乙에게 귀속된다. 그러므로 丙은 소유권을 취득하지 못한다. 또한 丙이 X부동산을 처분한 사실이 없으므로 甲은 丙에게 부당이득반환청구권을 행사할 수 없다.

15 甲과 친구 乙은 乙을 명의수탁자로 하는 계약명의신탁약정을 하였고, 이에 따라 乙은 2017.10.17. 丙 소유 X토지를 매수하여 乙 명의로 등기하였다. 이 사안에서 개업공인중개사가 부동산 실권리자명의 등기에 관한 법률의 적용과 관련하여 설명한 내용으로 옳은 것을 모두 고른 것은? (다툼이 있으면 판례에 따름) • 28회

> ㉠ 甲과 乙의 위 약정은 무효이다.
> ㉡ 甲과 乙의 위 약정을 丙이 알지 못한 경우라면 그 약정은 유효하다.
> ㉢ 甲과 乙의 위 약정을 丙이 알지 못한 경우, 甲은 X토지의 소유권을 취득한다.
> ㉣ 甲과 乙의 위 약정을 丙이 안 경우, 乙로부터 X토지를 매수하여 등기한 丁은 그 소유권을 취득하지 못한다.

① ㉠
② ㉣
③ ㉠, ㉡
④ ㉡, ㉢
⑤ ㉡, ㉢, ㉣

키워드 계약명의신탁

해설 계약명의신탁에 해당하는 문제이다.
㉠ 명의신탁자와 명의수탁자와의 관계에서 명의신탁의 약정은 무효이다. 따라서 옳은 지문이다.
㉡ 명의신탁약정은 선의·악의 상관 없이 무효이다.
㉢ 丙과 乙의 계약의 효력은 유효하므로 乙이 소유권을 취득한다.
㉣ 丁은 선의·악의 상관 없이 소유권을 취득한다.

16 甲은 乙과 乙 소유 부동산의 매매계약을 체결하면서 세금을 줄이기 위해 甲과 丙 간의 명의신탁약정에 따라 丙 명의로 소유권이전등기를 하기로 하였다. 丙에게 이전등기가 이루어질 경우에 대하여 개업공인중개사가 甲과 乙에게 설명한 내용으로 옳은 것은? (다툼이 있으면 판례에 따름) • 27회

① 계약명의신탁에 해당한다.
② 丙 명의의 등기는 유효하다.
③ 丙 명의로 등기가 이루어지면 소유권은 甲에게 귀속된다.
④ 甲은 매매계약에 기하여 乙에게 소유권이전등기를 청구할 수 있다.
⑤ 丙이 소유권을 취득하고 甲은 丙에게 대금 상당의 부당이득반환청구권을 행사할 수 있다.

키워드 등기명의신탁
해설 ① 등기명의신탁에 해당한다.
② 丙 명의의 등기는 무효이다.
③ 丙 명의로 등기가 이루어지면 소유권은 乙에게 귀속된다.
⑤ 丙으로의 소유권이전등기는 무효이며, 신탁자 甲은 원소유자 乙을 대위하여 수탁자 丙 명의의 이전등기의 말소를 청구한 후 원소유자 乙을 상대로 매매계약에 기한 소유권이전등기를 청구할 수 있다.

17 개업공인중개사가 중개행위를 하면서 부동산 실권리자명의 등기에 관한 법률에 대하여 설명한 내용으로 옳은 것은?

中 • 25회 수정

① 위법한 명의신탁약정에 따라 수탁자 명의로 등기한 명의신탁자는 5년 이하의 징역 또는 2억원 이하의 벌금에 처한다.
② 무효인 명의신탁약정에 따라 수탁자 명의로 등기한 명의신탁자에게 해당 부동산가액의 100분의 30에 해당하는 확정금액의 과징금을 부과한다.
③ 위법한 명의신탁의 신탁자라도 이미 실명등기를 하였을 경우에는 과징금을 부과하지 않는다.
④ 명의신탁을 이유로 과징금을 부과받은 자에게 과징금 부과일부터 부동산평가액의 100분의 20에 해당하는 금액을 매년 이행강제금으로 부과한다.
⑤ 종교단체의 명의로 그 산하조직이 보유한 부동산에 관한 물권을 등기한 경우, 등기는 언제나 무효이다.

키워드 등기명의신탁
해설 ② 무효인 명의신탁약정에 따라 수탁자 명의로 등기한 명의신탁자에게 해당 부동산가액의 100분의 30에 해당하는 금액의 범위에서 과징금을 부과한다.
③ 위법한 명의신탁의 신탁자가 이미 실명등기를 하였을 경우라도 행정형벌과 과징금의 대상이다.
④ 과징금 부과일로부터 1년이 경과하였음에도 이행하지 아니한 경우 해당 부동산평가액의 100분의 10에 해당하는 금액을, 다시 1년이 지난 때에 부동산평가액의 100분의 20에 해당하는 금액을 이행강제금으로 부과한다.
⑤ 종교단체의 명의로 그 산하조직이 보유한 부동산에 관한 물권을 등기한 경우 조세포탈, 강제집행의 면탈 또는 법령상 제한의 회피를 목적으로 하는 경우를 제외하고는 명의신탁약정의 효력이 인정되고, 명의수탁자로의 등기이전도 유효하다.

정답 **15** ① **16** ④ **17** ①

18 주택임대차계약의 중개에 관한 설명으로 옳지 <u>않은</u> 것은?

① 「주택임대차보호법」의 적용대상인 주거용 건물이란 건축물대장상의 용도가 아니라 실제용도를 기준으로 판단한다.

② 확정일자부 임차인이라도 경매신청권이 인정되는 것은 아니다.

③ 확정일자인을 부여받지 아니하면 우선변제권을 취득하지 못한다.

④ 대항요건을 갖추지 않은 상태에서도 임대차계약서에 확정일자인을 받음으로써 금액에 관계없이 후순위권리자에 우선하여 보증금을 변제받을 수 있다.

⑤ 확정일자부 임차인은 경락인 등에게 대항할 수 있는 경우 대항력을 주장할 수도 있고 우선변제권을 주장할 수도 있다.

키워드 주택임대차보호법

해설 대항요건을 갖추지 않은 상태에서는 확정일자를 받아도 우선변제권을 취득하지 못한다.

19 주택임차인의 대항력의 취득요건에 관한 설명으로 옳지 않은 것은?

中

① 임대차는 등기가 없는 경우에도 임차인이 주택의 인도와 주민등록을 마친 때에는 그 다음 날부터 제3자에 대하여 효력이 생긴다.

② 「주택임대차보호법」은 임차인이 자연인인 경우 외에 한국토지주택공사 및 지방공사인 법인의 경우에도 적용된다.

③ 임차인의 대항력 취득시기가 최선순위로 설정된 저당권보다 선순위라면 경락자에게 대항할 수 있으나, 가압류등기가 된 후 설정된 임대차는 가압류 사건의 본안판결의 집행으로 그 임차주택을 취득한 경락인에게 대항하지 못한다.

④ 전입신고를 잘못하여 다른 지번에 주민등록을 한 경우에는 그 후 정정하였다면 정정 후에 대항력을 취득한다.

⑤ 가등기가 된 후 대항력을 취득한 임차인이 있는 경우에 후에 가등기에 기한 본등기가 경료되면 임차권은 본등기명의자에 우선한다.

키워드 주택임대차보호법
해설 가등기가 이미 순위를 보전하고 있기 때문에 대항력을 주장할 수 없다.

20 주택임대차계약에 관한 설명으로 틀린 것은? (다툼이 있으면 판례에 따름)

① 甲 소유의 주택을 乙이 임차하면서 존속기간을 1년으로 한 경우, 임차인 乙은 甲에게 「주택임대차보호법」에 따라 2년의 기간을 주장할 수 있다.

② 甲이 乙에게 대여한 금전채권을 변제받지 못하자 이를 임대차보증금으로 전환하여 乙 소유의 아파트에 대하여 임대차계약을 체결하고 주택인도 및 주민등록을 마쳤다면, 임대차계약을 통정허위표시로 볼 수 없는 한, 甲의 임차권은 제3자에 대한 대항력이 있다.

③ 주민등록이 직권말소된 후 임차인 甲이 「주민등록법」 소정의 이의절차에 의하여 말소된 주민등록을 회복한 것이 아니라면, 직권말소 후 재등록이 이루어지기 이전에 이해관계를 맺은 선의의 제3자 乙에 대하여 甲은 임차권으로 대항할 수 없다.

④ 임차인 甲이 임대인의 승낙을 받아 乙에게 임대주택을 적법하게 전대한 경우, 甲이 임대주택에 거주하지 않고 자신의 주민등록을 이전하지 아니하더라도 전차인 乙이 주택을 인도받아 자신의 주민등록을 하여야 甲은 제3자에 대하여 대항력을 갖는다.

⑤ 위 ④의 경우, 전차인 乙이 주택을 인도받았으나 乙의 이름으로 주민등록을 이전하지 않았더라도 甲의 이름으로 주민등록이 되어 있다면 乙은 제3자에게 대하여 대항력을 갖는다.

키워드 주택임대차보호법
해설 주택을 점유하는 전차인이 주민등록을 하여야 하며, 임차인의 주민등록으로는 대항력을 취득할 수 없다(대판 1994.6.24, 94다3155).

21 주택임대차보호법에 관한 설명으로 옳지 <u>않은</u> 것은?

中

① 임차권은 임차주택에 대하여 「민사집행법」에 의한 경매가 행하여진 경우에는 그 임차주택의 매각에 의하여 소멸한다. 다만, 보증금이 전액 변제되지 아니한 대항력이 있는 임차권은 그러하지 아니하다.

② 임차인이 임차주택에 대하여 보증금반환청구소송의 확정판결 기타 이에 준하는 집행권원에 기한 경매를 신청하는 경우에는 반대의무의 이행 또는 이행의 제공을 집행개시의 요건으로 하지 아니한다.

③ 주거용 건물의 임대차는 그 등기가 없는 경우에도 임차인이 주택의 인도와 주민등록을 마친 때에는 그 다음 날부터 제3자에게 대하여 효력이 생긴다. 이 경우 전입신고를 한 때에 주민등록이 된 것으로 본다.

④ 대항요건과 임대차계약증서상의 확정일자를 갖춘 임차인은 「민사집행법」에 의한 경매 또는 「국세징수법」에 의한 공매 시 임차주택(대지를 포함한다)의 환가대금에서 선순위 물권자 기타 일반채권자보다 우선하여 보증금을 변제받을 권리가 있다.

⑤ 임차주택의 양수인(기타 임대할 권리를 승계한 자를 포함한다)은 임대인의 지위를 승계한 것으로 본다.

키워드 주택임대차보호법

해설 확정일자로 인한 우선변제권의 경우 후순위 물권자 기타 일반채권자보다 우선하여 보증금을 변제받는 권리이다.

22 개업공인중개사가 주택의 임대차를 중개하면서 설명한 내용으로 **틀린** 것은?

① 처음 임대차계약을 체결할 당시에는 보증금액이 많아 「주택임대차보호법」상 소액임차인에 해당하지 않았지만 그 후 새로운 임대차계약에 의하여 정당하게 보증금을 감액하여 소액임차인에 해당하게 되었다면, 특별한 사정이 없는 한 소액임차인으로 보호받을 수 있다고 설명하였다.

② 처음에 다가구용 단독주택으로 소유권보존등기가 경료된 건물의 일부를 임차한 임차인은 이를 인도받고 임차건물의 지번을 정확히 기재하여 전입신고를 하였다 하더라도, 나중에 다가구용 단독주택이 다세대주택으로 변경되면 임차인이 이미 취득한 대항력은 상실하게 된다고 설명하였다.

③ 주택의 소유자는 아니지만 적법한 임대권한을 가진 사람과 임대차계약을 체결한 임차인이라면 「주택임대차보호법」에 의해 보호받을 수 있다고 설명하였다.

④ 임차주택이 무허가, 미등기의 주택, 건축물대장의 등재 여부와 관계없이 사실상 주거의 용도로 사용되면 「주택임대차보호법」의 보호를 받을 수 있다고 설명하였다.

⑤ 주택임대차로서 우선변제권을 취득한 것처럼 외관을 만들었을 뿐 실제 주택을 주거용으로 사용·수익할 목적을 갖지 아니한 계약은 무효이므로 「주택임대차보호법」이 정하고 있는 대항력을 부여할 수 없다고 설명하였다.

키워드 주택임대차보호법

해설 처음에 다가구용 단독주택으로 소유권보존등기가 경료된 건물의 일부를 임차한 임차인은 이를 인도받고 임차건물의 지번을 정확히 기재하여 전입신고를 하면 「주택임대차보호법」 소정의 대항력을 적법하게 취득하고, 나중에 다가구용 단독주택이 다세대주택으로 변경되었다는 사정만으로 임차인이 이미 취득한 대항력을 상실하게 되는 것은 아니라 할 것이다. 그 이유는 통상의 경우 등기사항증명서상 이해관계를 가지려는 제3자는 등기사항증명서를 통해 해당 주택의 표시에 관한 사항과 주택의 권리에 관한 사항을 파악할 수 있으므로, 처음에는 다가구용 단독주택으로 소유권보존등기가 경료되었다가 나중에 다세대주택으로 변경된 경우 해당 주택에 관해 등기사항증명서상 이해관계를 가지려는 제3자는 위와 같이 다가구용 단독주택이 다세대주택으로 변경되었다는 사정을 등기사항증명서상 확인할 수 있고, 따라서 지번의 기재만으로 해당 다세대주택에 주소 또는 거소를 가진 자로 등록된 자가 존재할 가능성을 인식할 수 있다 할 것이기 때문이다.

23 개업공인중개사가 주택임대차계약을 중개하면서 설명한 내용으로 **틀린** 것은? (다툼이 있으면 판례에 따름)

① 임차인 본인은 전입신고를 하지 않더라도 처와 자녀만 주민등록신고를 하고 주택을 인도받으면 대항력을 취득할 수 있다.

② 대항력 있는 임차인은 동 주택이 양도된 경우 임대차가 만료된 경우 양수인에게 보증금반환을 요구하여야 한다.

③ 임차인이 대항요건을 갖추고 수일 후 확정일자를 받은 일자와 저당권자의 설정등기일이 같은 경우 임차인이 우선한다.

④ 대항요건을 갖추고 확정일자를 받은 임차인이라도 경매절차에서 배당요구의 종기까지 배당요구를 하여야만 배당 시 우선변제를 받을 수 있다.

⑤ 월차임 전환 시 산정률은 연 10%와 한국은행 공시기준금리에 2%를 더한 비율 중 낮은 비율을 초과할 수 없다.

> **키워드** 주택임대차보호법
> **해 설** 임차인이 대항요건을 갖추고 며칠 후 확정일자를 받은 일자와 저당권자의 설정등기일이 같은 경우 동순위가 된다.

24 주택임대차계약에 관하여 개업공인중개사가 설명한 내용으로 옳은 것은? (다툼이 있으면 판례에 따름)

① 주택임대차로서 우선변제권을 취득한 것처럼 외관을 만들었을 뿐 실제 주택을 주거용으로 사용·수익할 목적을 갖지 아니한 계약은 무효이므로 「주택임대차보호법」이 정하고 있는 대항력을 부여할 수 없다고 설명했다.

② 저당권등기 이후에 임대인과의 합의에 의하여 보증금을 증액한 경우 보증금 중 증액부분에 관하여 저당권에 기하여 낙찰받은 자에게 대항할 수 있다.

③ 주택임차인이 주택의 인도와 주민등록을 마친 당일 또는 그 이전에 임대차계약서상에 확정일자를 갖춘 경우에 주택의 인도와 주민등록을 마친 날을 기준으로 우선변제권이 발생한다고 설명했다.

④ 확정일자를 받은 임대차계약서에 임대차 목적물을 표시하면서 아파트의 명칭과 그 전유부분 동·호수의 기재가 누락된 경우에는 「주택임대차보호법」에서 규정된 확정일자의 요건을 갖추었다고 볼 수 없다고 설명했다.

⑤ 사망 당시 임차인의 법정상속권자가 그 주택에서 가정공동생활을 하고 있지 아니한 때에는 그 주택에서 가정공동생활을 하던 사실상의 혼인관계에 있는 자가 임차인의 권리와 의무를 단독으로 승계한다.

키워드 주택임대차보호법

해설 ② 저당권등기 이후에 임대인과의 합의에 의하여 보증금을 증액한 경우 보증금 중 증액부분에 관하여 저당권에 기하여 낙찰받은 자에게 대항할 수 없다.

③ 주택의 인도와 주민등록을 마친 다음 날을 기준으로 우선변제권이 발생한다고 설명해야 한다.

④ 계약서에 동·호수가 누락되었다고 하여도 확정일자의 요건을 갖춘 것으로 본다.

⑤ 사실상의 혼인관계에 있는 자와 2촌 이내의 친족이 공동으로 임차인의 권리와 의무를 승계한다.

25 주택임대차보호법상의 임차인의 계약갱신요구권에 관한 설명으로 틀린 것은?

① 임대인은 임차인이 임대차기간이 끝나기 6개월 전부터 2개월 전까지의 기간 이내에 계약갱신을 요구할 경우 정당한 사유가 없이 거절하지 못한다.

② 임대인은 임차인이 3기의 차임액에 해당하는 금액에 이르도록 차임을 연체한 사실이 있는 경우에 한하여 임차인의 계약갱신요구를 거절할 수 있다.

③ 임대인(임대인의 직계존속·직계비속을 포함한다)이 목적 주택에 실제 거주하려는 경우 임대인은 임차인의 계약갱신요구를 거절할 수 있다.

④ 임차인의 계약갱신요구권은 1회에 한하여 행사할 수 있으며, 차임과 보증금은 약정한 차임이나 보증금의 20분의 1의 범위에서 증감할 수 있다.

⑤ 임대인(임대인의 직계존속·직계비속을 포함한다)이 목적 주택에 실제 거주하려는 사유로 인하여 계약의 갱신이 거절된 임대차계약의 임차인이었던 자는 확정일자 부여기관에 해당 주택의 확정일자 부여일, 차임 및 보증금 등의 정보를 요청할 수 있다.

키워드 주택임대차보호법
해설 임대인은 임차인이 2기의 차임액에 해당하는 금액에 이르도록 차임을 연체한 사실이 있는 경우 임차인의 계약갱신요구를 거절할 수 있다.

26 주택임대차보호법상의 확정일자인에 관한 설명으로 틀린 것은?

① 확정일자인을 받아도 임차권의 성질이 물권으로 변하는 것은 아니다.

② 확정일자인을 임대인·임차인 쌍방이 받을 필요는 없다.

③ 확정일자인을 받은 경우라 하더라도 경매신청권이 발생하지 않는다.

④ 확정일자인을 받았다 해서 임차권을 자유로이 양도할 수 있는 것은 아니다.

⑤ 2022년 1월 10일 확정일자를 받고 2022년 1월 20일에 입주 및 전입신고를 하면 2022년 1월 20일에 우선변제의 효력이 발생한다.

키워드 주택임대차보호법
해설 2022년 1월 10일 확정일자를 받고 2022년 1월 20일에 입주 및 전입신고를 하면 2022년 1월 21일에 우선변제의 효력이 발생한다.

27 주택임대차보호법상 임대차계약서의 확정일자인에 관한 설명으로 옳지 않은 것은?

① 확정일자신청은 임차인 단독으로 신청할 수 있다.

② 확정일자의 효력은 확정일자일 즉시 발생한다.

③ 입주, 전입신고, 확정일자일, 저당권등기일이 같은 날인 경우에는 저당권자가 우선하여 보호받는다.

④ 확정일자를 받으면 임차인에게 경매신청권이 주어진다.

⑤ 대항력을 갖춘 확정일자부 임차인은 후순위권리자 기타 채권자보다 우선하여 변제받을 수 있다.

키워드 주택임대차보호법
해설 확정일자를 받아도 임차인에게 경매신청권이 주어지지는 않는다.

28 주택임대차에 관한 개업공인중개사의 설명으로 틀린 것은? (다툼이 있으면 판례에 따름)

① 다가구용 단독주택을 임차하여 대항력을 취득한 후에 그 주택이 다세대주택으로 변경된 사정만으로는 임차인의 대항력이 상실하는 것은 아니다.

② 확정일자 없이 대항요건만을 갖춘 임차인은 임차권등기명령에 의해 임차권등기가 경료되더라도 우선변제권을 취득하지 못한다.

③ 일시사용을 위한 임대차임이 명백한 경우에는 「주택임대차보호법」이 적용되지 않는다.

④ 「주택임대차보호법」에 따라 임대차계약이 묵시적으로 갱신된 경우 임차인은 임대차계약의 존속기간이 2년이라고 주장할 수 있다.

⑤ 임차권등기가 첫 경매개시결정등기 전에 등기된 경우, 임차인이 별도의 배당요구를 하지 않아도 배당받을 채권자에 속한다.

키워드 주택임대차보호법
해설 확정일자 없이 대항요건만을 갖춘 임차인도 임차권등기명령에 의해 임차권등기가 경료되면 우선변제권을 취득한다.

29 개업공인중개사가 주택의 임대차 중개를 하면서 설명한 내용으로 옳은 것은?

① 임차인은 임차권등기명령의 신청 및 그에 따른 임차권등기와 관련하여 소요된 비용을 임대인에게 청구할 수 있다.

② 임차권등기명령의 집행에 의한 임차권등기가 경료된 주택을 임차한 소액임차인은 동 주택이 경매처분될 경우 확정일자인에 의한 우선변제 및 소액임차인으로서의 최우선변제를 받을 수 있다고 설명하였다.

③ 거래당사자가 임대차기간을 1년으로 하는 계약을 체결한 경우 임대인과 임차인 모두 임대차기간이 1년임을 주장할 수 있다.

④ 대항력과 우선변제권을 겸유하고 있는 임차인이 우선변제권을 행사하여 경매절차에서 배당요구를 하였으나 보증금 전액을 배당받지 못한 때에는 그 잔액을 반환받을 때까지 매수인에게 대항할 수 있을 뿐만 아니라 그 후 그 주택에 새로이 경료된 저당권설정등기에 기한 경매절차에서도 배당받을 수 있다.

⑤ 임대차계약을 체결하고 그 계약서에 확정일자를 받아 두면 전입신고와는 상관 없이 후순위권리자 기타 채권자에 우선하는 효력이 있다고 설명하였다.

키워드 주택임대차보호법

해설 ② 임차권등기명령의 집행에 의한 임차권등기가 경료된 주택인 경우에는 소액임차인은 동 주택이 경매처분될 경우 확정일자인에 의한 우선변제는 받을 수 있으나, 소액임차인의 우선변제(최우선변제)를 받을 수 없다.
③ 임차인만 임대차기간이 1년임을 주장할 수 있다.
④ 경매절차에서 배당요구를 하였으나 보증금 전액을 배당받지 못한 때에는 그 잔액을 반환받을 때까지 매수인에게 대항할 수 있을 뿐이고 그 후 그 주택에 새로이 경료된 저당권설정등기에 기한 경매절차에서는 배당받을 수 없다.
⑤ 확정일자 및 대항요건도 갖추어야 후순위권리자 기타 채권자에게 우선하는 효력이 있다.

정답 **27** ④ **28** ② **29** ①

30 임차권등기명령제도에 관한 설명으로 틀린 것은?

① 임차권등기명령은 임차주택 소재지를 관할하는 지방법원 또는 지방법원지원, 시·군법원에 신청할 수 있다.

② 임차권등기명령의 집행에 의해 임차권등기가 경료되면 임차인은 대항력 및 우선변제권을 취득하며, 이후부터는 대항요건을 상실하더라도 종전에 취득한 대항력 및 우선변제권을 계속 유지할 수 있다.

③ 임차권등기명령을 신청한 후에는 임차인이 다른 곳으로 이사를 하여도 종전의 대항력과 우선변제권이 유지된다.

④ 임대차가 종료된 후 보증금을 반환받지 못한 임차인이 신청할 수 있다.

⑤ 임차권등기명령이 신청되면 법원은 먼저 서면심리방식에 의하여 임차권등기명령의 발령 여부를 심리하여 그 신청이 이유 있다고 인정되면 임대인에게 고지한 후 임차권등기명령을 발령한다.

키워드 주택임대차보호법

해 설 임차권등기명령에 따라 임차권등기가 경료된 후에는 임차인이 다른 곳으로 이사를 하여도 종전의 대항력과 우선변제권이 유지된다.

31 개업공인중개사 甲의 중개로 丙은 2018.10.17. 乙 소유의 용인시 소재 X주택에 대하여 보증금 5,000만원에 2년 기간으로 乙과 임대차계약을 체결하고, 계약 당일 주택의 인도와 주민등록 이전, 임대차계약증서상의 확정일자를 받았다. 丙이 임차권등기명령을 신청하는 경우 주택임대차보호법령의 적용에 관한 甲의 설명으로 옳은 것은? •31회

① 丙은 임차권등기명령 신청서에 신청의 취지와 이유를 적어야 하지만, 임차권등기의 원인이 된 사실을 소명할 필요는 없다.

② 丙이 임차권등기와 관련하여 든 비용은 乙에게 청구할 수 있으나, 임차권등기명령 신청과 관련하여 든 비용은 乙에게 청구할 수 없다.

③ 임차권등기명령의 집행에 따른 임차권등기를 마치면 丙은 대항력을 유지하지만 우선변제권은 유지하지 못한다.

④ 임차권등기명령의 집행에 따른 임차권등기 후에 丙이 주민등록을 서울특별시로 이전한 경우 대항력을 상실한다.

⑤ 임차권등기명령의 집행에 따라 임차권등기가 끝난 X주택을 임차한 임차인 丁은 소액보증금에 관한 최우선변제를 받을 권리가 없다.

키워드 주택임대차보호법

해설 ① 丙은 임차권등기명령 신청서에 신청의 취지와 이유를 적어야 하며, 임차권등기의 원인이 된 사실을 소명하여야 한다. 임차권등기명령의 신청서에 기재되는 사항은 다음과 같다.

> 1. 신청의 취지 및 이유
> 2. 임대차의 목적인 주택(임대차의 목적이 주택의 일부분인 경우에는 해당 부분의 도면을 첨부)
> 3. 임차권등기의 원인이 된 사실(임차인이 대항력을 취득하였거나 우선변제권을 취득한 경우에는 그 사실)
> 4. 그 밖에 대법원규칙으로 정하는 사항

② 丙은 임차권등기명령의 신청 및 그에 따른 임차권등기와 관련하여 소요된 비용을 乙에게 청구할 수 있다.

③ 임차권등기명령의 집행에 따른 임차권등기를 마치면 丙은 대항력과 우선변제권을 모두 유지한다.

④ 임차권등기명령의 집행에 따른 임차권등기 후에 丙이 주민등록을 서울특별시로 이전한 경우에도 대항력은 유지된다.

정답 30 ③ 31 ⑤

32

甲 소유의 X주택에 대하여 임차인 乙이 주택의 인도를 받고 2019.6.3. 10:00에 확정일자를 받으면서 주민등록을 마쳤다. 그런데 甲의 채권자 丙이 같은 날 16:00에, 다른 채권자 丁은 다음 날 16:00에 X주택에 대해 근저당권설정등기를 마쳤다. 임차인 乙에게 개업공인중개사가 설명한 내용으로 옳은 것은? (다툼이 있으면 판례에 따름) •30회

① 丁이 근저당권을 실행하여 X주택이 경매로 매각된 경우, 乙은 매수인에 대하여 임차권으로 대항할 수 있다.

② 丙 또는 丁 누구든 근저당권을 실행하여 X주택이 경매로 매각된 경우, 매각으로 인하여 乙의 임차권은 소멸한다.

③ 乙은 X주택의 경매 시 경매법원에 배당요구를 하면 丙과 丁보다 우선하여 보증금 전액을 배당받을 수 있다.

④ X주택이 경매로 매각된 후 乙이 우선변제권 행사로 보증금을 반환받기 위해서는 X주택을 먼저 법원에 인도하여야 한다.

⑤ X주택에 대해 乙이 집행권원을 얻어 강제경매를 신청하였더라도 우선변제권을 인정받기 위해서는 배당요구의 종기까지 별도로 배당요구를 하여야 한다.

키워드 주택임대차보호법

해설 ① 임차인 乙이 대항력을 가지는 날짜는 2019년 6월 4일 0시이다. 그러나 저당권자인 丙은 2019년 6월 3일에 설정되었으므로 임차인 乙보다 앞선다. 따라서 임차인 乙은 대항력이 없으므로 매수인에 대하여 임차권으로 대항할 수 없다.

③ 임차보증금액이 주어지지 아니하였고 乙이 대항요건과 확정일자인을 갖추었으므로 乙은 丁보다 우선하여 보증금 전액을 배당받을 수 있다.

④ X주택이 경매로 매각된 후 乙이 우선변제권 행사로 보증금을 반환받기 위해서는 X주택을 매수인에게 인도하였다는 증명을 하여야 한다(대판 1994.2.22, 93다 55241).

⑤ X주택에 대해 乙이 집행권원을 얻어 강제경매를 신청한 경우 우선변제권을 인정받기 위해서 배당요구를 하지 않아도 배당받을 채권자에 해당한다.

33 개업공인중개사가 중개의뢰인에게 주택임대차보호법을 설명한 내용으로 **틀린** 것은?

• 29회

① 임차인이 임차주택에 대하여 보증금반환청구소송의 확정판결에 따라 경매를 신청하는 경우 반대의무의 이행이나 이행의 제공을 집행개시의 요건으로 하지 아니한다.

② 임차권등기명령의 집행에 따른 임차권등기가 끝난 주택을 그 이후에 임차한 임차인은 보증금 중 일정액을 다른 담보물권자보다 우선하여 변제받을 권리가 없다.

③ 임대차계약을 체결하려는 자는 임차인의 동의를 받아 확정일자 부여기관에 해당 주택의 확정일자 부여일 정보의 제공을 요청할 수 있다.

④ 임차인이 상속인 없이 사망한 경우 그 주택에서 가정공동생활을 하던 사실상의 혼인관계에 있는 자가 임차인의 권리와 의무를 승계한다.

⑤ 주택의 등기를 하지 아니한 전세계약에 관하여는 「주택임대차보호법」을 준용한다.

키워드 주택임대차보호법

해설 임대차계약을 체결하려는 자는 임대인의 동의를 받아 확정일자 부여기관에 해당 주택의 확정일자 부여일 정보의 제공을 요청할 수 있다.

32 ② **33** ③

34 甲은 2017.1.28. 자기 소유의 X주택을 2년간 乙에게 임대하는 계약을 체결하였다. 개업공인중개사가 이 계약을 중개하면서 주택임대차보호법과 관련하여 설명한 내용으로 옳은 것은? • 28회

① 乙은 「공증인법」에 따른 공증인으로부터 확정일자를 받을 수 없다.

② 乙이 X주택의 일부를 주거 외 목적으로 사용하면 「주택임대차보호법」이 적용되지 않는다.

③ 임대차계약이 묵시적으로 갱신된 경우, 甲은 언제든지 乙에게 계약해지를 통지할 수 있다.

④ 임대차기간에 관한 분쟁이 발생한 경우, 甲은 주택임대차분쟁조정위원회에 조정을 신청할 수 없다.

⑤ 경제사정의 변동으로 약정한 차임이 과도하게 되어 적절하지 않은 경우, 임대차기간 중 乙은 그 차임의 20분의 1의 금액을 초과하여 감액을 청구할 수 있다.

> **키워드** 주택임대차보호법 증액제한
> **해설** ① 「공증인법」에 의한 공증인으로부터도 확정일자를 받을 수 있다.
> ② 판례에 의하면, 주택의 일부를 주택 외의 목적으로 사용한 경우도 「주택임대차보호법」은 적용된다고 한다.
> ③ 임대차계약이 묵시적으로 갱신된 경우, 임차인(乙)은 임대인(甲)에게 언제든지 계약의 해지를 통지할 수 있다.
> ④ 임대차기간에 관한 분쟁이 발생한 경우, 임대인(甲)도 주택임대차분쟁조정위원회에 조정을 신청할 수 있다.

35 개업공인중개사가 보증금 1억 2천만원으로 주택임대차를 중개하면서 임차인에게 설명한 내용으로 옳은 것은? (다툼이 있으면 판례에 따름) • 27회

① 주택을 인도받고 주민등록을 마친 때에는 확정일자를 받지 않더라도 주택의 경매 시 후순위 저당권자보다 우선하여 보증금을 변제받는다.

② 주택 소재지가 대구광역시인 경우 보증금 중 2천만원에 대해서는 최우선변제권이 인정된다.

③ 다세대주택인 경우 전입신고 시 지번만 기재하고 동·호수는 기재하지 않더라도 대항력을 인정받는다.

④ 대항력을 갖춘 임차인이라도 저당권설정등기 이후 증액된 임차보증금에 관하여는 저당권에 기해 주택을 경락받은 소유자에게 대항할 수 없다.

⑤ 확정일자를 먼저 받은 후 주택의 인도와 전입신고를 하면 그 신고일이 저당권설
정등기일과 같아도 임차인이 저당권자에 우선한다.

키워드 주택임대차보호법 증액제한

해설 ① 주택을 인도받고 주민등록을 마친 다음 확정일자를 받은 경우 주택의 경매 시 후순
위 저당권자보다 우선하여 보증금을 변제받는다.
② 주택 소재지가 대구광역시인 경우 보증금이 7천만원 이하인 경우 2천300만원까지
는 최우선변제된다. 따라서 보증금이 1억 2천만원인 경우 최우선변제의 대상이 되
지 않는다.
③ 다가구주택이 다세대주택으로 전환된 경우 전입신고 시 지번만 기재하고 동·호수
를 기재하지 않더라도 대항력을 인정받는다.
⑤ 확정일자를 먼저 받은 후 주택의 인도와 전입신고를 하면 그 신고일이 저당권설정
등기일과 같은 경우 저당권자가 임차인보다 우선한다.

36
中

개업공인중개사가 중개의뢰인에게 주택임대차보호법령에 대해 설명한 내용으로 **틀린**
것은? (다툼이 있으면 판례에 따름) • 26회

① 차임의 증액청구에 관한 규정은 임대차계약이 종료된 후 재계약을 하는 경우에는
적용되지 않는다.
② 확정일자는 확정일자번호, 확정일자 부여일 및 확정일자 부여기관을 주택임대차
계약증서에 표시하는 방법으로 부여한다.
③ 주택임차인이 그 지위를 강화하고자 별도로 전세권설정등기를 마쳤더라도 「주택
임대차보호법」상 대항요건을 상실하면 이미 취득한 「주택임대차보호법」상 대항
력 및 우선변제권을 상실한다.
④ 임차인이 다세대주택의 동·호수 표시 없이 그 부지 중 일부 지번으로만 주민등록
을 한 경우, 대항력을 취득할 수 없다.
⑤ 「지방공기업법」에 따라 주택사업을 목적으로 설립된 지방공사는 「주택임대차보
호법」상 대항력이 인정되는 법인이 아니다.

키워드 주택임대차보호법 적용대상

해설 「지방공기업법」에 따라 주택사업을 목적으로 설립된 지방공사도 「주택임대차보호법」
상 대항력이 인정되는 법인에 해당한다.

37 주택임대차계약에 대하여 개업공인중개사가 중개의뢰인에게 설명한 내용으로 **틀린** 것은? (다툼이 있으면 판례에 따름) · 25회 수정

上

> ㉠ 임차인이 주택의 인도를 받고 주민등록을 마친 날과 제3자의 저당권설정등기일이 같은 날이면 임차인은 저당권 실행으로 그 주택을 취득한 매수인에게 대항하지 못한다.
> ㉡ 임차인이 임차권등기를 통하여 대항력을 가지는 경우, 임차주택의 양수인은 임대인의 지위를 승계한 것으로 본다.
> ㉢ 소액임차인의 최우선변제권은 주택가액(대지가액 포함)의 3분의 1에 해당하는 금액까지만 인정된다.
> ㉣ 주택임대차계약이 묵시적으로 갱신된 경우, 임대인은 언제든지 임차인에게 계약해지를 통지할 수 있다.

① ㉠, ㉡   ② ㉡, ㉣
③ ㉢, ㉣   ④ ㉠, ㉡, ㉢
⑤ ㉠, ㉢, ㉣

키워드 주택임대차보호법
해설 ㉢ 소액임차인의 최우선변제권은 주택가액(대지가액 포함)의 2분의 1에 해당하는 금액까지만 인정된다.
㉣ 주택임대차계약이 묵시적으로 갱신된 경우, 임차인은 언제든지 임대인에게 계약해지를 통지할 수 있다. 이 경우 임대인이 그 통고를 받은 날부터 3개월이 경과하면 그 효력이 발생한다.

제4절 ## 상가건물 임대차보호법

38 상가건물 임대차보호법에 관한 설명으로 **틀린** 것은?

中

① 사업자등록이 되는 영업용 건물의 임대차에 대해서만 적용되므로 교회, 동창회, 종친회 등의 사무실은 적용대상이 아니다.
② 상가건물 임대차에 관하여 「민법」에 대한 특례를 규정함으로써 국민경제생활의 안정을 보장함을 목적으로 한다.
③ 보증금 중 일정액에 대한 우선변제를 받을 임차인 및 보증금 중 일정액의 범위와 기준은 임대건물가액의 2분의 1 범위 안에서 해당 지역의 경제 여건, 보증금 및 차임 등을 고려하여 대통령령으로 정한다.

④ 경매개시결정등기 전에 대항력을 갖춘 소액임차인은 보증금 중 일정액을 다른 담보물권자보다 우선하여 변제받을 권리가 있다.

⑤ 대항요건을 갖추고 관할 동주민센터에서 확정일자를 받은 임차인은 우선변제의 효력이 발생한다.

■■ **키워드** 상가건물 임대차보호법
■■ **해설** 대항요건을 갖추고 관할 세무서에서 확정일자를 받은 임차인은 우선변제의 효력이 발생한다.

39 **상가건물 임대차보호법의 계약갱신요구권을 임차인이 행사할 경우 임대인의 거절사유이다. 다음 중 옳지 <u>않은</u> 것은?**

① 임대인이 목적 건물의 전부 또는 대부분을 철거한 경우
② 임차인이 임대인의 동의 없이 목적 건물의 일부 또는 전부를 전대한 경우
③ 임차인이 3기의 차임액에 달하도록 차임을 연체한 사실이 있는 경우
④ 임차인이 임차한 건물의 전부 또는 일부를 경과실로 파손한 경우
⑤ 임차인이 거짓 또는 기타 부정한 방법으로 임차한 경우

■■ **키워드** 상가건물 임대차보호법
■■ **해설** 임차인이 임차한 건물의 전부 또는 일부를 고의 또는 중대한 과실로 파손한 경우이어야 한다.

40 상가건물 임대차보호법에 관한 설명으로 옳지 않은 것은?

① 이 법은 지역별로 보증금과 월차임에 100을 곱한 금액의 합계액이 일정금액을 초과하는 상가임대차에는 원칙적으로 적용이 없다.

② 상가건물의 일부분을 임차하는 경우에는 사업자등록신청 시에 그 임차부분을 표시한 도면을 첨부하여야 그 사업자등록이 제3자에 대한 관계에서 유효한 임대차의 공시방법이 될 수 있다.

③ 임차인의 계약갱신요구권은 최초의 임대차기간을 포함한 전체 임대차기간이 10년을 초과하지 않는 범위 내에서만 행사할 수 있다.

④ 임대차가 종료한 경우에도 임차인이 보증금을 돌려받을 때까지는 임대차관계는 존속하는 것으로 본다.

⑤ 대항요건을 갖추고 관할 등기소에서 확정일자를 받은 임차인은 경매나 압류부동산 공매 시에 환가대금에서 후순위권리자 그 밖의 채권자보다 우선하여 보증금을 변제받을 권리가 있다.

> **키워드** 상가건물 임대차보호법
> **해설** 상가임대차의 확정일자는 세무서장으로부터 받아야 효력이 있다.

41 개업공인중개사가 상가건물임대차를 중개하면서 설명한 내용으로 틀린 것은? (다툼이 있으면 판례에 따름)

① 상가건물을 임차하고 사업자등록을 마친 사업자가 임차건물의 전대차 등으로 해당 사업을 개시하지 않거나 사실상 폐업한 경우, 「상가건물 임대차보호법」상 적법한 사업자등록이라고 볼 수 없다.

② 사업자등록을 마친 상가건물임차인이 폐업신고를 하였다가 다시 같은 상호 및 등록번호로 사업자등록을 한 경우, 「상가건물 임대차보호법」상의 대항력 및 우선변제권은 그대로 존속한다.

③ 보증금의 전부 또는 일부를 월 단위의 차임으로 전환하는 경우 연 12%와 한국은행 공시기준금리에 4.5배를 곱한 비율 중 낮은 비율을 초과할 수 없다.

④ 상가건물임차인이 3기의 차임액에 달하도록 차임을 연체한 사실이 있는 경우, 임대인은 임차인의 계약갱신요구를 거절할 수 있다.

⑤ 소액보증금인 상가건물임차인이 건물에 대한 경매신청등기 전에 대항요건을 갖추었다면 보증금 중 일정액을 다른 담보물권자보다 우선하여 변제받을 권리가 있다.

해설 대항력이 인정되기 위해서는 대항요건을 유지하여야 하는바, 사업자등록이 계속 유지되어야 할 것이다. 따라서 사업자등록을 한 자가 폐업한 경우에는 종전의 대항력과 우선변제권의 효력을 상실하게 되고, 다시 사업자등록을 한 시점을 기준으로 대항력과 우선변제권이 인정된다.

42 ⊕
개업공인중개사가 2022년 2월 15일 서울특별시에 소재하는 甲 소유의 상가에 대하여 乙과 임대차계약을 중개하면서 설명한 내용으로 옳은 것은?

① 보증금 4억원에 월세 520만원이고, 사업자등록의 대상이 되는 상가건물이면 「상가건물 임대차보호법」의 적용대상이 된다.

② 임대차계약을 체결한 임차인이 건물을 인도받고 사업자등록신청을 하면 그날 0시부터 제3자에게 대항력을 행사할 수 있다.

③ 만약 보증금이 5천만원이고 월세가 30만원인 경우 임차인이 경매등기 전에 대항요건을 구비하였다면 동 상가건물이 경매처분될 경우 경락가액의 2분의 1 범위 안에서 보증금 중 일정액에 대하여는 최우선변제를 받을 수 있다.

④ 경제사정의 변동 등으로 인한 임대인의 차임 또는 보증금의 증액청구는 청구 당시의 차임 또는 보증금의 100분의 5를 초과하지 못한다.

⑤ 임대인은 임차인이 임대차기간 만료 전 6개월부터 1개월까지 사이에 행하는 계약갱신요구에 대하여 최초의 임대차기간을 제외하고 10년을 초과하지 않는 범위 내에서 정당한 사유 없이 거절하지 못한다.

키워드 상가건물 임대차보호법
해설
① 서울 소재 상가는 환산보증금이 9억원 이하이어야 적용된다. 이 경우 환산보증금이 9억 2천만원이므로 적용되지 않는다.
② 그날 0시부터 ⇨ 그 다음 날부터
③ 서울 소재 상가의 경매 시 최우선변제대상인 보증금은 6천5백만원 이하이어야 한다. 이 경우 환산보증금이 8천만원이므로 최우선변제를 받을 수 없다.
⑤ 제외하고 ⇨ 포함하여

정답 40 ⑤ 41 ② 42 ④

43 개업공인중개사가 상가건물임대차를 중개하면서 설명한 내용으로 **틀린** 것은? (다툼이
⊕ 있으면 판례에 따름)

① 사업자등록을 마친 상가건물임차인이 폐업신고를 하였다가 다시 같은 상호 및 등
록번호로 사업자등록을 한 경우 「상가건물 임대차보호법」상의 대항력 및 우선변
제권이 그대로 유지되는 것은 아니다.

② 임대인의 동의를 얻은 전대차에서 전차인은 임차인의 계약갱신요구권 행사기간
범위 내에서 임차인을 대위하여 계약의 갱신을 요구할 수 없다.

③ 「상가건물 임대차보호법」의 경우 대통령령으로 정하는 보증금액을 초과하지 않
는 범위 내의 사업자등록의 대상이 되는 상가건물의 임대차에 적용된다.

④ 상가건물의 소액임차인이 상가건물에 대한 경매신청등기 전에 대항요건을 갖
추었다면 보증금 중 일정액을 다른 담보물권자보다 우선하여 변제받을 권리가
있다.

⑤ 임차인이 임차한 건물의 전부 또는 일부를 고의 또는 중대한 과실로 파손한 경우
임대인은 임차인의 계약갱신요구를 거절할 수 있다.

> **키워드** 상가건물 임대차보호법
> **해설** 임대인의 동의를 얻은 전대차에서 전차인은 임차인의 계약갱신요구권 행사기간 범위
> 내에서 임차인을 대위하여 계약의 갱신을 요구할 수 있다.

44 개업공인중개사가 상가건물 임대차보호법상 권리금을 설명하고 있다. 다음 중 **틀린** 것
⊕ 은? (다툼이 있으면 판례에 따름)

① 권리금 계약이란 신규임차인이 되려는 자가 임차인에게 권리금을 지급하기로 하
는 계약을 말한다.

② 임대인은 임대차기간이 끝나기 3개월 전부터 임대차종료 시까지 임차인이 주선한
신규임차인이 되려는 자로부터 권리금을 지급받는 것을 방해해서는 아니 된다.

③ 임대인은 임차인이 주선한 신규임차인이 되려는 자에게 현저히 고액의 차임과 보
증금을 요구하는 행위를 하여서는 아니 된다.

④ 임대차 목적물인 상가건물을 1년 6개월 이상 영리목적으로 사용하지 아니한 경우
임대인은 임차인이 주선한 신규임차인이 되려는 자와 임대차계약의 체결을 거절
할 수 있는 정당한 사유가 있는 것으로 본다.

⑤ 임대인에게 손해배상을 청구할 권리는 임대차가 종료한 날부터 3년 이내에 행사
하지 아니하면 시효의 완성으로 소멸한다.

키워드 상가건물 임대차보호법

해설 임대인은 임대차기간이 끝나기 6개월 전부터 임대차종료 시까지 임차인이 주선한 신규임차인이 되려는 자로부터 권리금을 지급받는 것을 방해해서는 아니 된다.

45 개업공인중개사가 선순위 저당권이 설정되어 있는 서울시 소재 상가건물(상가건물 임대차보호법이 적용됨)에 대해 임대차기간 2018.10.1.부터 1년, 보증금 5천만원, 월차임 100만원으로 임대차를 중개하면서 임대인 甲과 임차인 乙에게 설명한 내용으로 옳은 것은?

• 30회

① 乙의 연체차임액이 200만원에 이르는 경우 甲은 계약을 해지할 수 있다.

② 차임 또는 보증금의 감액이 있은 후 1년 이내에는 다시 감액을 하지 못한다.

③ 甲이 2019.4.1.부터 2019.8.31. 사이에 乙에게 갱신거절 또는 조건 변경의 통지를 하지 않은 경우, 2019.10.1. 임대차계약이 해지된 것으로 본다.

④ 상가건물에 대한 경매개시 결정등기 전에 乙이 건물의 인도와 「부가가치세법」에 따른 사업자등록을 신청한 때에는, 보증금 5천만원을 선순위 저당권자보다 우선변제 받을 수 있다.

⑤ 乙이 임대차의 등기 및 사업자등록을 마치지 못한 상태에서 2019.1.5. 甲이 상가건물을 丙에게 매도한 경우, 丙의 상가건물 인도청구에 대하여 乙은 대항할 수 없다.

키워드 상가건물 임대차보호법

해설 ① 임차인의 연체차임액이 3기에 달하는 경우 임대인은 계약을 해지할 수 있으므로 200만원이 아닌 300만원이 되어야 한다.

② 차임 또는 보증금의 감액에 관하여는 동법상 제한이 없으므로 감액이 있은 후 1년 이내에 다시 감액을 할 수 있다.

③ 임대인이 임대차기간 만료 전 6개월부터 1개월까지의 기간 내에 임차인에 대하여 갱신거절의 통지 또는 조건의 변경에 대한 통지를 하지 아니한 경우에는 그 기간이 만료된 때에 전 임대차와 동일한 조건으로 다시 임대차한 것으로 본다.

④ 임차인은 보증금 5천만원, 월차임 100만원이므로 이를 환산하면 환산보증금은 1억 5천만원이 된다. 따라서 소액임차인이 되지 않으므로 선순위 저당권자보다 우선하여 변제받을 수 없다.

정답 43 ② 44 ② 45 ⑤

46
中

개업공인중개사가 중개의뢰인에게 상가건물 임대차계약에 관하여 설명한 내용으로 **틀린** 것은?
• 29회

① 임차인은 임차권등기명령의 신청과 관련하여 든 비용을 임대인에게 청구할 수 없다.

② 임대차계약의 당사자가 아닌 이해관계인은 관할 세무서장에게 임대인·임차인의 인적사항이 기재된 서면의 열람을 요청할 수 없다.

③ 임대인의 동의를 받고 전대차계약을 체결한 전차인은 임차인의 계약갱신요구권 행사기간 이내에 임차인을 대위하여 임대인에게 계약갱신요구권을 행사할 수 있다.

④ 임대차는 그 등기가 없는 경우에도 임차인이 건물의 인도와 법령에 따른 사업자등록을 신청하면 그 다음 날부터 제3자에 대하여 효력이 생긴다.

⑤ 차임이 경제사정의 침체로 상당하지 않게 된 경우 당사자는 장래의 차임 감액을 청구할 수 있다.

키워드 상가건물 임대차보호법

해설 「상가건물 임대차보호법」에 의하면, 임차인은 임차권등기명령의 신청 및 그에 따른 임차권등기와 관련하여 소요된 비용을 임대인에게 청구할 수 있다.

47
上

甲과 乙은 2019.4.25. 서울특별시 소재 甲 소유 X상가건물에 대하여 보증금 5억원, 월차임 500만원으로 하는 임대차계약을 체결한 후, 乙은 X건물을 인도받고 사업자등록을 신청하였다. 이 사안에서 개업공인중개사가 상가건물 임대차보호법의 적용과 관련하여 설명한 내용으로 **틀린** 것을 모두 고른 것은? (일시사용을 위한 임대차계약은 고려하지 않음)
• 28회 수정

> ㉠ 甲과 乙이 계약기간을 정하지 않은 경우 그 기간을 1년으로 본다.
> ㉡ 甲으로부터 X건물을 양수한 丙은 甲의 지위를 승계한 것으로 본다.
> ㉢ 乙의 차임연체액이 2기의 차임액에 달하는 경우 甲은 임대차계약을 해지할 수 있다.
> ㉣ 乙은 사업자등록 신청 후 X건물에 대하여 저당권을 취득한 丁보다 경매절차에서 우선하여 보증금을 변제받을 권리가 있다.

① ㉢

② ㉠, ㉣

③ ㉡, ㉢

④ ㉠, ㉢, ㉣

⑤ ㉡, ㉢, ㉣

키워드 상가건물 임대차보호법 적용범위

해설 「상가건물 임대차보호법」에 의하면, 서울특별시 기준으로 환산보증금이 9억원이 넘어가면 동법을 적용하지 않는다. 하지만 다음의 경우는 예외적으로 적용된다.

> 1. 대항력 등(법 제3조)
> 2. 계약갱신의 특례(법 제10조의2)
> 3. 권리금 관련 규정(법 제10조의3∼8)
> 4. 표준계약서의 작성 등(법 제19조)
> 5. 계약갱신 요구 등(법 제10조)
> 6. 폐업으로 인한 임차인의 해지권(법 제11조의2)
>   ㉠ 임차인은 「감염병의 예방 및 관리에 관한 법률」에 따른 집합 제한 또는 금지 조치(운영시간을 제한한 조치를 포함한다)를 총 3개월 이상 받음으로써 발생한 경제사정의 중대한 변동으로 폐업한 경우에는 임대차계약을 해지할 수 있다.
>   ㉡ 위 ㉠에 따른 해지는 임대인이 계약해지의 통고를 받은 날부터 3개월이 지나면 효력이 발생한다.

보증금 5억원, 월차임 500만원의 환상보증금은 10억원이 된다. 따라서 동법이 적용되지 않지만 위에서 언급한 6가지 내용은 예외로 한다.

㉠ 최단존속기간의 규정은 적용되지 않는다.

㉡ 동법 제3조 대항력규정은 적용되며, 동법 제3조 제2항에는 "임차건물의 양수인(그 밖에 임대할 권리를 승계한 자를 포함한다)은 임대인의 지위를 승계한 것으로 본다."라고 규정하고 있다. 따라서 옳은 지문이 된다.

㉢ 임차인의 차임연체액이 3기의 차임액에 달하는 때에는 임대인은 임대차계약을 해지할 수 있다.

㉣ 환산보증금이 9억원을 넘어가는 경우이므로 우선변제적 효력은 인정되지 않는다.

정답 46 ① 47 ④

48

中

개업공인중개사가 보증금 5천만원, 월차임 1백만원으로 하여 상가건물 임대차보호법이 적용되는 상가건물의 임대차를 중개하면서 임차인에게 설명한 내용으로 옳은 것은?

• 27회 수정

① 임차인의 계약갱신요구권은 전체 임대차기간이 5년을 초과하지 아니하는 범위에서만 행사할 수 있다.

② 임대인의 차임증액청구가 인정되더라도 10만원까지만 인정된다.

③ 임차인의 차임연체액이 2백만원에 이르는 경우 임대인은 계약을 해지할 수 있다.

④ 상가건물이 서울특별시에 있을 경우 그 건물의 경매 시 임차인은 2천5백만원을 다른 담보권자보다 우선하여 변제받을 수 있다.

⑤ 임차인이 임대인의 동의 없이 건물의 전부를 전대한 경우 임대인은 임차인의 계약갱신요구를 거절할 수 있다.

키워드 상가건물 임대차보호법 계약갱신요구권

해설 ① 임차인의 계약갱신요구권은 전체 임대차기간이 10년을 초과하지 아니하는 범위에서만 행사할 수 있다.

② 증액의 경우에는 기존의 차임 또는 보증금의 100분의 5를 초과하여 차임 또는 보증금을 증액할 수 없다. 따라서 차임을 기준으로 5만원까지만 인정된다.

③ 임차인의 차임연체액이 3백만원에 이르는 경우 3기에 달하는 차임의 연체에 해당한다. 이 경우 임대인은 계약을 해지할 수 있다.

④ 보증금 5천만원, 월차임 1백만원을 환산하면 환산보증금은 1억 5천만원이 된다. 이 경우 상가건물이 서울특별시에 있을 경우 최우선변제대상은 6천5백만원 이하의 경우 2천2백만원까지 변제의 대상이 된다. 따라서 1억 5천만원은 6천5백만원을 넘어간 경우이므로 최우선변제의 대상이 되지 않는다.

49

中

개업공인중개사가 중개의뢰인에게 상가건물 임대차보호법에 대해 설명한 내용으로 틀린 것은?

• 26회 수정

① 권리금 계약이란 신규임차인이 되려는 자가 임차인에게 권리금을 지급하기로 하는 계약을 말한다.

② 임차인의 차임연체액이 3기의 차임액에 달하는 때에는 임대인은 계약을 해지할 수 있다.

③ 국토교통부장관은 권리금에 대한 감정평가의 절차와 방법 등에 관한 기준을 고시할 수 있다.

④ 국토교통부장관은 법무부장관과 협의를 거쳐 권리금 계약 체결을 위한 표준권리금계약서를 정하여 그 사용을 권장할 수 있다.

⑤ 보증금이 전액 변제되지 아니한 대항력이 있는 임차권은 임차건물에 대하여 「민사집행법」에 따른 경매가 실시된 경우에 그 임차건물이 매각되면 소멸한다.

키워드 상가건물 임대차보호법 대항력
해설 보증금이 전액 변제되지 아니한 대항력이 있는 임차권은 임차건물에 대하여 「민사집행법」에 따른 경매가 실시된 경우에 그 임차건물이 매각되어도 소멸되지 않는다. 즉, 경매물건을 낙찰받은 경락인은 임차인의 변제되지 아니한 보증금을 인수하게 된다.

50 ⊕ 개업공인중개사가 상가건물 임대차보호법의 적용을 받는 상가건물의 임대차를 중개하면서 의뢰인에게 설명한 내용으로 옳은 것은? • 25회 수정

① 상가건물의 임대차를 등기한 때에는 그 다음 날부터 제3자에 대하여 효력이 생긴다.

② 임차인은 대항력과 확정일자를 갖춘 경우, 경매에 의해 매각된 임차건물을 양수인에게 인도하지 않더라도 배당에서 보증금을 수령할 수 있다.

③ 임대차기간을 6개월로 정한 경우, 임차인은 그 유효함을 주장할 수 없다.

④ 임대차가 묵시적으로 갱신된 경우, 그 존속기간은 임대인이 그 사실을 안 때부터 1년으로 본다.

⑤ 임대인의 동의를 받고 전대차계약을 체결한 전차인은 임차인의 계약갱신요구권 행사기간 이내에 임차인을 대위하여 임대인에게 계약갱신요구권을 행사할 수 있다.

키워드 상가건물 임대차보호법 계약갱신요구권
해설 ① 상가건물의 임대차를 등기한 때에는 등기한 때부터 제3자에 대하여 효력이 생긴다.
② 경매실무에서는 임대인의 명도확인서를 법원에 제출하여야 임차인은 임차보증금에 대하여 법원으로부터 배당을 받을 수 있다. 그러므로 주택을 인도하여야 배당을 받을 수 있다.
③ 임대차기간을 6개월로 정한 경우, 임차인은 그 유효함을 주장할 수 있지만 임대인은 주장할 수 없다.
④ 임대인이 임대차기간 만료 전 6개월부터 1개월까지의 기간 내에 임차인에 대하여 갱신거절의 통지 또는 조건의 변경에 대한 통지를 하지 아니한 경우에는 그 기간이 만료된 때에 전 임대차와 동일한 조건으로 다시 임대차한 것으로 본다. 이 경우에 임대차의 존속기간은 1년으로 본다. 하지만 임차인에 관한 법정갱신규정은 없다.

정답 **48** ⑤ **49** ⑤ **50** ⑤

51 법원경매에 관한 설명으로 옳지 **않은** 것은?

① 경매란 채권자가 「민사집행법」이 정하는 바에 따라 채무자 등의 재산을 강제매각한 후 그 매각대금에서 채권의 만족을 얻는 절차를 말한다.

② 강제경매가 예견된 경매이고 물적 책임의 모습이라면, 담보권 실행을 위한 경매는 예견되지 않은 경매이고 인적 책임의 성질을 지닌다.

③ 강제경매는 채무자의 특정되지 않은 일반재산 위에서 이루어지나, 담보권 실행을 위한 경매는 채무자 또는 제3자의 특정재산을 대상으로 행해진다.

④ 경매에는 통상의 강제경매와 담보권 실행을 위한 임의경매가 있으며, 통상 입찰방식에 의해 이루어진다.

⑤ 강제경매는 집행권원이 있어야만 가능하나, 담보권 실행을 위한 경매는 담보권의 존재를 증명하는 서류가 있어야 한다.

> **키워드** 경매
> **해설** 강제경매는 예견되지 않은 경매이고 인적 책임의 모습이라면, 담보권 실행을 위한 경매는 예견된 경매이고 물적 책임의 성질을 가진다.

52 법원의 부동산경매제도(강제매각제도)에 관한 설명으로 옳은 것은?

① 매각허가를 받은 매수인이 법원에서 통지받은 대금지급기한 이전에 매각대금을 전부 납부하더라도 매각대금 지급기한이 경과한 날부터 소유권을 취득한다.

② 「주택임대차보호법」에 의거하여 우선변제권을 갖춘 주택임차인이라면 최초 매각기일 이후라도 매각허가결정 이후 배당실시 이전까지만 배당요구를 하면 된다.

③ 부동산 매각의 법원경매는 일정한 매각기일에 실시하는 기일입찰과 입찰기간 이내에 실시하는 기간입찰 2가지 방법으로만 할 수 있다.

④ 경매개시결정 이전에 전입한 임차인이라면 경락인에게 대항하지 못할 경우라도 인도명령의 대상이 되지 않는다.

⑤ 매각허가결정에 불복하여 항고하고자 하는 사람은 매각대금의 10% 상당의 금전 또는 법원이 인정한 유가증권을 공탁해야 한다.

키워드 경매

해설 ① 대금완납 즉시 소유권을 취득한다.

② 배당요구는 배당요구의 종기까지 하여야 한다.

③ 호가경매, 기일입찰, 기간입찰의 3가지 방법 중 법원이 선택한다.

④ 경락인에게 대항하지 못하는 임차인은 인도명령의 대상이 된다.

53 법원경매의 진행절차이다. ( )에 들어갈 내용을 순서대로 바르게 나열한 것은?

中

경매신청 및 경매개시결정 ➡ ( ) ➡ ( ) ➡ ( ) ➡ ( ) ➡ ( ) ➡ 매각대금의 납부 ➡ 배당절차 ➡ 소유권이전등기 등의 촉탁 ➡ 부동산 인도 또는 명도

㉠ 매각 허·부 결정 절차

㉡ 매각 및 매각결정기일의 지정·공고·통지

㉢ 배당요구의 종기 결정 및 공고

㉣ 매각의 준비

㉤ 매각의 실시

① ㉣, ㉢, ㉠, ㉡, ㉤

② ㉢, ㉣, ㉡, ㉤, ㉠

③ ㉣, ㉢, ㉡, ㉠, ㉤

④ ㉢, ㉣, ㉠, ㉡, ㉤

⑤ ㉠, ㉣, ㉡, ㉤, ㉢

키워드 경매

해설 법원경매는 '경매신청 및 경매개시결정 ➡ 배당요구의 종기 결정 및 공고 ➡ 매각의 준비 ➡ 매각 및 매각결정기일의 지정·공고·통지 ➡ 매각의 실시 ➡ 매각 허·부 결정 절차 ➡ 매각대금의 납부 ➡ 배당절차 ➡ 소유권이전등기 등의 촉탁 ➡ 부동산 인도 또는 명도' 순으로 진행된다.

54 개업공인중개사가 부동산경매에 관하여 설명한 내용으로 옳은 것은?

① 배당요구를 하여야 배당받을 수 있는 권리자는 경매개시결정에 따른 압류의 효력이 발생한 때부터 1개월 이내에 배당요구를 신청하여야 한다.

② 매수신청의 보증금액은 매수신청가격의 10분의 1로 한다.

③ 관청의 증명이나 허가를 필요로 하는 경우 매수신고 시에 이를 증명하여야 한다.

④ 매수신고가 있은 뒤 경매신청이 취하되더라도 그 경매신청으로 발생된 압류의 효력은 소멸되지 않는다.

⑤ 매각허가결정이 확정되면 법원은 대금지급기한을 정하여 매수인과 차순위매수신고인에게 통지하고, 매수인은 그 기한까지 매각대금을 지급하여야 한다.

키워드 경매
해설 ① 배당요구종기일까지 배당요구를 신청하여야 한다.
② 최저매각금액의 10분의 1로 한다.
③ 매각결정기일까지 이를 증명하여야 한다.
④ 경매신청이 취하되면 그 경매신청으로 발생된 압류의 효력은 소멸된다.

55 부동산경매 절차에서 입찰에 참가할 수 있는 자는?

① 채무자

② 물건현황조사를 실시한 집행관

③ 물상보증인, 채무자의 가족

④ 해당 물건에 대하여 최저경매가격을 평가한 감정인

⑤ 재매각에 있어서의 이전 낙찰자

키워드 경매
해설 임의경매에 있어서 물상보증인 및 채무자의 가족은 경매에 참가할 수 있다.

56 중개법인이 민사집행법에 의한 부동산경매에 대하여 설명한 것으로 틀린 것은?

① 미등기건물도 강제경매의 대상이 될 수 있다.
② 매각부동산 위에 설정된 모든 저당권은 매각으로 소멸된다.
③ 지상권, 지역권, 전세권 및 등기된 임차권은 저당권, 압류채권, 가압류채권에 대항할 수 없는 경우에는 매각으로 소멸된다.
④ 기일입찰에서 매수신청의 보증금액은 매수가격의 10분의 1로 한다.
⑤ 매수인은 매각대금을 다 낸 때에 매각의 목적인 권리를 취득한다.

키워드 경매
해설 매수신청의 보증금은 최저매각가격의 10분의 1로 한다.

57 중개법인이 경매의뢰인에게 경매 관련 권리분석을 설명한 내용으로 틀린 것은?

① 경매를 통하여 토지거래허가구역 내 농지를 취득하고자 하는 경우 토지거래허가는 받을 필요가 없다.
② 농업인이 아닌 자가 경매농지의 최고가매수신고인인 경우 농지취득자격증명을 제출하여야 매각허가결정을 받을 수 있다.
③ 채무자 및 소유자가 한 매각허가에 대한 항고가 기각된 때에는 항고인은 보증으로 제공한 금전이나 유가증권을 돌려줄 것을 요구하지 못한다.
④ 경매등기 전에 성립한 유치권, 법정지상권, 분묘기지권은 그 성립순위에 관계없이 항상 매수인에게 인수된다.
⑤ 매각허가결정에 대하여 항고를 하고자 하는 사람은 보증으로 최저매각금액의 10분의 1에 해당하는 금전 또는 법원이 인정한 유가증권을 공탁하여야 한다.

키워드 경매
해설 매각금액의 10분의 1에 해당하는 금전 또는 법원이 인정한 유가증권을 공탁하여야 한다.

58 법원경매 절차상 재매각과 새 매각에 관한 설명으로 옳은 것은?

① 매각기일 연기신청이 있을 경우 새로운 매각기일을 정하여 재매각을 실시한다.
② 새 매각의 경우 예외 없이 최저매각가격을 저감하여 실시한다.
③ 농지를 매수한 자가 매각결정기일까지 농지취득자격증명서를 제출하지 못하였을 경우 최저매각가격을 저감하여 새 매각을 실시한다.
④ 매각기일에 허가할 매수가격의 신고가 없어 새로운 매각기일을 정하여 실시하는 경우 최저매각가격을 저감하여 새 매각을 실시한다.
⑤ 최고가 매수신고인 또는 차순위매수신고인이 매각대금을 납부하지 않았을 경우 최저매각가격을 저감하여 재매각을 실시한다.

키워드 경매
해설 ① 새 매각 사유이다.
② 새 매각의 경우라도 유찰로 인하여 새 기일을 정하여 새 매각하는 경우에만 저감된다.
③ 저감 없이 새 매각을 실시한다.
⑤ 저감 없이 재매각을 실시한다.

59 개업공인중개사가 부동산의 경매에 관하여 설명한 내용으로 틀린 것은?

① 부동산에 대한 압류는 채무자에게 경매개시결정이 송달된 때 또는 그 결정이 등기된 때에 효력이 생긴다.
② 부동산의 매각은 호가경매, 기일입찰 또는 기간입찰의 3가지 방법 중 집행법원이 정한 매각방법에 따른다.
③ 배당요구에 따라 매수인이 인수해야 할 부담이 바뀌는 경우 배당요구를 한 채권자는 배당요구의 종기가 지난 뒤에 이를 철회하지 못한다.
④ 매각허가결정에 대하여 항고를 하고자 하는 사람은 보증으로 매각대금의 10분의 1에 해당하는 금전 또는 법원이 인정한 유가증권을 공탁해야 한다.
⑤ 기일입찰에서 매수신청의 보증금액은 매수가격의 10분의 1로 한다.

키워드 경매
해설 기일입찰에서 매수신청의 보증금액은 최저매각금액의 10분의 1로 한다.

60 개업공인중개사가 부동산경매에 관하여 설명한 내용으로 옳지 <u>않은</u> 것은?

① 매각허가결정이 확정되면 법원은 대금지급기한을 정하여 매수인과 차순위매수신고인에게 통지하고, 그 중 먼저 대금을 납부하는 자가 권리를 취득한다.

② 재매각의 경우 이전 낙찰자는 재매각에 입찰신청을 할 수 없다.

③ 공유자의 우선매수가 있으면 법원은 다른 사람의 최고가매수신고가 있더라도 우선매수신고를 한 공유자에게 매각을 허가하여야 한다.

④ 배당요구의 철회로 인하여 매수인이 부담하여야 할 사항이 변경되는 경우에는 채권자는 배당요구의 종기가 지난 때에는 배당요구를 철회하지 못한다.

⑤ 최고가매수신고인이 대금을 완납하면 차순위매수신고인은 대금납부의무를 면한다.

키워드 경매

해설 매각허가결정이 확정되면 법원은 대금지급기한을 정하여 매수인과 차순위매수신고인에게 통지하고, 최고가매수신고인에게 먼저 대금납부의 기회를 준다. 최고가매수신고인이 납부하지 아니한 경우 차순위매수신고인이 대금을 납부하고 권리를 취득할 수 있다.

61 경매대상 부동산에 대한 권리분석의 내용으로 옳지 <u>않은</u> 것은?

① 임차권이 저당권에 대항할 수 있는 경우에는 매각으로 소멸되지 아니한다.

② 유치권은 저당권보다 후순위인 경우에도 매각으로 소멸되지 아니한다.

③ 최고선순위로 설정된 전세권이 배당요구를 한 경우에는 매각종결 시 소멸된다.

④ 소유권이전청구권 보전을 위한 가등기는 근저당권보다 후순위로 설정되었더라도 소멸되지 아니한다.

⑤ 경매개시결정등기보다 후순위로 설정된 지상권의 등기는 매각으로 소멸된다.

키워드 경매

해설 근저당권보다 후순위로 설정된 소유권이전청구권 보전을 위한 가등기는 소멸된다.

62 권리분석 결과 위험성이 가장 큰 것은?

① 등기사항증명서에 근저당보다 후순위 권리로 소액임차인이 존재하는 경우

② 등기사항증명서에 경매신청한 최선순위 권리인 담보가등기 뒤에 지상권이 설정된 경우

③ 등기사항증명서에 선순위 근저당이 있고 후순위로 대항요건만 갖춘 임차인이 있으나 근저당 금액이 적어 임차인의 대위변제가 확실한 경우

④ 등기사항증명서에 최선순위 권리인 저당권 앞에 압류가 되어 있는 경우

⑤ 등기사항증명서에 선순위 권리보다 앞서 확정일자 임차인이 있으나 배당요구를 하여 모두 배당을 받은 경우

> **키워드** 경매
> **해설** ①②④⑤ 매각으로 소제(소멸)된다.
> ③ 임차인이 소액에 해당하는 근저당채무를 대위변제하면 매수인이 임차권을 인수하게 되므로 매수인으로서는 위험하다.

63 경매부동산의 권리분석에 관한 설명으로 옳지 않은 것은?

① 저당권, 근저당권, 압류, 가압류, 담보가등기의 경우 경매가 진행되면 항상 삭제되는 권리이다.

② 말소기준권리가 없는 경우에는 경매개시결정등기보다 앞서 설정된 용익물권은 삭제된다.

③ 말소기준권리보다 뒤에 설정된 지상권은 소멸된다.

④ 경매의 배당에 있어 소액임차인인지의 여부는 임차인을 기준으로 하여 판단할 것이 아니라 선순위 저당권설정일을 기준으로 하여 적용하여야 할 것이다.

⑤ 경매등기 후에 설정된 유치권은 매수인이 인수하지 아니한다.

> **키워드** 경매
> **해설** 말소기준권리가 없는 경우에는 경매개시결정등기보다 앞서 설정된 용익물권은 인수된다.

64 법원경매에서 경매로 소멸되는 권리가 <u>아닌</u> 것은?

① 1순위 저당권과 2순위로 대항요건을 갖춘 임차인이 있으며, 3순위로 가압류등기가 경료된 경우 3순위 가압류채권자의 경매신청 시 2순위 임차권
② 선순위로 저당권이 설정되었고, 후순위로 경매등기 전에 설정된 유치권
③ 최선순위 전세권자가 배당요구를 한 경우 그 전세권
④ 최선순위로 담보가등기가 설정된 경우 그 담보가등기
⑤ 선순위로 저당권이 설정되어 있고, 후순위로 지상권이 설정된 경우 그 지상권

> **키워드** 경매
> **해설** 유치권은 경매로 소멸되지 않고 매수인이 인수해야 한다.

65 ⊕ 경매절차에서의 각 채권자들의 배당순위를 나열한 것이다. 그 순위가 빠른 것부터 바르게 연결된 것은?

> ㉠ 「주택임대차보호법」상의 소액보증금 중 일정금액
> ㉡ 확정일자 임차보증금
> ㉢ 일반채권
> ㉣ 건강보험료
> ㉤ 일반 임금채권
> ㉥ 제3취득자의 필요비상환청구권
> ㉦ 국세 중 당해세

① ㉤ ⇨ ㉠ ⇨ ㉡ ⇨ ㉦ ⇨ ㉥ ⇨ ㉣ ⇨ ㉢

② ㉤ ⇨ ㉥ ⇨ ㉠ ⇨ ㉦ ⇨ ㉡ ⇨ ㉣ ⇨ ㉢

③ ㉥ ⇨ ㉠ ⇨ ㉡ ⇨ ㉦ ⇨ ㉣ ⇨ ㉤ ⇨ ㉢

④ ㉥ ⇨ ㉠ ⇨ ㉤ ⇨ ㉡ ⇨ ㉦ ⇨ ㉣ ⇨ ㉢

⑤ ㉥ ⇨ ㉠ ⇨ ㉦ ⇨ ㉡ ⇨ ㉤ ⇨ ㉣ ⇨ ㉢

키워드 경매

해설 ㉥ ⇨ ㉠ ⇨ ㉦ ⇨ ㉡ ⇨ ㉤ ⇨ ㉣ ⇨ ㉢ 순이다.

이론플러스 배당순서

0순위	경매집행비용·필요비·유익비	
1순위	• 주택 및 상가건물임차인의 최우선변제권(소액임차인의 우선변제금) • 3개월 임금채권 등	
2순위	목적물에 부과된 당해세(국세·지방세)	
3순위 (시간순서에 따라)	• 담보물권(저당권 등) • 확정일자부 임차인, 등기된 임차권 • 당해세 이외의 국세 및 지방세	이들 중 시간순서에 따름
4순위	3개월 임금채권 등을 제외한 일반임금채권	
5순위	각종 공과금(건강보험료, 산업재해보상보험료, 국민연금 등)	
6순위	일반채권(확정일자 없는 임차보증금채권 등)	

66 매수신청대리인으로 등록한 개업공인중개사가 매수신청대리 위임인에게 민사집행법에
따른 부동산경매에 관하여 설명한 내용으로 **틀린** 것은? •31회

① 매수인은 매각 대상 부동산에 경매개시결정의 기입등기가 마쳐진 후 유치권을 취
득한 자에게 그 유치권으로 담보하는 채권을 변제할 책임이 있다.

② 차순위매수신고는 그 신고액이 최고가매수신고액에서 그 보증액을 뺀 금액을 넘
는 때에만 할 수 있다.

③ 매수인은 매각대금을 다 낸 때에 매각의 목적인 권리를 취득한다.

④ 재매각절차에서는 전(前)의 매수인은 매수신청을 할 수 없으며 매수신청의 보증
을 돌려 줄 것을 요구하지 못한다.

⑤ 후순위 저당권자가 경매신청을 하였더라도 매각부동산 위의 모든 저당권은 매각
으로 소멸된다.

| 키워드 | 경매 |

| 해설 | 매각 대상 부동산에 경매개시결정의 기입등기가 마쳐진 후 유치권은 법원에서 인정하지 않는다. 따라서 경락인은 유치권으로 담보하는 채권을 변제할 책임은 없다. |

67

中

법원은 X부동산에 대하여 담보권 실행을 위한 경매절차를 개시하는 결정을 내렸고, 최저매각가격을 1억원으로 정하였다. 기일입찰로 진행되는 이 경매에서 매수신청을 하고자 하는 중개의뢰인 甲에게 개업공인중개사가 설명한 내용으로 옳은 것은? • 30회

① 甲이 1억 2천만원에 매수신청을 하려는 경우, 법원에서 달리 정함이 없으면 1천2백만원을 보증금액으로 제공하여야 한다.

② 최고가매수신고를 한 사람이 2명인 때에는 법원은 그 2명뿐만 아니라 모든 사람에게 다시 입찰하게 하여야 한다.

③ 甲이 다른 사람과 동일한 금액으로 최고가매수신고를 하여 다시 입찰하는 경우, 전의 입찰가격에 못미치는 가격으로 입찰하여 매수할 수 있다.

④ 1억 5천만원의 최고가매수신고인이 있는 경우, 법원에서 보증금액을 달리 정하지 않았다면 甲이 차순위매수신고를 하기 위해서는 신고액이 1억 4천만원을 넘어야 한다.

⑤ 甲이 차순위매수신고인인 경우 매각기일이 종결되면 즉시 매수신청의 보증을 돌려줄 것을 신청할 수 있다.

키워드 경매

해설 ① 입찰에 참가하는 자는 법원에서 정한 최저매각가격의 10분의 1에 해당하는 금액을 매수보증금으로 제공하여야 한다. 따라서 최저매각가격이 1억원이므로 매수보증금은 1천만원이 된다.

② 최고가매수신고를 한 사람이 2명인 때에는 법원은 그 2명을 상대로 다시 입찰하게 하여 최고가매수인을 결정한다.

③ 다른 사람과 동일한 금액으로 최고가매수신고를 하여 다시 입찰하는 경우, 전의 입찰가격에 못미치는 가격으로는 입찰하여 매수할 수 없다.

⑤ 차순위매수신고인의 경우 최고가매수인이 대금납부기한 이내에 대금을 납부한 경우, 즉시 매수신청의 보증을 돌려줄 것을 신청할 수 있다.

68

中

다음 ( )에 들어갈 금액으로 옳은 것은? • 27회

법원에 매수신청대리인으로 등록된 개업공인중개사 甲은 乙로부터 매수신청대리의 위임을 받았다. 甲은 법원에서 정한 최저매각가격 2억원의 부동산입찰(보증금액은 최저매각가격의 10분의 1)에 참여하였다. 최고가매수신고인의 신고액이 2억 5천만원인 경우, 甲이 乙의 차순위매수신고를 대리하려면 그 신고액이 ( )원을 넘어야 한다.

① 2천만   ② 2억   ③ 2억 2천만

④ 2억 2천5백만   ⑤ 2억 3천만

해 설 차순위매수신고인의 경우 최고가 매수신고가액에서 입찰보증금을 뺀 금액을 넘어야
된다. 따라서 2억 5천만원에서 2천만원을 빼면 최소한 2억 3천만원은 넘어야 된다.

69 개업공인중개사가 중개의뢰인에게 민사집행법에 따른 부동산의 경매에 관하여 설명한 내용으로 틀린 것은?
· 28회

① 부동산의 매각은 호가경매(呼價競賣), 기일입찰 또는 기간입찰의 세 가지 방법 중 집행법원이 정한 방법에 따른다.
② 강제경매신청을 기각하거나 각하하는 재판에 대하여는 즉시항고를 할 수 있다.
③ 경매개시결정을 한 부동산에 대하여 다른 강제경매의 신청이 있는 때에는 법원은 뒤의 경매신청을 각하해야 한다.
④ 경매신청이 취하되면 압류의 효력은 소멸된다.
⑤ 매각허가결정에 대하여 항고를 하고자 하는 사람은 보증으로 매각대금의 10분의 1에 해당하는 금전 또는 법원이 인정한 유가증권을 공탁해야 한다.

키워드 경매
해 설 이중경매에 관한 내용이다. 경매개시결정을 한 부동산에 대하여 다른 강제경매의 신청이 있는 때에는 법원은 뒤의 경매신청을 각하해야 하는 것이 아니라 다시 경매개시결정을 하고, 먼저 경매개시결정을 한 집행절차에 따라 경매를 한다.

이론플러스 「민사집행법」 제87조

> 제87조 【압류의 경합】 ① 강제경매절차 또는 담보권 실행을 위한 경매절차를 개시하는 결정을 한 부동산에 대하여 다른 강제경매의 신청이 있는 때에는 법원은 다시 경매개시결정을 하고, 먼저 경매개시결정을 한 집행절차에 따라 경매한다.
> ② 먼저 경매개시결정을 한 경매신청이 취하되거나 그 절차가 취소된 때에는 법원은 제91조 제1항의 규정에 어긋나지 아니하는 한도 안에서 뒤의 경매개시결정에 따라 절차를 계속 진행하여야 한다.

정답 67 ④ 68 ⑤ 69 ③

70

개업공인중개사가 민사집행법에 따른 경매에 대해 의뢰인에게 설명한 내용으로 옳은 것은?
• 26회

① 기일입찰에서 매수신청인은 보증으로 매수가격의 10분의 1에 해당하는 금액을 집행관에게 제공해야 한다.

② 매각허가결정이 확정되면 법원은 대금지급기일을 정하여 매수인에게 통지해야 하고, 매수인은 그 대금지급기일에 매각대금을 지급해야 한다.

③ 「민법」·「상법」 그 밖의 법률에 의하여 우선변제청구권이 있는 채권자는 매각결정기일까지 배당요구를 할 수 있다.

④ 매수인은 매각부동산 위의 유치권자에게 그 유치권으로 담보하는 채권을 변제할 책임이 없다.

⑤ 매각부동산 위의 전세권은 저당권에 대항할 수 있는 경우라도 전세권자가 배당요구를 하면 매각으로 소멸된다.

키워드 민사집행법상 인수 및 소멸

해설 ① 기일입찰에서 매수신청인은 보증으로 최저매각가격의 10분의 1에 해당하는 금액을 집행관에게 제공해야 한다.

② 매각허가결정이 확정되면 법원은 대금지급기한을 정하여 매수인에게 통지해야 하고, 매수인은 그 대금지급기한 내에 매각대금을 지급해야 한다.

③ 「민법」·「상법」 그 밖의 법률에 의하여 우선변제청구권이 있는 채권자는 배당요구종기까지 배당요구를 하여야 하며, 「민사집행법」에 의하면 배당요구종기는 첫 매각기일 이전의 날로 정하여야 한다.

④ 매수인은 매각부동산 위의 유치권자에게 그 유치권으로 담보하는 채권을 변제할 책임이 있다. 유치권, 법정지상권, 분묘기지권은 설정 순서와 상관 없이 매수인이 인수하는 권리이기 때문이다.

71

개업공인중개사가 법원의 부동산경매에 관하여 의뢰인에게 설명한 내용으로 틀린 것은?
• 25회 수정

① 기일입찰에서 매수신청의 보증금액은 매수신고가격의 10분의 1로 한다.

② 차순위매수신고는 그 신고액이 최고가매수신고액에서 그 보증액을 뺀 금액을 넘는 때에만 할 수 있다.

③ 매수인은 매각대금을 다 낸 때에 매각의 목적인 권리를 취득한다.

④ 가압류채권에 대항할 수 있는 전세권은 그 전세권자가 배당요구를 하면 매각으로 소멸된다.

⑤ 재매각절차에서 전(前)의 매수인은 매수신청을 할 수 없으며, 매수신청의 보증을 돌려줄 것을 요구하지 못한다.

> **키워드** 경매
> **해설** 기일입찰에서 매수신청의 보증금액은 최저매각가격의 10분의 1로 한다.

제6절 공인중개사의 매수신청대리인 등록 등에 관한 규칙

72 매수신청대리인의 등록에 관한 설명으로 옳지 <u>않은</u> 것은?
中
① 매수신청대리인 등록 시 대법원규칙에서 정하는 보증보험 또는 공제에 가입하였거나 공탁을 하여야 한다.
② 매수신청대리인으로 등록하고자 하는 공인중개사인 개업공인중개사는 1억원, 법인인 개업공인중개사는 2억원, 법인의 분사무소에는 1개소당 1억원 이상을 추가로 업무보증을 설정하여야 한다.
③ 매수신청대리인 등록이 취소된 후 3년이 경과하지 아니한 자는 등록할 수 없다.
④ 부동산경매에 관한 실무교육을 이수하여야 한다.
⑤ 매수신청대리인이 되고자 하는 개업공인중개사는 법원행정처장에게 매수신청대리인 등록을 하여야 한다.

> **키워드** 매수신청대리인의 등록
> **해설** 매수신청대리인이 되고자 하는 자는 중개사무소 관할 지방법원장에게 매수신청대리인 등록을 하여야 한다.

73 ㊥

공인중개사법령상 중개사무소의 개설등록과 공인중개사의 매수신청대리인 등록 등에 관한 규칙 및 예규의 매수신청대리인 등록에 관한 설명으로 틀린 것은?

① 매수신청대리인 등록을 하고자 하는 자는 등록신청일 전 1년 이내에 법원행정처 장이 지정하는 교육기관에서 부동산경매에 관한 실무교육을 받아야 한다.

② 중개사무소의 개설등록은 등록관청에 하여야 하고, 매수신청대리인 등록은 관할 지방법원의 장에게 하여야 한다.

③ 공인중개사는 중개사무소 개설등록을 하지 않으면 매수신청대리인으로 등록할 수 없다.

④ 중개사무소 개설등록의 결격사유와 매수신청대리인 등록의 결격사유는 서로 다 르다.

⑤ 손해배상책임을 보장하기 위한 보증은 중개사무소 개설등록요건 및 매수신청대 리인 등록요건이다.

> **키워드** 매수신청대리인의 등록
> **해설** 손해배상책임을 보장하기 위한 보증은 중개사무소 개설등록요건이 아니며, 매수신청 대리인의 등록요건에만 해당한다.

74 ㊥

매수신청대리인 등록 등에 관한 설명으로 옳지 않은 것은?

① 법인인 개업공인중개사가 분사무소를 두는 경우에는 분사무소마다 1억원 이상을 추가로 설정하여야 한다.

② 개업공인중개사는 등록증·매수신청대리 등 보수표 그 밖에 예규가 정하는 사항 을 해당 중개사무소 안의 보기 쉬운 곳에 게시하여야 한다.

③ 지방법원장은 매수신청대리인 등록을 한 자에 대해서는 매수신청대리인등록증을 교부하여야 한다.

④ 매수신청대리인 등록을 하였다가 폐업신고 후 3년 이내에 다시 등록신청을 하고 자 하는 자는 실무교육을 이수하지 아니하여도 된다.

⑤ 매수신청대리인 등록신청수수료는 공인중개사인 개업공인중개사의 경우 20,000원, 중개법인의 경우 30,000원이고, 정부수입인지로 납부하여야 한다.

> **키워드** 매수신청대리인의 등록
> **해설** 1년 이내에 다시 등록신청을 하고자 하는 자는 실무교육을 이수하지 아니하여도 된다.

75 부동산경매의 실무교육에 관한 설명으로 옳지 <u>않은</u> 것은?

① 실무교육은 직업윤리, 「민사소송법」, 「민사집행법」, 경매실무 등 필수과목 및 교육기관이 자체적으로 정한 부동산경매 관련 과목의 수강과 교육과목별 평가로 한다.

② 매수신청대리인 등록을 하고자 하는 개업공인중개사(중개법인의 경우에는 공인중개사인 대표자)는 등록신청일 전 1년 안에 법원행정처장이 지정하는 교육기관에서 부동산경매에 관한 실무교육을 이수하여야 한다.

③ 실무교육에는 평가가 포함되어야 하며, 교육시간, 교육과목 및 교육기관 지정에 관한 사항은 예규로 정한다.

④ 공인중개사협회, 공기업 또는 준정부기관은 지방법원장에게 그 실무교육기관의 지정승인을 요청할 수 있다.

⑤ 매수신청대리인등록업의 폐업신고 후 1년 이내에 다시 등록신청을 하고자 하는 자는 경매 관련 실무교육을 이수하지 않아도 된다.

키워드 부동산경매의 실무교육

해설 실무교육에 필요한 전문인력 및 교육시설을 갖추고 객관적 평가기준을 마련한 기관 또는 단체 중 협회 또는 학교는 법원행정처장에게 그 지정승인을 요청할 수 있다.

76 매수신청대리인 등록에 관한 실무교육을 설명한 것으로 옳은 것은?

① 부동산 관련 학과가 개설된 학교는 실무교육에 필요한 전문인력 및 교육시설을 갖추고 객관적 평가기준을 마련하여 법원행정처장에게 그 지정승인을 요청할 수 있다.
② 매수신청대리인 등록을 하고자 하는 개업공인중개사(중개법인의 경우에는 임원 또는 사원 전원을 말한다)는 등록신청일 전 1년 이내에 지방법원장이 실시하는 부동산경매에 관한 실무교육을 이수하여야 한다.
③ 법인인 개업공인중개사의 사원·임원 전원이 경매 관련 실무교육을 받아야 한다.
④ 공기업 또는 준정부기관이 실무교육기관이 되기 위해서는 법원행정처장으로부터 지정승인을 얻어야 한다.
⑤ 교육시간은 24시간 이상 32시간 이내로 한다.

키워드 매수신청대리인의 등록의 실무교육
해 설 ② 중개법인의 경우에는 대표자를 말하며, 법원행정처장이 지정하는 교육기관에서 부동산경매에 관한 실무교육을 이수하여야 한다.
③ 법인인 개업공인중개사의 대표자만 경매 관련 실무교육을 받을 의무가 있다. 사원·임원은 경매 관련 실무교육을 받을 의무가 없다.
④ 협회 및 학교만 실무교육기관으로 지정받을 수 있다. 공기업 또는 준정부기관은 실무교육기관으로 지정받지 못한다.
⑤ 교육시간은 32시간 이상 44시간 이내로 한다.

77 매수신청대리인인 개업공인중개사가 매수신청대리의 위임을 받은 경우 매수신청대리권의 범위로 볼 수 없는 것은?

① 매수신청보증의 제공
② 입찰표의 작성 및 제출
③ 차순위매수신고
④ 공유자의 우선매수신고
⑤ 인도명령신청 및 대금납부

키워드 매수신청대리인의 업무범위
해 설 인도명령신청과 대금납부는 매수신청대리의 위임을 받은 경우 당연히 할 수 있는 행위가 아니다.

이론플러스 **매수신청대리인의 업무범위**

1. 매수신청보증의 제공
2. 입찰표의 작성 및 제출
3. 차순위매수신고
4. 매수신청의 보증을 돌려줄 것을 신청하는 행위
5. 공유자의 우선매수신고
6. 구(舊) 임대주택법상 임차인의 임대주택 우선매수신고
7. 공유자 또는 임대주택 임차인의 우선매수신고에 따라 차순위매수신고인으로 보게 되는 경우 그 차순위매수신고인의 지위를 포기하는 행위

78
中

공인중개사의 매수신청대리인 등록 등에 관한 규칙의 내용에 관한 설명으로 <u>틀린</u> 것은?

① 개업공인중개사는 매수신청대리에 관하여 위임인으로부터 예규에서 정한 보수의 범위 안에서 소정의 보수를 받는다.

② 개업공인중개사는 매수신청대리행위를 함에 있어서 매각장소 또는 집행법원에 직접 출석하여야 한다.

③ 매수신청대리인으로 등록한 개업공인중개사는 동일 부동산에 대하여 이해관계가 다른 2인 이상의 대리인이 되는 행위를 하여서는 아니 된다.

④ 매수신청대리인 등록을 하고자 하는 개업공인중개사는 등록신청일 전 1년 이내에 중개사무소가 있는 곳을 관할하는 지방법원의 장이 지정하는 교육기관에서 부동산경매에 관한 실무교육을 이수하여야 한다.

⑤ 매수신청대리인이 되고자 하는 개업공인중개사는 지방법원의 장에게 매수신청대리인 등록을 하여야 한다.

키워드 매수신청대리인의 등록

해 설 매수신청대리인 등록을 하고자 하는 개업공인중개사는 등록신청일 전 1년 이내에 법원행정처장이 지정하는 교육기관에서 부동산경매에 관한 실무교육을 이수하여야 한다.

79 매수신청대리인 등록을 신청하는 개업공인중개사가 법원에 제출할 서류가 <u>아닌</u> 것은?

① 공인중개사자격증 사본

② 중개사무소등록증 사본

③ 경매에 관한 실무교육이수증 사본

④ 손해배상책임을 보장하기 위한 보증을 제공하였음을 증명하는 서류

⑤ 건축물대장에 기재된 건물로 사무소를 확보하였음을 증명할 수 있는 서류

키워드 매수신청대리인의 등록

해설 매수신청대리인 등록을 하기 위한 별도의 사무소를 확보할 필요는 없으므로, 건축물대장에 기재된 건물로 사무소를 확보하였음을 증명할 수 있는 서류는 제출하지 아니한다.

80 매수신청대리 업무를 수행하는 개업공인중개사의 금지행위에 포함되지 <u>않는</u> 것은?

① 매수신청대리인이 된 사건에 있어서 매수신청인으로서 매수신청을 하는 행위

② 경매·입찰방해죄에 해당하는 행위

③ 명의대여를 하거나 매수신청대리인등록증을 대여 또는 양도하는 행위

④ 동일 부동산에 대하여 이해관계가 다른 2인 이상의 대리인이 되는 행위

⑤ 다른 개업공인중개사의 매수신청대리인이 되는 행위

키워드 매수신청대리와 관련된 개업공인중개사의 업무

해설 다른 개업공인중개사의 매수신청대리인이 되는 행위는 금지행위가 아니다.

81 매수신청대리인 등록의 결격사유가 <u>아닌</u> 것은?

① 매수신청대리인 등록이 취소된 후 3년이 지나지 아니한 자

② 매수신청대리 업무정지처분을 받고 폐업신고를 한 자로서 업무정지기간이 경과되지 아니한 자

③ 매수신청대리 업무정지처분을 받은 개업공인중개사인 법인의 업무정지의 사유가 발생한 당시의 사원 또는 임원이었던 자로서 해당 개업공인중개사에 대한 업무정지기간이 경과되지 아니한 자

④ 민사집행절차에서의 매각에 관하여 유죄판결을 받고 3년이 지나지 아니한 자

⑤ 매수신청대리인 등록의 결격사유에 해당하는 자가 사원 또는 임원으로 있는 중개법인

키워드 매수신청대리인의 등록
해설 민사집행절차에서의 매각에 관하여 유죄판결을 받고 3년이 지나지 아니한 자 ⇨ 민사
집행절차에서의 매각에 관하여 유죄판결을 받고 2년이 지나지 아니한 자

82 민사집행법상 경매대상 부동산에 관한 매수신청대리인 등록에 대한 설명으로 옳은 것은?

① 매수신청대리인 등록신청을 받은 지방법원장은 7일 이내에 개업공인중개사의 종별에 따라 구분하여 등록을 하여야 한다.

② 매수신청대리인 등록을 하고자 하는 개업공인중개사는 등록신청일 전 1년 이내에 지방법원장이 지정하는 교육기관에서 부동산경매에 관한 실무교육을 이수하여야 한다.

③ 매수신청대리인으로 등록한 개업공인중개사는 동일 부동산에 대하여 이해관계가 다른 2인 이상의 대리인이 되는 행위를 할 수 있다.

④ 매수신청대리인 등록을 하고자 하는 공인중개사인 개업공인중개사는 매수신청대리인 등록을 신청하기 전에 1억원 이상의 보증을 설정하여야 한다.

⑤ 매수신청대리에 관하여 최고가 매수신고인으로 된 경우 매수신청대리인으로 등록한 개업공인중개사는 감정가의 1.5%와 최저매각가격의 1% 범위 안에서 당사자와 협의하여 보수를 결정한다.

키워드 매수신청대리인의 등록
해설 ① 7일 이내 ⇨ 14일 이내
② 지방법원장이 지정하는 교육기관 ⇨ 법원행정처장이 지정하는 교육기관
③ 동일 부동산에 대하여 이해관계가 다른 2인 이상의 대리인이 되는 행위를 하여서는 아니 된다.
⑤ 감정가의 1.5%와 최저매각가격의 1% 범위 안 ⇨ 감정가의 1%와 최저매각가격의 1.5% 범위 안

83 매수신청대리인 등록을 한 개업공인중개사가 매수신청대리의 위임을 받은 경우 확인·설명사항이 <u>아닌</u> 것은?

① 매수신청대리 대상물의 표시 및 권리관계
② 매수신청대리 보수
③ 매수신청대리 대상물의 경제적 가치
④ 법령의 규정에 따른 제한사항
⑤ 부담 및 인수하여야 할 사항

키워드 매수신청대리의 위임을 받은 개업공인중개사의 업무
해 설 매수신청대리 보수는 위임을 받기 전에 설명하여야 한다.

84 서울특별시 강남구에 주된 사무소를 두고 있는 법인인 개업공인중개사가 4개소 분사무소의 중개업을 영위하면서 동시에 경매부동산에 대한 상담 및 매수신청대리 업무도 하고 있다. 이때 중개법인이 중개업무와 매수신청대리 업무에 대한 손해배상책임을 보장하기 위하여 설정하여야 하는 전체 보증금은 총 얼마 이상이어야 하는가?

① 3억원
② 6억원
③ 8억원
④ 9억원
⑤ 12억원

키워드 매수신청대리 업무에 대한 손해배상책임
해 설 중개업을 영위하기 위한 보증설정의 최소한도는 법인은 2억원, 분사무소는 각각 1억원 이상이고, 이와는 별도로 매수신청대리 업무를 영위하기 위한 보증설정의 최소한도는 법인은 2억원, 분사무소는 각각 1억원 이상이어야 한다.

85 매수신청대리인 등록에 관한 대법원규칙 및 예규에 대한 설명으로 <u>틀린</u> 것은?

① 법원행정처장은 매수신청대리 업무에 관하여 협회를 감독하고, 지방법원장은 매수신청대리 업무에 관하여 관할 안에 있는 협회의 시·도지부와 매수신청대리인 등록을 한 개업공인중개사를 감독한다.
② 매수신청대리인 등록을 한 개업공인중개사가 보수를 받은 경우 예규에서 정한 양식에 의한 영수증을 작성하여 서명·날인한 후 위임인에게 교부하고 그 사본을 5년간 보존하여야 한다.

③ 개업공인중개사는 매수신청대리인 등록이 취소된 때에는 사무실 내·외부에 매수신청대리 업무에 관한 표시 등을 제거하여야 하며, 업무정지처분을 받은 때에는 업무정지사실을 해당 중개사사무소의 출입문에 표시하여야 한다.

④ 매수신청대리인 등록을 한 개업공인중개사는 그 사무소의 명칭이나 간판에 고유한 지명 등 법원행정처장이 인정하는 특별한 경우를 제외하고는 '법원'의 명칭이나 휘장 등을 표시하여서는 아니 된다.

⑤ 등록취소처분을 받은 개업공인중개사는 처분을 받은 날로부터 7일 이내에 관할 지방법원장에게 등록증을 반납하여야 한다.

키워드 매수신청대리인의 등록
해설 영수증 사본의 보존의무는 없다.

86 매수신청대리와 관련된 개업공인중개사의 업무에 관한 설명으로 <u>틀린</u> 것은?

① 개업공인중개사는 사건을 위임받은 때에는 사건카드에 필요한 사항을 기재하고, 서명·날인한 후 3년간 이를 보존하여야 한다.

② 서명·날인에는 「공인중개사법」 제16조의 규정에 따라 등록한 인장을 사용하여야 한다.

③ 개업공인중개사는 매수신청대리에 관하여 위임인으로부터 보수 이외의 명목으로 보수를 받거나 예규에서 정한 보수 이상을 받아서는 아니 된다.

④ 개업공인중개사가 매수신청대리를 위임받은 경우 매수신청대리 대상물의 권리관계, 경제적 가치, 매수인이 부담하여야 할 사항 등에 대하여 위임인에게 성실·정확하게 설명하고 등기사항증명서 등 설명의 근거자료를 제시하여야 한다.

⑤ 개업공인중개사는 위임계약을 체결한 경우 확인·설명사항을 서면으로 작성하여 서명·날인한 후 위임인에게 교부하고, 그 사본을 사건카드에 철하여 5년간 보존하여야 한다.

키워드 매수신청대리와 관련된 개업공인중개사의 업무
해설 개업공인중개사는 사건을 위임받은 때에는 사건카드에 필요한 사항을 기재하고, 서명·날인한 후 5년간 이를 보존하여야 한다.

87 개업공인중개사의 경매부동산 매수신청대리 행위에 관한 설명으로 옳지 <u>않은</u> 것은?

① 대리행위마다 대리권을 증명하는 문서는 매 사건마다 제출하여야 한다. 다만, 개별 매각의 경우에는 매 물건번호마다 제출하여야 한다.

② 같은 날 같은 장소에서 대리행위를 동시에 하는 경우에는 하나의 서면으로 갈음할 수 있다.

③ 중개법인의 경우에는 대리권을 증명하는 문서 이외에 대표자의 자격을 증명하는 문서를 제출하여야 한다.

④ 개업공인중개사는 대리행위를 함에 있어서 소속공인중개사나 중개보조원으로 하여금 매각장소 또는 집행법원에 출석하게 할 수 있다.

⑤ 개업공인중개사는 대리행위를 하는 경우 각 대리행위마다 대리권을 증명하는 문서(본인의 인감증명서가 첨부된 위임장과 대리인등록증 사본 등)를 제출하여야 한다.

> **키워드** 경매부동산 매수신청대리행위
> **해설** 개업공인중개사가 매각장소 및 집행법원에 직접 출석하여야 한다.

88 공인중개사법령과 공인중개사의 매수신청대리인 등록 등에 관한 규칙에 대한 설명으로 <u>틀린</u> 것은?

① 개업공인중개사가 매수신청대리 위임계약을 체결한 경우 그 대상물의 확인·설명서 사본을 5년간 보존해야 한다.

② 중개업과 매수신청대리의 경우 공인중개사인 개업공인중개사가 손해배상책임을 보장하기 위한 보증을 설정해야 하는 금액은 같다.

③ 매수신청대리인으로 등록된 개업공인중개사가 매수신청대리의 위임을 받은 경우 「민사집행법」의 규정에 따른 매수신청 보증의 제공을 할 수 있다.

④ 개업공인중개사가 매수신청대리를 위임받은 경우 대상물의 경제적 가치에 대하여 위임인에게 성실·정확하게 설명해야 한다.

⑤ 매수신청대리인으로 등록한 개업공인중개사는 업무를 개시하기 전에 위임인에 대한 손해배상책임을 보장하기 위하여 보증보험 또는 협회의 공제에 가입하거나 공탁을 하여야 한다.

> **키워드** 매수신청대리인의 등록
> **해설** 매수신청대리인으로 등록을 신청하고자 하는 개업공인중개사는 매수신청대리인 등록을 신청하기 전에 위임인에 대한 손해배상책임을 보장하기 위하여 보증보험 또는 협회의 공제에 가입하거나 공탁을 하여야 한다.

89 개업공인중개사가 다음과 같은 경매부동산에 대한 매수신청대리 업무를 하여 최고가 매수신고인으로 되었다. 대법원예규에 의하여 의뢰인과 미리 법정 최고한도의 매수신청대리 보수를 정하였다면 얼마가 되겠는가?

- 감정가격 : 2억원
- 최초 최저매각가격 : 2억원
- 2회차 최저매각가격 : 1억 8,000만원 유찰
- 3회차 최저매각가격 : 1억 4,000만원
- 매수신고금액 : 1억 5,000만원

① 100만원   ② 150만원
③ 210만원   ④ 250만원
⑤ 350만원

키워드 매수신청대리 보수
해설 대리수수료는 위임계약체결 전에 감정가의 1%나 최저매각가격의 1.5% 이하의 범위에서 협의로 정할 수 있다. 감정가의 1%는 200만원이고 3회차의 최저매각가격의 1.5%는 210만원이므로 최저매각가격을 기준으로 정하였다면 210만원이 최고한도액이 된다.

90 매수신청대리 업무를 수행한 개업공인중개사가 예규에 따라서 받을 수 있는 보수 및 실비에 관한 설명으로 <u>틀린</u> 것은?

① 최고가매수신고인 또는 매수인이 되지 못한 경우 : 50만원 범위 안에서 당사자의 합의에 의하여 결정한다.
② 매각허가결정이 확정되어 매수인으로 된 경우 : 감정가의 1% 또는 최저매각가격의 1.5% 이하의 범위 안에서 당사자의 합의에 의하여 결정한다.
③ 상담 및 권리분석 보수 : 50만원 범위 안에서 당사자의 합의에 의하여 결정한다.
④ 실비의 경우 : 30만원 범위 안에서 당사자의 합의에 의하여 결정한다.
⑤ 통상의 비용(등기사항증명서 비용, 근거리 교통비 등)도 별도로 청구할 수 있다.

키워드 매수신청대리 보수
해설 통상의 비용은 보수에 당연히 포함된 것으로 보므로 별도로 청구할 수 없다.

91 공인중개사의 매수신청대리인 등록 등에 관한 규칙에 따라 甲은 매수신청대리인으로 등록하였다. 이에 관한 설명으로 **틀린** 것은? ·31회

① 甲이 매수신청대리의 위임을 받은 경우 「민사집행법」의 규정에 따라 차순위매수신고를 할 수 있다.

② 甲은 매수신청대리권의 범위에 해당하는 대리행위를 할 때 매각장소 또는 집행법원에 직접 출석해야 한다.

③ 매수신청대리 보수의 지급시기는 甲과 매수신청인의 약정이 없을 때에는 매각대금의 지급기한일로 한다.

④ 甲이 중개사무소를 이전한 경우 그 날부터 10일 이내에 관할 지방법원장에게 그 사실을 신고하여야 한다.

⑤ 甲이 매수신청대리 업무의 정지처분을 받을 수 있는 기간은 1개월 이상 6개월 이하이다.

> **키워드** 매수신청대리
> **해설** 甲이 매수신청대리 업무의 정지처분을 받을 수 있는 기간은 1개월 이상 2년 이하이다.

92 공인중개사의 매수신청대리인 등록 등에 관한 규칙에 따라 매수신청대리인으로 등록한 甲에 관한 설명으로 **틀린** 것은? ·29회

① 甲은 공인중개사인 개업공인중개사이거나 법인인 개업공인중개사이다.

② 매수신청대리의 위임을 받은 甲은 「민사집행법」에 따른 공유자의 우선매수신고를 할 수 있다.

③ 폐업신고를 하여 매수신청대리인 등록이 취소된 후 3년이 지나지 않은 甲은 매수신청대리인 등록을 할 수 없다.

④ 甲의 공인중개사자격이 취소된 경우 지방법원장은 매수신청대리인 등록을 취소해야 한다.

⑤ 甲은 매수신청대리권의 범위에 해당하는 대리행위를 할 때 매각장소 또는 집행법원에 직접 출석해야 한다.

> **키워드** 매수신청대리인의 등록
> **해설** 원칙적으로 등록 취소 후 3년이 지나지 아니한 자는 매수신청대리인 등록을 할 수 없다. 그러나 폐업신고로 등록이 취소된 경우는 예외이다.

93 甲은 매수신청대리인으로 등록한 개업공인중개사 乙에게 민사집행법에 의한 경매대상 부동산에 대한 매수신청대리의 위임을 하였다. 이에 관한 설명으로 **틀린** 것은? •28회

① 보수의 지급시기에 관하여 甲과 乙의 약정이 없을 때에는 매각대금의 지급기한일로 한다.

② 乙은 「민사집행법」에 따른 차순위매수신고를 할 수 있다.

③ 乙은 매수신청대리인등록증을 자신의 중개사무소 안의 보기 쉬운 곳에 게시해야 한다.

④ 乙이 중개업을 휴업한 경우 관할 지방법원장은 乙의 매수신청대리인 등록을 취소해야 한다.

⑤ 乙은 매수신청대리 사건카드에 중개행위에 사용하기 위해 등록한 인장을 사용하여 서명날인해야 한다.

키워드 매수신청대리인 등록 등에 관한 규칙

해설 개업공인중개사가 중개업을 휴업하였을 경우 「공인중개사의 매수신청대리인 등록 등에 관한 규칙」 제22조 제1항 제1호의 규정에 의하여 지방법원장은 매수신청대리 업무를 정지하는 처분을 하여야 한다. 즉, 절대적 업무정지사유에 해당한다.

94

中

공인중개사의 매수신청대리인 등록 등에 관한 규칙의 내용으로 옳은 것은?　• 27회

① 중개사무소의 개설등록을 하지 않은 공인중개사라도 매수신청대리인으로 등록할 수 있다.

② 매수신청대리인으로 등록된 개업공인중개사는 매수신청대리행위를 함에 있어 매각장소 또는 집행법원에 중개보조원을 대리출석하게 할 수 있다.

③ 매수신청대리인이 되고자 하는 법인인 개업공인중개사는 주된 중개사무소가 있는 곳을 관할하는 지방법원장에게 매수신청대리인 등록을 해야 한다.

④ 매수신청대리인으로 등록된 개업공인중개사는 매수신청대리의 위임을 받은 경우 법원의 부당한 매각허가결정에 대하여 항고할 수 있다.

⑤ 매수신청대리인으로 등록된 개업공인중개사는 본인의 인감증명서가 첨부된 위임장과 매수신청대리인등록증 사본을 한 번 제출하면 그 다음 날부터는 대리행위마다 대리권을 증명할 필요가 없다.

> **키워드**　매수신청대리인 등록규정
> **해 설**　① 중개사무소의 개설등록을 하지 않으면 매수신청대리인으로 대리등록을 할 수 없다.
> ② 매수신청대리인으로 등록된 개업공인중개사는 매수신청대리행위를 함에 있어 매각장소 또는 집행법원에 직접 출석하여야 하며, 중개보조원으로 하여금 대리출석하게 할 수 없다.
> ④ 매수신청대리인으로 등록된 개업공인중개사는 매수신청대리의 위임을 받은 경우라도 항고업무는 할 수 없다.
> ⑤ 개업공인중개사는 매수신청대리행위를 하는 경우 각 대리행위마다 대리권을 증명하는 문서(본인의 인감증명서가 첨부된 위임장과 대리인등록증 사본)를 제출하여야 한다.

95

中

공인중개사의 매수신청대리인 등록 등에 관한 규칙의 내용으로 **틀린** 것은?　• 26회

① 개업공인중개사의 중개업 폐업신고에 따라 매수신청대리인 등록이 취소된 경우에는 그 등록이 취소된 후 3년이 지나지 않더라도 등록의 결격사유에 해당하지 않는다.

② 개업공인중개사는 매수신청대리인이 된 사건에 있어서 매수신청인으로서 매수신청을 하는 행위를 해서는 아니 된다.

③ 개업공인중개사는 매수신청대리에 관하여 위임인으로부터 보수를 받은 경우, 그 영수증에는 중개행위에 사용하기 위해 등록한 인장을 사용해야 한다.

④ 소속공인중개사는 매수신청대리인 등록을 할 수 있다.

⑤ 매수신청대리인 등록을 한 개업공인중개사는 법원행정처장이 인정하는 특별한 경우 그 사무소의 간판에 '법원'의 휘장 등을 표시할 수 있다.

키워드 매수신청대리인 등록 등에 관한 규칙
해설 소속공인중개사는 매수신청대리인 등록을 할 수 없다. 매수신청대리인 등록신청이 가능한 자는 법인인 개업공인중개사와 공인중개사인 개업공인중개사이다.

96 (上) 공인중개사의 매수신청대리인 등록 등에 관한 규칙의 내용으로 틀린 것은?

• 25회 수정

① 공인중개사는 중개사무소 개설등록을 하지 않으면 매수신청대리인 등록을 할 수 없다.

② 개업공인중개사가 매수신청대리를 위임받은 경우 해당 매수신청대리 대상물의 경제적 가치에 대하여는 위임인에게 설명하지 않아도 된다.

③ 개업공인중개사는 매수신청대리 행위에 관한 보수표와 보수에 대하여 위임인에게 위임계약 전에 설명해야 한다.

④ 개업공인중개사는 매수신청대리 행위를 함에 있어서 매각장소 또는 집행법원에 직접 출석해야 한다.

⑤ 개업공인중개사가 매수신청대리 업무정지처분을 받은 때에는 업무정지사실을 당해 중개사무소의 출입문에 표시해야 한다.

키워드 매수신청대리인 등록 등에 관한 규칙
해설 개업공인중개사는 매수신청대리의 위임을 받기 전에 매수대리보수에 대하여 설명하여야 하고, 위임을 받은 경우에는 매수신청대리 대상물의 표시, 권리관계, 매수대리 대상물의 경제적 가치, 제한사항, 매수인이 부담 및 인수하여야 할 권리 등의 사항에 대하여 위임인에게 성실·정확하게 설명하고 등기사항증명서 등 설명의 근거자료를 제시하여야 한다.

끝이 좋아야 시작이 빛난다.

– 마리아노 리베라(Mariano Rivera)

memo

memo

memo

2022 공인중개사 2차 출제예상문제집 + 필수기출 공인중개사법령 및 중개실무

발 행 일	2022년 5월 16일 초판
편 저 자	임선정
펴 낸 이	권대호
펴 낸 곳	(주)에듀윌
등록번호	제25100-2002-000052호
주 소	08378 서울특별시 구로구 디지털로34길 55
	코오롱싸이언스밸리 2차 3층

ISBN 979-11-360-1748-2
979-11-360-1737-6 (2차 세트)

www.eduwill.net

대표전화 1600-6700

여러분의 작은 소리
에듀윌은 크게 듣겠습니다.

본 교재에 대한 여러분의 목소리를 들려주세요.
공부하시면서 어려웠던 점, 궁금한 점,
칭찬하고 싶은 점, 개선할 점, 어떤 것이라도 좋습니다.

에듀윌은 여러분께서 나누어 주신 의견을
통해 끊임없이 발전하고 있습니다.

에듀윌 도서몰 book.eduwill.net
• 부가학습자료 및 정오표: 에듀윌 도서몰 → 도서자료실
• 교재 문의: 에듀윌 도서몰 → 문의하기 → 교재(내용, 출간) / 주문 및 배송